## ***ACCESO GRATIS*** *a la Lectura en la Nube*

Para visualizar el libro electrónico en la nube de lectura envíe junto a su nombre y apellidos una fotografía del código de barras situado en la contraportada del libro y otra del ticket de compra a la dirección:

**ebooktirant@tirant.com**

En un máximo de 72 horas laborales le enviaremos el código de acceso con sus instrucciones.

# LA INFLUENCIA DEL DERECHO EUROPEO EN LOS PROCESOS DE DAÑOS POR INFRACCIÓN DEL DERECHO DE LA COMPETENCIA

# LA INFLUENCIA DEL DERECHO EUROPEO EN LOS PROCESOS DE DAÑOS POR INFRACCIÓN DEL DERECHO DE LA COMPETENCIA

PAUL HITCHINGS

tirant lo blanch
Valencia, 2024

En caso de erratas y actualizaciones, la Editorial Tirant lo Blanch publicará la pertinente corrección en la página web www.tirant.com.

Este trabajo se basa en la tesis doctoral titulada "The impact of EU law on national civil procedure: the case of quantification of harm in competition damages litigation", dirigida por el profesor Fernando Gascón Inchausti y defendida por el autor el 18 de diciembre de 2023 en la Universidad Complutense de Madrid, recibiendo la clasificación de "Summa cum laude"

El autor es también abogado y ha participado en varios de los procedimientos que son objeto de estudio en este trabajo.


EDITA: TIRANT LO BLANCH
C/ Artes Gráficas, 14 - 46010 - Valencia
TELFS.: 96/361 00 48 - 50
FAX: 96/369 41 51
Email: tlb@tirant.com
www.tirant.com
Librería virtual: www.tirant.es
DEPÓSITO LEGAL: V-1085-2024
ISBN: 978-84-1056-842-6
MAQUETA: Innovatext

*Para Ana*

# *Índice*

## SEGUNDA PARTE
## LA EXPERIENCIA BRITÁNICA

## TERCERA PARTE
## LOS RETOS PROCESALES DE LA APLICACIÓN PRIVADA DEL DERECHO DE LA COMPETENCIA EN ESPAÑA

**CUARTA PARTE**

**CONCLUSIONES Y RECOMENDACIONES**

# *Glosario de términos*

**2014 Guidance for Experts**

Orientaciones del Civil Justice Council británico para la instrucción de peritos en las acciones civiles (2014)

**AAP**

Auto de la Audiencia Provincial

**ADR**

Alternative Dispute Resolution (mecanismos alternativos de resolución de conflictos)

**AJM**

Auto del Juzgado de lo Mercantil

**ALI**

American Law Institute

**ANC**

Autoridad nacional de la competencia

**ATS**

Auto del Tribunal Supremo

**B&PC**

Business and Property Courts (juzgados de lo mercantil y de la propiedad), división de la *High Court* en Inglaterra y Gales

**BOCG**

Boletín Oficial de las Cortes Generales

**BOE**

Boletín Oficial del Estado

**Buenas Prácticas para Salas de Datos**

Buenas prácticas de DG COMP sobre la exhibición de información a través de una sala de datos en procedimientos al amparo de los artículos 101 y 102 TFUE o del Reglamento de Concentraciones

**Buenas Prácticas para la Prueba Económica**

Buenas prácticas de DG COMP para la presentación de pruebas económicas y la recopilación de datos en casos relativos a la aplicación de los artículos 101 y 102 TFUE y en casos de concentraciones

**Carta o CDFUE**

Carta de los Derechos Fundamentales de la Unión Europea

**Case management**

La gestión e impulso del proceso por el tribunal, facultad que cuenta con una regulación específica y desarrollada en el Derecho procesal inglés

**CAT**

Competition Appeal Tribunal (tribunal de apelación en materia de defensa de la competencia)

**CE**

Constitución española

**CEDH**

Convenio Europeo de Derechos Humanos

**Chancery Division**

La división judicial de la *High Court* que se dedica a disputas en todo tipo de materia de Derecho de la propiedad

**Civil Justice Council**

Consejo para la justicia civil, una entidad pública británica no ministerial con responsabilidad para la supervisión y coordinación de la modernización del sistema de justicia civil en el Reino Unido

**CMC**

Vista judicial designada para la gestión procesal del caso (*case management*)

**Comisión**

Comisión Europea

**Comunicación sobre Cuantificación**

Comunicación de la Comisión sobre la cuantificación del perjuicio en las acciones por daños y perjuicios basadas en infracciones de los artículos 101 o 102 TFUE

***Common law***

Derecho de sistemas anglosajones, notablemente el Derecho de Inglaterra y Gales

**CPO**

Collective Proceedings Order (auto de certificación del procedimiento colectivo)

**CPR**

Civil Procedure Rules, reglas de procedimiento civil de 1998 de Inglaterra y Gales

**DG COMP**

Dirección General de Competencia de la Comisión

**Directiva de Daños**

Directiva 2014/104 del Parlamento Europeo y del Consejo, de 26 de noviembre de 2014, relativa a determinadas normas por las que se rigen las acciones por daños y perjuicios en virtud del Derecho nacional por infracciones de las disposiciones del Derecho de la competencia de los Estados miembros y de la Unión Europea

**Directiva de Medio Ambiente**

Directiva 2003/35/CE del Parlamento Europeo y del Consejo, de 26 de mayo de 2003, por la que se establecen medidas para la participación del público en la elaboración de determinados planes y programas relacionados con el medio ambiente

**Directiva de Propiedad Intelectual**

Directiva 2004/48/CE del Parlamento Europeo y del Consejo, de 29 de abril de 2004, relativa al respeto de los derechos de propiedad intelectual.

**Directiva sobre Acciones Colectivas**

Directiva 2020/1828 del Parlamento Europeo y del Consejo, de 25 de noviembre de 2020, relativa a las acciones de representación para la protección de los intereses colectivos de los consumidores y por la que se deroga la Directiva 2009/22

**Directrices sobre Pass-on**

Comunicación de la Comisión, 'Directrices para los órganos jurisdiccionales nacionales sobre cómo calcular la parte del sobreprecio repercutida al comprador indirecto'

***Disclosure***

Mecanismo procesal de acceso a fuentes de prueba, propio del sistema *common law*

**ELI**

European Law Institute

**ELSJ**

Espacio de Libertad, Seguridad y Justicia (Título V, TFUE)

**Estudio sobre Pass-on**

Comisión, DG COMP, Benoit Durand, Iestyn Williams, Paul Hitchings et al, 'Study on the passing-on of overcharges: final report' (Estudio sobre la repercusión de sobreprecios)

**FJ**

Fundamento jurídico o fundamento de derecho

**Guía del CAT**

Guía procesal del CAT (2015)

**Guía Práctica**

SWD, 'Guía práctica – Cuantificación del daño en acciones por daños y perjuicios basadas en infracciones de los artículos 101 o 102 del TFUE'

***High Court***

Los tribunales de primera instancia de Inglaterra y Gales cuya competencia objetiva alcanza todos los asuntos civiles (no penales) de gran valor e importancia, y que también tiene jurisdicción de supervisión sobre todos los juzgados y tribunales subordinados, con algunas excepciones legales.

**Informe Jackson**

Jackson LJ, Review of Civil Litigation Costs: Final Report (Estudio de los costes de los procesos civiles: informe final)

**Informe Woolf**

Woolf LJ, 'Access to Justice: Final Report to the Lord Chancellor on the Civil Justice System in England and Wales' (Acceso a la justicia: informe final al Lord Canciller sobre el sistema de justicia civil en Inglaterra y Gales)

**LDC**

Ley 15/2007, de 3 de julio, de Defensa de la Competencia

**LEC**

Ley 1/2000, de 7 de enero, de Enjuiciamiento Civil

**Libro Blanco**

Libro Blanco de la Comisión 'Acciones de daños y perjuicios por incumplimiento de las normas comunitarias de defensa de la competencia'

**Libro Verde**

Libro Verde de la Comisión 'Reparación de daños y perjuicios por incumplimiento de las normas comunitarias de defensa de la competencia'

**LJ**

Lord Justice (magistrado de la Corte de Apelación o Tribunal Supremo británicos)

**LOPJ**

Ley Orgánica 6/1985, de 1 de julio, del Poder Judicial

**MIF**

Multilateral interchange fees (tasas multilaterales de intercambio aplicables en los sistemas de pago por tarjeta)

***Overriding objective***

Objetivo primordial de las CPR y criterio fundamental para su interpretación

**PD**

Practice Direction de las CPR

***Practice Direction***

Directriz sobre la práctica procesal utilizada en el Derecho procesal inglés como medida para orientar la práctica procesal de los tribunales y las partes

**Recomendación sobre Acciones Colectivas**

Recomendación de la Comisión de 11 de junio de 2013 relativa a los principios comunes de los mecanismos de recurso colectivo de cesación y de indemnización en los Estados miembros en caso de violación de los derechos reconocidos por el Derecho de la Unión

**Reglamento 1/2003**

Reglamento (CE) n° 1/2003 del Consejo, de 16 de diciembre de 2002, relativo a la aplicación de las normas sobre competencia previstas en los artículos 81 y 82 del Tratado

**Reglamento Bruselas I *bis***

Reglamento (UE) 1215/2012 del Parlamento Europeo y del Consejo, de 12 de diciembre de 2012, relativo a la competencia judicial, el reconocimiento y la ejecución de resoluciones judiciales en materia civil y mercantil (refundición)

**Reglas del CAT**

Reglas de procedimiento del Tribunal de Apelación de la Competencia

**Reglas Modelo Europeas**

*European Rules of Civil Procedure* (Reglas Modelo Europeas de Proceso Civil) de ELI/UNIDROIT (2020)

**RSC**

Reglas del Tribunal Supremo de Inglaterra y Gales (reglas procesales en vigor previos a las CPR)

**SAP**

Sentencia de la Audiencia Provincial

**SJM**

Sentencia del Juzgado de lo Mercantil

***Soft law***

Normas indicativas sin efecto jurídico vinculante, que se distinguen de normas vinculantes

**STC**

Sentencia del Tribunal Constitucional

**STS**
Sentencia del Tribunal Supremo

**SWD**
Documento de trabajo de los servicios de la Comisión

**TEDH**
Tribunal Europeo de Derechos Humanos

**TGUE**
Tribunal General de la UE

**TJUE**
Tribunal de Justicia de la Unión Europea

**TUE**
Tratado de la Unión Europea

**TFUE**
Tratado de Funcionamiento de la Unión Europea

**UE o Unión**
Unión Europea

***White Book***
Servicio de libro blanco sobre normas y prácticas procesales en Inglaterra y Gales (Sweet & Maxwell 2022)

# *Resoluciones judiciales citadas*

## Resoluciones europeas
## (por número de asunto, desde la más antigua)

### TJUE

26/62 *NV Algemene Transport– en Expeditie Onderneming van Gend & Loos c. Administración fiscal holandesa,* EU:C:1963:1

6/64 *Costa c. ENEL,* EU:C:1964:66

29, 31, 36, 39-47, 50 y 51/63 *Société Anonyme des Laminoirs c. High Authority,* EU:C:1965:120

13/68 *SpA Salgoil c. Ministero de commercio con l'estero, Roma,* EU:C:1968:54

14/68 *Walt Wilhelm c. Bundeskartellamt,* EU:C:1969:4

127/73 *Belgische Radio en Televisie y société belge des auteurs, compositeurs et éditeurs c. SV SABAM,* EU:C:1974:6

166/73 *Rheinmühlen-Düsseldorf,* EU:C:1974:3

2/74 *Reyners c. Estado belga,* EU:C:1974:68

56 y 66/74 *Kurt Kampffmeyer Mühlenvereinigung KG c. Comisión y Consejo,* EU:C:1976:78

33/76 *Rewe-Zentralfinanz eG c. Landwirtschaftskammer für das Saarland,* EU:C:1976:188

45/76 *Comet BV c. Produktschap voor Siergewassen,* EU:C:1976:191

106/77 *Amministrazione delle Finanze dello Stato c. Simmenthal SpA,* EU:C:1978:49

148/78 *Ratti,* EU:C:1979:110

238/78, *Ireks-Arkady GmbH c. Consejo y Comisión,* EU:C:1979:226

130/79 *Express Dairy Foods Limited c. Intervention Board for Agricultural Produce,* EU:C:1980:121

158/80, *Rewe-Handelsgesellschaft Nord mbH c. Hauptzollamt Kiel,* EU:C:1981:163

199/82 *San Giorgio,* EU:C:1983:318

205-218/82 *Deutsche Milchkontor GmbH,* EU:C:1983:233

14/83 *Von Colson y Kamann,* EU:C:1984:153

152/84 *Marshall c. Southampton and South-West Hampshire Area Health Authority,* EU:C:1986:84

222/84 *Johnston c. Chief Constable of the Royal Ulster Constabulary,* EU:C:1986:206

314/85 *Foto-Frost,* EU:C:1987:452

C-143/88 y 92/89 *Zuckerfabrik Süderdithmarschen AG c. Hauptzollamt Itzehoe y Zuckerfabrik Soest GmbH c. Hauptzollamt Paderborn,* EU:C:1991:65

C-322/88 *Grimaldi c. Fonds des maladies professionnelles,* EU:C:1989:646, TOL5.740.988

C-104/89 y 37/90 *J M Mulder v Council,* EU:C:1992:217, TOL105.407

C-106/89 *Marleasing,* EU:C:1990:395

C-188/89, *Foster c. British Gas,* EU:1990:313

C-221/89 *The Queen c. Secretary of State for Transport, ex parte Factortame,* EU:C:1991:320

C-234/89 *Delimitis c. Henninger Bräu AG,* EU:C:1991:91

C-6/90 y 9/90 *Francovich c. República Italiana,* EU:C:1991:428

C-271/91 *Marshall c. Southampton and South-West Hampshire Area Health Authority,* EU:C:1993:335

C-49/92 P *Commission v Anic Partecipazioni SpA,* EU:C:1999:356, TOL4.623.587

C-46/93 *SA Brasserie de Pêcheur c. Alemania,* EU:C:1996:79

C-312/93 *Peterbroeck, Van Campenhout & Cie SCS c. Estado belga,* EU:C:1995:437

C-430 y 431/93 *van Schijndel c. Stichting Pensioenfonds voor Fysiotherapeuten,* EU:C:1995:441

C-188/95 *Fantask A/S e.a. c. Industriministeriet (Erhvervministeriet),* EU:C:1997:580, TOL4.622.888

C-282/95 P *Guérin automobiles c. Comisión,* EU:C:1997:159

C-215 y 216/96 *Bagnasco c. Banca Popolare di Novara soc coop arl (BNP),* EU:C:1999:12, TOL105.248

C-119/97 P *Union française de l'express (Ufex) c. Comisión,* EU:C:1999:116, TOL4.622.624

C-126/97 *Eco Swiss China Time Ltd c. Benetton International NV,* EU:C:1999:269, TOL105.147

C-344/98 *Masterfoods Ltd c. HB Ice Cream Ltd,* EU:C:2000:689, TOL105.429

C-453/99 *Courage Ltd c. Crehan,* EU:C:2001:465, TOL105.826

C-50/00 P *Unión de Pequeños Agricultores c. Consejo de la Unión Europea,* EU:C:2002:462, TOL4.626.100

C-204-5, 211, 213, 217 y 219/00 P *Aalborg Portland A/S y otros c. Comisión,* EU:C:2004:6, TOL4.626.078

C-253/00 *Antonio Muñoz y Cia SA c. Frumar Ltd,* EU:C:2002:497, TOL205.318

C-147/01 *Weber's Wine World Handels GmbH c. Abgabenberufungskommission Wien,* EU:C:2003:533, TOL307.577

C-276/01 *Steffensen,* EU:C:2003:228, TOL260.188

C-397-403/01 *Pfeiffer c. Deutsches Rotes Kreuz, Kreisverband Waldshut eV.*, EU:C:2004:584, TOL492.340

C-189, 202, 205-8 y 213/02 P *Dansk Rørindustri A/S c. Comisión*, EU:C:2005:408

C-201/02 *The Queen, a instancia de Wells c. Secretary of State for Transport*, EU:C:2004:12, TOL332.011

C-105/03 *Pupino*, EU:C:2005:386, TOL4.625.688

C-295-8/04 *Manfredi c. Lloyd Adriatico Assicurazioni SpA*, EU:C:2006:461, TOL4.627.941

C-526/04 *Laboratoires Boiron SA c. URSSAF*, EU:C:2006:528, TOL4.627.804

C-432/05, *Unibet (London) Ltd c. Justitiekanslern*, EU:C:2007:163, TOL4.627.436

C-268/06, *Impact c. Minister for Agriculture and Food*, EU:C:2008:223, TOL4.627.155

C-501, 513, 515 y 519/06 P *GlaxoSmithKline Services Unlimited*, EU:C:2009:610, TOL4.626.981

C-14/07, *Ingenieurbüro Michael Weiss und Partner GbR c. Industrie– und Handelskammer Berlin*, EU:C:2008:264, TOL4.626.944

C-378/07 a 380/07 *Angelidaki c. Organismos Nomarchiakis Autodioikisis Rethymnis*, EU:C:2009:250, TOL2.163.761

C-550/07 P *Akzo Nobel Chemicals Ltd c. Comisión*, EU:C:2010:512, TOL4.630.300

C-317-320/08, *Alassini c. Telecom Italia SpA*, EU:C:2010:146, TOL2.156.831

C-358/08 *Aventis Pasteur*, EU:C:2009:744, TOL3.242.240

C-439/08 *Vlaamse federatie van verenigingen van Brood– en Banketbakkers, Ijsbereiders en Chocoladebewerkers (VEBIC) VZW*, EU:C:2010:739, TOL2.165.895

C-52/09 *Konkurrensverket c. TeliaSonera Sverige AB*, EU:C:2011:83, TOL2.119.356

C-128-131 y 134-135/09 *Boxus* c. *Région wallonne*, EU:C:2011:667, TOL2.171.439

C-173/09 *Elchinov*, EU:C:2010:581, TOL3.242.151

C-243/09 *Günter Fuß c. Stadt Halle*, EU:C:2010:609; TOL2.155.851

C-279/09 *DEB Deutsche Energiehandels– und Beratungsgesellschaft mbH c. Bundesrepublik Deutschland*, EU:C:2010:811, TOL2.156.056

C-360/09 *Pfleiderer AG c. Bundeskartellamt*, EU:C:2011:389, TOL1.951.729

C-457/09 *Chartry*, EU:C:2011:101, TOL2.165.052

C-520/09 P *Arkema c. Comisión*, EU:C:2011:619: TOL4.630.178

C-17/10 *Toshiba Corporation c. Úřad pro ochranu hospodářské soutěže*, EU:C:2012:72, TOL2.517.035

C-69/10 *Samba Diouf* c. *Ministre du Travail, de l'Emploi et de l'Immigration*, EU:C:2011:524, TOL2.192.178

C-282/10 *Dominguez c. Centre informatique du Centre Ouest Atlantique*, EU:C:2012:33, TOL2.517.235

C-386/10 P *Chalkor c. Commission*, EU:C:2011:815, TOL4.630.115

C-199/11 *Europese Gemeenschap c. Otis NV*, EU:C:2012:684, TOL3.297.605

C-226/11, *Expedia Inc v Autorité de la concurrence*, EU:C:2012:795, TOL2.720.449

C-260/11 *Edwards y Pallikaropoulos*, EU:C:2013:221, TOL3.401.029

C-325/11 *Alder c. Orlowska*, EU:C:2012:824, TOL2.720.050

C-399/11 *Melloni c. Ministerio Fiscal*, EU:C:2013:107, TOL3.061.437

C-681/11, *Bundeswettbewerbsbehörde c. Schenker & Co. AG*, EU:C:2013:404, TOL3.781.225

C-93/12 *ET Agrokonsulting-04-Velko Stoyanov c. Izpalnitelen direktor na Darzhaven fond "Zemedelie" Razplashtatelna agentsia*, EU:C:2013:432, TOL3.785.198

C-276/12 *Sabou c. Finanční ředitelství pro hlavní město Prahu*, EU:C:2013:678, TOL3.974.728

C-365/12 *Commission c. EnBW Energie Baden-Württemberg AG*, EU:C:2014:112, TOL4.629.761

C-557/12 *Kone AG c. ÖBB-Infrastruktur AG*, EU:C:2014:1317, TOL4.629.700

C-352/13 *Cartel Damage Claims (CDC) Hydrogen Peroxide SA c. Evonik Degussa GmbH*, EU:C:2015:335, TOL4.986.307

C-400/13 y C-408/13 *Sanders c. Verhaegen* y *Huber c. Huber*, EU:C:2014:2461, TOL4.631.623

C-439 y 488/14 *SC Star Storage SA c. Institutul Naţional de Cercetare-Dezvoltare în Informatică (ICI)*, EU:C:2016:688, TOL5.813.738

C-461/13 *Bund für Umwelt und Naturschutz Deutschland e.V. c. Bundesrepublik Deutschland*, EU:C:2015:433

C-74/14 *Eturas UAB c. Lietuvos Respublikos konkurencijos taryba*, EU:C:2016:42, TOL5.615.152

C-381/14 y 385/14 *Sales Sinués c. Caixabank SA*, EU:C:2016:252

C-441/14 *Dansk Industri c. Sucession Karsten Eigil Rasmussen*, EU:C:2016:278, TOL5.688.786

C-526/14 *Kotnik*, EU:C:2016:570

C-613/14 *JEC Elliott*, EU:C:2016:821, TOL5.856.435

C-154, 307 y 308/15 *Gutiérrez Naranjo c. Cajasur Banco SAU*, EU:C:2016:980, TOL7.984.659

C-243/15 *Lesoochranárske zoskupenie VLK c. Obvodný úrad Trenčín*, EU:C:2016:838, TOL5.861.415

C-621/15 *NW c. Sanofi Pasteur MSD SNC*, EU:C:2017:484, TOL6.177.091

C-682/15 *Berlioz Investment Fund SA c. Directeur de l'administration des contributions directes*, EU:C:2017:373, TOL6.090.864

C-348/16 *Sacko c. Commissione Territoriale per il riconoscimento della Protezione internazionale di Milano,* EU:C:2017:591, TOL6.210.575

C-414/16 *Egenberger,* EU:C:2018:257, TOL6.573.837

C-585 y 624-25/16, *AK y otros c. Sąd Najwyższy,* EU:C:2019:982, TOL7.585.959

C-21/17 *Catlin Europe SE c. OK Trans Praha spol sro,* EU:C:2018:675, TOL6.756.925

C-167/17 *Klohn c. An Bord Pleanála,* EU:C:2018:833, TOL6.835.923

C-176/17 *Profi Credit Polska,* EU:C:2018:711, TOL6.778.024

C-193/17 *Cresco Investigation GmbH c. Achatzi,* EU:C:2019:43, TOL7.009.194

C-265/17 P *United Parcel Service, Inc. c. Comisión Europea,* EU:C:2019:23

C-370/17 y C-37/18 *CRPNPAC c. Vueling Airlines SA,* EU:C:2020:260, TOL7.855.408

C-378/17 *An Garda* EU:C:2018:979, TOL6.932.725

C-556/17, *Torubarov c. Bevándorlási és Menekültügyi Hivatal,* EU:C:2019:626, TOL7.425.707

C-573/17 *Poplawski,* EU:C:2019:530, TOL7.301.295

C-637/17 *Cogeco Communications Inc,* EU:C:2019:263, TOL7.137.463

C-724/17 *Vantaan kaupunki c. Skanska Industrial Solutions Oy,* EU:C:2019:204, TOL7.105.638

C-55/18 *Federación de Servicios de Comisiones Obreras (CCOO) c. Deutsche Bank SAE,* EU:C:2019:402, TOL7.217.201

C-379/18 *Deutsche Lufthansa AG c. Land Berlin,* EU:C:2019:1000, TOL7.592.131

C-435/18 *Otis Gesellschaft mbH. c. Land Oberösterreich,* EU:C:2019:1069

C-451/18 *Tibor-Trans Fuvarozó és Kereskedelmi Kft c. DAF Trucks NV,* EU:C:2019:635, TOL7.425.699

C-752/18 *Deutsche Umwelthilfe eV c. Freistaat Bayern* EU:C:2019:1114, TOL7.628.294

C-824/18 *AB c. Krajowa Rada Sądownictwa,* EU:C:2021:153, TOL8.333.867

C-86/19 *SL c. Vueling Airlines SA,* EU:C:2020:538, TOL8.000.286

C-224 y 225/19 *CY c. Caixabank SA,* EU:C:2020:578, TOL8.010.272

C-819/19 *Stichting Cartel Compensation c. Koninklijke Luchtvaart Maatschappij NV,* EU:C:2021:904, TOL8.636.875

C-882/19 *Sumal SL c. Mercedes Benz Trucks España SL,* EU:C:2021:800, TOL8.605.667

C-896/19 *Repubblika c. Il-Prim Ministru,* EU:C:2021:311, TOL8.398.628

C-30/20 *RH c. AB Volvo,* EU:C:2021:604, TOL8.507.765

C-267/20 *Volvo AB y DAF Trucks NV c. RM,* EU:C:2022:494, TOL9.042.586

C-7/21 *LKW WALTER Internationale Transportorganisation AG c. CB,* EU:C:2022:527, TOL9.105.595

C-57/21 *RegioJet as c. České dráhy as,* EU:C:2023:6, TOL9.354.037

C-163/21 *AD c. Paccar Inc,* EU:C:2022:863

C-285/21 *Dalarjo SL c. Renault SA,* EU:C:2023:132

C-312/21 *Tráficos Manuel Ferrer c. Daimler AG,* EU:C:2023:99, TOL9.398.337

**Conclusiones del Abogado General**

AG Werner en 112/76 *Manzoni c. Fonds national de retraite des ouvriers mineurs,* EU:C:1977:133

AG Capotorti en 64 y 113/76, 167 y 239/78, 27, 28 y 45/79, *Dumortier Frères c. Council,* EU:C:1977:137

AG Tesauro en C-213/89 *The Queen c. Secretary of State for Transport, ex parte: Factortame,* EU:C:1990:216

AG Van Gerven en C-3/91 *Mulder,* EU:C:1992:34

AG Van Gerven en C-128/92 *H J Banks & Company Ltd c. British Coal Corporation,* EU:C:1993:860

AG Jacobs en C-430 y 431/93, *Van Schijndel,* EU:C:1995:185.

AG Mengozzi en C-129/00 *Comisión c. Italia,* EU:C:2003:319

AG Kokott en C-175/06 *Tedesco c. Tomasoni Fittings Srl,* EU:C:2007:451

AG Mazák en C-360/09 *Pfleiderer,* EU:C:2010:782

AG Kokott en C-226/11 *Expedia,* EU:C:2012:544, TOL2.720.458

AG Jääskinen en C-536/11 *Bundeswettbewerbsbehörde contra Donau Chemie AG,* EU:C:2013:67

AG Kokott en C-557/12 *Kone AG c. ÖBB-Infrastruktur AG,* EU:C:2014:45

AG Kokott en C-73/16 *Puškár c. Finančné riaditeľstvo Slovenskej republiky,* EU:C:2017:253

AG Bobek en C-89/17 *Secretary of State for the Home Department c. Rozanne Banger,* EU:C:2018:225

AG Wahl en C-724/17 *Vantaan kaupunki c. Skanska Industrial Solutions Oy,* EU:C:2019:100

AG Bobek en C-64/20 *UH c. An tAire Talmhaíochta Bia agus Mara,* EU:C:2021:14

AG Kokott en C-61/21 *JP c. Ministère de la Transition Ecologique,* EU:C:2022:359

AG Szpunar en C-163/21 *Paccar,* EU:C:2022:286

AG Kokott en C-605/21 *Heureka Group as c. Google LLC,* EU:C:2023:695

AG Szpunar en C-632/22 *AB Volvo c. Transsaqui SL,* EU:C:2024:31

**TGUE**

T-24/90 *Automec Srl c. Comisión,* EU:T:1992:97

T-43/92 *Dunlop Slazenger,* EU:T:1994:19

## TEDH

*Brandstetter v Austria* (1993) 15 EHRR 378

*Mantonavelli contra France* App n.º 21497/93 (TEDH, 18 de marzo de 1997)

*CB v Austria*, App no 30465/06 (TEDH, 4 de abril de 2013)

*Arribas Antón contra España*, Demanda n.º 16563/11 (TEDH, 20 de enero de 2015)

*Barras contra Francia*, Demanda n.º 12686/10 (TEDH, 17 de marzo de 2015)

## Resoluciones nacionales (por fecha, desde la más antigua)

### España

#### *Tribunal Constitucional*

STC 118/1983, 13 de diciembre de 1983, TOL79.283

STC 48/1986, 23 de abril de 1986, TOL79.595

STC 68/1986, 27 de mayo de 1986, TOL79.614

STC 54/1987, 13 de mayo de 1987, TOL79.763

STC 102/1987, 17 de junio de 1987, TOL148.415

STC 34/1988, 1 de marzo de 1988, TOL80.145

STC 227/1991, 28 de noviembre de 1991, TOL80.614

#### *Tribunal Supremo*

STS 715/1991, 15 de octubre de 1991, ES:TS:1991:5386, TOL1.728.836

STS 1262/1993, 30 de diciembre de 1993, ES:TS:1993:9282, TOL1.663.061

STS 87/1994, 10 de febrero de 1994, ES:TS:1994:730, TOL1.664.900

STS 371/2000, 12 de abril de 2000, ES:TS:2000:3079, TOL4.926.877

STS 540/2000, 2 de junio de 2000, ES:TS:2000:4520, TOL4.973.905

STS 189/2001, 1 de marzo de 2001, ES:TS:2001:1582, TOL4.964.783

STS 1377/2007, 5 de enero de 2007, ES:TS:2007:171, TOL1.040.249

STS 696/2008, 29 de octubre de 2008, ES:TS:2008:6007, TOL1.401.633

STS 176/2011, 14 de marzo de 2011, ES:TS:2011:1798, TOL2.088.492

STS 241/2013, 9 de mayo de 2013, ES:TS:2013:1916, TOL3.671.048

STS 651/2013, 7 de noviembre de 2013, ES:TS:2013:5819, TOL4.042.197

STS 737/2014, 22 de diciembre de 2014, ES:TS:2014:5721, TOL4.708.581

STS 191/2015, 9 de enero de 2015, ES:TS:2015:191, TOL4.708.874

STS 138/2015, 25 de marzo de 2015, ES:TS:2015:1279, TOL4.828.170

STS 702/2013, 15 de diciembre de 2015, ES:TS:2015:5619, TOL5.616.029

STS 125/2016, 3 de marzo de 2016, ES:TS:2016:799, TOL5.662.067

ATS, 12 de abril de 2016, ES:TS:2016:2927A, TOL5.689.068

STS 488/2016, 14 de julio de 2016, ES:TS:2016:3449, TOL5.780.431

STS 615/2016, 10 de octubre de 2016, ES:TS:2016:4631, TOL5.859.976

STS 460/2017, 18 de julio de 2017, ES:TS:2017:2815, TOL6.209.579

ATS, 26 de febrero de 2019, ES:TS:2019:2140A, TOL7.092.030

ATS, 19 de marzo de 2019, ES:TS:2019:3430A, TOL7.153.396

ATS, 7 de octubre de 2022, ES:TS:2022:13837A, TOL9.253.380

ATS, 13 de octubre de 2022, ES:TS:2022:13976A, TOL9.259.968

ATS, 13 de octubre de 2022, ES:TS:2022:13977A, TOL9.259.771

ATS, 10 de mayo de 2023, ES:TS:2023:5577A, TOL9.556.756

STS 947/2023, 14 de junio de 2023, ES:TS:2023:2480, TOL9.607.325

***Audiencias Provinciales***

SAP Burgos, 7 de julio de 2000, ES:APBU:2000:1061

AAP Valencia, 23 de julio de 2001, ES:APV:2001:533A

APP Madrid, de 6 de julio de 2002, ES:APM:2002:1339A

SAP Barcelona, 24 de mayo de 2004, ES:APB:2004:6673, TOL462.222

SAP Lleida, 8 de mayo de 2005, ES:APL:2005:974, TOL6.337.095

SAP Cantabria, 1 de julio de 2005, ES:APS:2005:1441, TOL762.915

SAP Madrid, 2 de enero de 2006, ES:APM:2006:151, TOL830.034

SAP Madrid, 25 de mayo de 2006, ES:APM:2006:6773

SAP Baleares, 3 de octubre de 2006, ES:APIB:2006:1606, TOL1.005.521

SAP Bilbao, 28 de mayo de 2009, ES:APBI:2009:1161, TOL1.588.376

SAP Madrid, 28 de septiembre de 2009, ES:APM:2009:12167, TOL1.760.763

SAP Huelva, 1 de octubre de 2009, ES:APH:2009:825, TOL1.790.828

AAP Granada, 9 de noviembre de 2012, ES:APGR:2012:840A, TOL5.363.290

SAP Madrid, 29 de febrero de 2012, ES:APM:2012:3431, TOL2.497.650

SAP A Coruña, 9 de marzo de 2016, ES:APC:2016:417, TOL5.687.655

AAP Valencia, 4 de diciembre de 2019, ES:APVA:2019:1445A, TOL7.878.251

SAP Valencia 1679/2019, 16 de diciembre de 2019, ES:APV:2019:4151, TOL7.627.652

AAP Zaragoza, 19 de diciembre de 2019, ES:APZ:2019:2091, TOL7.639.435

SAP Barcelona 51/2020, 10 de enero de 2020, ES:APB:2020:201, TOL7.743.234

SAP Valencia, 23 de enero de 2020, ES:APV:2020:292, TOL7.864.062

SAP Barcelona, 17 de abril de 2020, ES:APB:2020:2567, TOL7.946.234

SAP Valencia 866/2020, 29 de junio de 2020, ES:APV:2020:3516, TOL8.218.124

AAP Granada, 24 de septiembre de 2020, ES:APGR:2020:947A, TOL8.313.864

SAP Pontevedra, 6 de octubre de 2020, ES:APPO:2020:1845, TOL8.206.824

AAP Valladolid, 19 de octubre de 2020, ES:APVA:2020:1101A, TOL8.301.672

AAP Vizcaya, 4 de noviembre de 2020, ES:APBI:20220:543A, TOL9.394.666

SAP Valencia, 17 de noviembre de 2020, ES:APV:2020:4230, TOL8.271.105

AAP Baleares, 12 de febrero de 2021, ES:APIB:2021:5A, TOL8.390.041

SAP Valencia, 22 de febrero de 2021, ES:APV:2021:585, TOL8.415.492

SAP Pontevedra 192/21, 30 de marzo de 2021, ES:APPO:2021:558, TOL8.442.686

SAP Murcia, 25 de marzo de 2021, ES:APMU:2021:650, TOL8.442.648

AAP Burgos, 19 de abril de 2021, ES:APBU:2021:369A, TOL8.507.859

SAP Valencia 433/2021, 20 de abril de 2021, ES:APV:2021:1209, TOL8.468.544

SAP Valencia 802/2021, 22 de junio de 2021, ES:APV:2021:2523, TOL8.578.221

SAP Málaga, 1 de julio de 2021, ES:APMA:2021:1238, TOL8.573.186

SAP Valladolid, 6 de julio de 2021, ES:APVA:2021:957, TOL8.569.271

SAP Valencia, 20 de julio de 2021, ES:APV:2021:3123, TOL8.651.199

SAP Valencia, 11 de noviembre de 2021, ES:APV:2021:4186, TOL8.778.457

SAP Madrid 43/2022, 28 de enero de 2022, ES:APM:2022:796, TOL8.899.618

AAP Barcelona, 28 de abril de 2022, ES:APB:2022:4486A, TOL9.410.052

SAP Madrid, 19 de mayo de 2022, ES:APM:2022:8315, TOL9.202.254

SAP Girona, 15 de junio de 2022, ES:APGI:2022:732, TOL9.135.675

AAP Vizcaya 743/2022, 30 de junio de 2022, ES:APBI:2022:462A, TOL9.385.171

SAP Barcelona, 15 de julio de 2022, ES:APB:2022:7680, TOL9.191.260

SAP Barcelona, 18 de julio de 2022, ES:APB:2022:7669, TOL9.191.249

SAP Madrid, 13 de enero de 2023, ES:APM:2023:40, TOL9.393.540

SAP Valencia, 23 de febrero de 2023, ES:APV:2023:502, TOL9.546.315

SAP Madrid, 3 de marzo de 2023, ES:APM:2023:4338, TOL9.513.784

AAP Baleares, 3 de marzo de 2023, ES:APIB:2023:6A, TOL9.513.501

SAP Madrid, 9 de marzo de 2023, ES:APM:2023:5572, TOL9.556.825

SAP Pontevedra, 27 de marzo de 2023, ES:APPO:2023:482, TOL9.570.314

SAP Valencia 318/2023, 24 de mayo de 2023, ES:APV:2023:1891, TOL9.702.017

AAP Barcelona 105/2023, de 28 de septiembre (no publicada)

***Juzgados de lo Mercantil***

SJM5 Madrid, 11 de noviembre de 2005, ES:JMM:2005:70, TOL951.702

SJM3 Barcelona, 6 de junio de 2018, ES:JMB:2018:228, TOL6.643.427

AJM1 A Coruña, 19 de noviembre de 2018 (no publicada)

SJM1 Zaragoza, 13 de diciembre de 2018, ES:JMZ:2018:4752, TOL7.151.458

SJM3 Valencia, 20 de febrero de 2019, ES:JMV:2019:34, TOL7.100.635

SJM3 Valencia, 4 de junio de 2019, ES:JMV:2019:48A, TOL7.389.234

AJM1 Pontevedra, 26 de julio de 2019, ES:JMPO:2019:69A, TOL7.496.533

AJM1 San Sebastián, 2 de octubre de 2019 (no publicada)

AJM4 Valencia, 2 de octubre de 2019 (no publicada)

SJM3 Valencia, 10 de diciembre de 2019, ES:JMV:2019:4122, TOL7.785.163

SJM3 Valencia, 12 de febrero de 2020 (no publicada)

AJM3 Valencia, 3 de marzo de 2020, ES:JMV:2020:21A, TOL7.967.317

AJM3 Valencia, 28 de mayo de 2020, ES:JMV:2020:391A, TOL8.468.562

SJM3 Valencia, 15 de septiembre de 2020, ES:JMV:2020:5922, TOL8.482.480

SJM3 Valencia, 18 de noviembre de 2020 (no publicada)

AJM10 Barcelona, 23 de noviembre de 2020, ES:JMB:2020:334A, TOL8.354.102

SJM3 Barcelona, 22 de enero de 2021, ES:JMB:2021:562, TOL8.423.821

SJM1 Oviedo, 12 de abril de 2021, ES:JMO:2021:3265, TOL8.491.817

AJM3 Valencia, 10 de mayo de 2021, ES:JMV:2021:681A, TOL8.421.574

AJM1 Santander, 14 de mayo de 2021, ES:JMS:2021:1849A, TOL8.521.113

AJM3 Barcelona, 1 de diciembre de 2021, ES:JMB:2021:4168A, TOL8.769.181

SJM1 Oviedo, 20 de enero de 2022, ES:JMO:2022:828, TOL8.907.421

SJM3 Valencia, 21 de octubre de 2022, ES:JMV:2022:9610, TOL9.267.339

AJM3 Barcelona, 28 de octubre de 2022 (no publicada)

SJM1 de Oviedo, 27 de febrero de 2023, ES:JMO:2023:144, TOL9.459.089

SJM1 Oviedo, 29 de mayo de 2023, ES:JMO:2023:1874, TOL9.693.791

SJM3 Barcelona 6/2024, 12 de enero de 2024 (no publicada)

**Reino Unido**

***Supreme Court***

*Callery v Gray (Nos 1 and 2)* [2002] UKHL 28

*Kennedy v Cordia (Services) LLP* [2016] UKSC 6

*R (in the application of UNISON) v Lord Chancellor* [2017] UKSC 51

*Mastercard Incorporated v Merricks* [2020] UKSC 51

*Sainsbury's Supermarkets Ltd v Mastercard Inc* [2020] UKSC 24

*Lloyd v Google LLC* [2021] UKSC 50

### Court of Appeal

*Compagnie Financière et Commerciale du Pacifique v Peruvian Guano Co* [1882] 11 QBD 55

*Naylor v Preston Area Health Authority* [1987] 1 WLR 858

*Liddell v Middleton* (1996) PIQR P36 CA, 43

*D (A Child) v Walker* [2000] 1 WLR 1382 CA

*Black contra Sumitomo Corporation* [2001] EWCA Civ 1819

*Peet v Mid Kent Area Healthcare NHS Trust* [2001] EWCA Civ 1703

*R v Secretary of State for Transport ex parte Factortame* [2002] EWCA Civ 932

*B v B* [2005] EWCA Civ 237

*Emerson Electric Co v Morgan Crucible Co plc* [2012] EWCA Civ 1559

*Fred Perry v Brands Plaza* [2012] EWCA Civ 224

*Mitchell v News Group Newspapers Ltd* [2013] EWCA Civ 1537

*Denton v TH White Ltd* [2014] EWCA Civ 906

*Sainsbury's v Mastercard Inc* [2018] EWCA 156 (Civ)

*iiyama v Samsung* [2018] EWCA

*BritNed Development Ltd v ABB AB* [2019] EWCA Civ 1840

*Liverpool Victoria Insurance v Zafar* [2019] EWCA Civ 392

*Griffiths v TUI UK* [2021] EWCA Civ 1442

*Le Patourel v BT Group plc* [2022] EWCA Civ 593

*LSER v Gutmann* [2022] EWCA Civ 1077

*MOL (Europe Africa) Ltd v Mark McLaren Class Representatives Ltd* [2022] EWCA Civ 1701

*UK Trucks Limited v Stellantis NV (Formerly Fiat Chrysler Automobiles NV)* [2023] EWCA Civ 875

*Evans v Barclays Bank plc* [2023] EWCA Civ 876.

### High Court

*National Justice Compañía Naviera SA v Prudential Assurance Co Ltd* [1993] 2 Lloyd's Rep 68

*Barings plc v Coopers & Lybrand (No 2)* [2001] Lloyd's Rep Bank 85

*Pearce v Ove Arup Partnership Ltd* (Copying) (2002) 25(2) IPD

*XYZ v Schering Health Care* [2002] EWHC 1420 (QB)

*Provimi Limited v Aventis Animal Nutrition SA* [2003] ECC 29

*Devenish etc.* v *Sanofi-Aventis etc.*, [2007] EWHC 2394 (Ch)

*Digicel (St Lucia) Ltd v Cable & Wireless Plc* [2008] EWHC 2522 (Ch)

*Bookmakers Afternoon Greyhound Services v Amalgamated Racing Ltd* [2008] EWHC 1978 (Ch)

*Multiplex Construction (UK) Ltd v Cleveland Bridge (UK) Ltd* [2008] EWHC 2220

*KME Yorkshire Limited v Toshiba Carrier UK Ltd* [2012] EWHC 731 (Ch)

*Gotch v Enelco Ltd* [2015] EWHC 1802 (TCC)

*British Airways Plc v Spencer* [2015] EWHC 2477 (Ch)

*Emerald Supplies v British Airways plc* [2015] EWHC 2904 (Ch)

*RBS Rights Issue Litigation* [2015] EWHC 3433 (Ch)

*Positec Power Tools v Husqvarna* [2016] EWHC 1061

*Streetmap.EU Ltd v Google Inc* [2016] EWHC 253 (Ch)

*Bank of Ireland v Watts Group* [2017] EWHC 1667 (TCC)

*VSW Ryder* [2018] EWHC 1994

*Suez Groupe SAS v Fiat Chrysler NV, Veolia Environnement v Fiat Chrysler NV, Wolseley UK Ltd. v Fiat Chrysler NV, Ryder Ltd v MAN SE* [2018] EWHC 1994

*BritNed Development Ltd v ABB AB* [2018] EWHC 2913 (Ch).

*UTB LLC v Sheffield United Ltd* [2019] EWHC 914 (Ch)

*McParland & Partners Ltd v Whitehead* [2020] EWHC 298 (Ch),

*Phones 4U Ltd (in administration) v EE Ltd* [2021] EWHC 2879.

*JJH Enterprises Limited (trading as ValueLicensing) v Microsoft Corp* [2022] EWHC 929

Competition Appeal Tribunal

*Enron v English Welsh & Scottish Railway* [2009] CAT 36

*British Telecommunications plc v Office of Communications* [2010] CAT 17

*Emerson Electric Co v Morgan Crucible Co plc* [2011] CAT 4

*2 Travel Group plc (in liquidation) v Cardiff City Transport Services Ltd* [2011] CAT 44

*HCA International Ltd v Competition Markets Authority* [2014] CAT 11

*Sainsbury's Supermarkets Ltd v Mastercard Inc* [2016] CAT 11

*Peugeot SA v NSK Ltd* [2017] CAT 2

*Peugeot SA v NSK Ltd* [2018] CAT 3

*Ryder Ltd v MAN SE* [2020] CAT 3

*Michael O'Higgins FX Class Representative Ltd v Barclays Bank plc* [2022] CAT 16

*UK Trucks Claim Ltd v Stellantis NV* [2022] CAT 25

*Royal Mail Group Ltd v DAF Trucks Ltd* [2023] CAT 6

*PSA Automobiles y otros c. Autoliv AB y otros* [2023] CAT 66

## Holanda

Sentencia del Tribunal de Distrito de Ámsterdam de 12 de mayo de 2021, NL:RBAMS:2021:2391

## EEUU

*Hanover Shoe, Inc. v. United Shoe Mach. Corp.*, 392 U.S. 481 (1968)

*Illinois Brick Co v. Illinois,* 431 U.S. 720 (1977)

*Daubert v Merrell Dow Pharmaceuticals* 509 US 579

# *Prólogo*

En un lapso muy breve de tiempo las reclamaciones de daños derivados de infracciones a las normas sobre competencia se han convertido en una realidad cotidiana ante nuestros tribunales y en uno de los temas de estudio preferidos por los académicos. La razón es obvia: la aprobación de la Directiva 2014/104 y su posterior incorporación a los ordenamientos nacionales de los Estados miembros han servido para hacer aflorar un nicho de litigación que está sabiendo ser aprovechado por un sector muy activo de la abogacía, cada vez más pendiente de las resoluciones de la Comisión Europea y de los organismos reguladores de los Estados miembros. A medida que aquellas van detectando y sancionando prácticas colusorias en los más diversos ámbitos de la vida económica se abren paso las correspondientes sagas de litigación masiva (primero los camiones, ahora los coches, y así sucesivamente), que amenazan con saturar por oleadas nuestros tribunales mercantiles.

La experiencia acumulada en estos últimos años, sumada al aluvión de producción científica sobre esta materia, hacen aconsejable enfrentarse a ella de una manera diferente, que aporte auténtico valor añadido al trabajo. Se trata, ante todo, de superar una fase inicial de mera descripción del régimen legal —ya no tan novedoso— o de mero comentario de algunas resoluciones judiciales, para efectuar un diagnóstico completo de la realidad, que revele en qué medida la legislación procesal vigente —tanto la general, como la especial— está cumpliendo su función instrumental. Es necesario, en definitiva, tener claro hasta qué punto nuestro sistema está equipado para servir genuinamente a una eficaz resolución de las controversias en este ámbito. Detectadas las deficiencias, el paso siguiente es identificar sus posibles causas para poder contribuir a la mejora, a través de propuestas que sean sensatas y, sobre todo, factibles.

Este es justamente el enfoque seguido por Paul Hitchings en este trabajo: estudiar la dimensión procesal de las acciones por daños *antitrust* ante los tribunales españoles con el propósito último de mejorarla. Este análisis se hace, además, desde el manejo de dos herramientas básicas e imprescindibles en una materia como esta.

En primer término, se aborda el estudio de la litigación privada *antitrust* desde su dimensión europea, esto es, teniendo claro que la normativa sustantiva a la que se pretende dar efectividad procede del legislador europeo, aunque haya pasado por el tamiz del legislador nacional en el momento de su incorporación. Este dato es crucial, porque obliga a tener en cuenta los objetivos perseguidos a nivel europeo con este tipo de acciones e impone al intérprete unos criterios interpretativos parcialmente diferentes a los que se manejan cuando se opera con normas estrictamente nacionales. Los jueces españoles ante los que se sustancian procesos de reclamación de daños derivados de la existencia de conductas anticompetitivas están aplicando normas concebidas para lograr ciertos objetivos definidos por el legislador europeo y, por ello, están ligados por el tan traído y llevado principio de efectividad. El propio legislador europeo, cuando logró sentar en 2014 el contenido y alcance del derecho al resarcimiento de los daños *antitrust*, era plenamente consciente de la importancia de los instrumentos procesales para asegurarse de que su política legislativa en el terreno de lo sustantivo —que las empresas asuman las consecuencias de las prácticas anticompetitivas y, a la postre, dejen de incurrir en ellas— no quedara en agua de borrajas por dificultades procesales. Esto explica por qué son tan numerosas y relevantes las normas procesales de la Directiva 2014/104, así como las adoptadas a nivel interno para trasponerla: se quería asegurar que los litigantes y los tribunales tuvieran a su disposición un *minimum* instrumental para hacer posible en la práctica la obtención de la tutela que corresponde ante infracciones concurrenciales. Esta dimensión europea de las normas procesales especiales es un factor clave para un trabajo como el presente: es preciso interpretarlas y aplicarlas con arreglo a los cánones propios del Derecho de la Unión Europea, esto es, teniendo claro que se han adoptado con la finalidad clara de hacer efectiva la satisfacción ante los tribunales del derecho al resarcimiento.

La segunda herramienta a mi juicio imprescindible para abordar con solvencia un trabajo como este es el enfoque comparado. Desde una perspectiva primordialmente funcionalista, es esperable que un estudio que aspire a ofrecer propuestas de mejora tenga en cuenta la experiencia de otros sistemas jurídicos, tanto en lo relativo a los problemas como a las soluciones. No se trata, en modo alguno, de limitarse a describir lo que prevén las normas de los países de nuestro entorno, sino que es necesario bastante más. Ante todo, es preciso seleccionar con sensatez cuál o cuáles van a ser los términos de comparación: Paul Hitchings ha optado, en este caso, por servirse de la experiencia inglesa; y se trata de una decisión acertada, porque la regulación y la praxis acumulada en el marco de los litigios ante el *Competition Appeal Tribunal* ofrecen un muestrario muy rico e interesante de problemas y soluciones con los que afrontar la realidad española. Lo mismo puede decirse del manejo que se hace de las *European Rules of Civil Procedure* (Reglas Modelo Europeas), aprobadas en 2020 por UNIDROIT y el *European Law Institute* (ELI), en la medida en que ofrecen un compendio de buenas reglas y de buenas prácticas, que conviene igualmente tener en cuenta al tratar de ofrecer soluciones a problemas procesales concretos. No se trata, en relación con ninguno de los términos de referencia, de proponer soluciones de "copia y pega", pues no consiste en eso el enfoque metodológico comparado; pero sí de aprovechar con inteligencia las *rationes* que subyacen a las soluciones eficaces y a las buenas prácticas, para explorar el modo de hacerlas operativas en el sistema jurídico tratado. Así lo hace Paul, con prudencia e inteligencia.

Sobre estas bases y con estas premisas, el trabajo se centra en detectar los principales problemas a los que se está enfrentando la litigación por daños *antitrust* en nuestro país y en plantear posibles soluciones que resulten factibles dentro del marco legal existente. A estas alturas no podemos conformarnos con meros brindis al sol, reclamando una mayor dotación de medios materiales y humanos para nuestros tribunales. De forma diversa, Paul Hitchings realiza un esfuerzo diferente y mucho más útil, explorando la posibilidad de hacer determinadas cosas de modo diferente para alcanzar resultados mejores de los que aporta el modo en que las cosas se han venido haciendo hasta ahora.

Basta con leer el índice del libro para identificar cuáles son esos aspectos en relación con los cuales es posible activar mecanismos de mejora que resulten factibles a corto plazo. El más interesante es, sin duda, el relativo a la gestión procesal, pues es el verdadero eje vertebrador de las propuestas. En este punto, el *leitmotiv* del trabajo es la aceptación de mayores márgenes de flexibilidad en la aplicación de ciertas reglas procesales que condicionan en la práctica el funcionamiento de estos procesos. No propone el autor inventar reglas nuevas, o improvisarlas —como han intentado hacer en algunas ocasiones nuestros tribunales—, pero sí tener en cuenta cuál es el objetivo último del proceso: así se ve, por ejemplo, con sus sugerencias en relación con la acumulación de acciones y de procesos, o con el mejor momento para plantear el acceso a fuentes de prueba y la posterior aportación y discusión contradictoria de los informes periciales.

Es habitual caer en la tentación de considerar que el sector de la litigación que uno estudia en un momento determinado necesita normas y criterios especiales, distintos de los ordinarios. No es, sin embargo, un vicio en el que haya incurrido Paul Hitchings. De un lado, porque sería legítimo exigir especialidades para los litigios en reclamación de daños *antitrust,* dado el origen europeo de las normas y el mandato de efectividad que de ello se deriva. Pero, sobre todo, porque en rigor las propuestas de flexibilización que se hacen son, en la mayoría de los casos, susceptibles de generalización y de trasvase a cualesquiera otros ámbitos de litigación: se trata, en definitiva, de recomendaciones de buenas prácticas, cuya implementación solo requiere compromiso y voluntad por parte de los sujetos implicados en la litigación (jueces, abogados y personal de la oficina judicial). En algunos extremos, de hecho, son recordatorios de reglas generales cuya vigencia no está de más reiterar, como sucede con el carácter indelegable de la función de juzgar, que debería inspirar con mayor vigor la práctica en relación con la prueba pericial.

En definitiva, tiene el lector ante sí una obra que reúne todas las virtudes del buen trabajo académico en materia jurídica y, más en concreto, en materia jurídica procesal: es un trabajo honesto, serio y riguroso, bien documentado, bien estructurado y bien razonado, guiado por el propósito de mejorar el sector de la realidad sobre el que se proyecta. Y no es casualidad que así sea, conociendo al autor y habiendo sido testigo directo de la gestación de este trabajo. Paul Hitchings es un jurista completo, de sólida formación y que ha acreditado una madurez excepcional en los sectores sobre los que se ha proyectado su actividad profesional como abogado. No tendría, pues, nada que demostrar en relación con su valía y sus cualidades, pero decidió embarcarse en la aventura de la elaboración de una tesis doctoral, guiado por la voluntad de seguir aprendiendo y de estructurar con formato académico todo el bagaje del que había venido haciendo acopio. Tuve la suerte de ser el director de la tesis que, con las debidas adaptaciones, se presenta ahora en formato de monografía. Realizar una tesis doctoral es una tarea exigente, especialmente para quien tiene una vida profesional de la que seguir ocupándose. Durante sus años de doctorado, sin embargo, Paul ha trabajado como un genuino doctorando a tiempo completo, ha participado activamente en encuentros y reuniones científicas, aprovechando al máximo las oportunidades formativas que el proceso doctoral le ha ofrecido. La suya, de hecho, es una tesis con mención internacional, que se ha enriquecido con estancias activas en Londres y Luxemburgo, que le han servido para acceder a información y relacionarse con académicos de otros contextos. Todo ese esfuerzo ha redundado en la magnífica calidad de su tesis y así lo reconocieron los miembros del tribunal que la enjuició el 18 de diciembre de 2023 en la Facultad de Derecho de la Universidad Complutense de Madrid: María Luisa Villamarín López, Ignacio Sancho Gargallo, Elena D'Alessandro, Enrique Vallines García y Pieter Van Cleynenbreugel. De forma unánime la valoraron con la máxima calificación de Sobresaliente *cum laude* y recomendaron su publicación, para que la comunidad jurídica pudiera aprovecharse de sus aportaciones.

Y esto es justamente lo que está haciendo el autor ahora, con la inteligente complicidad de la editorial Tirant lo Blanch. Solo me queda, pues, recomendar al lector que lo lea con calma, con la confianza de que disfrutará y, sobre todo, de que aprenderá y tendrá la sensación de haber adquirido ideas y herramientas que le ayudarán a mejorar en su actividad profesional.

En Madrid, a 1 de marzo de 2024

FERNANDO GASCÓN INCHAUSTI
*Catedrático de Derecho Procesal*
*Universidad Complutense de Madrid*

# *Presentación*

Tengo el honor y la satisfacción de presentar un libro de sumo interés, por el tema sobre el que versa (la litigación privada en Derecho de la Competencia), y de gran actualidad, por el momento en que aparece (tras la experiencia generada con la litigación del llamado cártel de los camiones).

El libro analiza un Derecho nuevo que, partiendo del Reglamento CE 1/2003, proviene esencialmente de la trasposición de la Directiva 2014/104/UE, mediante el Decreto Ley 9/2017, de 26 de mayo, que pretendía facilitar las acciones privadas de Derecho de la competencia, con una lógica incidencia en la normativa procesal existente. Cómo muy bien se explica en la primera parte del libro, es probablemente el intento más relevante, hasta la fecha, de armonización de las legislaciones procesales de los Estados miembros de la UE. Una armonización cuya mayor o menor efectividad se está empezando a poner en evidencia en los escasos diez años de vigencia de la Directiva, como consecuencia de un caso, el cártel de los camiones, que está suponiendo un verdadero banco de pruebas sobre el sentido y alcance de la armonización. Un ejercicio masivo de acciones en toda Europa y en especial en España, permite analizar si el traje previsto en la Directiva se ajusta bien y si cumple la finalidad prevista.

Esa primera parte del libro, que contiene una exposición completa y clara del Derecho europeo y de la Competencia, de su normativa y de la jurisprudencia del TJUE, permite entender mejor el análisis que luego se hace del resultado práctico de la trasposición de la Directiva en España, a la vista también de la autonomía procesal no afectada por la Directiva. Para este análisis que ha permitido advertir las luces y sombras de nuestro sistema procesal, resulta de gran interés el estudio contenido en la parte segunda, sobre la experiencia en el Reino Unido, no en vano ese foro tiene una mayor tradición en el ejercicio de esta clase de acciones y en el nuestro tenemos mucho que aprender de su práctica (en un doble sentido, de lo que podría funcionar aquí y de lo que no).

La experiencia vivida en estos años en España muestra que un fenómeno de nuestro tiempo, la litigación en masa, ha incidido en la aplicación que del Derecho europeo de la Competencia se está haciendo en nuestro país. El libro contiene análisis muy interesantes, sobre todo en relación con la gestión de los procedimientos y la práctica de la prueba, especialmente la pericial para el cálculo del daño, que no niego me han hecho pensar y que a cualquier lector interesado en la materia le tienen que hacer pensar.

Tanto el enfoque de este estudio, como la exhaustividad de su análisis y la sobriedad y precisión de su exposición, son debidos a la formación de su autor y a la calidad del trabajo. Paul Hitchings es un jurista experimentado, con una sólida formación académica tanto en derecho anglosajón, como en el de la Unión Europea y español, que para gozo de nuestra comunidad jurídica, decidió centrar en esta materia su tesis doctoral, fruto de la cual es el presente libro.

Solo me queda agradecer al autor el trabajo empleado para alumbrar este libro, de lectura muy conveniente, por no decir imprescindible, para cualquier interesado en la materia.

IGNACIO SANCHO GARGALLO
Madrid, 28 de febrero de 2024

# *Introducción*

Los pleitos civiles en el ámbito del Derecho de la competencia han experimentado un enorme crecimiento en los últimos 6-7 años en Europa, desde la trasposición de la Directiva 2014/104 en 2016-2017. Se trata de una segunda fase en el desarrollo de la aplicación privada del Derecho de la competencia en la UE, centrada anteriormente en tres principales jurisdicciones del norte de Europa: el Reino Unido, los Países Bajos y Alemania. En esta segunda fase, hemos sido testigos no solo de un notable aumento en la interposición de demandas por daños y perjuicios, así como de otras acciones civiles, sino también de la progresiva aparición en este ámbito de unas "nuevas" jurisdicciones continentales como foros para litigar, incluida, muy especialmente, España.

Esta nueva ola de litigios se ha caracterizado por una serie de peculiaridades esenciales. Entre ellas: el planteamiento de cuestiones jurídicas y fácticas complejas a las que los tribunales deben dar respuesta (normalmente, con la ayuda de informes periciales); demandas masivas referidas a los supuestos efectos de infracciones en mercados enteros y, en ocasiones, en distintos eslabones del mismo mercado; cuantías económicas significativas (aunque repartidas, a veces, entre demandas de baja cuantía individual); una dimensión internacional, que va desde las diferentes nacionalidades de las partes hasta la existencia de litigios paralelos en distintos tribunales de la UE (e incluso del mundo); y el crecimiento de una nueva industria de litigios con fuertes incentivos económicos, incluidos los de bufetes de abogados (tanto del lado de demandantes como demandados), peritos (auditores, economistas, etc.) o empresas de servicios asociados (recopiladores de datos, administradores de reclamaciones, liquidadores o fondos de litigación).

Esto, a su vez, ha puesto rápidamente sobre el tapete algunos retos fascinantes para los sistemas judiciales nacionales en su aplicación del Derecho de la competencia. ¿Cómo garantizar un acceso proporcionado y equitativo a la justicia? ¿Cómo garantizar la aplicación efectiva del Derecho de la competencia de la Unión? ¿Cómo garantizar que las cuestiones controvertidas en el litigio se ventilan adecuadamente? ¿Cómo lograr consistencia y eficacia en la resolución de controversias? ¿Cómo facultar a los jueces adecuadamente para esta tarea? ¿Cómo evitar la mercantilización de la justicia? ¿Cómo garantizar la independencia del poder judicial, o de peritos u otros actores, con respecto a demandas con importantes implicaciones sociales o económicas? ¿Cómo abordar los posibles conflictos de intereses de los diferentes actores implicados en el proceso?

El objetivo de esta investigación no es intentar responder a todas estas preguntas ni a la infinidad de otras cuestiones interesantes que pueden surgir. Nuestro objetivo es más humilde. Pero a la vez concreto y práctico. Se trata de ofrecer una contribución al debate jurídico acerca de cómo el Derecho europeo influye en el proceso civil nacional en este campo, centrando la atención en las cuestiones más relevantes para la práctica.

Es obvio que la aplicación del Derecho de la competencia comunitario por parte de los órganos jurisdiccionales nacionales (la aplicación privada) implica la aplicación por su parte del Derecho de la UE; como también sucede ahora en casos de aplicación del Derecho de la competencia nacional. Sin embargo, lo que es menos obvio es hasta qué punto el Derecho de la UE determina la forma en que los sistemas judiciales nacionales deben llevar a cabo esa tarea. Dichos sistemas lo hacen empleando mecanismos procesales nacionales y aplicando el Derecho procesal nacional. Están influidos por la tradición y cultura jurídicas propias del país. Esto es normal y legítimo. Es justamente la estructura institucional organizada a través de dos niveles que el ordenamiento jurídico de la UE ha decidido emplear desde su nacimiento. Sin embargo, este relato sólo es cierto en parte. Los órganos jurisdiccionales nacionales que aplican el Derecho de la competencia de la UE están encargados de aplicar el Derecho primario y derivado de la UE, incluidas las disposiciones del Tratado y los principios generales del Derecho comunitario tal y como los interpreta el TJUE, y de hacerlo teniendo en cuenta la política y la práctica legislativas (y administrativas) de la UE. El marco jurídico de la UE en el que actúan incluye normas y principios procesales. Y lo hace cada vez más. De hecho, el proceso civil es fundamental para la aplicación privada del Derecho de la competencia de la UE, por lo que es inseparable de los objetivos del Derecho sustantivo de la UE en este ámbito. Además, se ve influido directa (a través de las normas procesales de la UE) e indirectamente (a través de los principios, políticas y prácticas procesales de la UE) por el creciente corpus de Derecho procesal de la UE.

En consecuencia, la pregunta a la que trato de responder en este estudio es la siguiente: ¿cuál es el impacto del Derecho de la UE sobre el procedimiento civil nacional en la aplicación privada del Derecho de la competencia? Para que este ejercicio potencialmente inabordable sea viable y útil, en términos prácticos, me centraré, en particular, en una de las cuestiones centrales de casi cualquier litigio de aplicación privada: la cuantificación del daño.

Comenzaremos abordando esta cuestión con una investigación exhaustiva de las normas y principios pertenecientes al Derecho UE, tanto la normativa europea en materia de proceso civil en general, como las normas procesales específicas desarrolladas en virtud de las normas de competencia del Tratado ("*lex especialis*"). Lo haremos prestando especial atención a la cuestión de cuál es la relevancia y aplicación práctica de estas normas y principios procesales a las acciones privadas en materia de daños. Estas cuestiones procesales, en efecto, son críticas para los pleitos de competencia, y se están convirtiendo en un tema central del debate jurídico y de la jurisprudencia en este ámbito. Sin embargo, hasta la fecha, a mi juicio, no han recibido suficiente atención académica.

El análisis se nutrirá también de otra fuente de Derecho, esta vez de Derecho comparado. Investigaremos la amplia experiencia de los tribunales y del sistema procesal civil del Reino Unido en la aplicación del Derecho de la competencia de la UE. Nos centraremos en los recientes avances institucionales y procesales que inciden directamente en la cuestión que hemos planteado. El examen de la experiencia del Reino Unido ofrece la oportunidad de abordar nuestro tema desde una perspectiva muy diferente pero, como veremos, en un contexto en el que la legislación y la política tanto en el Reino Unido como en los países de la UE están gravitando hacia puntos similares de compromiso y equilibrio, impulsadas por preocupaciones y objetivos similares.

Por último, abordaremos las implicaciones del Derecho de la UE, con la ayuda del Derecho comparado del Reino Unido, para la aplicación privada del Derecho de la competencia en España. Nuestra investigación incluirá un análisis en profundidad de los principales retos a los que se enfrenta el sistema español y de las soluciones iniciales que empiezan a airear tanto profesionales como tribunales y responsables políticos en este campo.

La cuantificación de daños, el principal foco de nuestra atención, plantea importantes cuestiones procesales que aquí se examinan. Entre ellas se incluyen: el acceso a fuentes de prueba (o lo que se conoce en el Derecho inglés como *disclosure*); las normas y prácticas relativas a la presentación de pruebas periciales; los métodos de valoración de dichas pruebas, etc. La tarea judicial de enjuiciar las acciones civiles también se ve influida indirectamente, pero de manera muy real, por la forma en que se tramitan y gestionan los procesos, tanto en un sentido amplio (organización judicial, competencia objetiva y territorial, acumulación de acciones o procesos, etc.) como en un sentido más concreto (plazos, hitos procesales, admisión y práctica de la prueba, confidencialidad, etc.). Todas estas cuestiones —*case management*, *disclosure* y la prueba pericial— serán objeto de nuestro análisis. A primera vista, están sujetas a normas procesales más rígidas y mucho menos flexibles en España que en una jurisdicción de *common law* como el Reino Unido. Sin embargo, como veremos, en ambos países ya soplan vientos de cambio interesantes, que consideraremos e intentaremos aprovechar, relacionados, por ejemplo, con la práctica judicial, propuestas legislativas, protocolos de gestión procesal, etc.

Nuestro objetivo, finalmente, es ofrecer recomendaciones de buenas prácticas sobre cómo abordar los retos procesales de la aplicación privada del Derecho de la competencia, en línea con las exigencias del Derecho de la UE, y en la medida de lo posible sin exigir una reforma previa de la ley en nuestro país. Pretendo así ofrecer una contribución al debate en curso en España (y en la UE) sobre esta cuestión, así como herramientas prácticas y propuestas para su solución.

España se ha convertido en los últimos años en una jurisdicción popular para los pleitos civiles *antitrust* y ofrece un excelente caso de laboratorio para abordar los retos y las posibles soluciones que plantea la aplicación del Derecho de la competencia de la UE a través del proceso civil nacional. De hecho, muchos de los retos a los que nos enfrentamos en España son compartidos por la mayoría de las demás jurisdicciones de la UE. Además, las soluciones exigidas —o al menos influidas— por el Derecho de la UE han de ser, en la medida de lo posible, soluciones comunes y coherentes, sin dejar de atender a las importantes particularidades nacionales, fruto de siglos de desarrollo jurídico. De hecho, este trabajo llega en un momento en el que una mayor uniformidad en la práctica procesal se ha convertido en una prioridad política, pero en el que el consenso se ha alejado de la adopción de fuertes normas de armonización desde arriba ("*top-down*") hacia una evolución pragmática y orgánica desde abajo ("*bottom-up*"), basado en cuestiones de principio y en el desarrollo de buenas prácticas. Este movimiento es de especial relevancia en asuntos de litigación compleja y más aún cuando se refiere al Derecho común de la UE, como en el caso del Derecho de la competencia.

# PRIMERA PARTE
# EL MARCO JURÍDICO DE LA UNIÓN

# A. *Derecho Procesal Civil de la UE*

El ordenamiento jurídico de la UE genera a favor de las personas derechos materiales, e impone a la vez obligaciones, incluyendo, en particular, en el ámbito del Derecho de la competencia. Sin embargo, no dispone de un sistema propio de tribunales civiles para hacer cumplir esos derechos. En su lugar, la Unión se apoya en los Estados miembros, cada uno de los cuales "aporta su propio sistema judicial para garantizar la aplicación y el cumplimiento efectivos del Derecho [de la Unión]"[1]. De este modo, los órganos jurisdiccionales nacionales son los tribunales "ordinarios" de la UE ante los que se resuelven los litigios privados relativos a la aplicación de las disposiciones del Derecho de la Unión[2].

Al mismo tiempo, todo tribunal nacional es verdaderamente un tribunal de justicia de la UE que tiene el deber y la capacidad de aplicar el Derecho de la Unión en acciones privadas bajo la supervisión y las directrices del TJUE en virtud del mecanismo

---

1 Lenaerts, K., "The Rule of Law and the Coherence of the Judicial System of the European Union" (2007) 44 CML Rev. 1625, 1625.

2 Ese es el caso en aquellos ámbitos en los que no se ha atribuido la competencia al TJUE, de conformidad con el artículo 274 del TFUE. "Tribunales ordinarios" es el término empleado por el TJUE en el Dictamen 1/09 y excluye la posibilidad de que los Estados miembros deleguen funciones jurisdiccionales relacionadas con la aplicación del Derecho de la UE en otros órganos jurisdiccionales en virtud, por ejemplo, de un acuerdo internacional, como en el caso del propuesto Tribunal Unificado de Patentes, EU:C:2011:123; [2011] Rec. p. I 1137, apartado 80. Véase también: Lenaerts, K., Masells, I., y Gutman, K., *EU Procedural Law* (Nowak, J. T., (ed.), OUP 2014), Apdo. 1.04: "los órganos jurisdiccionales nacionales son, en efecto, el 'eje central' del sistema judicial de la Unión Europea. Pueden considerarse los tribunales ordinarios de la Unión".

establecido en el artículo 267 del TFUE, por el que los órganos jurisdiccionales nacionales pueden solicitar al Tribunal que se pronuncie, con carácter prejudicial, sobre una cuestión de interpretación del Derecho de la Unión relativo a un procedimiento concreto del que estén conociendo. De hecho, cabe destacar que todo órgano jurisdiccional nacional tiene un derecho autónomo e ilimitado a solicitar la orientación del TJUE sobre cuestiones de interpretación del Derecho de la Unión, incluso aunque ello implique cuestionar la validez del Derecho nacional o la aplicación de la ley por los órganos jurisdiccionales nacionales de rango superior[3]. Tal y como lo expresara un juez del TJUE, el ordenamiento jurídico de la UE verdaderamente "invade la jerarquía del sistema judicial nacional"[4].

En este sentido, los órganos jurisdiccionales de los Estados miembros forman parte de un sistema judicial completo e interdependiente con el TJUE, y todos ellos están encargados de proteger el ordenamiento jurídico de la UE, y asegurar la tutela judicial efectiva así como el Estado de Derecho[5].

Como recordaremos en esta sección, el Derecho de la Unión impone limitaciones a los ordenamientos jurídicos nacionales de los Estados miembros: en concreto, bajo la forma de los principios de equivalencia y efectividad y el derecho a la tutela judicial efectiva. Al mismo tiempo, estamos asistiendo al desarrollo de un incipiente corpus de directrices, principios y normas procesales que son propios del Derecho de la Unión. Toda esta actividad se ve justificada por un objetivo jurídico fundamental, a saber, el

---

[3] Asunto 166/73 *Rheinmühlen-Düsseldorf* EU:C:1974:3; [1974] Rec. p. 33, confirmado por el asunto C-173/09 *Elchinov* EU:C:2010:336. Para un análisis más amplio, véase: Donnelly, C., y de la Mare, T., "Preliminary Rulings and EU Legal Integration", en Craig, P., y de Búrca, G., (eds.), *The Evolution of EU Law* (3ª ed. OUP 2021).

[4] Rosas, A., "The National Judge as EU Judge: Some Constitutional Observations" (2014) *67 SMU L Rev.* 717.

[5] Véanse, a tal efecto, los apartados 66-70 del Dictamen 1/09 (n. 2) y el artículo 19(1) TUE.

de garantizar, en la aplicación del Derecho de la Unión por los órganos jurisdiccionales nacionales, que se alcancen los objetivos subyacentes consagrados en los Tratados. El esfuerzo de la UE por encuadrar de este modo los procedimientos internos y la actividad de los órganos jurisdiccionales nacionales se lleva a cabo principalmente por dos vías: (i) las resoluciones del TJUE dictadas en virtud del mecanismo prejudicial del artículo 267 del TFUE; y (ii) el desarrollo de normas procesales en los instrumentos de Derecho derivado de la UE (en concreto, reglamentos y directivas). La observación de los frutos materiales de esta labor ha llevado a un autor a referirse a la "emergencia de un estándar de tutela justa y efectiva propio de la Unión" en el ámbito del Derecho procesal[6]. De hecho, no cabe duda de que el Derecho de la Unión ha tenido un considerable impacto en el Derecho procesal de los Estados miembros[7].

Sin embargo, al mismo tiempo ese impacto es, por naturaleza, "fragmentario y dispar"[8], dada la forma en que el Derecho de la Unión se crea y se aplica en distintos ámbitos y con diversos grados de intensidad. También cabría señalar la dificultad práctica real

---

6 Düsterhaus, D., "Constitutionalisation of European Civil Procedure as a Starting Point for Harmonisation", en Gascón Inchausti, F., y Hess, B., (eds.), *The Future of European Law of Civil Procedure* (Intersentia, 2020), 78. El autor se refiere específicamente a la jurisprudencia del TJUE en relación con el artículo 267, aunque esta, a su vez, conlleva la interpretación tanto de las normas primarias del Tratado y de los principios fundamentales de Derecho procesal como del Derecho derivado que contiene normas procesales.

7 Gascón Inchausti, F., y Hess, B., "Introduction" en *The Future of European Law* (n. 6), se refieren a la jurisprudencia del TJUE como una "fuente de transformación de las normas procesales nacionales", p. 3; y Storskrubb, E., "EU Civil Justice at the Harmonisation Crossroads?" en Nylund, A., y Strandberg, M., (eds.), *Civil Procedure and Harmonisation of Law* (Intersentia 2019), señala: "el impacto del Derecho de la Unión, tanto en el Derecho procesal nacional en general como en los tribunales nacionales, puede considerarse significativo", p. 12.

8 Storskrubb, E., *ibíd.*

de desarrollar el Derecho procesal a través de la jurisprudencia del TJUE, vistas las limitaciones de la capacidad del Tribunal (que se enfrenta a un número cada vez mayor de cuestiones prejudiciales) y la dificultad inherente de crear un conjunto coherente de normas jurídicas a partir de la jurisprudencia [9]. A ello se suma la dificultad política —incluso la inconveniencia— de alcanzar una solución legislativa global para toda la UE, dada la necesidad de respetar las diversas tradiciones jurídicas nacionales existentes en este ámbito[10]. En consecuencia, a día de hoy la elaboración de instrumentos legales no vinculantes (*soft law*) que sirvan de punto de referencia o de buenas prácticas se postulan como el método más eficaz para lograr una mayor aproximación (no armonización) de las normas procesales civil. Así, a su vez, podrían servir para acercarnos al objetivo último de conseguir unos niveles uniformes y superiores en la calidad de la justicia impartida por los órganos jurisdiccionales nacionales a la hora de aplicar el Derecho de la

---

9 Además, debe recordarse que, a través del mecanismo de la cuestión prejudicial, el Tribunal no resuelve procedimientos, sino que proporciona una orientación jurídica que los órganos jurisdiccionales nacionales deben aplicar en el marco de su Derecho nacional. Sobre las dificultades que plantea la aplicación por los órganos jurisdiccionales nacionales de las sentencias del TJUE adoptadas en el contexto específico fáctico y normativo de una cuestión prejudicial concreta, véase Cadiet, L., "L'autonomie procédurale dans la jurisprudence de la Court de justice", en Hess, B., y Lenaerts, K., (eds.), *The 50th Anniversary of the European Law of Civil Procedure* (Hart 2020). Sobre el problema de las limitaciones de capacidad del TJUE y el incremento del número de cuestiones prejudiciales, véase n. 164 *infra.*

10 Respeto que garantiza el artículo 67 del TFUE. La resistencia a una armonización global del Derecho procesal se puede apreciar en los intentos fallidos de iniciativas como el Informe Storme de 1994 o, más recientemente, la propuesta del Parlamento Europeo, en 2017, de una Directiva sobre normas mínimas, pese a la importancia de tales iniciativas; véase Marcel Storme (ed.), *Approximation of Judiciary Law in the European Union* (Kluwer 1994); Parlamento Europeo, "Resolución, de 4 de julio de 2017, con recomendaciones destinadas a la Comisión sobre normas mínimas comunes del proceso civil en la UE" P8_TA(2017)0282.

Unión. En efecto, puede que haya llegado el momento para una solución de este tipo[11].

## 1. PRINCIPIOS FUNDAMENTALES DEL DERECHO DE LA UNIÓN

A diferencia de los tratados internacionales habituales, los Tratados sobre los que se fundamenta la UE han creado un nuevo ordenamiento jurídico basado en principios constitucionales propios. Una parte importante de estos principios ha sido desarrollada a través de la jurisprudencia del TJUE, sin que aparezca referencia expresa a ellos en los Tratados. Estos temas son ampliamente debatidos por reputados autores académicos y no es el objeto de este trabajo ofrecer otra contribución más (tampoco sería el lugar adecuado)[12]. No obstante, para tratar de comprender el impacto del Derecho de la Unión en determinados aspectos del Derecho procesal civil español, que sí es nuestro objetivo, resulta esencial establecer primero las reglas básicas del sistema europeo que son pertinentes para nuestra materia.

### *1.1. Efecto directo*

En una sentencia fundacional pronunciada en 1962 en el asunto *Van Gend en Loos*, el TJUE abordó la cuestión de si un particular (un importador neerlandés de productos químicos procedentes de la República Federal de Alemania) estaba legitimado para invocar directamente ante el órgano jurisdiccional neerlandés competente una norma comunitaria; concretamente, la que prohíbe

---

11 La introducción de Marcel Storme al Informe Storme señala las enormes diferencias entre los sistemas nacionales en cuestiones clave, como el coste o la duración o los niveles de indemnización, una diversidad que, sin duda, continúa hoy, n. 10, 11 y 45.

12 Véase, por ejemplo, Craig, P., y de Búrca, G., *The Evolution of EU Law* (n. 3) o Schütze R., y Tridimas, T., *Oxford Principles of European Union Law* (OUP 2018).

la creación de nuevos aranceles aduaneros al comercio entre Estados miembros (artículo 12 del Tratado CEE)[13]. El Tribunal, rechazando las alegaciones de los Estados miembros intervinientes —según las cuales el Tratado CEE era un tratado internacional que únicamente establecía obligaciones entre ellos— resolvió afirmativamente que Van Gend en Loos tenía derecho a invocar la norma ante el órgano jurisdiccional nacional, puesto que el Derecho comunitario estaba "destinado a generar derechos [para los particulares] que se incorporan a su patrimonio jurídico". Además, el artículo 12 era lo suficientemente claro e incondicional para permitir su aplicación directa por el órgano jurisdiccional nacional. El Tribunal había establecido el principio de "efecto directo".

Merece la pena detenerse un instante tanto en el razonamiento del Tribunal, por supuesto, como también en los argumentos, especialmente amplios y claros, esgrimidos por la Comisión. La Comisión, aplicando una interpretación teleológica del Tratado CEE y del ordenamiento jurídico que este estableció, sostenía que "los Estados miembros no solo se proponían contraer compromisos mutuos, sino también establecer un sistema de Derecho comunitario" (es decir, un nuevo ordenamiento jurídico autónomo), y, a su vez, que no "deseaban sustraer la aplicación de ese Derecho a la jurisdicción ordinaria de los tribunales de justicia nacionales". Es decir, la Comunidad no creó un nuevo sistema judicial ni procedimientos para aplicar ese nuevo ordenamiento jurídico, sino que prefirió apoyarse en los sistemas judiciales nacionales existentes. Al mismo tiempo, la Comisión señaló que "el Derecho comunitario debe aplicarse de manera eficaz y uniforme en todo el territorio de la Comunidad", lo que, en su opinión, implicaba, *a fortiori*, tres consecuencias: (i) "el efecto del Derecho comunitario sobre el Derecho interno de los Estados miembros no puede determinarlo ese mismo Derecho interno, sino únicamente el Derecho comunitario"; (ii) "los órganos jurisdiccionales nacionales

---

13 Asunto 26/62 *NV Algemene Transport– en Expeditie Onderneming van Gend & Loos contra Administración fiscal holandesa* EU:C:1963:1; [1963] Rec. p. 333.

están obligados a aplicar directamente las normas del Derecho comunitario"; y (iii) "el órgano jurisdiccional nacional está obligado a asegurarse de que las normas del Derecho comunitario prevalecen sobre las leyes nacionales contradictorias, aun cuando se aprueben con posterioridad". Dicho de otro modo, la Comisión propugnaba ya varios de los conceptos y principios fundamentales que han acabado por definir la naturaleza del Derecho de la Unión: un ordenamiento jurídico autónomo, la autonomía procesal de los Estados miembros, y los principios de efectividad, interpretación uniforme, efecto directo y primacía.

Por su parte, el Tribunal, atendiendo "al espíritu, al sistema y al tenor literal" de sus disposiciones, concluyó que el Tratado estaba destinado a otorgar derechos a los particulares. En concreto, la sentencia del Tribunal señala que: (i) el funcionamiento del Mercado Común que el Tratado se proponía establecer "afecta directamente a los ciudadanos de la Comunidad"; (ii) el Preámbulo incluía una referencia expresa a los pueblos (y no solo a los gobiernos); (iii) el Tratado creaba "órganos en los que se institucionalizan poderes soberanos cuyo ejercicio afecta tanto a los Estados miembros como a sus ciudadanos"; y (iv) los nacionales deben "colaborar en el funcionamiento de esta [Comunidad], a través del Parlamento Europeo y del Comité Económico y Social". Asimismo, señaló que esta conclusión se veía respaldada por la creación del mecanismo de cuestión prejudicial en virtud del artículo 177 del Tratado CEE (actualmente artículo 267 del TFUE), "cuya finalidad es garantizar la unidad de interpretación del Tratado por los órganos jurisdiccionales nacionales". Dicho mecanismo presuponía que los órganos jurisdiccionales nacionales debían conocer de cuestiones de Derecho comunitario, que, en consecuencia, tiene "una eficacia susceptible de ser invocada" ante ellos por sus nacionales.

Basándose en este razonamiento, el Tribunal declaró que el Tratado había creado un nuevo ordenamiento jurídico que abarcaba ciertas áreas en las que los Estados miembros habían decidido limitar su soberanía a favor de ese nuevo ordenamiento común (la CEE) y que generaba derechos materiales directamente aplicables que podían invocarse ante los órganos jurisdiccionales nacionales:

> "[P]or esas razones, ha de llegarse a la conclusión de que la Comunidad constituye un nuevo ordenamiento jurídico de Derecho internacional, a favor del cual los Estados miembros han limitado su soberanía, si bien en un ámbito restringido, y cuyos sujetos son, no sólo los Estados miembros, sino también sus nacionales; que, en consecuencia, el Derecho comunitario, autónomo respecto a la legislación de los Estados miembros, al igual que crea obligaciones a cargo de los particulares, está también destinado a generar derechos que se incorporan a su patrimonio jurídico; que esos derechos nacen, no sólo cuando el Tratado los atribuye de modo explícito, sino también en razón de obligaciones que el Tratado impone de manera perfectamente definida tanto a los particulares como a los Estados miembros y a las Instituciones comunitarias".[14]

Además, el Tribunal apunta ya en su sentencia al *necesario papel de la aplicación privada* a la hora de contribuir a la aplicación efectiva del Derecho comunitario en el ámbito tanto particular (en beneficio de la parte afectada) como general (en beneficio de la efectividad del Derecho comunitario):

> "[L]imitar las garantías contra una infracción del artículo 12 por los Estados miembros, únicamente, a los procedimientos de los artículos 169 y 170, haría desaparecer toda protección jurisdiccional directa de los derechos individuales de sus nacionales; que la invocación de dichos artículos podría ser ineficaz si tuviera que producirse después de la ejecución de una decisión nacional adoptada con inobservancia de las disposiciones del Tratado; que la vigilancia de los particulares interesados en la protección de sus derechos lleva consigo un eficaz control que se añade al que los artículos 169 y 170 encomiendan a la Comisión y a los Estados miembros."[15]

Tal y como señala la profesora Tulibacka, y como veremos más adelante, la introducción de la aplicación privada en el Derecho de la UE por parte del TJUE ha suscitado, a su vez, un inevitable

---

14 *Ibid.*, p. 340.

15 *Ibid.*, p. 341.

interés por las acciones y proceso civiles nacionales, cuya compatibilidad con los objetivos y requisitos del Derecho de la Unión se ha convertido, en consecuencia, en foco de atención del Tribunal[16].

Como es bien sabido, el TJUE ha establecido las condiciones para que una norma del Derecho de la Unión surta efecto directo. Concretamente, es necesario que la norma "no esté sujeta a condición alguna y sea suficientemente precisa"[17]. Las normas pueden estar contenidas, entre otros, en el Tratado, en la Carta de los Derechos Fundamentales de la Unión Europea (la "Carta"), en un reglamento o en una directiva. En este último caso, el efecto directo solo se concede verticalmente (es decir, en una acción contra el Estado, y no entre particulares)[18] y una vez transcurrido el plazo para su trasposición al Derecho nacional[19]. La norma con efecto directo puede ser tan solo un aspecto concreto de un instrumento o una disposición de la UE, mientras que otros aspectos de esta podrían no tener efecto directo[20]. Un principio

---

16 Tulibacka, M., "Europeanization of Civil Procedures: in search of a coherent approach", (2009) 46 CML Rev. 1531.

17 Véase, por ejemplo, el asunto C-282/10, *Dominguez contra Centre informatique du Centre Ouest Atlantique,* EU:C:2012:33, apartado 41.

18 Véanse, por ejemplo, el asunto C-193/17 *Cresco Investigation GmbH contra Achatzi* EU:C:2019:43, apartado 72; asunto C-573/17 *Poplawski* EU:C:2019:530, apartado 65. El significado de Estado se interpreta de forma amplia e incluye a los organismos públicos; véase el asunto C-188/89, *Foster contra British Gas,* EU:1990:313; [1990] Rec. p. I-3313, apartado 20. Véase también: Craig, P., y De Búrca, G., *EU Law, Text, Cases and Materials* (7ª ed. OUP 2020), capítulo 8.

19 Asunto 148/78 *Ratti* EU:C:1979:110; [1979] Rec. p. 1629; asunto 152/84 *Marshall contra Southampton and South-West Hampshire Area Health Authority* EU:C:1986:84; [1986] Rec. p. 723, apartados 46, 49; asuntos acumulados C-378/07 a 380/07 *Angelidaki contra Organismos Nomarchiakis Autodioikisis Rethymnis* EU:C:2009:250; [2009] Rec. p. I-3071, apartados 193-194; asunto C-243/09 *Günter Fuß contra Stadt Halle* EU:C:2010:609; [2010] Rec. p. I-9849, apartado 56.

20 Por ejemplo, asuntos acumulados C-397/01 a 403/01 *Pfeiffer y otros contra Deutsches Rotes Kreuz, Kreisverband Waldshut eV.* EU:C:2004:584; [2004] Rec. p. I-8835, apartados 104-105.

relativamente amplio también puede tener efecto directo[21]. Sin embargo, el hecho de que la disposición en cuestión prevea la adopción de medidas a nivel nacional para aplicar la correspondiente norma con efecto directo y permita a los Estados miembros un cierto "margen de apreciación" a la hora de elegir las medidas de aplicación específicas no impide el efecto directo de la norma, que establece la protección mínima que los órganos jurisdiccionales nacionales deben conceder a esta[22]. Así, por ejemplo, el hecho de que una directiva establezca (como suele ser el caso) que el Estado miembro debe adoptar las "medidas necesarias" para alcanzar un determinado resultado no impide que la norma que define ese resultado tenga efecto directo.

### *1.2. Primacía*

En su sentencia en el asunto *Costa c. ENEL* de 1964, el TJUE, junto con el efecto directo, estableció el doble principio constitucional de primacía (o supremacía)[23]. En ella, a instancias del Giudice Conciliatore de Milán y en contra de la postura no solo del Gobierno italiano, sino también del Tribunal Constitucional italiano, el TJUE consideró que la primacía, esto es, la fuerza obligatoria e incondicional del Derecho de la Unión que como tal prevalece sobre las medidas jurídicas nacionales, era un corolario necesario tanto del efecto directo otorgado a sus normas como de la naturaleza subyacente del sistema constitucional que los Estados miembros habían creado a través del Tratado de Roma:

> "[E]sta integración en el Derecho de cada país miembro de disposiciones procedentes de Fuentes comunitarias, y más en general los términos y el espíritu del Tratado, tienen como corolario la imposibilidad de que los Estados hagan prevalecer, contra un

[21] Por ejemplo, el artículo 47 de la Carta; véase la sección 2.3 más abajo.

[22] Asunto 2/74 *Reyners contra Estado belga* EU:C:1974:68; [1974] Rec. p. 631, apartados 24-30; *Pfeiffer* (n. 20), apartado 105; *Dominguez* (n. 17), apartado 35.

[23] Asunto 6/64 *Costa contra ENEL* EU:C:1964:66; [1964] Rec. p. 585.

ordenamiento jurídico por ellos aceptado sobre una base de reciprocidad, una medida unilateral posterior, que no puede por tanto oponerse a dicho ordenamiento."[24]

Además, la "fuerza vinculante" del Derecho de la Unión se vería comprometida si se la permitiera "variar de un Estado a otro". Tal situación constituiría una vulneración del deber de los Estados miembros de evitar medidas que podrían poner en peligro la realización de los objetivos del Tratado (en contra del deber de cooperación leal) e infringir la prohibición de cualquier discriminación basada en la nacionalidad. Por tanto, no podía permitirse. Así pues, la primacía se basaba, al menos en parte, en la necesidad de uniformidad en la aplicación del Derecho de la Unión.

Como consecuencia de este principio, en un asunto que tuvo su origen en el simple hecho de que un consumidor individual decidió impugnar su factura de la luz, el juez nacional italiano se vio obligado a examinar la compatibilidad de la ley italiana por la que se nacionalizaba la compañía eléctrica estatal con las disposiciones directamente efectivas del Tratado (concretamente, los artículos 37 y 53 del de Roma).

Posteriormente, el TJUE confirmó en el asunto *Simmenthal* que todos los órganos jurisdiccionales nacionales están obligados a dar primacía al Derecho de la Unión y, en su caso, a no aplicar una norma nacional incompatible en un asunto concreto que les sea sometido en el ejercicio de sus competencias[25]. Asimismo, deben estar facultados para hacerlo con carácter inmediato e incondicional, sin tener que esperar a una determinación previa, por ejemplo, del tribunal constitucional nacional o del legislador nacional[26]. La no subordinación de las normas de la UE a las disposiciones nacionales, incluso las constitucionales, se puso de re-

---

24 *Ibid.*, pp. 593-594.

25 Asunto 106/77 *Amministrazione delle Finanze dello Stato contra Simmenthal SpA* EU:C:1978:49; [1978] Rec. p. 629.

26 Véase también el asunto C-378/17 *An Garda* EU:C:2018:979, apartados 35-39.

lieve en el asunto *Melloni*[27]. En una causa remitida por el Tribunal Constitucional español relativa a la ejecución en España de una orden de detención europea en relación con una condena penal impuesta en rebeldía en Italia contra el Sr. Melloni, el Tribunal sostuvo que las normas relativas a la tutela judicial efectiva, al derecho a un proceso con todas las garantías y al derecho de defensa, tal y como se aplican en el instrumento de la UE en cuestión, no solo eran compatibles con los artículos 47 y 48 de la Carta, sino que no podían subordinarse a normas constitucionales nacionales diferentes y debían ser aplicadas por el órgano jurisdiccional nacional[28].

Por último, el TJUE ha aclarado que la plena vigencia de la primacía del Derecho de la Unión está vinculada al efecto directo; más aún, depende de que la norma en cuestión tenga efecto directo[29].

### *1.3. Aplicación plena, efectiva y uniforme*

En el asunto *Simmenthal*, el TJUE sostuvo además que, de acuerdo con el principio de primacía, las normas directamente aplicables del Derecho de la Unión deben aplicarse de forma plena y uniforme en todos los Estados miembros. Este término se refiere tanto a la plena eficacia o "*effet utile*" (efecto útil) de las disposiciones de la UE directamente aplicables como a su aplicación uniforme en toda la UE[30].

---

27 Asunto C-399/11 *Melloni contra Ministerio Fiscal* EU:C:2013:107.

28 *Ibid.*, apartados 57-63.

29 *Poplawski II* (n. 18), apartados 60-62. En consecuencia, una disposición del Derecho de la Unión que no tenga efecto directo no podrá invocarse para dejar sin aplicar una disposición del Derecho nacional que entre en conflicto con el Derecho de la Unión.

30 Según Prechal, S., "Community Law in National Courts: the lessons from van Schijndel" (1998) 35 CML Rev. 681, 686, la eficacia no es un corolario de la primacía, al menos en el ámbito de las normas procesa-

El principio de plena eficacia requiere que los órganos jurisdiccionales nacionales garanticen, en la medida de lo posible, el pleno efecto práctico del Derecho de la Unión[31]. Así, en el asunto *Factortame I*, el TJUE entendió que el Derecho inglés no podía impedir a los tribunales ingleses dictar medidas cautelares para suspender la aplicación de una ley aprobada por el Parlamento sobre cuotas de pesca mientras la cuestión de fondo de su compatibilidad con el Derecho de la Unión suscitada por unos pescadores españoles estuviera pendiente ante el TJUE:

> "20. ... sería incompatible con las exigencias inherentes a la propia naturaleza del Derecho comunitario toda disposición de un ordenamiento jurídico nacional o toda práctica, legislativa, administrativa o judicial, que redujese la eficacia del Derecho comunitario por el hecho de negar al Juez competente para aplicar ese Derecho la facultad de hacer, en el mismo momento de esa aplicación, todo lo necesario para excluir las disposiciones legislativas nacionales que pudiesen constituir un obstáculo, incluso temporal, a la plena eficacia de las normas comunitarias (sentencia de 9 de marzo de 1978, *Simmenthal*, ya citada, apartados 22 y 23).
>
> 21. Procede añadir que la plena eficacia del Derecho comunitario se vería igualmente reducida si una norma de Derecho nacional pudiera impedir al Juez, que conoce de un litigio regido por el Derecho comunitario, conceder medidas provisionales para garantizar la plena eficacia de la resolución judicial que debe recaer acerca de la existencia de los derechos invocados con base en el Derecho comunitario. De ello resulta que el Juez que, en esas circunstancias, concedería medidas provisionales si no se opusiese

---

les, sino que se trata más bien de una cuestión de tutela judicial efectiva, ámbito en el que la UE puede exigir unas normas más estrictas.

31 Como señaló el AG Tesauro (recientemente fallecido) en sus conclusiones sobre el asunto C-213/89 *The Queen contra Secretary of State for Transport, ex parte: Factortame* EU:C:1990:216; [1990] Rec. p. I-2433, apartado 13: "el Juez nacional está obligado a prestar la tutela jurisdiccional de los derechos atribuidos por la norma comunitaria a partir de la entrada en vigor de la norma y durante todo el tiempo en que continúe vigente".

> a ello una norma de Derecho nacional está obligado a excluir la aplicación de esta última norma."[32]

La obligación de otorgar plena eficacia al Derecho de la Unión puede implicar que determinadas obligaciones impuestas por la UE deban estar protegidas por un recurso adecuado para los particulares afectados, como el derecho a reclamar una indemnización por daños y perjuicios al Estado, tal y como se estableció en el asunto *Francovich*:

> "33. ... la plena eficacia de las normas comunitarias se vería cuestionada y la protección de los derechos que reconocen se debilitaría si los particulares no tuvieran la posibilidad de obtener una reparación cuando sus derechos son lesionados por una violación del Derecho comunitario imputable a un Estado miembro."[33]

Además, la plena eficacia del Derecho de la Unión puede requerir que se otorgue a los particulares el derecho a entablar acciones civiles contra una parte que haya infringido una norma directamente aplicable del Derecho de la Unión (a diferencia de la posibilidad de solicitar la actuación administrativa por medio de una denuncia ante la autoridad pública competente). Es decir, los derechos otorgados por la UE deben ser susceptibles *de aplicación, no solo pública, sino también privada.* En consecuencia, en el asunto *Muñoz* el Tribunal reconoció el derecho de un importador español de uvas a entablar un procedimiento civil ante los tribunales ingleses contra un competidor que había comercializado uvas competidoras en el Reino Unido incumpliendo las normas de calidad de la UE, con el fin de hacer que cumpliera dicha obligación. El Tribunal subrayó la necesidad de garantizar el efecto

---

[32] *Factortame I* (n. 31) EU:C:1990:257. El asunto se resolvió, en cuanto al fondo, a favor de los pescadores españoles, lo que condujo a la no aplicación del sistema inglés de cuotas: asunto C-221/89 *The Queen contra Secretary of State for Transport, ex parte Factortame* EU:C:1991:320; [1991] Rec. p. I-3905.

[33] Asuntos C-6/90 y 9/90 *Francovich contra República Italiana* EU:C:1991:428; [1991] Rec. p. I-5357.

práctico de la obligación y, además, la contribución positiva a la eficacia del Derecho de la Unión que ofrecían las acciones de aplicación privada:

> "31. Esta posibilidad de actuar refuerza, en efecto, la operatividad de la legislación comunitaria en materia de normas de calidad. Al completar la actuación de los organismos designados por los Estados miembros para efectuar los controles previstos por dicha normativa, contribuye a desalentar prácticas, a menudo difíciles de detectar, que pueden falsear la competencia. En esta perspectiva, las acciones entabladas por operadores competidores ante los órganos jurisdiccionales nacionales son especialmente adecuadas para contribuir sustancialmente a garantizar la lealtad de los intercambios y la transparencia de los mercados dentro de la Comunidad."[34]

Cabe señalar que, en la legislación nacional (inglesa), no existía ninguna acción civil privada para exigir el cumplimiento de las normas de la UE en cuestión, de modo que la sentencia tuvo como efecto la creación de una nueva acción civil europea[35]. (En relación con ella, es importante señalar que un año antes se había hecho un razonamiento similar en el ámbito del Derecho de la competencia en el asunto *Courage* —caso que abordaremos en la sección B de esta primera parte a continuación—)[36].

El efecto práctico de las normas de la UE puede requerir que se arbitren soluciones muy concretas, que pueden resultar sorprendentes en su nivel de detalle. Por ejemplo, el Tribunal declaró en el asunto *CCOO*[37] que la garantía de los periodos de descanso laboral establecida en la Directiva de la UE sobre el tiempo de tra-

---

34 Asunto C-253/00 *Antonio Muñoz y Cia SA contra Frumar Ltd* EU:C:2002:497; [2002] Rec. p. I-7289.

35 La aplicación de las normas de calidad de la UE se atribuyó exclusivamente a un poder público; *ibid.* 15-16.

36 Asunto C-453/99 *Courage Ltd contra Crehan* EU:C:2001:465; [2001] Rec. p. I-6297.

37 Asunto C-55/18 *Federación de Servicios de Comisiones Obreras (CCOO) contra Deutsche Bank SAE* EU:C:2019:402.

bajo[38] obliga a los empresarios a establecer un sistema de registro del tiempo, con independencia del coste que ello pueda suponer. Y ello a pesar de que la directiva no hacía mención alguna de los mecanismos para garantizar la observancia de los periodos de descanso, de que la legislación española permitía a los trabajadores basarse en cualquier tipo de prueba para interponer una demanda relacionada con el tiempo de trabajo y de que el Tribunal Supremo español había determinado que, desde el punto de vista del ordenamiento español, los empresarios no tenían obligación alguna de adoptar una solución tan específica y onerosa[39].

El principio de aplicación uniforme resulta, tal vez, menos omnipresente en el razonamiento empleado en la jurisprudencia del TJUE, pero constituye, no obstante, un elemento esencial de los criterios que subyacen a la aplicación del Derecho de la Unión[40]. En 1964, el Tribunal observó, en el asunto *Costa c. ENEL*, que "la fuerza vinculante del Derecho comunitario no puede variar de un Estado a otro"[41]. Desde entonces, el TJUE ha invocado expresamente el concepto de aplicación uniforme en varias ocasiones y, al hacerlo, ha exigido a los Estados miembros que apliquen condiciones uniformes en circunstancias concretas; por ejemplo, al aplicar simultáneamente el Derecho de la competencia nacional y el de la UE (*Walt Wilhelm*)[42], al establecer las condiciones para

---

38 Directiva 2003/88/CE del Parlamento Europeo y del Consejo, de 4 de noviembre de 2003, relativa a determinados aspectos de la ordenación del tiempo de trabajo [2003] DO L299/9.

39 *CCOO* (n. 37), apartados 40-43, 58. Cabe señalar que, a la hora de evaluar lo que constituían medidas nacionales efectivas, el Tribunal atribuye relevancia al hecho de que el trabajador es la parte más débil de la relación laboral y podría verse afectado por represalias, apartados 44-45.

40 Véase, en general, sobre este tema el fundamental artículo de Van Gerven, W., "Of Rights, Remedies and Procedures" (2000) 37 CML Rev. 501.

41 Nota 23, p. 105.

42 Asunto 14/68 *Walt Wilhelm contra Bundeskartellamt* EU:C:1969:4; [1969] Rec. p. 1, apartados 4-5.

la suspensión de normas nacionales basadas en un reglamento de la UE que sean, supuestamente, incompatibles con el Tratado (*Zuckerfabrik*)[43], al establecer los términos de la responsabilidad del Estado por el incumplimiento del Derecho de la Unión (*Brasserie de Pecheur*)[44], o incluso al determinar las normas técnicas de la UE aplicables[45]. La sentencia *Zuckerfabrik* contiene la siguiente formulación clásica:

> "25. [...] procede hacer constar que las normas de procedimiento se rigen por el Derecho nacional y que éste presenta divergencias respecto a los requisitos de concesión de la suspensión, divergencias que pueden poner en peligro la aplicación uniforme del Derecho comunitario.
>
> 26. Ahora bien, esta aplicación uniforme es una exigencia fundamental del ordenamiento jurídico comunitario; por consiguiente, implica que la suspensión de la ejecución de actos administrativos basados en un Reglamento comunitario, a la vez que depende de las normas de procedimiento nacionales por lo que respecta, en particular, a la presentación y a la sustanciación de la solicitud, debe sujetarse en todos los Estados miembros, por lo menos, a requisitos de concesión uniformes."[46]

En su Dictamen 2/2013 sobre la adhesión al CEDH, el Tribunal recordó que, desde el Tratado de Lisboa, los Estados miembros han emprendido un proceso de integración hacia una "unión cada vez más estrecha entre los pueblos"[47]. Esa integración se basa en: i) una serie de valores comunes; ii) la confianza mutua implícita en el reconocimiento de esos valores, y en el respeto del Derecho de la Unión que los aplica, entre todos los Estados miembros; y iii) la persecución de objetivos comunes en ámbitos esenciales

---

[43] Asuntos acumulados C-143/88 y C-92/89 *Zuckerfabrik Süderdithmarschen AG contra Hauptzollamt Itzehoe y Zuckerfabrik Soest GmbH contra Hauptzollamt Paderborn* EU:C:1991:65; [1991] Rec. p. I-415.

[44] Asunto C-46/93 *SA Brasserie de Pêcheur contra Alemania* EU:C:1996:79; [1996] Rec. p. I-1029.

[45] Asunto C-613/14 *JEC Elliott* EU:C:2016:821, apartado 34.

[46] *Zuckerfabrik* (n. 43).

[47] Dictamen 2/13 *Adhesión de la UE al CEDH* EU:C:2014:2454.

de competencia de la UE (en particular, el mercado interior, la ciudadanía de la Unión, el espacio de libertad, seguridad y justicia, y, por último, la política de competencia) que tienen por objeto contribuir al objetivo fundamental de la integración (la "razón de ser de la propia Unión")[48]. Para preservar las características específicas y la autonomía del ordenamiento jurídico de la UE, los Tratados "han creado un sistema jurisdiccional destinado a garantizar la coherencia y la unidad en la interpretación del Derecho de la Unión"[49]. Ese sistema incluye tanto al TJUE como a los órganos jurisdiccionales nacionales, encargados conjuntamente de garantizar la plena aplicación del Derecho de la Unión y la tutela judicial de los derechos que ese ordenamiento confiere a los particulares en todo el territorio de la Unión[50].

El mecanismo de remisión al TJUE de cuestiones prejudiciales (artículo 267 del TFUE) constituye una parte fundamental de esta arquitectura judicial y tiene por objeto garantizar la interpretación uniforme del Derecho de la Unión. En su Dictamen sobre el Acuerdo relativo a la creación del Tribunal Unificado de Patentes, el TJUE fue más allá, subrayando que la finalidad del mecanismo era garantizar que el Derecho de la Unión tuviera el mismo efecto en todos los Estados miembros y, por consiguiente, contribuir a su aplicación uniforme:

> "También debe recordarse que el artículo 267 TFUE, esencial para la preservación del carácter comunitario del Derecho instituido por los Tratados, tiene por objeto garantizar que, en cualesquiera circunstancias, ese Derecho produzca el mismo efecto en todos

---

48 *Ibid.*, apartados 167-168 y 172, con referencia a los artículos fundacionales del TUE (artículos 1-3).

49 *Ibid.*, 174.

50 *Ibid.*, 174 y 175. La sentencia hace referencia al Dictamen 1/09 (n. 2), que, a su vez, invoca el principio de cooperación leal como base del deber de los órganos jurisdiccionales nacionales en virtud del artículo 4, apartado 3, del TUE, y al asunto C-432/05, *Unibet (London) Ltd contra Justitiekanslern* EU:C:2007:163; [2007] Rec. p. I-2271. Volveremos a referirnos a estas autoridades más adelante.

> los Estados miembros. El mecanismo prejudicial así establecido tiene por objeto evitar divergencias en la interpretación del Derecho comunitario que hayan de aplicar los órganos jurisdiccionales nacionales y garantizar esta aplicación ofreciendo al órgano jurisdiccional nacional un medio para eliminar las dificultades que pueda suscitar la exigencia de dar plenos efectos al Derecho de la Unión en el marco de los sistemas jurisdiccionales de los Estados miembros."[51]

No obstante, es necesario reconocer que existen ciertos matices en el concepto de aplicación uniforme. La "interpretación uniforme" del Derecho de la Unión, si bien en ocasiones se confunde con la "aplicación uniforme", no es lo mismo. La interpretación uniforme del Derecho de la Unión está garantizada por el TJUE, en colaboración con los órganos jurisdiccionales nacionales, en virtud del mecanismo de cuestión prejudicial (que, en última instancia, es una obligación del órgano jurisdiccional nacional en caso de que albergue dudas importantes sobre la correcta interpretación del Derecho de la Unión). La aplicación uniforme del Derecho de la Unión por parte de los órganos jurisdiccionales nacionales no queda, o al menos no necesariamente, garantizada de ese modo, ya que el TJUE no suele ser competente para aplicar directamente el Derecho de la Unión, sino que, como hemos visto, delega su aplicación en los sistemas jurisdiccionales nacionales, que son diferentes *per se*. Por lo tanto, la aplicación concreta del Derecho de la Unión depende del Derecho nacional y este depende, al menos en parte, de los sistemas jurisdiccionales nacionales, a los que se encomienda la aplicación plena y eficaz del Derecho de la Unión mediante el uso de recursos, acciones y procedimientos locales. De ahí que no pueda haber uniformidad total: lo contrario iría en contra de las características de la doble arquitectura judicial creada en el ordenamiento jurídico de la Unión[52]. La tensión entre los dos ordenamientos jurídicos (el de la Unión y el nacional) se puede apreciar en las declaraciones del

---

51 Dictamen 1/09 (n. 2), apartado 83.

52 Véase más adelante la sección 2.2 sobre Autonomía procesal.

TJUE sobre este tema, en las que se cuida de no declarar como tal un principio de aplicación uniforme que los órganos jurisdiccionales nacionales deban respetar. Así se desprende de la cuidada elección de las palabras empleada en el Dictamen 2/2013 en el razonamiento al que aludíamos antes: por un lado, una interpretación uniforme a través del mecanismo del artículo 267 TFUE y, por otro, una plena aplicación por los órganos jurisdiccionales nacionales. De igual forma, el Tribunal concluye su razonamiento sobre la naturaleza y las características del mecanismo de cuestión prejudicial haciendo referencia a "la correcta aplicación y la interpretación uniforme del Derecho de la Unión":

> El sistema instaurado por el artículo 267 TFUE establece, por tanto, una cooperación directa entre el Tribunal de Justicia y los órganos jurisdiccionales nacionales en cuyo marco estos últimos participan de forma estrecha en la correcta aplicación y en la interpretación uniforme del Derecho de la Unión, así como en la tutela de los derechos conferidos a los particulares por ese ordenamiento jurídico.[53]

De hecho, tal y como ha señalado el profesor Van Gerven, el TJUE, en el asunto *Zuckerfabrik*, se refirió al concepto de aplicación uniforme más bien como un "requisito fundamental" del Derecho de la Unión, y no como un principio que tuviera la misma naturaleza que el efecto directo o la supremacía[54].

En ese sentido, "aplicación uniforme" no es un concepto absoluto; tampoco es un concepto ineficaz o irrelevante, sino todo lo contrario. Más bien, podríamos decir que el nivel de intensidad del requisito de aplicación uniforme varía (y, por tanto, su fuerza vinculante). En primer lugar, varía en función de si el derecho material consagrado en el Derecho de la Unión tiene efecto directo o no, como señaló el Tribunal en el asunto *Poplawski II*:

> [E]l principio de primacía del Derecho de la Unión no puede llevar a cuestionar la distinción esencial entre las disposiciones del

---

53 Dictamen 1/09 (n. 2), apartado 84.

54 Van Gerven, W., "Of Rights" (n. 40), pp. 516, 522.

> Derecho de la Unión que disponen de efecto directo y las que carecen de él, ni, por tanto, a establecer un régimen único de aplicación de todas las disposiciones del Derecho de la Unión por los órganos jurisdiccionales nacionales.[55]

Es decir, como ya se indicó en el asunto *Van Gend en Loos*, el efecto directo de las normas de la Unión se refiere a normas que deben tener efectos plenos y uniformes en todos los Estados miembros desde el momento en que entran en vigor[56]. Tal y como apuntó el TJUE en el asunto *Poplawski II*, ese no es el caso de las normas que no tienen efecto directo.

La uniformidad de aplicación del Derecho de la Unión también varía en sentido vertical. Con ello, quiero decir que su fuerza vinculante depende de la medida en que el Derecho de la Unión haya intervenido para imponer condiciones armonizadas. Una norma que tiene efecto directo puede ser aplicada directamente por un órgano jurisdiccional nacional sin más (por ejemplo, la norma de igualdad de trato en el trabajo), pero eso no significa que su aplicación sea meramente una cuestión de Derecho de la Unión ni, por tanto, que vaya a ser uniforme, aun cuando el significado de esa norma deba ser el mismo en toda la UE. De hecho, normalmente su aplicación será, en gran medida, una cuestión de Derecho nacional. Sin embargo, el Derecho de la Unión puede ir más lejos, cosa que con frecuencia hace, para introducir cierta armonización en aspectos procesales que influyen directamente en la eficacia de la tutela del derecho material reconocido.

Dicha armonización puede producirse, en primer lugar, en virtud de la actividad del TJUE. En un número cada vez mayor de ocasiones, el TJUE ha afirmado que la plena eficacia de un determinado derecho consagrado en el Derecho de la Unión requiere la disponibilidad de determinadas acciones legales comunes, como ha sido el caso en relación con las acciones privadas reco-

---

55 *Poplawski II* (n. 18), apartado 60.

56 Mangas Martín, A., y Liñán Nogueras, D. J., *Instituciones y Derecho de la Unión Europea* (10ª ed. Tecnos 2020), p. 421.

nocidas en los asuntos *Courage* y *Muñoz*. Hemos visto el nivel de detalle al que el TJUE está dispuesto a llegar en nombre del efecto práctico de un derecho material comunitario con efecto directo a la hora de definir sus condiciones, o incluso aspectos detallados de la prueba, por ejemplo, en el asunto *CCOO* en el ámbito de los derechos de los trabajadores. En su amplia jurisprudencia en materia de impuestos (u otros cargos o tasas), el TJUE ha reconocido un derecho a obtener la devolución de las cantidades recaudadas en vulneración del Derecho comunitario que deriva directamente del Tratado (como "la consecuencia y el complemento" del derecho reconocido por las disposiciones comunitarias)[57]. El Tribunal ha procedido a establecer una serie de condiciones comunes sobre la forma de dirimir tales reclamaciones en relación, por ejemplo, con la carga de la prueba y las reglas sobre la prueba[58]. De este modo, como ha observado Van Gerven, el Derecho de la Unión (el TJUE) ha determinado directamente la existencia de una acción (el derecho a la devolución) y ha armonizado algunas de las condiciones de dicha acción, definiéndolas "de manera uniforme"[59]. También es reseñable que, incluso en el contexto de derechos que no tienen efecto directo, el Tribunal, aun reconociendo que corresponde al órgano jurisdiccional nacional determinar si el Derecho nacional se puede interpretar de un modo que resulte compatible con el Derecho de la Unión, cada vez con más frecuencia y empeño se ha esforzado en orientar al órgano jurisdiccional nacional sobre qué interpretación del Derecho nacional cumpliría, en su opinión, las obligaciones de dicho órgano jurisdiccional nacional conforme al Derecho de la Unión[60].

---

57 Asunto C-188/95 *Fantask A/S e.a. contra Industriministeriet (Erhvervministeriet)* EU:C:1997:580; [1997] Rec. p. I-6783, apartado 38.

58 Véanse, entre otros, los asuntos 199/82 *San Giorgio* EU:C:1983:318; [1983] Rec. p. 3595, y *Weber's Wine World Handels GmbH contra Abgabenberufungskommission Wien* EU:C:2003:533; [2003] Rec. p. I-11365.

59 Van Gerven, W., "Of Rights" (n. 40), p. 520.

60 Véanse, por ejemplo, los asuntos C-167/17, *Klohn contra An Bord Pleanála* EU:C:2018:833, apartado 68; y *Poplawski II* (n. 18), apartado 87.

Pero la armonización puede producirse por una segunda vía: el Derecho derivado de la Unión. En ocasiones, cuando proceda, la UE ha actuado aprobando legislación para armonizar determinados ámbitos del Derecho nacional cuya divergencia podía estar impidiendo la aplicación uniforme del Derecho de la Unión[61]. Eso puede referirse a asuntos de naturaleza horizontal, como por ejemplo las normas aprobadas en el ámbito de la justicia civil transfronteriza[62]. También se refiere a normas aprobadas en sectores concretos, como el de la propiedad intelectual o el Derecho de la competencia. Puede que esa armonización, en sí misma, no sea absoluta, sino más bien parcial. A menudo, la legislación de armonización de la UE trata de "aproximar" las leyes, en lugar de armonizarlas, y puede limitarse a la aprobación de directivas que únicamente establecen normas mínimas, sin crear un conjunto armonizado de normas[63].

Por último, cabe señalar que, en la práctica, la fuerza de estos principios (tanto del de plena eficacia como del de aplicación uniforme) varía también en sentido horizontal. Es decir, su fuerza varía de un ámbito de política legislativa de la Unión a otro. En consecuencia, las partes más débiles, como los consumidores o los trabajadores, pueden recibir una mayor protección, y puede producirse una mayor intervención por parte del Tribunal cuando este es consultado por los órganos jurisdiccionales nacionales. Eso puede ocurrir también cuando el ámbito político tiene un marco comunitario especialmente fuerte, como es el caso del Derecho de la competencia (que es un ámbito de competencia exclusiva de la UE) o de los mecanismos procesales transfronterizos (tales como el emplazamiento, o la obtención de pruebas), donde la

---

61 Véanse los asuntos acumulados 205 a 218/82 *Deutsche Milchkontor GmbH* EU:C:1983:233; [1983] Rec. p. 2633, apartado 24.

62 Instrumentos adoptados en virtud del artículo 81 del TFUE, dentro del capítulo relativo a un espacio de libertad, seguridad y justicia. Véase la sección 3.1 a continuación.

63 Véase Tulibacka, M., "Europeanization of Civil Procedures" (n. 16), 1534.

fuerza vertical del Derecho de la Unión es considerable y donde, por lo general, la UE puede ya haber actuado para adoptar legislación de armonización. En estos ámbitos, los conceptos y las normas jurídicas adquieren cada vez más un significado europeo autónomo, que puede entrar en conflicto con los conceptos nacionales. Tal y como ha observado el Abogado General Bobek:

> "[C]uanto más armonizadas estén las normas (de procedimiento) en el propio Derecho de la Unión, más exhaustividad se exigirá probablemente en el control a escala nacional. Por el contrario, como ocurre en muchos otros ámbitos del Derecho de la Unión, cuanto menos explícitas sean las disposiciones del Derecho de la Unión al respecto, mayor será la libertad de los Estados miembros para definir cómo se garantiza la tutela judicial."[64]

Sin embargo, también cabe mencionar que el Tratado de Funcionamiento de la UE invita a la Unión a garantizar la coherencia entre sus ámbitos políticos y evitar, por tanto, un enfoque fragmentario o puramente sectorial de los distintos ámbitos de la esfera jurídica:

> "La Unión velará por la coherencia entre sus diferentes políticas y acciones, teniendo en cuenta el conjunto de sus objetivos y observando el principio de atribución de competencias."[65]

### *1.4. Cooperación leal*

La jurisprudencia del TJUE sobre la plena eficacia y la aplicación uniforme del Derecho de la UE se fundamenta en otro principio esencial del ordenamiento jurídico de la UE que merece una atención especial: el deber de cooperación leal de los Estados miembros. Incluido originalmente en el artículo 5 del Tratado de Roma, actualmente artículo 4(3) del TUE, fue descrito por el Abogado General Tesauro en el asunto *Factortame I* como la

---

64 Asunto C-89/17 *Secretary of State for the Home Department contra Rozanne Banger* EU:C:2018:225, apartado 107.

65 Artículo 7 del TFUE.

"verdadera clave para la interpretación de todo el sistema"[66]. En virtud de este principio, los Estados miembros: (i) "adoptarán todas las medidas generales o particulares apropiadas para asegurar el cumplimiento de las obligaciones derivadas de los Tratados o resultantes de los actos de las instituciones de la Unión"; y (ii) "ayudarán a la Unión en el cumplimiento de su misión y se abstendrán de toda medida que pueda poner en peligro la consecución de los objetivos de la Unión".

Esta obligación resulta aplicable, entre otros, a los órganos jurisdiccionales nacionales y constituye la base original del Tratado para exigir a los órganos jurisdiccionales nacionales que colaboren para garantizar la aplicación efectiva y uniforme del Derecho de la Unión[67]. Aparece articulada de forma más amplia en el artículo 288 del TFUE, que establece los efectos obligatorios plenos y directos de los reglamentos, así como los efectos obligatorios de las directivas para los Estados miembros "en cuanto al resultado que deba conseguirse", dejando a estos "la elección de la forma y de los medios" de aplicación. El Tratado de Lisboa (2009) introdujo como una obligación expresa de los Estados miembros establecer "las vías de recurso necesarias para garantizar la tutela jurídica efectiva en los ámbitos cubiertos por el Derecho de la Unión" (artículo 19(1) TUE). Es algo que también se refleja en el mecanismo de remisión al TJUE de las cuestiones de interpretación del Derecho de la Unión de conformidad con el artículo 267 del TFUE, que es obligatorio en el caso de los tribunales de última instancia.

Así pues, basándose en la obligación de cooperación leal, el TJUE ha establecido el deber de los órganos jurisdiccionales nacionales de garantizar la protección jurídica de las normas directa-

66 *Factortame I* (n. 32).

67 Véanse, por ejemplo, los asuntos 14/83 *Von Colson y Kamann* EU:C:1984:153; [1984] Rec. p. 1891, apartado 26; y asunto C-441/14 *Dansk Industri contra Sucession Karsten Eigil Rasmussen* EU:C:2016:278, apartado 30.

mente aplicables, incluidas las normas en materia de libre competencia[68], y, tal y como hemos visto, de asegurar, en la medida de lo posible, su efecto pleno, práctico y uniforme. Esta obligación de los órganos jurisdiccionales nacionales engloba las normas del Derecho de la Unión que no tienen efecto directo, en las que el órgano jurisdiccional sigue estando obligado a hacer todo lo que esté en su mano para interpretar todo el sistema de Derecho interno con el fin de permitir la aplicación eficaz del Derecho de la Unión[69]:

> "[C]orresponde a los órganos jurisdiccionales nacionales, en particular, asegurar la protección jurídica que se deriva para los justiciables de las disposiciones del Derecho comunitario y garantizar su pleno efecto."[70]

Esta afirmación, extraída de la sentencia pronunciada en 2004 por el Tribunal en el asunto *Pfeiffer*, forma parte de una conocida línea jurisprudencial que dio comienzo con su pionera sentencia de 1983 en el asunto *Von Colson*[71]. El caso se refería a la aplicación de la Directiva de 1976 sobre igualdad de trato en el trabajo, cuyo artículo 6 obligaba a los Estados miembros a introducir en los ordenamientos jurídicos nacionales las medidas necesarias para permitir a las personas perjudicadas "hacer valer sus derechos por vía jurisdiccional"[72]. Dos mujeres alemanas, Sabine von Colson y Elisabeth Kamann, se quejaron de discriminación por parte de un centro penitenciario de Renania del Norte-Westfalia porque sus solicitudes de empleo como trabajadoras

---

68 Véase *Factortame I* (n. 32), apartado 19; asuntos acumulados C-430 y 431/93 *van Schijndel contra Stichting Pensioenfonds voor Fysiotherapeuten* EU:C:1995:441; [1995] Rec. p. I-4705, apartado 14.

69 Si bien eso no abarcará dejar inaplicada una norma en contra, es decir, no se dará rienda suelta a la primacía (n. 55).

70 *Pfeiffer* (n. 20), apartado 111.

71 Nota 67.

72 Directiva 76/207/CEE del Consejo, de 9 de febrero de 1976, relativa a la aplicación del principio de igualdad de trato entre hombres y mujeres en lo que se refiere al acceso al empleo, a la formación y a la promoción profesionales, y a las condiciones de trabajo; [1976] DO L39/40.

sociales en el centro, exclusivamente masculino, fueron rechazadas por razón de su sexo, a pesar de estar más cualificadas que los hombres que, posteriormente, fueron designados para el puesto. El asunto planteado ante el TJUE abordaba la cuestión de si la directiva excluía una norma nacional alemana que limitaba la reparación por una violación del principio de igualdad de trato a la indemnización por los gastos realizados al presentar la candidatura (tales como los gastos de desplazamiento para asistir a la entrevista). El artículo 6 no tenía efecto directo, ya que no era lo suficientemente preciso o incondicional, y dejaba en manos de los Estados miembros la determinación de la reparación judicial apropiada (ya fuera esta, por ejemplo, el derecho a exigir el cumplimiento específico —obligación de contratar—, la imposición de sanciones o una indemnización). Sin embargo, el TJUE determinó que la limitación de la cuantía de los daños y perjuicios en la legislación alemana de trasposición de la directiva era contraria a la finalidad y a la plena eficacia de la directiva. Además, el órgano jurisdiccional nacional estaba obligado a interpretar la legislación nacional de forma que evitara dicha limitación, en la medida en que la legislación nacional otorgaba a los órganos jurisdiccionales un margen de apreciación para hacerlo. De ese modo, el TJUE estableció la obligación del órgano jurisdiccional nacional de garantizar la tutela judicial real y efectiva del derecho a la igualdad de trato amparado por la directiva, derivada directamente de las obligaciones que el Tratado impone a los Estados miembros, incluidos sus órganos jurisdiccionales nacionales, en virtud de los artículos 5 y 189 CEE (actualmente artículo 4(3) TUE y artículo 288 TFUE).

Merece la pena volver a recordar el razonamiento completo del Tribunal, comenzando por su postura sobre la plena eficacia de la Directiva de 1976:

> "22. A este respecto debe observarse que sin un sistema de sanciones adecuado no puede hacerse efectiva la igualdad de oportunidades. Esta consecuencia resulta no sólo de la misma finalidad de la Directiva, sino más especialmente de su artículo 6, que, al abrir la vía del recurso jurisdiccional a los candidatos a un empleo que

hayan sido objeto de discriminación, reconoce en ellos la existencia de derechos que pueden ser alegados ante los Tribunales.

23. Aunque, como se ha hecho constar en la respuesta a la primera cuestión, una ejecución completa de la Directiva no impone una determinada forma de sanción, en caso de que se viole la prohibición de discriminación, implica, no obstante, que dicha sanción pueda garantizar una protección jurisdiccional efectiva y eficaz. Además, debe tener un efecto disuasorio real respecto del empresario. De ello resulta que cuando el Estado miembro elige sancionar las violaciones de la prohibición de discriminación por medio de una indemnización, ésta debe ser en todo caso adecuada al perjuicio sufrido.

24. En consecuencia, resulta que una legislación nacional que limite los derechos a reparación que correspondan a las personas que han sido objeto de una discriminación en el acceso al empleo, a una indemnización puramente simbólica, como por ejemplo el reembolso de los gastos ocasionados por su candidatura, no se ajustaría a las exigencias de una adaptación eficaz del Derecho interno a la Directiva."[73]

A continuación, el Tribunal pasa a exponer la obligación del órgano jurisdiccional nacional de hacer uso de las facultades interpretativas que le confiere el Derecho nacional para garantizar, en la medida de lo posible, que este se aplica de forma coherente con el pleno efecto de la directiva:

"26. [...] debe precisarse que la obligación de los Estados miembros, derivada de una Directiva, de alcanzar el resultado previsto por ésta, así como su deber, conforme al artículo 5 del Tratado, de adoptar todas las medidas generales o particulares apropiadas para asegurar el cumplimiento de dicha obligación, se impone a todas las autoridades de los Estados miembros, incluidos los órganos jurisdiccionales, en el ámbito de sus competencias. De ello se deriva que al aplicar el Derecho nacional, y en particular, las disposiciones de una Ley nacional especialmente adoptada para la ejecución de la Directiva 76/207, el órgano jurisdiccional nacional debe interpretar su Derecho nacional a la luz del texto y de la finalidad de la Directiva, para alcanzar el resultado que pretende el apartado 3 del artículo 189."[74]

---

73 *Von Colson*, n. 67.

74 *Ibid.*

Y, por último, concluye que:

> "28. [...] aunque la Directiva 76/207 deje en libertad a los Estados miembros para elegir entre las diferentes soluciones adecuadas para llevar a cabo su objeto, es decir, para sancionar la violación de la prohibición de discriminación, ello implica, sin embargo, que si un Estado miembro elige sancionar la violación de la prohibición citada por la concesión de una indemnización, ésta, para garantizar su eficacia y su efecto disuasorio, debe ser adecuada a los perjuicios sufridos y, por consiguiente, debe ir más allá de una indemnización puramente simbólica, como es, por ejemplo, el reembolso que cubra únicamente los gastos ocasionados por la candidatura. Corresponde al órgano jurisdiccional nacional, agotando el margen de apreciación que su Derecho nacional le concede, dar a la Ley adoptada para ejecutar la Directiva una interpretación y una aplicación conformes con las exigencias del Derecho comunitario."[75]

Cabe recalcar que, en su razonamiento, la sentencia no solo utiliza en varias ocasiones el ya habitual y recurrente término "eficacia", sino que también emplea otros términos como "efecto disuasorio" o indemnización "adecuada" (es decir, no puramente simbólica) para resaltar y reforzar la finalidad de la tutela que debe otorgar el derecho nacional en materia de daños y perjuicios en este campo.

El TJUE retomó el tema de indemnizaciones al amparo de la Directiva de 1976 en el asunto *Marshall*, un caso que llevaba ya tiempo dirimiéndose en el Reino Unido relativa a la edad de jubilación de las mujeres[76]. La Srta. Marshall era una mujer que, en 1980, fue despedida por la Southampton and South West Hampshire Area Health Authority tras haber alcanzado la edad en que las mujeres pueden acceder a la pensión de jubilación estatal (fijada cinco años antes que la de los hombres). En una primera cuestión prejudicial, procedente de la *Court of Appeal* británica, el TJUE declaró que la prohibición de discriminación establecida en el artículo 5(1) de la directiva tenía efecto directo, había sido

---

75 *Ibid.*

76 Nota 19.

vulnerada por una política legislativa que aplicaba edades de jubilación diferentes a hombres y mujeres, y era exigible frente a la autoridad demandada como parte del Estado miembro (quien, al haber transcurrido el plazo de trasposición de la directiva, no podía invocar su propio incumplimiento de sus obligaciones en virtud del artículo 189 CEE, actualmente 288 del TFUE, para oponerse a la plena eficacia de la directiva)[77]. En 1993, en una segunda cuestión procedente de la *House of Lords*, el TJUE confirmó que, para alcanzar el objetivo comunitario de la igualdad en términos "efectivos", dicha indemnización debía ser "adecuada" (tal y como estableció en el asunto *Von Colson*)[78]. Además, eso significaba "compensar íntegramente" los perjuicios efectivamente sufridos y, en consecuencia, exigía que los órganos jurisdiccionales ingleses dejaran inaplicada una norma nacional que imponía un límite máximo a la indemnización fijado a priori y excluía el pago de intereses[79]. En consecuencia, debía concederse a la Srta. Marshall una reparación no prevista y, de hecho, excluida expresamente conforme a la normativa inglesa de trasposición con el fin de garantizar la plena eficacia y la tutela judicial efectiva de sus derechos conforme a la directiva (y, cabría añadir, de especial importancia, dado que tuvo que esperar casi 15 años para percibir la indemnización íntegra). Se trata de un avance notable y supone el establecimiento de un estándar mínimo europeo para las acciones civiles por incumplimiento del Derecho de la Unión (en este caso, con respecto a la reclamación de daños y perjuicios).

Si bien la esencia de la obligación de interpretación conforme ya había quedado totalmente enunciada en el asunto *Von Colson*, el contenido de la obligación se ha ido desarrollando y matizando con el paso del tiempo. Así, por ejemplo, en lo que respecta a los métodos de interpretación, el TJUE ha declarado en repeti-

---

[77] Es decir, la norma tenía efecto directo vertical.

[78] Asunto C-271/91 *Marshall contra Southampton and South-West Hampshire Area Health Authority* EU:C:1993:335; [1993] Rec. p. I-4367.

[79] *Ibid.*, apartados 24 y 26.

das ocasiones que el órgano jurisdiccional nacional debe tener en cuenta todo el corpus de normas del Derecho nacional y aplicar los métodos de interpretación reconocidos por dichas normas[80]. Ha ido algo más lejos al exigir a los órganos jurisdiccionales nacionales que tengan en cuenta no solo el tenor literal, sino también el contexto y los objetivos de la normativa de la que forma parte la norma comunitaria en cuestión, incluido su contexto, origen e historia[81], lo cual incluye tener en cuenta los textos preparatorios y los considerandos de la normativa[82]. Y puede incluir, si procede, tener en cuenta las recomendaciones cuando estas ilustren acerca de la interpretación de disposiciones nacionales adoptadas con el fin de darles aplicación o cuando tengan por objeto completar disposiciones de la Unión dotadas de fuerza vinculante[83]. Asimismo, ha confirmado que los órganos jurisdiccionales nacionales, en el cumplimiento de su deber de interpretación conforme, deben ignorar (y, por tanto, modificar) la jurisprudencia nacional ya consolidada que sea incompatible con el Derecho de la Unión[84].

Esto nos lleva a un último aspecto de este tema que ha recibido cierta atención académica a lo largo de los años, a saber, hasta qué punto la facultad discrecional de los tribunales en virtud del Derecho nacional se convierte en un *deber* conforme al Derecho de la Unión[85]. Importantes sentencias del TJUE han sugerido que, en el ámbito de la aplicación del Derecho de la Unión, los órganos

---

80 Por ejemplo, *CCOO* (n. 37), apartado 69.

81 Asunto C-414/16 *Egenberger* EU:C:2018:257, apartado 44.

82 Por ejemplo, asunto C-461/13 *Bund für Umwelt und Naturschutz Deutschland e. V. contra Bundesrepublik Deutschland* EU:C:2015:433, apartado 30 y ss.

83 Asuntos acumulados C-317-320/08, *Alassini contra Telecom Italia SpA* EU:C:2010:146; [2010] Rec. p. I-2213, apartado 40.

84 *Dansk Industri* (n. 66), apartados 33-34; *Egenberger* (n. 77), apartados 72-73; *CCOO* (n. 37), apartado 70.

85 Véase, por ejemplo, Wallerman, A., "Towards an EU Law Doctrine on the Exercise of Discretion in National Courts? The Member States' self-imposed limits on national procedural autonomy" (2016) 53 CML Rev. 339.

jurisdiccionales nacionales tienen el deber de aplicar el Derecho de la Unión cuando el Derecho nacional les conceda la facultad discrecional de hacerlo[86]. Sin embargo, esa "discrecionalidad devenida obligación", que en ocasiones ha sido la postura adoptada por el TJUE, tampoco es un principio absoluto. La discrecionalidad judicial no debe aplicarse de forma automática, sin tener en cuenta otros objetivos legítimos de los procedimientos judiciales, como la protección del derecho de defensa o la buena administración de justicia. En efecto, es ya jurisprudencia consolidada que los órganos jurisdiccionales nacionales se ven limitados por principios generales del Derecho, tales como la seguridad jurídica, y no deberían adoptar interpretaciones "*contra legem*" del Derecho nacional[87]. Recientemente, el Abogado General Bobek tuvo ocasión de exponer con detalle este adecuado equilibrio, abogando por el necesario protagonismo de los jueces nacionales en el ejercicio de su discrecionalidad judicial, así como por una buena dosis de "sentido común".

Concretamente, en un asunto relativo a un recurso interpuesto por un ciudadano irlandés para obligar a la Administración irlandesa a garantizar el cumplimiento de la normativa de la UE en materia de etiquetado bilingüe de productos, cuando estaban a punto de entrar en vigor nuevas normas comunitarias que suavizarían dicho régimen lingüístico para los fabricantes, afirmó:

---

86 *Van Schijndel* (n. 68), apartados 13-14, con referencia a *Rewe*, n. 101 (principio de equivalencia), y *Factortame I*, n. 32 (deber de garantizar una tutela judicial efectiva).

87 *Impact* (n. 109), 100, *Egenberger* (n. 81), 71. Estas limitaciones también se ven reflejadas en la matización "en la medida de lo posible" (o "cuando sea posible") en el principio de *Von Colson* que introdujo el TJUE por primera vez en *Marleasing*, asunto 106/89 EU:C:1990:395; [1990] Rec. p. I-4135, apartado 8. Según comentaría el AG Sharpston unos años más tarde, esas palabras no exigen que los órganos jurisdiccionales nacionales impongan "una interpretación artificial o forzada del Derecho nacional", *Unibet* (n. 50) EU:C:2006:755, apartado 55.

"[S]oy del parecer de que es la propia jurisprudencia del Tribunal de Justicia la que en realidad exige a los órganos jurisdiccionales nacionales que, al ejercer su facultad de apreciación en relación con las pretensiones y reparaciones solicitadas, tengan en cuenta aspectos como los indicados por el tribunal remitente: el retraso indebido en la presentación del recurso, el hecho de no haberse interpuesto otro recurso más adecuado, la falta de franqueza por parte del demandante, la actuación de mala fe del demandante, el perjuicio a terceros y la falta de finalidad útil en estimar las pretensiones formuladas. De por sí, tener en cuenta estos aspectos no priva de protección al demandante ni de efectividad a los derechos sustantivos cuya protección este reclama.

Por el contrario, al tener en cuenta dichos aspectos, el órgano jurisdiccional nacional no hace sino desempeñar su función judicial, consistente en hallar la solución más adecuada para cada controversia, atendiendo a su contexto específico y a todas las circunstancias relevantes. Una vez más, los principios de efectividad del Derecho de la Unión y de tutela judicial efectiva no pueden interpretarse en el sentido de que imponen a los tribunales nacionales un (ciego) automatismo."[88]

Sin embargo, nos estamos adentrando en el territorio de la autonomía procesal y la denominada "rule of reason", sobre las que volveremos en la sección 2 que figura más adelante.

### *1.5. Subsidiariedad*

Por último, conviene hacer una breve referencia al principio de subsidiariedad. Conforme al artículo 5 del TUE:

"En virtud del principio de subsidiariedad, en los ámbitos que no sean de su competencia exclusiva, la Unión intervendrá sólo en caso de que, y en la medida en que, los objetivos de la acción pretendida no puedan ser alcanzados de manera suficiente por los Estados miembros, ni a nivel central ni a nivel regional y local,

---

88 Asunto C-64/20 *UH contra An tAire Talmhaíochta Bia agus Mara* EU:C:2021:14, apartados 57-58. La opinión no fue seguida por el TJUE en su ulterior sentencia, al considerar el Tribunal que la ley nacional incompatible en cuestión debía quedar inaplicada sin más consideraciones, EU:C:2021:207.

sino que puedan alcanzarse mejor, debido a la dimensión o a los efectos de la acción pretendida, a escala de la Unión."[89]

Es evidente que el procedimiento civil, por las razones ya mencionadas, no es un ámbito de competencia exclusiva de la UE. De hecho, la UE ha delegado en los tribunales civiles nacionales y en su sistema procesal la aplicación del Derecho de la Unión, sin perjuicio de que la UE pueda adoptar medidas en ámbitos específicos de su competencia. En consecuencia, es de aplicación el principio de subsidiariedad. En el ámbito de la justicia civil, la Unión reconoce expresamente que respetará los "distintos sistemas y tradiciones jurídicos de los Estados miembros"[90], algo que puede considerarse una manifestación específica del principio de subsidiariedad.

El Abogado General Jacobs menciona el principio de subsidiariedad en sus conclusiones en el asunto *Van Schijndel*:

> "[S]i se admitiese la tesis según la cual las normas procesales nacionales deben siempre ceder el paso al Derecho comunitario, se invertirían indebidamente, como demostraré más adelante, unos principios consolidados sobre los que se asientan los sistemas jurídicos de los Estados miembros. Esto iría más allá de lo que requiere una protección jurisdiccional eficaz. Podría ser considerado como una violación del principio de proporcionalidad y, en sentido amplio, del principio de subsidiariedad, que refleja precisamente el equilibrio que el Tribunal de Justicia intenta alcanzar en este ámbito desde hace algunos años."[91]

Eso no significa que la Unión no pueda actuar en el ámbito de la justicia civil. Como veremos, lo ha hecho y lo sigue haciendo. La actuación en este ámbito está contemplada en los Tratados desde el Tratado de Ámsterdam de 1999. Pero su actuación es limitada, debe inscribirse en un ámbito en el que los Tratados le hayan atribuido competencias y, por supuesto, ser respetuosa con las tra-

---

89 Artículo 5 TUE.

90 Artículo 67(1) TFUE.

91 AG Jacobs en asuntos acumulados C-430 491/93, *Van Schijndel* (n. 68) EU:C:1995:185, apartado 27.

diciones procesales nacionales, lo cual nos lleva al siguiente tema: la autonomía procesal.

## 2. AUTONOMÍA PROCESAL

### *2.1. ¿Qué es la autonomía procesal?*

Como ya se ha señalado, la UE se apoya en los sistemas jurisdiccionales nacionales para proporcionar la necesaria tutela judicial civil de los derechos y obligaciones emanados del Derecho de la Unión. Esos órganos jurisdiccionales tienen el deber de garantizar la aplicación eficaz y, en la medida de lo posible, uniforme de dichas normas, respetando los principios fundamentales de la UE de efecto directo y supremacía. Por consiguiente, el Derecho de la Unión se apoya en las normas de procedimiento civil de los Estados miembros. La formulación utilizada por el Tribunal en 1968 en el asunto *Salgoil*, un caso italiano relacionado con la aplicación de la prohibición de imponer restricciones cuantitativas o medidas de efecto equivalente al comercio transfronterizo entre Estados miembros es clara:

> "[S]iempre que los preceptos de que se trate confieran a los justiciables derechos que los órganos jurisdiccionales nacionales deban salvaguardar, éstos estarán obligados a garantizar la protección de dichos derechos, entendiéndose que corresponde al ordenamiento jurídico de cada Estado miembro designar el órgano jurisdiccional competente y, a tal efecto, calificar dichos derechos según los criterios del Derecho interno."[92]

Además, el Tribunal confirmó posteriormente, en el asunto *Cruceros de la Mantequilla*, que el Derecho de la Unión "no se propuso crear, para la preservación del Derecho comunitario, vías jurisdiccionales nacionales distintas de las establecidas en el Derecho nacional", si bien "debe ser posible disponer de todas las

---

92 Asunto 13/68 *SpA Salgoil contra Ministero de commercio con l'estero, Roma* EU:C:1968:54; [1986] Rec. p. 453, p. 462.

vías de recurso previstas por el Derecho nacional con el fin de garantizar la observancia de las disposiciones comunitarias con efecto directo”[93].

Este es el punto de partida del Derecho procesal civil en la Unión. Es una competencia fundamental e histórica de los Estados miembros y, como hemos visto, la Unión debe respetar expresamente los sistemas judiciales nacionales, señalando que forman un sistema coherente basado en años de desarrollo y dependiente de las tradiciones de cada país. El término “autonomía procesal”, que se utiliza para describir esta situación, o cuestión de principio, fue acuñado por vez primera por el analista jurídico Rideau en 1972. Y, de hecho, este término no fue invocado expresamente por el propio Tribunal de Justicia ni incorporado al lenguaje empleado en sus sentencias sobre la materia hasta 2004, en el asunto *Wells*, aunque el concepto ya se venía aplicando desde la década de 1970[94].

Se ha dicho que “autonomía procesal” es una denominación errónea, dado que los Estados miembros no son verdaderamente autónomos en su aplicación de las normas procesales nacionales[95]. Como veremos a continuación, se ven limitados e influidos por el Derecho de la Unión. De hecho, puede haber un conflicto, un equilibrio o una colaboración (en función del punto de vista y del caso concreto) entre dos sistemas autónomos (el de la Unión

---

93 Asunto 158/80, *Rewe-Handelsgesellschaft Nord mbH contra Hauptzollamt Kiel* EU:C:1981:163; [1981] Rec. p. 1805, apartado 44.

94 Asunto C-201/02 *The Queen, a instancia de Wells contra Secretary of State for Transport* EU:C:2004:12; [2004] Rec. p. I-723, apartados 65, 67, 70.

95 Kakouris, C., “Do the Member States possess judicial procedural autonomy?” (1997) 34 CML Rev. 1389; Galetta, D-U., *Procedural Autonomy of EU Member States: a paradise lost?* (Springer 2010); Bobek, M., “Why there is no Principle of Procedural Autonomy of the Member States” en Micklitz, H., y de Witte, B., (eds.), *European Court of Justice and the autonomy of the Member States* (Intersentia 2012); Bobek, M., “The effects of EU law in the national legal systems?” en Barnard, C., y Peers, S., (eds.), *European Union Law* (3ª ed. OUP 2020).

y el nacional). Con frecuencia, uno tiene que ceder ante el otro, si bien es cierto que, debido al principio de supremacía y al creciente alcance legislativo del Derecho de la Unión, este tiende a imponer cada vez más su propia autonomía por encima de la autonomía nacional, pero nunca hasta el punto de eliminarla. El funcionamiento de este equilibrio o de esta tensión quedará más claro a medida que revisemos la práctica del TJUE a lo largo de esta sección.

Sin embargo, hay otro aspecto del término "autonomía procesal" que recibe menos atención y que es igual de importante y, de hecho, más impreciso: se trata de la palabra "procesal". ¿A qué se refiere "procesal" en el término "autonomía procesal"? Claramente se refiere, en primer lugar, a las normas de enjuiciamiento civil *sensu stricto* (reglas de prueba, plazos procesales, normas sobre las alegaciones, función del juez, vistas, acumulación, recursos, ejecución, etc.). También hace referencia a las normas relativas a la organización del sistema judicial (por ejemplo, los tipos de tribunales, la competencia objetiva y la jurisdicción territorial). Además, se refiere a cuestiones que son, o pueden considerarse, cuestiones de Derecho sustantivo, tales como los tipos de acciones de responsabilidad civil disponibles, las condiciones para que se genere la responsabilidad civil, la prescripción, las normas para la cuantificación del daño o la carga de la prueba.

En este sentido, el juez Lenaerts ha descrito el concepto de "Derecho procesal" de la siguiente manera:

> "Se refiere a todas las normas de derecho que entran en juego para aplicar el Derecho de la Unión en los ordenamientos jurídicos de los Estados miembros. Pueden tener que ver con el desarrollo de los procedimientos judiciales, como las normas sobre admisibilidad, plazos procesales y normas sobre el régimen probatorio, o con la ejecución de las sentencias. Sin embargo, en ocasiones pueden resultar relevantes conceptos de derecho civil o de otro tipo de derecho sustantivo (por ejemplo, el concepto de enriquecimiento sin causa)."[96] (traducción propia)

---

[96] Lenaerts, K., *EU Procedural Law*, n. 2, p. 108, nota 2.

Prechal ha aventurado que las normas son "sustantivas" en la medida en que las establece el Derecho de la Unión (y, en consecuencia, gozan de primacía sobre las normas nacionales), ya se refieran a derechos sustantivos, acciones para hacer valer esos derechos, o procedimientos, y procesales cuando las establece el Derecho nacional; es decir, se trata más de una cuestión de competencia que de la naturaleza de la norma[97]. No obstante, sugiero que tal distinción podría resultar confusa.

A lo largo del tiempo, el propio Tribunal ha utilizado, para referirse a la autonomía procesal, expresiones alternativas a la clásica formulación de "normas procesales detalladas"[98]: por ejemplo, términos como "requisitos materiales y formales" (empleado en los asuntos *Francovich* y *Fantask*)[99], o "Derecho nacional en materia de responsabilidad" (en el asunto *Brasserie de Pécheur*)[100], o simplemente "normas". En su emblemático artículo "Of Rights, Remedies and Procedures", Van Gerven propuso que podía establecerse una clara distinción entre derechos subjetivos emanados del Derecho de la Unión (que requieren protección en los ordenamientos jurídicos nacionales, como el derecho a una indemnización por la vulneración del principio de igualdad de trato o de las normas sobre competencia), acciones (que definen las condiciones para hacer valer ese derecho, como la prueba de la infracción, el daño y el nexo causal necesaria para establecer la responsabilidad extracontractual o los conceptos de daño resarcible o, incluso, cómo debería calcularse el daño) y, por último, procesos (relativos, *sensu stricto*, a las normas nacionales que regulan el proceso civil interno). La primera categoría (derechos) se sitúa en la esfera de competencia del ordenamiento jurídico de la Unión; la tercera (procesos), en la de los Estados miembros; y la segunda

97 Prechal, S., "Community Law in National Courts", n. 30, p. 685.

98 Que el TJUE amplía expresamente para incluir la designación por los Estados miembros de los órganos jurisdiccionales competentes para conocer de las acciones pertinentes.

99 Notas 33 y 57, respectivamente.

100 Nota 44.

(acciones), a medio camino entre las otras dos, en la medida en que el propio TJUE puede definir aspectos de la acción como elemento necesario o propio del derecho europeo en cuestión (por ejemplo, referentes a los requisitos del nexo causal o del daño).

De hecho, como veremos a continuación, con el tiempo el Tribunal ha establecido una serie de limitaciones a la denominada autonomía procesal, en ocasiones desarrollando el mismo tribunal, con carácter positivo, normas o principios uniformes de la Unión aplicables a las acciones legales o, incluso, a las normas procesales de derecho interno en el contexto de la tutela de los derechos europeos.

### 2.2. *Los límites de la autonomía procesal*

Los paradigmáticos asuntos *Rewe* y *Comet* exponen la formulación original del concepto de autonomía procesal en el Derecho de la Unión[101]. Ambas sentencias (dictadas el mismo día de diciembre de 1976) se refieren al intento por parte de personas privadas de recuperar los aranceles a la importación / exportación, que les habían cobrado los Estados miembros en relación con el tráfico transfronterizo de mercancías, en base a disposiciones del Tratado con efecto directo. Sus reclamaciones civiles habían prescrito con arreglo al Derecho nacional aplicable (alemán y neerlandés, respectivamente). Comet, la parte demandante en el asunto neerlandés, que solicitaba la devolución de las cantidades abonadas por la exportación de bulbos de tulipán a Alemania, alegó no solo que el Derecho de la Unión prevalecía sobre cualquier resolución nacional contraria (principio de primacía), sino que además, basándose directamente en la prohibición consagrada en el entonces artículo 16 del Tratado, poseía "un derecho autónomo que no puede estar limitado por cualquier disposición del Derecho nacional suscepti-

---

[101] Asunto 33/76 *Rewe-Zentralfinanz eG contra Landwirtschaftskammer für das Saarland* EU:C:1976:188; [1976] Rec. p. 1989 y asunto 45/76 *Comet BV contra Produktschap voor Siergewassen* EU:C:1976:191; [1976] Rec. p. 2043.

ble de debilitar el impacto del efecto directo de dicho artículo en el ordenamiento jurídico de los Estados miembros". Es decir, la demandante defendía la existencia de una acción autónoma emanada del Derecho de la Unión que no estaba sujeta a las disposiciones nacionales sobre prescripción y que debería aplicarse de manera uniforme, con independencia del Estado miembro concreto en el que se hubiera producido la vulneración.

El Tribunal rechazó la petición de la demandante, señalando que ese no era el sistema previsto por el Tratado. Antes bien, los órganos jurisdiccionales nacionales, en aplicación del principio de cooperación leal del entonces artículo 5 CEE, eran los "encargados de velar por la protección jurídica otorgada a los particulares por el efecto directo de las disposiciones del Derecho comunitario". En caso de que existieran diferencias en las legislaciones nacionales en cuestión que pudieran falsear el funcionamiento del mercado común, el Tratado establecía las bases jurídicas (en concreto, las relativas al mercado interior) necesarias para eliminar dichas diferencias: a saber, mediante la adopción de una normativa de armonización. Cuando no ha sido así y la UE no ha adoptado normas armonizadas por esa vía, la Unión deja su aplicación en manos de los ordenamientos jurídicos de los Estados miembros con arreglo a sus normas nacionales. Es en este punto donde el Tribunal utiliza la ya famosa formulación que sigue sirviendo de base al concepto de autonomía procesal hasta el día de hoy (aunque, como se mencionó más arriba, con algunos cambios y matizaciones):

> "[A] falta de tales medidas de armonización, los derechos conferidos por el ordenamiento jurídico comunitario deben ejercitarse ante los órganos jurisdiccionales nacionales según las modalidades establecidas por la norma nacional."[102]

Como es bien sabido, el Tribunal introdujo dos salvedades clave a esta norma de autonomía procesal nacional, las cuales actúan

---

[102] *Rewe* (n. 101), apartado 5; *Comet* (n. 101), apartado 13.

como limitaciones básicas de la UE a dicha autonomía: (i) "que esta regulación no sea menos favorable que la aplicable al mismo derecho de carácter interno" (principio de equivalencia), y (ii) que "dicha regulación y plazos hagan imposible en la práctica el ejercicio de los derechos que los órganos jurisdiccionales nacionales tienen el deber de proteger" (principio de efectividad)[103].

El Tribunal subrayó, además, la necesidad de establecer plazos para entablar acciones judiciales en "aplicación de un principio fundamental de seguridad jurídica que protege tanto a la autoridad afectada como a la parte a la que se reclama el pago"[104]. Es decir, el Tribunal reconoció expresamente la necesidad de hallar un equilibrio entre la aplicación del derecho en cuestión recogido en el Derecho de la Unión y los derechos procesales fundamentales (reconocidos con carácter general por los ordenamientos jurídicos nacionales). Señalando que los plazos en cuestión eran razonables, consideró que las condiciones nacionales para la devolución de los derechos aduaneros indebidos no hacían imposible en la práctica una acción judicial encaminada a hacer cumplir el Derecho de la Unión en los casos remitidos. En este sentido, reiterando lo que hemos señalado anteriormente en relación con la uniformidad, en aquellos casos en los que las normas procesales nacionales no han sido armonizadas por la UE (por ejemplo, en materia de plazos), dichas normas pueden no ser uniformes y pueden variar (y, de hecho, invariablemente lo harán) de un Estado miembro a otro. Esa divergencia es perfectamente compatible con el ordenamiento jurídico de la UE. Si bien, en ocasiones, el Tribunal ha lamentado esta situación y ha manifestado su deseo de que exista igualdad de trato en toda la UE[105], no está en su mano imponer, con carácter general, tales normas armonizadas, lo que refleja la división de poderes

---

103 *Rewe ibid.*; *Comet Ibid.*, apartados 13 y 16.

104 *Rewe ibid.*; *Comet Ibid.*, apartado 18.

105 Asunto 130/79 *Express Dairy Foods Limited contra Intervention Board for Agricultural Produce* EU:C:1980:121; [1980] Rec. p. 1887, apartado 12.

que ya hemos destacado. Otros han expresado su sorpresa ante tal proposición, reafirmando la doble naturaleza del sistema. Es el caso, especialmente, del Abogado General Jacobs: "No se puede sostener seriamente que, por motivos de uniformidad, el Derecho comunitario impone que se ignoren todos los plazos de interposición de las demandas basadas en el ordenamiento jurídico comunitario. Ante la inexistencia de disposiciones de armonización, la única exigencia consiste en que los medios de impugnación y las normas procesales nacionales garanticen una protección jurídica adecuada"[106].

La formulación original de los asuntos *Rewe* y *Comet* se ha desarrollado un tanto con el tiempo, sin alejarse de su tenor fundamental. En primer lugar, el TJUE ha ampliado las limitaciones que el Derecho de la Unión impone al principio de autonomía procesal al menos de dos maneras: (i) ha incrementado el alcance de la excepción inicial cuando ha habido una acción legislativa previa de la UE, pasando de la "normativa de armonización" original a las más recientes, y laxas, "normativa reguladora de la materia" o "legislación en este ámbito"; y (ii) lo que es más importante, ha ampliado el principio de efectividad para incluir situaciones en las que el Derecho nacional hace el ejercicio de los derechos no solo "imposible en la práctica", sino también "excesivamente difícil"[107], otorgando al TJUE un considerable margen de apreciación[108].

Algunos comentaristas también han llamado la atención sobre el hecho de que el TJUE ha eliminado la referencia al "efecto directo" cuando se refiere a los tipos de normas de la Unión que merecen la protección de los principios de equivalencia y efecti-

---

106 Conclusiones de AG Jacobs, *Van Schijndel* (n. 68) EU:C:1995:185, apartado 45.

107 *San Giorgio* (n. 54), apartado 14.

108 Como señalan Law, S., y Nowak, J., "Procedural Harmonisation by the European Court of Justice" en Gascón y Hess, B., *The Future of European Law* (n. 6), p. 37.

vidad, pues la formulación más reciente reza: "derechos que el Derecho comunitario confiere a los justiciables"[109].

En segundo lugar, el Tribunal ha desarrollado la denominada "*rule of reason*" (lo que supone un ejercicio de ponderación) en su evaluación de la conformidad de las normas procesales nacionales (en el sentido amplio de la UE que hemos descrito) con los principios de equivalencia y efectividad. Eso ocurrió en otra pareja de sentencias simultáneas del Tribunal, esta vez de diciembre de 1995: a saber, los asuntos *Van Schijndel* y *Peterbroeck*[110]. Ambos litigios se referían a las limitaciones procesales establecidas por el Derecho nacional en lo que respecta a la formulación de nuevas alegaciones basadas en la vulneración del Derecho de la Unión. El asunto *Van Schijndel*, remitido por el Consejo de Estado neerlandés, se ocupaba del intento de los demandantes de invocar una vulneración del Derecho de la competencia en apoyo de su solicitud de exención de la afiliación obligatoria a un régimen profesional de pensiones (establecido por la asociación nacional de fisioterapeutas). Intentaban hacerlo en la fase de casación, pues no habían planteado ese argumento con anterioridad, ni en primera ni en segunda instancia. Alegaron ante el Consejo de Estado que los propios órganos jurisdiccionales de rango inferior deberían haber formulado esa alegación de oficio para evitar poner en peligro la efectividad de las normas de competencia de la UE. Desde el punto de vista del Derecho neerlandés, ese nuevo motivo no estaba permitido en la fase de casación por dos razones: en primer lugar, se refería a hechos y circunstancias que no habían sido acreditados ni alegados durante el procedimiento previo, y las normas de casación neerlandesas únicamente permitían nuevas alegaciones si eran de carácter puramente jurídico; y, en segun-

---

109 Esta es la formulación empleada en el asunto C-268/06, *Impact contra Minister for Agriculture and Food* EU:C:2008:223; [2008] Rec. p. I-2483, apartados 42 y 44. Véase, además, Law y Nowak, "Procedural Harmonisation" (n. 108).

110 *Van Schijndel* (n. 68) y asunto C-312/93 *Peterbroeck, Van Campenhout & Cie SCS contra Estado belga* EU:C:1995:437; [1995] Rec. p. I-4599.

do lugar, el principio de pasividad del juez aplicable conforme al Derecho neerlandés (similar al principio de justicia rogada del Derecho español[111]).

El asunto *Peterbroeck* era una cuestión prejudicial de la Cour d'Appel belga que se refería al intento de los demandantes neerlandeses de formular en fase de recurso la alegación de que el tipo impositivo más elevado aplicado a las ganancias de su sociedad en Bélgica vulneraba su derecho a la igualdad de trato con las sociedades belgas en virtud de su libertad de establecimiento con arreglo al artículo 52 del Tratado CEE. Este argumento no se había planteado antes en el procedimiento administrativo ante las autoridades fiscales y se consideró que había precluido la posibilidad de hacerlo con arreglo al Derecho belga. Por el mismo motivo, al tribunal de apelación no le estaba permitido plantear la cuestión de oficio.

En ambos casos, el Tribunal planteó la denominada "*rule of reason*" en la aplicación de los principios *Rewe / Comet*. La fórmula se expresaba de la siguiente manera:

> "[C]ada caso en el que se plantea la cuestión de si una disposición procesal nacional hace imposible o excesivamente difícil la aplicación del Derecho comunitario debe analizarse teniendo en cuenta el lugar que ocupa dicha disposición dentro del conjunto del procedimiento, de su desarrollo y de sus particularidades, ante las distintas instancias nacionales. Desde esta perspectiva, procede tomar en consideración, en su caso, los principios sobre los que se basa el sistema jurisdiccional nacional, tales como la protección del derecho de defensa, el principio de la seguridad jurídica y el buen desarrollo del procedimiento."[112]

Este principio se ha visto reafirmado por el Tribunal en jurisprudencia posterior[113].

---

111 Artículo 216 de la LEC española.

112 *Van Schijndel ibid.*, apartado 19; *Peterbroeck ibid.*, apartado 14.

113 Véanse, por ejemplo, los asuntos acumulados C-370/17 y C-37/18 *CRP-NPAC contra Vueling Airlines SA* EU:C:2020:260, apartado 93 o el asunto C-86/19 *SL contra Vueling Airlines SA* EU:C:2020:538, apartado 40.

En el asunto *Van Schijndel*, eso llevó al Tribunal a renunciar a exigir al órgano jurisdiccional nacional que hiciera caso omiso de las restricciones procesales aplicables en virtud del Derecho neerlandés y asumiera los nuevos motivos del Derecho de la Unión (o que actuara de oficio), aun cuando ello pudiera amenazar, o al menos debilitar, la aplicación plena y efectiva del Derecho comunitario de la competencia. El razonamiento del Tribunal fue el siguiente:

> "20. En el caso de autos, hay que señalar que el principio de Derecho nacional según el cual, en un proceso civil, el Juez debe o puede aducir de oficio fundamentos de Derecho, está limitado por la obligación que a éste incumbe, de atenerse al objeto del litigio y de basar su decisión en los hechos que le han sido sometidos.
>
> 21 Esta limitación está justificada por el principio según el cual la iniciativa en un proceso corresponde a las partes y el Juez sólo puede actuar de oficio en casos excepcionales en los que el interés público exige su intervención. Este principio aplica concepciones compartidas por la mayoría de los Estados miembros en cuanto a las relaciones entre el Estado y el individuo, protege el derecho de defensa y garantiza el buen desarrollo del procedimiento, en particular, al prevenir los retrasos inherentes a la apreciación de nuevos motivos.
>
> 22 En estas circunstancias, procede responder a la segunda cuestión que el Derecho comunitario no impone a los órganos jurisdiccionales nacionales aducir de oficio un motivo basado en la infracción de disposiciones comunitarias, cuando el examen de este motivo les obligaría a renunciar a la pasividad que les incumbe, saliéndose de los límites del litigio tal como ha sido circunscrito por las partes y basándose en hechos y circunstancias distintos de aquellos en los que fundó su demanda la parte interesada en la aplicación de dichas disposiciones."[114]

Sin embargo, en el asunto *Peterbroeck* el Tribunal adoptó una postura diferente. En él, el demandante disponía de un plazo de 60 días a partir de la fecha de presentación ante el tribunal de apelación de la resolución de la administración tributaria en la que se desestimaba su reclamación para presentar su demanda y formular

---

[114] *Van Schijndel* (n. 68).

las alegaciones que deseara. A partir de ese momento, el demandante no podía formular nuevas alegaciones y, del mismo modo, el juez no podía apreciarlas de oficio (salvo por algunas excepciones limitadas que no resultaban aplicables al caso en cuestión). Aun reconociendo que la imposición de un plazo de 60 días no era, en sí misma, una condición poco razonable (de hecho, tal y como se señala en las conclusiones del Abogado General Jacobs, el mismo plazo se aplica a los recursos ante los Tribunales de la UE), el Tribunal consideró que, atendiendo a las circunstancias del caso, una norma que impedía al órgano jurisdiccional nacional plantear de oficio una cuestión de interpretación del Derecho de la Unión (artículo 52) debía dejarse inaplicada. Por consiguiente, el razonamiento del Tribunal venía motivado por la preocupación, no tanto por lo razonable de los plazos desde la perspectiva de los litigantes, sino por garantizar la capacidad de los órganos jurisdiccionales, en el marco de los procedimientos nacionales, de plantear una cuestión de Derecho de la Unión y, llegado el caso, pedir orientación al TJUE mediante el mecanismo de la cuestión prejudicial. En consecuencia, el razonamiento del Tribunal pone de relieve el hecho de que la Cour d'Appel belga fue el primer órgano jurisdiccional que intervino en ese procedimiento (las autoridades fiscales no tenían la condición de órganos jurisdiccionales y, por tanto, no tenían la posibilidad de plantear una cuestión prejudicial al TJUE) y que, en la práctica, cuando la Cour d'Appel intervino en el asunto (en la primera vista), ya había transcurrido el plazo de 60 días que le impedía invocar de oficio el Derecho de la Unión. A la luz de estos hechos concretos, el Tribunal consideró que los principios nacionales de seguridad jurídica y buen desarrollo del procedimiento se veían superados por la necesidad de garantizar la plena eficacia del artículo 52 CEE. Esta postura es similar a la adoptada por el Tribunal, unos años más tarde, en el asunto *Eco Swiss*, cuando exigió que un órgano jurisdiccional nacional pudiera revisar la compatibilidad de un laudo arbitral con el Derecho de la competencia de la Unión[115].

---

[115] Asunto C-126/97 *Eco Swiss China Time Ltd contra Benetton International NV* EU:C:1999:269; [1999] Rec. p. I-3055.

Sin embargo, no era esa la opinión del Abogado General Jacobs, quien concluyó, en ambos casos, que la imposición de plazos estaba justificada por el principio de autonomía procesal y, a juzgar por los antecedentes de hecho de cada asunto, no vulneraba los principios de equivalencia o efectividad. Tanto él como Sacha Prechal han insistido en que la autonomía procesal supone una limitación necesaria al Derecho de la Unión que deja su aplicación en manos de los ordenamientos jurídicos nacionales, sujeta únicamente a los principios limitadores básicos —a saber, de equivalencia y efectividad—, y que la divergencia procesal, y no la uniformidad, es la norma. Tampoco cabe cuestionarse esta situación e imponerse así el Derecho de la Unión, pese a los dictados del Derecho procesal nacional, por razón de supremacía. Por el contrario, lo que se exige a los sistemas nacionales es que concedan a los derechos reconocidos por el ordenamiento europeo una protección equivalente a la de los derechos emanados del Derecho nacional (haciendo por tanto extensivos, a fin de cuentas, a los litigantes en virtud del Derecho de la Unión las vías procesales de tutela disponibles en el Derecho nacional, de los que se presupone por tanto que ofrecen una protección jurídica adecuada). Ambos han observado, en consecuencia, que no hay ningún motivo por el que el Derecho de la Unión deba otorgar una mayor protección jurídica a la aplicación de los derechos de la Unión que a la de los Derechos nacionales:

> "[...] si se admitiese la tesis según la cual las normas procesales nacionales deben siempre ceder el paso al Derecho comunitario, se invertirían indebidamente, como demostraré más adelante, unos principios consolidados sobre los que se asientan los sistemas jurídicos de los Estados miembros. Esto iría más allá de lo que requiere una tutela judicial efectiva. Podría ser considerado como una violación del principio de proporcionalidad y, en sentido amplio, del principio de subsidiariedad, que refleja precisamente el equilibrio que el Tribunal de Justicia intenta alcanzar en este ámbito desde hace algunos años. Ello crearía igualmente importantes anomalías, puesto que tendría el efecto de proporcionar una protección más extensa a unos derechos que no son, por el hecho de haber sido conferidos por el ordenamiento jurídico comunitario, intrínsecamente más importantes que los derechos reconocidos por los

> ordenamientos jurídicos nacionales. Por ejemplo, es difícil sostener que el derecho que, según los Sres. Van Schijndel y Van Veen, les otorga el Derecho comunitario de elegir su propio régimen de seguro es más importante y merece una protección más amplia que, por ejemplo, el derecho de la víctima de un daño corporal a obtener una indemnización de daños y perjuicios.
>
> Por consiguiente, tanto por razones de principio como por motivos de orden práctico, se debe llegar a la conclusión de que un órgano jurisdiccional nacional solo debe aplicar de oficio una disposición de Derecho comunitario en las situaciones en las que estaría obligado a aplicar de oficio una disposición correspondiente de su Derecho interno. Cabe suponer que esto podría conducir a desigualdades en la aplicación del Derecho comunitario, pero, como hemos visto, estas desigualdades son una consecuencia de la variedad de los propios sistemas jurídicos nacionales."[116] (traducción propia)
>
> "Una vez aceptado que las disposiciones de Derecho comunitario forman parte de la legislación vigente en los Estados miembros, en principio deberían tratarse del mismo modo que el Derecho nacional. En tal caso, resulta difícil comprender por qué ciertas normas, como las disposiciones procesales, deberían descartarse con el único argumento de que obstaculizan la plena aplicación o el efecto directo del Derecho comunitario; al fin y al cabo, obstaculizan de igual modo la aplicación del Derecho nacional, incluso, llegado el caso, de la Constitución. Y ¿qué tienen de especial las disposiciones de Derecho comunitario para que reciban un trato diferente?"[117] (traducción propia)

Al mismo tiempo, Prechal reconoce que el Derecho de la Unión puede, no obstante, imponer normas más estrictas de protección jurisdiccional, pero insiste en que ello no se basa en la supremacía o el efecto directo, sino más bien en la legislación sobre derechos fundamentales y, en particular, en el principio de la tutela judicial efectiva:

> "Otra cuestión muy diferente es que el entorno jurídico nacional se vea limitado por ciertos principios de Derecho comunitario. En particular, en determinadas circunstancias las disposiciones nacio-

---

116 Conclusiones del AG Jacobs en *Van Schijndel* (n. 91), apartados 27, 38.

117 Prechal, S., "Community Law in National Courts" (n. 30), 686.

> nales deben ceder el paso al principio de efectividad o al principio de la tutela judicial efectiva. Sin embargo, no se trata de una cuestión de supremacía o de efecto directo, sino de que el Derecho comunitario impone unas exigencias más estrictas en materia de procedimientos, acciones legales, etc. que las existentes a nivel nacional. La base última de estas normas parece residir en los principios jurídicos fundamentales establecidos, entre otros lugares, en el artículo 6 del CEDH."[118] (traducción propia)

Considero sin embargo que el enfoque conservador de Jacobs y Prechal ha quedado superado con el tiempo. Las normas procesales de la Unión han sido, y siguen siendo, desarrolladas por la UE, lo que nos lleva justamente ahora al tema de la tutela judicial efectiva.

### 2.3. *La tutela judicial efectiva*

Desde sus inicios, el TJUE ha reconocido derechos fundamentales extraídos de las tradiciones constitucionales comunes a los Estados miembros y del CEDH como principios generales del Derecho de la Unión[119]. La tutela judicial efectiva es uno de esos derechos y fue reconocido expresamente por vez primera en el asunto *Johnston*[120], otra sentencia en la línea jurisprudencial de *Von Colson* relativa a la Directiva de 1976 sobre igualdad de trato laboral y al derecho de las partes perjudicadas "a hacer valer sus derechos por vía jurisdiccional" (artículo 6). En ella, el Tribunal se refirió al derecho a un "control jurisdiccional efectivo" como un principio general del derecho, que se encontraba reflejado en el artículo 6 de la directiva. En el asunto *Johnston,* el principio exigía que un certificado firmado por el Secretario de Estado, que en virtud de las normas nacionales servía para justificar un trato desigual por parte de un empresario por motivos de seguri-

---

118 *Ibid.*

119 Tridimas, T., *The General Principles of EU Law* (2ª ed. OUP 2006).

120 Asunto 222/84 *Johnston contra Chief Constable of the Royal Ulster Constabulary* EU:C:1986:206; [1986] Rec. p. 1651.

dad nacional o seguridad pública, no se considerara una prueba concluyente y permitiera su refutación en un procedimiento de control jurisdiccional. El Tribunal se refirió expresamente a las tradiciones constitucionales comunes a los Estados miembros y al CEDH (artículos 6 y 13) como fuentes de este principio, que impone a los Estados miembros el deber de garantizar el control jurisdiccional efectivo de los derechos consagrados en el Derecho de la Unión ante sus tribunales:

> "18. El control jurisdiccional impuesto por dicho artículo es la expresión de un principio general del Derecho que es básico en las tradiciones constitucionales comunes a los Estados miembros. Este principio está igualmente consagrado por los artículos 6 y 13 del Convenio Europeo para la protección de los Derechos Humanos y de las Libertades Fundamentales, de 4 de noviembre de 1950. Como ha sido reconocido en la declaración común del Parlamento, del Consejo y de la Comisión, de 5 de abril de 1977 (DO C 103, p. 1), y por la jurisprudencia del Tribunal de Justicia, conviene tener en cuenta, en el marco del Derecho comunitario, los principios en los que se inspira dicho Convenio.
>
> 19. En virtud del artículo 6 de la Directiva, interpretada a la luz del principio general antes mencionado, todas las personas tienen derecho a un recurso efectivo ante el órgano jurisdiccional competente contra aquellos actos que, en su opinión, vayan en contra de la igualdad de trato entre hombres y mujeres prevista por la Directiva 76/207. Corresponde a los Estados miembros garantizar un control jurisdiccional efectivo para que se respeten las disposiciones aplicables de Derecho comunitario y las de la legislación nacional destinada a garantizar la posibilidad del ejercicio de los derechos previstos en la Directiva."[121]

Hemos visto que el Tribunal ya empleaba el vocabulario de la tutela judicial efectiva en la jurisprudencia relativa a la plena eficacia del Derecho de la Unión a la que nos hemos referido anteriormente, desde los asuntos *Von Colson* y *Marshall* hasta *Factortame*, *van Schijndel*, *Muñoz* y *Courage*. En los últimos años, sin embargo, hemos asistido a una mayor "constitucionalización" del principio, formulado cada vez más en términos de la legislación de derechos

---

[121] *Ibid.*

fundamentales, así como a un cierto grado de "positivización" de la jurisprudencia del TJUE en materia de proceso civil.

El proceso se remonta a la aprobación de la Carta de los Derechos Fundamentales por las instituciones de la Unión en el año 2000, aunque no fue hasta unos años más tarde, poco antes de la firma del Tratado de Lisboa (en diciembre de 2007), cuando el Tribunal comenzó a hacer referencia expresa a la Carta en sus sentencias, incluido, en particular, el artículo 47 sobre el "derecho a la tutela judicial efectiva y a un juez imparcial". Esto puede apreciarse, especialmente, en las sentencias de la Gran Sala en los asuntos *Unibet* e *Impact*[122]. Ambas muestran ya un cierto fortalecimiento de la postura del Tribunal acerca de la tutela judicial efectiva.

El asunto *Unibet* se refería a la cuestión de si el Derecho de la Unión exigía que existiera una acción autónoma para la declaración de incompatibilidad europea (y la disponibilidad de las correspondientes medidas cautelares), cuando no existía tal acción en el Derecho nacional. Unibet pretendía cuestionar la legalidad de la norma contenida en la legislación sueca sobre el juego que prohibía la promoción de sus servicios online prestados desde otros Estados miembros (Reino Unido y Malta), y que el Estado sueco había utilizado para emprender acciones judiciales contra los periódicos que habían publicado anuncios de Unibet. Lo cierto es que Unibet no estaba legitimada para hacerlo con arreglo al Derecho sueco. No obstante, la empresa tenía la posibilidad de plantear una reclamación de daños y perjuicios y, según el órgano jurisdiccional remitente, podía plantear como cuestión incidental en dicho procedimiento la compatibilidad de la ley con las disposiciones del Tratado (artículo 49 CE). Recordando la necesidad de evaluar la compatibilidad de una disposición proce-

122 *Unibet* (n. 50); asunto C-268/06, *Impact contra Minister for Agriculture and Food* EU:C:2008:223; [2008] Rec. p. I-2483. Véase, para un comentario sobre ambos asuntos, Lenaerts, K., "National Remedies for Private Parties in the Light of the EU Law Principles of Equivalence and Effectiveness" 46 Irish Jurist (NS), 13.

sal nacional con referencia al lugar que ocupa dicha disposición dentro del conjunto del sistema procesal nacional (según la "*rule of reason*")[123], el Tribunal sostuvo que la posibilidad de impugnar indirectamente la ley del juego mediante una cuestión prejudicial autónoma en una demanda por daños y perjuicios sería, en principio, suficiente para satisfacer el principio de la tutela judicial efectiva[124]. Por el contrario, si bien el Tratado "no se propuso crear, para la preservación del Derecho comunitario, vías jurisdiccionales nacionales distintas de las establecidas en el Derecho nacional" (asunto *Cruceros de la Mantequilla*), solo cabe llegar a una solución diferente "cuando el sistema establecido por el ordenamiento jurídico nacional de que se trate no permita ninguna vía jurisdiccional, siquiera de carácter incidental, que garantice el respeto de los derechos que el Derecho comunitario confiere a los justiciables"[125]. Siguiendo la evolución de la jurisprudencia del Tribunal Europeo de Derechos Humanos (TEDH), el TJUE declaró que constituiría una violación del derecho a la tutela judicial efectiva que el demandante se viera obligado a cometer primero una infracción que diera lugar a un procedimiento sancionador en su contra para poder plantear la violación del Derecho de la Unión como cuestión incidental en dicho procedimiento[126]. Sobre la cuestión de las medidas cautelares, el Tribunal sostuvo que debe ser posible solicitar medidas cautelares con arreglo al Derecho nacional para garantizar la plena eficacia de la resolución eventual de que la norma nacional es contraria al Derecho de la Unión (en el marco de la acción indemnizatoria por daños y perjuicios)[127]. En su razonamiento, el Tribunal recordó la corriente jurisprudencial *Johnston* sobre la tutela judicial efectiva,

---

123 *Unibet ibid.*, apartado 54.

124 *Ibid.*, apartados 58-59, 65. El órgano jurisdiccional nacional debía determinar si esa posibilidad estaba efectivamente garantizada por el Derecho nacional.

125 *Ibid.*, apartados 40-41.

126 *Ibid.*, apartados 62-64.

127 *Ibid.*, apartados 75-77.

la obligación que el artículo 4(3) del TUE impone a los Estados miembros y a sus órganos jurisdiccionales de hacer cuanto esté en su mano para garantizar la tutela judicial efectiva de los derechos emanados del Derecho de la Unión (*Van Schijndel* y *Factortame*), la exigencia de que los Estados miembros establezcan un sistema de acciones y medios procesales que permitan garantizar el respeto de esos derechos (*Unión de Pequeños Agricultores*) y, por último, la obligación de cooperación leal[128]. Es importante destacar que el TJUE estableció una conexión expresa entre el artículo 47 y el principio de la tutela judicial efectiva, al declarar que este último "había sido confirmado por el artículo 47 de la Carta"[129]. En resumen, basándose en los antecedentes de hecho del caso, el Tribunal no exigió que existiera una acción declarativa autónomamente reconocida por el Derecho de la Unión, pero sí dejó la puerta abierta a la creación de dicha acción en caso de que el Derecho nacional no dispusiera de medios indirectos para ello.

En el asunto *Deutsche Lufthansa*, el TJUE dictaminó que la posibilidad de impugnar indirectamente las tasas aeroportuarias a través de acciones civiles en ese caso *no* permitía a los usuarios del aeropuerto (las compañías aéreas) llevar a cabo un control judicial adecuado de la decisión basado en principios de Derecho administrativo (tales como la no discriminación o un debido proceso en la adopción de las tasas)[130]. La sentencia no habla directamente de la creación de una acción autónoma de la UE, sino de los principios generales de la tutela judicial

---

128 Asunto C-50/00 P *Unión de Pequeños Agricultores contra Consejo de la Unión Europea* EU:C:2002:462; [2002] Rec. p. I-6677. Véase *Unibet* (n. 50), apartados 37-44.

129 *Ibid.*, apartado 37. Desde entonces, esa formulación se ha visto confirmada en: asunto C-93/12 *ET Agrokonsulting-04-Velko Stoyanov contra Izpalnitelen direktor na Darzhaven fond "Zemedelie" – Razplashtatelna agentsia* EU:C:2013:432, apartado 59; Asunto C-752/18 *Deutsche Umwelthilfe eV contra Freistaat Bayern* EU:C:2019:1114, apartado 34.

130 Asunto C-379/18 *Deutsche Lufthansa AG contra Land Berlin* EU:C:2019:1000, apartados 54-71.

efectiva y la cooperación leal, así como de su aplicación a la cuestión de la legitimación para ejercitar una acción judicial con arreglo al Derecho alemán. Sin embargo, al igual que en los asuntos *Factortame I* o *Muñoz*, el efecto es el de exigir que exista un recurso eficaz, ya sea directamente basada en el Derecho de la Unión o dejando inaplicada una condición para una acción nacional existente[131].

El asunto *Impact* es un caso fascinante. Irlanda cuenta con una jurisdicción especializada en materia de Derecho laboral —el Rights Commissioner y, en caso de recurso, la Labour Court—, que era la jurisdicción competente para los asuntos derivados de la legislación irlandesa de trasposición de la Directiva sobre el trabajo de duración determinada[132]. El asunto se refería a la falta de competencia de dicha jurisdicción especializada para aplicar directamente la directiva durante el periodo de transición entre la fecha de su trasposición y la (tardía) entrada en vigor de la legislación nacional de trasposición (un periodo en el que determinadas disposiciones de la directiva tenían efecto directo y podían, en virtud del Derecho de la Unión, hacerse valer frente al empleador estatal, el demandado en el procedimiento de referencia). El Tribunal, reiterando los principios de tutela judicial efectiva, cooperación leal y autonomía procesal de la jurisprudencia anterior, incluido el asunto *Unibet*, concluyó —en un aparente intento de reunir todos los principios en un concepto coherente— que la

---

131 Puede que se trate de una cuestión semántica, como sugiere Episcopo, F.,: "el uso del efecto directo y las doctrinas establecidas para compensar su falta de operatividad pueden considerarse 'remedios *lato sensu*', que no solo amplían el ámbito de aplicación del Derecho de la Unión, sino que también afectan directamente a las normas nacionales de protección procesal", "The Vicissitudes of Life at the Coalface: Remedies and Procedures for Enforcing European Union Law before National Courts", en Craig y de Búrca, *The Evolution of EU Law* (n. 3), 275, 292.

132 Directiva 1999/70/CE del Consejo, de 28 de junio de 1999, relativa al Acuerdo marco de la CES, la UNICE y el CEEP sobre el trabajo de duración determinada; [1999] DO L175/43.

equivalencia y la efectividad "expresan" la obligación de los Estados miembros de garantizar la tutela judicial efectiva:

> "47. Estas exigencias de equivalencia y de efectividad, que expresan la obligación general a cargo de los Estados miembros de garantizar la tutela judicial de los derechos que los justiciables deducen del Derecho comunitario, también se aplican respecto a la designación de los tribunales competentes para conocer de las demandas basadas en dicho Derecho.
>
> 48. En efecto, la inobservancia de tales exigencias en ese ámbito, al igual que el incumplimiento de dichas exigencias en el ámbito de la definición de la regulación procesal, puede violar el principio de tutela judicial efectiva."[133]

Aplicando estos principios a los hechos del caso, el TJUE observó a continuación que exigir a un particular perjudicado "que desea someter ante tal tribunal especializado una demanda basada en la violación de dicha Ley, que someta paralelamente ante un tribunal ordinario una demanda distinta para hacer valer los derechos que podría deducir directamente de la propia Directiva para el periodo comprendido entre la fecha de expiración del plazo de adaptación a dicha Directiva y la fecha de entrada en vigor de la Ley mediante la que se lleva a cabo dicha adaptación, sería contrario al principio de efectividad si de ello se derivaran para los particulares *inconvenientes procesales*, por lo que se refiere, en particular, a los costes, duración y normas de representación, que hagan excesivamente difícil el ejercicio de los derechos derivados de dicha Directiva, extremos que corresponde comprobar al órgano jurisdiccional nacional"[134] (el énfasis es mío). El Tribunal consideró que la alternativa de que el demandante interpusiera un único recurso ante los tribunales ordinarios con competencia para aplicar las normas en todos los momentos oportunos no era válida, reconociendo, pues, implícitamente que el demandante tenía el derecho legítimo a solicitar una reparación ante un tribunal especializado, en caso de que existiera.

---

[133] *Impact* (n. 122).

[134] *Ibid.*, apartado 51.

El Tratado de Lisboa (que entró en vigor en 2009) dotó de mayor contenido jurídico a estos principios al incorporar formalmente la Carta al ordenamiento jurídico de la UE. El artículo 6 del Tratado de la UE concedió a la Carta el mismo rango que los Tratados, dispuso la adhesión de la Unión al CEDH, y declaró principios generales del Derecho de la Unión los derechos fundamentales que garantiza el CEDH y "los que son fruto de las tradiciones constitucionales comunes a los Estados miembros". Por su parte, el artículo 19(1), párrafo segundo, del Tratado de la UE impuso expresamente a los Estados miembros la siguiente obligación: "establecerán las vías de recurso necesarias para garantizar la tutela judicial efectiva en los ámbitos cubiertos por el Derecho de la Unión" (haciéndose eco de las palabras de *UPA*).

No cabe duda de que la incorporación formal al Derecho de la Unión del CEDH y de la Carta ha tenido importantes repercusiones: forma parte de una cierta "constitucionalización" de la tutela judicial en el Derecho de la Unión, con un marcado énfasis en los derechos procesales por ella reconocidos. Cabría pensar que también anuncia un mayor intervencionismo por parte del ordenamiento jurídico de la UE en aspectos de Derecho procesal nacional. Existe un amplio debate académico sobre la relación precisa entre la tutela judicial efectiva, por un lado, y el principio de efectividad por otro (en el sentido de los asuntos *Rewe/Comet*). Algunos consideran que son, en esencia, lo mismo; otros, que el derecho a la tutela judicial efectiva ofrece una faceta diferente del principio de efectividad; y otros, que el derecho es totalmente autónomo[135]. Sin duda, su aplicación e invocación por parte del Tri-

---

135 La AG Kokott ha manifestado la opinión de que el principio "encarna" los principios existentes de efectividad y tutela judicial efectiva: asunto C-73/16 *Puškár contra Finančné riaditeľstvo Slovenskej republiky* EU:C:2017:253, apartado 51. El AG Bobek, en *Banger* (n. 64), apartado 100, duda de que verdaderamente sean muy diferentes y considera que en gran medida se solapan, y en *An tAire* (n. 88), apartados 43-44, sugiere que abordan la misma cuestión de la tutela judicial efectiva desde ángulos distintos. Para un análisis más detallado, véase Prechal, S., y Cath,

bunal de Justicia no es pulcra ni limpia y resulta difícil de encajar en un modelo sencillo[136]. No obstante, hay un amplio consenso a la hora de reconocer que la incorporación expresa del artículo 47 de la Carta al Tratado de la UE denota un incremento de la relevancia del derecho en la actividad jurisdiccional del Tribunal y en el Derecho de la Unión[137].

La jurisprudencia del TJUE tras el Tratado de Lisboa, que evidencia un cambio notable tanto en el lenguaje como en el contenido de las sentencias del Tribunal, corrobora esta afirmación. A menudo se cita el asunto *DEB* como un primer avance real en el enfoque del Derecho procesal del Tribunal basado en los derechos fundamentales consagrados en la Carta[138]. En efecto, la sentencia, relativa a la disponibilidad de asistencia jurídica gratuita para las personas jurídicas, contiene una referencia expresa al párrafo tercero del artículo 47 de la Carta, que consagra el derecho a la asistencia jurídica gratuita en los Tratados de la UE, y amplias referencias a la jurisprudencia del TEDH relacionada con la cuestión. De hecho, podría decirse que la resolución del asunto por parte del Tribunal se vio influida de manera fundamental por

---

K., "The European Acquis of Civil Procedure: Constitutional Aspects" (2014) 19 Unif L Rev. 179.

136 El AG Bobek señala en sus conclusiones en *An tAire ibid.,* apartado 46: "Sin duda, existe abundante jurisprudencia sobre la efectividad ('Rewe'), que a lo largo de la última década ha sido esencialmente relevada por la tutela judicial efectiva con arreglo al artículo 47 de la Carta. Sin embargo, no se puede decir que dicha jurisprudencia, profundamente casuística, sea coherente".

137 En 2020, Bobek, M., señaló en "The Effects of EU Law" (n. 95) que: "[L]a jurisprudencia reciente del Tribunal ha comenzado a tratar las cuestiones relativas a los recursos nacionales más en términos de tutela judicial efectiva. El doble requisito de equivalencia y/o efectividad sigue ahí, pero la retórica ha cambiado. Esta variación terminológica corresponde al cambio introducido por el Tratado de Lisboa".

138 Asunto C-279/09 *DEB Deutsche Energiehandels– und Beratungsgesellschaft mbH contra Bundesrepublik Deutschland* EU:C:2010:811; [2010] Rec. p. I-3849.

la interpretación del derecho por parte del TEDH (lo que refleja la fuerte interdependencia de la Carta respecto al CEDH) y se basó en gran medida en el trabajo previo del Abogado General Mengozzi en la revisión de dichos precedentes[139].

La jurisprudencia pertinente posterior al Tratado de Lisboa está, en efecto, marcada por las referencias a los nuevos derechos basados en el Tratado [en particular, el artículo 47 de la Carta y el artículo 19(1) del TUE], que se incorporan al vocabulario más tradicional de la autonomía procesal del Tribunal y, a su vez, conllevan una arquitectura jurídica de derechos fundamentales un tanto más clara y firme. La sentencia del TJUE en el asunto *Berlioz* (una cuestión prejudicial del Tribunal de lo Contencioso-Administrativo de Luxemburgo relativa al derecho de un particular a impugnar un requerimiento de las autoridades tributarias de Luxemburgo adoptado a raíz de una solicitud de las autoridades francesas con arreglo a las normas de cooperación de la Unión en el ámbito fiscal) es ilustrativa de los nuevos lenguaje y enfoque:

> "44. Según el artículo 47 de la Carta, titulado «Derecho a la tutela judicial efectiva y a un juez imparcial», toda persona cuyos derechos y libertades garantizados por el Derecho de la Unión hayan sido violados tiene derecho a la tutela judicial efectiva. A este derecho corresponde la obligación que el artículo 19 TUE, apartado 1, párrafo segundo, impone a los Estados miembros de establecer las vías de recurso necesarias para garantizar la tutela judicial efectiva en los ámbitos cubiertos por el Derecho de la Unión.
>
> 54. [...] cabe recordar que el principio de tutela judicial efectiva es un principio general del Derecho de la Unión, actualmente plasmado en el artículo 47 de la Carta. Este artículo garantiza, en el Derecho de la Unión, la protección conferida por los artículos 6, apartado 1, y 13 del CEDH. En consecuencia, procede referirse únicamente a aquella primera disposición (véase, en este sentido, la sentencia de 6 de noviembre de 2012, *Otis y otros*, C-199/11, EU:C:2012:684, apartados 46 y 47)."[140]

---

139 *Ibid.*. EU:C:2010:489, en particular los apartados 63-68.

140 Asunto C-682/15 *Berlioz Investment Fund SA contra Directeur de l'administration des contributions directes* EU:C:2017:373, apartados 44, 54.

Del mismo modo, el planteamiento de las limitaciones de la tutela judicial efectiva se caracteriza por el nuevo enfoque de los derechos fundamentales establecido en la Carta. De conformidad con el artículo 52(1) de la Carta, una limitación del derecho a la tutela judicial efectiva solo puede justificarse si está prevista por la ley, si respeta la esencia de ese derecho y, sujeta al principio de proporcionalidad, si es necesaria y realmente responde a objetivos de interés general reconocidos por la UE, o a la necesidad de proteger los derechos y libertades de los demás[141]. La Abogado General Kokott ha señalado que el principio de proporcionalidad también resulta relevante en la aplicación del principio de efectividad (por ejemplo, en la limitación de la "dificultad excesiva")[142]. No obstante, el nuevo envoltorio de derechos fundamentales supone un paso en la evolución del enfoque jurídico.

Como observó el TJUE en el asunto *Otis*, el artículo 47 de la CDFUE comprende varios elementos, entre ellos, en particular, "el derecho de defensa, el principio de igualdad de armas, el derecho de acceso a los tribunales y el derecho a ser asesorado, de-

---

Véanse también los asuntos acumulados C-439 y 488/14 *SC Star Storage SA contra Institutul Național de Cercetare-Dezvoltare în Informatică (ICI)* EU:C:2016:688, apartado 46; asunto C-243/15 *Lesoochranárske zoskupenie VLK contra Obvodný úrad Trenčín* EU:C:2016:838, apartado 50; *Puškár* (n. 135) EU:C:2017:725, apartados 57-59. En *Berlioz*, eso implicó que la parte en cuestión tenía derecho a que la decisión de requerimiento se revisara a la luz de criterios objetivos (en concreto, la "pertinencia previsible") para evitar "investigaciones prospectivas" (*fishing expeditions*) o solicitudes de información que probablemente no fueran pertinentes para la investigación tributaria en cuestión. En ese contexto, la parte debería tener cierto derecho limitado para acceder a la solicitud de las autoridades tributarias extranjeras (sujeta a una obligación de secreto) y poder así conocer la naturaleza de la investigación y, por tanto, ejercer efectivamente su derecho a la tutela judicial efectiva.

141 *Puškár* (n. 140), apartado 62; *Star Storage* (n. 140), apartado 49.

142 *Puškár* (n. 135), apartados 50-51.

fendido y representado"[143]. En consecuencia, el artículo incorpora ciertos contrapesos a la tutela judicial efectiva de los derechos consagrados en el Derecho de la Unión destinados a proteger el derecho de defensa de las partes y, más ampliamente, el derecho a un juicio justo. Esto nos recuerda los criterios de ponderación propugnados al amparo de la "*rule of reason*" por el Tribunal en los asuntos *Van Schijndel/Peterbroeck*, que reconoce explícitamente las garantías procesales nacionales (entre otras, el derecho de defensa, la seguridad jurídica y el buen desarrollo del procedimiento) como límites legítimos a la aplicación efectiva del Derecho de la Unión[144]. Düsterhaus ha señalado que "la tutela judicial efectiva por parte de los órganos jurisdiccionales nacionales no siempre sirve al propósito de favorecer la efectividad de tales derechos", sino que puede "ser también una salvaguardia frente a la aplicación indebida del Derecho de la Unión"; el artículo 47 de la Carta "no solo cubre los derechos positivos, sino también la situación de quienes pretenden defenderse de la aplicación del Derecho de la Unión", que "puede encontrar sus límites en el artículo 47 de la Carta de los Derechos Fundamentales (CDF) en la medida en que el acceso a un tribunal debe garantizarse también para impugnar una obligación derivada del Derecho de la Unión y porque todas las partes de un procedimiento judicial, en virtud de dicho Derecho, tienen derecho a un juicio justo"[145]. El derecho a un juicio justo conlleva, por ejemplo, el principio de igualdad de armas, en virtud del cual se debe "ofrecer a cada parte una oportunidad razonable de presentar su causa, incluidas sus pruebas, en condiciones que no la coloquen en una situación de clara desventaja con respecto a su adversario"[146].

---

143 Asunto C-199/11 *Europese Gemeenschap contra Otis NV* EU:C:2012:684, apartado 48.

144 Véase Prechal (n. 30).

145 Düsterhaus, D., "Constitutionalisation of European Civil Procedure" (n. 6), p. 78.

146 *Otis I* (n. 143), apartado 71; *Berlioz* (n. 140), apartado 96.

Al mismo tiempo, esos derechos de defensa no son absolutos y deben ser ponderados por el órgano jurisdiccional, teniendo en cuenta "las circunstancias específicas de cada asunto y, en particular, de la naturaleza del acto de que se trate, del contexto en que se adoptó y de las normas jurídicas que regulan la materia correspondiente"[147]. En el asunto *Donau Chemie*, eso suponía que era necesario tener en cuenta, entre otras cosas, el derecho del demandado a la protección de los secretos comerciales que figuraban en la documentación del expediente administrativo de la autoridad de defensa de la competencia al que el demandante pretendía acceder para obtener pruebas útiles para su reclamación por los daños y perjuicios que, según alegaba, se habían derivado de la infracción en cuestión.[148] En el asunto *Berlioz*, la protección de los objetivos de celeridad, eficacia y confidencialidad en la cooperación entre las autoridades tributarias también implicaba reconocer que el órgano jurisdiccional nacional estaba facultado para imponer ciertos límites al derecho a la tutela judicial efectiva del demandante que le brinda la UE; en particular, en lo que respecta al alcance de su acceso a la solicitud transfronteriza de la Administración tributaria francesa que constituía la base de la decisión de requerimiento luxemburguesa que pretendía impugnar.

Como han sugerido algunos analistas, este proceso jurisprudencial ante el Tribunal supone el nacimiento de estándares procesales de la Unión[149]. Esos estándares se desarrollan y establecen en virtud del artículo 47 de la CDFUE. Deben tener el mismo significado y alcance que sus equivalentes al amparo de los artículos correspondientes del CEDH [a saber, el artículo 6(1) y el

---

147 *Berlioz ibid.*, apartado 97; asunto C-348/16 *Sacko contra Commissione Territoriale per il riconoscimento della Protezione internazionale di Milano* EU:C:2017:591, apartado 41.

148 Asunto C-536/11 *Bundeswettbewerbsbehörde contra Donau Chemie AG* EU:C:2013:366.

149 Véase el excelente artículo de Van Cleynenbreugel, P., "Judge-made standards of national procedure in the post-Lisbon constitutional framework" (2012) 37 ELRev 90.

artículo 13], de manera que el CEDH y su interpretación en la jurisprudencia del TEDH adquieren una mayor importancia en la jurisprudencia del TJUE. Pero, además, el Tribunal está facultado para otorgar un nivel de protección superior al del CEDH en virtud del artículo 47 de la CDFUE[150]. Por consiguiente, el artículo 47 tiene un significado propio y autónomo[151]. De hecho, dentro de su ámbito de aplicación, el artículo 47 del CDFUE establece una norma para la UE que excluye las normas nacionales de tutela judicial efectiva que difieran de ella (incluso aquellas que sean más exigentes)[152]. Además, es directamente aplicable y puede ser invocado por los particulares ante los órganos jurisdiccionales nacionales[153]. Por consiguiente, puede ser necesario dejar sin aplicar una disposición contraria del Derecho nacional para garantizar la plena eficacia del artículo 47 de la Carta[154]. Al mismo tiempo, el desarrollo del artículo 47 de la Carta se inspira, en la práctica, en las tradiciones y prácticas concretas de los Estados miembros, compensando así en cierta medida el carácter incompleto de la jurisprudencia del TJUE[155].

---

150 Según el artículo 52(3) de la Carta.

151 Véanse, por ejemplo, *Otis I* (n. 143), apartados 46-47; *Berlioz* (n. 140), apartado 54.

152 *Melloni* (n. 27, apartado 28).

153 Tanto frente al Estado (efecto directo vertical), asunto C-556/17, *Torubarov contra Bevándorlási és Menekültügyi Hivatal* EU:C:2019:626, apartado 56; asuntos acumulados C-585 y 624-25/16, *AK y otros contra Sąd Najwyższy*, EU:C:2019:982, apartado 161; como frente a otro particular (efecto directo horizontal), *Egenberger* (n. 81), apartado 78. Para un análisis más detallado de la naturaleza del efecto directo horizontal de los derechos de la Carta, véase Bobek, M., "Institutional Report" en Borman, M., y Langer, J., (eds.), *National Courts and the Enforcement of EU Law: The Pivotal Role of National Courts in the EU Legal Order* (XXIX Congreso FIDE, La Haya, Eleven International Publishing 2020), pp. 65-68.

154 *Egenberger ibid.*, apartado 79.

155 Safjan, M., y Düsterhaus, D., "A Union of Effective Judicial Protection: Addressing a Multi-level Challenge through the Lens of Article 47 CFREU" (Yearbook of European Law Vol. 33, nº 1 2014) 3, 37: "Esta norma común de la UE en modo alguno se ha creado de la nada. De

Estas normas difieren sustancialmente del tradicional control de efectividad (tipo *Rewe/Comet*) ejercido por el Tribunal, ya que implican el establecimiento de obligaciones procesales positivas para los órganos jurisdiccionales nacionales, a veces allí donde, previamente, tales obligaciones no existían. Esto contrasta con el enfoque tradicional del Derecho europeo, que establecía límites negativos, exigiendo a los órganos jurisdiccionales nacionales que dejaran sin aplicar normas nacionales cuando estas obstaculizaran excesivamente la efectividad del Derecho de la Unión (o discriminaran en favor de acciones nacionales equivalentes)[156].

Además, se ha señalado que, a diferencia de lo que ocurre con el CEDH, el desarrollo de las normas procesales de la Unión en virtud del artículo 47 de la CDFUE está fuertemente dirigido por los órganos jurisdiccionales nacionales. ¿Qué significa eso? En el sistema del CEDH, el control sobre el respeto de los derechos fundamentales se produce en la fase final del proceso, como mecanismo de revisión de último recurso instigado por la parte afectada, una vez agotados todos los recursos nacionales. En cambio, en el sistema de la Unión, es el tribunal nacional, antes de adoptar su resolución sobre un asunto, el que puede plantear una cuestión prejudicial sobre el alcance o el significado de derechos fundamentales en virtud, por ejemplo, del artículo 47 de la Carta, para su interpretación por parte del TJUE. Eso, que puede ocurrir incluso en primera instancia (y, con frecuencia, de hecho, ocurre), confiere a cada órgano jurisdiccional nacional un elevado nivel de iniciativa

hecho, se deriva de una gran cantidad de fuentes que siguen influyendo en su ulterior desarrollo. A este respecto, debemos subrayar que las normas y principios procesales nacionales no solo se examinan en detalle, sino que finalmente se incorporan, cuando se impugna ante el Tribunal su conformidad con el Derecho de la Unión. Esta incorporación de normas nacionales a través de la jurisprudencia sigue siendo indispensable debido al estado incompleto del Derecho procesal escrito de la UE". Véase también Düsterhaus, D., "Constitutionalisation of European Civil Procedure" (n. 6), 85.

156 Véase Van Cleynenbreugel, P., "Judge-made standards" (n. 149), 94.

y protagonismo en el desarrollo de derechos procesales comunes en la UE. Y también implica que las cuestiones relativas a derechos procesales se plantean *mucho antes en el proceso*, por lo que pueden tener un impacto más eficaz en los procedimientos nacionales.

Van Cleynenbreugel ha descrito la relación entre el TJUE y los tribunales nacionales en este ámbito como una "deferencia guiada". Con ello, se refiere a "una situación en la que el Tribunal de Justicia, basándose en normas o principios particulares, proporciona un plan o, al menos, asesoramiento para que los tribunales nacionales desarrollen y estructuren disposiciones procesales concretas en un marco coherente y unificado". A su vez, subraya la importancia del papel de los órganos jurisdiccionales nacionales en la elaboración de nuevas normas:

> "[L]os tribunales nacionales, al formular sus peticiones de decisión prejudicial, pueden orientar al Tribunal hacia la elaboración de normas rectoras basadas en la interpretación de disposiciones del CEDH por parte del TEDH. Como tales, los tribunales nacionales continúan desempeñando un papel preponderante en el establecimiento de estándares procesales. Si bien los estándares mínimos para un juicio justo en los procedimientos nacionales se elaboran en el ámbito de la UE, son los tribunales nacionales los que permiten su creación y determinan si el Tribunal concede más protección a los derechos reconocidos en virtud del CEDH y hasta qué punto.
>
> La ventaja del desarrollo de estándares procesales de esta manera es que se invita a los jueces nacionales a reflexionar sobre sus sistemas procesales nacionales desde el punto de vista del Derecho de la Unión y del CEDH. Al provocar un enfoque de deferencia guiada a través de las sentencias del Tribunal, los jueces nacionales podrían identificar deficiencias en su propio sistema y, acto seguido, recurrir al Tribunal de Justicia para hacer cumplir más directamente las obligaciones positivas que les impone el TEDH. Dado que un órgano jurisdiccional nacional estará obligado por la respuesta del Tribunal a la cuestión prejudicial cuando se pronuncie sobre el litigio concreto que le haya sido sometido, la intervención del Tribunal en el asunto garantiza una evaluación previa autorizada del alcance y la función de las obligaciones procesales positivas que deben cumplirse en el asunto de que se trate." (traducción propia)[157]

---

[157] *Ibid.*, 98.

Por último, ¿qué podemos decir sobre el contenido material de la protección procesal de la UE en virtud del artículo 47 de la Carta? Hay quien sugiere que, como consecuencia de la constitucionalización del derecho a la tutela judicial efectiva, existe ahora una protección más elevada que la que se aplicaba anteriormente conforme a la doctrina de efectividad *Rewe/Comet*. En efecto, el Abogado General Jääskinen ha señalado que "la tutela judicial efectiva para los derechos derivados de la normativa de la Unión Europea parece ser de un grado de exigencia mayor que la clásica fórmula referida a la práctica imposibilidad o la excesiva dificultad", lo que en su opinión implica que, de hecho, los recursos nacionales deben ser "accesibles, rápidos y razonablemente económicos"[158]. En líneas generales, el Abogado General Bobek coincidió con este punto de vista, aunque con menos entusiasmo, en sus conclusiones en el asunto *Banger*:

> "[P]arece que desde la entrada en vigor de la Carta, el artículo 47 se ha desarrollado de una manera más robusta. Tras analizar la jurisprudencia del Tribunal de Justicia, en efecto parece que en la actualidad el artículo 47 de la Carta establece un estándar más elevado que el del principio de efectividad. Hasta qué punto ello se deriva del texto del propio artículo 47 de la Carta y en qué medida ese hecho es la consecuencia natural y simple de la jurisprudencia más reciente, posterior al Tratado de Lisboa, centrada en dicho artículo y que está siendo desarrollada sobre la base del mismo, son cuestiones que pueden dejarse sin temor alguno al debate doctrinal."[159]

Igualmente, en palabras del juez Safjan en 2014:

> "El carácter obligatorio del derecho fundamental consagrado en el artículo 47 de la CDFUE facilita la promoción y eficacia de la protección judicial propia de la UE, lo que se traduce, en particular, en un encuadre más estricto de las normas procesales nacionales y, en consecuencia, en una creciente uniformidad. Así, de una complementariedad estructural y funcional, la relación entre los

158 Asunto C-536/11 *Bundeswettbewerbsbehörde contra Donau Chemie AG* EU:C:2013:67, apartado 47.

159 Nota 64, apartado 101.

ordenamientos jurídicos nacionales y de la UE evoluciona hacia la convergencia y la interdependencia. De ese modo, el nivel de protección de la UE se universaliza."[160] (traducción propia)

El coautor de este trabajo, el letrado (*référendaire*) Düsterhaus, ha argumentado más recientemente que "a la hora de tratar cuestiones procesales en virtud del artículo 47 de la Carta, el TJUE ciertamente fomenta un estándar común de derechos procesales al interpretar el Derecho primario y derivado de forma que garantice su conformidad, así como la de las normas y prácticas nacionales, con las exigencias de una tutela judicial justa, efectiva y expeditiva"[161].

Sería demasiado simplista sugerir que el desarrollo de los derechos procesales bajo el paraguas del derecho de la tutela judicial efectiva comenzó con la Carta o con el Tratado de Lisboa, algo que desmiente la evolución previa de la jurisprudencia desde el asunto *Johnston.* Sin embargo, se observa una clara intensificación del trabajo en este campo en los tribunales de la Unión, y la aparición de la tutela judicial propia de la UE como materia en sí misma[162]. Ello, a su vez, plantea nuevos interrogantes sobre la capacidad del sistema actual para responder a los retos futuros. La aparición de estándares de protección procesal impulsados por los propios jueces solo será, en el mejor de los casos, gradual,

---

160 Safjan, M., y Düsterhaus, D., "A Union of Effective Judicial Protection" (n. 155), 37.

161 Düsterhaus, D., "Constitutionalisation of European Civil Procedure" (n. 6), 70.

162 Evidentemente, la relevancia del Derecho de la Unión en materia de tutela judicial efectiva ha adquirido especial notoriedad en el contexto de la denominada crisis del Estado de Derecho, a causa de la cual, en los últimos tiempos, la independencia e imparcialidad de los órganos jurisdiccionales nacionales, incluso de los Tribunales Supremos, ha sido objeto de escrutinio por parte del TJUE, incluso fuera del ámbito de aplicación directo del Derecho de la Unión; véanse, entre otros, los asuntos C-824/18 *AB contra Krajowa Rada Sądownictwa* EU:C:2021:153; y C-896/19 *Repubblika contra Il-Prim Ministru* EU:C:2021:311.

dada la propia naturaleza del Derecho elaborado por los jueces. Además, el proceso de cuestiones prejudiciales no ofrece un mecanismo ágil para la resolución de cuestiones procesales, ni puede ofrecer más que directrices que los órganos jurisdiccionales nacionales deberán luego aplicar en función de las particularidades de cada caso y del Derecho nacional. De hecho, el creciente nivel de detalle en el que parece adentrarse el TJUE para dar respuesta a casos concretos es buena prueba de la magnitud del problema[163]. Sencillamente, el TJUE no dispone de los recursos —ni cabría esperar que lo hiciera— para hacer frente al creciente número de cuestiones prejudiciales sobre estos asuntos[164]. El desafío es tanto mayor cuanto que la evaluación por parte del Tribunal implica el examen de fuentes del Derecho cada vez más numerosas: en par-

---

163 Véase n. 60. El AG Bobek se ha referido al problema de lo que él denomina la "jurisprudencia fáctica" del Tribunal y llama la atención sobre el sorprendente nivel de detalle fáctico con el que se formulan y responden las preguntas, generando muchas veces nuevas remisiones sobre variaciones fácticas similares de la misma cuestión jurídica, y cuestiona el sentido de tanto detalle en "Institutional Report" (n. 153), 87-88.

164 El número de cuestiones prejudiciales ha ido aumentando considerablemente a lo largo de los años. Hubo 255 remisiones de órganos jurisdiccionales nacionales en 1999, 249 en 2004, 302 en 2009, 428 en 2014, y 641 en 2019 y, ese año, representaron el 76,4% de los expedientes del TJUE (véanse los datos presentados por Donnelly, C., y de la Mare, T., "Preliminary Rulings and EU Legal Integration: Evolution and Continuity" en Craig y de Búrca, *The Evolution of EU Law* (n. 3), 263-274, extraídos de los Informes Anuales del TJUE hasta 2019). En 2020 se presentaron 556 procedimientos prejudiciales (Fuente: Informe Anual del TJUE de 2020). El 30 de noviembre de 2022, el TJUE presentó una propuesta para compartir parte de la carga de trabajo relativa a las cuestiones prejudiciales con el Tribunal General: Petición presentada por el Tribunal de Justicia, al amparo del artículo 281, Párrafo segundo, del Tratado de Funcionamiento de la Unión Europea, en orden a la modificación del Protocolo n.º 3 sobre el Estatuto del Tribunal de Justicia de la Unión Europea; disponible en: https://curia.europa.eu/jcms/upload/docs/application/pdf/2022-12/demande_transfert_ddp_tribunal_en.pdf.

ticular, la jurisprudencia del TEDH, pero también otras, como las normas procesales nacionales, los convenios internacionales o el *soft law*. Esto añade complejidad, retrasos y costes al proceso, todo lo cual sugiere que es necesario explorar otros enfoques para ayudar (no reemplazar) al TJUE en su desarrollo del estándar de tutela judicial efectiva de la Unión.

### *2.4. Ejemplos*

Como conclusión de esta sección, resulta útil para el objeto de este trabajo examinar en detalle una serie de ejemplos en los que el TJUE, mediante el diálogo con los órganos jurisdiccionales nacionales a través del mecanismo de la cuestión prejudicial, ha definido ciertas condiciones o normas procesales o, al menos, ha proporcionado una orientación procesal detallada para su aplicación, en el contexto de la aplicación del Derecho de la Unión. Centraremos nuestra atención en los precedentes de una serie de esferas del Derecho, dejando para el capítulo 4 el análisis en profundidad de los precedentes en materia de Derecho de la competencia. Nos concentraremos en cuestiones puramente procesales, como la prueba, y en cuestiones relativas a la designación de los órganos jurisdiccionales competentes (cuestión, también, reservada al Derecho nacional, como ya hemos visto). Comenzaremos por esto último.

#### a) Organización jurisdiccional: ventajas de los tribunales centralizados o especializados

Aunque una competencia de los Estados miembros, el TJUE ha examinado la cuestión de la organización jurisdiccional en varias ocasiones en el marco de cuestiones prejudiciales relacionadas con el Derecho de la Unión; por ejemplo, en materia de la competencia judicial. Habida cuenta de nuestro objeto de estudio, resulta especialmente instructivo examinar algunos asuntos recientes en los que el Tribunal ha centrado su atención en el uso de tribunales nacionales especializados o, al menos, centralizados para determinadas materias. Esta cuestión se ha abordado en el contexto tanto de la aplicación de las normas comunes de competencia judicial de la UE como de las de un ámbito político específico (en concreto, la Política Agrícola Común o la "PAC"). Yo postulo aquí en este estudio que estos casos constituyen el inicio de un interesante debate sobre las ventajas para la justicia de la especialización de los órganos jurisdiccionales nacionales en determinados ámbitos del Derecho de la Unión, sobre todo los que implican un análisis técnico complejo.

El primer asunto es *Agrokonsulting*[165]. Se trata de un asunto remitido al TJUE por el Tribunal Contencioso-Administrativo de Sofía (Bulgaria) en relación con un conflicto de competencia interno relativo a un recurso interpuesto por un agricultor de Burgas contra una decisión administrativa que le denegaba el pago de determinadas ayudas agrícolas al amparo de la PAC. El tribunal remitente, que normalmente habría sido el órgano competente para conocer del recurso al coincidir con la sede de la autoridad competente (el Director Ejecutivo del Fondo Nacional de Agricultura), preguntó si la asunción de la competencia por su parte (en lugar del tribunal correspondiente al domicilio del agricultor) vulneraría los principios de equivalencia y efectividad o el artículo 47 de la Carta. En concreto, el tribunal de Sofía señaló que los terrenos agrícolas en cuestión se encontraban a bastante distancia de Sofía (más de trescientos kilómetros, lo que implicaba un viaje en coche de aproximadamente 3 horas)[166] y que ello podía afectar negativamente a los derechos de los agricultores (descritos por el tribunal como una capa social vulnerable), ya que la obtención de pruebas, la elaboración de informes periciales y la inspección de los terrenos podían ralentizarse y resultar más onerosas como consecuencia de esa distancia[167].

---

165 Nota 129.

166 Véanse las conclusiones del AG Bot: EU:C:2013:172, apartados 42-43.

167 Nota 129, apartado 31.

En su análisis de la incidencia del principio de efectividad, el TJUE recordó la exigencia de la "*rule of reason*" de *Van Schijndel / Peterbroeck*; a saber, que el órgano jurisdiccional tome en consideración "el lugar que ocupan las normas de que se trate en el conjunto del procedimiento, el desarrollo de este y las particularidades de tales normas, ante las distintas instancias nacionales", así como, "en su caso, los principios sobre los que se basa el sistema jurisdiccional nacional de que se trate, como pueden ser la protección del derecho de defensa, el principio de seguridad jurídica y el buen desarrollo del procedimiento"[168]. A continuación, destacó una serie de factores que, a reserva de un análisis más en profundidad por parte del órgano jurisdiccional local, consideró que no se oponían al establecimiento de un órgano jurisdiccional centralizado para conocer de recursos de esa naturaleza: (i) la parte podía ser representada por un abogado en las vistas presenciales, se disponía de asistencia letrada, se podía obtener una condena en costas y la carga de la prueba, que recaía en el recurrente, se podía desplazar fácilmente a la Administración; (ii) el tipo de prueba que primaba en esta clase de causas era la prueba pericial y esta solía basarse en datos públicos, siendo las visitas de campo más la excepción que la norma; (iii) los procedimientos solían durar entre 6 y 8 meses, lo que no parecía excesivo; (iv) la concentración de asuntos ante el órgano jurisdiccional de Sofía permitía a este adquirir una pericia particular, lo que podía reducir la duración media de los procedimientos, y, tal y como señaló el Gobierno alemán en sus observaciones, "un órgano jurisdiccional centralizado, especializado en materia de ayudas agrícolas, puede garantizar una práctica uniforme en todo el territorio nacional, contribuyendo de esta manera a la seguridad jurídica"[169]. Por consiguiente, el Tribunal concluyó que, a primera vista, la regla de competencia no vulneraba el principio de efectividad[170]. Y, por las mismas razones, tampoco vulneraba el derecho a la tutela judicial

---

168 *Ibid.*, apartados 38, 48.

169 *Ibid.*, apartados 50-56.

170 *Ibid.*, apartado 58.

efectiva en virtud del artículo 47 de la Carta[171]. No obstante, de acuerdo con la práctica habitual, dejó que el tribunal nacional determinara si la norma cumplía de verdad el criterio de efectividad establecido por el TJUE[172].

El segundo asunto es *Sanders & Huber*[173]. Se trata de dos asuntos relacionados con el Reglamento 4/2009 del Consejo relativo a la competencia en materia de obligaciones de alimentos para la familia[174], remitidos respectivamente por los Tribunales de Distrito de Düsseldorf y Karlsruhe. En ambos asuntos se cuestionaba la compatibilidad con el reglamento de una norma alemana de "concentración de competencias" en virtud de la cual las demandas transfronterizas de pensiones alimentarias deberían ser resueltas por el tribunal local situado en el territorio del tribunal regional superior en cuya circunscripción tenga su domicilio el acreedor o deudor alemán correspondiente. Sin embargo, la norma para los asuntos nacionales era que la competencia recaía en el tribunal local del domicilio del acreedor o del deudor. En su sentencia, el TJUE confirmó, en primer lugar, que el hecho relevante a efectos de establecer la competencia en virtud del Reglamento 4/2009 ("lugar donde el acreedor tenga su residencia habitual") determinaba la competencia tanto internacional como territorial[175]. En segundo lugar, que el Derecho nacional determinaba el órgano jurisdiccional competente para conocer de un asunto dentro de esa jurisdicción, siempre que dicha normativa no pusiera en entredicho los objetivos del reglamento ni privara a este de su efecto útil[176]. En tercer

---

171 *Ibid.*, apartados 59-60.

172 *Ibid.*, apartado 61.

173 Asuntos acumulados C-400/13 y C-408/13 *Sanders contra Verhaegen* y *Huber contra Huber* EU:C:2014:2461.

174 Reglamento (CE) 4/2009 del Consejo, de 18 de diciembre de 2008, relativo a la competencia, la ley aplicable, el reconocimiento y la ejecución de las resoluciones y la cooperación en materia de obligaciones de alimentos, [2009] DO L 7/1.

175 *Sanders* y *Huber* (n. 173), apartado 30.

176 *Ibid.*, apartado 32.

lugar, examinó el cumplimiento de esas condiciones del Derecho de la Unión. Para ello, identificó los objetivos clave de la regla de competencia para los acreedores de alimentos: en primer lugar, la proximidad al lugar de residencia habitual del acreedor (con el fin de favorecer las pretensiones de una persona que suele ser la parte más débil) y, en segundo lugar, la correcta administración de justicia (desde la perspectiva tanto de la óptima organización jurisdiccional como del interés de las partes, entre otras cosas, en un acceso simplificado a la justicia y en la previsibilidad de la competencia)[177]. Procedió luego a aplicar esos principios y consideró que: (i) el requisito de proximidad no generaba una obligación para los Estados miembros de establecer un órgano jurisdiccional en todos y cada uno de los lugares de residencia de los acreedores de alimentos, admitiendo, no obstante, que una norma transfronteriza que aplicara una solución menos localizada que la norma para los asuntos nacionales "no contribuye necesariamente a la consecución del objetivo de proximidad"; y (ii) el desplazamiento adicional que conllevaba una concentración de los órganos jurisdiccionales no existía necesariamente cuando uno de los objetivos del Reglamento 4/2009 era maximizar el uso de las tecnologías de la comunicación para evitar las vistas presenciales[178]. Además, consideró que la concentración de competencias podría contribuir a la consecución de todos los objetivos del reglamento:

> "En efecto, una concentración de competencias como la controvertida en el litigio principal contribuye a desarrollar un conocimiento particular que puede mejorar la eficacia del cobro de los créditos alimenticios, garantizando al mismo tiempo una recta administración de la justicia y sirviendo a los intereses de las partes en el litigio."[179]

Concretamente, el TJUE se refirió una vez más a los argumentos del Gobierno alemán, así como, en esta ocasión, de la Comi-

---

[177] *Ibid.*, apartados 26-29, 36-37, 40.

[178] *Ibid.*, apartados 35-39, 43, con referencia al considerando 23 del Reglamento 4/2009 (n. 174).

[179] *Sanders* y *Huber* (n. 173), apartado 45.

sión, en apoyo de la concentración, que, según ellos, "tiene un efecto positivo sobre la administración de justicia, puesto que permite el acceso a tribunales especializados y, por lo tanto, dotados de mayores conocimientos en ese tipo de litigios, que [...] con frecuencia revelan una gran complejidad fáctica y jurídica"[180]. Para concluir, discrepando en este asunto del Abogado General Jääskinen, el Tribunal consideró una vez más que la centralización de los órganos jurisdiccionales no era necesariamente incompatible con el marco de la UE. No obstante, lo hizo en términos más prudentes de los empleados en el asunto *Agrokonsulting* (sin duda debido a la naturaleza más delicada de la materia y a la mayor claridad de los términos del marco jurídico de la UE) y devolvió el análisis específico al órgano jurisdiccional nacional.

El asunto *Volvo I* fue también un caso de competencia judicial, en esta ocasión relativo a una acción de responsabilidad extracontractual (en concreto, una acción de daños y perjuicios por vulneración del Derecho de la competencia) con arreglo a la norma de competencia especial del artículo 7(2) del Reglamento Bruselas I *bis*[181]. El TJUE confirmó que la norma de la UE determinaba la competencia tanto internacional como territorial, mediante referencia al lugar del hecho dañoso según los términos del artículo 7(2) de Bruselas I *bis*, tal y como lo interpreta el Tribunal. El tribunal nacional competente, en ese lugar y para esa materia concreta (Derecho de la competencia), era, no obstante, una cuestión de Derecho nacional (la organización de su sistema judicial). Hasta aquí, la sentencia no dice nada nuevo. Sin embargo, son los comentarios adicionales que deja caer en cuanto a la especialización de los tribunales los que merecen nuestra atención. El Tribunal afirma, a partir del apartado 35, lo siguiente:

---

180 *Ibid.*, apartado 42.

181 Asunto C-30/20 *RH contra AB Volvo* EU:C:2021:604. Véase además Hitchings, P., "RH v AB Volvo: a call for centralized and specialized courts in the midst of jurisdictional dispersion" (2021) 2 Mass Claims Journal, 136.

"35. Como han señalado las partes demandadas en el litigio principal, así como los Gobiernos español y francés y la Comisión, esta disposición no se opone a que un Estado miembro decida atribuir el conocimiento de una clase determinada de litigios a un único tribunal, el cual sería, por tanto, exclusivamente competente, cualquiera que fuese el lugar de dicho Estado miembro en el que se hubiera materializado el daño.

36. El Tribunal de Justicia, en efecto, ya ha indicado que una concentración de competencias en un único órgano jurisdiccional especializado puede justificarse en aras de una buena administración de justicia (véase, en este sentido, la sentencia de 18 de diciembre de 2014, *Sanders y Huber*, C-400/13 yC-408/13, EU:C:2014:2461, apartado 44).

37. Como señaló el Abogado General en el punto 128 de sus conclusiones, en el contexto del artículo 7, punto 2, del Reglamento no. 1215/2012, la complejidad técnica de las normas aplicables a las acciones por daños y perjuicios por infracciones de las disposiciones del Derecho de la competencia puede también constituir una razón de peso en favor de una concentración de competencias."[182]

Según la sentencia, estos comentarios respondían a las observaciones de los Gobiernos español y francés y de la Comisión Europea: no eran el objeto de la cuestión prejudicial del juzgado remitente de Madrid. Si analizamos más detenidamente las observaciones escritas en cuestión, encontramos que no fue el propio Gobierno español que planteara directamente este tema, sino que, respondiendo a una pregunta del Tribunal, el Gobierno confirmó que su postura coincidía con la del Gobierno francés y la Comisión[183]. Como es sabido, España no tiene un tribunal especializado en materia de Derecho de la competencia centralizado, sino un gran número de juzgados de lo mercantil situados en cada una de las provincias de España que tienen competencia en una serie de asuntos mercantiles, incluido el Derecho de la competencia[184]. Sin embargo, el Gobierno francés sí planteó esta cuestión

---

182 *Volvo I*, n. 181.

183 El autor ha tenido acceso a las observaciones a través del Reglamento 1049/2001 de Transparencia, [2001] DO L 145/43.

184 Véase el capítulo 13.2, tercera parte, más abajo.

concreta, al parecer preocupado por preservar su autonomía procesal nacional para organizar el sistema judicial local, incluida la posibilidad de crear tribunales especializados. Por su parte, la Comisión dedica la última sección de sus observaciones a la cuestión de los tribunales especializados. Recordando la doctrina *Sanders & Huber*, la Comisión sostiene que las normas de competencia no se oponen a una cierta especialización en procedimientos de naturaleza técnica, en los que dicha especialización puede efectivamente resultar deseable, siempre que no se menoscabe la eficacia de la norma europea de competencia judicial al amparo del Reglamento Bruselas I *bis*. El hecho de que el TJUE, haciéndose eco del razonamiento del Abogado General de la Tour, recalque la complejidad técnica del Derecho de la competencia (dando, implícitamente, mayor justificación a la centralización judicial que en el campo del Derecho de alimentos para niños) resulta llamativo porque va más allá que las partes o que el juzgado remitente al hacer esta observación. Por ello, yo diría que esto es *una clara señal a los Estados miembros de que esa vía de la centralización en tribunales especializados está abierta*, si desean seguirla. De hecho, muchos de ellos ya han llevado a cabo cierta reorganización de sus órganos jurisdiccionales para asuntos de competencia: como la creación por parte de Italia de tres tribunales especializados en Milán, Roma y Nápoles[185]; o el Tribunal especializado de la Competencia, Regulación y Supervisión de Portugal, en Santarém, que tiene jurisdicción exclusiva tanto para las acciones de daños y perjuicios como para el control jurisdiccional de las decisiones de la autoridad nacional de competencia[186]. De este modo, la localiza-

---

185 El Decreto Legislativo italiano de 19 de enero de 2017, que transpuso la Directiva de Daños al ordenamiento jurídico italiano, modificó el art. 4 del Decreto Legislativo de 27 de junio de 2003 para atribuir la competencia exclusiva regional a estos tres centros judiciales.

186 El "*Tribunal da Concorrência, Regulação e Supervisão*" fue creado en virtud de la Ley 46/2011, de 24 de junio, del Decreto-Ley 67/2012, de 30 de marzo, y de la Orden Ministerial 84/2012, de 29 de marzo. El ámbito de competencia territorial del tribunal corresponde al territorio nacional (Decreto-Ley 49/2014, de 27 de marzo). Tiene competencia exclusiva

ción del hecho dañoso dentro de un país, a efectos de competencia judicial de conformidad con el artículo 7(2) de Bruselas I *bis* —lo que podría abrir las puertas a un gran número de tribunales competentes—, se vuelve menos relevante, dado que solo hay un tribunal nacional centralizado (o solo unos pocos) con competencia para conocer del asunto.

### b) Prueba: la práctica de la prueba y el derecho a un juicio justo

Curiosamente, ha habido un puñado de asuntos ante el TJUE que han abordado las implicaciones del derecho fundamental a un juicio justo o proceso equitativo (artículo 6 del CEDH y artículo 47 de la Carta) para la cuestión de cómo debería permitirse a las partes refutar pruebas (en particular, las pruebas de naturaleza técnica). La sentencia del Tribunal de abril de 2003 en el asunto *Steffensen* se refería a un procedimiento alemán relativo a la revisión de una multa impuesta a la demandante por una infracción de las normas de comercialización en la venta de ciertos productos alimenticios[187]. Dichas normas aplicaban una directiva comunitaria. La sentencia del Tribunal se refería a la admisibilidad de los resultados de los análisis de determinadas muestras de alimentos en el procedimiento que se seguía ante el órgano jurisdiccional alemán cuando no se habían garantizado durante el procedimiento administrativo determinados derechos procesales de la demandante establecidos en la directiva (a saber, el derecho a un contra peritaje). Una parte de la respuesta del Tribunal abordaba la cuestión de si eso supondría una vulneración del derecho de la demandante a un juicio justo. Basándose en la jurisprudencia del TEDH, el Tribunal señaló que el artículo 6(1) del CEDH no establece normas sobre la prueba como tal,

---

para pronunciarse sobre las acciones civiles basadas únicamente en la violación de las normas de competencia y es el órgano competente para revisar las decisiones de la autoridad de competencia portuguesa en virtud de la Ley 32/2013, de 26 de agosto.

[187] Asunto C-276/01 *Steffensen* EU:C:2003:228; [2003] Rec. p. I-3735.

de modo que no define la admisibilidad o inadmisibilidad de las pruebas, que es una cuestión de Derecho interno. No obstante, la exigencia de un juicio justo —en esencia, que las partes puedan participar adecuadamente en el procedimiento ante el órgano jurisdiccional— se refiere al procedimiento considerado en su conjunto, lo cual se hace extensivo a la forma en que se practica la prueba[188]. Además, cuando las partes afectadas están facultadas para formular ante el tribunal observaciones acerca de un medio de prueba concreto, el derecho a un procedimiento contradictorio que garantiza el artículo 6(1) del CEDH, implica que "la posibilidad de comentar eficazmente dicho medio de prueba debe ser verdadera". Máxime cuando la prueba en cuestión "tiene un contenido técnico que escapa al conocimiento de los jueces y puede influir destacadamente en la apreciación de los hechos por el tribunal"[189].

Este principio se deriva del asunto *Mantovanelli* (al amparo del CEDH) en el que el TEDH reconoció el derecho de los recurrentes en un procedimiento francés por negligencia médica a poder participar en el proceso de elaboración del correspondiente informe médico por parte de un perito designado por el tribunal, que era, en aquel momento, la prueba clave del procedimiento judicial[190]. El TEDH consideró que la posibilidad de impugnar y refutar ese informe ante el juez era insuficiente para garantizar su derecho a un proceso equitativo en ese caso. Se trata de una sentencia muy interesante (y polémica), confirmada por una escasa mayoría de cinco votos contra cuatro. Los jueces discrepantes consideraron que el Tribunal se había excedido, invadiendo el ámbito nacional de la prueba y traspasando los límites del derecho a un juicio justo, siendo suficiente que las partes pudieran rebatir la prueba ante el tribunal en un procedimiento judicial, en lugar de tener también

---

[188] *Ibid.*, apartado 76.

[189] *Ibid.*, apartado 77.

[190] *Mantovanelli contra France* App n.º 21497/93 (TEDH, 18 de marzo de 1997).

el derecho a participar en su preparación por parte del perito[191]. Sin embargo, la decisión, a juzgar por los hechos, es convincente: los recurrentes eran los padres de una niña que había perdido la vida como consecuencia de las graves complicaciones surgidas tras el tratamiento médico de un absceso en el pulgar. El informe médico fue encargado por el tribunal administrativo y lo realizó un perito designado de oficio. Era de naturaleza técnica y claramente influiría mucho en el resultado del juicio. La elaboración de dicho informe había implicado entrevistas con el personal del hospital sin previo aviso a los recurrentes o a sus abogados y sin su participación. La mayoría del Tribunal subrayó que la protección del derecho de los recurrentes a un procedimiento contradictorio exigía que se les concediera la oportunidad "efectiva" de refutar la prueba pericial y que, a juzgar por los hechos, ello exigía que se les concediera la posibilidad de participar en la elaboración de dicho informe pericial y de formular observaciones al respecto:

> "33. El Tribunal señala que uno de los elementos de un proceso equitativo en el sentido del artículo 6, apartado 1, es el derecho a un procedimiento contradictorio: en principio, cada parte debe tener la oportunidad no solo de dar a conocer las pruebas necesarias para que sus pretensiones prosperen, sino también de conocer y comentar todas las pruebas presentadas u observaciones formuladas con objeto de influir en la decisión del órgano jurisdiccional (véanse, *mutatis mutandis*, las sentencias *Lobo Machado v. Portugal* y *Vermeulen v. Bélgica*, de 20 de febrero de 1996, Reports of Judgments and Decisions 1996, p. 31 y p. 33, respectivamente, y la sentencia *Nideröst-Huber v. Suiza*, de 18 de febrero de 1997, Reports of Judgments and Decisions 1997, p. 24). A este respecto, el Tribunal deja claro desde el comienzo que, al igual que la observancia de las demás garantías procesales consagradas en el artículo 6, apartado 1, el respeto del principio de contradicción solo tiene por objeto el proceso judicial ante un "órgano jurisdiccional"; por lo tanto, de esta disposición no puede deducirse ningún principio general y abstracto según el cual, cuando un perito haya sido designado por un órgano jurisdiccional, en todos los casos las partes deban poder asistir a las entrevistas celebradas por él o que se les muestren los documentos que haya tenido en cuenta. Lo esencial es que las partes puedan participar debidamente en el proce-

[191] Véanse los votos particulares que se adjuntan al final de la sentencia.

> dimiento ante el "órgano jurisdiccional" (véase, *mutatis mutandis*, la sentencia *Kerojrvi v. Finlandia*, de 19 de julio de 1995, Serie A n.º 322, p. 16, 42 *in fine*)."[192] (traducción propia)

Sin embargo, como señala el TEDH, y como ha hecho el TJUE en otros casos[193], eso no equivale a un derecho general y abstracto a participar plenamente en todos los aspectos del proceso del perito designado por el tribunal (frente a un derecho a impugnar las conclusiones en el propio procedimiento judicial).

Que una parte debe tener la posibilidad eficaz de impugnar las pruebas en las que se basa una resolución contra ella ha encontrado eco en asuntos en materia de cooperación fiscal[194]. También se ha invocado recientemente en el caso de una fusión en el marco del uso por parte de la Comisión Europea de modelos econométricos para predecir el impacto de una determinada transacción propuesta en el mercado y justificar así su decisión en virtud del Reglamento de concentraciones[195]. En el asunto en cuestión, *UPS*, la Comisión había comunicado su modelo econométrico subyacente a la parte notificante (UPS), y lo había comentado con ella, durante el proceso administrativo. Sin embargo, la Comisión había introducido ajustes en el modelo final en el que basó su decisión de rechazar la fusión propuesta (la adquisición de TNT), los cuales no se comunicaron a UPS antes de que se adoptara la decisión. El Tribunal consideró que esta falta de comunicación del modelo final a UPS vulneraba el derecho de defensa y el derecho a un juicio justo, viciando la decisión y, en consecuencia, fundamentando su anulación:

---

192 *Ibid.*

193 Asuntos acumulados C-204-5, 211, 213, 217 y C-219/00 P *Aalborg Portland A/S y otros contra Comisión de las Comunidades Europeas* EU:C:2004:6; [2004] Rec. p. I-123, apartado 70.

194 Véase, por ejemplo, C-276/12 *Sabou contra Finanční ředitelství pro hlavní město Prahu* EU:C:2013:678, apartado 38.

195 Asunto C-265/17 P *United Parcel Service, Inc. contra Comisión Europea* EU:C:2019:23; Reglamento 139/2004 del Consejo, de 20 de enero de 2004, sobre el control de concentraciones entre empresas [2004] DO L 24/1.

"31. El respeto del derecho de defensa antes de la adopción de una decisión en materia de control de concentraciones exige, por tanto, que las partes notificantes puedan dar a conocer oportunamente su punto de vista sobre la realidad y la pertinencia de todos los elementos en los que la Comisión vaya a basar su decisión [véase, por analogía, la sentencia de 22 de octubre de 2013, *Sabou* (C-276/12, EU:C:2013:678), apartado 38 y jurisprudencia citada].

32. En lo que se refiere a los modelos econométricos utilizados en el marco de los procedimientos de control de operaciones de concentración, procede señalar que el análisis prospectivo necesario en esta materia consiste en examinar de qué modo una operación de este tipo podría modificar los factores que determinan la situación de la competencia en los mercados afectados. Este tipo de análisis implica imaginar las diversas relaciones de causa a efecto, para dar prioridad a aquellas cuya probabilidad sea mayor (sentencia de 15 de febrero de 2005, *Comisión/Tetra Laval*, C-12/03 P, EU:C:2005:87, apartados 42 y 43).

33. Con este fin, el recurso a modelos econométricos permite mejorar la comprensión de la operación proyectada identificando y, en su caso, cuantificando algunos de sus efectos, y contribuir así a la calidad de las decisiones de la Comisión. Por tanto, es necesario que, cuando la Comisión vaya a basar su decisión en estos modelos, las partes notificantes tengan la oportunidad de exponer su punto de vista al respecto.

34. La divulgación de estos modelos y de los criterios metodológicos en los que se asienta su elaboración resulta tanto más necesaria cuanto que, como ha señalado la Abogado General en el punto 43 de sus conclusiones, contribuye a conferir carácter equitativo al procedimiento, de conformidad con el principio de buena administración previsto en el artículo 41 de la Carta de los Derechos Fundamentales de la Unión Europea."[196]

En cuanto a las pruebas y el derecho a un juicio justo, cabe mencionar el asunto *Pupino*, un asunto penal relativo a la obtención de pruebas testificales fuera de la sala de vistas y del procedimiento judicial principal[197]. La Decisión marco de la UE de 2001 relativa al estatuto de la víctima en el proceso penal establecía que las víctimas vulnerables debían ser protegidas de las consecuen-

---

196 *Ibid.*

197 Asunto C-105/03 *Pupino* EU:C:2005:386; [2005] Rec. p. I-5285.

cias de prestar declaración en audiencia pública y permitía que el órgano jurisdiccional competente autorizara la práctica de la prueba por otros medios "compatible[s] con los principios fundamentales de su Derecho"[198]. El asunto *Pupino* se refería a un proceso penal en Italia incoado contra una maestra de parvulario por presuntos acoso y maltrato a sus alumnos de cinco años. El fiscal solicitó permiso al tribunal de Florencia encargado de la fase de instrucción del procedimiento para llevar a cabo los interrogatorios de las presuntas víctimas fuera de la sala de vistas, de acuerdo con unas condiciones particulares de declaración destinadas a proteger la dignidad y la intimidad de los niños y, además, para que dichos interrogatorios fueran tratados como prueba en el juicio sin necesidad de que volvieran a prestar declaración en audiencia pública. El requisito general del Derecho italiano es que la prueba testifical se preste en audiencia pública durante la segunda fase (juicio oral) del procedimiento, permitiendo el interrogatorio por la contraparte y todas las garantías habituales del derecho de defensa. La ley permite ciertas excepciones, limitadas, a este requisito, incluido el caso de los delitos sexuales, en los que la ley otorga el mismo valor probatorio a las pruebas practicadas durante la fase de instrucción y, además, permite que las pruebas se practiquen según el tipo de condiciones especiales, fuera de la sala de vistas, solicitadas por el fiscal en el asunto *Pupino*. Sin embargo, esta excepción no abarcaba a otras víctimas vulnerables, como los niños pequeños del asunto *Pupino*. El TJUE consideró que la decisión marco exigía que esas condiciones especiales para evitar tener que prestar declaración en audiencia pública se hicieran extensivas a los niños, que eran claramente víctimas vulnerables en el sentido de ese texto legal, y que el tribunal de Florencia tenía la obligación de interpretar el Derecho nacional, en la medida de lo posible, en consonancia con esa exigencia[199]. Al mismo

---

198 Decisión marco 2001/220/JAI del Consejo, de 15 de marzo de 2001, relativa al estatuto de la víctima en el proceso penal [2001] DO L 82/1.

199 En su análisis de la base jurídica de la Decisión marco, la AG Kokott llegó a la conclusión de que el objetivo general de mejorar la coope-

tiempo, al hacerlo, el órgano jurisdiccional nacional estaba obligado a garantizar la protección del derecho de la procesada a un proceso equitativo, de conformidad con el artículo 6 del CEDH, y, en particular, que el procedimiento, considerado en su conjunto, no dejara de ser equitativo. En este sentido, cabe señalar que las formas particulares de practicar la prueba fuera de la sala de vistas contempladas para casos de delitos sexuales incluían mecanismos para garantizar la grabación fonográfica y audiovisual (o documentación alternativa adecuada) del testimonio de los testigos y, entendemos, la posibilidad de que el abogado de la defensa observara el interrogatorio y, dentro de lo razonable, formulara preguntas[200].

Todas las sentencias del TJUE que hemos mencionado hasta ahora sobre cuestiones probatorias se refieren a decisiones de Derecho penal o administrativo. Sin embargo, en gran medida los principios del juicio justo pueden hacerse extensivos a los asuntos civiles[201]. El asunto *Puškár* es un asunto civil en el que el Tribunal aplicó el artículo 47 de la Carta[202]. En él, el Tribunal hubo de enfrentarse, entre otras cosas, a la cuestión de cómo el Tribunal Supremo eslovaco remitente debía tratar pruebas obtenidas por una parte (el demandante en el procedimiento nacional, Sr. Puškár),

---

ración judicial y proporcionar a los ciudadanos un alto nivel de seguridad dentro de un espacio de libertad, seguridad y justicia justificaba la promulgación de normas comunes para la protección de las víctimas al prestar declaración en procesos penales, objetivo que además contribuía a la cooperación judicial al garantizar que las pruebas pudieran utilizarse en todos los Estados miembros; véanse sus conclusiones, EU:C:2004:712, apartados 48-52.

200 Como señaló la AG Kokott, el derecho a un juicio justo y a un procedimiento contradictorio exige que se permita al acusado formular preguntas a un testigo de cargo clave (apartado 67).

201 Véase van Dijk P., van Hoof, F., van Rijn, A., y Zwaak, L., (eds.), *Theory and Practice of the European Convention of Human Rights* (5ª ed. Intersentia 2018), 561-562. Véase, además, Düsterhaus, D., "Constitutionalisation of European Civil Procedure" (n. 6), s. 2.1.

202 Nota 136.

supuestamente contraviniendo la normativa sobre protección de datos. A este respecto, el Tribunal consideró que la inadmisión de las pruebas por haber sido obtenidas sin el consentimiento legalmente exigido del responsable del tratamiento constituía una limitación del derecho del demandante a la tutela judicial efectiva con arreglo al artículo 47 de la Carta. Dicha limitación debería justificarse sobre la base del artículo 52(1) de la Carta y, en particular, debería ser proporcionada, algo que el Tribunal puso en duda a juzgar por los hechos referidos.

### c) Acceso a fuentes de prueba

El TJUE ha tenido la oportunidad, en varias ocasiones, de recalcar la necesidad de que las partes obtengan acceso a la información que se encuentra en poder de la otra parte con el fin de garantizar la efectividad de sus derechos derivados del Derecho de la Unión (o su derecho de defensa, cuando se trata de impugnar un derecho consagrado en el Derecho de la Unión). Un ejemplo es la sentencia del Tribunal en el asunto *Boiron*[203]. En él, una empresa farmacéutica francesa, Boiron, interpuso un recurso en el que solicitaba la devolución de un impuesto que, según ella, otorgaba una ventaja injusta a determinados competidores (distribuidores mayoristas) y constituía una ayuda de Estado incompatible con el mercado interior. Dichos competidores disfrutaban de una exención del pago de dicho impuesto debido a que desempeñaban determinadas funciones de servicio público. Boiron alegó que la exención suponía un exceso de compensación por dichas funciones. Según el Derecho francés, la carga de probar tal alegación le incumbía a Boiron. Para ello, tendría que demostrar que la compensación otorgada a los distribuidores mayoristas (la exención fiscal) superaba los costes adicionales derivados del cumplimiento de sus obligaciones de servicio público, lo cual, como señaló el Abogado General Tizzano, podría requerir

---

[203] Asunto C-526/04 *Laboratoires Boiron SA contra URSSAF* EU:C:2006:528; [2006] Rec. p. I-7529.

que Boiron tuviera acceso a los costes de gestión empresariales del competidor, información que suele ser estrictamente confidencial[204]. El Tribunal falló que el órgano jurisdiccional nacional estaba obligado a hacer uso de la facultad general de apreciación que le confieren las normas procesales francesas para ordenar la práctica de las diligencias de prueba y la aportación por la otra parte, o por un tercero, de los documentos necesarios para permitir a Boiron acreditar sus pretensiones.

El TJUE se pronunció en un sentido similar en el asunto *Vueling*, en el marco de las reclamaciones de una serie de pasajeros, con arreglo al reglamento de la Unión que desarrolla el Convenio de Montreal sobre Transporte Aéreo Internacional, que exigían una indemnización por los perjuicios causados por la pérdida de su equipaje[205]. El órgano jurisdiccional nacional encargado de ese asunto, el Juzgado de lo Mercantil n.º 9 de Barcelona, solicitó al TJUE orientación sobre la forma de calcular el importe de la indemnización que debía concederse a un pasajero que denunciaba la pérdida de su equipaje por el transportista aéreo, en circunstancias en las que el pasajero no había aportado pruebas que permitieran determinar el valor de los efectos extraviados que contenía su equipaje (o el coste de su sustitución). El órgano jurisdiccional nacional señaló que existían divergencias en el planteamiento de la cuantificación del daño en España:

> "Ante una pérdida acreditada del equipaje, algunos tribunales conceden el límite indemnizatorio máximo previsto en esta última disposición, considerando que se trata del supuesto más grave de daños causados al equipaje que contempla el artículo 22, apartado 2, del Convenio de Montreal, sin exigir que el pasajero alegue ni demuestre ningún otro dato adicional. En cambio, otros tribunales entienden que el importe de la indemnización que procede conceder al pasajero en caso de pérdida del equipaje ha de ser determinado por el juez en función de la prueba aportada, de-

---

204 *Ibid.*, EU:C:2006:219, apartado 70.

205 Asunto C-86/19, n. 113. Reglamento 889/2002 del Parlamento Europeo y del Consejo, de 13 de mayo de 2002, [2002] DO L 140/2.

> biendo demostrar el perjudicado por cualquier medio admitido en Derecho los daños que ha sufrido."[206]

El Tribunal recordó que incumbe al pasajero reclamante acreditar de forma suficiente en Derecho el contenido del equipaje extraviado al presentar su demanda de indemnización, y que las cuestiones de prueba son una materia de Derecho nacional, con sujeción al principio de efectividad. El Tribunal fue más allá, respondiendo a las cuestiones concretas planteadas por el órgano jurisdiccional nacional, y abogó por un enfoque equilibrado, caso por caso: el órgano jurisdiccional debería poder tener en cuenta datos objetivos que le ayuden a evaluar el perjuicio —por ejemplo, el peso del equipaje extraviado o si la pérdida se produjo durante un viaje de ida o de vuelta—, siempre que dichos datos no se evalúen de forma aislada, sino, más bien, en su conjunto[207]. Además, el Tribunal exigió a los órganos jurisdiccionales nacionales que utilizaran los mecanismos disponibles de acceso a fuentes de prueba conforme a su Derecho procesal para ayudar a los reclamantes a asumir la carga de la prueba[208].

En la jurisprudencia del TJUE relativa a las demandas de devolución de impuestos o derechos recaudados conculcando el Derecho de la Unión, el Tribunal ha reconocido el derecho de los Estados miembros a solicitar el acceso a fuentes de prueba cuando ello sea necesario para hacer frente a la carga de la prueba para acreditar una excepción de "*pass-on*" (es decir, que el demandante ha repercutido los sobrecostes ilícitos y se enriquecería sin causa justificada si se le reembolsaran los cargos)[209].

Por último, las conclusiones de la Abogada General Kokott en el asunto *Tedesco* nos ofrecen detalles útiles sobre el acceso a fuen-

---

206 *Ibid.*, apartado 17.
207 *Ibid.*, apartado 42.
208 *Ibid.*, apartado 43.
209 *Weber's Wine World* (n. 58), apartado 115.

tes de prueba[210]. El asunto se refería a una solicitud del Tribunal de Génova, conforme al Reglamento 1206/2001 sobre obtención de pruebas[211], en la que pedía que los órganos jurisdiccionales ingleses recabaran pruebas en las dependencias de una empresa acusada de vulnerar una patente perteneciente al demandante en el procedimiento italiano. De acuerdo con una medida prevista en el Derecho italiano de patentes, esas pruebas debían incluir una descripción del supuesto producto infractor que se encontraba en las instalaciones del demandado en el Reino Unido, así como otras pruebas del comportamiento imputado (tales como facturas, albaranes de entrega, cartas de oferta comercial, material publicitario y datos almacenados en archivos informáticos). A tal fin, el exhorto del órgano jurisdiccional italiano autorizaba que la obtención de pruebas incluyera la retirada de muestras y la intervención de un perito. El órgano jurisdiccional inglés se negó a acatar el exhorto por considerar que no entraba en el ámbito de sus funciones e, implícitamente, quedaba fuera del ámbito de aplicación del Reglamento 1206/2001. Ello se debía, entre otras razones, a que las pruebas suelen aportarse *inter partes* durante el procedimiento en virtud de las obligaciones de exhibición (*disclosure*) de las partes conforme al Derecho inglés. En sus conclusiones, Kokott aprovechó la oportunidad para aclarar el alcance de las medidas que podían solicitarse en virtud del reglamento. Señaló, en primer lugar, que el concepto de pruebas que pueden obtenerse a través del reglamento debe tener un significado independiente y autónomo. En segundo lugar, subrayó el objeto específico del asunto (la propiedad intelectual) y el hecho de que los asuntos de propiedad intelectual suelen plantear al titular del de-

---

210 C-175/06 *Tedesco contra Tomasoni Fittings Srl* EU:C:2007:451; [2007] Rec. p. I-7929. La demanda fue retirada antes de que el Tribunal dictara sentencia.

211 Reglamento (CE) 1206/2001 del Consejo, de 28 de mayo de 2001, relativo a la cooperación entre los órganos jurisdiccionales de los Estados miembros en el ámbito de la obtención de pruebas en materia civil o mercantil [2001] DO L174/1.

recho la dificultad de obtener un acceso adecuado a las pruebas con el fin de demostrar la infracción, ya que con frecuencia se encuentran en poder de otra parte (es decir, la parte responsable de la infracción). De hecho, este ámbito ya fue objeto de una normativa específica destinada a armonizar la protección y la aplicación privada de los derechos de propiedad intelectual en la UE que exigía la adopción de mecanismos nacionales para la protección de las pruebas (artículo 7 de la Directiva 2004/48)[212]. Así pues, la directiva obligaba a todos los Estados miembros (incluido el Reino Unido) a ofrecer mecanismos procesales similares. En tercer lugar, los mecanismos deberían aplicarse con el debido respeto al principio de proporcionalidad y la adecuada protección de la confidencialidad[213]. En cuarto lugar, Kokott estableció una distinción entre el acceso legítimo a las pruebas antes de la celebración de la vista (documentos específicos o categorías de documentos) y las ilegítimas investigaciones prospectivas ("*fishing expeditions*") o la inspección de documentos simplemente como base para identificar otros documentos que puedan servir como prueba ("*train of enquiry*"). Indicó que la petición abierta del órgano jurisdiccional de Génova de tipos de pruebas que puedan hacer aflorar la prueba del presunto comportamiento ilegal puede considerarse desproporcionada o que excede del ámbito de aplicación del Reglamento 1206/2001[214]. Por último, la Abogada General respondió a la objeción del órgano jurisdiccional inglés de que no tenía práctica en la ejecución de tales exhortos de obtención de pruebas (el sistema inglés se basa en la exhibición de información *inter partes*) y que las órdenes de registro ("*search orders*") no las llevaba a cabo

---

212 Directiva 2004/48/CE del Parlamento Europeo y del Consejo, de 29 de abril de 2004, relativa al respeto de los derechos de propiedad intelectual [2004] DO L157/45.

213 En cuanto a la confidencialidad, Kokott señaló que la petición del órgano jurisdiccional italiano preveía que la documentación se recopilara en presencia del demandante y su abogado, pero no les permitía inspeccionar los documentos, solicitando expresamente que estos se enviaran al órgano jurisdiccional en un sobre sellado; *ibid.*, apartado 63.

214 *Ibid.*, apartado 75.

el tribunal o un agente del tribunal, sino un abogado contratado por el tribunal: señaló que no se exigía que la medida fuera llevada a cabo por el propio tribunal (en lugar de bajo su supervisión y autoridad) y que imponer tal requisito sería poner en peligro la eficacia práctica del reglamento[215].

### d) Estándar de prueba y presunciones

En el asunto *Eturas*, un asunto lituano sobre Derecho de la competencia relativo a una supuesta práctica concertada entre agencias de viajes en línea, el TJUE proporcionó orientación sobre el estándar de prueba necesario para acreditar la existencia de una práctica concertada contraria al artículo 101 del TFUE[216]. Los antecedentes de hecho eran los siguientes: un sistema de reservas de viajes en línea (E-TURAS) comunicó a las agencias de viajes que utilizaban la plataforma el establecimiento de un nuevo descuento máximo reducido para sus ventas a través de la plataforma y, a continuación, ese nuevo régimen de precios se aplicó en toda la plataforma. El Consejo de Competencia lituano concluyó que, mediante esta conducta, el proveedor de la plataforma y las agencias de viajes, que no habían manifestado objeción alguna a los descuentos reducidos, habían incurrido en prácticas colusorias en materia de precios y, en consecuencia, infringido el artículo 101 del TFUE.

La declaración de colusión implicaba la admisión de una serie de presunciones por parte de la autoridad nacional de competencia. La más relevante consistía en que la autoridad había considerado suficientes determinados hechos (las comunicaciones entre la plataforma y las agencias de viajes usuarias sobre el nuevo régi-

---

215 *Ibid.*, apartados 103-104. Kokott pone el ejemplo de la obtención de informes periciales que no son redactados por el propio tribunal, sino por el perito: es de suponer que se refiere aquí a los peritos designados por el tribunal.

216 C-74/14 *Eturas UAB contra Lietuvos Respublikos konkurencijos taryba* EU:C:2016:42.

men de descuentos) para probar la participación del proveedor de la plataforma y las agencias en una práctica concertada. Esto planteaba la cuestión de si el envío de un mensaje a los usuarios por parte de la plataforma era suficiente para atribuir un grado de conocimiento adecuado por parte de las agencias y, por ende, su participación en una práctica concertada. Ese era el quid de la cuestión planteada por el Tribunal Supremo lituano al TJUE. En su respuesta, el TJUE observó que, si bien el Derecho de la Unión establecía que la carga de la prueba a este respecto recaía en la autoridad nacional de competencia, el estándar de la prueba y los principios que rigen la valoración de la prueba estaban no obstante sujetos, de acuerdo con el principio de autonomía procesal, a las normas jurídicas nacionales[217]. Dicho esto, el Tribunal pasa a ofrecer una orientación detallada al órgano jurisdiccional nacional sobre la aplicación al caso de los principios de la UE que enmarcan esas normas nacionales: en particular, el principio de efectividad y el principio de presunción de inocencia (artículo 48 de la Carta)[218]. El Tribunal señaló que el principio de efectividad exige que una práctica concertada se pueda acreditar no solo mediante pruebas directas, sino, lo que es más habitual (dado que tales pruebas no suelen estar disponibles), mediante pruebas indirectas o indicios. Al mismo tiempo, la presunción de inocencia impedía que el mero envío de un mensaje a las agencias de viajes por parte de la plataforma Eturas se considerara prueba suficiente de que estas tenían efectivamente conocimiento del mensaje y, además, las agencias debían poder refutar razonablemente cualquier presunción de que habían tenido tal conocimiento. En resumen, era necesario encontrar un equilibrio.

En el asunto entraron en juego otras presunciones, las cuales no eran presunciones de hecho aplicadas de conformidad con las

217 *Ibid.*, apartados 29-31, 34 y Reglamento (CE) 1/2003 del Consejo, de 16 de diciembre de 2002, relativo a la aplicación de las normas sobre competencia previstas en los artículos 81 y 82 del Tratado [2003] DO L1/1, artículo 2, Considerando 5.

218 *Ibid.*, apartados 35-41.

normas nacionales, sino presunciones de Derecho de la Unión derivadas directamente del artículo 101 del TFUE, tal y como lo interpreta el Tribunal en su jurisprudencia. El Tribunal también ofreció orientación concreta sobre las pruebas necesarias para refutar estas presunciones: las agencias podían haber desmentido la presunción de que habían tenido en cuenta la información recibida en su comportamiento en el mercado (presunción de causalidad) aportando pruebas de que, de hecho, aplicaron descuentos más elevados, y la presunción de que habían participado, aunque de forma pasiva, en el comportamiento (presunción de participación) en virtud de la prueba de su recepción consciente de la información, demostrando que se habían opuesto expresamente al nuevo régimen de descuentos[219].

El asunto *Sanofi Pasteur*, que no pertenece al ámbito del Derecho de la competencia, sino que es un asunto civil relativa a una responsabilidad extracontractual por daños y perjuicios, ofrece otra referencia acerca del planteamiento del Tribunal en materia de estándares de prueba[220]. El asunto se refería a una reclamación al amparo de la Directiva 85/374 de productos defectuosos[221]. Surgió como consecuencia de la trágica enfermedad y muerte de un ciudadano francés por esclerosis múltiple, supuestamente provocada por una vacuna defectuosa contra la Hepatitis B producida por la empresa farmacéutica Sanofi Pasteur. Los tribunales franceses habían adoptado una serie de decisiones contradictorias sobre la materia, aplicando un enfoque incoherente acerca de los estándares de prueba. La sentencia del TJUE ofrece una serie de consideraciones al respecto que merece la pena exponer aquí con cierto detalle:

---

219 *Ibid.*, apartados 42-49.

220 Asunto C-621/15 *NW contra Sanofi Pasteur MSD SNC* EU:C:2017:484.

221 Directiva 85/374/CEE del Consejo, de 25 de julio de 1985, relativa a la aproximación de las disposiciones legales, reglamentarias y administrativas de los Estados miembros en materia de responsabilidad por los daños causados por productos defectuosos [1985] DO L210/29.

- La Directiva 85/374 establece (artículo 4) que *corresponde al demandante probar* los elementos necesarios para establecer la responsabilidad extracontractual: producto defectuoso, causalidad y daño. La causalidad no se define en la directiva, lo cual no armoniza el alcance de la responsabilidad por productos defectuosos; y tampoco aborda cómo debería acreditarse la causalidad[222].
- En línea con el principio de *autonomía procesal*, el Derecho nacional determina las cuestiones relativas a la aportación y admisibilidad de las pruebas, así como al valor probatorio de las mismas o al estándar de prueba. No obstante, el Derecho de la Unión establece límites a esa autonomía procesal, incluido el principio de efectividad[223].
- En cuanto a lo que constituiría un cumplimiento suficiente de la carga de la prueba, el Tribunal aprueba el enfoque pragmático y probabilístico adoptado por la jurisprudencia francesa[224]. El TJUE señala que exigir a los demandantes que presenten investigaciones médicas que demuestren la relación de causalidad, cuando no existía ninguna investigación pertinente, podría suponer una *exigencia probatoria excesivamente elevada* desde el punto de vista del Derecho de la Unión[225], especialmente si tenemos en cuenta los objetivos de la directiva: (i) el justo reparto de los riesgos inherentes a la producción técnica moderna entre el perjudicado y el productor; y, (ii) la protección de la salud y de la

---

222 *Sanofi Pasteur* (n. 220), apartados 21-24.

223 *Ibid.*, apartados 25-26.

224 *Ibid.*, apartado 28. Sobre la cuestión del enfoque probabilístico de las relaciones causales (en un asunto relativo a daños personales causados por la contaminación del aire), véanse también las conclusiones de la AG Kokott en el asunto C-61/21 *JP contra Ministère de la Transition Ecologique* EU:C:2022:359, apartados 126-141.

225 *Ibid.*, apartado 31, donde se hace referencia "por analogía" a *San Giorgio*, n. 58, apartado 14.

seguridad de los consumidores[226]. El Abogado General Bobek añade que puede ser necesario corregir ciertas asimetrías de información entre los consumidores y las empresas farmacéuticas[227]. En consecuencia, la carga de la prueba del demandante podría verse satisfecha basándose en una serie de indicios indirectos, tales como la proximidad temporal entre la administración de la vacuna y la aparición de la enfermedad, la inexistencia de antecedentes personales y familiares de esclerosis múltiple, y la existencia de un número significativo de casos de esclerosis múltiple en los que la enfermedad apareció a raíz de la administración de la vacuna de la demandada[228].

- Los requisitos probatorios exigidos a los demandantes deben ser lo suficientemente rigurosos para no suponer, de hecho, la *inversión de la carga de la prueba*. Este sería el caso si los tribunales aceptaran "pruebas no pertinentes o insuficientes" de las presuntas víctimas o, en palabras del Abogado General Bobek, cuando no se exigieran pruebas al demandante, o si se aceptaran pruebas no pertinentes o excesivamente endebles[229].

- La aplicación de una *presunción* para determinar la existencia de la infracción y la relación de causalidad sobre la base de pruebas indiciarias aportadas por el demandante podría constituir una aplicación errónea de la carga de la prueba, si la presunción fuera jurídicamente irrefutable (es decir, una presunción *iuris et de iure*) o si, sin ser irrefutable, supusiera, en esencia, ignorar las pruebas aportadas por la

---

226 *Ibid.*, apartados 31-32.

227 *Ibid.*, conclusiones del abogado general, EU:C:2017:176, apartado 23, con referencia a C-310/13 *Novo Nordisk Pharma* EU:C:2014:2385, apartados 27, 32.

228 *Ibid.*, apartado 41.

229 *Ibid.*, apartado 35; conclusiones, apartado 62.

demandada[230]. El Tribunal basó en parte su postura en el principio del Derecho de la Unión según el cual los órganos jurisdiccionales nacionales deberían tener la facultad de *apreciar libremente todas las pruebas de que dispongan*[231]. Los órganos jurisdiccionales nacionales deberían considerar las pruebas aportadas por ambas partes y valorar la *plausibilidad* de las respectivas explicaciones de las partes sobre los hechos probados[232].

- El órgano jurisdiccional nacional tiene el deber de garantizar la *previsibilidad y la coherencia en la aplicación del Derecho de la Unión*: implícitamente, que situaciones similares reciban una solución similar[233]. No obstante, por las razones que acabamos de exponer, el Tribunal rechaza la propuesta de Francia de establecer una presunción basada en la aportación de determinadas pruebas de hecho para, precisamente, abordar la cuestión de la divergencia de las resoluciones nacionales[234].

En consecuencia, la sentencia aborda cuestiones centrales para la apreciación y la prueba del nexo causal con el perjuicio conforme al Derecho de la Unión. A pesar de adoptarse en un contexto

230 *Ibid.*, apartados 36, 42, 53, 54.

231 *Ibid.*, apartado 36, de nuevo con referencia a *San Giorgio*, apartado 14. El AG Bobek señala que el principio de efectividad se opone a una norma que excluya la consideración de determinados tipos de pruebas que, por lo general, están permitidas en virtud del Derecho nacional o que identifique un tipo concreto de prueba como prueba concluyente de un hecho determinado (*Johnston*); apartado 51 de la opinión en *Sanofi Pasteur* (n. 222).

232 *Ibid.*, apartado 42.

233 Se trata tanto de un principio general del Derecho que los órganos jurisdiccionales nacionales deben respetar (*ibid.*, apartado 50, con referencia al asunto C-358/08 *Aventis Pasteur* EU:C:2009:744, apartado 47) como del requisito de "garantizar en la mayor medida posible la uniformidad en la aplicación de las normas de la UE en cuestión" (*ibid.*, apartado 51).

234 *Ibid.*, apartados 52-54.

distinto, la sentencia no obstante ofrece un interesante punto de referencia para las cuestiones que se plantean en los asuntos de Derecho de la competencia.

### e) Costas

El asunto *Caixabank* fue un asunto relativo a la nulidad de determinadas comisiones bancarias sobre hipotecas en aplicación de la Directiva 93/13 sobre cláusulas abusivas[235]. Según la legislación española, no correspondería la condena en costas y estas no se impondrían a la demandada cuando la sentencia del tribunal no hubiera concedido al demandante todas las cuantías reclamadas por este en su escrito de demanda. En consecuencia, aunque la cláusula hipotecaria en cuestión se considerara abusiva y, por tanto, inaplicable en virtud de la directiva, como así fue, no se impondrían las costas a la demandada al no haber sido estimadas todas las pretensiones de los demandantes. El TJUE consideró que esa norma española sobre costas era contraria al principio de efectividad y, por consiguiente, incompatible con el Derecho de la Unión, puesto que la imposibilidad de que el consumidor recupere los costes de interponer una demanda puede disuadirle de presentarla en un primer momento[236].

El asunto *Klohn* se refería a una disposición de la Directiva sobre medio ambiente según la cual los procedimientos para impugnar actos que contravengan la legislación medioambiental, entre otras cosas, "no serán excesivamente onerosos"[237]. Esa dis-

---

235 Asuntos acumulados C-224 y 225/19 *CY contra Caixabank SA* EU:C:2020:578; Directiva 93/13/CEE del Consejo, de 5 de abril de 1993, sobre las cláusulas abusivas en los contratos celebrados con consumidores [1993] DO L95/29.

236 *Caixabank, ibid.,* apartado 98.

237 *Klohn* (n. 60); Directiva 2003/35/CE del Parlamento Europeo y del Consejo de 26 de mayo de 2003 por la que se establecen medidas para la participación del público en la elaboración de determinados planes y programas relacionados con el medio ambiente y por la que se modi-

posición no tenía efecto directo, pero el órgano jurisdiccional nacional estaba obligado a interpretar el Derecho nacional de forma coherente con la finalidad y el objetivo de la directiva. Las costas impuestas en ese procedimiento fueron las de la demandada, la Agencia Irlandesa de Ordenación del Territorio, que vio estimadas sus pretensiones y cuyas costas, cuantificadas por el *Taxing Master* (juez de costas) en 86.000 EUR, casi triplicaban aquellas en las que había incurrido el demandante particular (32.000 EUR). Aparte de algunas cuestiones importantes que se plantearon en el procedimiento en torno a la aplicación temporal de la norma y a la fuerza de cosa juzgada de la decisión del tribunal sobre las costas (frente a la decisión del *Taxing Master* sobre su cuantía), que exceden el ámbito de este estudio, el TJUE defendió la necesidad de que el órgano jurisdiccional nacional llevara a cabo un control adecuado del nivel de las costas para garantizar la efectividad de la aplicación privada del Derecho de la Unión en materia de medio ambiente:

> "35. El objetivo perseguido por el legislador de la Unión al formular la regla del carácter no excesivamente oneroso que figura en el artículo 10 bis de la Directiva 85/337 modificada implica que no se impida a los particulares interponer un recurso judicial comprendido en el ámbito de aplicación de esta disposición, o continuar con dicho recurso, debido a la carga económica que de ello podría resultar (sentencia de 11 de abril de 2013, *Edwards y Pallikaropoulos*, C-260/11, EU:C:2013:221, apartado 35). Este objetivo, que consiste en facilitar al público interesado un amplio acceso a la justicia, forma parte, más ampliamente, de la voluntad del legislador de la Unión de preservar, proteger y mejorar la calidad del medio ambiente y de hacer que el público desempeñe un papel activo a tal fin, así como de garantizar el respeto de la tutela judicial efectiva y el principio de efectividad (véase, en este sentido, la sentencia de 11 de abril de 2013, *Edwards y Pallikaropoulos*, C-260/11, EU:C:2013:221, apartados 31 a 33)."[238]

---

fican, en lo que se refiere a la participación del público y el acceso a la justicia, las Directivas 85/337/CEE y 96/61/CE del Consejo, DO 2003 L 156/17.

238 *Klohn, ibid.*

Además, el Tribunal subrayó la importancia que revestía para la apreciación del órgano jurisdiccional nacional la previsibilidad para el demandante de la cuantía de las costas que podrían imponérsele.

## 3. ARMONIZACIÓN

Como observó el Tribunal en las sentencias *Rewe* y *Comet*, la autonomía procesal inicialmente conferida a los Estados miembros está sujeta no solo al control del TJUE con arreglo a los principios jurídicos que hemos descrito, sino también a la ausencia de legislación de la Unión que armonice las normas procesales relevantes (en cuyo caso, serán de aplicación dichas normas de la Unión). De ahí que la formulación del Tribunal comience invariablemente con frases como: "En ausencia de normas de la Unión que regulen la materia". En esta sección, examinaremos brevemente la evolución de la política de la UE en el ámbito de la armonización de las normas procesales civiles, empezando por las disposiciones pertenecientes al Espacio de Libertad, Seguridad y Justicia.

### *3.1. El Espacio de Libertad, Seguridad y Justicia*

El Título V del TFUE, en concreto la disposición general del artículo 67, establece que la Unión constituirá un espacio de libertad, seguridad y justicia ("ELSJ"). El ELSJ incluye, en su ámbito de aplicación, además de las materias de asilo, inmigración y lucha contra la delincuencia, materias de justicia civil. Se trata de un espacio de competencia compartida con los Estados miembros, de modo que estos tienen competencia y pueden actuar en este ámbito hasta que la UE adopte normas unificadas[239]. Al crear el ELSJ, la Unión debe garantizar el respeto de los derechos fundamentales y de "los distintos sistemas y tradiciones jurídicos de los Estados miembros".

---

239 Artículo 4(2)j del TFUE.

En materia de justicia civil, el Título V incluye una disposición específica sobre "Cooperación judicial en materia civil", que proporciona una base jurídica para la actuación de la Unión en este ámbito (artículo 81 del TFUE). Como veremos, los términos de la competencia de la Unión son, de hecho, bastante cautelosos, lo cual refleja la misma tensión (o equilibrio) con los legítimos intereses y objetivos de los ordenamientos jurídicos nacionales que podemos observar en la jurisprudencia del TJUE.

El propio artículo 67 del TFUE únicamente hace la siguiente alusión específica a la justicia civil: "La Unión facilitará la tutela judicial, garantizando en especial el principio de reconocimiento mutuo de las resoluciones judiciales y extrajudiciales en materia civil" [artículo 67(1)]. Por su parte, el artículo 81(1) del TFUE, hace referencia a la "cooperación" en materia judicial, reitera el lugar primordial del reconocimiento mutuo en la política de la UE y alude a la posibilidad de "la adopción de medidas de aproximación de las disposiciones legales y reglamentarias de los Estados miembros". Los objetivos concretos que pueden tener esas normas de "aproximación" se establecen en el artículo 81(2) del TFUE y se centran en cuestiones de especial importancia para los litigios transfronterizos, tales como la competencia judicial, la ejecución, la notificación, el traslado de documentos o la obtención de pruebas. Como es bien sabido, el artículo 81(2) del TFUE limita la competencia general de la UE en este ámbito a los asuntos civiles "con repercusión transfronteriza" y esta restricción ha sido uno de los principales límites a su ámbito de aplicación y un importante motivo de discordia entre la Comisión y el Consejo Europeo a lo largo de los años[240]. Además, pueden adoptarse medidas de aproximación para garantizar "la eliminación de los obstáculos al buen funcionamiento de los procedimientos civiles", pero solo cuando tales medidas sean necesarias e impliquen fomentar "la compatibilidad de las normas de procedimiento civil aplicables en

---

[240] Storskrubb, E., "EU Civil Justice at the Harmonisation Crossroads?", (n. 7), sección 2.2.

los Estados miembros" [artículo 81(2)f)], evitando curiosamente el legislador de la UE el uso de un lenguaje de unificación más fuerte. El Tratado de Lisboa introdujo otros objetivos que podrían justificar la legislación de aproximación: en particular, el objetivo general de garantizar una tutela judicial efectiva [artículo 81(2) e], si bien el legislador de la UE aún no ha utilizado expresamente esta base jurídica, salvo en contadas ocasiones[241]. De hecho, hasta la fecha la competencia para legislar en el ámbito de la cooperación judicial en materia civil apenas se ha utilizado como instrumento para armonizar normas con objetivos generales tales como aumentar la compatibilidad de las distintas normas procesales nacionales o promover el acceso a la justicia, pese a la percepción de que las normas de los Estados miembros sí que requieren esa mayor aproximación[242].

La cautela en el lenguaje del artículo 81 del TFUE refleja la deferencia hacia los ordenamientos jurídicos nacionales reconocida en el artículo 67(1) del TFUE (así como, en términos más amplios, hacia el principio general de subsidiariedad). También puede apreciarse en la evolución histórica de la política de la UE en materia de justicia e interior, que nació como una materia sujeta a una cooperación intergubernamental más laxa en virtud del denominado Tercer Pilar del Tratado de Maastricht y que ha estado guiada por una serie de directrices políticas del Consejo hasta el Tratado de Lisboa[243]. Aún hoy, cuando este ámbito polí-

---

241 Por ejemplo, el Reglamento (UE) 655/2014 del Parlamento Europeo y del Consejo, de 15 de mayo de 2014, por el que se establece el procedimiento relativo a la orden europea de retención de cuentas a fin de simplificar el cobro transfronterizo de deudas en materia civil y mercantil [2014] DO L189/59, que se refiere, entre otras cosas, al objetivo de garantizar el acceso a la justicia de conformidad con el artículo 82(1)e.

242 Como veremos, esto se ha abordado más bien de forma sectorial basándose en la competencia de la UE para adoptar legislación de armonización con el fin de fomentar el mercado interior.

243 El Programa de Tampere, en virtud de la reunión del Consejo Europeo de 15 y 16 de octubre de 1999 (véase la Comunicación de la Comisión

tico forma parte del TFUE y está sujeto al proceso ordinario de colegislación con el Parlamento Europeo, sigue estando previsto que los principios rectores sean establecidos por el Consejo (artículo 68 del TFUE) y el Consejo se ha mostrado reacio a relajar las restricciones de la condición de "repercusión transfronteriza" para permitir a la UE ampliar sus competencias generales en este ámbito, a pesar de los esfuerzos en sentido contrario de la Comisión (y, más recientemente, del Parlamento Europeo)[244].

Pese a todo lo anterior, no cabe duda de que la UE ha conseguido algunos avances muy significativos en la creación de normas armonizadas en materia de justicia civil. Entre ellas destacan especialmente las normas unificadas sobre competencia judicial y ejecución de sentencias, de conformidad con el Reglamento Bruselas I *bis*, pero también las normas sobre notificación y traslado transfronterizos[245]. Es innegable que estos instrumentos han tenido un impacto real en los litigios civiles transfronterizos, creando normas autónomas comunes que han modificado en aspectos relevantes el proceso civil seguido por los órganos jurisdiccionales

---

de 24 de marzo de 2000, COM(2000) 167 final); Consejo Europeo, "El Programa de La Haya: Consolidación de la libertad, la seguridad y la justicia en la Unión Europea" [2005] DO C 53/1; Consejo Europeo, "Programa de Estocolmo: Una Europa abierta y segura que sirva y proteja al ciudadano" [2010] DO C 115/1.

244 Véase, por ejemplo, la propuesta de Directiva sobre normas mínimas del Parlamento Europeo (n. 10).

245 El Reglamento (UE) 1215/2012 del Parlamento Europeo y del Consejo, de 12 de diciembre de 2012, relativo a la competencia judicial, el reconocimiento y la ejecución de resoluciones judiciales en materia civil y mercantil (versión refundida); [2012] DO L351/1; el Reglamento (UE) 2020/1784 del Parlamento Europeo y del Consejo, de 25 de noviembre de 2020, relativo a la notificación y traslado en los Estados miembros de documentos judiciales y extrajudiciales en materia civil o mercantil ("notificación y traslado de documentos") (versión refundida); [2020] DO L405/40.

nacionales[246]. A título ilustrativo, la litigación en el denominado asunto del cártel de los camiones en España estuvo marcado, en sus fases iniciales, por el debate en torno a la aplicación de las normas transfronterizas de la Unión sobre notificación, traslado y competencia judicial, siendo que la mayoría de las demandadas eran empresas de la UE con domicilio fuera de España[247].

Sin embargo, estos avances legislativos, respaldados —como han estado— por la unificadora función interpretativa del TJUE, son por necesidad fragmentarios e incompletos: solo abordan aspectos concretos del proceso civil y su aplicación sigue dependiendo de los diversos sistemas nacionales. Esto ha dado lugar a una crítica generalizada por la falta de coherencia del sistema, como puede verse, por ejemplo, en la conclusión alcanzada por la declaración del valor añadido europeo elaborada en el marco de la preparación de la "propuesta de directiva sobre normas mínimas de procedimiento civil" del Parlamento Europeo[248]:

---

246 Para un ejemplo del significado autónomo de los conceptos en estos reglamentos, véase el asunto C-325/11 *Alder contra Orlowska* EU:C:2012:824, apartado 27, con referencia al artículo 1(1) del anterior Reglamento de notificación y traslado de documentos de 2007 (Reglamento (CE) 1393/2007 del Parlamento Europeo y del Consejo, de 13 de noviembre de 2007; [2007] DO L324/10).

247 Sobre la competencia judicial, véase: *Volvo I* (n. 181), cuestión remitida por el Juzgado de lo Mercantil n.º 2 de Madrid sobre la interpretación del artículo 7(2) del Reglamento Bruselas I *bis* (revocando resoluciones anteriores del Tribunal Supremo de 2019; por ejemplo, auto de 26 de febrero de 2019, ES:TS:2019:2140A); asunto C-882/19 *Sumal SL c. Mercedes Benz Trucks España SL* EU:C:2021:800, cuestión remitida por la Audiencia Provincial de Barcelona sobre la aplicación del concepto de empresa en el contexto de las normas sobre competencia judicial. En cuanto a la notificación judicial, véase la cuestión prejudicial pendiente del Tribunal Supremo español en virtud de su auto de 7 de octubre de 2022, ES:TS:2022:13837A; C-632/22 *AB Volvo contra Transsaqui SL* y la opinión del AG Szpunar de 11 de enero de 2024, EU:C:2024:31.

248 La propuesta de Directiva sobre normas mínimas del Parlamento Europeo (n. 10). La propuesta se basaba en el artículo 225 del TFUE.

"Nuestra revisión sistemática de las normas existentes con arreglo a las categorías de principios especificadas anteriormente fue un proceso complejo que reveló lagunas, incoherencias y la falta generalizada de un enfoque sistemático. El intento de revisar las normas existentes en toda la estructura general de los procedimientos civiles se abandonó porque los resultados que arrojó eran difíciles de sistematizar y revelaron lagunas aún más significativas."[249] (traducción propia)

Esta crítica se ha visto exacerbada por la tendencia de la UE, en los últimos tiempos, a recurrir a las denominadas medidas de armonización "vertical" en sectores específicos, basándose en sus competencias en materia de mercado interior, y desarrollando así normas procesales cuya aplicación se limita a un determinado ámbito temático[250]. Tales preocupaciones fueron las que llevaron al Parlamento Europeo a solicitar a la Comisión que propusiera una directiva que tratara de establecer normas mínimas horizontales en los procedimientos civiles, adoptara una concepción más amplia (más inclusiva) de la "repercusión transfronteriza" y se basara en el fundamento jurídico general del artículo 81 del TFUE (a saber, la "propuesta de directiva sobre normas mínimas de procedimiento civil").

No obstante, el fracaso de esa iniciativa[251] refleja la característica subyacente de este ámbito del Derecho, a la cual hemos aludido en repetidas ocasiones: el procedimiento civil de la UE depende de los sistemas nacionales para su aplicación y la UE ha adoptado

---

249 Parlamento Europeo, "Normas mínimas comunes del proceso civil: evaluación del valor añadido europeo" PE 581.385, junio de 2016, p. 52. Ya el Programa de Estocolmo del Consejo había señalado en 2010 que "el desarrollo de la legislación en el ámbito de la libertad, la seguridad y la justicia es impresionante, pero presenta fallos de superposición y cierta falta de coherencia. Además, podría mejorarse la calidad de la legislación, incluido el lenguaje utilizado en algunos de los actos jurídicos", n. 243, p. 5, sección 1.2.3.

250 Volveremos sobre el tema de la regulación sectorial más adelante.

251 La Comisión se negó a llevar adelante la propuesta (SP(2017)539 de 16 de octubre de 2017).

una postura general de deferencia hacia las tradiciones y culturas jurídicas locales [como ilustra el artículo 67(1) del TFUE], no deseando imponerse con una fuerte intervención "de arriba abajo" ("*top-down*"). No se trata solo de una cuestión de celos nacionales por la soberanía en materia de procedimiento nacional y organización jurisdiccional[252], sino también de un simple reconocimiento práctico de que los ordenamientos jurídicos nacionales se han desarrollado a lo largo de muchos años a su manera, encontrando cada uno su propio equilibrio particular entre los objetivos pertinentes de justicia civil, como la protección de los derechos (procesales) fundamentales de las partes, la resolución efectiva y eficiente de los litigios o la función de los procesos civiles en el desarrollo del Derecho. Se trata, ante todo, de una cuestión de realismo. De hecho, Caponi ha sugerido que la *mentalidad jurídica local* es el factor clave que influye en la práctica judicial, teniendo un mayor impacto en sus resultados que la normativa legal:

> "La práctica judicial está influida por una serie de factores, entre los cuales la fuerza vinculante de las normas jurídicas desempeña un papel menos crítico que la mentalidad, los puntos de vista culturales y las creencias éticas de las partes, los jueces y los profesionales[253]." (traducción propia)

La inculcación de estándares comunes de procedimiento civil requiere, por tanto, un proceso de colaboración y entendimiento, no de imposición. Esta ha sido una constatación de la UE desde el principio. De ahí que, tras centrarse inicialmente en importantes iniciativas legislativas, como las normas comunes sobre competencia judicial, ejecución, notificación y traslado de documentos, etc., las iniciativas de política legislativa de la UE hayan incluido

---

252 Véase Storskrubb, E., "EU Civil Justice" (n. 7), p. 18: "la tenaz resistencia de los Estados miembros en el Consejo a adoptar una interpretación amplia de la limitación transfronteriza ... demuestra que los asuntos de justicia civil son sensibles a la soberanía".

253 Caponi, R., , "Harmonizing Civil Procedure: Initial Remarks" en Hess, B., y Kramer, X., (eds.), *From Common Rules to Best Practices in European Civil Procedure* (Nomos 2017), 43, 46.

y, de hecho, tendido a centrarse más en la búsqueda de medidas que faciliten la creación gradual de *una cultura jurídica común* que, a su vez, favorezca la adopción de enfoques más coincidentes y la aceptación de estándares y prácticas comunes (al tiempo que se procura asegurar la garantía de los derechos fundamentales)[254]. De ahí que, con el tiempo, se haya favorecido este enfoque, denominado "de abajo arriba" ("*bottom-up*")[255]. Como observa Storskrubb:

> "De ahí que se haya favorecido un desarrollo más descentralizado y flexible de normas procesales y mecanismos de cooperación comunes, al tiempo que se desarrolla una cultura jurídica común y un debate sobre los principios fundamentales[256]." (traducción propia)

---

254 En el Programa de Estocolmo, el Consejo Europeo se refiere a "una auténtica cultura judicial y policial europea" y la necesidad de desarrollar "una cultura judicial europea basada en la diversidad de los ordenamientos jurídicos y la unidad de la legislación europea", n. 243, 6, 11, añadiendo que "Los sistemas judiciales de los Estados miembros deberían poder converger de forma coherente y eficaz de conformidad con sus tradiciones jurídicas nacionales", 11. La Comisaria de Justicia, Consumidores e Igualdad de Género, V. Jourova, en su discurso de apertura de la 15ª Reunión Anual de la RJE, "Construyendo una Red Judicial Europea más fuerte", 1 de febrero de 2017, afirmó: "La verdadera confianza se gana con el tiempo mediante una cooperación fructífera. Por medio de contactos duraderos, ustedes y todos los actores implicados en la correcta aplicación de los instrumentos de justicia civil de la UE, esto es, jueces, abogados, notarios y agentes judiciales, contribuyen a desarrollar una cultura jurídica europea común. Eso es exactamente lo que ustedes han conseguido".

255 Tulibacka, M., "Europeanization of Civil Procedures" (n. 16), 1539: "El enfoque de abajo arriba ("*bottom-up*") es aquel en el que la convergencia de las normas procesales nacionales es más espontánea: en el que el papel de la UE radica en alentar la confianza y el reconocimiento mutuos, pero absteniéndose de establecer normas procesales fijas".

256 Storskrubb, E., "Civil Justice – A Newcomer or an Unstoppable Wave?", en Craig, P., y de Búrca, G., (eds.), *The Evolution of EU Law* (2ª ed. OUP 2011), 299, 302.

Tulibacka hizo una observación similar en su artículo de 2009 sobre la europeización del procedimiento civil:

> "La armonización implica un proceso de integración jurídica mucho más flexible y a largo plazo: no persigue la uniformidad total, al menos no de forma instantánea. Su objetivo es coordinar una serie de ordenamientos jurídicos nacionales y eliminar las principales diferencias entre ellos. Por lo tanto, es, por naturaleza, un proceso parcial y fragmentario... La unificación suele estar lejos de ser una opción preferible y realizable en la práctica en relación con el proceso civil. La flexibilidad, y la diferenciación, diversas formas de armonización flexibles, e incluso métodos menos invasivos como la cooperación y el reconocimiento mutuo, parecen ajustarse mejor a la naturaleza del procedimiento civil."[257] (traducción propia)

Por su parte, la Agenda de Justicia de la UE para 2020 subraya la necesidad de preservar "la diversidad de tradiciones y ordenamientos jurídicos de la UE" y de garantizar el respeto a los principios de subsidiariedad y proporcionalidad[258]. Como algunos han señalado, la Agenda 2020, "menos ambiciosa a la hora de proponer nueva legislación" que los documentos de política legislativa que la precedieron, contempla, más bien, medidas que se limitan a "consolidar, codificar y complementar" la legislación vigente en la UE[259]. Este horizonte más conservador se ve confirmado por el objetivo estratégico en materia de justicia civil definido por el

---

[257] Tulibacka, M., "Europeanization of Civil Procedures" (n. 16), 1534.

[258] Comunicación de la Comisión al Parlamento Europeo, al Consejo, al Comité Económico y Social Europeo y al Comité de las Regiones, "La agenda de justicia de la UE para 2020: Reforzar la confianza, la movilidad y el crecimiento en la Unión", COM(2014) 144 final. Este mensaje es reiterado por la Comisión en su respuesta al Parlamento Europeo sobre la propuesta de Directiva de normas mínimas: "[c]ualquier ulterior fortalecimiento o intensificación de las normas mínimas europeas de procedimiento civil deberá hacerse respetando la diversidad de legislaciones y tradiciones jurídicas de los Estados miembros y en beneficio de los ciudadanos y las empresas".

[259] Hess, B., y Kramer, X., "An Introduction" en Hess, B., y Kramer, X., *From Common Rules to Best Practices* (n. 253), p. 10.

Consejo Europeo para el periodo 2015-2020, a saber, “mejorar la cooperación judicial entre nuestros países: tendiendo puentes entre los distintos sistemas y tradiciones judiciales; reforzando los instrumentos comunes, incluido Eurojust; mediante el reconocimiento mutuo de las sentencias, de modo que los ciudadanos y las empresas puedan ejercer más fácilmente sus derechos en toda la Unión”[260]. De hecho, se ha comentado que existen diferencias muy significativas en la estructura organizativa y los presupuestos de los órganos jurisdiccionales de los distintos Estados miembros que dificultan la armonización efectiva y requieren otro enfoque que, en su lugar, tenga en cuenta y abrace esas diferencias[261]. Otros han destacado la necesidad de trabajar en el desarrollo de conceptos uniformes en todas las medidas procesales existentes en la UE, dada la disparidad actual[262].

Así pues, con el tiempo, la política de la UE en el ámbito de la justicia civil ha dejado de centrarse en la armonización horizontal de normas. Por supuesto, las normas de procedimiento civil no han desaparecido de la lista de objetivos de la UE; más bien, se ha ajustado el enfoque. Este ajuste ha incluido una mayor atención a la supervisión y mejora de la aplicación de los instrumentos existentes[263]. Esto, a su vez, ha supuesto un mayor uso de medidas de *soft law* destinadas a aumentar el contacto y la coordinación

---

260 Conclusiones del Consejo Europeo de 26 y 27 de junio de 2014, “Agenda estratégica para la Unión en tiempos de cambio”.

261 Uzelac, A., “Harmonised Civil Procedure in a World of Structural Divergences? Lessons from the CEPEJ Evaluations” en Kramer, X., y van Rhee, *Civil Litigation in a Globalising World* (Asser Press 2012), 175, 183.

262 Storskrubb, E., “EU Civil Justice” (n. 7), p. 33; Hess, B., y Kramer, X., “An Introduction” (n. 253), p. 26.

263 Como señaló la Comisión en su respuesta a la Directiva de normas mínimas del Parlamento Europeo en 2017, “la mejor manera de promover normas mínimas en el Derecho procesal y, por tanto, una mayor confianza mutua es centrarse en la aplicación del acervo existente” (n. 251). La Comisión añadió que seguía el proyecto conjunto ELI/UNIDROIT “para ver si son necesarias nuevas actuaciones en este ámbito y en qué medida”.

entre los diferentes sistemas judiciales nacionales (por ejemplo, a través de la Red Judicial Europea)[264], la formación de jueces y otros profesionales de la justicia en Derecho de la Unión[265], o el seguimiento y comparación de los sistemas judiciales a través de indicadores (por ejemplo, mediante el Cuadro de Indicadores de la Justicia en la UE)[266]. Muchas de ellas se han adoptado sobre la base de la competencia del ELSJ (es decir, el actual artículo 81 del TFUE). El conjunto de medidas forma parte de una política más amplia de justicia civil diseñada para contribuir a la creación de la cultura jurídica y judicial común de la UE a la que nos hemos referido anteriormente[267]. El valor de este trabajo es enorme.

---

264 Decisión 2001/470/CE del Consejo, de 28 de mayo de 2001, por la que se crea una Red Judicial Europea en materia civil y mercantil [2001] DO L174/25.

265 Véanse, por ejemplo, la Comunicación de la Comisión, de 29 de junio de 2006, al Parlamento Europeo y al Consejo sobre la formación judicial en la Unión Europea COM(2006) 356 final; el Reglamento (UE) 1382/2013 del Parlamento Europeo y del Consejo, de 17 de diciembre de 2013, por el que se establece el programa "Justicia" para el periodo de 2014 a 2020 [2013] DO L354/73; la Comunicación de la Comisión "Garantizar la justicia en la UE: estrategia europea sobre la formación judicial para 2021-2024", COM(2020) 713 final.

266 El Cuadro de Indicadores lleva en funcionamiento desde 2013. Sus objetivos son la independencia, la calidad y la eficiencia de los sistemas judiciales nacionales. Véase Storskrubb, E., "EU Civil Justice" (n. 7), p. 30; Caponi, R., "Harmonizing Civil Procedure", n. 253, pp. 52-55.

267 En los últimos años, otras consideraciones políticas han ido adquiriendo mayor peso en las estrategias de la UE: en particular, el Estado de Derecho (centrado en cuestiones tales como la independencia e imparcialidad de los jueces) y, en la Agenda de justicia de la UE para 2020 (n. 258), la confianza mutua (por ejemplo, mediante el fortalecimiento de los derechos procesales civiles en materia de notificación y traslado y obtención de pruebas), o la mejora del acceso a la justicia a través de medidas para simplificar los procesos de resolución de litigios para los consumidores y aprovechar al máximo las nuevas tecnologías de la comunicación (e-Justicia).

Al mismo tiempo, aún queda (y es comprensible) mucho trabajo por hacer para lograr una cultura jurídica verdaderamente común. En la actualidad, podemos identificar una serie de defectos concretos en el sistema global de la UE, derivados en parte, lógicamente, de su compleja y singular estructura con múltiples niveles, pero que también reflejan una organización bastante inadecuada de los recursos dentro de esa estructura. Las incursiones de la UE en las normas de procedimiento civil (como, por ejemplo, la creación de nuevas normas o la modificación de las normas y prácticas existentes a nivel nacional) se derivan de diferentes actos institucionales (incluidas, en particular, las sentencias del TJUE, o las medidas legislativas de la UE que emanan normalmente del Consejo y del Parlamento, respaldadas por la supervisión de su aplicación por parte de la Comisión) y pasan luego a depender de los diferentes sistemas nacionales de justicia civil para su aplicación (que, no pocas veces, se ve influida también por normas en materia de aplicación pública, como sucede en el campo del Derecho de la competencia). Dentro de este complejo escenario de actores y relaciones, es fácil detectar una falta de experiencia y de los conocimientos necesarios en varios eslabones, así como de la necesaria transparencia informativa y coordinación entre los diversos actores implicados. Por poner solo algunos ejemplos, sugeriría que es necesario:

(i) que la política de justicia civil de la UE y la formación de los jueces en el Derecho y los instrumentos legislativos de la Unión se impregnen más de la experiencia práctica de los profesionales privados[268];

(ii) que esa formación se impregne además de la experiencia comparada de los distintos Estados miembros en la implan-

268 Véase, en el mismo sentido, Andreu Mora, I., y Puigcerver Asor, C., "Las dificultades de la armonización: la escasa aplicación del Derecho Europeo procesal" en de la Oliva Santos, A., y Calderón Cuadrado, M. P., (dirs.), *La Armonización del Derecho Procesal tras el Tratado de Lisboa* (Aranzadi 2012), 151, 193.

tación y aplicación de los instrumentos y las normas de la Unión;

(iii) que se fomente un nivel mucho mayor de comprensión y conocimiento entre las autoridades públicas que diseñan y supervisan la aplicación de normas europeas (p. ej., los redactores de legislación o de directrices prácticas) acerca de los sistemas judiciales nacionales y de la aplicación civil práctica de los instrumentos europeos[269];

(iv) de igual modo, que se fomente un mayor nivel de conocimiento entre los jueces civiles acerca de los objetivos y la práctica de la aplicación pública de normas europeas (y un mayor nivel de contacto con las personas responsables de la aplicación pública en el campo pertinente); y

(v) que se facilite un mayor acceso directo de los jueces civiles de los diferentes Estados miembros entre sí[270].

Todos estos factores apuntan a la necesidad de una arquitectura organizativa más abierta que promueva un mayor intercambio entre los diversos actores del ámbito de la justicia civil, aumente los niveles de competencia y concienciación, y mejore la calidad de la justicia[271].

La labor de la UE en la búsqueda de reglas y normas procesales armonizadas no termina aquí. Como hemos visto, las normas pro-

---

269 Esto se agudiza aún más cuando la legislación es específica de un sector y puede emanar de funcionarios cuya competencia se centra en la materia sustantiva de ese ámbito sectorial en el que trabajan.

270 Nótese que los puntos de contacto de la Red Judicial Europea (RJE) son funcionarios, no jueces, que tienen una función mucho más general y administrativa; véase el artículo 5 de la Decisión 2001/470/CE del Consejo, de 28 de mayo de 2001, por la que se crea una Red Judicial Europea en materia civil y mercantil [2001] DO L 174/25, modificada por la Decisión n.º 568/2009/CE del Parlamento Europeo y del Consejo, de 18 de junio de 2009, [2009] DO L 168/35.

271 Para un excelente análisis de este tema, véase Tulibacka, M., "Europeanization of Civil Procedures", n. 16, s. 5.2 "Unpacking coherence".

cesales de la UE son desarrolladas por el TJUE caso por caso, lo que da lugar a un impacto fragmentario, a la par que significativo, en el Derecho nacional, generando normas procesales comunitarias. Además, existen otros dos ámbitos cada vez más importantes, a los que dedicaremos ahora toda nuestra atención: en primer lugar, la legislación sectorial o vertical derivada de la UE y, por último, el desarrollo de buenas prácticas a través del *soft law*.

### *3.1. Armonización sectorial*

La armonización sectorial de las normas de procedimiento civil se ha denominado de diversas formas: "armonización vertical", "nuevo enfoque de la armonización procesal" o parte del "pilar invisible de la europeización del Derecho procesal"[272]. Se trata de la adopción de legislación derivada de la UE en un ámbito de competencia material de la UE (como el Derecho de la competencia de la UE) que incluye normas relativas a cuestiones de procedimiento civil. Puede remontarse a casos como la Directiva de 1976 sobre igualdad de trato en el trabajo, que simplemente contenía unos requisitos mínimos para la tutela judicial de los derechos reconocidos[273]. Sin embargo, con el tiempo ha ido evolucionando hasta encontrar aplicación en un creciente número de ámbitos

---

272 Véase Wagner, G., "Harmonisation of Civil Procedure: Policy Perspectives" en Kramer, X., y van Rhee (eds.), *Civil Litigation in a Globalising World* (n. 261), 93, 101; Hess, B., "Procedural Harmonization in a European Context", en Kramer, X., y van Rhee, *ibid.*, p. 164; Bart Krans, "EU Law and National Civil Procedure Law: An Invisible Pillar", European Review of Private Law 4-2015, 567; y, en general, Storskrubb, E., " EU Civil Justice", n. 7, p. 17.

273 Véase, ahora, la Directiva sobre igualdad de género, que introdujo un capítulo sobre recursos y cumplimiento, que en parte codifica la corriente jurisprudencial *Von Colson* del TJUE (capítulo 1.4 *supra*); Directiva 2006/54/CE del Parlamento Europeo y del Consejo, de 5 de julio de 2006, relativa a la aplicación del principio de igualdad de oportunidades e igualdad de trato entre hombres y mujeres en asuntos de empleo y ocupación (refundición) [2006] DO L 204/23.

sectoriales, así como en un abanico cada vez mayor de cuestiones procesales y con un nivel de detalle en constante aumento. Esta evolución forma parte del avance de la política jurídica de la UE hacia el fomento de la capacidad de las partes privadas para complementar la aplicación pública del Derecho de la Unión por parte de las instituciones de la UE con sus propias acciones de aplicación privada[274].

Entre los ámbitos en los que la UE ha adoptado este tipo de legislación vertical figuran la contratación pública[275], los derechos del consumidor[276], el medio ambiente[277], la propiedad intelectual[278], la competencia[279] y la protección de datos[280]. Por lo gene-

---

274 Wilman, F. G., "The End of the Absence? The Growing Body of EU Legislation on Private Enforcement and the Main Remedies it Provides for" (2016) 53 CML Rev. 887, 888-889.

275 Directiva 89/665 del Consejo, de 21 de diciembre de 1989, relativa a la coordinación de las disposiciones legales, reglamentarias y administrativas referentes a la aplicación de los procedimientos de recurso en materia de adjudicación de los contratos públicos de suministros y de obras, modificada por las Directivas 92/50, DO 1992 L 209/1, 2007/66, DO 2007 L 335/31 y 2014/23, DO 2014 L 94/1.

276 Directiva 2020/1828, de 25 de noviembre de 2020, relativa a las acciones de representación para la protección de los intereses colectivos de los consumidores, y por la que se deroga la Directiva 2009/22, DO L 409/1.

277 Directiva 2003/35 (n. 237), modificada por la Directiva 2011/92, DO 2012 L 26/1, y la Directiva 2016/2284, DO 2016 L 344/1.

278 Directiva 2004/48 relativa al respeto de los derechos de propiedad intelectual, DO 2004 L 157, y corrección de errores DO L 2004 195/16.

279 Directiva 2014/104 relativa a determinadas normas por las que se rigen las acciones por daños en virtud del Derecho nacional, por infracciones del Derecho de la competencia de los Estados miembros y de la Unión Europea, DO 2014 L 349/1.

280 Reglamento 2016/679 del Parlamento Europeo y del Consejo, de 27 de abril de 2016, relativo a la protección de las personas físicas en lo que respecta al tratamiento de datos personales y a la libre circulación de estos datos y por el que se deroga la Directiva 95/46/CE (Reglamento general de protección de datos), DO 2016 L 119.

ral, las normas se promulgan sobre la base de la competencia de la UE en materia de mercado interior con el fin de adoptar medidas de aproximación de las legislaciones nacionales que tienen por objeto el establecimiento y su funcionamiento (en la actualidad, artículo 114 del TFUE). En consecuencia, el objetivo de la Directiva 2004/48, por ejemplo, era aproximar y mejorar los sistemas nacionales de protección de los derechos de propiedad intelectual, dado que dichos sistemas ofrecían una protección muy dispar, lo que amenazaba la cohesión del mercado interior y la sana competencia dentro del mismo[281]. Esta base jurídica clave del mercado interior se ha combinado, a veces, con otras competencias más sectoriales (como el Derecho de la competencia: artículo 103 del TFUE) o se han utilizado bases jurídicas más específicas, en lugar de la competencia general del mercado interior (por ejemplo, en el ámbito de la propiedad intelectual, artículo 118 del TFUE; la protección de datos, artículo 16 del TFUE; o el medio ambiente, artículo 192 del TFUE). Estos instrumentos verticales no se apoyan en la base jurídica más general de la cooperación en materia de justicia civil (es decir, el artículo 81 del TFUE) y, por lo tanto, no están sujetos al requisito transfronterizo. Como tales, se pueden aplicar por igual a situaciones nacionales y transfronterizas.

Las normas adoptadas en la legislación sectorial varían enormemente de un ámbito a otro y abarcan cuestiones tales como los costes, los plazos, las medidas cautelares, el acceso a las fuentes de prueba, la indemnización de daños y perjuicios, la responsabilidad solidaria y las acciones colectivas o de representación. Estos derechos y condiciones procesales suelen derivarse y justificarse por la necesidad de garantizar la aplicación efectiva y uniforme de los derechos consagrados en el Derecho de la Unión[282]. De este modo,

---

[281] Véanse los considerandos 8 a 10 de la Directiva 2004/48 (n. 212). Un tema similar se observa en la Directiva de Daños (véase el capítulo 5.1 a continuación).

[282] Dougan, M., *National Remedies before the Court of Justice* (Hart 2004), quien señala que la aplicación privada garantiza que "los enormes recursos potenciales de la población europea en general [se] utilicen para com-

reflejan un planteamiento similar al de la jurisprudencia del TJUE a la que ya nos hemos referido, en virtud del cual los requisitos de Derecho material del Tratado abren una base potencialmente ilimitada para la incursión en el ámbito del Derecho procesal nacional, como tan claramente ha señalado el Abogado General Bobek:

> "[L]a autoridad (incidental) para intervenir en el procedimiento nacional depende de la existencia de Derecho material o derechos de la Unión en el ámbito nacional. Una vez cumplida esta condición, su alcance es ilimitado. Dicho de otro modo, una vez que existe un derecho basado en el Derecho de la Unión que debe aplicarse a nivel nacional, su aplicación equivalente o efectiva abarca todos los aspectos posibles del procedimiento nacional: desde las costas judiciales, los plazos y la legitimación hasta los recursos, la ejecución y la firmeza de la resolución, pasando por la representación y la carga de la prueba."[283]

Al mismo tiempo, también pueden verse influidos por el contexto más amplio de los convenios internacionales subyacentes, que han servido de base para la adopción de los instrumentos jurídicos de la UE, como ha ocurrido, por ejemplo, en el ámbito de la propiedad intelectual (ADPIC)[284] o el Derecho medioambiental (Convenio de Aarhus)[285].

Como se ha señalado, se han formulado importantes críticas por la falta de coherencia de tal planteamiento desde la perspectiva de la justicia civil, dado que crea normas procesales específicas para determinados ámbitos, en contraste con el planteamiento

plementar a la Comisión en sus esfuerzos por garantizar la aplicación uniforme y efectiva del Derecho de la Unión", p. 76 (traducción propia).

283 Bobek, M., "Why there is no principle of 'procedural autonomy' of the Member States", en Micklitz y de Witte (n. 95), 305, 320.

284 Acuerdo sobre los Aspectos de los Derechos de Propiedad Intelectual relacionados con el Comercio (ADPIC), Anexo 1C del Acuerdo de la OMC (Marrakech, 15 de abril de 1994).

285 Convenio de la CEPE sobre el acceso a la información, la participación del público en la toma de decisiones y el acceso a la justicia en materia de medio ambiente (Aarhus, 25 de junio de 1998).

de los procesos civiles a nivel nacional, que, por regla general, se aplican por igual a todos los tipos de procedimientos que llegan a los tribunales[286]. De hecho, esto puede crear situaciones de discriminación inversa, en las que a un litigante en un ámbito sectorial se le conceden más derechos que en otro porque está implicado el Derecho de la Unión (un riesgo que el Abogado General Jacobs ya puso de relieve en la década de 1990). Además, este enfoque da lugar a un conjunto variado de normas procesales incluso entre los ámbitos concretos del Derecho de la Unión que son objeto de legislación europea. Aunque existen algunas similitudes entre algunos de los instrumentos (como la creación de un derecho de acceso a las fuentes de prueba en las Directivas 2004/48, 2014/104 y 2020/1828), cada instrumento es, en conjunto, sustancialmente diferente del siguiente. Esto se desprende claramente de una simple comparación textual de los instrumentos o, por ejemplo, si tomamos algunos ejemplos sobre sus respectivos ámbitos de aplicación esenciales. Así, la Directiva 2004/48 de Propiedad Intelectual establece un conjunto bastante amplio (aunque no completo) de derechos procesales que los Estados miembros deben garantizar (incluidas algunas medidas innovadoras como el acceso a fuentes de prueba o las medidas de aseguramiento de la prueba) en caso de que se produzca cualquier infracción de los derechos de propiedad intelectual con arreglo a la legislación nacional o de la UE. La Directiva 2020/1828 sobre Acciones Colectivas prevé la creación de al menos un mecanismo de acción representativa para la protección de determinados derechos de los consumidores de la UE (no incluyendo el Derecho de la competencia), pero se abstiene de entrar en aspectos procesales clave, como pueden ser la certificación o la admisión de demandas. Por su parte, la Directiva 2003/35 de Medio Ambiente se limita a conceder el dere-

286 Tulibacka, M., "Europeanization of Civil Procedures" (n. 16), 1545. Por supuesto, existen numerosas excepciones a nivel nacional, como en relación con las demandas de escasa cuantía o determinados ámbitos especializados (como la insolvencia), y esta es una crítica que también se hace a nivel nacional, por ejemplo, en España.

cho a particulares y los ONG a interponer recursos judiciales para impugnar decisiones públicas que afecten al medio ambiente y a exigir que dichos recursos sean "justos, equitativos, oportunos y no excesivamente onerosos".

Al mismo tiempo, otros han observado, acertadamente, que la promulgación de reglas procesales formales ("*hard law*") a nivel europeo es una forma eficaz de provocar cambios en la práctica procesal de los jueces nacionales[287]. También puede provocar un positivo efecto dominó en el Derecho procesal nacional fuera del ámbito inmediato que es objeto de las exigencias del Derecho de la UE. La introducción de nuevas medidas procesales en un ámbito específico donde antes tal vez no estaban disponibles en muchos Estados miembros (como un derecho a tener acceso a categorías de información vía mecanismos de acceso a fuentes de prueba) permite a los sistemas judiciales probar el nuevo mecanismo en un ámbito limitado y adaptar sus procesos al mismo, antes de que se plantee su aplicación más general en el sistema[288]. En ocasiones, este proceso gradual de adaptación puede resultar, en mi opinión, sumamente sensato[289]. En cualquier caso, y citando palabras de Storskrubb, opino que se trata de una "ola imparable" en la política legislativa de la UE[290], y que es mejor guiarla y trabajar con ella, en lugar de intentar revertirla.

El Tribunal Unificado de Patentes (TUP) merece unas breves palabras finales sobre este tema. Es demasiado pronto para hablar de éxito, ya que, al final, no se adoptaron sus normas de pro-

---

287 Caponi, R., "Harmonizing Civil Procedure" (n. 253), 49: "cabe señalar que, por el contrario, los nuevos códigos y normas procesales pueden estimular y alterar la cultura de las partes, los jueces y los abogados de forma notable".

288 Véase Uzelac, A., "Harmonised Civil Procedure" (n. 261), 177.

289 Véase más abajo el capítulo 16 para un análisis de la incorporación del acceso a fuentes de prueba en España a las normas procesales generales en virtud de la Directiva de Daños.

290 Véase Storskrubb, E., "Civil Justice – A Newcomer or an Unstoppable Wave?" (n. 256).

cedimiento y el tribunal no empezó a funcionar definitivamente hasta la entrada en vigor del Acuerdo sobre el TUP en junio de 2023[291]. Sin embargo, en este punto de nuestra discusión, baste con señalar que la creación de un tribunal común de los Estados miembros para resolver los litigios sobre Derecho de patentes de la UE ofrece una solución nueva y novedosa en el ámbito de los litigios sobre patentes que puede servir de modelo para otros ámbitos del Derecho[292]. En particular, el concepto de un único tribunal especializado de la UE ofrece un mecanismo que puede ser óptimo para garantizar la resolución coherente de litigios con implicaciones a nivel de la UE por un tribunal con conocimientos técnicos en la materia y con procedimientos adaptados a las especificidades del litigio en cuestión. Desde un punto de vista procesal, cabe destacar especialmente a efectos de nuestro tema las disposiciones sobre la designación por el tribunal de peritos de oficio o las disposiciones sobre la gestión proactiva de procesos (*case management*)[293].

### *3.2. Soft law*

Esto nos trae a la última sección de nuestro análisis del Derecho procesal civil de la Unión: el *soft law*.

Para comenzar esta sección, debemos recordar un tema recurrente en la política legislativa de la UE en este ámbito, que encuentra una vía de expresión bastante común en los documentos relativos a la política legislativa y en los comentarios académicos, pero también a veces en la jurisprudencia de la Unión (o, al menos, en las conclusiones del Abogado General) y en los objetivos

---

291 Véase "Acuerdo sobre un Tribunal Unificado de Patentes" DO 2013 C 175/1 y https://www.unified-patent-court.org/en.

292 Por supuesto, hay que tener en cuenta las normas concretas sobre protección uniforme de patentes establecidas en el artículo 118 del TFUE y la legislación subsidiaria, como el Reglamento 1257/2012, que es excepcional en este ámbito.

293 Normas 185 y 331-340, respectivamente.

identificados en leyes concretas. Me refiero al objetivo de lograr unos estándares más elevados (o, al menos, mínimos) de calidad y eficiencia de la justicia en toda la UE. La Agenda de Justicia de la UE para 2020 se ha referido al objetivo de: "Mejorar la independencia, la calidad y la eficiencia de los sistemas jurisdiccionales nacionales"[294] y estos tres principios se han reiterado en los Cuadros de Indicadores de la Justicia en la UE desde su creación en 2003. De hecho, los comparadores utilizados en los cuadros de indicadores sirven para comparar y evaluar el nivel de satisfacción de estos factores en todos los Estados miembros. Como está bien documentado, la UE y el TJUE se han preocupado recientemente de garantizar la independencia e imparcialidad de los órganos jurisdiccionales locales[295].

La Directiva 2004/48 de Propiedad Intelectual establece que las medidas, procedimientos y recursos que los Estados miembros están obligados a aplicar para garantizar la aplicación efectiva de los derechos de propiedad intelectual deben ser "justos y equitativos y no serán innecesariamente complicados o costosos, ni entrañarán plazos poco razonables o retrasos injustificados" [artículo 3(1) de la directiva]. Como hemos visto, la Directiva de Medio Ambiente también exige que los procedimientos de recurso sean "justos, equitativos, oportunos y no excesivamente onerosos", y en la Recomendación sobre Acciones Colectivas de 2013 encontramos un lenguaje idéntico[296].

La calidad y la eficiencia de la justicia civil ha pasado a considerarse un objetivo no solo por derecho propio (al ser una meta claramente loable al garantizar la aplicación efectiva del Derecho

---

294 "Agenda de justicia de la UE para 2020", n. 258, p. 3.

295 Véase n. 162 más arriba.

296 Recomendación de la Comisión, de 11 de junio de 2013, sobre los principios comunes aplicables a los mecanismos de recurso colectivo de cesación o de indemnización en los Estados miembros en caso de violación de los derechos reconocidos por el Derecho de la Unión, DO 2013 L 201/60, apartado 2.

de la Unión), sino también como una forma de mejorar la competitividad de la Unión[297].

Sin embargo, como también se ha reconocido, estas normas mínimas no son alcanzables a través de la legislación: no hay voluntad política para hacerlo. Y tampoco es realista alcanzar normas de esta manera, dada la naturaleza dispar de los sistemas, procedimientos y culturas judiciales nacionales. En consecuencia, la atención se centra en complementar normas legales formales ("*hard law*") con directrices, recomendaciones y otros tipos de norma no vinculante ("*soft law*"). Esto implica aceptar que los regímenes nacionales siguen siendo diferentes. Al mismo tiempo, parece existir la convicción de que esas diferencias no tienen por qué ser un impedimento para alcanzar unas normas mínimas[298]. Uzelac ha abogado de forma sumamente pragmática por centrar-

---

297 Véase, Gascón Inchausti, F., *Derecho Europeo y Legislación Procesal Civil Nacional: entre autonomía y armonización* (Marcial Pons 2018), 59: "En el caso del proceso civil, se trata, ante todo, de mejorar la calidad de la litigación trasfronteriza y de reforzar la seguridad jurídica en las relaciones intraeuropeas, algo que se consigue si las soluciones legales a nivel nacional son predecibles. Pero no se trata solo de eso: como veremos más adelante, puede tratarse, igualmente, de mejorar la calidad de los sistemas nacionales de justicia civil, como forma de mejorar la competitividad de la Unión y, singularmente, como forma de asegurar que se logra una efectiva puesta en práctica del Derecho privado de origen europeo"; Comunicación de la Comisión al Parlamento Europeo, al Consejo, al Banco Central Europeo, al Comité Económico y Social Europeo, y al Comité de las Regiones, "Cuadro de indicadores de la Justicia en la UE para 2021", 2021COM(2021) 389: "Unos sistemas judiciales que funcionen bien y sean totalmente independientes pueden tener un impacto positivo en la inversión y, por consiguiente, contribuir a la productividad y la competitividad", p. 1.

298 Andrews, N., "Fundamental Principles of Civil Procedure: Order out of Chaos" en Hess, B., y Kramer, X., (n. 253), 19, 25: "Por lo tanto, podría ser mejor dirigir los esfuerzos en este ámbito no tanto hacia un sistema procesal unificado para los asuntos transnacionales, sino hacia el establecimiento de normas generales que permitan variaciones considerables" (traducción propia).

se en los resultados, en lugar de en la identidad normativa u organizativa formal:

> "El ideal de un espacio de justicia con normas de tutela judicial iguales o compatibles para todos los ciudadanos europeos crea una obligación de resultado, no una obligación de adhesión formal a los mismos valores o normas jurídicas [...] [C]uando diferentes estructuras procesales resultan ser igualmente efectivas, justas, transparentes y fáciles de usar, el pluralismo de formas procesales puede incluso considerarse deseable."[299] (traducción propia)

El intento por parte de la UE de crear mecanismos eficaces de acción colectiva a través de su Recomendación sobre Acciones Colectivas en 2013 es un ejemplo de *soft law*. Las recomendaciones no son vinculantes, pero no carecen de efectos jurídicos[300]. Sin embargo, ha sido en gran medida ineficaz a la hora de promover su objetivo clave de acciones colectivas de reparación por daños y perjuicios, principalmente, en mi opinión, porque no venía acompañada de ninguna otra ley con fuerza vinculante. Esto, a su vez, dio lugar a la reciente adopción de la Directiva sobre Acciones Colectivas, cuya aplicación aún está en proceso en España y en otros países de la UE[301].

Los últimos tiempos apuntan cada vez más a la necesidad de desarrollar buenas prácticas más detalladas que se ofrezcan a la comunidad jurídica, en el marco del trabajo de coordinación a que nos referíamos anteriormente, como base para la convergencia y las mejoras.

---

[299] Uzelac, A., "Harmonised Civil Procedure" (n. 261), 177, 204.

[300] Artículo 288 del TFUE. Como ya se señaló en el capítulo 1.4 más arriba, las recomendaciones, en particular, tendrán efectos jurídicos en los Estados miembros, y en los procedimientos nacionales, donde sirven para interpretar o aplicar instrumentos existentes de la UE (véase la jurisprudencia del TJUE derivada del asunto C-322/88 *Grimaldi contra Fonds des maladies professionnelles* EU:C:1989:646; [1989] Rec. 4407.

[301] Véanse más adelante las secciones sobre acciones colectivas en los capítulos 9 (en el Reino Unido) y 14 (en España).

El lenguaje de las buenas prácticas ya ha aparecido, por ejemplo, en el Programa de Justicia de la UE para 2014-2020:

> "Para evaluar el valor añadido europeo que presenta una acción [...] se tendrán en cuenta criterios tales como su contribución a la aplicación sistemática y coherente del Derecho de la Unión y a la sensibilización de la población en su conjunto sobre los derechos que se derivan del mismo, las posibilidades que brindan de aumentar la confianza mutua entre los Estados miembros y de mejorar la cooperación transfronteriza, sus re percusiones transnacionales, su contribución a la definición y difusión de las prácticas más idóneas, y las posibilidades que ofrecen de crear herramientas y soluciones prácticas para afrontar desafíos que tengan carácter transfronterizo o que afecten a toda la Unión."[302]

Por su parte, el Programa de Estocolmo declaró que:

> "Para el desarrollo de la acción a escala de la Unión debería aprovecharse la pericia de los Estados miembros y estudiarse una serie de medidas, incluidas soluciones de carácter no legislativo como los manuales convenidos, la puesta en común de la mejores prácticas (entre otras, un óptimo aprovechamiento de la Red Judicial Europea) y los proyectos regionales que tratan esas necesidades"[303].

El lenguaje de las buenas prácticas tiene la ventaja sobre el de las normas mínimas de permitir un enfoque más flexible y enfocado a los resultados, evitando la necesidad de reglas pactadas que probablemente tiendan a la fijación de un denominador común más bajo. En cambio, el primero puede ofrecer herramientas más flexibles y, al mismo tiempo, más detalladas.

El reciente proyecto de ELI / UNIDROIT ofrece quizás el ejemplo más prometedor hasta la fecha. El proyecto se completó en 2020 con la aprobación de las Reglas Modelo Europeas de Proceso Civil que fueron publicados en octubre de 2021[304]. El

---

302 Nota 265, artículo 2(2).

303 Nota 243, p. 5, s. 1.2.2.

304 *ELI-Unidroit Model European Rules of Civil Procedure: From Transnational Principles to European Rules of Civil Procedure* (OUP 2021). Su traducción al español ha sido preparada por Gascón Inchausti, F., y de Benito Llo-

proyecto comenzó en octubre de 2013 y en él participaron unos 50 expertos internacionales (casi todos académicos). También tomaron parte varias organizaciones en calidad de observadores, en particular, la Comisión Europea, el Parlamento Europeo y el TJUE, así como distintas asociaciones de abogados. El proyecto tomó como punto de partida los anteriores Principios ALI-UNIDROIT de Procedimiento Civil Transnacional[305], y sobre esta base pretendía desarrollar normas más detalladas y adaptarlas para su uso en el contexto europeo específico. Su propósito: servir de "marco de referencia y fuente de inspiración para un amplio abanico de actores, en particular legisladores y responsables políticos", así como para los profesionales; su esperanza: que pudieran representar un hito en la búsqueda de "normas de proceso civil modernas, eficientes y justas"[306]. Los autores optaron por elaborar unas reglas modelo (en lugar de un código completo) con la idea de sentar las bases de enfoques armonizados en ámbitos específicos que pudieran considerarse especialmente apropiados y preparados para ello: por ejemplo, los litigios en masa (en particular, de consumidores). Las Reglas Modelo comienzan con una serie de importantes principios rectores (al estilo del *Code de Procédure Civile* francés o las *Civil Procedure Rules* inglesas). Entre ellos, destacan el principio general de cooperación (que se extiende a las partes, los abogados y el tribunal) y la obligación asociada

---

pis-Llombart, M., y publicada en 2022, *Reglas Modelo Europea de Proceso Civil* (IE Law School 2022).

305 ALI/UNIDROIT, *The Principles of Transnational Civil Procedure* (Cambridge University Press 2006). Otras fuentes son el Informe Storme (n. 10), la Recomendación (84) 5 del Comité de Ministros del Consejo de Europa "Principios de procedimiento civil destinados a mejorar el funcionamiento de la justicia", adoptada el 28 de febrero en la 367ª reunión de los Delegados de los Ministros; la Ley Modelo de UNCITRAL sobre Arbitraje Comercial Internacional, y el Reglamento Interno del Tribunal Unificado de Patentes (n. 291).

306 Prólogo e Introducción a las Reglas Modelo Europeas.

del tribunal de gestión activa del proceso (*case management*)[307]. En efecto, las Regalas Modelo Europeas prevén que las partes y el tribunal colaboren en cierta medida para adaptar el proceso al caso, en particular en los asuntos complejos: por ejemplo, permitiendo que las cuestiones preliminares se resuelvan por separado en una fase temprana del procedimiento, autorizando la presentación de alegaciones por fases, fomentando una gestión flexible del proceso mediante el diálogo con las partes, y promoviendo los contactos e intercambios previos entre las partes para reducir el alcance de los hechos controvertidos y facilitar la resolución consensuada (mediante la transacción).

Aún está por ver qué impacto pueden tener estas normas en el Derecho procesal vigente y aplicable en los Estados miembros de la UE. No obstante, no cabe duda de que se trata de un texto exhaustivo que ofrece una amplia gama de principios e instrumentos adaptados a los actuales retos que presentan muchos litigios mercantiles, y que pueden servir de útil inspiración a los responsables políticos, los tribunales y los profesionales. Como ya se ha señalado, tiene la ventaja de ser un conjunto de reglas modelo, no un código impuesto de normas mínimas (o de otro tipo), lo que permite flexibilidad en su uso y adaptación. Además, las reglas están muy bien documentadas, explicadas y motivadas, lo que ofrece cierto grado de autoridad (aún sin tener ningún efecto vinculante) a quienes deseen invocarlas. Recuerdo además que, al rechazar la propuesta del Parlamento Europeo de una directiva sobre normas mínimas en 2017, la Comisión indicó que estaba es-

---

307 Estos se encuentran contenidos en las siguientes normas de la Sección 2: Principios, Parte A. Cooperación; en particular en la Norma 2. Deber General de Cooperación: “Las partes, sus abogados y el tribunal deben cooperar en beneficio de una resolución justa, eficiente y rápida del litigio”, y la Norma 4: Deberes del tribunal. Deber general de gestión e impulso procesal: “Es responsabilidad del tribunal gestionar e impulsar el proceso de modo activo y eficaz, tratar a las partes con igualdad y velar durante todo el proceso porque las partes y sus abogados cumplan con sus responsabilidades en virtud de las presentes Reglas”.

perando a ver los resultados del proyecto ELI/UNIDROIT antes de volver a examinar las necesidades de medidas de armonización en la Unión en este campo y, de hecho, si serían necesarias nuevas medidas y hasta qué punto. Quedamos, por tanto, a la espera de los próximos movimientos de las instituciones de la UE en relación con las Reglas Europeas Modelo. En el presente trabajo, siguiendo la invitación de los propios redactores, me inspiro en las normas cuando considero que pueden ofrecer un punto de referencia útil para determinadas cuestiones procesales que abordamos.

Al mismo tiempo, como ha observado Cuniberti en el contexto del Derecho procesal comparado, hay que ser especialmente conscientes de cuándo las buenas prácticas (y una cierta flexibilización del proceso civil nacional) pueden, de hecho, adoptarse dentro de los límites de las normas nacionales existentes o cuándo, en realidad, sería necesario primero un cambio legislativo:

> "Las buenas prácticas solo pueden ser relevantes cuando las normas aplicables no dictan el comportamiento de los profesionales del Derecho pertinentes. Cuando un profesional (ya sea un abogado o un juez) tiene la obligación de actuar de una determinada manera en virtud de la norma jurídica aplicable, no puede decidir actuar de otra manera. El hecho de que considere que la norma que rige su conducta no es tan buena como una práctica extranjera no puede eximirle de su deber de cumplir la norma jurídica aplicable.
>
> En muchos casos, sin embargo, las normas jurídicas no dictan un único comportamiento, y puede plantearse la posibilidad de importar una práctica extranjera mejor."[308] (traducción propia)

También abordaremos este aspecto en nuestras recomendaciones finales.

---

[308] Cuniberti, G., "The Promotion of Best Practices in European Civil Procedure: Some Introductory Remarks", en Hess, B., y Kramer, X., (n. 253), 439, 440.

## *B. Derecho de la competencia de la UE y acciones por daños*

Se ha escrito mucho sobre la aplicación privada del Derecho de la competencia de la UE y las implicaciones de la Directiva de Daños. No es mi intención ofrecer siquiera un resumen de tan extenso trabajo[309]. El principal objeto de esta investigación es el

---

309 Por ejemplo, Lianos, I., Davis, P., y Nebbia, P., *Damages Claims for the Infringement of EU Competition Law* (OUP, 2015); Bergstöm, M., Iacovides, M., y Strand, M., (eds.), *Harmonising EU Competition Litigation. The New Directive and Beyond* (Hart, 2016); David Ashton, *Competition Damages Actions in the EU. Law and Practice* (2ª ed. Edward Elgar, 2018); Parcu, P. L., Monti, G., y Botta, M., *Private Enforcement of Competition Law. The Impact of the Damages Directive* (Edward Elgar, 2018); Rodger; B., Sousa Ferro, M., y Marcos, F., *The EU Antitrust Damages Directive Transposition in the Member States* (OUP, 2018); Díez Estella, F., "La aplicación privada del Derecho de la competencia: Acciones de daños y pronunciamientos judiciales" (2019), 11, n.º 1, *Cuadernos de Derecho Transaccional,* 267; Strand, M., Bastidas Venegas, V., y Iacovides, M., (eds.), *EU Competition Litigation. Transposition and First Experiences of the New Regime* (Hart, 2019); Amaro, R., *Private Enforcement of Competition Law in Europe* (Bruylant, 2021); Kirst, P., *The Impact of the Damages Directive on the Enforcement of EU Competition Law. A Law and Economics Analysis* (Edward Elgar, 2021); Biondi, A., Muscolo, G., y Nazzini, R., *After the Damages Directive. Policy and Practice in the EU Member States and the United Kingdom* (Wolters Kluwer, 2022); Rodger; B., Sousa Ferro, M., Marcos, F., (eds.), *Research Handbook on Private Enforcement of Competition Law in the EU* (Edward Elgar, 2023). Para consultar textos con un enfoque más español, véase Font i Ribas, A., y Vilà Costa, B., (Dirs.), *La indemnización por infracción de normas comunitarias de la competencia* (Marcial Pons, 2012); Ruiz Peris, J. I., (Dir.), *La compensación de los daños por infracción de las normas de competencia tras la Directiva 2014/104/UE* (Thomson Reuters Aranzadi, 2016); Victoria Torres Sustaeta, *Daños y perjuicios por infracción de las normas de competencia* (Thomson Reuters Aranzadi, 2016); Ruiz Peris, J. I., y Palo-

impacto del Derecho de la Unión aplicable a la competencia[310] en las normas y prácticas procesales de especial relevancia para las acciones de responsabilidad civil por las infracciones del Derecho de la competencia. Por lo tanto, en esta sección haremos un recorrido por el panorama jurídico de la UE, seleccionando aquellos elementos que resultan de especial interés para enmarcar y abordar nuestro objeto de estudio.

Como ya hemos señalado, la normativa en materia de defensa de la competencia es una de las áreas más importantes de compe-

---

mar Tejedor, T., (Dirs.), *Problemas actuales de las acciones de compensación de daños por infracción de las normas de competencia* (Thomson Reuters Aranzadi, 2019); Jiménez Cardona, N., *Acciones por daños de las infracciones del Derecho de la competencia* (Wolters Kluwer, 2019); Gómez Trinidad, S., (Dir.) y Caballol Angelats, L., (Coord.), *Resarcimiento de daños por la infracción de las normas concurrenciales en el Real Decreto-ley 9/2017 de trasposición de la Directiva 2014/104/UE* (Marcial Pons, 2021); Martí Miravalls, J., *Responsabilidad civil por la infracción del Derecho de la competencia* (Tirant, 2022); Callol, P., y Yuste, M., "La directiva comunitaria sobre reclamación de daños y perjuicios derivados de infracciones del Derecho de la competencia. Principales novedades y potencial incidencia en el ordenamiento jurídico español", en Recuerda Girela, M. A., (Coord.), *Problemas prácticos y actualidad del Derecho de la competencia. Anuario 2015* (Civitas, 2015), 297; Hitchings, P., Malo, M. A., y Loras, L., "Considerations concerning the implementation of the EU competition law damages directive in Spain", *Concurrences* n.° 2-2015, 25; Broekelmann, H., "La Directiva de Daños y su trasposición en España" (2015), 37, *Revista General de Derecho Europeo*; Gascón Inchausti, F., "Aspectos procesales de las acciones de daños derivados de las normas sobre defensa de la competencia: Apuntes a la luz de la Directiva 2014/104 y de la Propuesta de Ley de Trasposición" (2017), 9, *Cuadernos de Derecho Transnacional*, 125.

310 Centramos nuestro análisis en el Derecho de la competencia de la UE. No obstante, cabe señalar que la legislación nacional en materia de competencia también se ve afectada en la medida en que el Derecho nacional de la competencia (como en el caso de España) se inspira en gran medida en el Derecho de la Unión (y sigue su evolución, allí donde procede) y que parte del Derecho de la competencia de la UE afecta directamente a la legislación nacional sobre competencia, como es el caso de la Directiva de Daños.

tencia legislativa de la Unión. El grado de injerencia del Derecho de la Unión en las normas nacionales mediante las cuales se aplica el Derecho de la competencia de la UE constituye uno de los ejemplos más evidentes del impacto del Derecho de la UE en el Derecho procesal nacional. De hecho, la "armonización vertical" que busca la "aplicación efectiva y uniforme" de las "disposiciones comunitarias con efecto directo" son términos que adquieren todo su significado en el ámbito de la aplicación privada del Derecho de la competencia. Esto ha llevado a un analista a referirse a los cambios en este ámbito como "tal vez el ejemplo más significativo de la 'armonización vertical' del Derecho europeo de responsabilidad civil hasta la fecha, que supone la armonización sustantiva y procesal de normas nacionales dispares"[311]. Al mismo tiempo, esa armonización no es en modo alguno completa; y tampoco representa un modelo sólido de armonización "*top down*" (descendente o de arriba abajo). La UE recurre más bien a una "compleja red" de mecanismos sustantivos y procesales que, a su vez, se derivan de "una intrincada combinación de pronunciamientos judiciales, persuasivos instrumentos de *soft law* ... y Derecho imperativo de obligado cumplimiento", o lo que ha dado en denominarse "armonización pragmática de segundo nivel"[312].

Esta combinación de mecanismos de armonización "*hard law*" y "*soft law*" es el objeto de la presente sección, en la que tomaremos como objeto de estudio la *lex specialis* de la UE en materia de Derecho de la competencia, desde la interpretación por parte del TJUE del Derecho primario del Tratado hasta las políticas, la regulación sectorial y las buenas prácticas de la Unión en este campo. Todos estos factores forman parte de un marco jurídico de actuación en constante evolución, en el que, desde su adopción, la normativa sectorial de armonización (en particular, la Directiva de Daños) adquiere un papel especialmente relevante.

---

311 Dunne, N., "Antitrust and the Making of European Tort Law" (2016), 36, *Oxford Journal of Legal Studies*, 366, 368.

312 *Ibid.*, 384.

Para apreciar todo el alcance y las implicaciones de esta evolución, es preciso analizarla en el contexto de su aplicación en el Derecho nacional y por los órganos jurisdiccionales nacionales en lo que constituye, unos treinta años después, un proceso de desarrollo jurídico continuo. Observó el Abogado General Koopmans en marzo de 1994 que el desarrollo del Derecho de la Unión se caracteriza por lo que él ha denominado la "evolución jurídica"[313]. Con ello, se refería al desarrollo orgánico del Derecho a través de la jurisprudencia, un proceso mediante el cual se van introduciendo nuevos conceptos de Derecho supranacional en determinados ámbitos del Derecho nacional, y en el que los órganos jurisdiccionales nacionales y los abogados son los principales protagonistas. De vez en cuando, esta evolución también se verá afectada por desarrollos de tipo político-legislativo, lo que cobra especial fuerza cuando adopta la forma de una norma de armonización específica, como es el caso de la Directiva de Daños. En ese sentido, esta segunda sección de nuestro estudio se centra en la parte de la historia del desarrollo del Derecho de la Unión en materia de aplicación privada del Derecho de la competencia protagonizada por las instituciones de la UE (Parte I.B), mientras que la trasposición de esas normas comunitarias al Derecho nacional y su aplicación por los órganos jurisdiccionales nacionales (concretamente, en el Reino Unido y España) serán el objeto de las segunda y tercera partes, respectivamente, de este trabajo. No se trata de compartimentos estancos, ya que el diálogo entre la UE y las instituciones nacionales continúa en la fase de la implementación de la normativa europea —en particular, a través de las cuestiones prejudiciales elevadas por los órganos jurisdiccionales nacionales al TJUE en virtud del artículo 267 del TFUE—, de modo que nuestro análisis del Derecho nacional en las partes

---

313 AG Koopmans, "The European Community and Legal Evolution", en *Community Law and National Courts: Rights and Remedies*, conferencia organizada por el Centre for European Legal Studies y Trinity Hall, 26-27 de marzo de 1994, Trinity Hall 2000 Papers, n.º 1, 1-10.

segunda y tercera también contiene referencias a estos importantes avances.

## 4. LA JURISPRUDENCIA DEL TJUE

### *4.1. ¿Un Derecho europeo al resarcimiento de daños?*

Para comprender el impacto del Derecho de la competencia de la UE en el proceso nacional, conviene abordar una cuestión previa: ¿hasta qué punto el derecho a reclamar daños y perjuicios es un derecho de la Unión? La influencia del Derecho de la UE — es decir, el alcance o la intensidad de su penetración vertical en el Derecho nacional— se encuadra y depende (al menos, en parte) de la respuesta a esta pregunta. De hecho, algunos comentaristas han señalado que la fundamentación de derechos materiales directamente en el Derecho de la Unión aumenta la protección judicial que los órganos jurisdiccionales nacionales pueden brindar al derecho y el impacto del Derecho de la Unión en las normas procesales nacionales y, como consecuencia, refuerza la uniformidad de la tutela judicial en toda la UE[314].

El punto de partida de nuestro análisis no es una sentencia del TJUE, ni siquiera un asunto relacionado con los artículos 101 o 102 del TFUE, sino las ya clásicas conclusiones del Abogado General Van Gerven en el asunto *Banks contra British Coal* hace treinta años[315], que se refería a las normas sobre competencia del Tratado constitutivo de la Comunidad Europea del Carbón y del Acero (CECA). En ellas, el difunto Abogado General sentó las bases de un derecho al resarcimiento de daños conforme al Derecho de

---

314 Drake, S., "Scope of Courage and the principle of 'individual liability' for damages: further development of the principle of effective judicial protection by the Court of Justice" (2006), EL Rev. 841, 857, 864; Van Cleynenbreugel, P., "Judge-made standards" (n. 149).

315 Asunto C-128/92 *H J Banks & Company Ltd contra British Coal Corporation* EU:C:1993:860; [1993] Rec. p. I-1212.

la competencia de la CECA. Si bien, este derecho no fue confirmado por la posterior sentencia del Tribunal, las conclusiones de Van Gerven han servido de referencia y de “inspiración” para los avances en la aplicación privada del Derecho de la competencia de la UE desde entonces[316].

Tras determinar el efecto directo de las disposiciones pertinentes del Tratado CECA en materia de competencia (punto sobre el que posteriormente discreparía el Tribunal)[317], el Abogado General Van Gerven abordó la cuestión de la obligación o facultad de un órgano jurisdiccional nacional para otorgar daños por una infracción de dichas normas. Su extenso análisis merece una especial atención. Comenzaba preguntándose si existía una base jurídica en el Derecho comunitario para justificar el derecho al resarcimiento de daños. Como él mismo señalara, la respuesta a

---

316 Véanse las conclusiones del AG Wahl en el asunto C-724/17 *Vantaan kaupunki contra Skanska Industrial Solutions Oy* EU:C:2019:100, apartado 1: “El presente asunto versa sobre los requisitos que regulan la responsabilidad civil derivada de una infracción del Derecho de la competencia de la Unión, responsabilidad que defendió enérgicamente el abogado general Van Gerven en sus cruciales conclusiones presentadas hace 25 años en el asunto Banks. Tales conclusiones resonaron entonces con fuerza en mí y son aún hoy una fuente de inspiración. Es pues un placer para mí poder concluir mi mandato de abogado general presentando unas conclusiones sobre esta misma materia y desarrollar el legado de las conclusiones del asunto Banks.” Véanse también las conclusiones de la AG Kokott en el asunto C-557/12 *Kone AG contra ÖBB-Infrastruktur AG* EU:C:2014:45, apartado 34.

317 En su sentencia, el Tribunal determinó que las disposiciones del Tratado en materia de competencia (en particular, el artículo 4, el artículo 65, apartado 1, y el artículo 66, apartado 7) estaban sujetas a la competencia exclusiva del órgano ejecutivo, la Comisión; en consecuencia, no podían invocarse ante el órgano jurisdiccional nacional: no tenían efecto directo (EU:C:1994:860; [1994] Rec. p. I-1268). Una situación similar se produjo previamente en relación con las exenciones previstas en el artículo 101, apartado 3, hasta la promulgación del Reglamento 1/2003, de 16 de diciembre de 2002, relativo a la aplicación de las normas sobre competencia previstas en los artículos 81 y 82 del Tratado.

esa pregunta (que para él era afirmativa) tiene importantes implicaciones. Si el Derecho comunitario sentaba directamente las bases para una acción por daños y perjuicios por incumplimiento de las normas de competencia, ello implicaría que[318]:

- El Tribunal sería competente para determinar las "reglas procesales para el ejercicio de una acción resarcitoria de este tipo".
- Sería de aplicación el principio de supremacía y, como consecuencia, los órganos jurisdiccionales nacionales estarían obligados a inaplicar las normas que supusieran un impedimento para el ejercicio del derecho a reclamar daños.
- Se mitigarían los graves riesgos que entraña, para la aplicación uniforme y efectiva del Derecho europeo de la competencia, dejar demasiados detalles en manos de Derechos nacionales divergentes.
- Se produciría necesariamente "una mayor interacción entre el Derecho comunitario y el Derecho nacional, mientras que anteriormente la relación entre estos dos Derechos era más bien una relación de dependencia exclusiva del ordenamiento jurídico comunitario de las normas procesales del ordenamiento jurídico nacional".

Este razonamiento resultó, en cierto modo, profético: treinta años más tarde, asistimos a un muy considerable incremento de las cuestiones prejudiciales planteadas al TJUE por parte de órganos jurisdiccionales nacionales que someten al Tribunal dudas sobre las condiciones y los límites precisos del Derecho de la Unión del derecho al resarcimiento de daños y brindan al Tribunal la oportunidad de delimitarlos. También cabría afirmar que estamos asistiendo a un aumento nada desdeñable del afán del TJUE por dar una respuesta y, de ese modo, crear Derecho. A este respecto, la aprobación de la Directiva de Daños ha sido fundamental.

---

318 Apartados 46-47 de las conclusiones en el asunto *Banks,* n. 315.

En *Banks,* Van Gerven respondió afirmativamente que existía en el Derecho comunitario un derecho material al resarcimiento de daños por la infracción de las normas de competencia. En su opinión, ese derecho se derivaba del principio establecido en las sentencias *Rewe* y *Simmenthal,* en virtud del cual los órganos jurisdiccionales nacionales deben garantizar la protección jurídica y la plena eficacia de los derechos materiales reconocidos por el Derecho comunitario. Dicho principio ya implicaba que los Estados miembros debían poner a disposición de las partes afectadas por infracciones del Derecho comunitario determinados recursos jurídicos, entre ellos las medidas cautelares (*Factortame*) o indemnizaciones por daños y perjuicios (*Francovich*)[319]. En la sentencia *Francovich,* el Tribunal declaró que la obligación del Estado miembro de reparar los daños y perjuicios causados a los particulares por su violación del Derecho comunitario era "inherente al sistema del Tratado" y, en consecuencia, un "principio [general] de Derecho comunitario". Al mismo tiempo, ese principio daba lugar al consiguiente derecho a indemnización para la parte perjudicada que está "basado directamente en el Derecho comunitario". Van Gerven consideraba que estos principios eran igualmente de aplicación, *a fortiori,* a la situación de una demanda de indemnización por daños y perjuicios entre particulares por una infracción de las normas de competencia, más aún cuando dichas normas producían efectos directos entre particulares, que, en consecuencia, debían ser protegidos por los órganos jurisdiccionales nacionales en los procedimientos nacionales (efecto horizontal). Además, consideró que la posibilidad de reclamar daños y perjuicios era la única forma de garantizar la

319 Estos asuntos emplean la expresión "plena eficacia" y la formulación tipo: "La plena eficacia de [una norma de la UE] se vería en entredicho si no existiera la posibilidad de que [persona que ostenta ese derecho europeo] solicite [el remedio concreto previsto]". Este principio se deriva tanto del principio de supremacía del Derecho de la Unión como de la obligación de cooperación leal que tienen los órganos jurisdiccionales nacionales en virtud del artículo 4(3) TUE (*Factortame I,* n. 32, apartado 19, y *Francovich,* n. 33, apartado 36). Véase el capítulo 1 más arriba.

plena eficacia de las normas de competencia (y la tutela judicial de los derechos que generan para los particulares) cuando ya se ha producido una infracción. En tal situación, los efectos negativos de la infracción no se pueden evitar mediante una intervención judicial destinada a impedir que se produzcan (es decir, un orden de cesación) —o, cabría añadir, mediante intervención regulatoria—, sino que solo pueden repararse *a posteriori* por medio de una indemnización por daños y perjuicios.

Van Gerven añadió lo que él consideraba un poderoso argumento de orden público para exigir el derecho a indemnización por daños: el objetivo de hacer "más operativas" las normas de competencia. Con ello quería decir que la aplicación privada por parte de los órganos jurisdiccionales nacionales ofrecía un importante y necesario complemento a su aplicación pública por parte de la Comisión. En este contexto señaló, entre otras cosas haciendo referencia al Informe de la Comisión sobre la política de competencia de 1986, que "la Comisión, en su calidad de garante de estas normas [de competencia], reconoce ella misma que, a efectos del respeto de dichas normas, debe cooperar con los órganos jurisdiccionales nacionales"[320].

El Abogado General concluía que el derecho al resarcimiento de daños causados por una infracción del Derecho comunitario de la competencia se basaba en el propio ordenamiento jurídico comunitario. A continuación, pasaba a exponer las condiciones que consideraba aplicables al derecho, con especial referencia a la jurisprudencia del Tribunal en materia de la responsabilidad extracontractual de las instituciones comunitarias (en virtud del actual artículo 340 del TFUE), que a su vez se inspira en los principios generales comunes a los ordenamientos jurídicos de los Estados miembros[321]:

---

[320] Apartado 44 de las conclusiones en *Banks*, n. 315; Comisión Europea, *Decimoquinto informe sobre la política de competencia* (Oficina de Publicaciones, 1986), 38-43.

[321] Apartado 50 de las conclusiones, n. 315.

- *Requisitos para que exista responsabilidad*: (i) la existencia de una conducta ilegal, (ii) un perjuicio, y (iii) el nexo causal entre ambos[322].
- *Conducta ilegal*. Una conducta es ilegal cuando supone una infracción de las normas de competencia, sin que sea requisito previo para tal infracción que exista intencionalidad[323].
- *Indemnización de daños y perjuicios*. Lo que constituye un daño resarcible se refiere a una reparación "íntegra", es decir, la que reconstituye el patrimonio perjudicado por la conducta ilegal (la denominada *restitutio in integrum*)[324]. La indemnización por daños y perjuicios debería tener un efecto disuasorio real y, por lo tanto, ser "adecuada", es decir, no debería ser puramente simbólica[325]. En consecuencia, tampoco debería estar sujeta a un límite máximo y debería incluir intereses desde el momento en que se produjo el daño con el fin de tener en cuenta la depreciación monetaria debida, por ejemplo, al paso del tiempo. El perjuicio tampoco debería ser puramente especulativo, es decir, debería estar suficientemente probada la existencia de un perjuicio real[326]. Asimismo, la indemnización debe-

322 *Ibid.*, apartado 50.

323 *Ibid.*, apartado 53.

324 *Ibid.*, apartado 54, con referencia, entre otros, a los asuntos acumulados C-104/89 y C-37/90 *J M Mulder contra Consejo* EU:C:1992:217; [1992] Rec. p. I-3061, apartado 34, que rechazó como indemnización por los daños un monto global que no guardaba relación con el perjuicio realmente sufrido, y las conclusiones del AG Capotorti en los asuntos acumulados C-64 y 113/76, 167 y 239/78, 27, 28 y 45/79, *Dumortier Frères contra Consejo* EU:C:1977:137; [1977] Rec. p. 1753.

325 *Ibid.*, apartado 54, con referencia a los asuntos *Von Colson*, n. 67, apartados 23-24, y *Marshall I*, n. 19, apartado 18.

326 *Ibid.*, apartado 51. Ello no exige que el perjuicio sea necesariamente susceptible de valoración cuando es inminente y suficientemente previsible, ya que la mayoría de los ordenamientos jurídicos de los Estados miembros prevén la posibilidad de acciones declarativas (véanse, entre otros, los asuntos acumulados 56 y 66/74 *Kurt Kampffmeyer Mühlenverei-*

ría evitar el enriquecimiento injusto del demandante y, por consiguiente, debería tener en cuenta la mitigación de la pérdida que cabría razonablemente esperar que este hubiera logrado y, en cualquier caso, el efecto compensatorio de la posible repercusión del perjuicio sobre sus precios de venta a eslabones posteriores de la cadena[327].

- *Cuantificación.* El órgano jurisdiccional podrá utilizar "los métodos de sondeo utilizados habitualmente en los estudios económicos... partiendo de bases suficientemente precisas" para llegar a aproximaciones aceptables del perjuicio sufrido; perjuicio que, por naturaleza, se basa en un escenario hipotético contrafáctico (es decir, el que se habría producido de no haber existido la infracción)[328]. En el asunto *Mulder*, el propio Van Gerven afirma que el hilo conductor para determinar el perjuicio debería ser "el curso normal de las cosas" "al tiempo que se tienen en cuenta las circunstancias particulares"; lo que significa que la base para el cálculo sería la situación contrafactual: los beneficios "que, según datos estadísticos fiables, sean representativos del Estado miembro involucrado (o de la región, si esta presenta características propias), del año de que se trate y de una explotación de las dimensiones de la de los demandantes"[329]. En este ejercicio,

---

*nigung KG contra Comisión y Consejo* EU:C:1976:78; [1976] Rec. p. 711, apartado 6).

327 *Ibid.*, apartado 51, con referencia, en particular, al asunto *Mulder* y al asunto C-238/78, *Ireks-Arkady GmbH contra Consejo y Comisión* EU:C:1979:226; [1979] Rec. p. 2955.

328 *Ibid.*, apartado 51, con referencia a los asuntos acumulados 29, 31, 36, 39-47, 50-51/63 *Société Anonyme des Laminoirs contra Alta Autoridad* EU:C:1965:120; [1965] Rec. p. 911.

329 Conclusiones de 28 de enero de 1992 en el asunto *Mulder* EU:C:1992:34; [1992] Rec. p. I-1212, apartado 41. En ese asunto, el perjuicio se refería al lucro cesante causado a determinados productores de leche neerlandeses y alemanes por las ventas de leche que se les impidió ilegalmente realizar debido a la aplicación discriminatoria de cuotas como consecuencia de haber accedido a suspender las ventas de leche durante el

se reconoce "la libertad que tiene el Juez para apreciar todos los elementos de convicción que le sean presentados"[330]. En la sentencia *Mulder II*, relativa a la determinación del perjuicio causado a los ganaderos demandantes, el Tribunal, reconociendo la complejidad del ejercicio de cuantificación del perjuicio, subrayó el amplio margen de apreciación de que disponía a la hora de evaluar las pruebas. La declaración del Tribunal, citada a menudo desde entonces, establece el siguiente principio rector:

> "Procede subrayar que, en los presentes asuntos, el lucro cesante no es el fruto de un simple cálculo matemático, sino el resultado de una operación de valoración y de análisis de datos económicos complejos. El Tribunal de Justicia debe en efecto valorar unas actividades económicas de naturaleza en gran parte hipotética. Dispone por tanto, al igual que el Juez nacional, de un margen de apreciación considerable, tanto en lo que respecta a las cifras y datos estadísticos que hay que tomar en consideración, como, sobre todo, en lo relativo a su utilización para el cálculo y valoración del perjuicio."[331]

- *Causalidad.* Debería existir una "relación causal directa" entre el acto ilícito y el perjuicio sufrido: la responsabilidad no se hace extensiva a cualquier consecuencia perjudicial del acto ("consecuencias remotas")[332].

---

periodo inmediatamente anterior en el marco de una política comunitaria de reducción de la producción de leche. La primera sentencia en el asunto *Mulder*, tras las conclusiones del AG Van Gerven de 1992, fue una decisión interlocutoria que determinaba la existencia de responsabilidad de las instituciones comunitarias por dicho perjuicio, pero aplazaba la decisión sobre la cuantificación (n. 324). El segundo asunto, *Mulder II*, se refería a la determinación del importe del perjuicio —una vez agotadas las posibilidades de acuerdo entre las partes— y se adoptó a raíz del dictamen de un perito designado de oficio (sentencia de 27 de enero de 2000, EU:C:2000:38; [2000] Rec. p. I-288).

330 Apartado 51 de las conclusiones de Van Gerven en el asunto *Banks*.

331 *Mulder II*, n. 323, apartado 79.

332 Apartado 52, conclusiones en el asunto *Banks* y jurisprudencia citada.

El planteamiento del Abogado General Van Gerven no fue el adoptado por el TJUE en el asunto *Banks*, ya que el Tribunal negó el efecto directo de la normativa en materia de defensa de la competencia de la CECA. Y tampoco ha adoptado desde entonces un enfoque tan claro y completo en ningún asunto relativo a la aplicación privada del Derecho de la competencia. De hecho, es muy probable que semejante planteamiento se topase con una objeción. Y es que el Derecho de la Unión no impone a los Estados miembros una obligación positiva de crear una acción autónoma de Derecho comunitario para la aplicación de los derechos materiales reconocidos por el Derecho de la Unión, siempre y cuando existan recursos en el Derecho nacional que proporcionen una protección efectiva equivalente (*Cruceros de la Mantequilla, Unibet*)[333].

Sin duda, el Tribunal se ha cuidado en emplear el enfoque tradicional de la autonomía procesal a la hora de abordar la aplicación privada del Derecho de la competencia. Por eso, ha sido en términos de la plena efectividad del Derecho de la competencia (y la autonomía procesal) que el TJUE ha exigido a los órganos jurisdiccionales nacionales dejar inaplicadas ciertas normas nacionales que pudieran menoscabar el derecho comunitario al resarcimiento de daños: como, por ejemplo, la prohibición de que las partes en contratos ilícitos reclamen daños (*Courage*), o la prohibición de que se concedan daños por los efectos paraguas de una infracción ("*umbrella damages*") (*Kone*) o la prohibición de acceder al expediente de la autoridad de competencia (*Donau Chemie*). No ha sido en base a requisitos autónomos del derecho material de daños consagrado por el Derecho de la Unión.

No obstante, la jurisprudencia del Tribunal ha mostrado un enfoque europeo cada vez más audaz a lo largo del tiempo. En particular, de forma paulatina, el Tribunal ha empezado a realizar declaraciones sutilmente más explícitas sobre la fundamentación

---

333 *Cruceros de la Mantequilla*, n. 93, apartado 44, y *Unibet*, n. 50, apartados 40, 47. Véanse también las conclusiones del AG Jääskinen en el asunto *Donau Chemie*, n. 158, apartados 67-68.

positiva y directa de las condiciones del derecho material al resarcimiento de daños en el Derecho de la Unión. Por ejemplo, en su sentencia de 11 de noviembre de 2021 en el asunto *Stichting Cartel Compensation*, el Tribunal parece basar el derecho, más directa y explícitamente que antes, en el artículo 101 del TFUE:

> "En efecto, cualquier persona puede invocar ante los tribunales la infracción del artículo 81 CE, apartado 1, y, por ende, hacer valer la nulidad de un acuerdo o de una práctica prohibidos por dicha disposición, nulidad prevista en el artículo 81 CE, apartado 2 [...] y solicitar la reparación del perjuicio sufrido cuando exista una relación de causalidad entre ese perjuicio y el acuerdo o la práctica."[334]

El Tribunal también se ha mostrado más proactivo en el desarrollo de requisitos específicos de la UE para la aplicación del derecho al resarcimiento de daños conforme al Derecho de la Unión, aunque, con frecuencia, bajo la apariencia tradicional de la autonomía procesal nacional y sin que el Tribunal haya reivindicado nunca explícitamente ese terreno como una conquista exclusiva de un Derecho de daños propio de la Unión. Ese ha sido el caso, por ejemplo, a la hora de determinar cuándo la par-

334 C-819/19 *Stichting Cartel Compensation contra Koninklijke Luchtvaart Maatschappij NV* EU:C:2021:904, 49. La palabra "y" no aparece en la traducción oficial al inglés de la sentencia, pero sí en el texto original en neerlandés, como también en esta versión en castellano, lo cual parece más correcto. La declaración del apartado 49 contrasta con la declaración de prohibición negativa de la sentencia *Courage* (n. 36), apartado 26, según la cual la plena eficacia del artículo 101 se vería en entredicho si no existiera la posibilidad de que cualquier persona solicite la reparación del perjuicio, o la declaración en los asuntos acumulados C-295-8/04 *Manfredi contra Lloyd Adriatico Assicurazioni SpA* EU:C:2006:461; [2006] Rec. p. I-6619, que se basa en la anterior, pero en términos más positivos: "Se desprende de esto que cualquier persona está legitimada para solicitar la reparación del daño sufrido cuando exista una relación de causalidad entre dicho daño y el acuerdo o la práctica prohibidos por el artículo 81 CE.", apartado 61. Volveremos sobre estas formulaciones del derecho al resarcimiento de daños en el capítulo 4.2 *infra*.

ticipación en un contrato ilícito impediría una reclamación por daños y perjuicios (*ex turpi causa*)[335] o las categorías de daño que constituyen un perjuicio resarcible por infracciones del Derecho de la competencia de la UE[336] o la defensa de *pass-on*[337] o las normas jurídicas aplicables a la causalidad[338] o la aplicación de plazos de prescripción[339].

Aun así, el Tribunal actúa con cautela y deja un amplio margen de apreciación a los órganos jurisdiccionales nacionales en cuanto a la forma de aplicar los principios de responsabilidad civil establecidos en sus sentencias[340]. Por el contrario, las conclusiones de los abogados generales, en particular Kokott y Wahl, tratan de seguir ampliando y definiendo estos principios al amparo del Derecho de la competencia de la UE de forma más explícita y exhaustiva, y constituyen una potente empuje y estímulo a la

---

335 *Courage*, n. 36, apartados 31-35.

336 *Manfredi*, n. 334.

337 *Courage*, apartado 30, y *Manfredi*, apartado 94. En ellas, el TJUE reconoce expresamente la posibilidad para un demandante de invocar la defensa del enriquecimiento injusto del demandante, y lo hace basándose en la legislación tributaria anterior de la Unión, que a su vez empleaba el argumento del enriquecimiento injusto para avalar la excepción de *pass-on*. De ahí que la referencia a este principio y a estas autoridades se acepte generalmente como un reconocimiento de la defensa de *pass-on* por parte del TJUE. Véase, además, Comisión, DG COMP, Durand, B., Williams, I., Hitchings, P., y otros, "Study on the passing-on of overcharges: final report" (Oficina de Publicaciones, 2016) ("Estudio sobre Pass-on"), II.C; Martín Martín, G., *Competencia, Enriquecimiento y Daños* (Tirant, 2019).

338 *Kone* (n. 316) EU:C:2014:1317 y asunto C-435/18 *Otis Gesellschaft mbH. contra Land Oberösterreich* EU:C:2019:1069.

339 Asunto C-637/17 *Cogeco Communications Inc* EU:C:2019:263, apartados 45-53.

340 Salvo cuando el asunto se refiere a una cuestión sustantiva de las normas de defensa de la competencia de la Unión, que, como tal, deberá determinarse exclusivamente con arreglo al Derecho de la competencia de la UE; como sucede, por ejemplo, en relación con lo que constituye una empresa infractora a los efectos de los artículos 101 y 102 (véanse las sentencias *Skanska*, n. 316, EU:C:2019:204, y *Sumal*, n. 247).

jurisprudencia del Tribunal, a veces aprobada de forma explícita en sus sentencias[341]. Ambos abogados generales han distinguido entre lo que ellos denominan los elementos sustantivos de la acción de daños por infracción del Derecho de la competencia de la UE y su ejercicio judicial. Los primeros, sostienen, están sujetos al Derecho de la Unión; los segundos, a la legislación nacional (con sujeción a los principios de equivalencia y efectividad). A su vez, a favor de la regulación directa de los elementos sustantivos de la acción por daños por parte del Derecho de la Unión, ambos abogados generales han invocado el requisito fundamental de la aplicación uniforme del Derecho de la competencia de la UE[342]. De ese modo, los abogados generales han mantenido viva la llama que Van Gerven prendiera en *Banks* en apoyo de unos requisitos uniformes de la responsabilidad por daños y perjuicios por infracción del Derecho de la competencia de la UE.

Lo dicho anteriormente sugiere que el Derecho de la Unión define cada vez más los elementos sustantivos del derecho al resarcimiento de los daños por infracción del Derecho de la competencia de la UE, lo que determina la delimitación esencial del derecho material, como derecho subjetivo europeo que es. En efecto, en sus considerandos, la Directiva de Daños hace referencia al "derecho a resarcimiento" contemplado en el Derecho de la Unión[343]. Sin embargo, la Unión sigue remitiendo a la legislación nacional para su aplicación detallada y, con toda probabilidad, seguirá dependiendo de las condiciones de las acciones específicas en Derecho nacional que sirvan de vías para su ejercicio práctico[344]. Eso significaría que las cuestiones de naturaleza más detalla-

---

341 Véase, por ejemplo, *Skanska, ibid.*, apartados 28 y 45; *Otis II*, n. 338, apartados 27 y 31.

342 AG Wahl en *Skanska* (n. 316), apartado 67, y AG Kokott en *Kone* (n. 316), apartado 29, y *Otis II* EU:C:2019:651, apartado 55.

343 Considerandos 3 y 4, Directiva de Daños.

344 Sin duda, esa solía ser la postura generalmente aceptada. Por ejemplo, el artículo 1902 del Código Civil español, en relación con los artículos 101 o 102 del TFUE, fundamentaba una reclamación de daños y perjuicios

da o procesal, tales como la valoración de la prueba del daño o las reglas sobre la prueba, no vendrían directamente determinadas por el Derecho de la Unión. Sin duda eso es así. Sin embargo, la cuestión no termina ahí. Las normas procesales que afectan a la aplicación privada del Derecho de la competencia de la Unión se ven cada vez más influidas por las exigencias del Derecho de la UE. En ese sentido, como veremos, y defendía Van Gerven en 1994, fundamentar directamente en el Derecho de la Unión el derecho a resarcimiento por daños y perjuicios tiene un impacto real en la "europeización" de las acciones por daños conforme al Derecho nacional, incluso en el ámbito procesal.

---

por infracción del Derecho de la competencia de la Unión conforme al Derecho español; el artículo 1240 (antiguo artículo 1382) del Código Civil francés, una reclamación conforme al Derecho francés; la Sección 823(2) del Código Civil alemán, conforme al Derecho alemán; o la responsabilidad por el incumplimiento de un deber legal conforme al Derecho inglés derivada de la Sección 2(1) de la *European Communities Act 1972* (Ley de las Comunidades Europeas de 1972) (hoy derogada), que establecía la aplicabilidad de los derechos derivados de los Tratados de la UE en el Derecho inglés: "Todos los derechos, facultades, responsabilidades, obligaciones y restricciones creados, derivados o surgidos en cada momento en virtud de los Tratados, así como todos los recursos y procedimientos establecidos en cada momento por los Tratados o en virtud de los mismos, a los que, de conformidad con dichos Tratados, deba dotarse de efecto jurídico o que deban aplicarse en el Reino Unido sin necesidad de promulgación ulterior, quedarán reconocidos y disponibles en Derecho, y se aplicarán, permitirán y seguirán en consecuencia; y la expresión 'derecho comunitario aplicable' y expresiones similares se entenderán referidas a cualquier derecho al que se aplique el presente apartado" (traducción propia). Merece la pena observar que algunos Estados miembros han optado por crear una nueva base jurídica al transponer la Directiva de Daños al Derecho nacional. Entre ellos se encuentra España, que lo ha hecho a través del nuevo artículo 72 de la Ley de Defensa de la Competencia (LDC). Por su parte, Alemania ya había incorporado en 2005 una base jurídica específica para las acciones por daños en materia de competencia en el artículo 33 de la Ley contra las Restricciones de la Competencia, que fue modificada para transponer la Directiva. Véase además Amaro, R., *Private Enforcement of Competition Law* (n. 302).

### *4.2. La plena eficacia de las normas de competencia de la Unión*

A diferencia de la nulidad de los acuerdos que infrinjan la prohibición establecida en el artículo 101(1) del TFUE, que figura expresamente estipulada en el artículo 101(2) del TFUE, el resarcimiento de daños por infracción del Derecho de la competencia no es un derecho contemplado explícitamente en el Tratado. Más bien ha sido un constructo de la jurisprudencia del TJUE basado en una interpretación teleológica del Tratado y de sus disposiciones en materia de libre competencia, teniendo en cuenta su intención y propósito generales. De ese modo, al igual que en otros ámbitos analizados en capítulos anteriores, el TJUE ha desarrollado las bases para la aplicación directa de las normas técnicas del Tratado invocadas por sus ciudadanos ante la autoridad competente (órganos jurisdiccionales o administración nacionales)[345]. Tras la negativa del Tribunal a ocuparse de la cuestión en el marco del Tratado CECA en el asunto *Banks*, fue la emblemática sentencia *Courage* donde, como es bien sabido, confirmó la existencia de tal derecho en virtud de las disposiciones con efecto directo del entonces Tratado CE. Cabe señalar que, a esas alturas, varias jurisdicciones nacionales ya habían reconocido el derecho, en su sistema jurídico nacional, a reclamar los daños causados por el incumplimiento de las normas de la competencia de la UE[346], lo que llevó a algunos analistas a comentar que, por tanto, el TJUE no necesitaba exigir que se creara un nuevo derecho europeo a

345 El AG Koopmans se refirió en 1994 a la necesidad de que el Tribunal utilizara para ello nuevas fuentes de razonamiento jurídico ajenas a los Tratados europeos —incluyendo, en particular, los principios generales del Derecho comunes a las tradiciones jurídicas de los Estados miembros—, dado que los Tratados "son demasiado técnicos y se ocupan demasiado de cuestiones económicas para proporcionar esas nuevas fuentes" (traducción propia), "The European Community and Legal Evolution", n. 313, p. 4.

346 Por ejemplo, *Garden Cottage Foods Ltd. contra Milk Marketing Board* [1984] AC 130, en lo que respecta a las reclamaciones en el Derecho inglés.

una acción resarcitoria (y, de hecho, no lo hizo) puesto que ya existía uno al amparo de Derecho nacional[347].

Merece la pena llamar la atención sobre el preciso razonamiento del TJUE en el asunto *Courage*. La motivación, si bien no es exhaustiva y ha estado sujeta a desarrollo desde entonces, perfila de manera singular la evolución del derecho al resarcimiento de daños por infracciones del Derecho de la competencia como una cuestión de Derecho de la Unión e identifica los principales objetivos de política legislativa de la UE que subyacen a ese derecho. En primer lugar, el Tribunal señala, remitiéndose a su jurisprudencia en los asuntos *Van Gend en Loos* y *Costa c. Enel*, que la UE ha creado un ordenamiento jurídico propio que es directamente aplicable a los ordenamientos jurídicos de los Estados miembros. Ese ordenamiento jurídico genera no solo obligaciones expresas, sino también derechos concomitantes para los particulares afectados por el incumplimiento de esas obligaciones, derechos que dichos particulares pueden invocar ante los órganos jurisdiccionales nacionales cuando tales obligaciones cumplan los requisitos para que se les atribuya un efecto directo[348]. Además, el Tribunal recalca la posición fundamental que ocupan las normas sobre competencia dentro del Tratado, y su papel esencial en el cumplimiento de las tareas encomendadas a la Comunidad, en particular para el funcionamiento del mercado interior. Este papel central justificaba la disposición expresa relativa a la nulidad de pleno derecho del artículo 101(2) del Tratado[349]. En el asunto *Eco*

---

347 Véase, por ejemplo, Drake, S., "Scope of Courage", n. 314, 850. Dunne, N., "Antitrust and the Making of European Tort Law", señala que "numerosos académicos, en particular los formados en la tradición jurídica continental, insistieron en que la naturaleza de los recursos disponibles era, básicamente, una cuestión de Derecho nacional" (n. 311), 378.

348 *Courage*, n. 36, apartado 19. El Tribunal cita el mismo razonamiento empleado en *Francovich*, n. 33, apartado 31.

349 *Ibid.*, apartados 20-21, con referencia al asunto C-126/97 *Eco Swiss China Time Ltd contra Benetton International NV* EU:C:1999:269, [1999] Rec. p. I-3079, apartado 36, y al artículo 3(g) del Tratado CE, en la actualidad artículo 3(3) del TUE, y al artículo 3(1)(b) del TFUE. A este respecto,

*Swiss*, también llevó al Tribunal a exigir que un órgano jurisdiccional nacional considerara como una cuestión de orden público la compatibilidad de un laudo arbitral con las normas de competencia de la Unión en el marco de un recurso de anulación.

Tras recordar el efecto directo del artículo 101 del TFUE, el Tribunal pasa a abordar la cuestión de los daños y perjuicios. La sentencia comienza con la clásica formulación relativa a la necesidad de que los órganos jurisdiccionales nacionales garanticen la plena eficacia y la protección jurídica de los derechos que confiere a los particulares el Derecho de la Unión[350]. La exigencia de que los órganos jurisdiccionales nacionales garanticen la tutela judicial efectiva de estos derechos se ve respaldada por el principio de cooperación leal previsto en el artículo 4(3) del TUE, tal y como proclamara expresamente el Tribunal en la sentencia *Francovich*[351] y, anteriormente, en la sentencia *Rewe*[352].

En el fundamental apartado 26 de la sentencia, el Tribunal establece la necesidad de que la parte afectada por una infracción del artículo 101 del TFUE pueda reclamar daños y perjuicios, y lo hace basándose en la plena eficacia del artículo 101 y en el efecto útil ("*effet utile*") de la prohibición establecida en el artículo 101(1):

> "La plena eficacia del artículo [101] del Tratado y, en particular, el efecto útil de la prohibición establecida en su apartado 1 se verían en entredicho si no existiera la posibilidad de que cualquier persona solicite la reparación del perjuicio que le haya irrogado un contrato o un comportamiento susceptible de restringir o de falsear el juego de la competencia."[353]

En esa simple formulación radica la esencia del derecho a reclamar daños y perjuicios desarrollado en el Derecho de la Unión: el

---

véase también el asunto C-52/09, *Konkurrensverket contra TeliaSonera Sverige AB* EU:C:2011:83; [2011] Rec. p. I-527, apartados 20-21.

350 *Ibid.*, apartado 25.

351 Nota 33, apartado 36.

352 Nota 101, apartado 5, segundo guión.

353 *Courage*, n. 36, apartado 25.

derecho de "cualquier persona" (legitimación) por el "perjuicio" (daño) "que le haya irrogado" (causalidad) un "comportamiento susceptible de restringir o de falsear el juego de la competencia" (ilícito)[354]. Como ya hemos señalado, todos estos elementos constitutivos del derecho, y no solo la naturaleza y el alcance del propio ilícito (que vienen determinados directamente por el artículo 101 del TFUE, tal y como lo interpreta el TJUE), han sido objeto de desarrollo y elaboración específicos por parte del Tribunal en sentencias posteriores[355].

En el apartado 27, el Tribunal añade un importante argumento de orden público en apoyo del derecho a reclamar daños y perjuicios:

> "En efecto, un derecho de esta índole refuerza la operatividad de las normas comunitarias de competencia y puede disuadir los acuerdos o prácticas, a menudo encubiertos, que puedan restringir o falsear el juego de la competencia. Desde este punto de vista, las acciones que reclaman indemnizaciones por daños y perjuicios ante los órganos jurisdiccionales nacionales pueden contribuir sustancialmente al mantenimiento de una competencia efectiva en la Comunidad."[356]

Fines de orden público se invocaron asimismo en los asuntos *Francovich*[357] y *Muñoz*[358] para respaldar la existencia de recursos civiles privados.

---

354 Se pueden encontrar formulaciones similares en relación con otros derechos privados específicos reconocidos por el TJUE como, por ejemplo, en *Francovich* (en lo que respecta a las reclamaciones de daños y perjuicios por responsabilidad del Estado por incumplimiento del Derecho de la Unión), apartados 33 y 35, y en *Muñoz* (reclamaciones de cumplimiento específico de una obligación directamente aplicable según el Derecho de la Unión), apartado 30.

355 Véase la sección 1 *supra* en este capítulo.

356 *Courage*, apartado 27.

357 Nota 33, apartado 34.

358 En *Muñoz*, esta justificación sigue un razonamiento similar al adoptado en *Courage*, pues la aplicación privada ofrece un complemento y refuerza la aplicación pública de las normas comunitarias en materia

Es necesario explorar en profundidad este aspecto de orden público del derecho a reclamar daños y perjuicios, pues ha servido como herramienta al TJUE en su interpretación del concepto de plena eficacia de las normas de defensa de la competencia y su evolución a lo largo del tiempo. Sin embargo, no es un concepto fácil de delimitar. De hecho, ha sido objeto de opiniones discrepantes dentro del debate sobre la orientación y la finalidad de la aplicación privada hasta el día de hoy. En particular, el Abogado General Jääskinen señaló en el asunto *Donau Chemie* que, en su opinión, "las víctimas de restricciones a la competencia en la Unión Europea, a diferencia, quizá, de sus homólogos estadounidenses, se limitan a pedir protección legal de un derecho privado, y no a pedir que se aplique una política pública"[359]. Como veremos, cabe afirmar, casi con total certeza, que esa perspectiva subestima la función de orden público que se atribuye actualmente a la aplicación privada. También es cierto que el papel de las acciones por daños no es equiparable al de su equivalente en Estados Unidos. En todo caso, ahora trataremos de dividir este concepto en facetas diferenciadas (aunque sumamente interrelacionadas) y, de ese modo, aclarar un poco más su riqueza de significado[360].

---

de normas de calidad: "Esta posibilidad de actuar refuerza, en efecto, la operatividad de la legislación comunitaria en materia de normas de calidad. Al completar la actuación de los organismos designados por los Estados miembros para efectuar los controles previstos por dicha normativa, contribuye a desalentar prácticas, a menudo difíciles de detectar, que pueden falsear la competencia. En esta perspectiva, las acciones entabladas por operadores competidores ante los órganos jurisdiccionales nacionales son especialmente adecuadas para contribuir sustancialmente a garantizar la lealtad de los intercambios y la transparencia de los mercados dentro de la Comunidad", n. 34, apartado 31.

359 Nota 158, apartado 48.

360 Esta valoración no pretende en modo alguno ser la única forma en que podría presentarse este asunto.

### a) Funciones complementarias de la aplicación pública y privada

Quizá la primera faceta que cabría destacar es el papel complementario que desempeña la aplicación privada con respecto a su hermana mayor, la aplicación pública. La aplicación del Derecho de la competencia por parte de los órganos jurisdiccionales nacionales refuerza la aplicación del Derecho de la competencia de la Unión por parte de la Comisión. Como señaló Van Gerven en sus conclusiones sobre el asunto *Banks*, la aplicación por parte de los órganos jurisdiccionales hace que las normas de competencia sean "más operativas", dado que la Comisión no puede ocuparse de todas las infracciones del Derecho de la competencia que se producen en la UE (ni está obligada a hacerlo)[361], y depende de la ayuda de una red de órganos de aplicación, incluidas tanto las ANC como los tribunales nacionales, para la aplicación efectiva de las normas en toda la UE.

La naturaleza descentralizada de la aplicación del Derecho de la competencia a través de esta red de agencias y tribunales se consolidó aún más con la aprobación del Reglamento 1/2003, que confirmó las competencias paralelas de las ANC y los tribunales nacionales para aplicar el Derecho de la competencia de la Unión [además de eliminar la competencia exclusiva de la Comisión para conceder exenciones en virtud del artículo 101(3) del TFUE][362]. El artículo 1 del Reglamento 1/2003 confirma la aplicabilidad directa del artículo 101 del TFUE en su totalidad, incluido el apartado tercero, lo que significa que una infracción

---

[361] Véanse los asuntos T-24/90 *Automec Srl contra Comisión* EU:T:1992:97; [1992] Rec. p. II-2223, apartados 85-86; C-344/98 *Masterfoods Ltd contra HB Ice Cream Ltd* EU:C:2000:689; [2000] Rec. p. I-11369, apartado 47; C-119/97 P *Union française de l'express (Ufex) contra Comisión* EU:C:1999:116; [1999] Rec. p. I-1341, apartado 88; Comunicación de la Comisión sobre la tramitación de denuncias por parte de la Comisión al amparo de los artículos 81 y 82 del Tratado CE [2004] DO C 101/65, apartado 8.

[362] Véase además la sección d) *infra*.

del artículo 101(1) del TFUE, que no cumpla las condiciones para la exención del artículo 101(3) TFUE, queda directamente prohibida, "sin que sea necesaria decisión previa alguna a tal efecto". Del mismo modo, el artículo 102 del TFUE es directamente aplicable en su totalidad. Confirmando además el efecto directo de los artículos 101 y 102 del TFUE, reconocido por el TJUE desde los asuntos *BRT c. SABAM* y *Guérin*, respectivamente[363], el artículo 6 del Reglamento 1/2003 afirma que "[l]os órganos jurisdiccionales nacionales son competentes para aplicar los artículos [101] y [102] del Tratado". Conjuntamente, estos principios presuponen que no es necesario que el órgano jurisdiccional nacional, ni los litigantes, obtengan una decisión administrativa previa, o esperen a que se produzca tal decisión, para poder entablar un procedimiento civil en relación con las supuestas infracciones, con lo que habría que dejar sin aplicar las normas que limitan tales facultades y derechos[364].

El Considerando 7 del Reglamento 1/2003 profundiza en la función complementaria de los órganos jurisdiccionales nacionales de la siguiente manera:

---

363 Asunto 127/73 *Belgische Radio en Televisie y société belge des auteurs, compositeurs et éditeurs contra SV SABAM* EU:C:1974:6; [1975] Rec. p. 35; asunto C-282/95 P *Guérin automobiles contra Comisión* EU:C:1997:159; [1997] Rec. p. I-1503.

364 En España, eso suponía que, definitivamente, la norma contenida en el artículo 13(2) de la Ley 16/1989, de 17 de julio, de Defensa de la Competencia, que impedía la tramitación de las acciones de resarcimiento de daños y perjuicios hasta que la resolución administrativa declaratoria de la infracción fuera firme (es decir, limitaba tales acciones a puras demandas *follow-on*), no podía aplicarse a las reclamaciones basadas en las disposiciones directamente aplicables del Derecho de la competencia de la UE. Esa aplicación directa fue cuestionada por el Tribunal Supremo español en su célebre sentencia de 30 de diciembre de 1993 en el asunto *Campsa* (ES:TS:1993:9282), postura corregida posteriormente por su sentencia de 2 de junio de 2000 en el asunto *DISA* (ES:TS:2000:4520). El artículo 13(2) fue derogado en 2007 por la Ley 15/2007, de 3 de julio, de Defensa de la Competencia.

> "Los órganos jurisdiccionales nacionales desempeñan un cometido esencial en la aplicación de las normas comunitarias de competencia. Salvaguardan los derechos subjetivos que emanan del Derecho comunitario al pronunciarse sobre los litigios entre particulares, por ejemplo mediante el resarcimiento de daños y perjuicios a los afectados por la comisión de infracciones. La función de los órganos jurisdiccionales nacionales es, a este respecto, complementaria de la de las autoridades de competencia de los Estados miembros. Es conveniente, por tanto, facultarlos para aplicar plenamente los artículos 81 y 82 del Tratado."

El Derecho comunitario de la época, incluido este considerando, subrayaba el diferente cometido que desempeñaba la aplicación privada, destinada a la protección de los derechos subjetivos de los particulares y que daba lugar, por tanto, a recursos civiles tales como acciones de cesación, nulidad e indemnización por daños y perjuicios[365], frente a la función de orden público más amplia de los órganos administrativos (detección de infracciones y multas). Ello se hace eco de la distinción establecida en el asunto *Automec*, en el que el Tribunal General reconoció la competencia de la Comisión para fijar sus prioridades de investigación y la contrapuso a la obligación de los órganos jurisdiccionales de proteger los derechos subjetivos de las personas privadas[366].

Con el tiempo, la aplicación pública y la privada se van considerando cada vez más como las dos partes integrantes de una *política*

---

365 Véase también, a ese respecto, la Comunicación de la Comisión relativa a la cooperación entre la Comisión y los órganos jurisdiccionales de los Estados miembros de la UE para la aplicación de los artículos 81 y 82 CE [actualmente artículos 101 y 102 del TFUE], [2004] DO C 101/54, apartado 4 *in fine*.

366 *Automec*, n. 361, apartado 85. En términos similares, la Comunicación de la Comisión sobre denuncias, n. 361, señala, en su apartado 8, que: "Mientras que los órganos jurisdiccionales nacionales deben salvaguardar los derechos de los particulares y, por tanto, resolver los asuntos que se les someten, las autoridades de competencia no pueden investigar todas las denuncias, sino que deben establecer prioridades en la tramitación de asuntos".

*común de aplicación del Derecho de la competencia*[367]. Se ha interpretado que esto quiere decir, por ejemplo, que ciertos términos deben tener un significado común en los dos ámbitos de aplicación, como el término "empresa" en los artículos 101 y 102 del TFUE[368]. En cierto sentido, esto resulta intuitivo y obvio, ya que los artículos 101 y 102 definen directamente el ámbito de aplicación personal de las prohibiciones contenidas en las normas. Sin embargo, no está exento de controversia cuando la interpretación del concepto de "empresa" pueda implicar que, como consecuencia, se ignoren principios muy arraigados del Derecho civil nacional de obligaciones (tales como la responsabilidad limitada de las personas jurídicas). La sentencia de la Gran Sala en el asunto *Sumal* estableció el efecto vinculante de una decisión de la Comisión sobre una filial que formaba parte de la "empresa" en cuestión en una acción civil de daños *follow-on*, aun cuando dicha filial no era una de las personas jurídicas mencionadas en la decisión en cuestión y no había sido defendida expresamente en el procedimiento administrativo[369]. Estas objeciones de naturaleza procesal se han visto "superadas" por la jurisprudencia del Tribunal en aras de garantizar la plena eficacia de las normas de competencia de la Unión, lo que supone atribuir a la aplicación privada y pública funciones fuertemente complementarias (y además un papel central a la aplicación uniforme de los conceptos sustantivos del Derecho de la competencia).

En ocasiones, esas dos caras de la aplicación de las normas de competencia (pública y privada) pueden plantear conflictos de intereses entre los dos órdenes jurisdiccionales (administrativa y

---

367 *Sumal*, n. 247, apartado 37, donde afirma el TJUE que dicha política objeto común "tiene por objeto sancionar los comportamientos de las empresas contrarios a la competencia y disuadirlas de incurrir en ellos".

368 *Sumal*, *ibid.*, apartado 38; *Skanska*, n. 316, apartado 47.

369 Para una opinión diferente (anterior) de un órgano jurisdiccional nacional, véase la sentencia del CAT en el asunto *Emerson Electric Co v Morgan Crucible Co plc* [2011] CAT 4, apartados 32 y 49, confirmada por la *Court of Appeal*, [2012] EWCA Civ 1559.

civil), algo que ha ocurrido cuando los litigantes civiles han solicitado acceso a pruebas relevantes contenidas en el expediente de la autoridad de competencia para sustentar sus pretensiones. Surgen dos intereses contrapuestos: (i) el derecho de una persona a reclamar una indemnización y a promover la aplicación privada del Derecho de la competencia, que, a su vez, refuerza y hace más eficaz su aplicación pública y puede, en consecuencia, considerarse un asunto de interés público en sí mismo[370]; y (ii) la capacidad de los poderes públicos para investigar de forma eficaz las conductas contrarias a la libre competencia. En varias ocasiones, se ha apelado al Tribunal para que resuelva estas situaciones, ya sea en relación con solicitudes formuladas en virtud de las normas de transparencia o en virtud de mecanismos específicos de acceso al expediente administrativo. En tales casos, el Tribunal no ha reconocido un valor absoluto a ninguno de los dos intereses, sino que ha exigido que las autoridades y los órganos jurisdiccionales nacionales ponderen los intereses respectivos: por un lado, que las investigaciones públicas sigan siendo eficaces (y, por tanto, que los investigados cumplan con su obligación de colaborar en dichas investigaciones) y, por otro, que no se prive de su efecto útil al derecho a reclamar daños[371]. Eso ha supuesto, por ejemplo, que quede excluida la posibilidad de prohibir que los demandantes obtengan acceso al expediente administrativo o que los tribunales puedan evaluar sus solicitudes de acceso. Al mismo tiempo, dichas solicitudes deberían limitarse a lo que resulte necesario para presentar una reclamación por daños, no existiendo un derecho general de acceso al expediente. Esa cuestión (lo que es necesario y, por ende, está justificado) debería determinarse caso por caso, teniendo en cuenta todos los factores relevantes,

---

370 La Comisión utiliza el término “interés público” en referencia a la aplicación privada del Derecho de la competencia en su documento de trabajo publicado como anexo al Libro Verde: “Reparación de daños y perjuicios por incumplimiento de las normas comunitarias de defensa de la competencia” COM(2005) 672 final, apartado 52.

371 *Donau Chemie*, n. 158, apartado 32.

incluida la disponibilidad de otras formas de acceder a las pruebas por parte de los demandantes. Este ejercicio de ponderación fue necesario incluso en el caso de las solicitudes de clemencia en el asunto *Pfleiderer*, pues el TJUE no aceptó el razonamiento de que dichas pruebas debían estar totalmente protegidas con el fin de evitar declaraciones autoinculpatorias[372]. También pueden surgir conflictos entre los procedimientos de aplicación pública y privada cuando estos evolucionan en paralelo y se refieren a la misma presunta conducta contraria a la libre competencia. En tales circunstancias, el TJUE ha exigido coordinación entre ambas jurisdicciones para evitar decisiones contradictorias[373].

### b) Disuasión

La segunda faceta de la naturaleza de orden público de la plena eficacia del artículo 101 del TFUE es la disuasión. Con ello nos referimos al papel de las acciones de aplicación privada a la hora,

---

372 Asunto C-360/09 *Pfleiderer AG contra Bundeskartellamt* EU:C:2011:389; [2011] Rec. p. I-5161. Véase el análisis (y un tratamiento más receptivo) del argumento sobre las declaraciones autoinculpatorias en las conclusiones del AG Mazák, EU:C:2010:782, apartado 38 y ss. Al amparo de las normas de transparencia de la UE (al amparo del Reglamento 1049/2001 del Parlamento Europeo y del Consejo, de 30 de mayo de 2001, relativo al acceso del público a los documentos del Parlamento, del Consejo y de la Comisión [2001] L 145/43), el TJUE adopta un enfoque más restrictivo, concediendo un mayor peso a la necesidad de proteger el funcionamiento de determinados procedimientos de Derecho de la competencia, si bien, en líneas generales, siguen aplicándose los mismos principios generales (no hay prohibición absoluta de acceso, necesario equilibrio de los intereses en juego y análisis caso por caso). Véase, entre otros, el asunto C-365/12 *Comisión contra EnBW Energie Baden-Württemberg AG* EU:C:2014:112. Hasta la fecha, las prácticas de la CNMC han sido igualmente restrictivas; véase, por ejemplo, la Resolución de 29 de octubre de 2020, AIP/30/20.

373 Véase, entre otros, el asunto C-234/89 *Delimitis contra Henninger Bräu AG* EU:C:1991:91; [1991] Rec. p. 1-935; *Masterfoods*, n. 361. Volveremos sobre este tema con mayor detenimiento más adelante, en el capítulo 4.3.

según los términos de la sentencia *Courage*, de "disuadir" los acuerdos que infrinjan la prohibición del artículo 101 del TFUE[374].

Tal vez deberíamos empezar por definir lo que no es la disuasión: la disuasión no consiste en imponer indemnizaciones punitivas a los infractores. En el asunto *Manfredi*, el TJUE dejó claro que el principio de efectividad no exige indemnizaciones punitivas y que, de hecho, el Derecho de la Unión no impide que los órganos jurisdiccionales nacionales adopten medidas para evitar el enriquecimiento injusto de quienes ejercen derechos reconocidos por la Unión[375]. Al mismo tiempo, tampoco prohíbe las indemnizaciones punitivas, dejando abierta la posibilidad, en aplicación del principio de equivalencia, de que las infracciones del Derecho de la competencia de la Unión puedan dar lugar a indemnizaciones disuasorias o punitivas[376]. El propio apartado 27 de *Courage* interpreta la "existencia" del derecho como un refuerzo de la aplicación del Derecho de la competencia, lo que probablemente identifica el efecto disuasorio de las acciones privadas de daños y perjuicios con la existencia de las acciones por daños en sí, sin sugerir refuerzo adicional alguno de las propias acciones en beneficio de los demandantes. De hecho, el carácter compensatorio de las acciones por daños ha quedado confirmado en la Directiva de Daños.

---

374 *Courage*, n. 36, apartado 27.

375 Nota 334, apartados 93-94. En ese caso, tomando en consideración la traslación de pérdidas a terceros, por ejemplo, mediante una subida de los precios de venta del titular del derecho, a fin de reducir la cuantía de la indemnización.

376 Como señala Wils, W. PJ., en *Manfredi* no se planteó la prohibición de *ne bis in idem* y podría considerarse que va en contra de la imposición de indemnizaciones punitivas, como sostuvo el Tribunal Superior inglés en el asunto *Devenish etc.* v *Sanofi-Aventis etc.*, [2007] EWHC 2394 (Ch); Wils, W. PJ., "Private Enforcement of EU Antitrust Law and its Relationship with Public Enforcement: Past, Present and Future" (2017), 40, 1, *World Competition: Law and Economics Review*, 3.

La disuasión se ha invocado en términos algo más audaces después de *Courage*. El primer ejemplo claro es el asunto *Kone*[377]. La sentencia *Kone*, relativa a la posibilidad de que se concedan daños "paraguas"[378], no emplea el concepto de disuasión en su razonamiento, al menos no explícitamente en el sentido al que nos referimos aquí. De hecho, más bien deberíamos clasificar este asunto como un intento de garantizar una "competencia efectiva" en el sentido del asunto *VEBIC*[379]. No obstante, es posible que el Tribunal lo tuviera presente y la Abogada General Kokott lo mencionó expresamente en sus conclusiones[380]. Más explícito aún, en el asunto *Skanska*, el Abogado General Wahl se refiere a *Kone* como una sentencia, no solo basada en la plena eficacia (o aplicación efectiva) del Derecho de la competencia, sino también, según sus propias palabras, vinculada "a la disuasión". Él atribuye esa conclusión al hecho de que el Tribunal descartó la exigencia de que se estableciera una "relación de causalidad directa" para poder imponer la responsabilidad por daños (abriendo así la puerta a las demandas por daños "paraguas"). Además, subraya que uno de los objetivos de la disuasión es abrir las reclamaciones por daños a un "número de potenciales demandantes", no solo a algún demandante individual, con lo que sin duda se refiere a la posibilidad de reclamaciones en masa de grupos de demandantes en un mercado afectado[381]. El análisis de Wahl —en la actualidad magistrado del TJUE—, en el que llega a la conclusión de que, en su opinión, la función disuasoria de las reclamaciones por daños tiene, de hecho, mayor importancia que su función compensatoria, merece ser citado íntegramente:

---

377 Nota 316.

378 El efecto "paraguas" ("*umbrella effect*") se refiere a los efectos negativos de una infracción sobre los precios (u otras condiciones) ofrecidos por los no infractores activos en el mismo mercado. Véase *Kone*, *ibid.*, apartados 27-30.

379 Asunto C-439/08 *Vlaamse federatie van verenigingen van Brood– en Banketbakkers, Ijsbereiders en Chocoladebewerkers (VEBIC) VZW* EU:C:2010:739; [2010] Rec. p. I-12471. Véase además la sección 4.3 *infra*.

380 En el apartado 65 y la nota al pie 38.

381 Véase Lianos, I., Davis, P., y Nebbia, P., *Damages Claims*, n. 309, capítulo 7.

"44. En segundo lugar, como corolario inmediato de la importancia atribuida a la plena eficacia del artículo 101 TFUE, la sentencia Kone y otros vinculó el fundamento del derecho a solicitar la reparación de los daños causados por una infracción del Derecho de la competencia de la Unión a la disuasión. En efecto, al descartar la aplicabilidad de una norma que exige una relación de causalidad directa para acreditar la responsabilidad civil, el Tribunal de Justicia declaró que el artículo 101 TFUE se opone a una norma nacional que excluye la responsabilidad civil de empresas participantes en un cártel por los daños causados por un aumento de los precios en el mercado como consecuencia de un comportamiento contrario a la competencia.

45. El «daño» causado por un efecto paraguas sobre los precios («umbrella pricing») es consecuencia de una decisión independiente sobre precios adoptada por una persona que no participa en el comportamiento anticompetitivo impugnado. Dicha decisión puede afectar a un enorme número de personas. Como resultado, se incrementa considerablemente el número de personas con derecho a exigir indemnización por daños y perjuicios a raíz de una infracción del Derecho de la competencia de la Unión directamente al amparo del artículo 101 TFUE (o del artículo 102 TFUE). Teniendo esto en cuenta, la sentencia de 5 de junio de 2014 (C-557/12, EU:C:2014:1317) constituye un paso decisivo para consolidar la función de las demandas de indemnización por daños y perjuicios por infracción del Derecho de la competencia como un instrumento encaminado a disuadir a las empresas de comportarse de manera contraria a la competencia.

*2. Sobre si está justificado el énfasis atribuido a la disuasión*

46. Aunque mucho podría decirse sobre el valor práctico que aporta la solución alcanzada en la sentencia de 5 de junio de 2014 (C-557/12, EU:C:2014:1317) para la efectividad global del sistema de aplicación en ámbito del Derecho privado, la insistencia del Tribunal de Justicia en la disuasión en general está justificada por varias razones, en mi opinión. Recalcaré brevemente aquí dos de ellas.

47. En primer lugar, como ha observado el Tribunal de Justicia, la aplicación en el ámbito del Derecho privado mediante demandas de indemnización por daños y perjuicios aporta una disuasión complementaria del comportamiento anticompetitivo que la aplicación en el ámbito público por sí sola no puede lograr. Al igual que ocurre con la aplicación en ámbito del Derecho público, el objetivo principal de la aplicación en el ámbito privado es influir en la conducta de las empresas en el mercado, a fin de disuadirlas de emprender comportamientos anticompetitivos.

48. Por un lado, si los particulares (a menudo con conocimiento de primera mano de los cárteles u otros comportamientos contrarios a la competencia) tienen a su disposición acciones civiles efectivas, se incrementan las probabilidades de detectar un mayor número de restricciones ilegales y de que los infractores deban responder. En otras palabras, el riesgo de detección se incrementa considerablemente. Por otro lado, aunque el efecto disuasorio de una sola demanda de indemnización es ciertamente insignificante, el número de potenciales demandantes, junto con el mayor riesgo de detección, ayuda a explicar por qué los mecanismos de aplicación en el ámbito del Derecho privado (como las demandas de indemnización por daños y perjuicios) constituyen un medio efectivo para asegurar el respeto de las normas sobre competencia.

49. En segundo lugar, debe recordarse que los daños causados por un comportamiento contrario a la competencia son, por lo general, únicamente de carácter económico. Aunque el daño directo ocasionado a los intereses económicos de determinadas personas pueda ser relativamente fácil de identificar y demostrar, procede señalar que las infracciones del Derecho de la competencia entrañan también daños indirectos y, en general, consecuencias negativas sobre la estructura y funcionamiento del mercado. Huelga señalar que cuantificar o demostrar el daño, por no hablar de la causalidad, sobre la base de una cadena de hechos hipotéticos, suscita una plétora de problemas.

50. No obstante, los perjuicios reales ocasionados por las restricciones ilegales de la competencia consisten fundamentalmente en las pérdidas irrecuperables resultantes de dichas restricciones, es decir, las pérdidas de eficiencia económica causadas por el comportamiento anticompetitivo de que se trata. Esto significa que los perjuicios identificados en las demandas de indemnización por daños y perjuicios por infracción del Derecho de la competencia son, en realidad, un indicador de las ineficiencias económicas resultantes de la infracción y las consiguientes pérdidas causadas a la sociedad en su conjunto por la disminución del bienestar de los consumidores. En definitiva, por tanto, la función indemnizatoria de una demanda por daños causados por infracción del Derecho de la competencia continúa, en mi opinión, supeditada a su función disuasoria."[382]

Realmente, este último párrafo invita a la reflexión. Al situar la función indemnizatoria dentro del marco más amplio del conjun-

---

382 Conclusiones en *Skanska*, n. 316.

to de los efectos perjudiciales para el mercado de las infracciones del Derecho de la competencia (incluidas las pérdidas sociales de tipo "*deadweight loss*")[383], Wahl atribuye al resarcimiento de daños una función de orden eminentemente público (disuasoria).

Sobre la cuestión específica planteada en el propio asunto *Skanska* (esto es, la capacidad de un reclamante para demandar a la sucesora económica de una empresa infractora basándose en el principio de continuidad económica reconocido y empleado en el ámbito de la aplicación pública), el Abogado General Wahl fundamentó en gran medida su propuesta de respuesta (a saber, que ese mismo concepto amplio de empresa debería aplicarse también en el ámbito de la aplicación privada) en la función disuasoria de las acciones privadas:

> "76. [...] [U]na demanda civil de indemnización por daños y perjuicios, al igual que la aplicación del Derecho de la competencia en el ámbito público por las autoridades de defensa de la competencia, también persigue —aunque por un mecanismo distinto— disuadir a las empresas de llevar a cabo comportamientos contrarios a la competencia.
>
> 80. [...] [L]as demandas de indemnización por los daños y perjuicios causados por un comportamiento contrario a la competencia forman parte integrante de la aplicación del Derecho de la competencia de la Unión, un sistema que (considerado en su conjunto) persigue principalmente disuadir a las empresas de emprender comportamientos anticompetitivos."[384]

En la consiguiente sentencia *Skanska*, el Tribunal ratificó esta tesis de forma explícita y categórica[385].

---

383 Es decir, el valor perdido para los consumidores de las compras y ventas que no se realizaron debido al efecto distorsionador de la infracción sobre los precios o los volúmenes; véase, por ejemplo, el Estudio sobre Pass-on, n. 337, apartado 35 y Anexo A.

384 Conclusiones en *Skanska*, n. 316.

385 *Skanska*, n. 316, apartado 45: "[C]omo ha señalado, en esencia, el Abogado General en el punto 80 de sus conclusiones, las acciones por daños y perjuicios por infracción de las normas de competencia de la Unión forman parte integrante del sistema de aplicación de estas nor-

En *Sumal*, el Tribunal, reunido en Gran Sala y ahora con el Juez Wahl, hizo explícitamente suya esta tesis sobre el efecto disuasorio más amplio de la aplicación privada del derecho de la competencia:

> "En efecto, más allá de la propia reparación del perjuicio alegado, la apertura de este derecho contribuye a la consecución del objetivo disuasorio que se halla en el centro de la acción de la Comisión, que tiene el deber de proseguir una política general dirigida a aplicar en materia de competencia los principios fijados por el Tratado FUE y a orientar en este sentido el comportamiento de las empresas (véase, en este sentido, la sentencia de 7 de junio de 1983, Musique Diffusion française y otros/Comisión, 100/80 a 103/80, EU:C:1983:158, apartado 105). *Así pues, esta apertura no solo permite poner remedio al daño directo que la persona en cuestión alega haber sufrido, sino también a los daños indirectos causados a la estructura y al funcionamiento del mercado, que no ha podido desplegar su plena eficacia económica, en particular, en beneficio de los consumidores*."[386] (la cursiva es mía)

Desde entonces, este papel de la aplicación privada se ha visto reiterado por el TJUE tanto en la sentencia *Paccar* como en la de *Tráficos Manuel Ferrer*[387].

De este modo, podemos ver que la disuasión ha asumido funciones que van más allá de los estrictos límites de la mera existencia de las acciones por daños en sí mismas y, si bien no justifica las indemnizaciones punitivas (que ahora quedan expresamente excluidas por la Directiva de Daños), se invoca como parte de un objetivo político más amplio, el de garantizar que se alcance en todo el mercado interior la plena fuerza de las normas de competencia.

---

mas, que tiene por objeto sancionar los comportamientos de las empresas contrarios a la competencia y disuadirlas de incurrir en ellos".

386 *Sumal*, n. 247, apartado 36.

387 Asunto C-163/21 *AD contra Paccar Inc* EU:C:2022:863, apartados 55-56; asunto C-312/21 *Tráficos Manuel Ferrer contra Daimler AG* EU:C:2023:99, apartados 41-42.

### c) Mantenimiento de una competencia efectiva en el mercado interior

La tercera faceta de los objetivos políticos de la aplicación privada de las normas de competencia es "el mantenimiento de una competencia efectiva" en la Unión (última frase del apartado 27 de *Courage*). Cada vez más, esta faceta se ha venido vinculando causalmente, en el lenguaje utilizado por el Tribunal, al efecto disuasorio de las reclamaciones por daños que acabamos de comentar. Sin embargo, merece la pena abordarla por separado. De las cuatro facetas que tratamos aquí, esta es la que refleja más claramente el objetivo subyacente de orden público que destacara el Tribunal en el asunto *Eco Swiss*, y que invocara en el asunto *Courage*: a saber, el de garantizar una competencia efectiva en toda la Unión y la creación del mercado interior[388]. La invocación específica de este principio ha dado lugar a algunas ampliaciones notables del derecho a reclamar daños, en particular en lo relativo al alcance del ámbito de protección de las normas de competencia (es decir, quién puede reclamar).

Sin embargo, el punto de partida de esta faceta no es un caso de aplicación privada, sino el asunto *VEBIC*[389]. *VEBIC* hacía referencia al derecho de una ANC (la autoridad belga) a intervenir en los recursos contra sus decisiones ante el tribunal de revisión judicial competente (en concreto, en el recurso interpuesto por VEBIC, la parte sancionada por la ANC, ante el Tribunal de Apelación de Bruselas). Dicha intervención no estaba estipulada directamente por la normativa comunitaria aplicable (esto es, el Reglamento 1/2003). No obstante, el Reglamento 1/2003 proporcionaba la base jurídica para la designación de las ANC por parte de los Estados miembros y exigía que dichas ANC velaran por la aplicación efectiva de las normas de competencia en aras del interés general[390]. En consecuencia, el Tribunal declaró que:

---

388 *Courage*, n. 36, apartado 20.

389 Nota 379.

390 De conformidad con el artículo 35(1) del Reglamento 1/2003 y los considerandos 5, 6, 34 y 35 (apartado 56 de la sentencia).

> "Aunque el artículo 35, apartado 1, del Reglamento deja al ordenamiento jurídico interno de cada Estado miembro la regulación procesal de los recursos jurisdiccionales contra las decisiones de las autoridades de la competencia así designadas, tal regulación *no debe ser contraria al objetivo de este Reglamento, que es garantizar la aplicación efectiva de los artículos 101 TFUE y 102 TFUE* por dichas autoridades."[391] (la cursiva es mía).

El asunto es reseñable porque, de hecho, impone al Estado miembro la obligación positiva de crear un nuevo derecho procesal (un derecho de intervención por parte de la autoridad de competencia) y pone en duda las limitaciones al respecto establecidas en la jurisprudencia anterior. Sobre la cuestión de la aplicación del Derecho de la competencia por los órganos jurisdiccionales —lo que nos interesa aquí—, el Tribunal añade algo más y se hace eco de la preocupación (que ya vimos en el marco del derecho fundamental a la tutela judicial efectiva en el capítulo 2.4) de que los órganos jurisdiccionales no queden cautivos de pruebas o dictámenes periciales de carácter técnico que podrían no entender bien cuando, por ejemplo, el asunto sea de una naturaleza jurídica o económica compleja[392]. En consecuencia, la aplicación efectiva del Derecho de la competencia puede requerir la concesión de derechos procesales a los organismos especializados en competencia, algo que también puede tener implicaciones para los procedimientos civiles[393].

El lenguaje de la aplicación efectiva del Derecho de la competencia se utilizó posteriormente en el asunto *Kone* para justificar la posibilidad de reclamaciones por efectos "paraguas". El Tribunal

---

391 *VEBIC*, n. 379, apartado 57.

392 *Ibid.*, apartado 58. En concreto, el Tribunal afirma que "el hecho de no conceder a la autoridad nacional de competencia los derechos de parte en el litigio y, por lo tanto, de impedirle defender la resolución que ha adoptado en aras del interés general, implica el riesgo de que el órgano jurisdiccional que conoce esté totalmente «cautivo» de los motivos y alegaciones formulados por la empresa o empresas recurrentes".

393 Véanse además los capítulos 5.3 y 17.2 *infra*.

señala que las normas nacionales detalladas que regulan las reclamaciones de daños por infracciones del Derecho de la competencia de la Unión "no deben menoscabar la aplicación efectiva de los artículos 101 del TFUE y 102 del TFUE".[394] A continuación, el Tribunal afirma que la plena eficacia del Derecho de la competencia de la Unión exige que las normas procesales nacionales en cuestión deben "tener en cuenta específicamente el objetivo perseguido por el artículo 101 del TFUE, *que pretende garantizar el mantenimiento de una competencia efectiva y no falseada en el mercado interior y, de este modo, asegurar que los precios se fijan en función del juego de la libre competencia*"[395] (la cursiva es mía). Eso, a su vez, ofrece un prisma para aplicar la afirmación realizada en los asuntos *Courage* y *Manfredi* de que "cualquier" persona tiene derecho a reclamar una indemnización por los daños sufridos como consecuencia de una infracción del Derecho de la competencia de la Unión. Esta es, de hecho, la base para reconocer los derechos de terceros (es decir, aquellos que no son parte en un contrato con el infractor), como compradores indirectos, proveedores, consumidores, demandantes "paraguas" e incluso partes más lejanas. También puede reflejar el objetivo disuasorio de la aplicación privada de los artículos 101 y 102 del TFUE, tal y como aventuró Wahl: es decir, cuantos más posibles sujetos demandantes, mayor será el efecto disuasorio. Sin embargo, se trata sobre todo de ayudar a las autoridades de competencia a garantizar que se fomente y se logre una competencia efectiva en todo el mercado interior: en última instancia, como señala la sentencia, que los precios se fijan sobre la base de la libre competencia.

El asunto *Otis II*[396] supone un paso más en esa dirección. El asunto aborda la legitimación para reclamar daños de una autoridad pública que concedía préstamos a promotores inmobiliarios y alegaba que el valor de dichos préstamos se había inflado como consecuencia del cártel austriaco de ascensores y escaleras mecánicas

---

394 *Kone*, n. 338, apartado 26.

395 *Ibid.*, apartado 32.

396 Nota 338.

causándole un perjuicio (una pérdida económica). Se mire como se mire, se trataba de un tipo de demanda claramente más remota que cualquiera de las contempladas previamente por el Tribunal, y probablemente por cualquier órgano jurisdiccional nacional de la UE. No obstante, el Tribunal confirmó la legitimación de la demandante. Al hacerlo, incorporó la cuestión del nexo causal al ámbito del Derecho de la Unión, reduciéndolo en esencia a una de naturaleza fáctica (de prueba empírica) a ser valorada por el órgano jurisdiccional nacional[397]. Su justificación para hacerlo se basó en gran medida en el aspecto de orden público que exige la plena eficacia de las normas de competencia y, más concretamente, su aplicación efectiva.[398] Resulta llamativo el número de términos familiares derivados de la línea jurisprudencial relativa a la aplicación efectiva que se emplean en la motivación empleada por el TJUE, por ejemplo: "no deben menoscabar la aplicación efectiva" de las normas de competencia; "debe tener en cuenta en particular el objetivo perseguido por el artículo 101 del TFUE, que pretende garantizar el mantenimiento de una competencia efectiva y no falseada en el mercado interior y, de este modo, asegurar que los precios se fijan en función del juego de la libre competencia"; y, por último, la preocupación por el número y el ámbito de las "víctimas potenciales" a la hora de reclamar.

En la sentencia *Sumal*, aparentemente bajo el epígrafe de la disuasión, el Tribunal también esbozó un concepto amplio del ámbito de aplicación del Derecho de la competencia de la Unión al referirse a la necesidad de proporcionar una reparación no solo por el perjuicio directo, sino también, tal y como se cita más arriba, por "los daños indirectos causados a la estructura y al funcionamiento del mercado, que no ha podido desplegar su plena eficacia económica, en particular, en beneficio de los consumidores"[399].

---

397 *Ibid.*, apartados 30-34.

398 *Ibid.*, apartados 25-27.

399 *Sumal*, n. 247, apartado 36, y seguido en *Paccar* y *Tráficos Manuel Ferrer* (n. 387).

De este modo, podemos identificar con bastante claridad una cierta evolución en el razonamiento del Tribunal, que parte de unos términos y los desarrolla, a menudo guiado por consideraciones y razonamientos más detallados de los abogados generales. El resultado es una continua invasión por parte del Derecho de la Unión de las condiciones aplicables a las acciones civiles por infracción del Derecho de la competencia en Derecho nacional.

### d) Coherencia y aplicación uniforme del Derecho de la competencia de la Unión

La cuarta y última faceta es el principio de aplicación coherente, o uniforme, del Derecho de la competencia de la Unión. Se trata de una de las principales consideraciones que han impulsado la evolución hacia conceptos más armonizados en el ámbito de la aplicación privada del Derecho de la competencia de la Unión. Sin duda resulta un tanto forzado incluir este aspecto bajo el paraguas de los objetivos de orden público a los que se hace referencia en el apartado 27 de la sentencia *Courage*. Probablemente se entienda mejor como una cuestión de plena eficacia del Derecho de la competencia en general. No obstante, el principio tiene su origen en los objetivos generales de la política en materia de libre competencia y, por ese motivo, lo incluyo aquí.

Más allá del principio fundamental de aplicación uniforme del Derecho de la Unión, nuestro punto de referencia en el ámbito del Derecho de la competencia es el Reglamento 1/2003, el cual introdujo una aplicación más descentralizada del Derecho de la competencia de la UE, haciendo un uso más exhaustivo de la red de agencias y órganos jurisdiccionales nacionales para apoyar a la Comisión en su cometido. Los considerandos del reglamento hacen hincapié en el objetivo fundamental de la aplicación efectiva y uniforme de las normas de competencia de la Unión para garantizar una competencia no falseada en todo el mercado interior y, además, en la necesidad de una "aplicación coherente" en un "sistema de competencias paralelas"[400]. El propio Reglamento 1/2003 incluye disposiciones expresas, en particular en los artículos 15 y 16, para facilitar esa aplicación coherente mediante mecanismos de cooperación entre los órganos jurisdiccionales nacionales y los organismos de competencia y el establecimiento de una jerarquía en caso de procedimientos paralelos.

El Reglamento 1/2003 también acuña la expresión "*level playing field*", que ha cobrado bastante importancia en el ámbito de la aplicación privada[401]. El reglamento utiliza el término para referirse a la necesidad de fomentar una interpretación coherente de conceptos del Derecho de la competencia tanto nacional como de la Unión en situaciones en las que ambos puedan resultar de aplicación[402]. El término ha sido adoptado de forma más amplia por la Abogado General Kokott en varias de sus conclusiones en el ámbito del Derecho de la competencia[403]. En particular, en el

---

400 Véanse los considerandos 1, 14, 17, 21 y 22. El principio de uniformidad también resulta fundamental en la denominada Directiva *ECN+*, Directiva (UE) 2019/1 del Parlamento Europeo y del Consejo, de 11 de diciembre de 2018, encaminada a dotar a las autoridades de competencia de los Estados miembros de medios para aplicar más eficazmente las normas sobre competencia y garantizar el correcto funcionamiento del mercado interior, [2019] DO L 11/3.

401 Considerando 8 del Reglamento 1/2003.

402 Véase, el artículo 3 del Reglamento 1/2003.

403 Por ejemplo, en lo que respecta a la necesidad de unas condiciones uniformes del Derecho de la competencia sustantivo de la Unión (asunto C-681/11, *Bundeswettbewerbsbehörde contra Schenker & Co. AG* EU:C:2013:404, apartado 48); la relevancia de las comunicaciones no vinculantes de la Comisión como fuente de orientación para los órganos jurisdiccionales nacionales en un sistema descentralizado (asunto C-226/11, *Expedia Inc. contra Autorité de la concurrence* EU:C:2012:795, apartado 37; que el Tribunal no siguió); la aplicación uniforme del principio *ne bis in idem* y de las normas sobre el secreto profesional abogado/cliente (asuntos C-17/10, *Toshiba Corporation y otros contra Úřad pro ochranu hospodářské soutěže* EU:C:2012:72, apartado 118; y C-550/07 P *Akzo Nobel Chemicals Ltd contra Comisión* EU:C:2010:512; [2012] Rec. p. I-8301, apartado 169).

contexto de las acciones de aplicación privada, ha empleado el término para subrayar la necesidad de dar un significado sustantivo estándar a los elementos constitutivos de la responsabilidad por daños y perjuicios en todos los países de la Unión, para evitar el riesgo de desigualdad entre operadores económicos, advirtiendo al mismo tiempo contra el riesgo de la búsqueda de la jurisdicción más ventajosa ("*forum shopping*") si no se da un significado uniforme a esas condiciones[404].

En sus conclusiones en el asunto *Skanska*, el Abogado General Wahl también subrayó la importancia de establecer requisitos uniformes de responsabilidad por infracción del Derecho de la competencia. Recordando el exhaustivo análisis de Van Gerven sobre este mismo punto en el asunto *Banks*, así como el razonamiento de Kokott en *Kone*, Wahl pone de relieve el riesgo de que los órganos jurisdiccionales de los distintos Estados miembros apliquen normas diferentes y advierte de la necesidad de restringir el margen de apreciación nacional en lo que respecta a quién (qué personas) debería ser susceptible de responder por los daños y perjuicios para evitar "riesgo evidente de que los operadores económicos fueran tratados de distinto modo, dependiendo del órgano jurisdiccional nacional que conociera la demanda civil", e invocando también la "aspiración básica del Derecho de la competencia de la Unión" de "crear un marco uniforme para todas las empresas que operan en el mercado interior" ("*level playing field*"), y el deseo de evitar el "*forum shopping*"[405].

Resulta llamativo que ambos abogados generales señalen el "*forum shopping*" como un riesgo indeseable que surge cuando se

---

404 *Kone*, n. 338, apartado 29 (relativo a las exigencias de una relación causal entre la conducta ilícita y el perjuicio alegado). Véase también *Otis II*, n. 338, apartado 55.

405 *Skanska*, n. 316, apartado 67. El "*forum shopping*" se refiere a la posibilidad de que los litigantes elijan entablar acciones en un Estado miembro concreto habida cuenta de las normas más ventajosas que, en su opinión, se aplicarían a tal acción.

aplican normas distintas a demandas presentadas en distintos Estados miembros. De hecho, con frecuencia los litigantes *pueden* elegir entre varios foros jurisdiccionales posibles en el caso de las infracciones de la competencia más relevantes, ya que a menudo se tratará de conductas transfronterizas en las que participarán personas jurídicas domiciliadas en distintos Estados miembros que serán solidariamente responsables de los daños causados, que podrían ocasionarse en distintas partes de la UE[406]. Y a menudo lo hacen a su elección[407]. ¿Es eso algo negativo? Algunos comentaristas, por el contrario, sostienen que la competencia jurisdiccional es una fuerza positiva (además de inevitable)[408]. Estos comenta-

---

[406] El Reglamento Bruselas I *bis* establece que las personas podrán ser demandadas en el país de su domicilio [artículo 4(1)] o, en casos en materia de responsabilidad extracontractual, en el lugar donde se haya producido (o pueda producirse) el hecho dañoso [artículo 7(2)]. Para saber cómo debe interpretarse el artículo 7(2) en el contexto de acciones en materia de Derecho de la competencia, véanse las sentencias del TJUE en *Volvo I*, n 181, asunto C-451/18 *Tibor-Trans Fuvarozó és Kereskedelmi Kft contra DAF Trucks NV* EU:C:2019:635, y asunto C-352/13 *Cartel Damage Claims (CDC) Hydrogen Peroxide SA contra Evonik Degussa GmbH* EU:C:2015:335. Para un análisis más detallado de estos asuntos y de las implicaciones de la sentencia del Tribunal en el asunto *Sumal* para la elección de foro, véase Hitchings, P., "RH v AB Volvo", n. 175; Hitchings, P., "Daños Antitrust: ¿Cómo conseguir una mayor coherencia y eficacia en la resolución de las reclamaciones en masa? Comentario a raíz de las sentencias del TJUE en *Volvo I* y *Sumal* (Caso Camiones)", en Recuerda Girela, M. A., (dir.), *Anuario de Derecho de la Competencia 2022* (Thomson Reuters, 2022), 105.

[407] Ya sea interponer una demanda por daños y perjuicios en una jurisdicción que se considera más favorable para los demandantes o adelantarse a las demandas interponiendo una demanda para obtener una declaración negativa en una jurisdicción que se considera menos favorable (la denominada acción "torpedo", lanzada por un infractor para bloquear la acción de un demandante en la jurisdicción de su elección).

[408] Lasok, K.P.E., QC, "Some Procedural Aspects and How they Could / Should be Reformed", en Danov, M., Becker, F., y Beaumont, P., (eds.), *Cross-Border EU Competition Actions*, (Hart, 2013), 208. Véase también Weatherill, S., "Why Harmonise?", en Tridimas, T., y Nebbia, P., (eds.),

ristas mantienen que la competencia entre jurisdicciones puede servir como un medio práctico para promover el desarrollo de mejores normas por parte de los Estados miembros (mientras que una solución armonizada impuesta por la UE reflejará una manera de hacer las cosas pero no necesariamente la mejor en todas las culturas jurídicas de los Estados miembros)[409]. Dicho desarrollo de mejores normas y prácticas nacionales puede tener como finalidad atraer la litigación o, simplemente, mejorar la justicia civil, con la posibilidad añadida de que los Estados miembros aprendan de la experiencia de los demás sobre lo que funciona y lo que no[410].

Se podría afirmar que el Derecho internacional privado de la UE fomenta cierto "*forum shopping*" al disponer que un reclamante que presente una demanda contra un demandado en su domicilio puede optar por basar su demanda contra dicho demandado (y cualesquiera co-demandados) en la legislación del foro ante el que se ha presentado la demanda, siempre y cuando el mercado de ese Estado miembro se haya visto directa y significativamente afectado por la restricción de la competencia en la que se basa la demanda[411]. Es decir, si se cumplen esas condiciones, el deman-

---

*European Law for the Twenty-First Century: rethinking the new legal order*, vol. 2 (Hart, 2004), 11: "en una UE ampliada desde una perspectiva tanto geográfica como funcional, el establecimiento de normas comunes no solo es cada vez más difícil de lograr, sino también cada vez menos deseable al suprimir la diversidad competitiva y cultural" (traducción propia), p. 11. Estos puntos de vista pueden reflejar un enfoque de la cuestión especialmente británico.

409 Lasok, K.P.E., *ibid.*, 208.

410 Van den Bossche, A. M., "Private Enforcement, Procedural Autonomy and Article 19(1) TEU: Two's Company, Three's a Crowd" (2014), 33, *Yearbook of European Law*, 41, denomina esto "armonización reflexiva", señalando que puede fomentarse mediante marcos de referencia de tipo *soft law*.

411 Artículo 6(3) del Reglamento 864/2007 del Parlamento Europeo y del Consejo, de 11 de julio de 2007, relativo a la ley aplicable a las obligaciones extracontractuales (Roma II) [2007] DO L 199/40.

dante puede asegurarse de que solo se aplique al litigio un único Derecho sustantivo y, así, simplificarlo considerablemente. Por tanto, la elección de la jurisdicción determinará no solo las normas procesales aplicables (que es la consecuencia automática de elegir litigar ante un órgano jurisdiccional concreto), sino también las normas sustantivas. Así, la elección del foro adquiere una importancia aún mayor en lo que respecta al marco jurídico (y al resultado) del proceso.

Dicho esto, en los últimos años la tendencia de los tribunales y responsables políticos de la UE ha sido más bien la contraria. De hecho, el deseo de evitar diferencias entre los regímenes de responsabilidad civil de los distintos Estados miembros es uno de los principales motivos que motivan la decisión de adoptar una legislación de armonización en el ámbito de daños en materia del Derecho de la competencia. Tal y como señala Kokott en el asunto *Otis II*, eso se afirma expresamente en los Considerandos 8 y 9 de la Directiva de Daños[412]. En dichos considerandos, el legislador de la UE no plantea una clara objeción al "*forum shopping*" como tal, sino más bien al hecho de que diferentes normas nacionales creen "condiciones de competencia desiguales" y pongan en peligro tanto el mercado interior como la existencia de unas condiciones de competencia uniformes. La preocupación expresada por la Unión es que a las víctimas de infracciones de las normas de defensa de la competencia se les permita reclamar daños y perjuicios ante los órganos jurisdiccionales de su propio "foro" (ya que se supone que esa es, por lo general, su preferencia) sin que ello les suponga ninguna desventaja jurídica. Además, el lugar de establecimiento dentro de la UE tampoco debería suponer una desventaja (o ventaja) para las empresas o las personas, ya sean víctimas o infractoras, en virtud de una diferencia en las normas aplicables a las demandas de competencia, de manera que la libertad de establecimiento pueda verse afectada negativamente. Por tanto, desde el punto de vista de la elección del foro en el que

---

[412] Apartado 55, nota al pie 42 de las conclusiones, *Otis II*, n. 338.

litigar (es decir, el "*forum shopping*"), la Directiva de Daños parece más preocupada por proteger la capacidad de las víctimas (en particular, las víctimas menos sofisticadas, como los consumidores) para litigar en su propio país. Esa posibilidad refleja el papel de los objetivos de política de consumo y mercado interior en la elaboración final de la legislación. Cabría afirmar que esa misma perspectiva se puede apreciar en la decisión del TJUE en el asunto *Sumal*, que permitió a un pequeño demandante (el comprador de un solo camión) interponer una acción *follow-on* contra una filial local española y, de ese modo, evitar la necesidad de demandar y notificar a la matriz extranjera que había sido declarada culpable de una infracción de las normas de competencia en la decisión de la Comisión en el asunto del denominado cártel de camiones.

Sea como fuere, el objetivo de crear un "*level playing-field*" se ha ido entrando en el corazón de la política legislativa de la Unión en el ámbito de la aplicación privada del Derecho de la competencia. Los Abogados Generales Kokott y Wahl invocaron este principio como motivo para establecer unas condiciones sustantivas (constitutivas) uniformes de responsabilidad por infracciones del Derecho de la competencia. Sin embargo, de hecho los Considerandos 8 y 9 de la Directiva de Daños, a los que Kokott hace referencia en el asunto *Otis II*, van más allá. La directiva armoniza no solo ciertas normas sustantivas mínimas (con un impacto relativamente limitado, dicho sea de paso), sino también algunas normas procesales importantes (en particular, la de acceso a fuentes de prueba). Si bien las justificaciones de Kokott y Wahl están relacionadas con la interpretación del significado, ámbito de aplicación y requisitos de las disposiciones sobre competencia del Tratado (y se centran, por tanto, en aspectos sustantivos), no se adentran en la esfera del Derecho procesal. Por consiguiente, la inclusión de disposiciones procesales en la directiva supone un avance importante. No obstante, nos estamos desviando del tema. Volveremos sobre la Directiva de Daños en el capítulo 5.

A modo de conclusión de esta sección, podemos decir que la plena eficacia del Derecho de la competencia no solo ha motivado el reconocimiento por parte del Tribunal del derecho al resarcimiento de daños desde el asunto *Courage*, sino que también ha proporcionado la base para el desarrollo de una serie de criterios interpretativos destinados a garantizar un sistema coherente y eficaz de aplicación del Derecho de la competencia de la Unión por parte de los autoridades de competencia y los órganos jurisdiccionales nacionales. A su vez, estos criterios han permitido al TJUE, a través del mecanismo de cuestiones prejudiciales, moldear ciertos aspectos del Derecho nacional aplicable a las acciones de daños; en particular, en relación con aspectos sustantivos del derecho al resarcimiento (tales como la legitimación, la relación de causalidad, la prescripción, etc.), pero también con aspectos procesales del ejercicio de las acciones nacionales correspondientes (como, por ejemplo, el acceso al expediente administrativo).

### *4.3. Tutela judicial efectiva*

La aplicabilidad y las implicaciones del artículo 47 de la Carta para los procesos relacionados con la aplicación privada (civil) del artículo 101 del TFUE se abordaron expresamente en *Otis I*[413]. Este asunto hacía referencia a una reclamación de la Comisión en nombre de la UE por pérdidas económicas, en forma de precios inflados por la instalación y el mantenimiento de ascensores y escaleras mecánicas en edificios de las instituciones europeas, supuestamente derivadas de una infracción que había sido objeto de una decisión previa de la Comisión por la que multaba a esas empresas en el ejercicio de sus facultades conforme al Reglamento 1/2003. En liza estaba el respeto a los principios de que ninguna parte debería ser juez en su propia causa (*nemo iudex in sua causa*) —la Comisión había determinado la existencia de una infracción y el tribunal civil estaba vinculado por esa determinación— y de igualdad de armas —la Comisión había tenido acceso privilegiado a las pruebas durante la investigación, en la que

[413] Nota 143.

ejerció sus competencias en virtud del Reglamento 1/2003 para investigar y probar la infracción—. El TJUE enmarcó la valoración jurídica de estas cuestiones en los siguientes términos:

> "46. Procede recordar, a este respecto, que el principio de *tutela judicial efectiva es un principio general del Derecho de la Unión*, actualmente plasmado en el artículo 47 de la Carta (véanse la sentencia de 22 de diciembre de 2010, DEB, C-279/09, Rec. p. I-13849, apartados 30 y 31, el auto de 1 de marzo de 2011, Chartry, C-457/09, Rec. p. I-819, apartado 25, y la sentencia de 28 de julio de 2011, Samba Diouf, C-69/10, Rec. p. I-7151, apartado 49).
>
> 47. Dicho artículo 47 garantiza, en el Derecho de la Unión, la protección conferida por el artículo 6, apartado 1, del CEDH. En consecuencia, procede referirse únicamente a la primera disposición (sentencia de 8 de diciembre de 2011, Chalkor/Comisión, C-386/10 P, Rec. p. I-13085, apartado 51).
>
> 48. El principio de tutela judicial efectiva recogido en el citado artículo 47 consta de diversos aspectos, entre los que se incluyen el *derecho de defensa, el principio de igualdad de armas, el derecho de acceso a los tribunales y el derecho a ser asesorado, defendido y representado.*
>
> 49. Por lo que respecta, en particular, al derecho de acceso a los tribunales, procede observar que, para que un «tribunal» pueda resolver una controversia relativa a derechos y obligaciones derivados del Derecho de la Unión de conformidad con el artículo 47 de la Carta, es preciso que tenga *competencia para examinar todas las cuestiones de hecho y de Derecho relevantes para el litigio de que conoce.*"[414] (énfasis añadido)

Con base en los hechos del caso concreto, el TJUE determinó que no se habían infringido los principios dimanantes del artículo 47 de la Carta. En cuanto a la cuestión de la igualdad de armas, el tribunal estimó que concurrían garantías suficientes para evitar que la Comisión utilizara en el procedimiento civil la información obtenida durante la fase administrativa o se beneficiara de otro modo de una ventaja injusta. En lo que respecta al principio *nemo iudex in sua causa*, el TJUE señaló que los infractores,

414 *Otis I, ibid.*

los demandados en el procedimiento civil belga, gozaban de una tutela judicial efectiva en virtud de su capacidad de impugnar la constatación de la infracción mediante el proceso de control judicial (recursos ante el TGUE y, posteriormente, ante el propio TJUE). De ese modo, el TJUE dio mayor peso a una visión holística de la protección jurídica del derecho de defensa de las partes y estableció el reparto competencial entre la aplicación pública y la privada en los casos en los que la acción civil ha venido precedida de una investigación administrativa. Así pues, el Tribunal, recordando la exigencia de la sentencia *Masterfoods* y del artículo 16(1) del Reglamento 1/2003 de evitar decisiones que sean contrarias a una decisión de la Comisión que aplique el artículo 101 del TFUE, afirmó:

> "52. La aplicación de las normas de la Unión en materia de competencia se basa, pues, en una obligación de cooperación leal entre, por una parte, los órganos jurisdiccionales nacionales y, por otra parte, la Comisión y los órganos jurisdiccionales de la Unión, respectivamente, en el marco de la cual cada uno debe desempeñar la función que le atribuye el Tratado (sentencia Masterfoods y HB, antes citada, apartado 56).
>
> 53. Ha de recordarse, a este respecto, que la competencia exclusiva para controlar la legalidad de los actos de las instituciones corresponde a los órganos jurisdiccionales de la Unión y no a los órganos jurisdiccionales nacionales. Éstos no tienen competencia para declarar la invalidez de tales actos (véase, en este sentido, en particular, la sentencia de 22 de octubre de 1987, Foto-Frost, 314/85, Rec. p. 4199, apartados 12 a 20).
>
> 54. La norma según la cual los órganos jurisdiccionales nacionales no pueden adoptar resoluciones incompatibles con una decisión de la Comisión relativa a un procedimiento de aplicación del artículo 101 TFUE es, por lo tanto, una *manifestación específica del reparto competencial en el seno de la Unión entre, por una parte, los órganos jurisdiccionales nacionales y, por otra parte, los órganos jurisdiccionales de la Unión.*"[415] (énfasis añadido)

A continuación, en palabras importantes y bien conocidas, pasó a confirmar el papel (el ámbito competencial) que corres-

---

415 *Ibid.*

ponde a los tribunales civiles en las acciones privadas que siguen a una decisión administrativa (*follow-on*) en los siguientes términos:

> "65. Por último, interesa destacar que una acción civil de indemnización, como la que es objeto del procedimiento principal, implica, según resulta de la resolución de remisión, no sólo la comprobación de que se ha producido un hecho dañoso, sino también la existencia de un daño y de una relación directa entre éste y el hecho dañoso. Si bien es cierto que la obligación que tiene el juez nacional de no adoptar resoluciones incompatibles con una decisión de la Comisión por la que se declare la existencia de una infracción del artículo 101 TFUE le impone admitir la existencia de un acuerdo o práctica prohibidos, cabe precisar que la existencia de un daño y la relación de causalidad directa entre ese daño y el acuerdo o práctica en cuestión siguen dependiendo, en cambio, de la apreciación del juez nacional.
>
> 66. En efecto, aun cuando la Comisión se haya visto inducida a determinar en su decisión los efectos concretos de la infracción, corresponde siempre al juez nacional determinar individualizadamente el daño ocasionado a cada una de las personas que han ejercitado una acción de indemnización. Tal apreciación no es contraria al artículo 16 del Reglamento no. 1/2003."[416]

Por tanto, el TJUE reconoció a los órganos jurisdiccionales nacionales su propio ámbito de competencia específico y exclusivo, concretamente, en materia de nexo causal y daño, mientras que debían remitirse a una decisión administrativa previa de la Comisión en lo tocante a la existencia de una infracción (y, en ocasiones, a la existencia de efectos). Cuando la acción administrativa previa siga en curso, o sea objeto de recurso, de suerte que las constataciones de la Comisión aún no sean firmes, se invita a los órganos jurisdiccionales nacionales a plantearse la suspensión de los procedimientos de que conocen para evitar adoptar decisiones que pudieran entrar en conflicto con la decisión futura (o definitiva) de la Comisión[417].

---

416 *Ibid.*

417 *Masterfoods*, n. 361, apartado 57, y artículo 16(1) del Reglamento 1/2003.

Esta aceptación del reparto competencial, y la autoridad otorgada a la Comisión en la interpretación del artículo 101 del TFUE, es consecuencia de la obligación de cooperación leal de los Estados miembros (y de sus órganos jurisdiccionales) con las instituciones de la UE[418]. Sin embargo, también es un reflejo de otra consideración subyacente a la que nos hemos referido antes en el marco del asunto *VEBIC*: a saber, que el Derecho de la competencia implica valoraciones jurídicas y económicas complejas que las autoridades de competencia están especialmente preparadas para realizar[419]. Consideraciones como esas fundamentaron las conclusiones de la Abogado General Kokott en el asunto *Cogeco* de que a las decisiones de las autoridades nacionales de competencia también se les debe atribuir un cierto peso en los procedimientos civiles:

> "[S]i a las actuaciones previas de una autoridad de la competencia no se les atribuyese ningún efecto en los procedimientos civiles por daños, se haría excesivamente difícil la reclamación de daños y perjuicios por infracciones del artículo 102 TFUE. Habida cuenta de la especial complejidad de muchas prácticas colusorias y las dificultades prácticas de los perjudicados para demostrarlas, el principio de efectividad exige atribuir a la constatación en firme de una infracción por la autoridad nacional de la competencia al menos el carácter de indicio en un procedimiento por daños."[420]

---

418 *Delimitis*, n. 373, apartado 52; *Masterfoods*, n. 361, apartado 57.

419 *VEBIC*, n. 379, apartado 58, y apartados 74-75 de las conclusiones del AG Mengozzi a las que alude el TJUE. Véase también Comisión, "Comunicación relativa a la cooperación entre la Comisión y los órganos jurisdiccionales de los Estados miembros de la UE para la aplicación de los artículos 81 y 82 CE" [2004] DO C 101/54, apartado 8, y los asuntos acumulados C-215-6/96 *Bagnasco contra Banca Popolare di Novara soc coop arl (BNP)* EU:C:1999:12; [1999] Rec. p. I-135, apartado 50.

420 *Cogeco*, n. 339, apartado 93; si bien el pleno efecto vinculante de las decisiones de la ANC requeriría, en su opinión, una norma expresa a tal efecto (apartados 94-96). Véase ahora el artículo 9 de la Directiva de Daños. Sobre el efecto de las decisiones de las ANC, véase también Calvo Caravaca, A. L., y Suderow, J., "El efecto vinculante de las resoluciones de las Autoridades Nacionales de Competencia en la aplica-

Podemos observar un enfoque similar en la forma en que el Derecho español aborda la relación entre los procedimientos administrativos y civiles nacionales en materia de derecho de la competencia desde la aprobación de la actual Ley 15/2007 de Defensa de la Competencia (a raíz del Reglamento 1/2003). Dicha ley supuso la introducción en España de un nuevo régimen mejorado para la aplicación privada del Derecho de la competencia, atribuyendo plenos poderes a los órganos jurisdiccionales nacionales a la hora de aplicar el Derecho de la competencia tanto nacional como de la Unión, directamente y sin intervención administrativa previa de las autoridades de competencia[421]. También estableció mecanismos de coordinación entre las autoridades de competencia españolas y los órganos jurisdiccionales nacionales similares a los introducidos en el ámbito de la UE por el Reglamento 1/2003, incluidas disposiciones relativas a la intervención *amicus curiae* de las autoridades de competencia en los procedimientos civiles[422]. Las nuevas disposiciones también facultan a los tribunales para suspender el procedimiento civil antes de dictar sentencia (es decir, tras el juicio) cuando el tribunal desee conocer una decisión administrativa, que está pendiente de adopción, antes de dictar sentencia[423]. Paralelamente, el Tribunal Supremo ha reconocido a las decisiones de las ANC una especial fuerza probatoria en los procedimientos civiles y

ción privada del Derecho Antitrust" (2015), 7, n.º 2, *Cuadernos de Derecho Transnacional*, 114; Sancho Gargallo, I., "El efecto vinculante de las decisiones de las autoridades nacionales de la competencia", en Ruiz Peris, J. I., y Palomar, T., *Problemas actuales en las acciones de compensación de daños* (n. 309), 21.

421 Tal y como se señala más arriba, n. 364, la nueva ley derogó el artículo 13(2) de la anterior Ley 16/1989 de Defensa de la Competencia.

422 Artículo 16 y Disposición Adicional 2ª (que introduce un nuevo artículo 15 bis en la LEC).

423 Artículo 434 de la LEC. La Audiencia Provincial de Madrid ha aplicado esa disposición, por analogía, a una situación en la que la decisión ha sido adoptada, pero está pendiente ante un tribunal de apelación y, por consiguiente, aún no es firme; Auto 12167/2009 *AUSBANC contra Telefónica de España* SAU ES:APM:2009:12167, FJ 3.

ha otorgado efecto vinculante a las sentencias de los tribunales de revisión que confirmen tales decisiones[424].

Este nuevo sistema brinda una tutela judicial más efectiva a los afectados por infracciones del Derecho de la competencia, sobre todo porque ya no necesitan esperar a una intervención administrativa previa para iniciar acciones civiles. Asimismo, tal y como sugerimos anteriormente, cabría argumentar que la deferencia que aún se muestra hacia las autoridades de competencia, y hacia sus investigaciones y decisiones, de la forma que acabamos de indicar, contribuye a la tutela judicial efectiva de los derechos de las partes, ya que permite a los tribunales y a las partes disfrutar del respaldo de un organismo especializado e independiente en cuestiones de complejidad técnica y también permite a los tribunales evitar la repetición de todo el litigio en cuestiones que ya han sido objeto de un proceso administrativo completo (y, en su caso, la revisión judicial). Sin embargo, en mi opinión eso no debería provocar que los procedimientos civiles queden supeditados de nuevo al proceso administrativo previo, como ocurría conforme al anterior régimen español en materia de defensa de la competencia de 1989, ya que eso invalidaría los mismos avances en la tutela judicial que introdujo el nuevo régimen de 2007. Eso, en particular, se convierte en un impedimento cuando los tribunales consideran que es necesario esperar a que se complete el proceso de revisión judicial de las decisiones antes de poder actuar[425]. Según las estimaciones actuales,

---

424 Véase la sentencia del Tribunal Supremo 191/2015 en *Audiovisual Sport SL contra Mediaproducción SLU* ES:TS:2015:191.

425 Véase Bos, P. V.F., y Möhlmann, J. A., "Mastering Masterfoods: Food for Thought on Staying Civil Damages Litigation Pending Appeals before the European Courts", en Danov, M., Becker, F., y Beaumont, P., *Cross-Border EU Competition Law Actions*, n. 408, capítulo 14. Comparte esta visión la Audiencia Provincial de Barcelona, que ha dictado una serie de autos relativos a reclamaciones de daños en el asunto de la Leche en los que ha anulado la decisión de algunos juzgados de lo mercantil de suspender los procedimientos civiles a la espera de la firmeza de la decisión de la CNMC; entre ellos, AAP Barcelona 105/2023 de 28 de

el proceso de revisión judicial puede durar entre cinco y seis años, lo que ocasionaría retrasos importantes en el inicio de acciones civiles si fuera necesario esperar la firmeza de la resolución administrativa. En este sentido, a día de hoy existe, a mi juicio, un cierto malentendido en la forma en que algunos tribunales españoles (así como muchos profesionales y comentaristas) están enfocando esta cuestión lo que corre el riesgo de convertir el sistema español, en la práctica, en una jurisdicción de acciones puro *follow-on*[426]. Sin embargo, el sistema creado por el nuevo régimen es más sofisticado, permitiendo una aplicación público-privada paralela y contando con mecanismos de coordinación que un juzgado de lo civil puede utilizar si lo considera necesario (por ejemplo, suspendiendo el procedimiento, si cabe). No deberíamos subestimar la complejidad de estos argumentos y, de hecho, cabe esperar que el justo equilibrio entre la aplicación pública y privada siga siendo objeto de debate ante los tribunales[427].

---

septiembre en el que afirma la inadmisibilidad de permitir que se impidan la tramitación de las acciones civiles que no sean puro *follow-on*.

426 Me refiero, en particular, a una serie de sentencias también en el asunto del denominado cártel de la leche, y también de los coches, que han desestimado demandas, basándose en que la correspondiente decisión regulatoria invocada como prueba de la infracción no era firme. Véase, por ejemplo, la sentencia 36/2022 del Juzgado de lo Mercantil n.º 1 de Oviedo ES:JMO:2022:828. Por el contrario, véase el auto de 31 de mayo de 2019 del Juzgado de lo Mercantil n.º 1 de Granada (no publicado, pero al que se hace referencia en la consiguiente sentencia 110/2021 ES:JMGR:2021:6331, FJ 4). Véase asimismo el capítulo 15.2 *infra*, en relación con los instrumentos de gestión procesal que están disponibles para abordar la cuestión de la suspensión procesal.

427 Véase la cuestión prejudicial del tribunal de Praga en el asunto C-605/21 *Heureka Group as contra Google LLC*, que, si bien se centra en cuestiones de prescripción, plantea cuestiones sobre la relación entre las decisiones regulatorias de la UE y las acciones civiles (véanse, las Conclusiones de la AG Kokott de 21 de septiembre de 2023, EU:C:2023:695). Véase también el asunto C-57/21 *RegioJet as contra České dráhy as* EU:C:2023:6.

Otro aspecto de cómo la relación entre los procedimientos de aplicación pública y privada puede repercutir en la tutela judicial efectiva de los derechos privados se puede apreciar también en las conclusiones del Abogado General Jääskinen en el asunto *Donau Chemie*: en esta ocasión, en relación con la cuestión del acceso a fuentes de prueba. A diferencia del TJUE, que se basó fundamentalmente en el principio de efectividad en su decisión de impedir la prohibición absoluta en Derecho austriaco de que el demandante solicite acceder al expediente administrativo de la ANC, el Abogado General utilizó además, para llegar a la misma conclusión, el lenguaje del acceso a la justicia y la tutela judicial efectiva al que nos hemos referido antes[428], añadiendo que:

> "52. [...] [E]l derecho de acceso a los tribunales también incluye, de conformidad con la jurisprudencia del Tribunal de Justicia, una «competencia» en manos de los órganos jurisdiccionales nacionales para examinar todas las cuestiones de hecho y de Derecho relevantes para el litigio de que conocen. A mi parecer, un tribunal nacional que decida sobre las consecuencias civiles de una restricción ilegal de la competencia no puede tener tal «competencia» si en la práctica le está vedado acceder a pruebas sustanciales, como los autos de procedimientos de Derecho público sobre competencia, y en que se demuestra que se ha cometido una restricción ilegal de la competencia, como un cártel.
>
> 53. Por lo tanto, limitar la disponibilidad de material probatorio crucial socava el derecho de los litigantes a la resolución judicial de su controversia, además de afectar a su derecho a defender eficazmente su causa ante un juez."[429]

Esta línea argumental no fue invocada por el Tribunal, aunque se llegó al mismo resultado. No obstante, es coherente con el razonamiento expresado en *Otis* y con otra jurisprudencia del TJUE, y su ausencia en la sentencia del Tribunal no excluye su posible aplicación en otro caso[430].

---

428 *Donau Chemie*, n. 158, apartados 46-47. Véase el capítulo 2.3 más arriba.

429 *Ibid.*

430 El razonamiento del TJUE en su jurisprudencia no suele ajustarse a patrones estrictos, de modo que no se puede colegir que el énfasis en

Estos ejemplos son, hasta la fecha, limitados, pero ilustran el posible alcance de la injerencia del Derecho de la Unión en importantes cuestiones de procedimiento nacional en el ámbito de la aplicación privada de la normativa de competencia en virtud del derecho a la tutela judicial efectiva, algo que ya hemos visto de forma más amplia en el marco del análisis realizado en el capítulo 2 que figura más arriba. Eso puede, a su vez, permitir una cierta "europeización" de las normas procesales, en particular tras la entrada en vigor de la Directiva de Daños (cuestión a la que nos referiremos en la próxima sección)[431]. No obstante, como se ha observado en términos más generales, la jurisprudencia del TJUE es por necesidad fragmentaria, ya que depende de las cuestiones específicas de cada caso planteadas por los jueces nacionales, y normalmente se expresa por medio de orientaciones dirigidas a los órganos jurisdiccionales nacionales, que son los órganos competentes a la hora de aplicar el Derecho al asunto del que conocen. En este sentido, el mecanismo de cuestión prejudicial no ofrece una vía hacia una solución sistemática[432].

---

un principio de interpretación en un caso signifique que otros queden necesariamente excluidos en otras situaciones, incluso similares (véase, por ejemplo, el capítulo 2.3 *supra*).

431 Véase Albers-Llorens, A., "Antitrust Damages in EU Law: The Interface of Multifarious Harmonisation and National Procedural Autonomy" (2018), 37, *University of Queensland Law Journal*, 139, 151, y Van Cleynenbreugel, P., "Embedding Procedural Autonomy: the Directive and National Procedural Rules", en Bergstöm, M., Iacovides, M., y Strand, M., *Harmonising EU Competition Litigation* (n. 309), 99.

432 Véase, por ejemplo, Van Cleynenbreugel, P., *ibid.*, 100, 109; Havu, K., "Full, Adequate and Commensurate Compensation for Damages under EU Law: A Challenge for National Courts?" (2018), 43 EL Rev 24. Sobre ciertas críticas al mecanismo de remisión prejudicial de Inglaterra y Gales: Danov, M., y Dnes, S., "Cross-Border EU Competition Litigation: New Evidence from England and Wales", en Danov, M., Becker, F., y Beaumont, P., *Cross-Border EU Competition Actions*, n. 408, capítulo 3. Ya me he referido a esas limitaciones del mecanismo de cuestiones prejudiciales en el capítulo 2.3 *supra*, así como a la acumulación de asuntos ante el TJUE, que causa retrasos y dificulta aún más la efectividad del

## 5. LA DIRECTIVA 2014/104/CE

### 5.1. *Antecedentes y objetivos*

La aprobación de la Directiva de Daños, tras diez años de intenso debate público, supuso el fin de la "ausencia" de una legislación europea armonizada en el ámbito de la aplicación privada de las normas de competencia[433]. Sin duda supone un hito muy significativo en el desarrollo del Derecho de la Unión en este ámbito y, de hecho, ha fomentado un enorme incremento de las acciones de daños[434]. Al mismo tiempo, no es más que un paso en el camino. En primer lugar, en un sentido restrictivo, porque era necesario alcanzar un consenso político sobre cuál sería el objeto y el alcance de la armonización en cuestiones que afectan a ámbitos delicados de competencia y tradición jurídica nacionales (como son el proceso civil y la responsabilidad civil), por lo que la nueva legislación no podía "excederse". Sin embargo, también es un paso adelante en un sentido más progresista, pues las nuevas normas sirven de plataforma para futuros avances por parte del TJUE y el legislador nacional, así como a través de la práctica de los órganos jurisdiccionales nacionales y el *soft law*.

Haciéndose eco de las conclusiones del "XV Informe de la Comisión sobre la Política de Competencia"[435], el "Estudio Ashurst 2004", encargado por la Comisión para evaluar los obstáculos a

---

mecanismo como instrumento para el desarrollo sistemático del Derecho; véase Donnelly, C., y de la Mare, T., "Preliminary Rulings", n. 3.

433 Wilman, F. G., "The End of the Absence? The Growing Body of EU Legislation on Private Enforcement and the Main Remedies it Provides for" (2017) 53 CML Rev 887.

434 Véase Comisión, "Documento de Trabajo de los Servicios sobre la aplicación de la Directiva 2014/104/EU del Parlamento Europeo y del Consejo, de 26 de noviembre de 2014, sobre determinadas normas por las que se rigen las demandas por daños y perjuicios por incumplimiento de las disposiciones sobre competencia de los Estados miembros y de la Unión Europea" SWD(2020) 338 final, pp. 3-4.

435 Nota 320.

los que se enfrentan las acciones por daños y perjuicios en los Estados miembros de la UE, llegó a la conclusión de que: "[l]a imagen que se desprende del presente estudio sobre las acciones por daños por infracción del Derecho de la competencia en la UE ampliada es de *una asombrosa diversidad y un subdesarrollo total*" (el énfasis es mío)[436]. Esa diversidad estaba relacionada con la variedad y, sobre todo, la incertidumbre que rodeaba las condiciones de responsabilidad por daños y perjuicios en los distintos Estados miembros, un lenguaje que vuelve a aparecer en los considerandos de la Directiva de Daños[437]. Para la Comisión, este problema abarcaba incluso la posibilidad de que los tribunales de los distintos Estados miembros pudieran conceder distintos niveles de indemnización en relación con la misma infracción:

> "Si un litigante de un Estado miembro tiene más probabilidades de que su órgano jurisdiccional nacional le conceda una mayor indemnización por daños que en otro Estado miembro, el corpus sustantivo de Derecho comunitario de la competencia, de por sí uniforme en toda la Unión, no se aplicará de manera uniforme en toda la Comunidad. Es esencial garantizar que los derechos de los ciudadanos europeos estén sujetos a la misma protección en toda la Comunidad."[438] (traducción propia)

El estudio de 2004 y el Libro Verde que le siguió al año siguiente identificaron una serie de obstáculos concretos a las demandas por daños. Entre ellos cabe citar los siguientes:

- La dificultad de acceder a las pruebas necesarias para demostrar la infracción o el daño.
- Los (a veces) excesivamente rígidos niveles de prueba exigidos.

---

436 Comisión, DG COMP, "Study on the conditions of claims for damages in case of infringement of EC competition rules: comparative and economic reports" (DGCOMP, 2004), p. 1-1.

437 Considerandos 7-9, Directiva de Daños.

438 Documento de Trabajo de los Servicios: Libro Verde, apartado 50.

- La complejidad de los métodos de evaluación del daño, que resulta aún más difícil si se ha de tener en cuenta también *pass-on*.
- El esfuerzo desproporcionado que supone para los consumidores (u otras víctimas), que pueden haber sufrido niveles de perjuicio bajos en términos absolutos, presentar una demanda que prospere.
- La necesidad de contar con una particular pericia en los procesos en la materia.

Todos estos factores reflejaban una esencial asimetría de información para los posibles demandantes, generaban incertidumbre sobre los posibles resultados y, por tanto, desincentivaban las demandas[439].

Más adelante volveremos sobre estos cinco obstáculos con un mayor grado de detalle, tal y como se abordan finalmente en la Directiva de Daños. Todos ellos son clave para la cuantificación del daño en las acciones en materia de defensa de la competencia. Por el momento, me gustaría destacar el último punto relativo a la necesidad de la pericia en el proceso judicial. Si bien la propuesta concreta presentada en el Libro Verde fue posteriormente ignorada (a saber, la disponibilidad obligatoria de peritos designados por el tribunal en los procedimientos civiles de daños y perjuicios), se trata de una preocupación que no ha desaparecido y que ha seguido siendo, con razón, objeto de propuestas legislativas y otras iniciativas políticas. En su momento, la Comisión identificó, entre otras, las siguientes posibles medidas para abordar el desafío:

> "Los jueces o tribunales especializados en asuntos de competencia podrían resultar útiles para fomentar una cultura de especialización de los jueces implicados y podrían desempeñar un papel positivo a la hora de promover una aplicación eficaz del Derecho de la competencia. [...] [L]a especialización de los órganos jurisdiccionales se incrementará aún más a través de los programas de

---

[439] *Ibid.*, apartado 45.

> formación de jueces nacionales en Derecho de la competencia de la UE introducidos por vez primera en 2002 por la Comisión. La situación también podría mejorar si los órganos jurisdiccionales nacionales hicieran un mayor uso de las posibilidades que ofrece el artículo 15 del Reglamento 1/2003."[440] (traducción propia)

En consecuencia, se hicieron tres recomendaciones esenciales para hacer frente a la necesidad de una pericia técnica en la resolución de las demandas por daños y perjuicios en materia de competencia: (a) la creación de tribunales especializados; (b) el uso de los programas de formación de jueces en Derecho de la competencia de la UE; y (c) la ayuda de las autoridades de competencia en calidad de *amicus curiae.* Recordaremos estas recomendaciones a medida que avancemos en nuestras propias conclusiones y propuestas para España.

La Comisión consideró que los obstáculos que identificó en el Libro Verde impedían la aplicación privada efectiva del Derecho de la competencia a través de acciones de daños y perjuicios[441]. Su objetivo era abordarlos, si fuera necesario a través de una legislación de armonización vertical en el ámbito de la UE[442]. Como señala la Comisión, ya existía una claridad en cuanto a los términos sustantivos del Derecho de la competencia, en la forma de un corpus de Derecho consolidado a nivel comunitario[443]. Por consiguiente, su atención se centró en las condiciones para el ejercicio del derecho al resarcimiento de daños (las acciones y vías procesales disponibles en Derecho nacional) y en cuestiones procesales[444]. Esto, como ya hemos visto en el capítulo 1, refleja la

---

440 *Ibid.,* apartados 255 y 260.

441 *Ibid.,* apartado 45: "El equilibrio riesgo/recompensa en los litigios de defensa de la competencia está sesgado en contra de la interposición de demandas, lo cual debe abordarse para animar a los demandantes a hacer valer sus derechos e incoar demandas".

442 *Ibid.,* Sección I.G.

443 *Ibid.,* apartado 48.

444 *Ibid.,* apartado 49: "Si los posibles demandantes, tanto empresas como ciudadanos individuales, no saben cuáles son las normas a las que ha-

naturaleza del ordenamiento jurídico de la UE, a saber, que: "no existe un tribunal a nivel [de la UE] competente para conocer de las acciones por daños y perjuicios interpuestas por particulares por infracciones de las normas de defensa de la competencia [de la Unión]"[445]. Son los órganos jurisdiccionales nacionales de los Estados miembros los que conocen de los litigios de daños[446]. Por tanto, el éxito de una aplicación efectiva y uniforme del Derecho de la competencia de la UE depende principalmente del sistema de aplicación nacional, tanto en materia de responsabilidad civil como en materia procesal. De hecho, el impacto de las normas procesales en las demandas por daños y perjuicios reviste una importancia "capital" en su resolución[447]. Yo añadiría más, que, en el mundo actual, con un régimen de libre competencia (y, aunque en menor medida, de responsabilidad extracontractual civil) en gran medida similar, *la cuestión procesal es la cuestión de mayor importancia para la aproximación de sistemas*[448]. La inclusión de preceptos procesales en la legislación de armonización de la UE permite, a su vez, el ulterior desarrollo de esas nuevas disposiciones a través de la jurisprudencia del TJUE (a la luz de los principios funda-

brán de enfrentarse en los tribunales antes de entablar una acción, eso les disuadirá de litigar y hacer valer sus derechos. Estas normas pueden suponer una gran diferencia, ya que pueden influir en la probabilidad de que se declare la mera existencia de la responsabilidad en un primer lugar, o pueden determinar otras cuestiones, como, por ejemplo, la cuantía de los daños y perjuicios que probablemente conceda el tribunal."

445 *Ibid.*, apartado 2.

446 Libro Verde, p. 4.

447 Lasok, K. P. E., "Some Procedural Aspects", n. 408, 207. Véase Dunne, N., "Antitrust and the Making of European Tort Law", n. 311, quien señala la necesidad de una armonización procesal para garantizar la eficacia de las normas sustantivas armonizadas, y también Hess, B., "Procedural Harmonisation in a European Context", en Kramer, X., y van Rhee, *Civil Litigation in a Globalising World*, n. 261.

448 Esta fue también la opinión predominante reflejada en las aportaciones de Inglaterra y Gales al proyecto objeto de Danov, M., Becker, F., y Beaumont, P., *Cross-Border EU Competition Actions*, n. 408, 43.

mentales del Derecho de la UE, como el derecho a la tutela judicial efectiva)[449]. En consecuencia, que la Comisión haya centrado su atención en cuestiones procesales supone un paso importante.

Al mismo tiempo, la adopción de legislación de armonización en los ámbitos de Derecho procesal y responsabilidad civil supone tocar áreas sensibles del Derecho nacional que, en principio, han gozado de cierta autonomía y que, además, forman parte de la diversidad de la cultura jurídica de la UE que el Tratado reconoce y protege expresamente[450]. La sensibilidad de esta interacción ya se reconoció en el "Estudio Ashurst 2004":

> "Una forma de reducir esas incertidumbres y generar así una mayor seguridad jurídica y facilitar las acciones privadas sería un cierto grado de armonización de las normas procesales nacionales aplicables a las demandas por daños basadas en el Derecho comunitario de la competencia. Cabe señalar, no obstante, que tal avance constituiría una injerencia en el principio de autonomía procesal nacional y, posiblemente, implicaría también cierto grado de armonización de conceptos básicos del Derecho civil nacional (tanto sustantivo como procesal)."[451] (traducción propia)

El instrumento legislativo definitivo aprobado en 2014 refleja esa delicada tensión. A pesar de los llamamientos de algunos, el instrumento adoptado fue una directiva, no un reglamento[452]. De ese modo, establece obligaciones a los Estados miembros para ga-

---

449 Véase Van Cleynenbreugel, P., "Embedding Procedural Autonomy" (n. 431), 99, 117. El autor hace referencia a los precedentes del TJUE en el ámbito del Derecho medioambiental y de asilo: Asuntos acumulados C-128-131 y 134-135/09 *Boxus* contra *Région wallonne* EU:C:2011:667; [2011] Rec. p. I-9711; Asunto C-69/10 *Samba Diouf contra Ministre du Travail, de l'Emploi et de l'Immigration* EU:C:2011:524; [2011] Rec. p. I-7151.

450 Artículo 67 del TFUE.

451 Nota 436, p. 131.

452 Véanse Van Gerven, W., "Harmonisation of Private Law: do we need it?" (2004) 41 CML Rev 505, 524: "para que los órganos jurisdiccionales nacionales puedan desempeñar esta tarea adecuadamente, necesitan normas uniformes sobre las vías jurídicas para hacer valer el derecho material... Eso solo puede hacerse, de forma ordenada, mediante un

rantizar ciertos fines, en lugar de imponer un conjunto de normas directamente aplicables[453]. La base jurídica para su aprobación incluye, junto con la defensa de la competencia (artículo 103 del TFUE), la competencia legislativa en materia del mercado interior (artículo 114 del TFUE), que requiere el proceso de codecisión en el que participan tanto el Parlamento Europeo como el Consejo. La profesora Albers-Llorens sugiere que la inclusión del artículo 114 del TFUE respondía no solo al deseo de incluir las acciones de daños derivadas de infracciones del Derecho nacional de defensa de la competencia en el ámbito de la propuesta, sino también por las sensibilidades que heriría una norma que pretendía regular cuestiones del ámbito de la autonomía procesal nacional[454]. En 2009, una propuesta anterior de la Comisión, basada únicamente en el artículo 103 del TFUE —lo que permite la adopción solamente por el Consejo—, se topó de hecho con una firme resistencia y nunca llegó a ver la luz de forma oficial. Así pues, el objetivo de la Directiva de Daños es lograr una "aproxima-

reglamento [de la UE] adicional"; Van den Bossche, A. M., "Private Enforcement", n. 410, p. V.

453 Artículo 288 del TFUE. Tal y como señaló la Comisión en la exposición de motivos del proyecto de propuesta de 2013: "Una directiva obliga a los Estados miembros a alcanzar los objetivos y a incorporar las medidas en su Derecho nacional sustantivo y procedimental. La directiva deja más libertad a los Estados miembros a la hora de aplicar una medida de la UE que un Reglamento, pues se deja a su elección los instrumentos más adecuados para aplicar las medidas contenidas en la misma. Ello les permite garantizar la coherencia de estas normas con su marco jurídico sustantivo y procedimental en vigor", Comisión, "Propuesta de Directiva del Parlamento Europeo y del Consejo relativa a determinadas normas por las que se rigen las demandas por daños y perjuicios por infracciones de las disposiciones del Derecho de la competencia de los Estados miembros y de la Unión Europea" COM(2013) 404 final, p. 14.

454 Albers-Llorens, A., "Antitrust Damages in EU Law", n. 431, 144. En cambio, la legislación derivada anterior en el ámbito del Derecho de la competencia de la UE (p.ej., el Reglamento 1/2003) había sido adoptada por vía de reglamento en virtud del artículo 103 por el Consejo, a propuesta de la Comisión y previa consulta al Parlamento Europeo.

ción" de las normas nacionales[455], en lugar de su armonización, y mucho menos su unificación. Lo que llevó a Howard KC a observar que la directiva "no es un modelo de normas procesales que rigen las acciones por daños de principio a fin"[456].

Si bien la directiva se ciñe, en líneas generales, al modelo de autonomía procesal, positiviza, no obstante, una serie de normas. Es decir, crea claras obligaciones positivas para los Estados miembros respecto a la adopción de normas concretas, y no se limita a circunscribir el Derecho nacional con condiciones negativas en la manera típica de la jurisprudencia del TJUE[457]. Un examen más detallado revela que la Directiva de Daños adopta una combinación de técnicas legislativas, incluida la adopción de normas uniformes que son, en sí mismas, completas (como la presunción del daño en el caso de los cárteles o las reglas de prescripción o el efecto vinculante de las decisiones de las ANC) o normas básicas armonizadas que se delegan en los Estados miembros solo para su desarrollo detallado en cada ordenamiento nacional (como es el caso del acceso a fuentes de prueba)[458]. En otros ámbitos, la Directiva de Daños deja abierto un amplio campo de posibilidades; como su artículo 12(2), que estipula que los Estados miembros "establecerán las disposiciones procesales adecuadas para garantizar que el resarcimiento por el daño emergente a cualquier nivel de la cadena de suministro no supere el perjuicio por el sobrecoste sufrido a ese nivel" o el artículo 19 sobre el efecto de los acuerdos extrajudiciales (transaccionales) en la responsabilidad entre infractores (acciones de repetición) o en el alcance de la responsabilidad solidaria del resto de co-infractores frente al mismo reclamante.

---

455 Considerando 9, *in fine*, Directiva de Daños.

456 Howard, A., "Too Little, too late?: The European Commission's Legislative Proposals on Anti-Trust Damages Actions" (2013) 4(6) JECLAP 455, 456.

457 *Cruceros de la Mantequilla*, n. 93. Véase Van Cleynenbreugel, P., "Embedding Procedural Autonomy", n. 431, 110-117.

458 Véase Albers-Llorens, A., "Antitrust Damages in EU Law", n. 431.

Esto nos lleva a la cuestión de los objetivos de la Directiva de Daños. En términos generales, los principales objetivos de la directiva han mantenido su pertinencia durante sus diez largos años de gestación. Entre ellos figuran los siguientes: el papel complementario de las demandas privadas por daños respecto a la aplicación pública del Derecho de la competencia, el acceso a la justicia y la tutela judicial efectiva de las víctimas de infracciones, la creación de un "*level playing field*" en el mercado interior, y el uso adecuado y eficaz del sistema judicial. Sin embargo, el énfasis relativo y el significado de estos objetivos han cambiado con el tiempo, y quizá ninguno más que el papel de la aplicación privada y su relación con el trabajo de aplicación pública de la Comisión y las ANC.

En línea con las declaraciones del TJUE en el asunto *Courage*, el Libro Verde consideraba que las acciones por daños cumplían una doble finalidad: en primer lugar, la de garantizar el derecho de resarcimiento de las víctimas de infracciones del Derecho de la competencia y, en segundo lugar, la de disuasión[459]. Entre las opciones legislativas más polémicas que sometió a consulta pública, la Comisión incluyó como medios para promover el objetivo de la disuasión: (i) la posibilidad de aplicar un multiplicador de daños en los casos de cárteles horizontales (doble indemnización o daños punitivos), (ii) acciones colectivas, o (iii) la prohibición de alegar la defensa de *pass-on*[460]. Con respecto a esta última, la Comisión contemplaba una serie de alternativas, entre ellas la posibilidad de permitir demandas paralelas de compradores directos e indirectos (abriendo, por tanto, la puerta a la posibilidad de resarcimientos duplicados) o el reparto de fondos entre compradores directos e indirectos en un procedimiento secundario una vez concluidas las acciones directas. Sin duda, algunas de las

---

459 SWD Libro Verde, apartado 6: "un aumento de la aplicación privada ampliará el abanico de infracciones a las que se aplicará el Derecho de la competencia, así como el nivel de aplicación en general".

460 Se trata de las Opciones 16, 25-26 (para consumidores u otros grupos afectados) y 20-24.

opciones contempladas en el Libro Verde delatan la influencia de la experiencia estadounidense en materia de aplicación privada (algo que, ciertamente, era normal, dado el nivel considerablemente mayor de experiencia que había en EE UU con las acciones privadas). No obstante, la insinuación de algunos de que se trataba de un "coqueteo" con el modelo de aplicación privada estadounidense parece más bien una exageración[461]. De hecho, el propio documento de trabajo de los servicios de la Comisión señala los supuestos excesos del sistema estadounidense, invita a aprender de la experiencia americana y subraya la necesidad de moderación (y de evitar el exceso de litigios)[462]. También propugna expresamente un enfoque equilibrado: "[e]l objetivo último debería ser fomentar una cultura de la competencia, no una cultura del litigio"[463].

Se diría más bien que la principal preocupación de la Comisión con su Libro Verde era hacer que las reclamaciones por daños y perjuicios en materia de Derecho de la competencia fueran más eficaces. De ahí que centrara su atención en cómo abordar las dificultades, tanto reales como percibidas, para probar las infracciones y cuantificar el daño. En consecuencia, las partes más extensas del documento están dedicadas a las cuestiones del acceso a las pruebas y la cuantificación (cuestiones sobre las que volveremos con mayor detalle más adelante)[464]. Asimismo, en lo que respecta a la cuestión de *pass-on*, a la Comisión le preocupaba principalmente la proporcionalidad de aplicar un enfoque estricto de asignación del daño entre los distintos niveles de la cadena de suministro en cuestión (las partes directa e indirectamente

---

461 Wils, W. PJ., "Private Enforcement", n. 376, p. IV.

462 SWD Libro Verde, apartado 47.

463 *Ibid.*, apartado 12.

464 De las sesenta páginas de propuestas recogidas en el Documento de Trabajo de los Servicios: Libro Verde, doce páginas tratan del acceso a las fuentes de prueba (Sección II) y once, de los daños y perjuicios y su cuantía (Sección IV).

afectadas por cada infracción), dada la "naturaleza sumamente compleja y técnica" de los métodos para su estimación[465].

Sea como fuere, hay que admitir que, durante la consulta pública que siguió, hubo cierta reacción negativa ante la percepción por parte de algunos de que la Comisión, en su Libro Verde, había

---

465 "Si bien es necesario un cierto grado de complejidad para determinar el sobrecoste total del cártel, reproducir esa complejidad en cada escalón de la cadena de suministro magnificaría la complejidad y el coste de las acciones por daños. No parece posible construir un modelo que identifique con precisión, a un coste razonable, el perjuicio sufrido por los implicados en los distintos niveles de la cadena de suministro", Documento de Trabajo de los Servicios: Libro Verde, apartado 161. Hay que señalar que este comentario se basó en la breve sección dedicada a la cuantificación del *pass-on* en el Estudio Ashurst, n. 436, apartados 4.15-21. Los métodos para estimar el pass-on se han seguido desarrollando desde entonces; véanse, el Estudio sobre *Pass-on* y la Comunicación de la Comisión, "Directrices destinadas a los órganos jurisdiccionales nacionales sobre cómo calcular la cuota del sobrecoste que se repercutió al comprador indirecto" [2019] DO C 267/4. Como hemos observado, las opciones que proponía la Comisión para abordar las dificultades planteadas por el *pass-on* incluían: (i) un enfoque al estilo de EE UU (exclusión de la defensa de *pass-on* y la posibilidad —reconocida en algunos Estados americanos— de que los compradores indirectos también pudieran reclamar), y (ii) la posibilidad de que los demandantes reclamasen todos los daños sufridos (sin reducción por *pass-on*), y después, en un procedimiento posterior, se repartiese entre todas las partes afectadas (directas e indirectas) la totalidad de la indemnización. Esta fue una solución contempladas por los tribunales alemanes durante un tiempo; sentencia del Tribunal Superior de Berlín, de 1 de octubre de 2009, en el asunto del cártel de hormigón premezclado (2 U 10/03 Kart), que reconoció la legitimación de los compradores directos e indirectos en calidad de acreedores solidarios de conformidad con la sección 428 del Código Civil alemán y rechazó la defensa de *pass-on* ; sentencia seguida, en parte, por el Tribunal Regional Superior de Karlsruhe en su decisión de 11 de junio de 2010 en el asunto del cártel de papel autocopiativo (6 U 118/15). No obstante, la postura definitiva del Derecho alemán, que admite la defensa de *pass-on,* la fijó la Corte Federal alemana en su sentencia, de 28 de junio de 2011, sobre ese mismo asunto (KZR 75/10).

otorgado un peso excesivo a la disuasión. De hecho, más tarde se puede apreciar un reajuste de las prioridades en el Libro Blanco de 2008, en el que el objetivo primordial, declarado abiertamente, es el pleno resarcimiento de las víctimas (el enfoque "genuinamente europeo") y el papel de la aplicación privada pasa a ser "complementar", pero "no reemplazar ni socavar" la aplicación pública[466]. En consonancia con la jurisprudencia del TJUE, la función disuasoria de la aplicación privada sigue presente en el Libro Blanco: no podía ser de otro modo[467]. Sin embargo, el resultado práctico en esa fase fue que algunas de las opciones políticas "más audaces" del Libro Verde (tales como la doble indemnización o la prohibición de la defensa *pass-on*) fueron descartadas en favor del principio comunitario de compensación para todos los afectadas. Con el tiempo, el ulterior fortalecimiento del régimen de aplicación pública se convertiría en una de las prioridades explícitas de la Directiva de Daños a raíz de la sentencia del TJUE en el asunto *Pfleiderer* y la preocupación de la Comisión, y de parte de la comunidad empresarial, por la posibilidad de que, en determinadas circunstancias, los demandantes de daños tuvieran acceso a las declaraciones efectuadas en el marco de un programa de clemencia.

A los efectos de este debate acerca de prioridades y objetivos de la política legislativa, resulta esclarecedor conocer algunas de las preocupaciones que se plantearon por aquella época acerca del uso de la aplicación privada como mecanismo de disuasión. Al respecto, Hodges planteó una serie de consideraciones interesantes en un artículo publicado en 2006, tras la publicación del Libro Verde[468]:

---

466 Comisión, "Libro Blanco: Acciones de daños y perjuicios por incumplimiento de las normas comunitarias de defensa de la competencia" COM(2008) 165 final, p. 3.

467 En particular, en vista de la evolución de la jurisprudencia del TJUE que hemos abordado en el anterior capítulo 4.2(b).

468 Hodges, C., "Competition Enforcement, Regulation and Civil Justice: What is the case?" (2006) 43 CML Rev 1381.

- El riesgo de incoherencia que inevitablemente surgiría cuando exista un mayor y más diverso número de operadores jurídicos encargados de la aplicación de la ley ("*enforcers*"), con la aparición en escena de los tribunales civiles, las partes privadas y sus asesores profesionales, junto a las autoridades públicas. A este respecto, señala el *mayor grado de transparencia en la toma de decisiones que requiere un entorno de aplicación más complejo* si se quiere garantizar la coherencia; dicho de otro modo, ¿cómo se garantizan la transparencia y el acceso en una situación con múltiples resoluciones judiciales que afectan a entidades privadas?
- La falta de alineación de las motivaciones de los órganos de aplicación privados con los objetivos de orden público de la disuasión y los riesgos de crear una cultura del litigio. Se refiere, en particular, a las motivaciones de los abogados (que tienen sus propios intereses económicos en los litigios) o de las asociaciones de consumidores (cuyas funciones principales son de carácter representativo y de presión), que con frecuencia impulsarán las acciones por daños.
- La repercusión que unas reformas sectoriales ambiciosas podrían tener en el delicado equilibrio alcanzado en los sistemas nacionales de justicia civil (incluido el caso de España, que recientemente había experimentado una importante reforma del procedimiento civil destinada a reducir los costes y los retrasos en la justicia)[469].
- Si la acción privada sería un elemento disuasorio eficaz contra las conductas contrarias a la competencia: es decir,

---

[469] La Ley 1/2000, de 7 de enero, de Enjuiciamiento Civil. También hace referencia a importantes reformas en materia de justicia civil en otros Estados miembros, como el Reino Unido (*Civil Procedure Rules 1998*) y Alemania (*Gesetz zur Reform des Zivilprocesses 2001*).

si sería una herramienta reguladora adecuada[470]. A este respecto, el autor expresa su preocupación por la carga adicional ("costes de transacción") que suponen los litigios privados, se pregunta si influirá de forma positiva en el comportamiento de las empresas (o simplemente frenará la asunción de riesgos y la innovación) y sugiere que, en un entorno ya caracterizado por una fuerte regulación, una vía más eficaz sería reforzar las consecuencias penales de las infracciones graves[471]. En conclusión, se pregunta: "¿Existe el riesgo de que la política 'punitiva' se limite a aumentar los costes empresariales, posiblemente de forma generalizada e irrevocable, y coarte el fomento de una competitividad o una innovación suficientes?"[472]

La objeción que, en el fondo, manifiesta Hodges en contra de la legislación de aplicación privada se ha visto superada por los acontecimientos, en el sentido de que la UE decidió respaldar la aplicación privada del Derecho de la competencia con la aprobación de legislación[473]. No obstante, no solo se descartaron algunos de los excesos percibidos en el sistema estadounidense (como los daños punitivos o la prohibición de la defensa *pass-on*) en el Libro Blanco y, posteriormente, en la directiva, sino que muchas de las

---

470 Hodges, C., reflexiona sobre otras cuestiones filosóficas acerca de la elección del modelo regulador basándose en la obra de Baldwin "The New Punitive Regulation", que merecería un estudio aparte; Hodges, C., n. 468, 1393-1394.

471 Véase, del mismo modo, Wils, W. PJ., "Private Enforcement", n. 376; Wils, W. PJ., "Should Private Antitrust Enforcement be Encouraged in Europe?" (2003), 26, 3 World Competition, 473.

472 Hodges, C., n. 468, 1404. Véase también Havu, K., "Causation and Damage: What the Directive Does Not Solve and Remarks on Relevant EU Law", en Strand, Venegas e Iacovides, *EU Competition Litigation,* n. 309, 187, 194.

473 Aunque Hodges se muestra muy escéptico en cuanto a la necesidad de legislación, su principal conclusión fue, de hecho, que era necesaria una valoración empírica adecuada del posible impacto de la legislación antes de promulgarla.

preocupaciones que él expone siguen siendo pertinentes en el mundo actual de la aplicación privada y, por tanto, merecen la pena ser recordadas[474].

Entonces, ¿cómo encuentra el equilibrio la Directiva de Daños? En sus considerandos, pretende situar la cuestión en el marco del *acquis communautaire*: las normas de competencia son una cuestión de orden público encaminadas a garantizar una competencia no falseada en el mercado interior[475]; tienen efecto directo y, por ende, los derechos y las obligaciones que generan para los particulares deben ser salvaguardados por los órganos jurisdiccionales nacionales[476]; los órganos jurisdiccionales nacionales tienen junto con la Comisión y las ANC, "una función esencial en la aplicación de las normas sobre competencia"[477]; cuando aplican la normativa de competencia, los órganos jurisdiccionales nacionales protegen los derechos subjetivos de los particulares, por ejemplo, concediendo indemnizaciones por daños y perjuicios a las víctimas de infracciones[478]; la plena eficacia y el efec-

---

474 De hecho, como ya señalé en la introducción a este estudio, la proliferación de litigios en masa en materia de defensa de la competencia en España ha puesto sobre la mesa de los órganos jurisdiccionales, las autoridades de competencia y los responsables políticos precisamente estas preocupaciones: a saber, problemas de coherencia en la toma de decisiones, falta de transparencia en las decisiones judiciales, veloz desarrollo de una cultura del litigio e implicación de intereses diversos potencialmente conflictivos (incluidos los de naturaleza financiera). A estas habría que añadir otras, como los costes administrativos (y, francamente, la alarmante ineficiencia) que supone para el sistema judicial la gestión de múltiples demandas de naturaleza similar (a menudo casi idéntica) en multitud de foros distintos, lo desproporcionado de tales costes y el inevitable empobrecimiento de la calidad de las resoluciones judiciales, precisamente debido a todas las dificultades que acabamos de mencionar. Volveremos sobre estas cuestiones más adelante en la tercera parte de este estudio.

475 Considerando 1 de la Directiva de Daños.

476 Considerando 3 (según *BRT contra SABAM, Guérin*; n. 363.

477 *Ibid.*.

478 *Ibid.*. (haciéndose eco del considerando 7 del Reglamento 1/2003).

to útil de las normas de competencia exigen que los particulares puedan reclamar ante los órganos jurisdiccionales nacionales la reparación de los daños sufridos, lo que constituye un derecho a indemnización consagrado en el Derecho de la Unión[479]; ambos instrumentos deberían coordinarse de forma coherente para, por ejemplo, proteger determinados documentos de los expedientes de las autoridades de competencia cuya divulgación podría poner en peligro la aplicación pública (y, por ende, las acciones privadas *follow-on*)[480]. A continuación, el artículo 1 define el doble propósito de la directiva: (i) garantizar el ejercicio efectivo del derecho a reclamar una reparación íntegra, y (ii) coordinar la aplicación pública del Derecho de la competencia por parte de las autoridades de competencia con la aplicación privada por parte de los órganos jurisdiccionales nacionales. La Directiva de Daños no hace referencia expresa alguna a la finalidad disuasoria de la aplicación privada[481]. En cambio, sí hace referencia expresa al objetivo de la aplicación pública de no disuadir a las empresas de cooperar con las autoridades de competencia en el marco de programas de clemencia o procedimientos de transacción[482]. Es más, el mecanismo de revisión previsto en el artículo 20 de la directiva parece más preocupado por garantizar la adecuada coordinación entre las esferas pública y privada de la aplicación del Derecho de la competencia o la aplicación precisa del concepto de *pass-on* en situaciones de demandas concurrentes[483].

---

479 *Ibid.*. (véase *Courage*; *Manfredi*, y el análisis del capítulo 4.1 *supra*).

480 Considerando 6 (véase *Pfleiderer*; *Donau Chemie*, y el análisis del capítulo 4.2(a) *supra*).

481 Por otro lado, la Directiva mantiene expresamente el *acervo comunitario* (considerando 12), que ha insistido en el aspecto disuasorio de la aplicación privada, como ya hemos visto.

482 Considerando 26.

483 La Comisión presentó su primer informe de conformidad con el artículo 20 de la Directiva de Daños en diciembre de 2020 (n. 434), pero limitó su análisis a informar sobre el estado de la aplicación de la directiva, señalando que era demasiado pronto para evaluar su impacto, dado el tiempo necesario para que muchas de sus disposiciones fueran

En este sentido, tal vez los objetivos de la Directiva de Daños sean un tanto conservadores a primera vista, incluido desde la perspectiva del desarrollo del Derecho procesal, que es lo que aquí nos ocupa. No obstante, ahora pasaremos a identificar otros objetivos clave de la directiva, en los que sí se aborda directamente el aspecto procesal[484].

El primero es la tutela judicial efectiva del derecho al resarcimiento del daño de la Unión mediante acciones y procesos nacionales eficaces. Este principio se establece expresamente en el Considerando 4 como una exigencia directa del artículo 19(1) del TUE y del artículo 47 de la CDFUE. Evidentemente, esas normas serían aplicables sin la afirmación del Considerando 4 de la Directiva de Daños. Sin embargo, su inclusión expresa confirma su importancia y potencial de aplicación en este ámbito (así como en la aplicación privada de los derechos materiales reconocidos en el Derecho de la Unión en general, por supuesto).

El segundo objetivo adicional es la creación de un "*level playing field*" (condiciones uniformes de competencia). Uno de los principales factores que impulsaron la aprobación de una legislación de armonización en el ámbito de la aplicación privada del Derecho de la competencia fue la enorme diversidad que se había detectado entre los distintos ordenamientos jurídicos nacionales y, además, la constatación de que las demandas se concentraban en gran medida en tres jurisdicciones: a saber, el Reino Unido, Alemania y los Países Bajos. Tal y como hemos señalado anteriormente, el artículo 114 del TFUE (la base jurídica para la adopción de legislación encaminada a la aproximación de los distintos ordenamientos, que tiene por objeto el establecimiento y funcionamiento del mercado interior) era uno de los componentes de esa

---

aplicables, en vista de la prohibición de su aplicación retroactiva y los retrasos hasta que las infracciones llegan a los tribunales.

484 Algunos de estos objetivos reflejan los principios jurídicos y los objetivos políticos que ya destacamos de la jurisprudencia del TJUE en el capítulo 4 *supra*.

doble base jurídica de la directiva, y el objetivo específico de crear un "*level playing field*" se desarrolla en los considerandos 8 y 9. A continuación, el artículo 1(1) de la Directiva de Daños establece como una de sus principales metas —como parte del objetivo de ofrecer pleno resarcimiento a las víctimas de infracciones del Derecho de la competencia— garantizar "una protección equivalente en toda la Unión para todos los que hayan sufrido tal perjuicio". Está por ver hasta dónde llega ese nivel de equivalencia. ¿Se extiende, por ejemplo, al nivel de indemnización que debe concederse ante un mismo caso?[485] Sea como sea, es un concepto importante que sin duda evolucione con el tiempo.[486]

Por último, los documentos de orientación que condujeron a la aprobación de la directiva identifican otro objetivo, que es el de garantizar un "uso apropiado y eficiente del sistema judicial". Subrayando la costosa naturaleza del complejo análisis factual y económico que requieren los asuntos de competencia, así como la necesidad de evitar los abusos procesales o la sobrecarga de los órganos jurisdiccionales debido a las demandas, el informe sobre la evaluación de impacto que acompaña a la propuesta de directiva de 2013 destaca los siguientes cuatro elementos que debían tenerse en cuenta:

> "— Racionalizar la tramitación por parte de los órganos jurisdiccionales de las demandas por daños y perjuicios por infracciones de la normativa antitrust mediante economías de escala, en concreto acumulando o agrupando demandas idénticas o similares.
>
> — Reducir los costes de los litigios mediante la mejora de las condiciones para los acuerdos extrajudiciales: las transacciones son

485 Véase SWD Libro Verde, apartado 50; Danov, M., Becker, F., y Beaumont, P., n. 408, p. 88: "cierto grado de armonización puede estar justificado por la necesidad de evitar la anomalía que permite a los tribunales de los distintos Estados miembros conceder diferentes cuantías de daños y perjuicios en relación con el mismo tipo de infracción de la misma disposición del Derecho de la competencia de la Unión".

486 Véase, la sección 5.3 a continuación sobre la posición en 2013-2014 cuando se adoptó la directiva, por ejemplo.

rentables y, si son posibles, son preferibles a las acciones judiciales. Sin embargo, dado que son voluntarias, la consecución de este objetivo presupone la existencia de una alternativa judicial creíble si no se llega a un acuerdo de transacción. La alternativa judicial creíble también servirá de referencia para mejorar la calidad de las transacciones.

— Limitar los abusos procesales: si bien las víctimas deberían gozar de un mejor acceso a los tribunales, es importante que las empresas que cumplen la ley no soporten los costes y la carga de una litigación abusiva. Por lo tanto, es necesario disponer de salvaguardias adecuadas para evitar tales abusos.

— Limitar el riesgo de litigios múltiples sobre cuestiones idénticas o similares: volver a litigar sobre cuestiones ya resueltas conllevaría costes y retrasos innecesarios, además del riesgo de que se obtenga un resultado divergente. Así pues, en la medida de lo posible deberían evitarse los litigios múltiples."[487] (traducción propia)

En la actualidad, nos enfrentamos a varios de estos desafíos en los litigios en masa que se han entablado en este campo en los últimos años en España. No podemos hablar de "racionalización" de las demandas en masa en España: prácticamente no ha habido soluciones transaccionales a los casos; es más, las mismas cuestiones de daño y nexo causal en los mismos asuntos se revisitan una y otra vez en todas las instancias.[488]

Pues bien, la Comisión pretendía que el recurso colectivo constituyera un elemento clave de la solución a estos problemas en el ámbito de la UE. El Libro Blanco (al igual que el Libro Verde que lo precedió) destacaba la ausencia de incentivos para que los pequeños demandantes (consumidores individuales y pequeñas empresas) interpusieran demandas individuales, dados los desproporcionados costes y retrasos de las acciones de daños por

487 Comisión, "Documento de trabajo de los servicios: Informe de evaluación de impacto. Demandas por daños y perjuicios por infracción de las normas antitrust de la UE" SWD(2013) 203 final, p. 27.

488 Nos ocuparemos de estos problemas en detalle en la tercera parte de este estudio, tratando en la Cuarta (y última) Parte de ofrecer una contribución a su resolución.

infracciones de la normativa de competencia y la incertidumbre acerca de sus resultados. Además, aludía a la *ineficiencia procesal de que los órganos jurisdiccionales nacionales tuvieran que tramitar un sinfín de demandas individuales y dispersas de escasa cuantía.* La conclusión de la Comisión fue, por tanto, que resultaba esencial que existieran mecanismos de acción colectiva:

> "[E]l Derecho de la competencia es un ámbito en el que los mecanismos de acción colectiva pueden mejorar significativamente la capacidad de las víctimas de obtener una reparación y, por tanto, de acceder a la justicia, y contribuyen a la eficiencia general de la administración de justicia. Por las razones expuestas, es esencial que existan mecanismos de recurso colectivo para las infracciones del Derecho de la competencia."[489] (traducción propia)

No obstante, su propuesta de incluir una disposición específica sobre acciones colectivas en la Directiva de Daños ya había quedado archivada en 2011, cuando la Comisión inició su consulta pública sobre acciones colectivas[490]. Tras dicha consulta, la Comisión optó por un enfoque horizontal amplio de tipo *soft law* y aprobó su Recomendación sobre Acciones Colectivas[491]. La recomendación formaba parte del paquete de medidas propuestas por la Comisión en junio de 2013, que incluía el proyecto de directiva y la Guía Práctica[492]. Sin embargo, la ausencia de normas vinculantes ha supuesto que en general, con algunas notables excepciones, no se hayan facilitado mecanismos colectivos adecuados

---

489 SWD Libro Blanco, apartado 40.

490 Estas propuestas contemplaban no solo la posibilidad de emprender acciones de representación de organizaciones de consumidores y acciones colectivas de adhesión (*opt-in*), sino también, en el proyecto de propuesta de Directiva de 2009 —que nunca llegó a ver la luz oficialmente—, acciones colectivas *opt-out.*

491 Nota 296. Volveremos sobre el contenido de la recomendación en el capítulo 6.4 más adelante.

492 Comisión, "Guía Práctica: Cuantificación del perjuicio en las demandas por daños y perjuicios por incumplimiento de los artículos 101 o 102 del TFUE" SWD(2013) 205.

y específicos en la UE[493]. Y la reciente omisión del Derecho de la competencia del ámbito de aplicación de la Directiva 2020/1828 sobre Acciones Colectivas tampoco ha contribuido a resolver este problema[494].

Una vez expuestos los objetivos generales de la Directiva de Daños, examinaremos en detalle las normas de la directiva que revisten especial importancia procesal (en especial, para la cuestión central de la valoración del daño); a saber, las nuevas normas sobre acceso a fuentes prueba y las normas sobre cuantificación del daño.

### *5.2. Acceso a fuentes de prueba*

El acceso a fuentes de prueba (*disclosure*) es la medida procesal clave de la Directiva de Daños. Como veremos en el capítulo 16, tiene importantes implicaciones para el Derecho procesal civil en España, que aún no se han apreciado en toda su extensión.

Las normas de *disclosure* están contenidas en el Capítulo II de la directiva. Facultan a las partes (tanto demandantes como demandados) para solicitar el acceso a pruebas concretas o, lo que es más importante, categorías de pruebas que se encuentren bajo el control de la otra parte o de un tercero. Se trata de un derecho más amplio que el derecho general que ya existía en numerosas jurisdicciones civiles, incluida España, a solicitar el acceso a documentos identificados específicamente. Sin embargo, no abarca investigaciones prospectivas ("*fishing expeditions*") o la inspección de documentos simplemente como base para identificar otros documentos que puedan servir como prueba ("*train of enquiry*"). En este sentido, las solicitudes de acceso a fuentes de prueba deben incluir una "motivación razonada que contenga aquellos hechos

---

493 Entre las excepciones se incluyen, en particular, el Reino Unido (*Consumer Rights Act 2015*) y los Países Bajos (Wet *Afwikkeling massaschade in een collectieve actie,* o "WAMCA", que entró en vigor en 2020).

494 Véase el capítulo 6.4 a continuación.

y pruebas a los que tenga acceso razonablemente, que sean suficientes para justificar la viabilidad" de la demanda (o defensa), lo que se denomina "establecimiento de los hechos", y deben ser proporcionadas. Además, incluye normas para garantizar la protección de la información confidencial y exige sanciones en caso de que una parte incumpla sus obligaciones de exhibición.

En consecuencia, el proceso de *disclosure* exigido por la Directiva de Daños está gestionado y dirigido por el tribunal y, si bien es más amplio que la mayoría de los regímenes existentes, está sujeto a requisitos de proporcionalidad y justificación objetiva. De hecho, el Libro Verde, advirtiendo contra el riesgo de que los ejercicios de *disclosure* se tornen costosos y lentos, subrayó la importancia de una gestión procesal eficaz para minimizar los retrasos[495]. Del mismo modo, el documento de trabajo de los servicios de la Comisión-Libro Blanco hacía hincapié en la función central de los órganos jurisdiccionales en la exhibición de pruebas, que debería "estar sujeta a un control judicial estricto y activa en cuanto a su necesidad, alcance y proporcionalidad"[496], lo cual contrasta con la exhibición *inter partes* estándar tradicional en los procedimientos del *common law* inglés[497].

Por tanto, la Directiva de Daños se basa en disposiciones similares, igual de amplias y equilibradas, al artículo 6(1) de la Directiva 2004/48 de Propiedad Intelectual[498]. En el documento de

---

495 Apartado 56, SWD Libro Blanco.

496 Apartado 95, SWD Libro Blanco.

497 Como señala la Comisión en el SWD Libro Verde, apartado 55, "en la tradición del *common law,* la exhibición de pruebas la llevan a cabo, en gran medida, las partes con una supervisión mínima por parte de los tribunales". Sin embargo, como veremos en el capítulo 11 más abajo, y la Comisión observa a continuación (apartado 56), la práctica de los tribunales ingleses en el contexto del Derecho de la competencia, en particular la del CAT, ha pasado a gestionar y controlar la exhibición de pruebas de una forma más proactiva.

498 "Los Estados miembros garantizarán que, a petición de la parte que haya presentado pruebas razonablemente disponibles y suficientes para

trabajo de los servicios de la Comisión-Libro Verde, la Comisión también hace referencia a las propuestas del "Informe Storme"[499] y a los "Principios del Proceso Civil Transnacional" del ALI y UNIDROIT[500] como fuentes adicionales de inspiración para las propuestas. En la actualidad, deberíamos referirnos a las más recientes Reglas Modelo Europeas; en particular, a las Reglas 100 a 110 sobre "Medidas de acceso a fuentes de prueba"[501]. Dichas reglas establecen un régimen similar basado en los principios de proporcionalidad y necesidad, motivaciones razonadas (lo que la Comisión denomina "*fact pleading*" en su documento de trabajo) y acceso a categorías de pruebas definidas. Curiosamente, también incluyen una serie de reglas más detalladas que figuran en el artículo 283 *bis* de la LEC española (acceso a fuentes de prueba), como la posibilidad de solicitar la exhibición antes o después de la interposición de la demanda, el procedimiento para las solicitudes o el hecho de que la información a la que se acceda en virtud de una orden requiere ser luego propuesta formalmente por la parte que accedió a ella para convertirse en prueba en el procedimiento.

Las principales justificaciones para la introducción del acceso a fuentes de prueba se resumen en el considerando 14 de la Directiva de Daños[502]. La primera es la frecuente necesidad de

---

respaldar sus alegaciones y haya especificado, al fundamentar tales alegaciones, qué otras pruebas se encuentran bajo control de la parte contraria, las autoridades judiciales competentes puedan ordenar que la parte contraria entregue dichas pruebas, sin perjuicio de que se garantice la protección de los datos confidenciales", Directiva de Propiedad Intelectual.

499 Nota 10.

500 Publicados por Cambridge University Press el 12 de diciembre de 2015 y disponibles en https://www.unidroit.org/english/documents/2005/study76/s-76-13-e.pdf. Véanse, en particular, los principios 16.1 y 16.2.

501 Nota 304 y capítulo 3.3 *supra*.

502 Estos mismos factores se señalan como fundamento de la necesidad de mejorar el acceso a las fuentes de prueba en el SWD Libro Blanco, apartado 87.

un complejo análisis factual y económico en las acciones de daños por infracciones de la normativa de competencia. Esto puede referirse a la existencia y alcance de la propia infracción o a la determinación del daño y nexo causal, todo lo cual debe corroborarse con pruebas adecuadas[503]. La segunda hace referencia a la asimetría de la información: es decir, al hecho de que, a menudo, muchos de los datos relevantes están en poder del demandado o de terceros y los demandantes no los conocen con suficiente detalle[504].

La Comisión había señalado en el documento de trabajo de los servicios de la Comisión-Libro Blanco que, en muchos Estados miembros (y España es uno de ellos), "existen normas estrictas que exigen que los demandantes declaren detalladamente todos los hechos del caso y que presenten elementos de prueba especificados con exactitud en apoyo de tales afirmaciones", y que "las limitadas atenuaciones de estos requisitos que se aplican actualmente son insuficientes para garantizar una reparación efectiva en situaciones de asimetría informativa típicas de la casos de defensa de la competencia"[505]. El considerando 14 de la directiva retoma precisamente este tema, señalando que "*estrictos requisitos legales* que exijan de los demandantes *hacer valer en detalle todos los hechos del caso y aportar elementos de prueba* muy específicos *al inicio de una acción*, puede *obstaculizar indebidamente el ejercicio efectivo del derecho a resarcimiento garantizado por el TFUE*" (la cursiva es mía). La parte dispositiva de la Directiva de Daños no aborda directamente este problema. No contiene medidas sobre los requisitos en materia de las alegaciones iniciales de las partes (demanda y contestación) o sobre las modificaciones de dichas alegaciones (remitiéndose por tanto a la normativa nacional en materia de "*pleadings*"). Sin embargo, la implicación clara es que un demandante no debería verse penalizado por el hecho de no poder ale-

503 Véase también SWD Libro Blanco, apartado 65.

504 *Ibid.*, apartado 66.

505 *Ibid.*, apartado 87; la traducción es mía.

gar, o precisar, determinados hechos sin que primero se le haya exhibido la prueba correspondiente que se encuentra en poder del demandado, o de un tercero, y que debería permitírsele modificar las alegaciones una vez que se le haya exhibido la prueba. En principio, no hay ninguna razón por la que excepciones similares no deban aplicarse igualmente a los demandados que necesiten acceder a las pruebas antes de presentar, o precisar, todas sus alegaciones. *Por consiguiente, la introducción del acceso a fuentes de prueba en el procedimiento nacional puede que deba tener necesariamente un impacto en el proceso, de un modo que permita que el nuevo derecho puede contribuir de forma efectiva a la capacidad de las partes para formular y acreditar sus pretensiones.*

Hay que recordar, en este contexto, que el *disclosure* tiene como marco el derecho subyacente de la tutela judicial efectiva de los derechos materiales de la Unión. Como hemos visto en el capítulo 2.4(c) antes, este principio ha llevado al TJUE a exigir a los órganos jurisdiccionales nacionales que hagan todo lo posible para garantizar el acceso a la información que se encuentre en poder de otra parte cuando sea necesario para permitir a la parte demandante acreditar sus pretensiones[506]. Como alternativa, si el acceso a fuentes de prueba no fuera posible en tales circunstancias, la Comisión afirmó en el Libro Blanco que el principio de efectividad requeriría que los órganos jurisdiccionales nacionales "suavizaran" los requisitos probatorios impuestos a la parte demandante[507]. Eso nos lleva a otra cuestión que se abordó durante el debate político: a saber, si una posible solución alternativa al aumento de los derechos a pedir *disclosure* sería atenuar la carga de la prueba que pesa sobre el demandante o trasladar la carga de la prueba de la parte que alega los hechos a la parte que tiene en su poder las pruebas pertinentes. En el Libro Verde, la Comisión recordó cuál es el funcionamiento actual de las presunciones y de la inversión de la carga de la prueba en el Derecho de la

---

506 Véase, por ejemplo, *Boiron*, n. 203.

507 Apartado 83, SWD Libro Blanco.

competencia de la Unión[508]. El principio general fue enunciado por el TJUE en el asunto *Aalborg Portland*, en el que sostuvo que la presentación de elementos de prueba por la parte que soporta la carga de probar un hecho concreto puede "obligar a la otra a dar una explicación o una justificación sin la cual es posible concluir que se ha satisfecho la carga de la prueba"[509]. A modo de ejemplo de la aplicación de este principio general, el TJUE ha desarrollado la denominada "presunción de continuidad" de la conducta ilícita cuando las pruebas demuestren la existencia de actos concretos que se encuentran "suficientemente próximos en el tiempo, de modo que pueda admitirse razonablemente que la infracción prosiguió de manera ininterrumpida" entre las fechas de tales actos[510]. Del mismo modo, el TJUE ha desarrollado una presunción de relación causal entre la participación de una empresa en reuniones ilícitas con competidores (en las que, por ejemplo, se intercambia información sensible desde el punto de vista comercial) y su posterior política comercial en el mercado. Ambas presunciones se basan, en parte, en el objetivo de eficacia del Derecho de la competencia de la Unión. Así, el TJUE señala que: (i) la dificultad de probar todos los actos específicos de una infracción compleja continuada cuando la infracción es de naturaleza oculta y las pruebas pueden con toda probabilidad ser dispersas y fragmentarias (presunción de continuidad)[511]; y (ii) la exigencia de que las empresas se distancien públicamente de las conductas ilícitas para eludir su responsabilidad contribuye a

---

[508] Apartado 83, SWD Libro Verde. Para un excelente análisis en profundidad del uso de las presunciones en el Derecho de la competencia de la UE, véase Kalintiri, A., *Evidence Standards in EU Competition Enforcement – The EU Approach* (Hart, 2019), capítulo 6. Véase asimismo Kalintiri, A., "Analytical Shortcuts in EU Competition Enforcement: proxies, premises and presumptions" (2020), 16(3) *Journal of Competition Law & Economics*, 392.

[509] *Aalborg Portland*, n. 193, apartado 79.

[510] Extraído de la sentencia del TGUE en el asunto T-43/92 *Dunlop Slazenger* EU:T:1994:19, apartado 79.

[511] *Aalborg Portland*, apartados 55-57.

la detección de las infracciones y, por tanto, al objetivo de la disuasión (presunción causal)[512]. También se basan en las llamadas máximas de la experiencia: por ejemplo, que si una empresa recibe información de un competidor sobre su política de precios, es probable que tenga en cuenta dicha información a la hora de determinar su propia conducta en el mercado[513].

En 2008, cuando se publicó el Libro Blanco, se rechazó la adopción de medidas concretas de este tipo (sobre la carga de la prueba) ante el temor de que facilitar excesivamente la tarea de los demandantes pudiera incentivar las demandas infundadas y crear un riesgo inaceptablemente alto de sentencias incorrectas. También se observó que la inversión de la carga de la prueba, de suerte que el demandado tuviera que demostrar la inexistencia del perjuicio para el demandante cuando se hubiera probado la infracción (en lugar de que sea el demandante quien tenga que demostrar la existencia del perjuicio), no eliminaría el problema para el demandante de cuantificar su perjuicio y la correspondiente necesidad de tener acceso a la información que se encuentra en poder de la otra parte:

> "Incluso cuando las víctimas puedan basarse en la constatación de una infracción en la decisión de una autoridad de competencia, la inversión de la carga de la prueba no serviría de mucha ayuda a la hora de cuantificar los daños, puesto que, sin acceso a la información pertinente sobre, por ejemplo, cómo se aplicó un acuerdo de fijación de precios en el caso concreto de los demandantes, *estos y los órganos jurisdiccionales a menudo serán incapaces de estimar siquiera de forma aproximada una cuantía de daños que, luego, deberá ser refutada por el demandado."*[514] (traducción propia, la cursiva es mía)

---

[512] *Aalborg Portland*, apartado 84.

[513] Asunto C-49/92 P *Comisión contra Anic Partecipazioni SpA* EU:C:1999:356; [1999] Rec. p. I-4125, apartado 121.

[514] Apartado 92, SWD Libro Blanco. Resalto la referencia a la estimación judicial por su interés.

Finalmente, la Directiva de Daños adoptó un enfoque más equilibrado. Por una parte, introduce el nuevo régimen de acceso a fuentes de prueba, que pretende resolver la asimetría de información entre las partes (Capítulo II, artículos 5 a 8). Por otro lado, el artículo 17 de la directiva, sobre la cuantificación del daño, si bien confirma que las cuestiones del estándar y la carga de la prueba son competencia de Derecho nacional, introduce no obstante ciertas medidas para aligerar la carga probatoria del demandante, incluida una presunción del daño[515] en los casos de infracciones de cárteles, así como otros mecanismos destinados a ayudar al demandante, y al tribunal, en la cuantificación del perjuicio[516]. Nos referiremos a estas disposiciones en la siguiente sección. Baste por el momento reseñar que estas disposiciones se introducen claramente con el fin de garantizar que las normas sobre el estándar y la carga de la prueba conforme a la legislación nacional aplicable no hagan prácticamente imposible o excesivamente difícil el ejercicio del derecho al resarcimiento por los

---

515 El significado y el alcance precisos de la presunción no son el objeto de esta investigación. Se trata de un tema que ha recibido mucha atención en otros lugares: véase, por ejemplo, Van Cleynenbreugel, P., "The Presumption of Harm and its Implementation in the Member States' Legal Orders", en Strand, Venegas e Iacovides, *EU Competition Litigation*, n. 302, 201; Hornkohl, L., "The Presumption of Harm in EU Private Enforcement of Competition Law – Effectiveness vs Overcompensation" (2021), 5 ECLIC 29; van Wijck, P., y Weber, F., "The abstract presumption of harm in the Damages Directive: overconcern of compensation" (2022), 18, 1 *European Competition Journal*, 204; y, más en general, La Pergola, A., y Prete, L., "Burden of proof in competition law: An overview of EU and national case law", Concurrences e-Competitions, número especial: Burden of Proof, 29 de marzo de 2023.

516 En particular, el artículo 17 de la Directiva de Daños. Además, el Capítulo IV de la directiva introduce ciertas normas sobre la carga de la prueba en relación con *pass-on* [artículos 13 y 14(1)], y establece la presunción de repercusión (*pass-on*) a favor de los compradores indirectos en determinadas circunstancias [artículo 14(2)].

daños y perjuicios (principio de efectividad)[517]. Se introdujeron como parte del ejercicio —que se llevó a cabo para llegar al texto definitivo de la directiva— de tratar de alcanzar un equilibrio entre facilitar las demandas justificadas y no promover una excesiva cultura del litigio. Además, se adoptaron en una situación en la que, al final, las demandas colectivas (que sin duda habrían beneficiado de forma muy significativa a las demandas en masa) se habían suprimido del texto definitivo.

Sin embargo, la cuestión de la relación entre, por un lado, el acceso a fuentes de prueba y, por otro, los estándares y las cargas de la prueba aplicados a las partes, es una interesante y abierta. No cabe duda de que es y seguirá siendo el objeto de acalorados debates, y su resolución dependerá de las circunstancias del caso concreto, así como de la naturaleza de los hechos específicos que se aleguen. ¿Hasta qué punto se puede decir que una parte tiene efectivamente el "deber" de solicitar el acceso a fuentes de prueba cuando lo necesite para probar los hechos? Sugerir que exista un deber es probablemente ir demasiado lejos, ya que (a

---

517 Artículo 17(1). Tal y como señala Kalintiri, sin duda hay margen para que el Derecho de la Unión continúe modelando los conceptos de carga de la prueba y estándar de prueba en el Derecho nacional, en virtud tanto del principio de efectividad (como en *Eturas*) como del principio de tutela judicial efectiva: n. 485, pp. 215-219. Si bien estos comentarios se hacen principalmente en referencia al ámbito de la aplicación pública, el autor también contempla su extensión a las normas de prueba en la aplicación privada, refiriéndose, en particular, a Van Cleynbreugel, P., "Judge-made standards" (n. 149). También hemos visto anteriormente el planteamiento del TJUE respecto de la valoración de las pruebas en las demandas por responsabilidad extracontractual relativas a productos defectuosos, donde ha subrayado la necesidad de que los tribunales nacionales estén autorizados para valorar libremente todas las pruebas que les sean presentadas, de que la carga de la prueba no se invierta con demasiada facilidad sin que la parte en cuestión aporte primero pruebas suficientes y, por último, de que no se permita que el uso de presunciones distorsione estos principios (*Sanofi Pasteur*, comentado en el capítulo 2.4(d) *supra*).

diferencia de lo que ocurre en el Derecho inglés) el *disclosure* se presenta como un derecho, no como una obligación, en la Directiva de Daños. Sin embargo, no podemos ignorar el hecho de que el enfoque adoptado por una parte (es decir, lo activa que sea, o debería razonablemente haber sido, a la hora de intentar probar los hechos en los que basa su demanda) podría influir en la valoración de las pruebas por parte del tribunal. Precisamente sobre este punto, el Juzgado de lo Mercantil nº 3 de Valencia remitió al TJUE en mayo de 2021 una cuestión prejudicial sobre si el hecho de que un demandante no haya aprovechado la oferta de un demandado de concederle acceso al modelo y datos económicos empleados por sus propios peritos debería influir en el ejercicio por el tribunal de su facultad de estimación del daño[518]. En la tercera parte de estudio, volveremos sobre cómo el TJUE respondió a esta cuestión en la sentencia que dictó el 16 de febrero de 2023 en el asunto *Tráficos Manuel Ferrer*[519]. Examinaremos en particular cómo esta y otras sentencias del TJUE relacionadas con el *disclosure* han repercutido en el Derecho y práctica procesales españolas. Baste decir, por ahora, que, a través de tales sentencias, el Tribunal ha desarrollado (y seguirá desarrollando) lo que son conceptos autónomos del Derecho de la Unión, tales como el acceso a fuentes de prueba o la estimación judicial del daño. Comprender

---

518 La pregunta (la segunda de tres) se formuló de la siguiente manera: "¿La facultad del órgano jurisdiccional nacional para la estimación del importe de los daños y perjuicios permite la cuantificación de los mismos de forma subsidiaria y autónoma, por constatarse una situación de asimetría informativa o dificultades de cuantificación irresolubles que no deben obstaculizar el derecho al pleno resarcimiento del perjudicado por una práctica anticompetitiva en el art. 101 TFUE y en su relación con el art. 47 de la Carta, incluso en el caso de que el perjudicado por una infracción anticompetitiva consistente en un cártel generador de sobreprecio, ha tenido acceso durante el curso del proceso a los datos en los que el propio demandado basa su estudio de experto para excluir la existencia de daño indemnizable?", Auto de 10 de mayo de 2021, ES:JMV:2021:681A; [2021] DO C382/9.

519 Tercera parte, capítulo 16 *infra*.

esos nuevos conceptos y sus implicaciones para el procedimiento civil nacional es un fascinante proceso en el que nos encontramos inmersos en la actualidad; implicaciones, creo yo, que están aún por descubrir en toda su extensión.

### *5.3. La cuantificación del daño*

Ya en sus documentos sometidos a consulta pública antes de la aprobación de la Directiva de Daños, la Comisión identificó la cuantificación del daño como uno de los puntos clave a los que debía prestar atención para garantizar la efectividad de las reclamaciones de daños en el ámbito del Derecho de la competencia. El considerando 45 de la directiva observa que la cuantificación puede "constituir [...] un obstáculo significativo que impide la eficacia de las reclamaciones de daños y perjuicios". El principal motivo de esa dificultad es la complejidad de recrear una situación que no puede observarse directamente en el mercado (el "escenario hipotético" o "contrafactual"), precisamente porque se pretende calcular el precio, u otra variable relevante, que se habría aplicado en ausencia de la infracción. Normalmente, esa situación hipotética dependerá de un amplio abanico de complejos factores económicos y comerciales relacionados, por ejemplo, con la política de precios de las empresas, las variables relevantes que influyen en los precios, la dinámica competitiva del mercado o el mecanismo específico de la conducta ilícita. Además, la información sobre esos factores puede estar, en gran parte, en poder del demandado (el infractor). El documento de trabajo de los servicios de la Comisión-Libro Blanco describe el problema del siguiente modo (apartado 89):

> "Para determinar su perjuicio, los demandantes tienen que comparar la situación anticompetitiva con la situación que se habría dado en ausencia de la infracción, es decir, un mercado hipotéticamente competitivo. En un caso de incumplimiento de contrato, normalmente el demandante puede utilizar los precios de mercado en el momento del incumplimiento como referencia para calcular su pérdida. Sin embargo, en un típico caso de competencia, el demandante no puede basarse en los precios existentes en el mo-

> mento de la infracción y tiene que establecer cuál habría sido el precio en ausencia de la restricción de la competencia. Para ello, a menudo dependerá de información que se halla en la esfera del demandado y, posiblemente, de sus socios en la infracción: por ejemplo, notas sobre los sobreprecios acordados en secreto entre los miembros del cártel, detalles sobre cómo y cuándo se influyó en el precio y otros parámetros de la competencia, o documentos internos del infractor que muestren su análisis de las condiciones y la evolución del mercado. Asimismo, la reconstrucción de un mercado hipotéticamente competitivo para cuantificar el daño causado por el infractor suele presuponer el conocimiento de hechos sobre las actividades comerciales del infractor y de otros agentes en el mercado de referencia." (traducción propia)

Rechazando determinados planteamientos proclamados en el Libro Verde de la Comisión, el Libro Blanco y la propia directiva introdujeron otros factores que han agravado la ya de por sí compleja naturaleza de la cuantificación del daño[520]. El primero es la decisión de atribuir un carácter compensatorio a los daños y perjuicios. En ese sentido, la reparación íntegra se refiere a la "*restitutio in integrum*": es decir, devolver a la víctima a la posición en la que habría estado de no haberse producido la infracción[521]. La Directiva de Daños excluye expresamente la "sobrecompensación"[522]. En consecuencia, excluye del alcance de la compensación en virtud del Derecho de la competencia nacional o de la Unión los daños múltiples o punitivos, a pesar de que el TJUE dejó abierta esa posibilidad en el asunto *Manfredi*.

El segundo factor, relacionado con el anterior, es el del *pass-on*. El *pass-on* refleja, ante todo, el principio anunciado en el asunto *Courage* de que *cualquier* persona tiene el derecho a reclamar por

---

520 Se podría decir que este enfoque no fue exactamente una reacción a las respuestas públicas al Libro Verde, sino que no hacía más que reflejar los principios generales del Derecho de la Unión. De hecho, todos ellos son factores previstos por el AG Van Gerven en el asunto *Banks* (n. 315) basándose en la jurisprudencia comunitaria existente.

521 Artículo 3(2) de la Directiva de Daños.

522 Artículo 3(3) de la directiva.

los daños causados por una conducta contraria a la libre competencia[523]. Al mismo tiempo, ese principio exige que el daño se distribuya en cada nivel de la cadena de suministro pertinente para evitar la sobrecompensación en un nivel (o a una persona) concreto. Por lo tanto, en un caso simple, una reclamación de daños y perjuicios por parte de un comprador directo de un producto cartelizado debería reducirse en el importe de cualquier daño que haya repercutido "aguas abajo" en su comprador indirecto (un consumidor), y, en la correspondiente reclamación de ese consumidor, debería concedérsele una compensación por el daño que le haya repercutido el comprador directo. Es fácil ver cómo esta opción estratégica aumenta la complejidad de la cuantificación del daño[524].

El *pass-on,* además, pone de relieve la importancia de la causalidad[525]. En efecto, se refiere a un nexo causal concreto: el que existe entre la infracción y un eventual demandante (indirecto). La causalidad también puede desempeñar un papel importante

523 *Courage,* n. 36, apartado 26.

524 Como hemos visto en la sección 5.1 antes, este riesgo de excesiva complejidad se identificó en el Libro Verde (SWD, p. 4) y es la razón que llevó al Tribunal Supremo de EE UU a declarar inadmisible la defensa de *pass-on* de acuerdo con la legislación federal antimonopolio de EE UU en *Hanover Shoe, Inc. v. United Shoe Mach. Corp.*, 392 U.S. 481 (1968) e *Illinois Brick Co v. Illinois,* 431 U.S. 720 (1977) (donde concluía que solo los compradores directos podían sufrir un perjuicio por infracción de las normas de defensa de la competencia y entablar demandas de indemnización por el triple del perjuicio en virtud del artículo 4 de la Ley Clayton). Para consultar más ejemplos de la complejidad que puede surgir en supuestos del *passing-on,* véanse el Estudio sobre Pass-on y las Directrices sobe Pass-on (Secciones I.A y 1.2, respectivamente). Véanse también las declaraciones del AG Mengozzi en el asunto C-129/00, *Comisión contra Italia,* EU:C:2003:319, en relación con el complejo entramado de factores económicos que deben tenerse en cuenta a la hora de evaluar el *pass-on* (apartados 73-80 de las conclusiones), citado en el apartado 35 de la sentencia, EU:C:2003:656.

525 Véase el Estudio sobre Pass-on, apartado 45.

en la valoración del perjuicio de otras maneras. Un ejemplo es el caso de las causas concurrentes, que pueden romper la cadena de la causalidad o reducir la cuantía del daño atribuible a una conducta ilícita concreta[526]. Pese a su importancia, la cuestión de la causalidad no se aborda en la Directiva de Daños[527], es decir, sigue siendo una cuestión de Derecho nacional. No obstante, la causalidad dista mucho de estar totalmente en manos del orden jurídico nacional. Por supuesto, está sujeta a los principios de equivalencia y efectividad, así como al principio de la plena eficacia del Derecho de la competencia. De hecho, el TJUE ya ha determinado en al menos dos ocasiones que ciertos tipos de daños son resarcibles en virtud del Derecho de la competencia de la Unión y, en consecuencia, no pueden ser excluidos por ninguna norma nacional que pretenda restringir el alcance de la responsabilidad extracontractual civil (por ejemplo, basándose en doctrinas jurídicas del alcance de la norma, "*remoteness*" o similares)[528].

Más difícil es la cuestión de las exigencias en cuanto a las pruebas fácticas del nexo causal o del daño (estándares probatorios). En el contexto de los casos de abuso de posición dominante, el tratamiento de estas cuestiones ha variado sustancialmente de un país a otro y de un caso concreto a otro[529]. Esto puede simplemente reflejar diferencias fácticas o probatorias en esos casos concretos. El estándar de prueba no está regulado por el Derecho de la Unión, sino que se deja al Derecho nacional, por lo que también podría reflejar simplemente esa realidad[530]. Sin embargo, también es posible que refleje un grado de diferencia en los estándares probatorios aplicados por los órganos jurisdiccionales

---

526 Véase, por ejemplo, *Mulder*, n. 324, apartados 33-34 y, en general, Havu, K., "Full, Adequate and Commensurate Compensation", n. 432.

527 Tal y como se señala expresamente en el considerando 11 de la directiva.

528 *Kone* y *Otis II* (analizados en el capítulo 4.2(c) *supra*).

529 Véase Komninos, A., "Damages Actions in Article 102 Cases", en *EU Competition Litigation*, n. 309, 164-165.

530 Tanto en virtud de la Directiva de Daños, véanse el considerando 11 y el artículo 17(1), como del Reglamento 1/2003, considerando 5.

nacionales que pudiera surgir una preocupación acerca de la aplicación uniforme y efectiva del Derecho de la competencia de la Unión[531]. En su informe sobre el funcionamiento del Reglamento 1/2003, la Comisión identificó esta divergencia en los estándares de prueba del Derecho nacional como una cuestión que podría ser necesario abordar (aunque lo dijo, más concretamente, en el ámbito de los procedimientos de las ANC)[532]. También hemos visto al TJUE proporcionar orientación sobre elementos bastante detallados de la valoración de la prueba en los asuntos *Eturas* (de nuevo, en el marco de una investigación pública) y *Sanofi Pasteur* (en una acción de responsabilidad civil por daños y perjuicios)[533]. Hay quienes han apuntado al objetivo de que casos similares den lugar a resultados similares e incluso a niveles similares de indemnización por daños y perjuicios (es decir, en un caso relativo a la misma infracción y en circunstancias similares). En la exposición de motivos de su propuesta de directiva de 2013, la Comisión siguió señalando (como ya había hecho en el Libro Verde de 2005) la divergencia de los resultados judiciales (incluso en lo que respecta al nivel de daños y perjuicios) como una de las preocupaciones que justificaban la necesidad de actuar a escala de la UE:

> "Actualmente existe una evidente desigualdad entre los Estados miembros en cuanto al nivel de tutela judicial de los derechos garantizados por el Tratado, que puede causar el falseamiento de la libre competencia y del adecuado funcionamiento del mercado interior. El resultado es una clara disparidad hasta en el contenido del derecho a indemnización garantizado por la legislación de la UE. Más concretamente, una demanda interpuesta con arreglo al Derecho de un Estado miembro puede llevar a la plena recuperación de la pérdida sufrida por el demandante, mientras que *una demanda*

---

531 Para un breve análisis de las "fronteras exteriores" establecidas por la legislación de la UE, véase Havu, K., "Full, Adequate and Commensurate Compensation", n. 432.

532 Comisión, "Comunicación de la Comisión al Parlamento Europeo y al Consejo: Informe sobre el funcionamiento del Reglamento 1/2003" SWD COM(2009)206 final, apartados 203-207.

533 Capítulo 4.2(c) *supra*.

> *interpuesta por una infracción idéntica en otro Estado miembro puede llevar a una indemnización significativamente inferior o incluso a que no se conceda indemnización alguna."*[534] (la cursiva es mía)

Tal vez no sea razonable considerar que el Derecho de la Unión *exige* que las indemnizaciones por daños y perjuicios concedidas por distintos órganos jurisdiccionales en casos idénticos sean las mismas, al menos no de momento. La Directiva de Daños no va tan lejos[535]. Los principios del Derecho de la Unión pueden exigir que se incluyan (o excluyan) determinados conceptos de perjuicio en la valoración del órgano jurisdiccional[536], pueden exigir un determinado enfoque de la prueba[537] o de la causalidad[538], e incluso pueden imponer una determinada concepción del pleno resarcimiento[539]. Sin embargo, el TJUE no actúa, ni puede hacerlo, como un tribunal de apelación facultado para revisar las apreciaciones de hecho y tratar de imponer una coherencia en las sentencias de los órganos jurisdiccionales inferiores: sencillamente no es práctico[540]. Tampoco son posibles resultados idénticos en un mundo con múltiples tribunales en países a los que además se concede "autonomía procesal". No obstante, es claramente deseable que exista un enfoque lo más uniforme posible en la aplicación del Derecho de la competencia de la Unión, como ilustra la sentencia del Tribunal en el asunto *Sanofi Pasteur*[541].

---

534 Propuesta de directiva (2013), n. 454, p. 11.

535 La "protección equivalente" de los derechos en toda la Unión que la Directiva de Daños aspira a alcanzar [artículo 1(1)] se refiere a un nivel de uniformidad inferior al que nos ocupa.

536 Véanse, por ejemplo, *Marshall*, n. 7878, y *Manfredi*, n. 334.

537 Véanse, por ejemplo, *Eturas*, n. 216, y *Sanofi Pasteur*, n. 220.

538 Véanse, por ejemplo, *Kone*, n. 338, u *Otis II*, n. 338.

539 Para un análisis general de estos temas y de la jurisprudencia al respecto, véase Havu, K., "Full, Adequate and Commensurate Compensation", n. 432.

540 La existencia de distintas valoraciones de las mismas pruebas por parte de los tribunales es una realidad también a nivel nacional en los diversos Estados miembros.

541 *Sanofi Pasteur*, n. 220, apartados 50-51.

Nos encontramos, por tanto, ante un marco jurídico que, a primera vista, establece un entorno verdaderamente complejo en el que los órganos jurisdiccionales han de abordar las demandas de daños y perjuicios: (i) la necesidad de establecer el perjuicio real sufrido por cada una de las partes afectadas (directa o indirectamente); (ii) sobre la base de normas nacionales divergentes y laxos principios generales del Derecho de la Unión; y, al mismo tiempo, (iii) con el objetivo de asegurar una aplicación efectiva y equivalente del Derecho de la competencia en toda la UE. Esto puede dejarnos un tanto desanimados ante la tarea verdaderamente titánica que tenemos por delante. Sin embargo, es en este punto donde podemos considerar que el Derecho de la Unión está sembrando las semillas que, con la ayuda tanto de los profesionales como de los órganos jurisdiccionales, contribuirán a un mayor desarrollo del Derecho y la práctica comunes en este ámbito.

¿Qué ha hecho el legislador de la Unión para ayudar a los órganos jurisdiccionales nacionales en este complejo entorno? En primer lugar, la Directiva de Daños adopta tres medidas específicas para ayudar a los tribunales a cuantificar el perjuicio:

- Establece que los órganos jurisdiccionales nacionales deben estar facultados para estimar el perjuicio y el efecto de la repercusión del sobreprecio (*pass-on*) [artículo 17(1) y artículo 12(5) de la directiva, respectivamente].
- Exige que las ANC puedan orientar a los órganos jurisdiccionales sobre la cuantificación de los daños y perjuicios, cuando así lo soliciten [artículo 17(3)].
- Encarga a la Comisión que proporcione asesoramiento general sobre la estimación del perjuicio y el *pass-on* (considerando 46, con referencia a la actual Guía Práctica, y artículo 16, sobre *pass-on*).

Estas tres medidas se basan en una importante observación previa, que introduce una nota práctica en el ejercicio de la cuantificación. El Derecho de la UE sostiene que la naturaleza hipotética del ejercicio de cuantificación del daño implica que cualquier cuantificación no será más que una estimación: no se trata de una ciencia exacta[542]. La Comunicación sobre Cuantificación (2013) lo expresa en los siguientes términos bien conocidos:

> "La cuantificación de ese perjuicio exige comparar la situación actual de la parte perjudicada con la situación en la que estaría sin la infracción. Esto es algo que no se puede observar en la realidad: es imposible saber con certeza cómo habrían evolucionado las condiciones del mercado y las interacciones entre los participantes en el mercado sin la infracción. Lo único que se puede hacer es una estimación del escenario que probablemente habría existido sin la infracción. La cuantificación del perjuicio en asuntos de competencia siempre se ha caracterizado, por su propia naturaleza, por limitaciones considerables en cuanto al grado de certeza y precisión que puede esperarse. A veces solo son posibles estimaciones aproximadas."[543]

Basándose en esta observación de carácter práctico, la Directiva de Daños establece además que la efectividad del Derecho de la competencia de la Unión requiere que las normas nacionales sobre la carga y el estándar de la prueba, y la manera en que dichas normas son aplicadas por los órganos jurisdiccionales, no hagan "prácticamente imposible o excesivamente difícil" para las víctimas obtener el pleno resarcimiento[544]. Antes bien, deberían

---

542 Por ejemplo, el considerando 46 de la Directiva: "Esta evaluación implica realizar una comparación con una situación que, por definición, es hipotética, por lo que nunca puede hacerse con total precisión".

543 Comisión, "Comunicación sobre la cuantificación del perjuicio en las demandas por daños y perjuicios por incumplimiento de los artículos 101 o 102 del Tratado de Funcionamiento de la Unión Europea" [2013] DO C 167/19, apartado 9.

544 Artículo 17(1), primera frase. Se trata de la formulación clásica de la efectividad. Curiosamente, la Comunicación sobre Cuantificación utiliza el término "desproporcionadas": "Todas estas normas y procedimientos nacionales que regulan la cuantificación del perjuicio deben establecerse y aplicarse en casos individuales de manera que permitan a las partes perjudicadas por infracciones a las normas de competencia de la UE obtener el pleno resarcimiento del daño sufrido sin dificultades

reflejar las dificultades inherentes a la cuantificación del daño en casos de defensa de la competencia. Como consecuencia, la Comisión preveía, en su comunicación de 2013, que el Derecho nacional pudiera establecer normas sobre: la inversión de la carga de la prueba una vez que el demandante haya acreditado ciertos factores, normas simplificadas de cálculo, la aplicación de presunciones (que pueden ser refutables o irrefutables) y la posibilidad para los órganos jurisdiccionales de basarse en "las estimaciones más aproximadas" o "recurrir a consideraciones de equidad"[545].

La propia directiva establece ciertas presunciones a favor de los demandantes: se trata del segundo elemento de "asistencia" que ofrece a los órganos jurisdiccionales encargados de resolver reclamaciones por daños y perjuicios en materia de competencia.

En primer lugar, establece una presunción de perjuicio refutable en el caso de los cárteles[546]. Lo hace supuestamente para corregir algunos de los desequilibrios —ya mencionados— que afectan a los demandantes a la hora de acreditar el perjuicio, y basándose en la premisa general de que los cárteles tienden a tener un impacto negativo en los precios[547]. Además, se establece una presunción *iuris tantum* de repercusión del sobreprecio (*pass-on*) a favor de los compra-

desproporcionadas" (apartado 8). Como veremos en la siguiente sección, la Guía Práctica otorga una importancia capital a la cuestión de la proporcionalidad, en particular la proporcionalidad de las exigencias impuestas a las partes, en lo que respecta a las pruebas del perjuicio que deben presentarse, en comparación con el valor de los daños y perjuicios reclamados.

545 Apartado 8 de la comunicación. Todos son aspectos similares a los identificados por Van Gerven en *Banks* unos 20 años antes, haciendo referencia a la misma jurisprudencia del TJUE sobre la cuantificación del daño en virtud del Derecho de la Unión (a saber, *Laminoirs* y *Mulder*), donde ya subrayaba la necesidad de permitir un cierto margen de apreciación a los órganos jurisdiccionales en el uso de aproximaciones razonables a la cuantía del daño.

546 Artículo 17(2).

547 Considerando 47 de la Directiva de Daños.

dores indirectos cuando se cumplen determinadas condiciones[548]. Sin embargo, como hemos visto, la existencia de esas presunciones no resuelve el problema de la cuantificación. Para ello, es necesario volver al trío de medidas ya mencionado (que puede, en cierta medida, verse favorecido por la existencia de una presunción). A modo de conclusión, por lo tanto, abordaremos algunas de las cuestiones que se plantean y desarrollan en torno a las funciones del órgano jurisdiccional nacional y de la ANC en la estimación (de conformidad con el artículo 17 de la Directiva de Daños), antes de pasar a los documentos de orientación de la Comisión sobre la cuantificación del perjuicio (en nuestro capítulo final sobre *soft law*).

La facultad del tribunal para estimar el perjuicio en virtud del artículo 17(1) de la Directiva de Daños, está sujeta a las siguientes condiciones: (i) que "se acreditara que el demandante sufrió daños y perjuicios", pero (ii) "resulta prácticamente imposible o excesivamente difícil cuantificar con precisión los daños y perjuicios sufridos sobre la base de las pruebas disponibles". La primera condición se verá facilitada en los casos de cárteles por la presunción del perjuicio, pero sin duda su aplicación no estará exenta de dificultades (por ejemplo, en casos de causas concurrentes o relaciones causales complejas). Qué tipo de situaciones cumplirán la segunda condición es una cuestión realmente controvertida que deberá determinar el Derecho de la Unión. ¿Se requiere al menos una estimación aproximada válida? ¿Cuál es el nivel de exigencia en tales pruebas? ¿Dependerá de las circunstancias del demandante? ¿Cuál es la relevancia del *disclosure*? El TJUE ha ofrecido algunas recomendaciones iniciales en el asunto *Tráficos Manuel Ferrer*, pero aún quedan por resolver numerosos aspectos de estas cuestiones y la forma precisa en que deberían responderse[549]. No

548 Artículo 14(2) de la directiva.

549 Analizaremos el impacto del acceso a fuentes de prueba en el proceso en la tercera parte, capítulo 16.3 *infra*. Las cuestiones relativas al estándar de prueba y a las condiciones sustantivas para la estimación judicial no son el objeto de este trabajo, que se ocupa más bien de las implicaciones estrictamente procesales del Derecho de la Unión. No obstante,

es más fácil la pregunta ulterior de cómo debería el tribunal estimar el perjuicio en los casos en que se cumple la segunda condición. ¿Qué criterios debería utilizar el tribunal? ¿Debe limitarse a moderar las sumas realmente cuantificadas en el procedimiento? O ¿se le concede un margen de apreciación más amplio?

La disposición del artículo 17(3) de la directiva, relativa a la asistencia de las ANC en la cuantificación del daño no se incluyó en la directiva hasta que el Parlamento Europeo introdujo sus enmiendas al proyecto de directiva de la Comisión en 2014[550]. Había aparecido por primera vez en la evaluación de impacto de 2007, pero al parecer más bien desde la perspectiva de que la ANC ofreciera una opinión sobre el impacto en la sociedad de infracciones especialmente graves con efectos generalizados, por contraposición al daño individualizado a un demandante concreto (es decir, se formuló como un aspecto de la función de aplicación pública más natural de la ANC)[551] y, de todos modos, no se incorporó entonces al Libro Blanco ni a la propuesta de directiva. Los autores del informe dudaban, de hecho, de que las ANC estuvieran dispuestas o fueran capaces de dedicar los recursos necesarios a la tarea de cuantificar el daño, salvo en casos muy notorios[552]. Habrá que observar cómo se aplica en los tribunales y en la práctica de las ANC de toda la UE la versión definitiva de la disposición que acabó por incluirse en el artículo 17(3) de la Directiva de Daños, y posiblemente con

---

incluimos una breve nota sobre el estándar probatorio y la exhibición de pruebas tras *Tráficos Manuel Ferrer* en el capítulo 16.4.

550 Posición aprobada por el Parlamento el 17 de abril de 2014, EP-PE_TC1-COD(2013)0185.

551 Centre for European Policy Studies / Universidad Erasmo de Róterdam y Luiss Guido Carli, "Making antitrust damages actions more effective in the EU: welfare impact and potential scenarios FINAL REPORT", 21 de diciembre de 2007, p. 200.

552 Para un análisis en un contexto nacional concreto, véase Iacovides, M., "Article 17(3) of the Damages Directive and the Interaction Between the Swedish Competition Authority and Swedish Courts", en *EU Competition Litigation*, n. 309, 216.

el tiempo vayan llegando al TJUE cuestiones perjudiciales al respecto. No obstante, es cierto que la aplicación de la disposición plantea algunos desafíos muy reales. Por ejemplo, ¿cómo debería incorporarse dicha intervención de la ANC en el procedimiento civil garantizando el respeto del derecho de defensa de las partes? ¿En qué fase debería producirse esa intervención, sobre la base de qué información y con qué derecho de réplica? ¿Cómo se respetará el derecho fundamental a la tutela judicial efectiva? Por ejemplo, este principio implica que un tribunal no puede delegar su función judicial en un experto técnico. ¿Cómo se garantizará este principio en la práctica? Por último, ¿cómo definirán las ANC sus funciones precisas en los procedimientos de daños y perjuicios, en cada jurisdicción, y qué recursos decidirán dedicar a ese cometido?

## 6. *SOFT LAW*

El documento de trabajo de los servicios de la Comisión sobre el Libro Blanco señala que, a diferencia de otras cuestiones como el acceso a fuentes de prueba o los plazos de prescripción, que a su juicio requerían medidas de armonización específicas (y, por tanto, su inclusión en la directiva), otros aspectos, como el cálculo de los daños y perjuicios, podrían "tratarse de forma adecuada mediante instrumentos de *soft law*"[553]. Un comentarista ha observado que, en realidad, la Guía Práctica "podría, hasta cierto punto, funcionar como una forma de armonización mínima a través del *soft law* si los órganos jurisdiccionales nacionales siguieran los parámetros establecidos en ella"[554]. Otros se muestran más escépticos, y consideran que la Guía Práctica, y otras directrices en la materia, se limitan a

---

553 Apartado 322, SWD Libro Blanco (traducción propia). En este capítulo, nos centraremos en los instrumentos adoptados por la Unión Europea. En España, también existen instrumentos de *soft law* nacionales (o locales) que abordaremos en otras secciones de este estudio; entre ellos, CNMC, "Guía sobre Cuantificación de Daños por Infracciones del Derecho de la Competencia" G-2020-03.

554 Albers-Llorens, A., "Antitrust Damages in EU Law", n. 431, 146 (traducción propia).

explicar conceptos económicos sin aportar claridad sobre lo que constituye un perjuicio indemnizable desde el punto de vista jurídico[555]. No cabe duda de que esa crítica es acertada. Pero, igualmente, la naturaleza jurídica de las directrices de la Comisión, así como su finalidad, no se prestan a la resolución de cuestiones jurídicas de ese tipo. Por ley, directrices de este tipo no tienen un efecto vinculante en la interpretación del Derecho de la Unión por parte de los órganos jurisdiccionales nacionales[556]. Esto se indica explícitamente en los instrumentos pertinentes[557].

Además, la naturaleza de las cuestiones que se plantearán en este contexto estará estrechamente relacionada con los hechos y, en consecuencia, resultaría difícil para la Comisión intentar establecer directrices claras *ex ante* en un ámbito que, además, es competencia de los órganos jurisdiccionales nacionales[558]. No obstante, el efecto armonizador *de facto* de los instrumentos de *soft law* ha sido reconocido por el TJUE y recalcado por los Abogados Generales en diversos asuntos[559]. Por ejemplo, la AG Kokott señala en el asunto *Expedia*:

> "En lo que concierne a los procedimientos por prácticas colusorias en los Estados miembros, la Comunicación de minimis pretende explícitamente servir de orientación a los tribunales y autoridades de los Estados miembros a la hora de aplicar el artículo 81 CE, a pesar de no tener carácter vinculante. Tal orientación resulta decisiva para

---

555 Havu, K., "Causation & Damage", n. 472, 191.

556 Véanse, entre otras, las sentencias del TJUE en *Pfleiderer*, n. 372, apartados 21-23, o C-526/14 *Kotnik* EU:C:2016:570, apartado 44.

557 Comunicación sobre la Cuantificación, apartado 12; Guía Práctica, apartado 7; Directrices sobre Pass-on, apartado 2; Comunicación sobre la Protección de la Información Confidencial, apartado 8.

558 Esto puede contrastar con el hecho de que la Comisión defina su propia práctica administrativa (generando, como tal, ciertas expectativas legítimas; Asuntos acumulados C-189, 202, 205-8 y 213/02 P *Dansk Rørindustri A/S contra Comisión*, apartado 211; Asunto C-520/09 P *Arkema contra Comisión* EU:C:2011:619; [2011] Rec. p. I-8901, apartado 88; *Expedia*, n. 403, apartado 28).

559 Por ejemplo, AG Mazák en *Pfleiderer*, n. 372, apartados 26-27, o AG Kokott en *Expedia*, *ibid.*, apartados 35-37.

> el funcionamiento del sistema descentralizado de aplicación de la normativa en materia de prácticas colusorias, creado por el Reglamento no 1/2003, pues contribuye al objetivo fundamental de una aplicación eficaz y uniforme en la Unión de los artículos 81 CE y 82 CE (actualmente, artículos 101 TFUE y 102 TFUE). Al mismo tiempo contribuye a establecer unas condiciones objetivas equiparables en el mercado interior («level playing field»), y además incrementa la seguridad jurídica para las empresas afectadas."[560]

Entonces, ¿qué puede ofrecer los instrumentos de la Comisión de tipo *soft law* en este campo? En mi opinión, su contribución puede ser triple:

- En primer lugar, quizá pueda ofrecer algunas indicaciones sobre los criterios para la valoración de la prueba según la jurisprudencia del TJUE: límites al estándar de prueba que puede exigirse en virtud del principio de efectividad, teniendo en cuenta las dificultades inherentes a la cuantificación del daño, o en lo que respecta a la admisibilidad de las pruebas, límites al uso de presunciones, etc. No obstante, su papel en este campo no puede ser más que descriptivo, so pena de caer en las peligrosas trampas señaladas anteriormente.
- En segundo lugar, puede ofrecer ayuda para comprender los conceptos de daño que los tribunales tendrán que valorar, los factores relevantes a la hora de analizar las pruebas periciales y el estado del método científico aceptado para cuantificar el daño (algo que cabría afirmar que las directrices tanto del 2013 como del 2019 hacen de forma bastante completa y satisfactoria).
- Por último, puede ofrecer asesoramiento sobre aspectos de procedimiento y de prueba en la cuantificación del daño según su propia experiencia como autoridad de competencia.

---

[560] Conclusiones de la AG Kokott en *Expedia*, apartado 37, en referencia a la Comunicación de la Comisión relativa a los acuerdos de menor importancia que no restringen la competencia de forma sensible en el sentido del apartado 1 del artículo 81 del Tratado constitutivo de la Comunidad Europea (*de minimis*) [2001] DO C368/13.

Es en este último aspecto en el que me gustaría centrarme especialmente aquí, ya que es uno de los que, aunque se aborda en cierta medida en sus directrices prácticas, quizá no haya recibido hasta la fecha la atención que merece. En mi opinión, ofrece la vía más prometedora para allanar el camino hacia la armonización *de facto* de determinados aspectos de la práctica procesal nacional y, de ese modo, mejorar la valoración efectiva y coherente del perjuicio por parte de los órganos jurisdiccionales nacionales. En consecuencia, revisaremos las siguientes comunicaciones de la Comisión desde la perspectiva, principalmente, de lo que aportan a las cuestiones procesales y probatorias relacionadas con el ejercicio de cuantificar el perjuicio en procedimientos judiciales: la Guía Práctica y las Directrices sobre Pass-on; la Comunicación sobre la Protección de la Información Confidencial[561]; y las buenas prácticas de la DG COMP[562]. Por último, volveremos sobre la Comunicación sobre Acciones Colectivas, que, como ya se ha señalado, sustituyó a la propuesta de la Comisión para la inclusión de una norma sobre las acciones colectivas en la Directiva de Daños[563].

### 6.1. Directrices sobre cuantificación

La Guía Práctica ofrece, de hecho, solo indicaciones limitadas sobre cuestiones procesales o probatorias. No obstante, podemos identificar los siguientes tres puntos de interés en las secciones introductorias de la guía (secciones 1.I y 1.II):

- Entre las consideraciones relevantes a la hora de valorar la prueba pericial a la luz del principio de efectividad figuran: (a) si las partes disponen de datos suficientes (asimetría de información), y (b) si la carga y los costes que

---

561 Comisión, "Comunicación sobre la protección de la información confidencial por los órganos jurisdiccionales nacionales en los procedimientos de aplicación privada del Derecho de la competencia de la UE" [2020] DO C 242/1.

562 Los instrumentos específicos se identifican más abajo en el capítulo 6.3.

563 Nota 289.

conlleva la cuantificación son proporcionales a la cuantía de la demanda (proporcionalidad).

- La existencia del perjuicio debe basarse en una teoría plausible del daño que tome como punto de partida la infracción en cuestión y su previsible impacto en el mercado, considerando las pruebas disponibles y, en el caso de una demanda *follow-on*, la decisión pertinente de la autoridad de competencia.
- Las pruebas de hecho (incluidos documentos contemporáneos y pruebas testificales), cuando estén disponibles, también pueden contribuir a la evaluación del perjuicio, tanto en lo que respecta a su existencia como a su cuantificación.

No obstante, las Directrices sobre Pass-On proporcionan una perspectiva más detallada de cómo la Comisión concibe ciertas cuestiones procesales y probatorias. Las directrices también proporcionan contexto adicional sobre la facultad de los órganos jurisdiccionales nacionales para estimar el daño conforme a la directiva. Estos puntos, que figuran en la sección 2 ("El contexto jurídico") de las directrices, en particular en las secciones 2.2, relativa a la facultad del órgano jurisdiccional para estimar el daño, y 2.3, sobre el papel de la prueba, se refieren, en particular, a lo siguiente:

- Indicaciones procesales en una situación en la que existen demandas interpuestas ante distintos órganos jurisdiccionales por personas activas en distintos niveles de la cadena de suministro (situación contemplada en el artículo 15 de la Directiva de Daños). La Comisión señala que las partes deben informar a los tribunales de esas acciones relacionadas, que los tribunales deben hacer uso de los mecanismos procesales de que dispongan para evitar resultados incoherentes (por ejemplo, suspensión, acumulación o mecanismos de acción colectiva), y que las partes pueden considerar la consolidación de las demandas de diferentes niveles en una única acción mediante el mecanismo de adquisición de reclamaciones (cesión)[564].

- El impacto que los mecanismos procesales de consolidación de acciones o procesos pueden tener en el *disclosure*, a la luz del principio de proporcionalidad. La Comisión señala que "la acumulación de varias demandas de menor cuantía puede aumentar el valor total de las demandas pendientes ante un tribunal hasta el punto de que este considere proporcionado el volumen de datos solicitados para un análisis pericial más costoso", mientras que, de lo contrario, el tribunal podría no haber considerado proporcionada la solicitud en el contexto de una demanda individual de menor cuantía[565].
- La facultad prevista en el artículo 12(5) de la Directiva de Daños de estimar el efecto *pass-on* como una expresión particular de la facultad general de estimación prevista en el artículo 17(1) de la directiva[566]. La Comisión observa que los órganos jurisdiccionales nacionales no deberían rechazar las alegaciones de repercusión del sobrecoste por el mero hecho de que la parte no pueda cuantificar con precisión los efectos de esta[567]. Los órganos jurisdiccionales nacionales deberían basar su estimación en la información razonablemente disponible y esforzarse por lograr una aproximación plausible del importe de la repercusión[568]. Con frecuencia, los órganos jurisdiccionales nacionales tendrán que basarse en suposiciones para estimar el perjuicio (por ejemplo, en lo que respecta a precios, volúmenes de ventas o beneficios hipotéticos) y, en línea con el planteamiento del TJUE en el asunto *Mulder*, pueden disponer

[564] Directrices sobre Pass-on, apartados 25-28.
[565] *Ibid.*, apartado 29 (traducción propia).
[566] *Ibid.*, apartado 30.
[567] *Ibid.*, apartado 33.
[568] *Ibid.*, apartado 34.

de un amplio margen de apreciación en cuanto a los datos que deben aplicarse y a la forma de utilizar dichos datos en la estimación del perjuicio[569].

- Las premisas empleadas por los peritos en los análisis que presenten ante el tribunal (y la sensibilidad de los resultados a los cambios en dichas premisas) deberían explicitarse en línea con las buenas prácticas comunitarias en materia de la presentación de pruebas económicas (a las que volveremos más adelante)[570]. Además, los tribunales pueden pedir a los peritos que aborden posibles explicaciones alternativas de las conclusiones a las que han llegado en sus informes, que garanticen la reproducibilidad ("replicabilidad") de sus análisis y que permitan a las partes formular sus observaciones sobre sus informes[571].
- Por lo que se refiere a las pruebas en general, la Comisión señala que las exigencias probatorias dependerán de si se aplica una presunción (de conformidad con el artículo 14(2) de la Directiva de Daños)[572]. Identifica dos clases de pruebas que pueden ser relevantes a la hora de evaluar una alegación de repercusión: (i) pruebas cualitativas dirigidas a comprender el comportamiento de los precios de una empresa (por ejemplo, políticas de precios internas, contratos, regulación de precios o informes de mercado), y (ii) pruebas cuantitativas encaminadas a medir el efecto *pass-on* con el uso de datos empíricos (por ejemplo, mediante el uso de la econometría)[573]. Por último, se remite de nuevo a las indicaciones de la Guía Práctica (comentadas anteriormente) relativas a la plausibilidad de una teo-

569 *Ibid.*, apartado 35.
570 *Ibid.*, apartados 35, 39.
571 *Ibid.*, apartado 39.
572 *Ibid.*, apartado 36.
573 *Ibid.*, apartado 37.

ría de efectos (o daño) basada en pruebas de la infracción específica y en pruebas fácticas relevantes[574].

- Sobre la cuestión específica del acceso a fuentes de prueba, las directrices señalan la necesidad de una *gestión procesal activa* del ejercicio por el tribunal —entre otras cosas, para garantizar el cumplimiento del principio de proporcionalidad— y sugieren que, entre las medidas que se pueden utilizar para proteger la confidencialidad, están las contenidas en las buenas prácticas de la Comisión para la presentación de pruebas económicas, incluido, en su caso, el uso de salas de datos[575].

Esta guía procesal práctica tiene su origen en el trabajo realizado en el Estudio sobre Pass-on (elaborado en 2016 y precursor de las Directrices de 2019). El estudio incluye un capítulo titulado “Guía para jueces sobre la gestión y valoración de las pruebas relacionadas con el *pass-on*”, y los denominados “39 pasos” (una práctica *check-list* para jueces de cara a la valoración de las pruebas de *pass-on*[576]). Estos consejos procesales y probatorios, aunque limitados, ofrecen algunos indicadores prácticos valiosos para los órganos jurisdiccionales y las partes en el desarrollo de la práctica procesal relativa a las acciones de daños por infracción del Derecho de la competencia.[577]

### 6.2. *Comunicación sobre la Protección de la Información Confidencial*

La Comisión publicó su Comunicación sobre la Protección de la Información Confidencial en julio de 2020.[578] Lo hizo, aparentemente, para orientar a los órganos jurisdiccionales nacionales en el contexto de las solicitudes de acceso a fuentes de prueba de conformidad con las nuevas normas adoptadas en virtud de la Directiva de Daños (artículos 5 y 6). En concreto, la Comunicación

---

574 *Ibid.*, apartado 38.

575 *Ibid.*, apartados 39-43.

576 Estudio sobre Pass-on, Secciones V, VI.

577 Los órganos jurisdiccionales nacionales españoles han prestado una limitada atención a los “39 pasos”; véase la tercera parte, capítulo 17.2 *infra*.

578 Nota 561.

precisa el significado del requisito establecido en el artículo 5(4) de que "los órganos jurisdiccionales nacionales dispongan de medidas eficaces" para proteger la información confidencial que se les revele. Podría decirse que la comunicación también es aplicable a la protección de cualquier información confidencial aportada a los procedimientos judiciales, ya sea como consecuencia de un ejercicio de *disclosure* o porque una de las partes, o su perito, desea voluntariamente aportar información que considera confidencial en apoyo de sus alegaciones. Este puede ser el caso cuando los peritos económicos desean proporcionar acceso a su modelo de cuantificación o a los datos en los que se basan los resultados presentados en su informe, o cuando se acuerde u ordene un intercambio de datos o modelos como parte del procedimiento.

La comunicación es expresamente no vinculante y remite reiteradamente a los requisitos y posibilidades del Derecho procesal nacional. Es decir, respeta expresamente la autonomía procesal de los órganos jurisdiccionales nacionales en el tratamiento de las pruebas periciales. No obstante, al mismo tiempo, la comunicación pretende ser una "fuente de inspiración y orientación para los órganos jurisdiccionales nacionales"[579]. Además, las palabras del artículo 5(4) de la comunicación que he citado en el párrafo anterior tienen, por supuesto, un sentido normativo. A ese respecto, la comunicación debe entenderse como una oferta de opciones a los órganos jurisdiccionales nacionales para garantizar la protección efectiva de la información confidencial con el objeto de garantizar, a su vez, la tutela judicial efectiva de otros derechos surgidos en virtud del Derecho de la Unión (incluido el derecho al resarcimiento o el derecho a alegar la excepción de "*pass-on*").

La comunicación señala expresamente que, en la actualidad, los órganos jurisdiccionales nacionales pueden "tener recursos limitados para tramitar las solicitudes de exhibición"[580]. Implícitamente, *la Comisión está identificando un problema de adaptación de los procesos*

---

579 *Ibid.*, apartado 8.

580 *Ibid.*, apartado 6, *in fine*.

*nacionales a las exigencias de un procedimiento que incluye la posibilidad del acceso a fuentes de prueba y ofrece, a cambio, una serie de posibles soluciones basadas en la experiencia y las prácticas de las instituciones de la UE (incluida la Comisión y los Tribunales de la UE), así como en el Derecho nacional comparado (en particular, el Derecho inglés).* De hecho, llama la atención en varios momentos que la Comisión identifica la posible necesidad de adaptar los procesos y las prácticas judiciales habituales a las exigencias de la exhibición de información confidencial o de que el órgano jurisdiccional asuma el control de cuestiones detalladas relativas a dicha exhibición o facilite soluciones acordadas entre las partes. Entre la gama de mecanismos que se ofrecen en la comunicación para abordar estos desafíos, el círculo de confidencialidad, en sus diversas variantes, resulta especialmente interesante. El círculo de confidencialidad, en su forma más sencilla, se refiere a la limitación de las personas que pueden acceder a determinadas pruebas presentadas en el procedimiento, en virtud de un acuerdo u orden[581]. Como ha señalado la Comisión, el círculo de confidencialidad puede resultar especialmente adecuado para la exhibición de datos cuantitativos (económicos), como volumen de negocio, precios o márgenes, y para la gestión de grandes volúmenes de información o documentación[582]. El círculo de confidencialidad puede implicar la entrega de la información contenida en un dispositivo de almacenamiento electrónico a las personas que forman parte del círculo (o círculo interior), o la creación de una denominada sala de datos que, a su vez, puede organizarse bien electrónicamente (con acceso remoto controlado, la denominada exhibición electrónica) o bien físicamente[583]. En este caso, las comunicaciones sugieren que la sala de datos puede estar situada en las instalaciones del tribunal o fuera[584].

---

581 Véase el considerando 18 de la Directiva de Daños o, por ejemplo, el artículo 283 bis (b) 5.3 de la LEC en la normativa española de trasposición.

582 Comunicación sobre la Protección de la Información Confidencial, n. 561, apartados 52-53.

583 Véase *ibid.,* apartados 70-74, 79-82.

584 *Ibid.,* apartado 80.

Como señala la Comisión, y vale la pena subrayarlo, tales ejercicios "pueden requerir cambios en el funcionamiento habitual de los procedimientos logísticos, e incluso telemáticos, del órgano jurisdiccional, o el establecimiento de procedimientos *ad hoc* para cada caso concreto, dentro de los límites de las leyes procesales nacionales aplicables"[585]. Además, conllevarán una gestión procesal activa y atenta por parte del órgano jurisdiccional para regular, o acordar, incluso los detalles logísticos de la ejecución del círculo de confidencialidad, por ejemplo: las personas autorizadas a acceder, los medios de acceso, las consecuencias del incumplimiento, o, en su caso, las condiciones para el uso de una sala de datos —las necesidades de equipamiento, la duración, los horarios de acceso, el personal autorizado, las acciones permitidas (por ejemplo, derechos de descarga o copia), etc.—.[586]

En suma, la comunicación propone una serie de posibles mecanismos para que los órganos jurisdiccionales nacionales gestionen los ejercicios de acceso a fuentes de prueba que afecten a información confidencial de naturaleza empírica o voluminosa, mecanismos que son de especial relevancia para los informes periciales de cuantificación del daño y plantean una serie de cuestiones procesales novedosas que los órganos jurisdiccionales nacionales, y los sistemas judiciales nacionales, deben abordar, dentro de los necesarios límites de sus leyes procesales nacionales y respetando los derechos procesales de las partes.

### 6.3. *Buenas Prácticas de la DG COMP*

Muchas de las recomendaciones procesales a las que nos hemos referido anteriormente tienen su origen en las buenas prácticas de la Comisión en lo que se refiere al tratamiento de las prue-

---

[585] *Ibid.*, nota al pie 39, p. 7.

[586] Véase, en particular, *ibid.*, apartados 76-79, 84. Para conocer la experiencia práctica en procedimientos ante los órganos jurisdiccionales españoles y una consideración más detallada de los criterios para el uso de las salas de datos, véase el capítulo 16.3 *infra*.

bas económicas en el ámbito de las investigaciones sobre prácticas *antitrust* y concentraciones (es decir, en el ámbito de la aplicación pública). En algunos puntos de las directrices de aplicación privada se hace mención expresa de esas buenas prácticas. En otros, aunque no se mencionan, proporcionan un telón de fondo (con frecuencia, más completo) a aquellas directrices más recientes dirigidas a los órganos jurisdiccionales nacionales. En ese sentido, las buenas prácticas son una fuente útil de orientación adicional.

Las buenas prácticas en cuestión son: (i) la Comunicación de la Comisión de 2011 sobre buenas prácticas en la tramitación de procedimientos relativos a los artículos 101 y 102 del TFUE[587]; (ii) el documento de trabajo de la Comisión que acompaña dicha comunicación, sobre buenas prácticas en la presentación de pruebas económicas y en la recopilación de datos ("Buenas Prácticas en Pruebas Económicas")[588]; y (iii) las buenas prácticas sobre salas de datos ("Buenas Prácticas en Salas de Datos")[589].

El primer instrumento, y el único de los tres que fue publicado en el Diario Oficial, contiene referencias al uso de las salas de datos cuando la Comisión facilita el acceso a información confidencial del expediente administrativo a las partes interesadas, normalmente a datos cuantitativos relevantes para el análisis econométrico[590]. Esta referencia se desarrolla en el documento

587 Comisión, "Comunicación sobre buenas prácticas para el desarrollo de los procedimientos relativos a los artículos 101 y 102 del TFUE" [2011] DO C308/6.

588 Comisión, "DG Competition Best Practices for the Submission of Economic Evidence and Data Collection in Cases Concerning the Application of Articles 101 and 102 TFEU and in Merger Cases, Staff Working Paper" SEC/2011/1216 final.

589 Comisión, "DG Competition Best Practices on the disclosure of information in data rooms in proceedings under Articles 101 and 102 TFEU and under the EU Merger Regulation", disponible en https://competition-policy.ec.europa.eu/antitrust/procedures/data-rooms-and-confidentiality-rings_en.

590 *Ibid.*, apartado 97.

Buenas Prácticas en Salas de Datos, en el que la Comisión expone con más detalle la finalidad y los requisitos de una sala de datos. Las salas de datos forman parte de la práctica de la Comisión de garantizar la protección del derecho de defensa de las partes implicadas en investigaciones sobre prácticas anticompetitivas y concentraciones. En particular, se habla de permitir a las partes verificar los datos cuantitativos confidenciales en los que se basa la Comisión en el expediente, así como el análisis económico de la Comisión basado en dichos datos. En ese sentido, las salas de datos forman parte de un ejercicio de transparencia que permite a las partes interesadas verificar la base empírica del expediente de la Comisión y reproducir su análisis económico. Se trata de una herramienta excepcional que puede salvaguardar el derecho de defensa, al tiempo que protege la información confidencial. Los detalles del proceso de las salas de datos se exponen en las buenas prácticas, que, además, incluyen un modelo de normas de acceso y un acuerdo de confidencialidad.

Las Buenas Prácticas en Pruebas Económicas, al igual que las demás buenas prácticas, están relacionadas con la práctica administrativa de la Comisión, relativa en este caso a la presentación de pruebas económicas por las propias partes investigadas para que se las puede otorgar valor probatorio. Se trata de una herramienta que puede ofrecer recomendaciones prácticas de aplicación universal. Merece la pena destacar aquí algunas de ellas:

- El análisis económico debe plantearse de tal forma que la entidad encargada de resolver (órgano jurisdiccional o administración) pueda comprender y evaluar su relevancia y significado[591].
- Eso significa que el análisis económico debe cumplir ciertas normas técnicas mínimas en cuanto a su preparación y presentación, incluyendo, por ejemplo, que: (i) la hipótesis que se pretende probar se formule con claridad y basán-

591 Buenas Prácticas en Pruebas Económicas, apartado 2.

dose en los hechos; (ii) los supuestos se expliquen y sean coherentes con las características del mercado pertinente; (iii) los modelos empleados sean sólidos desde un punto de vista científico; (iv) los métodos empíricos y los datos sean apropiados para el análisis que se está llevando a cabo (y la fuente y el proceso de cotejo de los datos se expliquen adecuadamente); (v) los resultados se interpreten de forma adecuada y sean robustos (de cara a cambios relevantes); y (vi) los contraargumentos (o posibles debilidades) se hayan tenido debidamente en cuenta[592].

- La congruencia y la coherencia del análisis deberían evaluarse en relación con otras pruebas cuantitativas y cualitativas[593].
- El análisis debería poder ser reproducido por el perito de la otra parte o de la entidad encargada de resolver[594]. Eso supone que el análisis debería ir acompañado de toda la documentación necesaria para permitir su reproducción, incluidos los datos subyacentes y los códigos de programación en formato electrónico[595].

Normalmente, a los análisis económicos que no cumplan las normas establecidas en las Buenas Prácticas en Pruebas Económicas se les atribuirá un valor probatorio menor o incluso nulo[596].

El objetivo general de la Comisión se expone en términos con los que (si se aplicasen al procedimiento civil) me atrevería a decir que pocos jueces estarían en desacuerdo:

> "El objetivo de estas recomendaciones es garantizar que cada análisis económico o econométrico desarrollado por cualquiera de las

---

592 *Ibid.*, apartados 2-3; véanse también los apartados 10, 12, 16-18, 20-23, 40-42.

593 *Ibid.*, apartado 4.

594 *Ibid.*, apartado 5.

595 *Ibid.*, apartados 33, 46.

596 *Ibid.*, apartados 15, 33.

> partes implicadas que se someta a consideración en una causa exponga, en la mayor medida posible, el razonamiento económico y las observaciones en las que se basa y que explique la relevancia de sus conclusiones y la solidez de los resultados. *Esto debería permitir a la Comisión y a todas las partes interesadas examinar las pruebas económicas presentadas durante el procedimiento para evitar que los resultados empíricos que no son sólidos se disfracen como tales, y que los supuestos clave del razonamiento teórico se presenten como inocuos."*[597] (traducción propia, el énfasis es mío)

### *6.4. Acciones colectivas*

El último instrumento de *soft law* que deseo abordar es el relativo a las acciones colectivas. Como ya he señalado, la Unión tomó finalmente la decisión de excluir las acciones colectivas del ámbito de aplicación de la Directiva de Daños, pese a las recomendaciones de la Comisión de incluirlas como pilar fundamental en sus Libros Verde y Blanco y en su anteproyecto de 2009. En su lugar, la Comisión publicó en 2013 su Recomendación sobre Acciones Colectivas, que contemplaba expresamente medidas relacionadas con las reclamaciones de Derecho de la competencia en situaciones de daños masivos. Por el contrario, la reciente Directiva 2020/1828 se limita a determinadas acciones de representación de consumidores y no incluye el Derecho de la competencia expresamente en su ámbito de aplicación. En consecuencia, la recomendación es todavía lo que define el marco jurídico aplicable de la UE en materia de acciones colectivas en el ámbito de la defensa de la competencia. No obstante, es ciertamente un instrumento ya algo desfasado, por lo que la trataré brevemente[598].

---

[597] *Ibid.*, apartado 15.

[598] En España, por ejemplo, el Gobierno ya promulgó un anteproyecto de ley sobre las acciones de representación que pretendía trasponer la Directiva 2020/1828 en 2023 que pretendía cubrir demandas en materia de Derecho de la competencia; véase el capítulo 14.3 en la tercera parte de este estudio.

El objetivo de la recomendación es evitar prácticas ilícitas y garantizar la indemnización en situaciones de daño masivo, señalando que el acceso a la justicia se puede mejorar a través de mecanismos colectivos cuando las acciones individuales resulten desproporcionadamente costosas[599]. Al mismo tiempo, la recomendación subraya la importancia de tener en cuenta las tradiciones jurídicas (autonomía procesal) de los Estados miembros y señala como objetivo la coordinación de buenas prácticas, frente a la armonización de normas[600]. Estos principios nos son ya familiares.

En el contexto de nuestro debate hasta ahora, merece la pena destacar otros tres aspectos de la recomendación:

- La recomendación pretende evitar algunos de los abusos percibidos en el sistema de acciones de clase en EE UU. En consecuencia, recomienda evitar daños punitivos, un excesivo uso del *disclosure*[601], aplica obligaciones de transparencia y para evitar los conflictos de intereses en lo que se refiere a la financiación por terceros ("*third party funding*") y descarta los honorarios condicionados al éxito (*cuota litis* o "*contingency fees*")[602]. También recomienda las acciones *opt-in*, frente a las de *opt-out*[603].
- Pretende aumentar el papel de los órganos jurisdiccionales en la gestión procesal de los procedimientos colectivos. Esto se refiere, por ejemplo, a la certificación[604]. En general, la recomendación subraya el papel de los tribunales en la "protección de los derechos e intereses de todas las

599 Comunicación sobre recurso colectivo, considerando 9.

600 *Ibid.*, considerando 4 con referencia al punto 16 de la Resolución del Parlamento Europeo, de 2 de febrero de 2012, "Hacia un planteamiento europeo coherente del recurso colectivo" [2012] DO C 239 E/32.

601 *Ibid.*, considerando 15.

602 *Ibid.*, apartados 14-16, 29-30.

603 *Ibid.*, apartados 21-24.

604 *Ibid.*, apartados 8-9 (sobre "Admisibilidad").

partes interesadas" y en "la tramitación eficaz de la acción colectiva"[605].

- Inspirándose, entre otros, en los principios que hemos visto incorporados en el ámbito de la aplicación privada de la legislación medioambiental (bajo el paraguas del Convenio de Aarhus), la recomendación establece que la legislación nacional debería garantizar procedimientos de recurso colectivo que sean "justos, equitativos, oportunos y no excesivamente onerosos"[606].

Como ya se ha señalado, la recomendación ha resultado ineficaz a la hora de instaurar en Europa un sistema de acción colectiva cohesionado para las demandas en materia de Derecho de la competencia. Además, se ha visto superada por los acontecimientos: se han promulgado regímenes diferentes y más ambiciosos en varios Estados miembros, la financiación por terceros se ha vuelto casi omnipresente y la necesidad de racionalización de las demandas masivas, tanto más urgente. En efecto, se trata de un ámbito en el que, a falta de legislación comunitaria de armonización, se aplica el principio de competencia entre jurisdicciones. Si la UE desea garantizar una mayor uniformidad en este contexto y evitar la búsqueda del foro más ventajoso (*forum shopping*), deberá actualizar su postura legislativa en materia de acciones colectivas, volviendo a los objetivos subyacentes establecidos en los anteriores documentos de orientación y teniendo en cuenta la situación actual en toda la UE. No parece que tal cambio pueda esperarse de forma inminente, así que más bien seguiremos viendo competencia entre jurisdicciones y variedad en este ámbito. Un objetivo más ambicioso y tal vez apropiado sería desarrollar un mecanismo paneuropeo para las acciones colectivas, en la línea del mecanismo estadounidense de "*multidistrict litigation*". Sin embargo, eso tendría ser objeto de un estudio aparte.

---

605 *Ibid.*, considerando 21.

606 *Ibid.*, apartado 2.

SEGUNDA PARTE

# LA EXPERIENCIA BRITÁNICA

# INTRODUCCIÓN

Con razón se preguntará el lector por qué la experiencia del Reino Unido en materia de aplicación privada del Derecho de la competencia puede ser de interés para el tema que nos ocupa. En efecto, desde el Brexit, el Derecho de la competencia de la Unión ha dejado de formar parte de las normas aplicables en el Reino Unido[1]. Además, el *common law* es un sistema de Derecho ajeno a los sistemas jurídicos de la Europa continental. De modo que es comprensible cuestionar su relevancia para la aplicación del Derecho de la competencia por parte de los órganos jurisdiccionales españoles en virtud de la Ley de Enjuiciamiento Civil (o de los tribunales de otros países europeos al amparo de sus propias normas procesales).

Sin embargo, existen razones de peso por las que el sistema británico resulta de interés. La primera es que el Reino Unido ha creado un órgano jurisdiccional especializado en asuntos de Derecho de la competencia, que cuenta ya con veinte años de experiencia práctica en este ámbito: el *Competition Appeal Tribunal* o Tribunal de Apelación de la Competencia ("CAT", por sus siglas en inglés). La segunda es que, históricamente, el Reino Unido ha sido una de las jurisdicciones más elegidas por los demandantes para entablar sus acciones de aplicación privada del Derecho de la competencia y, de hecho, ha mostrado tener un alcance de brazo largo, casi se podría decir que ha "abrazado" a litigantes de toda Europa (y del mundo)[2]. La tercera es que, en cuestiones de especial relevancia

---

1 El Reino Unido abandonó la UE el 31 de diciembre de 2020 y, desde ese momento, los artículos 101 y 102 del TFUE dejaron de aplicarse en el Reino Unido.

2 Me refiero, en particular, a la línea jurisprudencial que comienza con *Provimi Limited v Aventis Animal Nutrition SA* [2003] ECC 29, que, básicamente, permitía que asuntos no referidos al Reino Unido relacionadas con infracciones del Derecho de la competencia de la UE se resolvieran en el Reino Unido por el hecho de que un demandado (con domicilio en el Reino Unido) formaba parte del mismo grupo empresarial que la empresa infractora y podía razonablemente alegarse que también

para nuestro objeto de estudio —como la gestión e impulso procesal ("*case management*"), el acceso a fuentes de pruebas ("*disclosure*") y las normas sobre la práctica y valoración de las pruebas periciales en los procedimientos judiciales—, el Reino Unido posee un nivel de experiencia inigualable. El *disclosure* es un mecanismo que, de hecho, hunde sus raíces en el *common law* y el régimen de las acciones colectivas británico, introducido en el CAT en 2015 para las demandas en materia de Derecho de la competencia, ofrece uno de los primeros sistemas de este tipo en Europa. Por último, el sistema británico de la prueba pericial prioriza a los peritos de parte frente a los peritos designados judicialmente, y atribuye a dichos peritos un deber de objetividad. En ese sentido, el sistema británico tiene algo en común con el español, a diferencia de otras jurisdicciones continentales como la alemana, la italiana o, hasta cierto punto, la francesa, donde se da prioridad a los peritos designados de oficio, pues se supone que los peritos de parte son más parciales (por no decir, sencillamente, parciales).

En consecuencia, el Reino Unido cuenta con una dilatada experiencia práctica y ofrece referencias y lecciones útiles que resultarán valiosas a la hora de evaluar el modo en que la valoración de los dictámenes periciales podría ser abordada por los órganos jurisdiccionales españoles. Además, hay que tener en cuenta que, en la práctica, el Derecho de la Unión seguirá aplicándose durante algún tiempo a las demandas de competencia entabladas

era responsable de la infracción (tesis consolidada desde entonces por el TJUE en el asunto *Sumal*, con referencia a la doctrina de la unidad económica de la UE, y aplicada por el Tribunal Superior en *JJH Enterprises Limited (trading as ValueLicensing) v Microsoft Corp* [2022] EWHC 929 (Comm)). Respecto a la situación conforme al Derecho inglés antes de *Sumal*, véase *KME Yorkshire Limited v Toshiba Carrier UK Ltd* [2012] EWHC 731 (Ch) y el análisis en Brealey, M., QC y George, K., *Competition Litigation. UK Practice and Procedure* (2ª ed. OUP 2019), apartados 5.54-56. En cuanto a la resolución de demandas relativas a los efectos indirectos en la UE de un cártel mundial, véase *iiyama v Samsung* [2018] EWCA Civ 220.

en el Reino Unido y, por lo tanto, es una jurisdicción que seguirá generando jurisprudencia comparada relevante[3].

Sin embargo, el sistema británico no puede en modo alguno considerarse normativo para los sistemas continentales, debido precisamente a la enorme diferencia entre tradiciones jurídicas. Además, el sistema británico no es en absoluto perfecto y, de hecho, presenta deficiencias muy notables, siendo una de ellas su enorme coste y su excesiva complejidad[4]. Curiosamente, este sistema se encuentra últimamente en un proceso de cambio sustancial, instigado principalmente por la reforma general de las reglas de procedimiento civil en Inglaterra y Gales que se puso en mar-

---

3 De acuerdo con el *Competition (Amendment etc.) (EU Exit) Regulations 2019* (SI 2019/93), Anexo 4, punto 6, el Derecho de la Unión seguirá aplicándose a los procedimientos relativos a hechos ocurridos con anterioridad al Brexit (es decir, antes de 2021). Además, es probable que, a menudo, el Derecho de la Unión siga siendo directa o indirectamente relevante para nuevas causas que tengan un componente comunitario, tal y como demuestra *ValueLicensing* (n. 2).

4 La revisión llevada a cabo por Jackson LJ del coste de los litigios civiles en Inglaterra puso de manifiesto estos problemas en 2009, y planteó una cierta preocupación por el acceso a la justicia. Jackson señaló que "los costes de los litigios civiles siguen aumentando" y, en algunas áreas, eran "desproporcionados e impiden el acceso a la justicia" (Jackson, L.J., *Review of Civil Litigation Costs: Preliminary Report* (TSO, mayo de 2009), prólogo y capítulo 1). Estos problemas persisten en la actualidad, en particular en lo que respecta al alcance y el coste del *disclosure*. De hecho, es un hecho ampliamente reconocido que las reformas de Jackson sobre el acceso a fuentes de prueba, que tenían por objeto evitar el uso automático de la exhibición "estándar" ("*standard disclosure*") y hacer que fuera más específica y selectiva, no funcionaron, dando lugar a nuevas reformas, tales como, en concreto, el Programa Piloto de Exhibición de Pruebas (*Disclosure Pilot*) para los Tribunales Mercantiles y de la Propiedad (*Business and Property Courts*); véase Zuckerman, A., *Zuckerman on Civil Procedure, Principles of Practice* (4ª ed. Sweet & Maxwell 2021), 43, nota al pie 183. Véase, en general, sobre los problemas de acceso a la justicia provocados por el coste y la complejidad de la litigación en Inglaterra: Higgins, A., "Keep Calm and Keep Litigating" en Higgins, A., (ed.), *The Civil Procedure Rules at 20* (OUP 2020).

cha en 1998[5] de conformidad con el Informe Woolf[6], y que luego fue objeto de un ulterior desarrollo, en 2013, tras el Informe Jackson[7]. También se aprecia en la influencia de los principios y el Derecho procesal de la UE en el Derecho nacional aplicable en el Reino Unido. Por último, se refleja en algunas reformas concretas que se llevaron a cabo en 2017 para trasponer la Directiva de Daños a la legislación británica (en particular, en relación con el acceso a fuentes de prueba, así como, tal vez, con la introducción de la presunción de daño en los casos de cárteles)[8]. Resulta fascinante observar que este proceso de reforma, tanto general como específico, está llevando a los órganos jurisdiccionales del Reino Unido a una forma más "europea" de hacer las cosas[9]. Así, se pue-

5 Las *Civil Procedure Rules 1998* (Reglas de Procedimiento Civil de 1998), SI 1998/3132 ("CPR"). Para una presentación detallada, con comentarios, de las CPR, véase el White Book Service (Sweet & Maxwell) (el "White Book").

6 Lord Woolf, H., *Access to Justice: Final Report to the Lord Chancellor on the Civil Justice System in England and Wales* (HMSO 1996).

7 Jackson LJ, *Review of Civil Litigation Costs: Final Report* (HMSO 2010).

8 La Directiva de Daños se aplicó mediante la introducción de un nuevo anexo, Anexo 8A, a la *Competition Act 1998* (Ley de Competencia de 1998), el 9 de marzo de 2017, en virtud del *Claims in respect of Loss or Damage arising from Competition Infringements (Competition Act 1998 and Other Enactments (Amendment)) Regulations 2017* [Reglamento de Reclamaciones por Daños o Perjuicios derivados de Infracciones del Derecho de la Competencia ((Modificación de la) Ley de Competencia de 1998 y Demás Disposiciones) de 2017] (SI 2017/385). Las modificaciones de las normas de exhibición de pruebas para adaptarlas a la Directiva de Daños se implantaron a través de la *Practice Direction 31C – Disclosure and Inspection in relation to Competition Claims* (Criterio orientativo 31C – exhibición e inspección de pruebas en relación con las acciones en materia de Derecho de la competencia) y, en el CAT, mediante la adopción, el 14 de marzo de 2017, de la *Practice Direction on Disclosure and Inspection of Evidence* (Criterio orientativo relativo a la exhibición e inspección de pruebas) en acciones entabladas de conformidad con los puntos 4 y 5 de las Reglas del CAT de 2015.

9 Zuckerman, A., n. 4, apartado 1.58.

de ver que el sistema británico y sus equivalentes de la UE están llamados a alcanzar un cierto grado de convergencia.

En palabras del profesor Rolf Stürner, en 2004, durante la redacción de los Principios ALI / UNIDROIT del Proceso Civil Transnacional:

> "La evolución del sistema inglés es quizás el ejemplo más interesante para nuestro debate. Inglaterra es la patria del *common law* y del procedimiento de *common law*, pero las reformas más recientes acercan el procedimiento civil inglés al continental y apuntan hacia *una notable convergencia entre los distintos sistemas*."[10] (traducción propia, la cursiva es mía)

Estas palabras cobran aún más fuerza veinte años más tarde. Por un lado, el Reino Unido sigue necesitando hacer un uso más controlado y pragmático de sus recursos jurisdiccionales (poner coto a ciertos excesos en la búsqueda de la justicia material y la verdad en cada caso, o en el uso y abuso de mecanismos procesales). Por su parte, los sistemas continentales, como el español, están obligados a desarrollar una mayor coherencia y calidad en la resolución de las complejas acciones interpuestas en materia de competencia, por los motivos a los que he aludido en la introducción a este trabajo y que desarrollaremos en la Parte III. Al mismo tiempo, ambos se ven influidos por el marco jurídico comunitario de normas y jurisprudencia relativas a la protección efectiva de los derechos reconocidos por la UE, especialmente en el ámbito del Derecho de la competencia.

Los esfuerzos de todas las jurisdicciones por mejorar y converger de este modo tienen en común, en mi opinión, las herramientas para intentar conseguirlo: en particular, la gestión e impulso

---

10 Stürner, R., "Anglo-American and Continental Civil Procedure: The English Reforms a Model for Further Harmonization?" en Andenas, M., Andrews, N., y Nazzini, R., (eds.), *The Future of Transnational Civil Litigation* (BIICL 2004), p. 11. El Dr. Stürner es profesor emérito de la Universidad de Friburgo y anterior juez del Tribunal de Apelación de Karlsruhe.

activos de los procesos. A su vez, una gestión activa procesal implica, por un lado, el uso y control adecuados de las principales herramientas de la prueba para la cuantificación del daño (informes periciales e información y documentación económica empleada para acreditarlo) y, por otro, la gestión eficiente de demandas múltiples o en masa.

Estos temas constituirán el objeto de los capítulos que conforman esta Segunda Parte. Como es lógico, este análisis no pretende ser un tratamiento exhaustivo de los temas abordados. Se trata de un ejercicio encaminado a seleccionar aspectos clave que nos permitan adentrarnos en la fase final de nuestro análisis con el contexto necesario para valorar el sistema español a la luz de la experiencia británica y pasar a formular nuestras propuestas finales[11].

## 7. EL *COMPETITION APPEAL TRIBUNAL*

### *7.1. La institución: un tribunal especializado*

El CAT se creó el 1 de abril de 2003 en virtud de la *Enterprise Act 2002* (Ley de Sociedades de 2002). Es un órgano judicial especializado e independiente[12] con poder tanto para revisar las decisiones de las autoridades de defensa de la competencia (y las agentes de regulación) del Reino Unido (Derecho público) como para conocer de demandas civiles de indemnización de daños o de otra naturaleza (Derecho privado). Cuenta con su propio personal permanente y con asistentes jurídicos ("*référendaires*") que

---

11 Para un análisis completo y general de estos temas, véanse, entre otros, Matthews, P., y Malek, H. M., QC, *Disclosure* (5ª ed. Sweet & Maxwell 2017); Zuckerman, A., n. 4; Hodge M Malek QC (ed.), *Phipson on Evidence* (20ª ed. Sweet & Maxwell 2021); Hollander, C., *Documentary Evidence* (14ª ed. Sweet & Maxwell 2021); Hodgkinson, T., y James, M., *Expert Evidence: Law & Practice* (5ª ed. Sweet & Maxwell 2020). Para un análisis del régimen de los litigios en materia de competencia del Reino Unido, véase Brealey, M., y George, K., n. 2.

12 Por consiguiente, se trata de un tribunal, no de un órgano administrativo.

trabajan en las propias instalaciones del CAT[13]. Además, el tribunal tiene un Presidente y un panel flexible de "jueces" (miembros del panel) procedentes tanto de la judicatura de la *High Court of England and Wales* (Tribunal Superior de Inglaterra y Gales), la *Court of Sessions of Scotland* (Tribunal Superior de Escocia) y la *High Court of Northern Ireland* (Tribunal Superior de Irlanda del Norte) como de otros cuerpos de profesionales experimentados, incluidos abogados (*barristers* o *solicitors*) y especialistas en asuntos no jurídicos (como pueden ser economistas, contables o expertos industriales de sectores específicos)[14]. Puede utilizar estos recursos para constituir un tribunal para cualquier caso concreto[15]. Por consiguiente, el CAT cuenta con un grupo de jueces altamente cualificados que es además muy flexible. El Tribunal está financiado y auspiciado por el Servicio de Defensa de la Competencia, un organismo público ejecutivo no ministerial creado para formar

---

13 En la actualidad, el CAT tiene unas instalaciones sumamente modernas en Salisbury Square, Londres. También puede conocer de casos en otros lugares del Reino Unido (regla 18 de las Reglas del CAT). En el momento de redactarse este trabajo, el CAT contaba con un Secretario, un Responsable de la Secretaría y nueve *référendaires*, además de otro personal administrativo.

14 En el momento de redactarse este trabajo, los miembros del CAT ascendían, con el Presidente, a 30 jueces, 14 abogados y 30 académicos, economistas u otros especialistas en temas no jurídicos, hasta un total de 74. De ellos, 34 son los denominados *Chairmen* (directores de cada tribunal constituido), que, junto con el Presidente, pueden presidir el panel del CAT para un caso concreto, y 40 miembros ordinarios. Véase, a este respecto, la sección 14 de la *Enterprise Act 2002*. Tómese en cuenta que la *High Court* es un tribunal de primera instancia no de apelación, como su nombre podría indicar.

15 Tal y como se señala en la Guía Procesal del CAT de 2015, cada asunto es juzgado por un tribunal compuesto por tres personas, salvo en el caso del procedimiento acelerado, aunque el Presidente o *Chairman* pueden ejercer ciertas facultades en solitario (véase la sección 14 de la *Enterprise Act 2002* y los apartados 1.11-12 de la Guía). La Guía del CAT se encuentra disponible en: https://www.catribunal.org.uk/rules-and-guidance.

parte de una organización integrada con el CAT[16]. El Servicio de Defensa de la Competencia, a su vez, recibe fondos que le asigna la *Secretary of State* (Ministro) de Estrategia Empresarial, Energética e Industrial (BEIS, por sus siglas en inglés)[17]. El presupuesto anual oscila entre los 4 y los 5 millones de libras (lo cual no incluye los salarios del personal no permanente, esto es, los miembros del CAT)[18]. Se trata, por tanto, de un tribunal no solo especializado, sino también relativamente bien dotado.

Estas características especiales fueron puestas de relieve por el juez Barling (presidente del CAT hasta 2013) en una resolución de remisión de un proceso ("*transfer ruling*") desde la *High Court* al CAT en 2015:

> "15. La Ley de 1998 reconoció que el Derecho de la competencia era un ámbito que justificaba la existencia de un órgano jurisdiccional especializado que se ocupara, no solo de los recursos en causas relativas a la aplicación pública de las normas de competencia, sino también de algunas demandas por daños y perjuicios del ámbito del derecho privado. Una característica obvia de los litigios en materia de competencia es la práctica omnipresencia de pruebas periciales económicas, a menudo de naturaleza compleja y técnica. Otra característica común, relacionada con la anterior, son las pruebas sobre las características y la dinámica de sectores y mercados concretos. Consciente de estos atributos, el Parlamento dispuso que el tribunal especializado e materia de defensa de la competencia tuviera una composición multidisciplinar. De ese modo, los paneles tienen la posibilidad de incluir no solo abogados, sino también, por ejemplo, distinguidos economistas, contables o expertos en el sector, seleccionados para cada caso entre los miembros designados para el CAT en razón de sus conocimientos y experiencia en esas áreas. Los conocimientos de este tipo son de considerable ayuda para comprender y resolver las difíciles cues-

---

16 Sección 13 y anexo 3 de la *Enterprise Act 2002*. Véase también el apartado 1.3 de la Guía del CAT.

17 De conformidad con la sección 13(5) de la *Enterprise Act 2002*.

18 Las Memorias Anuales se publican en el sitio web del CAT (la última es la correspondiente al periodo 2021-2022): https://www.catribunal.org.uk/about/publications.

> tiones que son una constante de los litigios en materia de defensa de la competencia. [...]
>
> 16. Además, los paneles del CAT se benefician del excelente apoyo logístico y jurídico prestado por el personal del CAT y los asistentes jurídicos (*"référendaires"*), lo cual es especialmente valioso en litigios largos y complejos.
>
> Relación con la *High Court*
>
> 17. En un aspecto importante, el CAT tiene lo mejor de ambos mundos, ya que también puede recurrir a la experiencia de la *High Court* en este campo. Durante muchos años, los jueces de la *High Court* de la *Chancery Division* han sido designados para presidir el CAT, y han sido miembros habituales del mismo. De ese modo, el CAT cuenta con la ayuda de jueces experimentados que han conocido de asuntos de Derecho de la competencia tanto en la *High Court* como en el CAT."[19] (traducción propia)

En un principio, el CAT solo era competente para las reclamaciones de daños *follow-on* ("consecutivas") que podríamos denominarse "puras"; es decir, acciones derivadas de una infracción que hubiera sido objeto de una decisión (en principio firme) por parte de la autoridad nacional de competencia[20] o de la Comisión[21]. Eso le impedía al CAT admitir demandas que no se basaran estrictamente en las partes vinculantes de la decisión administrativa en cuestión[22]. Esto provocó, a su vez, mucha litigación perifé-

---

19 *Sainsbury's Supermarket Ltd v Mastercard Inc* [2015] EWHC 3472 (Ch). La sentencia se refería a una solicitud de remisión del proceso de la *High Court* al CAT de conformidad con la sección 16 de la *Enterprise Act 2002* y la sección 16 del *Enterprise Act 2002 Regulations 2015* (Reglamento 2015 de la Ley de Sociedades de 2002).

20 En la época de la *Enterprise Act 2002*, la Oficina de Competencia (*Office of Fair Trading u OFT*) y, en la actualidad, la Autoridad de Mercados y de la Competencia (*Competition Markets Authority o CMA*).

21 Normalmente, las demandas no podían iniciarse hasta que la resolución fuera firme contra el demandado en cuestión, aunque la sección 47A(5)(B) contemplaba la posibilidad de que el CAT concediera permiso para iniciar el procedimiento antes.

22 En ocasiones expresado como que se basa en los "cuatro costados" de la decisión. Dicho esto, existe una disposición (sección 58A de la *Competition Act 1998*) para que las constataciones de hecho de una decisión de

rica sobre cuestiones procesales y limitó el atractivo del tribunal[23]. Sin embargo, en 2015 la *Consumer Rights Act* (Ley de Derechos del Consumidor) amplió la competencia objetiva del CAT a todas las demandas de daños y perjuicios, se basaran o no en una decisión previa, firme o no. Es decir, ahora era competente para conocer de casos "*follow-on*", "*stand-alone*" ("independientes"), "híbridas" o lo que fuera (como es el caso en la *High Court* inglesa y en los juzgados de lo mercantil en España)[24]. La *Consumer Rights Act* también introdujo las acciones colectivas de no adhesión (*opt-out*) (tanto para consumidores como para empresas), tras el sonoro fracaso del anterior régimen de adhesión (*opt-in*) de los consumidores creado en 2003 por la sección 47B de la *Competition Act* (Ley de Defensa de la Competencia) original[25].

---

la ANC del Reino Unido se consideren vinculantes en la reclamación por daños *follow-on*, aun cuando no formen parte de la parte dispositiva o de los considerandos necesarios para interpretar la parte dispositiva (es decir, que no constituyan de otro modo una parte formalmente vinculante de la decisión).

23 Esto abarcaba, por ejemplo, la cuestión de si quienes no eran destinatarios de la decisión podían ser demandados ante el CAT cuando formaban parte de la misma unidad económica que el destinatario: por ejemplo, por ser una filial que vendió productos del cártel durante el periodo en cuestión. Ese fue el objeto de la sentencia del CAT en el asunto *Emerson Electric Co v Morgan Crucible Company plc* [2011] CAT 4, en relación con una excepción presentada por una filial británica de una de las empresas multadas no destinataria de la correspondiente decisión de la Comisión. Esa sentencia fue anterior a la sentencia del TJUE en el asunto *Sumal* y tal vez habría tenido un resultado distinto si el asunto se hubiera planteado hoy.

24 Además de otorgar al CAT la capacidad de dictar medidas cautelares (salvo en los procedimientos en Escocia). Estos cambios fueron aplicados por el anexo 8 de la *Consumer Rights Act 2015*, que modificó las disposiciones de la *Competition Act 1998* relativas a la aplicación privada: secciones 47A (disposición general) y 47B (relativa a los procedimientos colectivos) de la Ley de 1998, e introdujo algunas secciones nuevas (secciones 47C a 47E).

25 Introducida por la sección 19 de la *Enterprise Act 2002*, la sección 47B contemplaba la posibilidad de que determinados organismos especifi-

Con la reforma de 2015, el Gobierno británico trató de convertir el CAT en el "principal foro para las acciones en materia de defensa de la competencia en el Reino Unido" y destacó su capacidad, como tribunal especializado, para tratar de forma eficaz los complejos asuntos derivados del Derecho de la competencia:

> "4.11. Desde su creación, el CAT ha ido acumulando experiencia en asuntos de defensa de la competencia y se ha familiarizado con los litigios en esa materia. En la actualidad existe un sustancial corpus de jurisprudencia del CAT sobre numerosas cuestiones sustantivas y de procedimiento en este ámbito. La idea de un tribunal o juzgado especializado en temas de defensa de la competencia ha sido reconocida a escala internacional como una de las principales fortalezas del régimen británico y la Confederación de la Industria Británica ["*CBI*", por sus siglas en inglés] ha citado primero este modelo al abogar por la creación de un tribunal europeo para defensa de la competencia al margen del Tribunal General.
>
> 4.12. Además, el sistema de gestión y preparación activa del proceso aplicado por el CAT, así como la experiencia interdisciplinar de sus miembros, significa que está bien preparado para conocer de litigios complejos en materia de defensa de la competencia. Concentrándose en las cuestiones esenciales, minimizando las vistas orales y haciendo cumplir los plazos, el CAT es capaz de garantizar que los costes y las cargas se mantengan al mínimo.

---

cados pudieran presentar reclamaciones de consumidores en nombre de dos o más consumidores. La única entidad especificada era la asociación de consumidores *Which?* (en virtud de la *Specified Body (Consumer Claims) Order 2005* [Orden sobre Organismos Especificados (en Reclamaciones de Consumidores) de 2005], SI 2005/2365) y la única acción iniciada por Which? (en relación con el cártel de las réplicas de equipaciones de fútbol del Reino Unido) fue un infame fracaso debido al escaso número de consumidores que optaron por sumarse a la demanda (tan solo 130 de un total estimado de 1,2-1,5 millones de personas afectadas), lo que hizo que el coste de la reclamación fuera significativamente superior a la indemnización concedida (al final mediante un acuerdo): *The Consumers' Association v JJB Sports plc*, Asunto nº 1078/7/9/07 en el CAT. Véase: Civil Justice Council Report "Improving Access to Justice through Collective Actions" (2008), Parte 6, apartado 22; y Kellaway, R., Thompson, R., QC y Brown, C., (eds.), *UK Competition Law – The New Framework* (OUP 2015), apartado 8.26.

> 4.13. Las exhaustivas conversaciones mantenidas con las partes implicadas han corroborado esta opinión sobre el CAT, pues la mayoría de los abogados —ya acostumbren a representar a demandantes o a demandados— lo describen como una institución buena y eficiente. Las partes interesadas del mundo tanto académico como empresarial, incluida la CBI, también han reconocido la eficiencia del CAT y su sólida gestión del proceso."[26] (traducción propia)

El CAT comparte la competencia objetiva en materia de acciones privadas por infracción de las normas de competencia con determinados tribunales ordinarios de primera instancia —concretamente, la *Chancery Division* de la *High Court* inglés o, cuando la demanda forma parte de una "demanda mercantil" más amplia, el *Commercial Court* (Tribunal Mercantil)[27]—. A diferencia del CAT, estos tribunales ordinarios pueden juzgar acciones en materia de defensa de la competencia como parte de un conjunto más amplio de acciones. Sin embargo, en este capítulo nos centraremos en el CAT, ya que ofrece la solución judicial más avanzada en

---

26 Del documento de consulta publicado por el Departamento de Empresa, Innovación y Competencias (*Department for Business, Innovation and Skills* o "BIS") del Gobierno del Reino Unido en abril de 2012: "Private Actions in Competition Law: A Consultation on Options for Reform": https://www.gov.uk/government/consultations/private-actions-in-competition-law-a-consultation-on-options-for-reform.

27 CPR 30.8, CPR 58.1 y Practice Direction – Competition Law – Claims (Criterio de orientación procesal – Derecho de la Competencia – Demandas) relativas a la aplicación de los artículos 81 y 82 del Tratado CE [ahora, artículos 101 y 102 TFUE] y de los Capítulos I y II de la *Competition Act 1998* (sección B del *White Book*). En la actualidad (desde el 2 de octubre de 2017), ambos tribunales forman parte de los Tribunales Mercantiles y de la Propiedad (B&PC), una nueva agrupación organizativa que ha tratado de introducir una mayor coherencia procesal entre diversos tribunales especializados (véase CPR 57A). Como consecuencia, en el caso del Derecho de la competencia, las demandas serán interpuestas ante la correspondiente tribunal que figura en la denominada "Lista" de tribunales de defensa de la competencia dentro de los Tribunales Mercantiles y de la Propiedad. Véase Brealey, M., y George, K., n. 2, pp. 2 y ss.

el Reino Unido y, desde las reformas de 2015, ha ido asumiendo cada vez más un papel preponderante en la aplicación privada del Derecho de la competencia en el Reino Unido.

### *7.2. Su régimen procesal*

El CAT cuenta con sus propias normas de procedimiento (las "Reglas del CAT")[28], las cuales son aprobadas por el *Secretary of State* (Ministro), tras consultar con el Presidente del CAT y con cualquier otra persona que estime oportuno, de conformidad con la sección 15 (y el anexo 4) de la *Enterprise Act 2002*. La primera versión de las reglas se aprobó en 2003[29]; y las que se encuentran vigentes en la actualidad se aprobaron en 2015, tras la entrada en vigor de la *Consumer Rights Act 2015* (que, en concreto, introdujo un procedimiento acelerado o abreviado ("*fast-track*") y acciones colectivas (resarcitorias y declarativas) de no adhesión (*opt-out*)[30].

Las Reglas del CAT van acompañadas de una guía[31] que ofrece una útil explicación para personas no familiarizadas con él sobre cómo funciona el proceso en el CAT en la práctica. En su revisión independiente de las Reglas del CAT, en agosto de 2014, el juez Lord Mummery recomendó el uso y desarrollo de la Guía del CAT con las siguientes palabras:

> "39. En la actualidad, es habitual que los juzgados y tribunales complementen las Reglas Procesales mediante la elaboración y publicación, en beneficio principalmente de los usuarios, de una guía de procedimiento en la que se explica cómo funcionan en la práctica las Reglas Procesales. El CAT publicó una excelente Guía en octubre de 2005.

---

28 Actualmente, las *Competition Appeal Tribunal Rules 2015*, SI 2015/1648.

29 Las *Competition Appeal Tribunal Rules 2003*, SI 2003/1372.

30 También introdujo reformas relevantes en el ámbito de la revisión judicial de las decisiones de las autoridades públicas, pero no es ese nuestro foco de atención aquí.

31 Véase la nota a pie 15, más arriba.

40. Recomiendo, para su uso junto con las Reglas Procesales revisadas, la elaboración y publicación de una nueva "Guía Procesal" del CAT.

41. La presente Guía se creó como una Orientación Procesal Práctica emitida por el Presidente del CAT en virtud de la Regla 68(2) de las Reglas de 2003. En 64 páginas explica el desarrollo del proceso de conformidad con las Reglas de 2003. También contiene información básica de tipo general, como los datos de contacto del CAT, y cuestiones generales, como la representación legal en el CAT. Tras describir la creación del CAT y su composición, la Guía avanza cronológicamente, paso a paso, de principio a fin, explicando los requisitos de las distintas fases del procedimiento en cada materia de competencia objetiva del Tribunal, y lo hace en el marco del enfoque general de las Reglas.

42. Una nueva Guía será muy valiosa a la hora de ofrecer consejos prácticos de una forma concisa e intuitiva, tanto para las partes como para sus representantes legales, sobre el desarrollo del proceso conforme a las Reglas revisadas. Si bien las Reglas y las resoluciones procesales del CAT y del tribunal[32] sobre la interpretación y aplicación de las mismas deben prevalecer sobre la Guía, el valor de esta radica en que, mientras que las Reglas son prescriptivas, la Guía puede proporcionar una orientación explicando cómo funcionan estas en la práctica, además de ofrecer importantes elementos de información objetiva para los usuarios. Dentro de los parámetros permitidos por la legislación primaria y las Reglas, una Guía puede además actualizarse más fácilmente que aquellas.

43. La Guía también marca el tono del CAT para el desarrollo de los procedimientos, así como con las partes y sus representantes. Fomenta una cultura compartida de litigación cooperativa al hacer hincapié, por ejemplo, en que, en todos los asuntos, se espera que los usuarios actúen de forma razonable y cortés con arreglo al espíritu tanto de las Reglas como de la Guía. Es perfectamente posible que las partes y sus representantes cooperen en cuestiones procesales sin debilitar sus respectivas posiciones sobre el fondo jurídico o fáctico de sus pretensiones."[33] (traducción propia)

Si bien los procedimientos en el CAT no están directamente sujetos a las Reglas de Procedimiento Civil ("CPR", por sus siglas

---

32 Se refiere a la *High Court*.

33 Informe independiente de Sir John Mummery "Review of the Rules of Procedure of the Competition Appeal Tribunal", agosto de 2014.

en inglés), sino más bien a las propias Reglas del CAT, estas se basan, no obstante, en la misma filosofía que las CPR, muchas de las reglas están inspiradas en las CPR y, en general, cabe esperar que el CAT interprete dichas normas de la misma manera que la *High Court*[34]. En particular, las Reglas del CAT persiguen el denominado "objetivo primordial" ("*overriding objective*") de las CPR, que se incorpora en términos prácticamente idénticos en la regla 4 de las del CAT denominada "principios generales".

## 8. EL "*OVERRIDING OBJECTIVE*"

Llegados a este punto, merece la pena hacer un inciso para decir unas palabras sobre el denominado "*overriding objective*" (u objetivo primordial) del sistema judicial británico. El "*overriding objective*" constituye la columna vertebral de las CPR y de las Reglas del CAT, y supone un criterio esencial para entender los objetivos del moderno sistema de justicia británico y de su proceso de desarrollo[35]. Este se convertirá en un punto de referencia útil también para la consideración de los retos y respuestas en el campo de nuestro estudio fuera del Reino Unido.

### *8.1. Propósito y alcance del "overriding objective"*

El "*overriding objective*" se introdujo, a raíz del Informe Woolf de 1996, como primerísima regla de las nuevas CPR de 1998. Proporciona un principio interpretativo básico para todo el código

---

34 Apartado 3.2 de la Guía del CAT.

35 Habría que tener en cuenta que nuestro estudio de las reglas de enjuiciamiento civil en el Reino Unido se centrará, de hecho, en Inglaterra y Gales, ya que en Escocia e Irlanda del Norte se aplican reglas distintas. En cambio, la jurisdicción del CAT (cuestión tratada en el capítulo anterior) abarca el Reino Unido y la trasposición de normativa europea (p.ej. en materia de defensa de la competencia) la ha llevado a cabo el Reino Unido, en su condición de Estado miembro de la UE (hasta el Brexit).

procesal, puesto que sintetiza su propósito fundamental. Se introdujo en respuesta a una serie de excesos e ineficiencias que se percibían en la forma en que los litigios civiles solían desarrollarse en los tribunales de Inglaterra y Gales conforme a las normas anteriores (actitudes excesivamente beligerantes, gastos desproporcionados, procedimientos demasiado largos y engorrosos, excesivas peticiones de acceso a fuentes de prueba, falta de eficacia en la aplicación de las resoluciones judiciales en materia procesal, uso de peritos "a sueldo", incapacidad para delimitar suficientemente los hechos controvertidos más relevantes, etc.)[36]. Estos problemas, en palabras de Zuckerman, "generaban muchos costes y retrasos que situaban los litigios civiles fuera del alcance de la mayoría de los ciudadanos de a pie"[37].

El *"overriding objective"* se define en la CPR 1.1(1) como el de permitir al tribunal "resolver los procedimientos de forma justa y a un coste proporcionado". A continuación, se define expresamente que ese objetivo incluye [CPR 1.1(2)]:

> "(a) Garantizar que las partes estén en igualdad de condiciones y puedan participar plenamente en el proceso, y que las partes y los testigos puedan prestar su mejor testimonio;
>
> (b) ahorrar costes;
>
> (c) tramitar el procedimiento de forma proporcionada:
>
> (i) a la cantidad de dinero en juego;
>
> (ii) a la importancia del asunto;
>
> (iii) a la complejidad de las cuestiones controvertidas; y
>
> (iv) a la situación financiera de cada una de las partes;
>
> (d) garantizar que se tramita de forma rápida y equitativa;

---

36 Véase, a este respecto, Turner, R., (*Senior Master of the Supreme Court*), "The Proactive Judge and the Provision of a Single Transnational Case Management System and its Associated Procedures" en Andenas, M., Andrews, N., y Nazzini, R., *The Future of Transnational Civil Litigation*, n. 10, p. 74.

37 Zuckerman, A., n. 4, apartado 1.1. Muchos consideran que el problema de los excesivos costes y complejidad continúa a día de hoy; véase, por ejemplo, Higgins, A., "Keep Calm", n. 4.

> (e) asignarle una proporción adecuada de los recursos del tribunal, teniendo en cuenta al mismo tiempo la necesidad de asignar recursos a otros procedimientos; y
>
> (f) velar por el cumplimiento de las reglas, orientaciones procesales prácticas y órdenes judiciales." (traducción propia)

Además, la CPR 1.3 establece que las partes tienen el deber de ayudar al tribunal a promover el "*overriding objective*" y la regla 1.4 impone al tribunal la obligación de gestionar activamente el proceso para promover ese mismo fin.

### *8.2. Una nueva teoría de la justicia*

Como han observado algunos comentaristas, el "*overriding objective*" supuso un cambio revolucionario en la teoría de la justicia aplicable al procedimiento civil inglés, en la que la justicia procesal pasó a considerarse como una parte necesaria de la justicia material[38]. El "*overriding objective*" pone de relieve la naturaleza del sistema de justicia civil como un servicio público que no solo tiene por objeto proporcionar justicia de forma equitativa y oportuna a un coste razonable a todos los ciudadanos (la aplicación efectiva de los derechos y las obligaciones legales y el mantenimiento del Estado de Derecho), sino que también tiene la obligación de utilizar los (limitados) recursos públicos de manera eficiente, equitativa y proporcionada. Este último aspecto llama la atención sobre la necesidad de administrar los recursos judiciales en un caso concreto sin perder de vista el impacto en el sistema en su conjunto (la correcta administración del sistema de justicia), lo que Zuckerman ha denominado el concepto "sistémico" de justi-

---

[38] Véanse Laws LJ en *Adoko v Jemal,* The Times, 8 de julio de 1999, CA: "el uso adecuado y proporcionado de los recursos judiciales debe ahora considerarse parte de la propia justicia material" (citado en Zuckerman, A., n. 4, p. 20, nota al pie 66); Rix LJ en *JSC BTA Bank v Ablyazov* [2012] EWCA Civ 1551, quien explica que, a ojos de un observador imparcial e informado, "no solo es conveniente, sino también justo, tramitar de forma eficiente las demandas civiles complejas" (apartado 65).

cia[39]. Esa idea puede verse con total claridad en la CPR 1.1(2)(e), que hace referencia a la asignación a un procedimiento de "una proporción adecuada de los recursos del tribunal, teniendo en cuenta la necesidad de asignar recursos a otros procedimientos". Sorabji se refiere a ello como la "proporcionalidad colectiva" e identifica como primer objetivo político de las CPR el del *acceso equitativo a la justicia*, es decir: "asegurar el acceso efectivo al sistema judicial garantizando una distribución equitativa de los recursos del tribunal entre todos los litigantes"[40]. La proporcionalidad, en manos del tribunal, sirve como herramienta para lograr este fin, adaptando el procedimiento a las exigencias del sistema y de otros litigantes. En palabras del magistrado Lord Jackson:

> "La esencia de la proporcionalidad es que el fin no necesariamente justifica los medios. La ley facilita la persecución de objetivos legítimos, pero solo en la medida en que esos objetivos justifiquen las cargas que ello impone a otros."[41] (traducción propia)

Es preciso insistir en la importancia de estos nuevos principios, pues justifican que se pongan límites al esfuerzo del sistema por descubrir la verdad e impartir una justicia material en un asunto concreto (que era la finalidad de las normas procesales anteriores a las CPR, las *Rules of the Supreme Court* o "RSC"). Ahora, ese sería el caso cuando la búsqueda de la verdad se volviera desproporcionada, con la posibilidad de que, en ocasiones, ello podría (justificadamente) dar lugar a una "justicia bruta" o incluso a resultados erróneos:

> "Ahora se pone límite a la cantidad de recursos que los particulares y el Estado pueden razonablemente dedicar a obtener una justicia material en un caso concreto. El límite opera de dos maneras: en algunos casos, obliga al tribunal a denegar la admisión de una de-

---

39 Zuckerman, A., n. 4, apartado 1.36.

40 Sorabji, J., *English Civil Justice after the Woolf and Jackson Reforms. A Critical Analysis* (CUP 2014), 136. La proporcionalidad colectiva es un tema importante en el libro (en particular, en el capítulo 7 "Problemas de la justicia proporcional").

41 Informe Jackson, p. 36, citado por Sorabji, J., *English Civil Justice, ibid.*, 207.

> manda, denegando así la justicia material en su totalidad. En otros casos —la mayoría—, restringe la cantidad de tiempo y dinero que se gasta en el litigio. Como tal, reduce la capacidad del tribunal para lograr una justicia material. Limitando, por ejemplo, la naturaleza y el alcance de las pruebas presentadas ante el tribunal, se reduce necesariamente la calidad de la decisión tomada. En ambos casos, en lugar de garantizar una justicia material, el sistema solo es capaz de obtener una justicia proporcionada. Este límite es necesario porque es el medio a través del cual el sistema judicial puede hacer valer como es debido los derechos de la mayoría de los ciudadanos. La racionalización no socava la impartición de justicia, sino que es un requisito indispensable para que el Estado pueda impartirla de forma apropiada."[42] (traducción propia)

Al mismo tiempo, el Tribunal Supremo británico subrayó en el asunto *UNISON*[43] que el valor de la justicia no se puede reducir a una mera función de servicio público relativa exclusivamente a la utilidad inmediata para los usuarios de los órganos jurisdiccionales (esto es, los litigantes), sino que se hace extensiva al valor esencial del Estado de Derecho para la sociedad en su conjunto:

> "El derecho constitucional de acceso a los tribunales es consustancial al Estado de Derecho, cuya importancia no siempre se comprende en toda su extensión. Entre los indicios de esta falta de comprensión se incluyen la suposición de que la administración de justicia es tan solo un servicio público como cualquier otro, que los juzgados y tribunales son proveedores de servicios a los "usuarios" que comparecen ante ellos, y que la prestación de esos servicios tan solo tiene valor para los propios usuarios y para quienes obtienen una remuneración por su participación en el procedimiento.
>
> [...] el valor para la sociedad del derecho de acceso a los tribunales no se limita a aquellos casos en los que los tribunales resuelven cuestiones de alcance general. Los particulares y las empresas necesitan saber, por un lado, que pueden hacer valer sus derechos si se presenta el caso y, por otro, que si incumplen sus obligaciones, es probable que se presente una demanda contra ellos. Es ese conocimiento el que sustenta las relaciones económicas y sociales cotidianas. Eso es así, pese a que la aplicación judicial de la ley

---

42 Sorabji, J., *English Civil Justice*, n. 40, 3.

43 *R (in the application of UNISON) v Lord Chancellor* [2017] UKSC 51.

> no suele resultar necesaria, y pese a que a menudo es deseable resolver los conflictos por otros métodos."[44] (traducción propia)

En consecuencia, esta función del sistema judicial de preservar el Estado de Derecho no debería perderse de vista por la insistencia en la correcta administración de un servicio público. En el asunto *UNISON*, que se refería a un nuevo sistema de tasas judiciales para los procedimientos interpuestos ante los juzgados de lo social, este principio suponía que cualquier limitación del derecho de acceso a la justicia debía estar justificada y ser necesaria para el objetivo legítimo de la correcta administración de justicia que el sistema de tasas se proponía conseguir (a saber, la redistribución del coste de los juzgados de lo social). Es decir, cualquier restricción del acceso a la justicia debe ser proporcionada, pero el Tribunal Supremo consideró que el sistema era excesivamente restrictivo y vulneraba el derecho de acceso a la justicia en virtud tanto del Derecho de la Unión como de la legislación inglesa[45].

Para alcanzar los fines declarados por los principios que encarnan el *"overriding objective"*, las CPR introdujeron nuevos mecanismos en el código procesal civil aplicable en Inglaterra y Gales. Entre ellos, los principales son la facultad de gestión activa del proceso que tiene el tribunal, mantener la práctica de la prueba dentro de unos límites proporcionados (en particular, la exhibi-

---

44 Apartados 66, 71.

45 El análisis conforme al Derecho de la Unión figura en los apartados 105-117 de la sentencia. El Tribunal Supremo adoptó un análisis familiar al amparo del Derecho UE y del CEDH basado en la ponderación entre el derecho fundamental a un acceso real y efectivo a la justicia, por un lado, y una correcta administración de justicia, por otro, utilizando el principio de proporcionalidad para medir si los límites del derecho impuestos por las nuevas tasas estaban justificados por esos otros objetivos legítimos. Volveremos sobre la cuestión de la influencia del Derecho de la Unión —la tutela judicial efectiva, el acceso a la justicia y la proporcionalidad— sobre el proceso civil nacional cuando abordemos la postura del Tribunal Supremo británico sobre las acciones colectivas en el capítulo 9 más abajo.

ción de pruebas documentales —*disclosure*— y las pruebas periciales), definir los hechos controvertidos en una fase temprana del proceso y enjuiciar el asunto en un plazo razonable y sin demoras. Volveremos sobre la gestión de procesos (*case management*) en el capítulo 10.

Las CPR también introdujeron un nuevo sistema de clasificación de asuntos que diferenciaba los más sencillos de los más complejos y adaptaba los procesos correspondientes en consecuencia (diferenciando tres tipos de juicio estándares —no especiales— según la cuantía del procedimiento)[46]. E incorporaban mecanismos para incentivar los acuerdos extrajudiciales[47]. Asimismo, muchas otras reglas procesales (por ejemplo, las relativas a la exhibición de pruebas o a la prueba pericial) se vieron influidas por el nuevo enfoque del *"overriding objective"*.

### *8.3. Resistencia al cambio: jueces y abogados*

Resulta sumamente interesante que la letra escrita de las nuevas normas fuera, no obstante, insuficiente para impulsar la revolución cultural de la justicia civil que Woolf consideraba necesaria en 1998[48]. En efecto, es normal que cambios tan radicales se topen con verdaderas trabas en la práctica y puedan, incluso, acabar fracasando. Los seres humanos son por naturaleza conservadores

---

46 El CPR crea tres procesos estándares: (i) el "*Small Claims Track*" (juicio de escasa cuantía), CPR 27, para demandas por un valor inferior a 10.000 GBP; (ii) el "*Fast Track*" (juicio acelerado), CPR 28, para demandas superiores a 10.000 GBP, pero inferiores a 25.000 GBP; y (iii) el "*Multi-Track*" (juicio ordinario), CPR 29, para demandas superiores a 25.000 GBP.

47 Como, por ejemplo, los *Pre-Action Protocols* (protocolos relativos a los actos previos a la demanda) (sección C del *White Book*) o las consecuencias en costas de las ofertas de transacción o la respuesta a ellas (CPR 36).

48 Véase, en general, sobre los retos del cambio y lo que sigue aquí, Sorabji, J., *English Civil Justice*, n. 40.

(y se resisten al cambio), y los tribunales y abogados lo son más si cabe (seguramente, con motivo).

Pues bien, muchos jueces británicos mostraron una tendencia a interpretar las nuevas reglas procesales de las CPR con su antigua mentalidad, pensando que la finalidad de su trabajo era, básicamente, la misma que antes (procurar una justicia material en el caso concreto), aun cuando el legislador exigía ahora a los tribunales que contuvieran ciertos excesos en cuanto al tiempo y al coste de los procedimientos. En 2004, el magistrado May, de la Corte de Apelación británica, señaló que existía cierta dificultad entre jueces y abogados para asimilar la nueva filosofía con el celo (o cambio de mentalidad) necesario para que funcionara de forma eficaz[49]. De hecho, hubo una serie de sentencias de los tribunales superiores que evidenciaban un marcado rechazo del nuevo método o, al menos, un profundo desconocimiento de su propósito[50]. Como bien es sabido, fue necesaria una nueva revisión diez años más tarde, en 2009-2010, que corrió a cargo del magistrado Lord Jackson. Esta dio lugar a nuevos cambios en las CPR y, en particular, a la introducción de la expresión "y a un coste proporcionado" en la CPR 1.1 (la denominada versión "Mark II" del *"overriding objective"*)[51]. De ese modo, se cimentó el lugar

---

49 Sir May, A., "The ALI/UNIDROIT Rules of Transnational Civil Procedure in the Perspective of the New English and Welsh Rules" en *The Future of Transnational Civil Litigation*, n. 10, 45-46.

50 Véase, por ejemplo, la sentencia de la Corte de Apelación en *B v B* [2005] EWCA Civ 237 o la de la Cámara de los Lores en *Moy y Pettman Smith (a firm)* [2005] 1 WLR 581, línea jurisprudencial que fue revocada, entre otras, en *Mitchell v News Group Newspapers Ltd* [2013] EWCA Civ 1537; *Denton v TH White Ltd* [2014] EWCA Civ 906 (en particular, Lord Dyson, *Master of the Rolls*, apartado 81: "los jueces han adoptado lo que podría decirse que es el enfoque tradicional de dar prioridad a la necesidad de resolver la cuestión litigiosa o el fondo del asunto. Ese enfoque debería haber desaparecido tras las reformas de Woolf"); *Prince Abdulaziz v Apex Global Management* [2014] UKSC 64.

51 Lord Dyson MR., "The Application of the Amendments to the Civil Procedure Rules: 18th Lecture in the Implementation Programme",

preponderante de la proporcionalidad dentro de la nueva teoría de la justicia.

En cambio, hubo algunos jueces que ya intentaron realizar este tipo de ajustes modernos en la aplicación de las normas anteriores a las CPR, las RSC, adoptando una postura más activa en la gestión e impulso de los procesos. Ese fue el caso, en particular, de los jueces de lo que hoy es el *Technology and Construction Court* (Tribunal de Tecnología y Construcción) o de los jueces del *Commercial Court* (Tribunal Mercantil), divisiones de la *High Court*[52]. Es, por tanto, evidente la importancia capital de la actitud del juez, incluso al margen de un cambio de normativa procesal.

Al mismo tiempo, se ha señalado que el *"overriding objective"* no es un concepto único o sencillo, sino más bien un "concepto multidimensional" que "se basa en la aplicación de una serie de conceptos abiertos, cada uno de los cuales debe sopesarse en la balanza para promover un objetivo de política legislativa pública más ambicioso"[53]. Como tal, puede que sea más una "habilidad intuitiva" del tribunal de primera instancia que un modelo objetivo[54] y, en consecuencia, que la aplicación del concepto sea difícil de revisar. En efecto, la gestión judicial del proceso supone el ejercicio por parte del tribunal de primera instancia de una facultad discrecional en la que, por lo general, no interferirán los tribunales de apelación, a menos que se hayan cometido errores manifiestos de hecho o de Derecho[55]. Por consiguiente, implica una *responsabilidad considerable para los jueces* y exige de ellos un notable

---

discurso pronunciado en el Seminario Anual de Jueces de Distrito, Escuela Judicial, 22 de marzo de 2013.

52 Turner, R., "The Proactive Judge", n.36, 36.

53 Citas, respectivamente, de Zuckerman, A., apartados 1.34, 1.40, y Sorabji, J., n. 4040, 212. [

54 Turner, R., n. 36, 85.

55 Véase *Fred Perry v Brands Plaza* [2012] EWCA Civ 224. Nótense, no obstante, las propuestas de Higgins de definir la proporcionalidad con medidas empíricas, o al menos de garantizar, salvo en el caso de asuntos que puedan tener valor como precedente, que las costas sean solo una

esfuerzo y nivel de comprensión. Además, muchos han subrayado la necesidad de que el juez (o el tribunal) asuma el *control de los procedimientos desde su inicio hasta su finalización*, lo que implica que, únicamente salvo excepciones, el mismo juez (o jueces) debería permanecer a cargo del procedimiento hasta su conclusión lo que en EE UU se conoce como "*docket system*" (sistema de listas)[56].

Este sistema requiere una gestión adecuada con el fin de garantizar la coherencia, así como la eficiencia, y con ello nos referimos tanto a la gestión del proceso por parte del juez de primera instancia en el caso concreto que enjuicia, que ha de ser consciente del impacto de sus decisiones procesales en el sistema en su conjunto, como, en un sentido más amplio, al desarrollo y actualización de políticas generales y principios rectores para todo el sistema. Eso requiere, por un lado, de "*liderazgo judicial*"[57]. En el Reino Unido, el establecimiento de principios más amplios para el sistema en su conjunto es responsabilidad de los tribunales de apelación, mediante su revisión de las decisiones de los tribunales inferiores en el ejercicio de sus facultades de gestión del proceso así como de sus poderes procesales discrecionales, ya que son los tribunales de apelación los responsables de la administración del

---

fracción del valor de la cuantía de la demanda y, en todo caso, no más que el valor de la misma (Higgins, "Keep Calm", n. 4, capítulo 2).

56 La importancia de la asignación de los asuntos mediante este sistema fue subrayada en un capítulo redactado por los profesionales Byrne Hill, D., y McIntosh, M., "The Civil Procedure Rules Twenty Years on – The Practitioners' Perspective" en Higgins, A., *The Civil Procedure Rules*, n. 4, p. 8. En general, ese no es un problema que se plantee en España con frecuencia, donde la asignación de asuntos implica la asignación a un tribunal concreto con un juez determinado (salvo circunstancias excepcionales o que un juez sea trasladado de un juzgado a otro, o es sustituida temporalmente) y rige el principio de la inmediación. Sin embargo, según mi experiencia, puede ser un verdadero problema en otras jurisdicciones europeas, especialmente en aquellas en las que los procedimientos pueden ser muy largos.

57 Zuckerman, A., n. 4, p. 19, nota al pie 62.

proceso civil[58]. Pero también exige, por otro lado, el desarrollo de normas y buenas prácticas. Zuckerman expone claramente ambos puntos de la siguiente manera:

> "Inevitablemente, la gestión judicial de los litigios se refiere, sobre todo, al caso conceto, pero si se quieren obtener resultados satisfactorios, esta deberá regirse por una serie de principios generales destinados a alcanzar unos niveles de eficiencia, algo que solo se puede lograr si se desarrolla un conjunto coherente y sólido de políticas y directrices para aquilatar los resultados deseados y las limitaciones de tiempo y recursos"[59]. (traducción propia)
>
> "Además, cabe recordar que una gestión adecuada del sistema de justicia civil también requiere un liderazgo judicial eficaz que adopte políticas generales para la correcta gestión y distribución de los recursos en el conjunto del sistema, y que revise continuamente el desempeño del sistema en su conjunto y responda periódicamente a los problemas que vayan surgiendo[60]". (traducción propia)
>
> "La gestión de litigios depende, necesariamente, de los hechos. Al mismo tiempo, sin embargo, las decisiones de gestión de proceso y el ejercicio de las facultades para exigir el cumplimiento de órdenes procesales deben ser en gran medida predecibles para permitir que las partes sepan lo que se espera de ellas y lo que ellas pueden esperar del tribunal. Además, las partes necesitan comprender el ejercicio del margen de apreciación judicial y la respuesta probable del tribunal a los problemas que puedan surgir. Por ejemplo, los litigantes deben disponer de algún medio para predecir, aunque sea de forma aproximada, cómo respondería el tribunal a su conducta previa a iniciar la acción, en caso de que después se inicie el litigio, a una solicitud de ampliación de plazo o al incumplimiento de determinados requisitos procesales. Por supuesto, las facultades discrecionales no pueden reducirse a un conjunto de normas inamovibles, susceptibles de aplicación mecánica. Pero es factible y necesario establecer principios, políticas y directrices coherentes para el ejercicio de esa discrecionalidad. [Con el fin de dar ejemplos de la aplicación de estos principios, en la nota al pie Zuckerman hace referencia, entre otros, a: Los Principios ALI / UNIDROIT del Proceso Civil Transnacional 11, 14

58 *Callery v Gray (Nos 1 and 2)* [2002] UKHL 28, apartados 6, 8, 17.

59 Zuckerman, A., apartado 1.33.

60 *Ibid.*, nota al pie 62.

y 17]. A falta de un conjunto de normas bien articulado, es probable que la gestión se vuelva imprevisible, lo que a su vez dará lugar, con toda seguridad, a mucha litigación periférica onerosa sobre cuestiones procesales que socavará la eficiencia del sistema de justicia civil. A lo largo de los años, el tribunal ha ido desarrollando progresivamente principios y políticas para el ejercicio de las facultades de gestión y sanción por incumplimiento. A este respecto, se ha producido una mejora significativa en los últimos años."[61] (traducción propia)

El "*overriding objective*" también establece obligaciones para las partes (y, por extensión, para sus abogados). Este deber incluye ayudar al tribunal a promover el "*overriding objective*" (CPR 1.3): por ejemplo, proporcionándole información relevante para el avance del procedimiento. Asimismo, implica el deber de las partes de *cooperar entre sí*: este principio de cooperación entre las partes, consagrado por primera vez en el nuevo Código de Procedimiento Civil francés, allá por la década de 1970, y que, más recientemente, encuentra también su reflejo en las Reglas Modelo Europeas, ha sido descrito por Zuckerman como "uno de los *cambios culturales más importantes* introducidos por las CPR" (énfasis añadido). Estoy totalmente de acuerdo.

Todavía en 2015, la resistencia de los abogados británicos a adoptar el nuevo principio fue denunciado con rotundidad por un juez del Tribunal de Tecnología y Construcción ("TCC", por sus siglas en inglés):

"44. Así pues, ya es hora de decir, con toda claridad, que las partes y sus abogados ya no pueden entablar litigios de un modo que no tenga presente en todo momento la proporcionalidad de los costes en que se incurre como una de sus principales consideraciones.

45. Ya no resulta aceptable —si es que algún día lo fue— que las partes insistan en determinadas cuestiones o en presentar aplicaciones procesales que no tienen un impacto real en los hechos controvertidos centrales del conflicto. Además, ya no resulta aceptable que los abogados lleven a cabo una guerra de desgaste por correspondencia, tanto si se les ha ordenado hacerlo como si no:

[61] *Ibid.*, capítulo 11 (capítulo revisado por John Sorabji), apartado 11.5.

> son las partes las que están sujetas al deber establecido en la CPR 1.3, no solo sus abogados.
>
> 47. Si bien el Derecho inglés se basa en un proceso contradictorio, eso se refiere al fondo de la controversia, no a todos los aspectos del procedimiento. Al menos en el TCC, se espera que las partes litigantes resuelvan el contencioso de la manera más rápida y económica. Llevar a juicio los asuntos correctos de la manera más económica y tomar medidas para garantizar que los costes se mantienen a un nivel proporcionado a lo que está en juego son aspectos que deben estar en la base del proceso.
>
> 48. En mi opinión, la irracionalidad, la intransigencia y el afán de abordar todos los puntos deben considerarse ahora inaceptables, pues tramitar un litigio de esa manera va en contra del "*overriding objective*" tal y como se formula ahora. Esos hábitos deben desaparecer del paisaje de los litigios en el TCC. Si no lo hacen, los litigantes responsables deberán correr con las costas.
>
> 49. Para que el acceso a la justicia tenga un significado real, el objetivo de mantener los costes al mínimo razonable debe ser primordial. Deben desterrarse las disputas procesales e introducirse en su lugar una cultura litigiosa cooperativa. Eso no impedirá que los contenciosos se juzguen con equidad; al contrario, debería promoverlo."[62] (traducción propia)

Fomentar la cooperación entre las partes es un aspecto que se menciona expresamente como parte de las facultades de *case management* del tribunal en la CPR 1.4 y ese principio impregna numerosos aspectos del régimen procesal inglés. Por ejemplo, se anima a las partes a entablar un diálogo constructivo, incluso antes de que comience el litigio (a través de los denominados "*Pre-ActionProtocols*" —protocolos sobre actuaciones pre-procesales— que se refieren a cuestiones tales como la comunicación entre las partes antes de la interposición de la demanda para identificar y delimitar los hechos controvertidos, el acceso a las fuentes de prueba más relevantes o la conciliación)[63]. El principio supone

[62] Edwards-Stuart, J., en *Gotch v Enelco Ltd* [2015] EWHC 1802 (TCC).

[63] No existe un protocolo específico aplicable a las acciones en materia de Derecho de la competencia y las Reglas del CAT no incluyen un protocolo para actuaciones previas a la interposición de la demanda (*Pre-Action Protocol*). Sin embargo, son de aplicación los términos y condiciones

acordar tantos aspectos del proceso judicial como sea posible; por ejemplo, en lo que respecta al alcance de la exhibición de fuentes de prueba o las cuestiones que se van a someter a juicio[64]. Si bien, como es lógico, no supone una renuncia al derecho de defensa, también implica no abordar aspectos procesales de forma irracional; por ejemplo, en lo que respecta a la ampliación de los plazos[65].

Todo lo anterior pone en evidencia que, si bien las normas son importantes y necesarias, tal vez sean tan importantes, si no más, la mentalidad, la actitud y la comprensión de quienes las aplican. Es necesario crear una *nueva cultura común*, tanto entre la judicatura como entre los profesionales del Derecho. Ello implica claramente una cosa: la necesidad de *educación y formación*. Además, conlleva la necesidad de *transparencia*, con lo que me refiero a la creación de un ecosistema que garantice el libre acceso, intercambio y debate de: resoluciones judiciales, prácticas judiciales y propuestas de cambio que sean relevantes.

### *8.4. Otros desafíos: la logística y el papel de la tecnología*

La postura de los jueces y de los abogados no son el único problema que se ha identificado como un impedimento para la plena implantación de la nueva teoría de la justicia en el Reino Unido al amparo de las CPRs. La gestión judicial activa de los procesos en estos tiempos de litigios complejos también requiere de una inversión adecuada; en particular, en la tecnología necesaria para que los tribunales puedan gestionar los procedimientos de for-

---

generales de la *Practice Direction – Pre-Action Conduct and Protocols* y, en concreto, el apartado 6. Sobre los protocolos pre-demanda y su limitada aplicación a la exhibición de pruebas en acciones en materia de Derecho de la competencia, véase el capítulo 16.3 de la tercera parte *infra*.

64 Véase la CPR 31.5(5) sobre exhibición de pruebas y la Guía de los Tribunales Mercantiles (*Commercial Court Guide (2017)*), apartado D.5, para un ejemplo del requisito de acordar una lista de cuestiones clave.

65 Véase Zuckerman, A., n. 4, apartados 1.93-1.99.

ma activa y eficiente (esto es, sistemas informáticos actualizados de gestión de procesos y de comunicaciones)[66]. Entre otras cosas, los sistemas de gestión de procesos deben permitir un registro fácilmente accesible de los expedientes a medida que los procedimientos avanzan, una plataforma electrónica que se pueda utilizar para presentar documentos, informar al tribunal de cuestiones procesales relevantes, solicitar instrucciones, organizar vistas, permitir la recepción de documentos y alegaciones, etc.[67]. El sistema procesal inglés posterior a Woolf ha generado, donde antes hubiera multitud de aplicaciones procesales, una enorme cantidad de correspondencia entre las partes y con el tribunal que debe tramitarse y organizarse como es debido. Los asuntos mercantiles complejos (y los de competencia son, sin duda, un buen ejemplo de ello) también implican una gran cantidad de documentos y datos, que los tribunales deben gestionar de forma adecuada, lo cual incluye gestionar la implantación y el control de un régimen de confidencialidad que puede ser a menudo muy sofisticado, como en el caso de los círculos de confidencialidad.

La transparencia entre las partes y con el público en general también implica la necesidad de sistemas tecnológicos y electrónicos adecuados (así como de personal para gestionar dichos sistemas). El CAT dispone de un sitio web que, entre otras cosas, cumple el objetivo del tribunal de dar publicidad a sus sentencias, tal y como se señala en la Guía del CAT:

> "El sitio web del Tribunal contiene una sección en la que es posible consultar el texto de todas las sentencias, resoluciones y decisiones del Tribunal, de las que se ha suprimido cierta información por motivos de confidencialidad. También estará disponible en el sitio web del Tribunal un resumen oficioso elaborado por la Secretaría del Tribunal, aunque las partes deberían tener en cuenta que, por su propia naturaleza, el resumen no ofrece más que una visión general y muy breve de la decisión del Tribunal."[68] (traducción propia)

---

66 Turner, n. 36, p. 86; May, n. 49, p. 46.

67 Zuckerman, A., apartado 11.35.

68 Apartado 7.131.

El sitio web también contiene información sobre el estado actual de los procedimientos en curso, un calendario de futuras vistas, una base de datos en la que se pueden buscar todas las resoluciones del CAT y copias de las transcripciones de las vistas elaboradas y publicadas por el propio Tribunal[69].

## 9. EL RÉGIMEN DE LAS ACCIONES COLECTIVAS DEL CAT Y LA INFLUENCIA DEL DERECHO PROCESAL DE LA UE

Antes de pasar a las tres cuestiones procesales que son de especial interés para el tema que nos ocupa, puede resultar útil analizar, desde una perspectiva institucional general, el nuevo régimen de acciones colectivas del CAT introducido en 2015 y el impacto que el Derecho de la Unión ha tenido en dicho régimen, como se refleja en la paradigmática sentencia del *Supreme Court* dictada el 11 de diciembre de 2020 en el asunto *Merricks*[70]. Este régimen, tal y como interpretado por el Tribunal Supremo británico, nos brinda un ejemplo de la creación de nuevos mecanismos para permitir un acceso adecuado a la justicia y, por tanto, a la protección de los derechos consagrados en el Derecho de la competencia de la Unión.

### *9.1. El nuevo régimen de las acciones colectivas*

Como se recordará, el régimen de las acciones colectivas introducido por la *Consumer Rights Act 2015* trató de superar el fracaso del régimen de adhesión (*opt-in*) de la *Enterprise Act 2002* y proporcionar un mecanismo viable de reparación para las demandas en masa de consumidores[71]. El nuevo régimen prevé acciones

---

69 Apartados 9.2 y 9.55 de la Guía del CAT.

70 *Mastercard Incorporated v Merricks* [2020] UKSC 51.

71 Un aspecto confirmado por el Tribunal Supremo en su sentencia de 10 de noviembre de 2021 en el asunto *Lloyd v Google LLC* [2021] UKSC 50

colectivas de no adhesión (*opt-out*), además de las de adhesión (*opt-in*), lo que significa que el representante del colectivo no necesita tener un mandato expreso de cada uno de los miembros de ese grupo para interponer la demanda en su nombre (como debe ocurrir en el caso de las *opt-in*). De hecho, no es necesario nombrar o identificar a los representados en el escrito de demanda. Además, la legitimación para interponer acciones colectivas no se limita a entidades designadas o autorizadas. En ese sentido, la propuesta va más allá que la Recomendación sobre Acciones Colectivas 2013 de la Comisión (que, de hecho, apareció una vez finalizada la consulta pública en el Reino Unido sobre las medidas propuestas y, al igual que el anterior régimen británico de 2002, resultó en gran medida ineficaz)[72].

El nuevo régimen de acciones colectivas se limita a las demandas en materia de Derecho de la competencia (conforme a la normativa en materia de defensa de la competencia tanto del Reino Unido como de la UE) y otorga competencia exclusiva al CAT[73]. El Tribunal está encargado de certificar las acciones colectivas por medio de un auto de procedimiento colectivo ("CPO", por sus siglas en inglés) antes de que estas puedan continuar su tramitación[74]. Los criterios para la certificación son que sea justo y razonable que el representante de la clase represente a la misma y que las acciones planteadas sean idóneas ("*eligible*") para tramitarse como procedimiento colectivo[75]. Su idoneidad se define en función de que: (i) las acciones promovidas planteen cuestiones de hecho o de derecho similares o relacionadas; y (ii) sean adecuados para ser planteadas en un procedimiento colectivo[76]. Las Reglas del CAT establecen una serie de criterios que el Tribunal

---

en el marco de un procedimiento representativo al amparo de la CPR 19.63.

72 Véase el capítulo 6.4 *supra.*

73 Artículos 47A(1) y (2) de la *Competition Act 1998.*

74 Artículos 47B(4) y (8).

75 Artículo 47B(5).

76 Artículo 47B(6).

debe tener en cuenta en ese contexto, incluidos los costes y los beneficios del procedimiento colectivo, la dimensión y la naturaleza de las acciones planteadas, si las acciones son propicias para una declaración de indemnización global ("*aggregate*") de daños, y la disponibilidad de formas alternativas de reparación (como un plan de compensación avalado por la autoridad de competencia)[77]. La sentencia firme tendrá un efecto vinculante para todos los miembros de la clase[78]; pueden concederse indemnizaciones globales[79] y, tal y como se confirmó en el asunto *Merricks*, no es necesario cuantificarlas haciendo referencia a la pérdida individual de cada miembro del colectivo. Lo que es especialmente importante en *Merricks* es que el Tribunal Supremo británico consideró que las nuevas disposiciones legales creaban un nuevo elemento sustantivo en el caso de la responsabilidad civil por un daño colectivo que debía probarse en virtud del artículo 47B del *Competition Act 1998*: concretamente, el *daño global al colectivo* ocupó el lugar de las pérdidas individuales agregadas que debían acreditarse si las demandas se tramitaban como un conjunto de acciones individuales por daños por infracción del Derecho de la competencia.

Tal y como se señalaba en la consulta del BIS y se recogía en la sentencia del Tribunal Supremo en el asunto *Merricks*, uno de los objetivos principales del nuevo sistema propuesto era garantizar una reparación eficaz a los consumidores y a las PYME cuando las demandas individuales no fueran viables (siguiendo un criterio de realismo) debido a las cuantías en juego o simplemente al

77 Regla 79(2) del CAT.

78 Artículo 47B(12).

79 El artículo 47C(2) permite al CAT "conceder una indemnización global por daños y perjuicios en procedimientos colectivos sin llevar a cabo una valoración de la cuantía de los daños y perjuicios indemnizables en relación con la reclamación de cada una de las personas representadas" (traducción propia). Uno de los factores que el CAT puede tomar en consideración a la hora de determinar la idoneidad de la reclamación es si esta resulta adecuada para una indemnización global, de conformidad con la regla 79(2)(f) del CAT.

coste prohibitivo del litigio[80]. Es decir, se trataba de una cuestión de acceso a la justicia. Como señala Zuckerman, la colectivización de las demandas también suele facultar a los demandantes pequeños o débiles para hacer frente a grandes empresas cuya actividad puede afectar a sectores amplios de un mercado:

> "Las acciones colectivas facilitan el acceso a la justicia de aquellas partes que tienen un derecho que puede ser objeto de reclamación, pero no los medios para ejercitarlo por sí solas. Lo dicho resulta especialmente grave cuando las demandas individuales son demasiado pequeñas para ser económicamente viables por sí solas. Uniendo fuerzas, multitud de litigantes pueden conseguir recursos suficientes para demandar y el valor acumulado de sus demandas individuales puede hacer que el litigio merezca la pena. La unión en un grupo también tiende a corregir los desequilibrios de recursos y de poder entre los contendientes, especialmente cuando el grupo está formado por reclamantes que demandan a empresas, que a su vez son entidades colectivas con ventajas concomitantes derivadas de su mayor cantidad de recursos, sus economías de escala y su acceso a conocimientos e información. Así, uniendo fuerzas con otros que se encuentran en la misma situación, los particulares pueden aunar recursos y experiencia, compartir los riesgos del litigio, obtener una mayor visibilidad y maniobrar para conseguir una mejor posición negociadora."[81] (traducción propia)

De este modo, el BIS también identificó un sistema de reparación más eficaz como medio para hacer también más eficaz el Derecho de la competencia, reforzando así la aplicación pública y contribuyendo al crecimiento económico[82].

### 9.2. *Merricks*

La sentencia *Merricks* ha sido muy comentada y no es mi intención sumarme a esa docta discusión[83]. En su lugar, prefiero

---

80 *Merricks*, n. 70, apartado 20.

81 Zuckerman, A., n. 4, apartado 13.30.

82 *Merricks*, n. 70, apartado 20.

83 Véase, en particular, Mulheron, R., "A priceless opportunity: class actions post-Merricks v Mastercard" (2021) 1 Mass Claims Journal 49. Desde en-

centrarme en un aspecto de la sentencia, que es la influencia del Derecho de la Unión en la aplicación del Derecho procesal inglés en este ámbito por parte de los tribunales británicos. La profesora Mulheron ha explicado en detalle la marcada divergencia en el enfoque de la interpretación legal del régimen de las acciones colectivas y de la función certificadora del CAT por parte de los distintos tribunales competentes —el propio CAT, la Corte de Apelación (*Court of Appeal*) y el Tribunal Supremo (*Supreme Court*) británicos— y dentro del propio *Supreme Court*[84]. Me gustaría destacar aquí que el Derecho de la Unión ejerció una considerable influencia en la interpretación de la ley británica (*Consumer Rights Act 2015*) que finalmente fue adoptada por la mayoría del Tribunal Supremo. Sin embargo, las resoluciones de los tribunales inferiores no hacían absolutamente ninguna referencia al Derecho de la Unión (salvo en lo que respecta a la infracción subyacente), basándose sus decisiones en la interpretación legal conforme al Derecho inglés, inspirándose también en el Derecho canadiense, a cuya imagen y semejanza se había moldeado el régimen británico.

El Sr. Merricks era el representante de la clase que conformaban todos los adultos (consumidores) del Reino Unido que, entre el 22 de mayo de 1992 y el 21 de junio de 2008, habían adquirido bienes o servicios de comerciantes que vendían en el Reino Unido y aceptaban pagos con Mastercard, y que alegaban haber

---

tonces, la sentencia *Merricks* ha sido aplicada por el CAT en numerosas acciones colectivas que han llegado a la fase de certificación; en el momento de redactarse este trabajo, cinco de los autos de certificación de procedimiento colectivo (CPO) resultantes también han sido objeto de sentencias de la *Court of Appeal*: *Le Patourel v BT Group plc* [2022] EWCA Civ 593; *LSER v Gutmann* [2022] EWCA Civ 1077; *MOL (Europe Africa) Ltd v Mark McLaren Class Representatives Ltd* [2022] EWCA Civ 1701; *UK Trucks Limited v Stellantis NV (Formerly Fiat Chrysler Automobiles NV)* [2023] EWCA Civ 875; *Evans v Barclays Bank plc* [2023] EWCA Civ 876.

84 *Ibid.*, sección 5. La *Supreme Court* estaba dividida 2:2, atribuyéndose el voto dirimente a Kerr LJ, que participó en la redacción de la sentencia mayoritaria, pero falleció justo antes de que esta se publicara.

sufrido un perjuicio por el efecto de las excesivas tasas de intercambio (fijadas de una forma que infringía el Derecho de la UE en materia de competencia, concretamente el articulo 101 TFUE) que dichos comerciantes habían pagado a sus propios bancos y repercutido después en los precios que los consumidores abonaban por esos bienes o servicios. Es una de las primeras demandas colectivas *opt-out* presentadas en el Reino Unido y, con mucho, la de mayor volumen hasta entonces. En el formulario de demanda se estimaba que el colectivo representado superaba los 46 millones de personas y el valor total de la demanda se calculó, provisionalmente, en más de 14.000 millones de libras esterlinas. Desde todo punto de vista, se trataba de un grupo muy amplio, y el número de reclamaciones era "enorme"[85].

En la fase de certificación, el CAT se negó a certificar la acción colectiva, determinando que las reclamaciones no eran "adecuadas" para la certificación[86]. Más concretamente, el CAT sostenía que las reclamaciones no eran idóneas para una indemnización por daños "*aggregate*" (globales), ya que consideraba que dicha indemnización agregada no podía calcularse adecuadamente. El Tribunal basó su conclusión en dos consideraciones. En primer lugar, estimó que no existían datos suficientes que permitieran a los peritos de la clase aplicar la metodología que ellos proponían para la cuantificación sobre una base suficientemente fundamentada. En segundo lugar, consideró que la metodología no se basaba en modo alguno en las pérdidas individuales. Además, dado que no sería razonablemente posible calcular las pérdidas individuales a partir de la indemnización por daño agregada (ya que, simplemente, habría demasiada variabilidad entre los miembros del colectivo en cuanto a las pérdidas individuales), tampoco sería posible garantizar el cumplimiento del principio compensatorio en la distribución de cualquier indemnización agregada concedida a los miembros del colectivo.

---

85 Como observaron Sales LJ y Leggatt LJ, *Merricks,* n. 70, apartado 125.

86 [2017] CAT 16.

La *Court of Appeal* revocó la sentencia del CAT[87] y, en apelación, la *Supreme Court* ratificó esa sentencia (aunque con algunas diferencias en el razonamiento). Lord Briggs adoptó la decisión de la mayoría. Como él mismo señalara en el apartado 46 de la sentencia, la cuestión de la certificación estaba relacionada con la cuantificación del perjuicio (tanto a nivel colectivo como individual), algo que el CAT está especialmente bien situado para valorar. Sin embargo, a su juicio, el CAT incurrió en un error de Derecho por varios motivos, lo que invalidó su decisión. Me gustaría centrarme en dos aspectos del razonamiento de la *Supreme Court* y su fundamentación (en parte, al menos) en el Derecho de la Unión: por un lado, la naturaleza del ejercicio de cuantificación y, por otro, el carácter relativo de la prueba de idoneidad (lo que significa que la pregunta correcta no era abstracta, sino más bien si las reclamaciones eran más adecuadas para ser planteadas en un procedimiento colectivo que en procedimientos individuales) y el hecho de que solo era preciso probar la pérdida agregada, y no las individuales.

En cuanto a la primera cuestión, la naturaleza del ejercicio de cuantificación, después de confirmar la aplicabilidad del criterio de valoración del tipo "brocha gorda" ("*broad brush*" o, a veces, "*broad axe*" en inglés) en las reclamaciones por daños con arreglo al Derecho inglés, el Tribunal hizo referencia a las directrices de la Comisión en la materia, citando concretamente la Guía Práctica en sus apartados 16 y 17. Como hemos visto anteriormente, esa guía hace hincapié en la naturaleza necesariamente imprecisa de la estimación de los daños en las acciones en materia de defensa de la competencia (dada la necesidad de predecir una hipótesis contrafáctica en situaciones de mercado a menudo complejas) y exige que los estándares de prueba relativos a la cuantificación de

87 Para un análisis en profundidad del caso tras la sentencia de la *Court of Appeal*, véase Mulheron, R., "Revisiting the Class Action Certification Matrix in *Merricks v Mastercard Inc*" (2019) 30 King's LJ 396 (citado por el propio Tribunal Supremo británico en el apartado 94 de su sentencia).

daño en virtud de la legislación nacional no hagan prácticamente imposible o excesivamente difícil ganar una demanda en el ámbito del Derecho de la competencia[88]. Además, el Tribunal llamó la atención sobre los objetivos de política legislativa subyacentes al Derecho de la competencia de la Unión: la disuasión y el derecho efectivo al resarcimiento[89]. Concluyó que exigir una carga probatoria superior al requisito de los mejores esfuerzos de estimación aplicados a las demandas individuales ordinarias sería impedir la efectividad del Derecho de la competencia de la Unión[90].

En cuanto al criterio de la idoneidad, la segunda cuestión, de la redacción de la ley no se desprende claramente que el criterio de la prueba pretendiera ser relativo. De hecho, tal y como señala la opinión minoritaria en la sentencia de la *Supreme Court*, la redacción de la ley contrasta con la del estatuto canadiense, que utiliza la palabra "preferible" e implica claramente (por el contrario) un criterio relativo. Entonces, ¿cómo se decantó el Tribunal Supremo británico por el significado relativo de idoneidad? (Es decir, ¿qué significaba "más adecuado que los procedimientos individuales"?) E, igualmente, ¿cómo determinó el Tribunal que el principio compensatorio no era uno de los requisitos de la indemnización por daños que debía concederse conforme al régimen de las acciones colectivas? La respuesta a ambas preguntas tiene que ver con el principio de acceso a la justicia, o "tutela judicial efectiva" en la terminología del Derecho de la Unión, y con el principio de proporcionalidad. Como veremos, nos referimos aquí al sentido positivo de esos términos, es decir, cuando es necesario aplicar un determinado mecanismo procesal para que el acceso a la justicia resulte posible (no desproporcionado), por contraposición a su sentido negativo, a saber, cuando las restricciones del acceso a la justicia no deberían ir más allá de lo necesario para alcanzar

---

88 Capítulo 6.

89 *Merricks,* n. 70, apartado 53. Los dos aspectos destacados forman parte del principio de plena eficacia del artículo 101 del TFUE, como hemos visto en el capítulo 4 *supra.*

90 *Merricks,* apartado 54.

el objetivo legítimo de una correcta administración de justicia. El término "desproporcionado" es omnipresente en el razonamiento del Tribunal sobre estos aspectos.

En un primer momento, estableciendo una comparación con el régimen estatutario canadiense a cuya imagen y semejanza se había moldeado el régimen colectivo del Reino Unido, Lord Briggs describió la teoría de la justicia ("*overriding objective*") subyacente a ambos regímenes:

> "Ambos operan dentro de un marco procesal civil basado en los principios del *common law* y que se rige por un tipo similar de objetivo primordial ["*overriding objective*"]: véanse, por ejemplo, las Reglas 1-3 de las Reglas Civiles del Tribunal Supremo de la Columbia Británica, BC Regulation 168/2009. *Puede afirmarse que ambos sirven, en términos generales, al mismo objetivo estatutario de proporcionar un acceso efectivo a la justicia a aquellos demandantes para los que el ejercicio de demandas individuales sería inviable o desproporcionado.*"[91] (traducción propia, énfasis añadido)

El propio Lord Briggs también hizo hincapié en el objetivo del acceso a la justicia:

> "Los procedimientos colectivos son una forma especial de procedimiento civil para la reivindicación de derechos privados concebida para facilitar el acceso a la justicia con ese fin cuando las formas ordinarias de reclamación civil individual han resultado ser inadecuadas para ello."[92] (traducción propia)

Pasando a abordar el requisito de la idoneidad, Lord Briggs recordó que el nuevo sistema se había creado como una alternativa a las acciones individuales cuando estas resultaban inadecuadas[93]. Se trataba, pues, de una cuestión de proporcionalidad entre la interposición de acciones individuales o colectivas en un caso concreto:

---

91 *Ibid.*, apartado 37.

92 *Ibid.*, apartado 45.

93 *Ibid.*, apartado 56.

> "La tramitación de un sinfín de demandas de indemnización por daños que se cuantifican individualmente, que es todo lo que resulta posible en el caso de las demandas individuales con arreglo al procedimiento civil ordinario, es *onerosa para el tribunal y, por lo general, desproporcionada para las partes*. También es posible reclamar daños cuantificados individualmente en procedimientos colectivos, pero la alternativa de un monto global elimina por completo esas desventajas, tanto para el tribunal como para todas las partes. En general, aunque puede haber excepciones, a los demandados solo les interesa la cuantificación de su responsabilidad global (es decir, agregada). Para los demandantes, la elección entre la valoración individual o agregada será, por lo general, una *cuestión de proporcionalidad*."[94] (traducción propia, énfasis añadido)

En lo tocante a la indemnización agregada, para la *Supreme Court* el criterio era de nuevo el de la proporcionalidad y el acceso a la justicia:

> "Uno de los principales objetivos de la facultad de conceder indemnizaciones globales en los procedimientos colectivos es el de evitar la necesidad de una valoración individual de los daños. Si bien puede que haya muchos casos en los que sea posible lograr cierto grado de aproximación a la pérdida individual por medio de un método de distribución propuesto, habrá algunos en los que la mecánica probablemente sea *tan difícil y desproporcionada*, por ejemplo, debido a las modestas sumas que probablemente reciban los miembros de un colectivo grande, que puede que algún otro método sea más razonable, equitativo y, por tanto, justo.[95] (traducción propia, énfasis añadido)

En conclusión, mi tesis es que la decisión del Tribunal Supremo británico en el asunto *Merricks* sobre la correcta interpretación del nuevo régimen de las acciones colectivas refleja (y, en parte, aplica explícitamente) los principios del Derecho de la Unión relativos a la tutela judicial efectiva y a la plena eficacia de las normas de competencia de la UE. Como demostró la opinión minoritaria, un enfoque más convencional en lo que se refiere a la interpretación legal según los principios ordinarios del Derecho

---

94 *Ibid.*, apartado 57.

95 *Ibid.*, apartado 77.

inglés podría haber llevado a un resultado diferente, más restrictivo (y, por ende, a la negativa a certificar la demanda de Merricks). Sin embargo, cabría defender que eso no habría cumplido con los principios fundamentales del Derecho procesal de la Unión. La opinión mayoritaria del Tribunal Supremo aplicó (más o menos conscientemente) un planteamiento más europeo. El asunto *Merricks*, por tanto, ofrece un punto de referencia interesante: un ejemplo del requisito positivo del Derecho procesal de la UE de que los Estados miembros proporcionen mecanismos procesales de reparación reales y eficaces en el caso de demandas en masa.

## 10. *CASE MANAGEMENT*

### *10.1. Introducción y comparación con el Derecho civil continental*

Al igual que las CPR, los principios generales de las Reglas del CAT imponen al órgano jurisdiccional (al propio CAT, en este caso) un deber de gestión activa de los procesos[96]. Con arreglo a las normas procesales de las RSC, de carácter más contradictorio, los tribunales ingleses dejaban, en gran medida, la fase del procedimiento previa al juicio en manos de las partes y de sus abogados. Sin embargo, el "*overriding objective*" y los Principios Generales del CAT imponen al Tribunal el deber de organizar y dirigir el procedimiento desde el principio con el fin de tratar de garantizar que cada caso se resuelva de forma justa y a un coste proporcionado[97]. Eso supone un cambio fundamental en el enfoque y, en algún sentido, acerca los procedimientos civiles del Reino Unido a sus homólogos del continente europeo, donde el control judicial de las pruebas, las cuestiones o los plazos, entre otras cosas, tiende a ser mucho más marcado:

> "El grado de implicación del tribunal en el proceso contencioso desde su inicio es tal que puede decirse que la labor de enjuiciamiento

---

96 Regla 4(4).

97 Regla 4.1 del CAT.

comienza tan pronto el tribunal asume la responsabilidad del procesamiento del caso. El proceso previo a la celebración del juicio ya no está centrado al intercambio de alegatos y de pruebas entre las partes. En su lugar, deben tomarse decisiones sobre el alcance de la exhibición de pruebas (*disclosure*), y sobre qué tipo de pruebas periciales permitir y a cuántos peritos escuchar, y decisiones de gestión procesal (*case management*) como esas son ciertamente susceptibles de influir en el resultado. Por supuesto, no todas las decisiones de gestión procesal afectarán al resultado, pero el margen existente para tomar decisiones que pueden influir en él es lo suficientemente amplio como para justificar la conclusión de que *la resolución de litigios es ahora un proceso continuo, en el que el juicio no es más que la fase final. Eso constituye una muy considerable desviación respecto del modelo tradicional de adjudicación civil del common law y acerca aún más el procedimiento inglés a los sistemas de Derecho civil.*"[98] (traducción propia, énfasis añadido)

Al mismo tiempo, el sistema de gestión del proceso en el CAT está más centrado y es más coherente que en la mayoría de las jurisdicciones continentales de la UE. Como veremos con respecto a España en la tercera parte de este trabajo, las facultades de los jueces españoles para dirigir los procedimientos, aunque existen, son poco sistemáticas y no se han desarrollado en un conjunto definido de normas y principios coherentes. Es más, son aplicadas por numerosos jueces diferentes, lo que da lugar a prácticas diversas, aun cuando el asunto del que conozcan sea esencialmente idéntico.

Además, los sistemas procesales continentales, y España es un buen ejemplo de ello, no ofrecen la misma flexibilidad que el británico. El sistema procesal español es (a primera vista) sumamente rígido. Sin embargo, uno de los principios rectores de la gestión judicial del proceso, en el sentido que aquí nos ocupa, es que el proceso debería *adaptarse, en la medida en que sea razonable y proporcionado, a las necesidades del caso concreto* (teniendo en cuenta, por lo demás, el impacto sobre el sistema en su conjunto):

"La totalidad de las CPR [al igual que las Reglas del CAT] están imbuidas de la idea de que el proceso empleado debe adaptarse a

---

[98] Zuckerman, A., apartado 1.89.

las necesidades del caso, y el tribunal tiene amplios poderes para garantizar que las medidas procesales adoptadas se limitan a las que resultan necesarias para resolver como es debido el conflicto concreto."[99] (traducción propia)

De ese modo, las Reglas del CAT ofrecen la posibilidad de disponer de distintas vías procesales en función del tipo de asunto del que se trate: procesos ordinarios, procesos acelerados (*fast-track*)[100] y acciones colectivas[101]. Lo más importante, en el contexto actual, es que incluye una serie de facultades para que el tribunal gestione el proceso de principio a fin. Estas se estipulan, en términos generales, en la regla 4, y en términos específicos para las acciones civiles en las reglas 55 y 56, así como en otras reglas que dotan al Tribunal de facultades específicas para dictar adoptar resoluciones en materia procesal (por ejemplo, en lo relativo a las pruebas en la regla 55). La Guía del CAT también dedica una sección íntegra a los poderes de gestión procesal del CAT (sección 7). Todas esas disposiciones se encuadran dentro del singular marco institucional especializado del CAT que describimos anteriormente en el capítulo 7, lo cual favorece el desarrollo de prácticas coherentes.

Se puede hacer otra observación general antes de pasar a analizar con más detalle las normas y prácticas del CAT en materia de gestión del proceso en las acciones de aplicación privada. Y es que la gestión de procesos en los tribunales ingleses es, en principio y como su nombre indica, una cuestión eminentemente procesal, y no material. Es decir, el sistema inglés respeta la autonomía de las partes para determinar el alcance del litigio (el objeto del procedimiento) y cómo desean plantearla, interviniendo el tribunal principalmente en cuestiones de procedimiento. Esto contrasta con la facultad de los jueces civiles, en España o, sobre todo, en Alemania, de intervenir en determinados aspectos materiales del

---

99 *Ibid.*, apartado 1.60.

100 Regla 58.

101 Parte 5 de las Reglas del CAT.

caso[102]. Dicho esto, creo que esta diferencia no debería exagerarse. En ese sentido, el "principio dispositivo"[103] que caracteriza la autonomía de las partes es común a los sistemas no ingleses, incluido el español[104]. Además, la facultad de los tribunales civiles de intervenir sobre cuestiones más sustantivas (por ejemplo, para sugerir a las partes la aportación de más pruebas) no ha sido, en la práctica, muy utilizada en España hasta la fecha. Si se tiene en cuenta, además, que ante los tribunales ingleses se presenta mucha más información y pruebas y que el CAT, en particular, tiene la capacidad de dirigir el procedimiento hacia las cuestiones y pruebas relevantes, este aspecto, en la práctica, reviste menos importancia. No obstante, volveremos sobre esta cuestión en la tercera parte de este estudio, cuando abordemos la legislación y la práctica pertinentes españolas.

### *10.2. Funciones de la "case management"*

La regla 4.5 establece que la gestión procesal activa incluye las siguientes facultades:

> "(a) promover que las partes cooperen entre sí en cómo se desarrolla el procedimiento;
>
> (b) identificar las cuestiones controvertidas principales y centrarse en ellas lo antes posible;
>
> (c) fijar lo antes posible una fecha para la vista principal (el juicio), junto con un calendario del procedimiento hasta dicha vista principal, teniendo en cuenta la naturaleza del caso;
>
> (d) adoptar medidas de instrucción referentes a la prueba [acceso a fuentes, exhibición y admisión de pruebas] que sean las más eficaces y apropiados para el caso;

---

102 Véase Schumann Barragán, G., "La gestión y la flexibilidad del procedimiento: ¿un proceso civil convergente con Europa?" en Gascón Inchausti, F., y Peiteado Mariscal, P., (dirs), *Estándares europeos y proceso civil* (Atelier 2022), sección 3.1. Zuckerman se refiere a la facultad de los tribunales alemanes de comentar con las partes qué hechos y pruebas pueden ser necesarios y cuáles son las cuestiones jurídicas en virtud del Zivilprovessordnung (sección 139), n. 4, p. 581, nota al pie 26.

103 Jolowicz, J. A., *On Civil Procedure* (CUP 2000), 78.

104 Artículo 216 de la LEC.

(e) planificar de antemano la estructura de la vista principal con el fin de evitar pruebas y alegatos orales innecesarios; y

(f) asegurarse de que la vista principal se lleve a cabo dentro de unos plazos definidos." (traducción propia)

En consecuencia, la gestión del proceso se dirige a: (i) centrar las cuestiones controvertidas y la práctica de la prueba, y (ii) programar y planificar el juicio. Además, todo ello debería hacerse lo antes posible en el proceso. Por otro lado, y en defensa de los Principios Generales, las Reglas subrayan el deber de las partes (y de sus asesores) de cooperar entre sí y con el CAT en el desarrollo del proceso[105].

Por último, las Reglas señalan la potestad del CAT para facilitar la conciliación a través de mecanismos alternativos de resolución de conflictos ("ADR", por sus siglas en inglés) y subrayan el papel de la tecnología en la gestión activa de los procesos[106].

La regla 53 establece una lista no exhaustiva de resoluciones procesales que el CAT puede adoptar en el ejercicio de sus facultades de gestión del proceso. Entre ellas se incluyen, además de la fijación de plazos hasta el juicio, cuestiones tales como: modificaciones de las alegaciones, pruebas periciales, círculos de confidencialidad, acceso a fuentes de pruebas, suspensiones y aplazamientos, costas o cuestiones previas (es decir, cuestiones que pueden resolverse por separado y de antemano, y que pueden reducir o hacer desaparecer las cuestiones objeto del litigio)[107]. En la práctica, también pueden referirse a otras cuestiones, tales como la acumulación de acciones o procesos, la tramitación conjunta de procesos, el planteamiento de una cuestión prejudicial ante el TJUE o una aplicación "*strike-out*" (la desestimación temprana de una demanda por ser defectuosa).

---

105 Regla 4.5(a); regla 4.7.

106 Regla 4.6(a) y (c).

107 Por ejemplo, la prescripción, la legislación aplicable o los efectos jurídicos de una decisión administrativa previa.

### *10.3. Cuestiones procesales de la "case management"*

La gestión judicial del proceso se estructura en la litigación británica principalmente a través de las denominadas "*case management conferences*" (vistas judiciales para la gestión procesal del caso o "CMC", por sus siglas en inglés). Se trata de vistas ante el CAT en las que se pueden comentar con las partes y adoptar decisiones relativas a la gestión del proceso (regla 54). Las Reglas contemplan una primera CMC, que normalmente se celebrará lo antes posible una vez presentados los alegatos iniciales (demanda y contestación)[108]. El objetivo de esta primera vista es dar instrucciones para un desarrollo eficaz del procedimiento, incluida la fijación de un calendario procesal hasta el juicio, la aclaración de las cuestiones de hecho y de derecho en disputa, el tratamiento del acceso a fuentes de prueba, las pruebas periciales y las cuestiones de confidencialidad, y la promoción de un posible acuerdo transaccional para resolver la disputa.

Cabe reseñar, asimismo, que las partes están totalmente implicadas en esta labor, en virtud de su deber general de cooperación. Por regla general, se espera que las partes intenten acordar "*directions*" (lo que se refiere a órdenes o directrices procesales para la tramitación del proceso). Una conducta poco razonable a este respecto puede tener consecuencias en materia de costas[109]. Los preparativos de la primera CMC ilustran cómo se espera que se desarrolle el proceso de cooperación. Normalmente, el CAT enviará a las partes una propuesta de orden del día en la que se expondrán las principales cuestiones que desea abordar en la CMC, y las partes dispondrán de un plazo determinado para presentar alegaciones por escrito antes de la vista (y alcanzar cualesquiera

---

108 Regla 54.2 y 54.3.

109 Por ejemplo, en el asunto *Denton*, n. 50, la *Court of Appeal* sostuvo que la negativa de una parte a acordar una prórroga limitada y razonable del plazo para el cumplimiento de una orden procesal del tribunal se enfrentaría a "fuertes sanciones en costas" y se consideraría una pérdida de tiempo del tribunal (apartado 43).

acuerdos sobre cuestiones de procedimiento)[110]. Tal y como se indica en el apartado 7.17 de la Guía del CAT:

> "Se anima a las partes a llegar a un acuerdo sobre las cuestiones de procedimiento y a indicar en sus alegaciones por escrito el alcance de cualquier acuerdo y las cuestiones que continúan siendo objeto de controversia, para que la CMC se pueda llevar a cabo de la forma más eficiente posible. Si hay acuerdo entre las partes, quizá sea posible prescindir de la necesidad de celebrar la CMC, y el Tribunal podrá proceder a dictar un auto que incorpore las directrices acordadas." (traducción propia)

A estos efectos, podemos tomar como ejemplo el asunto camiones[111]. La primera CMC tuvo lugar en los procedimientos relativos a las demandas presentadas por un total de 631 empresas de los grupos Veolia, Suez y Wolseley (conjuntamente, "*VSW*"), los días 20 y 21 de noviembre de 2018[112]. El consiguiente auto de instrucciones procesales ("*directions order*"), de fecha 21 de noviembre de 2018, se ocupaba de lo siguiente: (i) la orden de que las demandas de los tres grupos se tramitaran y juzgaran conjuntamente y de que las pruebas presentadas en una de las acciones sirvieran como pruebas en las otras; (ii) las modificaciones de las alegaciones (por ejemplo, para que los demandantes especificaran el alcance de las reclamaciones *stand-alone* —no basadas en la decisión de la Comisión— tras habérseles concedido acceso al expediente de la Comisión); (iii) la posición de las partes sobre el alcance de los efectos vinculantes de la decisión de la Comisión (para analizar la cuestión de cara a su resolución como cuestión previa, como ocurriría más tarde); (iv) la información que debían

---

110 Apartado 7.16 de la Guía del CAT.

111 Relativo a las demandas presentadas en el Reino Unido por daños y perjuicios derivados de la infracción objeto de la Decisión de la Comisión de 19 de julio de 2016 en el asunto AT.39824 – *Camiones*.

112 Asuntos 1292/5/7/18 (T), 1293/5/7/18 (T) y 1294/5/7/18 (T). Esa CMC fue, de hecho, una CMC conjunta celebrada junto con los procedimientos incoados por otros cuatro demandantes que estaban en un estadio más avanzado (a saber, Royal Mail, BT, Ryder y Dawsongroup), si bien no era la primera CMC para esos procedimientos.

facilitar los demandantes sobre la cuestión de la repercusión del eventual sobreprecio (*pass-on*) (para que el tribunal pudiera evaluar la mejor forma de abordar este asunto procesalmente); (v) las alegaciones de los demandantes en cuanto a la responsabilidad de quienes no eran destinatarios de la decisión de la Comisión (para permitir que el tribunal determinara cómo resolver esa cuestión, tanto en materia de derecho como de hecho); (vi) ciertas necesidades de acceso a fuentes de prueba (*disclosure*) por fases y cuestiones de confidencialidad asociadas; y (vii) la propuesta del demandante de que los demandados utilicen un único perito conjunto (que fue rechazada por el CAT). Varias de las cuestiones debatidas fueron objeto de acuerdo por las partes con anterioridad a la CMC o a lo largo de esta. Las órdenes o los borradores de las propuestas acordadas en la correspondencia entre las partes se presentaron al CAT antes de la vista, junto con otro material relevante, en forma de carpetas ("*hearing bundles*"), y acompañadas de un breve esquema de los argumentos, según las directrices del CAT y la práctica habitual de las CPR, todo ello con el fin de facilitar la labor del tribunal y centrar las cuestiones controvertidas que requerían su resolución. Esta fue la primera de las tres CMC que se han celebrado en el CAT en estos procedimientos hasta la fecha.

### *10.4. La gestión procesal de los pleitos en masa*

Las demandas de indemnización por daños en materia de defensa de la competencia derivadas de una resolución administrativa (demandas "consecutivas" o *follow-on*) suelen referirse a cárteles horizontales, u otro tipo de infracciones graves, que pueden haber tenido efectos en todo o gran parte del mercado. Por consiguiente, podría existir un gran número de personas potencialmente afectadas que podrían haber sufrido daños y perjuicios. Estas pueden, además, encontrarse en diferentes niveles de la cadena de suministro, dado que el Derecho de la Unión permite la reclamación de daños por cualquier parte afectada, ya sean compradores o proveedores directos o indirectos[113]. Estas situaciones plantean grandes desafíos a los sistemas judiciales, que deben enfrentarse a un enorme volumen de asuntos potencialmente complejos. ¿Cómo se pueden gestionar esas demandas de forma eficaz y a un coste proporcionado? ¿Cómo se puede garantizar la coherencia y la justicia material?

Como hemos anticipado en la introducción, se trata de una cuestión que ha puesto a prueba al sistema judicial español, así como todos los sistemas judiciales de Europa, en recientes litigios por los daños de cárteles; en particular, en el asunto de denominado cártel de camiones. Pese a la existencia de un régimen de acciones colectivas, la litigación en masa es algo con lo que también el CAT ha tenido que lidiar[114]. Su experiencia ofrece una serie

---

113 De hecho, también partes afectadas de forma más indirecta, en caso de poder establecer un vínculo causal entre la infracción y un daño a su patrimonio, pueden reclamar daños y perjuicios al amparo del Derecho UE de la competencia, tal y como confirmó el TJUE en el asunto *Otis II*, n. 338 (primera parte, *supra*).

114 Esto es así no solo porque el régimen de acciones colectivas del Reino Unido es un sistema reciente y su progreso se vio frenado por la necesidad de aclarar las condiciones para la certificación (cuestión abordada por el Tribunal Supremo en el asunto *Merricks* en 2020), sino también porque es posible que las acciones colectivas "*opt-out*" no siempre sean la vía adecuada, o tal vez no sean la opción preferida por algunos demandantes, como hemos visto, por ejemplo, en el asunto de camiones: *UK Trucks Claim Ltd v Stellantis NV* [2022] CAT 25, sobre las peticiones de certificación de un procedimiento colectivo (CPO) presentados tanto por UK Trucks Claim Ltd (una demanda de tipo "*opt-out*") como por la Road Haulage Association Ltd (una demanda de tipo "*opt-in*"); sentencia aprobada en gran medida en apelación por la *Court of Appeal* en el asunto *UK Trucks Claim Ltd v Stellantis NV* [2023] EWCA Civ 875. Incluso dentro de una misma acción colectiva, será necesaria la gestión judicial del proceso: por ejemplo, para identificar y gestionar cuestiones comunes para la clase y, asimismo, cuestiones que puedan afectar de manera diferente a los distintos grupos dentro de una misma clase (la regla 88 del CAT contempla expresamente estas facultades de gestión del proceso).

de ejemplos de formas en que el Tribunal ha tratado de afrontar estos retos, haciendo uso de su flexible arsenal de herramientas de gestión procesal.

En el caso de reclamaciones paralelas por daños y perjuicios derivadas de la misma infracción, es bastante habitual que el CAT haga uso de la facultad que le otorgan las reglas 17 y 51 de las Reglas del CAT para acumular formalmente las reclamaciones en un único procedimiento. Aún más frecuente, en la práctica, es la tramitación conjunta de reclamaciones paralelas. Un ejemplo de ello es el conjunto de demandas derivadas de las comisiones cobradas por los bancos sobre las transacciones con tarjetas Mastercard y Visa (el litigio de las tasas multilaterales de intercambio, "*MIF*" por sus siglas en inglés)[115].

Según la sentencia del CAT de 2 de marzo de 2022, en ese momento había pendientes ante el Tribunal —o se esperaba que las hubiera[116]— 74 demandas, con acciones varias acumuladas en cada una de ellas, que se plantearon en nombre de casi 3.000 demandantes (representados por cuatro bufetes de abogados diferentes). Sucesivas oleadas de demandas de dimensiones similares se habían presentado ante la *High Court* y existía la posibilidad de que también fueran transferidas al CAT en el futuro. Todas esas demandas se referían a reclamaciones de comerciantes que, supuestamente, pagaban a sus bancos ("adquirentes") unas tasas de intercambio excesivas que habían sido fijadas de acuerdo con las normas del sistema de pagos por tarjeta de Mastercard y/o Visa, infringiendo la normativa en materia de Derecho de la competencia tanto de la UE como del Reino Unido. Paralelamente, también estaba pendiente ante el CAT una acción colectiva en nombre de consumidores que

---

115 Por ejemplo, el asunto 1310/5/7/19 (T) *Dune Group Limited v Mastercard Inc* y asuntos relacionados, disponible en: https://www.catribunal.org.uk/cases/13105719-t-dune-group-limited-others.

116 Se refería a demandas presentadas ante la *High Court* que el bufete de los demandantes había identificado en comunicaciones escritas con el CAT y que pretendía que fueran transferidas al CAT.

alegaban que dichas tasas excesivas les habían sido repercutidas, a su vez, en los precios cobrados por los comerciantes (el procedimiento colectivo *Merricks* al que ya nos hemos referido).

En una fase anterior del caso, el CAT (presidido por Sir Peter Roth, a la sazón presidente del Tribunal) aprobó un primer conjunto de directrices para la gestión del proceso, en virtud de las cuales el Tribunal ordenó que las demandas individuales contra Mastercard y Visa que se hallaban pendientes en aquel momento ante el mismo se tramitaran conjuntamente[117]. Y procedió a ordenar que se realizara un ejercicio de muestreo para abordar de forma proporcionada la cuestión de la responsabilidad (concretamente, en qué medida los diversos sistemas de tasas de intercambio objeto de las demandas constituían infracciones del Derecho de la competencia). Entre tanto, el Tribunal suspendió los restantes aspectos de las acciones pendientes (relativos, en particular, a cuestiones relacionadas con el nexo causal y la cuantificación del daño). El ejercicio de muestreo implicaba que las partes acordaran un número manejable de asuntos que se juzgarían a modo de muestra (como una suerte de "prueba")[118]. Las partes llegaron a un acuerdo sobre ciertos aspectos del ejercicio de muestreo, pero no sobre otros, y el ejercicio se amplió para abarcar otras reclamaciones que se presentaron ante el CAT en un momento posterior.

Sin embargo, una nueva configuración del Tribunal para el caso, constituido poco más de un año después, en marzo de 2022, ordenó un cambio de enfoque en la tramitación de las demandas[119]. Concretamente, el CAT dispuso que, en lugar del ejercicio

---

117 Orden de 2 de febrero de 2021 en los asuntos 1306-1311/5/7/19 (T) y 1349/5/7/20 (T).

118 Tal y como se señala en el informe del *Civil Justice Council*, "Improving Access to Justice through Collective Actions" (2008), parte 2, apartados 2 y 3, la legislación inglesa no cuenta con un mecanismo estatutario o formal de casos "test" o "testigo", como el que existe en Austria o Alemania. El ejercicio de muestreo es una herramienta de la gestión judicial de procesos.

119 Orden de 16 de marzo de 2022.

de muestreo ordenado por el panel presidido por Sir Peter Roth en febrero de 2021, todas las demandas pendientes se reactivaran íntegramente, que cualesquiera otras demandas se incluyeran en el mismo proceso único en la medida de lo posible y que se identificaran las cuestiones controvertidas comunes a todo el grupo de demandas. Así pues, se ha puesto en marcha un único procedimiento colectivo para todas las acciones individuales en materia de daños por las tasas intercambio. A raíz de esta decisión, las partes han establecido un proceso entre ellas para identificar y, en la medida de lo posible, acordar una lista de cuestiones controvertidas para someter al Tribunal. Asimismo, el CAT se dirigió por escrito a la *High Court* y el *Commercial Court* para facilitar que todos los procesos conexos pendientes fueran transferidos al CAT y así tramitados conjuntamente. Por último, con el fin de aligerar un proceso que implica a múltiples (centenares de) partes, se aprovecharía el uso de la tecnología, en la medida de lo posible, para permitir la participación en vistas virtuales y se concedería la suspensión de aquellos procedimientos en los que las partes prefiriesen esperar el resultado del resto de los litigios. El CAT motivó este importante cambio de enfoque de la siguiente manera: primero, señaló que aún existía cierto desacuerdo entre las partes sobre la forma de organizar el ejercicio de muestreo y que el incremento del número de partes implicadas en el litigio desde entonces dificultaba aún más un acuerdo (lo que también significaba que no se perdería demasiado tiempo si ahora se cambiaba de método de tramitación del caso). Pero, segundo y por encima de todo, el CAT subrayó su deseo de que las cuestiones controvertidas comunes se resolvieran de una vez por todas y no fueran objeto de nuevos y extensos litigios y, si bien reconoció la eficacia práctica de las "demandas muestra" para el conjunto de casos pendientes, consideró que el uso de un muestreo dejaba cierto margen a la inseguridad jurídica en lo que se refiere a sus efectos sobre las otras acciones suspendidas. El CAT no descartó por completo el muestreo como método para tratar cuestiones convertidas precisas una vez identificadas y señaló, además, la necesidad de adoptar una actitud proactiva en el proceso conjunto que comenzaba para controlar adecuadamente el acceso a fuentes de prueba.

Por el contrario, en la mayor de las acciones iniciadas ante el CAT en el asunto de camiones (con la excepción de la acción colectiva de la *Road Haulage Association*)[120], se ha utilizado el mecanismo procesal del muestreo. Es el caso del procedimiento VSW al que ya nos hemos mención. En él, tras la tercera CMC, que tuvo lugar los días 4 y 5 de octubre de 2021, se acordó elegir una serie de demandas "test" (que fueron posteriormente escogidas mediante Órdenes del CAT de 3 y 4 de marzo de 2022). El acceso a fuentes de prueba y el juicio (fijado para un total de 28 semanas a partir de abril de 2024) se limitarían a esas demandas "test"[121]. En cambio, y pese a ciertas preocupaciones en torno a la repetición de juicios sobre las mismas cuestiones de hecho y Derecho (y al posible impacto de una sentencia sobre otra posterior), el CAT decidió dividir los principales procesos individuales en tres juicios separados: (i) *Royal Mail / BT*: abril-junio de 2022[122]; (ii) *Ryder / Dawsongroup*: marzo-septiembre de 2023[123]; y (iii) las demandas test en el procedimiento *VSW*: abril-noviembre de 2024[124].

En el contexto actual, merece la pena decir unas palabras sobre la *Umbrella Proceeding Practice Direction* ("directriz procesal sobre procedimientos paraguas") del CAT de 6 de junio de 2022[125]. Esta directriz procesal aborda una cuestión tratada en el artículo 15 de la Directiva de Daños, a saber, el problema de garantizar resoluciones coherentes en relación con la repercusión (*pass-on*) cuando se han presentado diferentes acciones por daños que están relacionadas con la misma infracción pero que han sido in-

---

120 Asunto 1289/7/7/18 *Road Haulage Association Ltd v MAN SE.*

121 Orden de 2 de febrero de 2022.

122 La sentencia se dictó el 7 de febrero de 2023, *Royal Mail Group Ltd v DAF Trucks Ltd* [2023] CAT 6.

123 Las fechas del juicio se liberaron tras un acuerdo entre las partes.

124 Los demandantes en estos casos han desistido de la mayoría de estas acciones tras un acuerdo entre las partes en el momento de escribir.

125 *Practice Direction 2/2022* del CAT sobre "Procedimientos Paraguas".

terpuestas por demandantes situados en diferentes niveles de la cadena de suministro. Esta cuestión, como ya se ha señalado, se plantea en la litigación relativa a las MIF ante el CAT. En sus demandas individuales, todos los comerciantes alegan que no han repercutido ninguna parte del daño que le ha sido causado por los MIF a los consumidores, sus clientes, mientras que la demanda de los consumidores en la acción colectiva *Merricks* se basa, precisamente, en el argumento contrario: que los comerciantes les han repercutido el perjuicio a ellos. La propia Mastercard adopta argumentos contradictorios en los dos procedimientos. La Directriz Procesal sobre Procedimientos Paraguas contempla justamente la posibilidad de que el CAT ordene la apertura de un procedimiento especial (denominado "*umbrella*" o "paraguas") que trate cuestiones de este tipo como una cuestión común (o "ubicua"), cuya resolución sería vinculante en los denominados "procedimientos de acogida" ("*host proceedings*") en los que la cuestión común ha surgido. De hecho, la primera vez que se hizo uso de esta nueva directriz procesal fue en relación con ese espinoso aspecto del litigio de las tasas de intercambio: el *pass-on*. Así, el 4 de julio de 2022, el CAT designó la acción colectiva *Merricks* y las acciones individuales de los comerciantes[126] como procedimientos de acogida sujetos al procedimiento paraguas que determinaría el método exacto por el que se calcularía el *pass-on* en dichos procedimientos[127]. Este es, hasta donde yo sé, el primer ejemplo en Europa de una medida específica adoptada para cumplir el objetivo fijado por el artículo 15 de la Directiva de Daños. Y muestra las enormes ventajas de disponer de un órgano jurisdiccional especializado con amplias facultades de gestión procesal para abordar problemas prácticos de manera real y eficaz.

---

126 Como *Dune*, n. 115.

127 *Merchant Interchange Fee Umbrella Proceedings* ("procedimiento paraguas de tasas de intercambio para comerciantes"), asunto 1517/11/7/22 (UM). La última resolución en este procedimiento en la fecha de escribir estas líneas, de 5 de octubre de 2023, determinó los métodos que las partes y sus peritos deben utilizar para estimar el efecto del *pass-on*, [2023] CAT 60.

Por último, una discusión sobre la gestión de demandas en masa no estaría completa sin una referencia a su gestión a través del nuevo régimen de acciones colectivas. Tal y como subrayó la *Supreme Court* en *Merricks,* las acciones colectivas de no adhesión (*opt-out*) pueden ser la única forma viable de tramitar múltiples demandas de escasa cuantía. En consecuencia, la disponibilidad de mecanismos de acciones colectivas debidamente reguladas es una parte necesaria de un régimen procesal completo para la aplicación privada del Derecho de la competencia. La labor del guardián de acceso o "*gatekeeper*" en la gestión del acceso a ese sistema (la certificación de los procedimientos colectivos) es clave y ahora forma una parte esencial de las tareas de gestión procesal del CAT, aunque en un sentido amplio[128]. En particular, en la fase de certificación el CAT tendrá que decidir no solo si los procedimientos pueden seguir adelante como procedimientos colectivos, sino también si deberían seguir adelante como procedimientos *opt-in* o *opt-out* y, en el caso de una pluralidad de acciones colectivas con el mismo objeto, cuáles deberían seguir adelante. El CAT ya ha adoptado decisiones sobre acciones "concurrentes" *opt-out* (en el asunto *Forex*)[129] y acciones "concurrentes" *opt-in* y *opt-out* (en el asunto camiones)[130].

---

128 La certificación se regula en la regla 79 del CAT y no es, estrictamente, una cuestión de gestión procesal. Las cuestiones específicas de gestión procesales en los procedimientos colectivos se regulan en la regla 88 (véase más arriba, n. 114).

129 *Michael O'Higgins FX Class Representative Ltd v Barclays Bank plc* [2022] CAT 16, en la denominada "*carriage fight*" (literalmente, pugna de carros) entre las acciones *opt-out* de los representantes colectivos interpuestos por Michael O'Higgins FX Class Representative Ltd, por un lado, y el Sr. Phillip Evans, por otro. El CAT se negó a certificar ninguna de las dos acciones como acción *opt-out,* decidiendo en su lugar que la acción del Sr. Evans prosiguiera como acción *opt-in.* La *Court of Appeal* dictaminó sin embargo que esta acción debía proseguir como una acción colectiva *opt-out*: *Evans v Barclays Bank,* n. 83.

130 *UK Trucks Claim Ltd v Stellantis NV* [2022] CAT 25. En este caso, el CAT falló a favor del procedimiento *opt-in* y no permitió que la demanda *opt-out* siguiera adelante. La *Court of Appeal* confirmó esa decisión en *UK Trucks Limited v Stellantis,* n. 83.

# 11. *DISCLOSURE*

## *11.1. ¿Qué es el "disclosure"?*

El *disclosure* tiene su origen en el sistema contradictorio del *common law*. En dicho sistema, corresponde a las partes la carga de identificar los hechos y presentar las pruebas. Y deben haber completado ese ejercicio bastante antes del único, y a menudo prolongado, juicio oral que caracteriza los procedimientos ingleses[131]. Dado que la información relevante a menudo estará en manos de la parte contraria, que puede no estar dispuesta a facilitarla voluntariamente, sobre todo si es perjudicial para su causa, se ha ideado un procedimiento obligatorio para corregir esta asimetría: el *disclosure*. La exhibición obligatoria de fuentes de prueba documental que conlleva el *disclosure* contribuye justamente a lograr la equidad e igualdad entre las partes, que jugarán "con todas las cartas sobre la mesa"[132].

En los litigios ingleses, la denominada "*standard disclosure*" (exhibición documental estándar) incluye no solo los documentos en los que cada una de las partes pretende basarse, sino que también se extiende a los documentos que son desfavorables para su propia causa o que respaldan la causa de la parte contraria[133]. La exhibición estándar no abarca los documentos detectados a través de la denominada búsqueda por "cadena de investigación" (eventualidad que se permitían anteriormente al amparo de las reglas RSC en virtud del caso *Peruvian Guano*[134] pero no a partir

---

131 Véase, por ejemplo, Zweigert, K., y Kötz H., *An Introduction to Comparative Law* (Tony Weir (trad.), 3ª ed. OUP 1998), capítulo 18, puntos II y V. En los asuntos en materia de Derecho de la competencia, no es inusual que un juicio dure varias semanas o meses. Esto es inaudito en España, donde un juicio no suele durar más de unas horas y rara vez se prolonga durante varias sesiones a lo largo de más de un día.

132 Véase *Naylor v Preston Area Health Authority* [1987] 1 WLR 858, p. 967.

133 CPR 31.6.

134 *Compagnie Financière et Commerciale du Pacifique v Peruvian Guano Co* [1882] 11 QBD 55.

de las CPR en 1998). Las partes están obligadas a llevar a cabo búsquedas razonables de documentos que entren dentro del ámbito de aplicación de la exhibición estándar[135], y los documentos susceptibles de exhibición son aquellos "que estén o hayan estado bajo el control [de la parte]"[136]. Lo razonable en este contexto se refiere a cuestiones de proporcionalidad, tales como el número de documentos que puedan ser objeto de exhibición, la complejidad del procedimiento en cuestión, el coste de recuperación de información y la posible importancia de los documentos que puedan encontrarse[137]. La exhibición estándar se lleva a cabo mediante el intercambio de una lista de los documentos que se han identificado durante las búsquedas[138]. La lista va acompañada de un escrito ("*disclosure statement*") en el que se confirma el cumplimiento de las obligaciones en materia de exhibición que ostenta la parte y se justifica cualesquiera limitaciones que se pretenda aplicar. Las limitaciones pueden referirse, por ejemplo, al alcance de la exhibición (por ejemplo, cuando se alegue que algunos aspectos del alcance de la exhibición serían desproporcionados), a las búsquedas que han de llevarse a cabo (a la luz del criterio de la razonabilidad) o a las restricciones legales al derecho de inspección (por ejemplo, el secreto profesional abogado-cliente). A continuación, se concederá a la parte contraria la oportunidad de inspeccionar los documentos exhibidos (y obtener copias de los mismos), normalmente en un plazo de 7 días a partir del escrito de exhibición[139], algo que, por lo general, se hará en las oficinas de los respectivos abogados.

Dentro de lo que se conoce como exhibición estándar, el requisito de exhibir documentos que sean desfavorables para la propia causa de la parte, o útiles para la causa de la parte contraria, corresponde a categorías de documentos que generalmente no hay

---

135 CPR 31.7.

136 CPR 31.8.

137 CPR 31.7(2).

138 CPR 31.10.

139 CPR 31.15.

obligación de exhibir en los sistemas de procedimiento civil continentales (al menos antes de la creación de mecanismos de acceso a fuentes de prueba europeos al amparo de instrumentos como la Directiva de Daños). A lo sumo, las normas generales de procedimiento civil de los sistemas continentales han contemplado la exhibición específica de documentos identificados por la contraparte que se pueda demostrar que se encuentran en poder de la parte[140]. Por lo general, no ha existido la obligación de buscar documentos que puedan ayudar a la parte contraria y, en resumidas cuentas, las partes han tenido derecho a elegir los documentos en los que fundan sus pretensiones y que deben presentar como prueba (en el momento procesal oportuno). De hecho, los abogados continentales se preguntan de qué modo un sistema en el que se ofrecen voluntariamente pruebas útiles a la parte contraria puede ser coherente con el deber de un abogado hacia su cliente o, incluso, cómo el cumplimiento leal con un deber de ese estilo puede realmente exigirse en la práctica[141]. No obstante, según el Derecho inglés, los abogados tienen el deber de asegurarse de que sus clientes son conscientes de sus obligaciones de exhibición (por ejemplo, en lo que respecta a las búsquedas de información) y, entre otras cosas, de tomar medidas para garantizar que el cliente conserva los documentos susceptibles de ser exhibidos desde el momento en que comienza a contemplarse la posibilidad del litigio (por ejemplo, bloqueando la destrucción de documentos conforme a la política estándar de conservación de documentos de la empresa). Si un abogado tiene conocimiento de que su cliente se niega a cumplir con sus obligaciones de exhibición, podría tener que renunciar a representar a ese cliente o notificárselo al tribunal. Además, el incumplimiento de sus obligaciones por una de las partes puede dar lugar a una condena en costas.

---

140 Por ejemplo, en virtud del artículo 328 de la LEC.

141 Véase, en este sentido, Matthews, P., y Malek, H. M., n. 11, apartado 1.26.

### *11.2. Desafíos y reformas*

Los problemas asociados a los excesos del *disclosure* inglés son reconocidos y han sido objeto de debate en el Reino Unido desde hace mucho tiempo (en concreto, en el Informe Provisional Woolf de 1995)[142]. Entre esos problemas se incluye el excesivo coste del *disclosure*. También hacen referencia a los abusos que suponen las solicitudes de exhibición injustificadas (utilizadas como "arma" en el litigio) o la táctica de las partes de inundar a sus oponentes con material de relevancia solo marginal. Pese a que las CPR subrayaron la centralidad del principio de la proporcionalidad en el nuevo régimen procesal, los problemas continuaban todavía cuando se publicó el Informe Jackson, en 2009. Esto es debía en gran medida, al parecer, al enorme crecimiento de la exhibición electrónica de pruebas desde el Informe Woolf[143]. Como consecuencia de las reformas de Jackson en 2013, se introdujo un enfoque más ajustado de la exhibición para los procesos ordinarios (*Multi-Track*). La CPR 31.5 exigía ahora a las partes en los procedimientos ordinarios que preparasen y coordinasen el acceso a fuentes de prueba antes de la primera CMC y, lo que es más importante, que evaluasen su coste. También permitía al tribunal aprobar órdenes a medida: el abanico de posibles órdenes de que dispone el tribunal incluye la exhibición de pruebas según cada cuestión controvertida objeto del pleito, la exhibición por fases o, por último, la exhibición de documentos en los que las partes fundamentan sus pretensiones, junto con una limitada exhibición específica por la parte contraria (lo que podría aproximarse más

---

142 Sir Woolf, H., "Access to Justice: Interim Report to the Lord Chancellor on the Civil Justice System in England and Wales" (Lord Chancellor's Dept 1995). Véase, en particular, el capítulo 21. Woolf también hace referencia al anterior informe Heilbron / Hodge, de junio de 1993, que identificaba los costes de acceso a las fuentes de prueba como un obstáculo para el acceso a la justicia.

143 Véase el Informe Jackson, 275, 366. Hollander, C., n. 11, apartado 7-03, identifica la exhibición electrónica como "el factor que, por sí solo, más ha incrementado el coste de los litigios en los últimos años".

al modelo tradicional español)[144]. Sin embargo, según consta, en la práctica los jueces han tendido por defecto a seguir ordenando la exhibición de pruebas estándar, lo que ha hecho que continúe la preocupación por el enorme coste del *disclosure* y por los excesos que se perciben en él[145].

Más recientemente, en 2019, se inició un "programa piloto de exhibición de pruebas" (*Disclosure Pilot*) en los *Business and Property Courts* (Tribunales Mercantiles y de la Propiedad o "B&PC" por sus siglas en inglés) de Inglaterra y Gales de conformidad con la nueva *Practice Direction 51U*, la cual se convirtió en mecanismo definitivo a partir de octubre de 2022 mediante la adopción de la nueva *Practice Direction* 57AD[146]. Esta nueva directriz procesal ha pretendido implantar un enfoque más proporcionado del acceso a fuentes de prueba y evitar el recurso automático de los tribunales a la exhibición estándar. Según el *Chancellor of the High Court* en la época, Sir Geoffrey Vos, el programa piloto representó un (nuevo) "cambio cultural" en la gestión del *disclosure* en los procedimientos civiles en Inglaterra y Gales[147]. En palabras del Grupo de Trabajo sobre Exhibición:

---

144 CPR 31.5(2)-(8). En Derecho español: artículos 265 y 328 a 332 LEC.

145 Véase Matthews, P., y Malek, H. M., n. 11, 23. Sobre la continuidad de la prevalencia de la exhibición estándar en los litigios mercantiles, véase Jackson LJ, *Review of Civil Litigation Costs: Supplemental Report* (HMSO 2017), 35, y el comunicado de prensa del grupo de trabajo creado para revisar las normas de exhibición, 31 de julio de 2018, apartado 4: https://www.judiciary.uk/wp-content/uploads/2018/07/press-annoucement-disclosure-pilot-approved-by-cprc.pdf. La cuestión de abandonar la práctica de que los tribunales apliquen la exhibición estándar por defecto y pasen a elegir entre una serie de opciones de exhibición para promover el "*overriding objective*", conforme a la CPR 31.5, era algo que todavía requería una aclaración judicial en 2016; véase *Positec Power Tools v Husqvarna* [2016] EWHC 1061 (Pat), un caso sobre patentes, apartados 21-23.

146 *PD 57 AD – Disclosure in the Businesss and Property Courts* ("Exhibición de pruebas en los Tribunales Mercantiles y de la Propiedad).

147 *UTB LLC v Sheffield United Ltd* [2019] EWHC 914 (Ch), apartado 75. El *Chancellor* es el Presidente de la división de *Chancery* de la *High Court*

> "La opinión unánime del Grupo de Trabajo fue que se requiere un cambio cultural global y que eso solo puede lograrse mediante la promulgación generalizada de una norma y unas directrices completamente nuevas. Será necesario un cambio en la actitud profesional y un movimiento hacia una gestión más proactiva de los procesos por parte de los jueces. La propuesta (resumida en líneas muy generales) es que no existiría un derecho automático a la exhibición de pruebas basado en la búsqueda y que el tribunal solo dictaría una orden para lo que habrá de denominarse "*extended disclosure*" (exhibición ampliada) si previamente las partes han entablado un intercambio serio y completo para resolver sus diferencias con anterioridad a la CMC. Una orden de exhibición ampliada se adaptaría a las cuestiones controvertidas sometidas a juicio. El nuevo enfoque está diseñado para ser más flexible que la actual Parte 31 y para reflejar los avances de la tecnología."[148] (traducción propia)

El plan del nuevo régimen contiene una serie de aspectos interesantes. En primer lugar, al igual que ocurre en numerosos procedimientos continentales (y España es un buen ejemplo de ello), las partes deben revelar en sus respectivas alegaciones los principales documentos en los que fundamentan sus pretensiones y que resultan necesarios para permitir a la otra parte comprender la demanda o contestación[149]. Esto se conoce como "*Initial Disclosure*" (exhibición inicial de prueba documental). Una versión algo menos rígido de este requisito figura también en las Reglas del CAT[150]. Una vez iniciado el procedimiento, las partes deben exhibir los documentos desfavorables conocidos (es decir, los documentos cuya existencia conocen, sin que sea necesario realizar una búsqueda para descubrir su existencia). Ese deber forma parte de las obligaciones generales de las partes y de sus

---

(división que se encarga de disputas en todo tipo de materia relativa al Derecho de la propiedad).

148 "Proposed Disclosure Pilot Briefing Note", 2 de noviembre de 2017, apartado 5; disponible en: https://www.judiciary.uk/wp-content/uploads/2017/11/dwg-guidance-note-2-nov-2017.pdf.

149 *Practice Direction 57AD.5.*

150 Regla 30.

abogados en materia de exhibición de prueba documental. Dichas obligaciones se establecen en términos claros y amplios en la *Practice Direction 57AD.3*, y se extienden, en el caso de los asesores jurídicos, a la obligación de conservar los documentos que se encuentren bajo su control y que puedan resultar relevantes para cualquier cuestión en procedimientos iniciados o previstos. Toda exhibición de pruebas más allá de la exhibición inicial se denomina "*Extended Disclosure*" (exhibición ampliada) en la directriz procesal. La "exhibición ampliada" se refiere a la exhibición de pruebas adicionales en relación con cuestiones que se identifican como apropiadas para su exhibición y que, si así se ordena, se adaptarán de forma proporcionada a la cuestión controvertida, teniendo en cuenta criterios de apreciación como los que figuran en las CPR para las búsquedas de documentación (CPR 31.7) o, en términos más generales, en el "*overriding objective*" (CPR 1.1).

Para un profano, las normas del programa piloto pueden parecer una capa adicional de complejidad en la ya compleja materia de *disclosure* inglés. En efecto, es una crítica que cualquier abogado continental podría hacer de las propias normas de exhibición estándar inglesas e, incluso, de las CPR en general. La sección A del Libro Blanco, dedicada a las CPR, ya supera el número no desdeñable de 3.000 páginas, por ejemplo[151]. Sea como fuere, también numerosos profesionales ingleses se quejaron al principio con bastante vehemencia de que el incremento de la gama de soluciones de *disclosure* a medida ofrecidas en el marco del Programa Piloto de Exhibición de Pruebas aumentaba, en lugar de reducir, el coste de la misma. Según ellos, el sistema se habría vuelto más complejo y no, en absoluto, estandarizado[152]. De hecho, parece que el siste-

---

[151] Estas se encuentran en el Libro Blanco (White Book), Vol. 1, e incluyen las CPR, las Directrices Procesales (PD, por sus siglas en inglés) y otros instrumentos procesales relevantes, con comentarios. Eso no engloba las guías procesales contenidas en el Libro Blanco, Vol. 2, que suman otras más de 3.000 páginas.

[152] Byrne Hill, D., y McIntosh, M., n. 56. Según Hollander, C., apartados 8-10: "cuesta recordar una innovación procesal que se haya visto en

ma puede adolecer de un exceso de celo normativo que, aunque loable, puede no resultar del todo práctico o eficaz. Por ejemplo, trata de adelantarse a las cuestiones de exhibición en un momento procesal en el que tal profundidad de conocimiento del asunto puede no ser razonablemente posible (o necesaria) y de diseñar todos los detalles de lo que es un proceso sumamente heterogéneo, dando lugar a un régimen excesivamente complejo (el riesgo de la sobre regulación). No obstante, el nuevo régimen fue finalmente aprobado casi en su totalidad con el consenso generalizado, al parecer, de que la previa interacción de las partes y el estrecho control judicial exigidos por la nueva *Practice Direction 57AD* serían eficaces a la hora de hacer de la exhibición de pruebas un ejercicio más eficaz y proporcionado (y, así, de reducir el riesgo de seguir con un proceso más prolongado y reiterativo)[153]. Asimismo, cabe observar que este régimen se aproxima tal vez a lo que podría ser una forma de aplicar el nuevo sistema de acceso a fuentes de prueba de la Directiva de Daños en sistemas judiciales continentales y, por tanto, puede resultar de referencia útil para nuestro trabajo.

### *11.3. El papel de la gestión procesal por el juez en el disclosure*

Independientemente de que sea el sistema de exhibición de pruebas de la CPR 31 o el nuevo régimen de exhibición de la *Practice Direction 57AD* el que se aplique a un caso concreto, lo que queda meridianamente claro es que estos modernos sistemas de exhibición de pruebas en Inglaterra y Gales dependen para su éxito de una gestión procesal adecuada. Tal y como señala Zuckerman, la

---

tamaño oprobio por parte de la profesión que el Programa Piloto de Exhibición de Pruebas. La profesión simplemente lo odia". Hollander señala que una abrumadora mayoría de la profesión consideraba que el programa piloto había aumentado los costes y la carga para el tribunal.

153 Véase, por ejemplo, Tillman, J., Childs, E., Harding, A., "English court disclosure pilot made permanent" (Hogan Lovells – Engage. Legal insights and analysis, 3 de agosto de 2022) www.engage.hoganlovells.com/knowledgeservices/news/english-court-disclosure-pilot-made-permanent.

aplicación efectiva de un régimen de exhibición de pruebas proporcionado y flexible (como pretenden la CPR 31.5 y, ahora, la *Practice Direction 57AD*) "no puede resolverse por completo mediante normas"[154]. Antes bien, "se requiere un esfuerzo continuado, por parte tanto de jueces como de letrados, para garantizar que se mantiene un correcto equilibrio y que las nuevas normas logran las mejoras esperadas"[155]. Los dos elementos esenciales de la gestión procesal a los que nos hemos referido anteriormente desempeñan un importante papel a este respecto también: (i) el control judicial activo, y (ii) la cooperación de buena fe de, y entre, las partes.

En cuanto al control del tribunal, cabe señalar que uno de los cambios fundamentales introducidos por las CPR en 1998 fue que la exhibición de pruebas dejó de ser un proceso automático entre las partes y pasó a requerir una orden previa del tribunal. El tribunal dispone desde entonces de amplios poderes para ordenar diferentes tipos de exhibición de pruebas: puede dividir la exhibición de pruebas en diferentes partes (en diferentes tramos o sobre distintos hechos controvertidos); puede elegir entre varios tipos posibles de órdenes de exhibición a medida; también debe gestionar activamente el proceso de exhibición; y, en todo momento, debe promover el "*overriding objective*". Sin embargo, si bien es necesaria una orden judicial, vale la pena señalar para los lectores continentales que todavía cabe presuponer que la exhibición de pruebas se

---

154 Zuckerman, A., n. 4, apartado 15.11.

155 *Ibid.*, Zuckerman, A., añade: "Para ello, el tribunal tiene una considerable flexibilidad a la hora de definir el alcance de la exhibición de pruebas y de gestionar el proceso. De hecho, en el marco del programa piloto se hace un renovado hincapié en que el tribunal asuma un papel más firme y proactivo a la hora de dictar órdenes de exhibición de pruebas como parte de su deber de gestionar activamente los casos. Dependiendo de las circunstancias de un litigio concreto, puede ordenar una exhibición de pruebas más amplia o más restringida, en su conjunto o en relación con cuestiones específicas. La discrecionalidad del tribunal en relación con la exhibición de pruebas debe ejercerse en consonancia con el "*overriding objective*" y de conformidad con los principios de equidad procesal" (traducción propia).

producirá en casi cualquier procedimiento mercantil ordinario y, *a fortiori*, en cualquier litigio complejo en materia de competencia. Es decir, se trata de una práctica habitual (por lo que sigue siendo muy diferente a la exhibición de pruebas "europea", donde tradicionalmente no es lo normal, sino a lo mucho un derecho y una posibilidad). Una cuestión aparte es el alcance y el momento de la exhibición de la prueba documental, que es algo que ahora el tribunal inglés debe procurar gestionar muy de cerca. Tal y como se ha señalado anteriormente, cada vez es más frecuente que esto ocurra antes (y, por tanto, que el ejercicio se "adelante").

La cooperación de las partes es la otra parte de la ecuación. Como ya se ha señalado, la CPR 31.5 establece una serie de obligaciones con respecto a la relación entre las partes en materia de *disclosure* y un proceso específico dirigido por estas que debe tener lugar con anterioridad a la primera CMC. El objetivo de estos requisitos es que el alcance y el coste de la exhibición de pruebas se reduzcan y se acuerden en la medida de lo posible entre las partes antes de que intervenga el tribunal. Cuando las partes lleguen a un acuerdo completo en términos que apruebe el tribunal, la exhibición de pruebas podrá, de hecho, ordenarse de acuerdo con los términos acordados sin necesidad de una vista[156]. Este proceso de cooperación se desarrolla aún más en la *Practice Direction 31B* que aborda los retos específicos de la exhibición de pruebas documentales electrónicas, donde la cooperación en cuanto al alcance de las búsquedas, las palabras clave que se deben utilizar, los depositarios registrados, etc. adquieren una enorme importancia[157].

Los problemas de la falta de una cooperación adecuada entre las partes son un asunto que ha merecido el castigo judicial de las partes y de sus abogados en varias ocasiones, incluso recientemen-

---

156 CPR 31.5(6).

157 Véase *Digicel (St Lucia) Ltd v Cable & Wireless Plc* [2008] EWHC 2522 (Ch) para un ejemplo de las importantísimas sanciones económicas para una parte que no trata de acordar búsquedas de palabras clave con la parte contraria y de la dura crítica del tribunal al respecto.

te en el contexto del "programa piloto de exhibición de pruebas". Tal y como se pone de relieve en el "tercer informe provisional" sobre el seguimiento del programa piloto elaborado por la profesora Mulheron, Sir Geoffery Vos insistió en la necesidad de que las partes y sus abogados cambien su actitud hacia la exhibición de pruebas y adopten una *actitud cooperativa, y no contradictoria*:

> "Deseo hacer hincapié en la necesidad de un elevado nivel de cooperación entre las partes y sus representantes a la hora de acordar las *Disclosure Issues* [hechos controvertidos que serán objeto de exhibición] y completar el *DRD* [documento de revisión de la exhibición realizada]. El Programa Piloto de Exhibición de Pruebas se basa en la cooperación, como dejan claro sus términos (véanse [2.3], [3.2(3)] y [20.2(3)]). No pretende ser un mero llamamiento.
>
> Está claro que algunas partes en los procesos teniendo lugar en todas las áreas de competencia de los Tribunales de lo Mercantil y de la Propiedad han tratado de utilizar el Programa Piloto de Exhibición de Pruebas como un palo con el que golpear a sus oponentes. Semejante conducta es totalmente inaceptable, y las partes pueden contar con recibir condenas en costas inmediatas si eso es lo que ha sucedido. No se puede obtener ninguna ventaja mediante una actitud dirigida a dificultar el acuerdo sobre las *Disclosure Issues* o sobre un *DRD*, y yo esperaría que los jueces, a todos los niveles, fueran astutos a la hora de llamar a capítulo a las partes que no cooperan de forma adecuada, como requiere el Programa Piloto de Exhibición de Pruebas.
>
> Se pretende que el Programa Piloto de Exhibición de Pruebas funcione de manera proporcionada para todos los tipos de asuntos que vengan ante los Tribunales de lo Mercantil y de la Propiedad, desde las más pequeños hasta los más grandes. Su cumplimiento no tiene por qué ser costoso ni llevar mucho tiempo."[158] (traducción propia)

## *11.4. Derecho de la competencia y el acceso a fuentes de prueba*

Como se señaló al comienzo de este capítulo, los avances en el ámbito del Derecho de la competencia adquieren una especial

---

158 *McParland & Partners Ltd v Whitehead* [2020] EWHC 298 (Ch), apartados 53-55, citado en Mulheron, R., "Third Interim Report – An Analysis of Questionnaire Feedback from Legal Practitioners", 25 de febrero de 2020.

relevancia en el contexto de nuestra discusión, no solo como factor de innovación en numerosos sistemas continentales, sino también como factor de adaptación (y quizá de simplificación) para el Reino Unido, donde el ámbito del Derecho de la competencia, y el de la exhibición de pruebas en particular, viene marcado por las reglas aprobadas en virtud de la Directiva de Daños: a saber, la *Practice Direction 31C* de 31 de enero de 2017 (aplicable a las causas en la *High Court*) y la Directriz Procesal del CAT relativa a la Exhibición e Inspección de Pruebas, adoptada el 14 de marzo de 2017 (aplicable a los procesos en el CAT). Estas reglas establecen un sistema de exhibición de prueba documental basado en: el principio de proporcionalidad, las solicitudes motivadas de las partes y las órdenes razonadas del tribunal (los elementos clave del sistema contemplado por la directiva). En marcado contraste con la pesada y detallada regulación característica de la exhibición de pruebas de las CPR (incluyendo la CPR 31 y el programa piloto de exhibición de pruebas), estas normas ofrecen un marco ligero y basado en principios, más propio de la legislación de la UE y de la Europa continental.

El nuevo sistema de exhibición de pruebas del Derecho de la competencia está siendo dirigido y desarrollado principalmente mediante las resoluciones en materia de gestión procesal adoptadas por los tribunales que juzgan los asuntos en materia de Derecho de la competencia (en particular, el CAT)[159]. Nos referiremos ahora a esta práctica judicial haciendo alusión a una serie de casos recientes: en primer lugar, en relación con las solicitudes de acceso al expediente administrativo de la autoridad de competencia y, en segundo lugar, con la exhibición de pruebas *inter partes*.

---

159 Ha sido habitual que un número relevante de asuntos en materia de defensa de la competencia se presenten, inicialmente, ante la *High Court* para, posteriormente, ser transferidos al CAT. El asunto de los litigios relacionados con el cártel de camiones es un buen ejemplo de ello, al igual que el litigio de las MIF. En consecuencia, algunas resoluciones iniciales en materia de exhibición se han dictado en la *High Court* antes de que el asunto pasara al CAT.

### a) Acceso al expediente

En julio de 2018, la *High Court* se pronunció sobre la solicitud de cuatro grupos de demandantes en el caso camiones (en concreto, VSW y Ryder) para acceder al expediente administrativo de la Comisión[160]. El tribunal (el juez Roth) consideró la aplicación de la Directiva de Daños a la cuestión y recibió alegaciones de la Comisión al respecto[161].

La solicitud de las partes consistía en que una copia de todo el expediente administrativo, salvo los documentos que o bien fueran irrelevantes para el procedimiento (por ejemplo, porque únicamente se referían a países o productos que no eran objeto de las reclamaciones) o bien estuvieran sujetos a restricciones legales (como, por ejemplo, la declaración de clemencia del solicitante de clemencia, MAN). Una orden similar se había dictado en un procedimiento anterior en el asunto camiones, a favor del entonces demandante, Royal Mail, si bien esto fue justo antes de la fecha límite establecida para la trasposición de la Directiva de Daños[162]. La Comisión consideró que la solicitud de VSW / Ryder

---

160 *Suez Groupe SAS v Fiat Chrysler NV, Veolia Environnement v Fiat Chrysler NV, Wolseley UK Ltd. v Fiat Chrysler NV, Ryder Ltd v MAN SE* [2018] EWHC 1994. Estas tres acciones, tras su traslado al CAT, se tramitaron conjuntamente dentro del mismo proceso único *VSW* (asuntos 1292-4/5/7/18 (T)). Por otro lado, la acción de Ryder se tramitó conjuntamente con la de Dawsongroup (asuntos 1291 y 1295/5/7/18 (T)). Todas estos procesos se tramitaron conjuntamente durante algún tiempo, junto también con las acciones acumuladas de *Royal Mail* y *BT* (asuntos 1284 y 1290/5/7/18 (T)).

161 Se habían notificado copias de las solicitudes de exhibición a la Comisión de conformidad con la *Practice Direction 31C*, apartado 2.4, que dota de efecto práctico a la posibilidad contemplada en el artículo 6(11) de la directiva de que la Comisión presente sus observaciones sobre cualquier solicitud de acceso a documentos que obren en su expediente administrativo.

162 Orden de Rose J de 18 de diciembre de 2016 en el asunto *Royal Mail v DAF*.

era desproporcionada y no debería concederse al amparo de la directiva. Sin embargo, el tribunal no estuvo de acuerdo y ordenó la exhibición de las pruebas en términos similares a la anterior orden *Royal Mail*: es decir, acceso a todo el expediente, salvo al material irrelevante o no accesible.

Como ya anticipé, el tribunal en este caso, *VSW Ryder*, consideró cómo se aplica el nuevo régimen de exhibición de pruebas de la Directiva de Daños. Así, el juez Roth subrayó el propósito y el espíritu de las nuevas normas, que tenían por objeto ofrecer una asistencia proporcionada (en forma de acceso a la información) a los demandantes de daños y perjuicios por infracciones del Derecho de la competencia allí donde, con anterioridad, no habían existido por lo general mecanismos eficaces para ello. En relación con ello, señaló que:

> "Como legislación europea que es, creo que es importante dar a la Directiva una interpretación teleológica. Se introdujo con el fin de permitir la exhibición de pruebas para asistir a las demandas por daños en materia de defensa de la competencia, en particular en las numerosas jurisdicciones de la UE en las que no era posible la exhibición de pruebas, o al menos no una exhibición de pruebas efectiva, en las demandas civiles por daños y perjuicios (véase el Considerando 15), pero al mismo tiempo se trataba de limitar dicha exhibición de pruebas para que no fuera demasiado costosa, onerosa o intrusiva. No se pretendía que la exhibición de pruebas se convirtiera en un juego táctico (de batallas de solicitudes de exhibición) entre las partes en el que participarían en la fase intermedia del litigio previa al juicio, de modo que se impidiera la tramitación efectiva de las reclamaciones por daños." [163] (traducción propia)

La Directiva de Daños subraya la necesidad de la especificidad en las solicitudes de exhibición de pruebas. El artículo 5(2) define la exhibición de pruebas como el acceso a "elementos específicos de prueba o de categorías pertinentes de pruebas, lo más limitadas y acotadas que sea posible"; y el artículo 6(4)(a), la nor-

---

[163] *VSW Ryder* [2018] EWHC 1994, n. 160, apartado 25.

ma específica que se aplica al acceso al expediente, exige que los tribunales se planteen "si la solicitud ha sido formulada específicamente con arreglo a la naturaleza, el objeto o el contenido de los documentos presentados a una autoridad de la competencia o conservados en los archivos de dicha autoridad, en lugar de mediante una solicitud no específica relativa a documentos facilitados a una autoridad de la competencia". Sin embargo, el tribunal inglés no consideró que esos requisitos exigieran únicamente una exhibición de pruebas específica, o una exhibición de pruebas definida de forma estricta, ni que excluyeran solicitudes más generales en circunstancias apropiadas.

En el contexto fáctico concreto del caso, el tribunal consideró que, a pesar de ser inespecífica, la solicitud era proporcionada y podía concederse al amparo del nuevo régimen de acceso a fuentes de prueba de la directiva. No equivalía a una mera investigación prospectiva ("*fishing expedition*"), algo expresamente prohibido por la directiva. Roth subrayó que la infracción en cuestión era de naturaleza clandestina, que la decisión de la Comisión era una decisión de transacción en formato reducido (que contenía información limitada sobre el funcionamiento del cártel) y, además, que el funcionamiento del cártel era relevante para las reclamaciones de daños y perjuicios. Citando la anterior decisión de exhibición de pruebas del CAT en el asunto *Peugeot v NSK*[164], así como el asunto *Royal Mail*[165], el tribunal acordó que "es relevante para los demandantes tratar de entender, con el mayor detalle posible, la forma en que el cártel funcionaba y se implantaba y supervisaba", con el fin, entre otras cosas, de evaluar el impacto de la infracción y la cuantía del daño[166].

El tribunal también consideró que era esencial garantizar un enfoque coherente para demandas similares con el fin de evitar

---

164 *Peugeot SA v NSK Ltd* [2018] CAT 3.

165 Orden de Rose J de 18 de diciembre de 2016; *VSW Ryder*, n. 160, apartados 8, 21-22.

166 *VSW Ryder*, *ibid.*, apartado 30.

desigualdades entre los demandantes. Si bien la demanda de Royal Mail era objeto de un procedimiento separado que no se había acumulado con el procedimiento que se seguía ante el tribunal en *VSW Ryder*, el tribunal consideró, no obstante, que los procedimientos ante él planteados surgían de "los mismos hechos relativos a la infracción" y, además, que "las cuestiones esenciales para los demandantes al tratar de comprender cómo funcionaba el cártel y el efecto potencial sobre los precios son idénticas". Por consiguiente, debería garantizarse un trato coherente.

Por último, el tribunal señaló que la orden de exhibición de pruebas no supondría un coste sustancial para los demandados, puesto que el material ya había sido elaborado y exhibido por DAF en el procedimiento *Royal Mail*. En otras circunstancias, podría haber resultado apropiado que los demandados revisaran el expediente y propusieran ellos mismos las categorías de documentos susceptibles de exhibición. Sin embargo, en este caso, y a la luz de todas las consideraciones ya señaladas, el tribunal ordenó que la revisión del expediente por parte de los demandados se limitara a excluir de su exhibición únicamente aquellos documentos, o categorías de documentos, que consideraran claramente irrelevantes, proporcionando una explicación razonada a tal efecto.

Aún merece la pena llamar la atención del lector sobre una observación adicional de la resolución de la *High Court* sobre el *disclosure* en *VSW Ryder*. De forma bastante excepcional, el juez Roth dedicó la última parte de su sentencia a explicar que la decisión no prejuzgaba cualesquiera solicitudes similares en cualquier otra jurisdicción europea. Tal vez resulte obvio desde un punto de vista jurídico que su decisión no vincularía a tribunales en otros países; sin embargo, parece evidente que el juez estaba preocupado por el posible impacto práctico de su decisión en otros procedimientos civiles en el asunto de camiones en la UE. La decisión se refería al acceso al expediente de la Comisión y aplicaba las normas de acceso a fuentes de prueba de la Directiva de Daños en una demanda basada en una infracción del artículo 101 del TFUE. Es decir, el asunto tenía una clara relevancia para la UE. Además, el hecho de que DAF ya hubiera elaborado una versión del expediente para su exhibición podría convertirse en una consideración práctica relevante para los tribunales que se enfrentaran a solicitudes de acceso al expediente en cualquier procedimiento futuro en los litigios referidos al asunto de camiones en la UE. Roth puso de relieve un factor concreto que debía tenerse en cuenta, sin duda alertado por la preocupación de los demandados: se trataba de la cuestión de la confidencialidad. El juez subrayó la posibilidad de utilizar círculos de confidencialidad en el Reino Unido, si bien tenía la impresión de que tales garantías podrían no estar disponibles en "un buen número de Estados miembros". Parece seriamente dudoso que eso constituya una preocupación real y válida, dadas las obligaciones de los Estados miembros en virtud de la directiva. Antes bien, me parece que reconocer que las resoluciones judiciales en un asunto paneuropeo como el de camiones —en el que los tribunales están juzgando demandas similares basadas en hechos comunes bajo un marco jurídico común— tienen relevancia para el litigio en general (ante cualquier tribunal en la Unión) es un ejercicio de pragmatismo. Es más, podría considerarse algo hasta exigido por el objetivo de garantizar una aplicación coherente del Derecho de la competencia de la Unión (incluidas las nuevas normas de acceso a fuentes de prueba).

### b) Exhibición de prueba *inter partes*

Más allá del acceso al expediente, el principal objetivo de las solicitudes de exhibición de pruebas en las acciones civiles en materia de defensa de la competencia es la exhibición de prueba *inter partes*. Esto se refiere tanto a las pruebas de hecho, por ejemplo, sobre el funcionamiento del cártel o la fijación de precios, como a lo que podría denominarse más estrictamente "exhibición de prueba económica" ("*economic disclosure*")[167]. Con exhibición de pruebas económicas nos referimos a los datos económicos y financieros requeridos por los peritos para llevar a cabo sus análisis del

---

[167] En casos *stand-alone*, la exhibición de pruebas también puede referirse a la prueba de la existencia de la infracción.

perjuicio (sobreprecio, infraprecio, *pass-on*, pérdida de volumen de ventas, etc.). Esto puede incluir, por ejemplo: precios, costes, márgenes, cuotas de mercado, rentabilidad, etc. Como ya se ha señalado, las pruebas de hecho serán normalmente importantes para el análisis pericial a fin de determinar la dinámica del mercado y el comportamiento de las empresas, tanto en circunstancias "hipotéticas" normales como en las circunstancias supuestamente distorsionadas de la infracción. En consecuencia, las solicitudes de exhibición de pruebas fácticas (de hecho) pueden también ser relevantes para la cuantificación y tener su justificación en lo que necesitan los peritos para llevar a cabo su tarea.

En su resolución de 15 de enero de 2020 en *Ryder*, el CAT estableció los términos generales en los que se proponía abordar la exhibición de pruebas en toda la litigación en el asunto camiones. Si bien reconoce expresamente la relevancia de las reglas de la CPR y directrices procesales sobre *disclosure* para su propia práctica (en virtud de la regla 60 y la *Disclosure Practice Direction*), el CAT estableció aquí su propio enfoque particular para la exhibición de pruebas, por lo que resulta de especial relevancia. Comenzó con los siguientes aspectos generales de relevancia para el acceso a fuentes de prueba *inter partes*:

> "(1) En general, no se dictarán órdenes de exhibición estándar.
>
> (2) La exhibición de pruebas se limitará a los documentos pertinentes. La pertinencia se determina en función de las cuestiones controvertidas en el caso concreto, extraídas en general por referencia a los escritos rectores, aunque en determinados casos la exhibición de pruebas puede guardar relación con cuestiones no alegadas específicamente.
>
> (3) Se necesitaría una motivación especialmente sólida para justificar cualquier orden de tipo *"train of enquiry"* (tren de investigación), basado en la formulación clásica enunciada por Brett LJ en el asunto *Compagnie Financière du Pacifique v. Peruvian Guano Co.* (1882) 11 QBD 55 at 63. Un ejemplo en el que este tipo de exhibición puede estar justificado, eso sí, es un asunto en el que se alega una infracción de tipo cártel en la que los hechos subyacentes son desconocidos para los demandantes y se encuentran en manos de los demandados.

> [...]
>
> (6) Normalmente, la exhibición de pruebas se hará por referencia a cuestiones controvertidas concretas que han sido alegadas en los escritos rectores y a categorías concretas de documentos.
>
> (7) Solo se ordenará la exhibición de pruebas y la orden se enmarcará de forma que quede garantizado que se limita a lo que resulta razonablemente necesario y proporcionado, teniendo en cuenta una serie de factores, de los cuales los más importantes son:
>
> (a) la naturaleza del procedimiento y de las cuestiones controvertidas sometidas a juicio;
>
> (b) la forma en que la parte sobre la que recae la carga de la prueba puede hacer valer sus argumentos sobre dichas cuestiones;
>
> (c) el coste y la carga que supone facilitar el acceso a las fuentes de prueba en cuestión;
>
> (d) si las fuentes solicitadas se pueden conseguir por medios alternativos o ser admitidas; y
>
> (e) los factores específicos enumerados en la Regla 4(2)(c) del CAT [principio de proporcionalidad]." [168] (traducción propia)

En suma, el CAT sostenía que la exhibición de pruebas debería ser específica, pertinente y proporcionada, y no estándar o general.

Pasando a la cuestión de la exhibición de pruebas económicas, el CAT recordó cuáles eran las cuestiones controvertidas que constituían el objeto del procedimiento: a saber, la relación de causalidad y la cuantía del daño. Por tanto, esas eran las cuestiones con las que debía estar relacionada cualquier orden de exhibición de pruebas (y no, por ejemplo, con la existencia o el alcance de la infracción). Además, destacó la naturaleza del procedimiento: con ello se refería al hecho de que la estimación del perjuicio (que implica un escenario hipotético contrafactual) es un ejercicio necesariamente inexacto (como afirma la Comisión en su Comunicación sobre Cuantificación); y, además, que debe respetarse el principio de proporcionalidad a la hora de determinar las exigencias probatorias y, por ende, el uso y el alcance de la

---

168 *Ryder Ltd v MAN SE* [2020] CAT 3.

exhibición de pruebas[169]. Citando extractos de las Directrices sobre Pass-on, el CAT señaló que la proporcionalidad en su resolución de estas cuestiones implicaba, por ejemplo, tener en cuenta la naturaleza y el valor de la demanda, la disponibilidad de datos relevantes o métodos apropiados para cuantificar el daño en las circunstancias concretas del caso. El apartado 42 de dichas directrices, citado por el CAT, subraya la importancia de la función de gestión procesal judicial para garantizar la proporcionalidad en materia de exhibición de pruebas[170].

En vista de todo lo anterior, en el apartado 40 de la sentencia el CAT expuso sus criterios para decidir sobre la exhibición de pruebas económicas en la litigación en el asunto camiones:

> "(1) La carga inicial de la prueba recae sobre las Demandantes, que deben convencer al Tribunal, según un balance de probabilidades, de que la infracción tuvo un efecto en los precios.
>
> (2) Si se supera ese obstáculo, el Tribunal tratará de llegar a una estimación razonable de cuál podría haber sido ese efecto y cuál habría sido el posible efecto *pass-on* (según los principios jurídicos de valoración pertinentes), de nuevo en un balance de probabilidades.
>
> (3) En este contexto, una estimación razonable significa una estimación a la que se llega de manera proporcionada. Reconocemos, por supuesto, que se trata de reclamaciones por daños y perjuicios de una elevada cuantía. Sin embargo, cualquier estimación se obtendrá mediante promedios, extrapolaciones y sumas. Eso no significa que se puedan explorar todas las vías lógicas que puedan ser relevantes, o que deban proporcionarse todos los datos que puedan resultar relevantes. Tal y como observó Birss J en el asunto

---

169 Cabe recordar que un mensaje similar se puso de relieve en la sentencia del Tribunal Supremo británico en el asunto *Merricks*, unos once meses más tarde.

170 "Esto significa, por ejemplo, que los órganos jurisdiccionales nacionales pueden llegar a la conclusión de que los elementos de prueba presentados por las partes ya les permiten calcular la cuota del sobrecoste que se ha repercutido en lugar de recoger más datos", Directrices sobre Pass-on, apartado 42.

*Vodafone v Infineon Technologies AG* [2017] EWHC 1383 (Ch), en el apartado 31:

*"aunque, claro está, más [exhibición de pruebas] puede ser mejor... es pertinente preguntarse cuánto más sería y cuánto mejor haría el resultado."*

La decisión sobre qué nivel de exhibición de pruebas resulta apropiado ordenar se basa en los puntos de vista de los peritos económicos, pero no viene determinada por los datos que les gustaría tener o el método que les gustaría utilizar. Corresponde al Tribunal decidirlo.

(4) Para tomar esa decisión, el Tribunal tiene en cuenta los principios de efectividad, de que obtener el resarcimiento de daños no debería ser excesivamente difícil, y de proporcionalidad, tal y como establece la Regla 60(2), junto con los principios rectores de la Regla 4 y también con la Directriz Procesal de Exhibición de Pruebas.

(5) Por consiguiente, no se trata simplemente de una cuestión de relevancia, como parecían sugerir algunas de las alegaciones presentadas por las partes. La exhibición de pruebas solo se ordenará en relación con una categoría específica de documentos si el Tribunal está convencido de que los documentos solicitados son relevantes y de que su exhibición sería necesaria y proporcionada. El Tribunal no dictará una orden simplemente porque determine que los documentos son relevantes para las cuestiones objeto de la controversia.

(6) Estas acciones reclaman daños y perjuicios relativo a muchos centenares de operaciones, en las que están involucrados un gran número de vehículos, realizadas a lo largo de un dilatado periodo de tiempo y, en algunos de los casos, por un gran número de demandantes. Además, la infracción implicó contactos y comunicaciones entre sus participantes a lo largo de un periodo de 14 años, con diferente grado de implicación en cada ocasión concreta. Por lo tanto, el enfoque de la prueba de la causalidad y la cuantificación, tanto en lo que se refiere a cualquier sobrecoste como a la repercusión (*pass-on*), será muy diferente del que puede aplicarse cuando la reclamación se refiere a pérdidas en una o dos transacciones muy voluminosas concluidas tras una extensa negociación: véase *BritNed Development Ltd v ABB AB* [2018] EWHC 2913 (Ch). Es poco probable que pueda considerarse realista en estos casos que las cuestiones se aborden examinando cada precio cobrado por cada transacción objeto de la reclamación y tratando de determinar cómo cualquier intercambio de información o coordinación previo entre los OEM [fabricantes de camiones] puede

> haber influido en ese precio (ya sea directamente o en referencia a un precio bruto). Del mismo modo, por lo que se refiere a la repercusión (*pass-on*), parecería desproporcionado, aun cuando fuera posible, analizar la reventa o enajenación de cada camión objeto de la reclamación. *En consecuencia, es importante establecer cómo se abordarán en la práctica las cuestiones sometidas a juicio, y hacerlo antes y no después de haber dedicado gran cantidad de tiempo, esfuerzo y dinero a todavía más exhibición de pruebas."* (traducción propia, énfasis añadido)

Merece la pena destacar este último aspecto del enfoque de la exhibición de pruebas económicas. Se refiere, una vez más, a la adaptación de la práctica de la prueba al caso concreto. Más allá de la cuestión, evidentemente relevante, del valor de la demanda (con respecto a la cual se han de calibrar las exigencias probatorias), el CAT subraya como factor esencial adicional el *tipo* de análisis pericial que resultaría apropiado a la luz de los hechos del caso. Las demandas ya interpuestas en el asunto de camiones (así como las que, previsiblemente, se interpondrían en el futuro) se referían a un gran número de transacciones que tuvieron lugar a lo largo de un dilatado periodo de tiempo. En consecuencia, un enfoque individualizado del tipo denominado "*bottom-up*" no era, en su opinión, apropiado. Este enfoque había sido aceptado por la *High Court* en el asunto *BritNed*[171], pero se refería a hechos muy distintos. En él, el objeto de la demanda lo constituían los efectos de un cártel en unas pocas licitaciones individuales: se trataba de una única demanda individual de un demandante (BritNed) contra un demandado (ABB). La documentación exhibida incluía numerosas pruebas fácticas en torno a las circunstancias específicas de los contratos en cuestión y su relación con el cártel. La exhibición de datos económicos se limitó a datos de las partes en el procedimiento y se refería a un número limitado de grandes contratos llave en mano. El sobreprecio estimado era específico para ese demandante. En el asunto camiones, dada la naturaleza

---

171 *BritNed Development Ltd v ABB AB* [2018] EWHC 2913 (Ch).

de la infracción[172], y el potencial impacto de la conducta en los precios de mercado de los camiones durante un largo periodo de tiempo, un enfoque más global era la única forma realista (y proporcionada) de abordar la prueba de los efectos. Se calculó un sobrecoste para todo el mercado[173]. Con ello, el CAT no pretendía excluir por completo la prueba testifical, sino que consideraba que dicha prueba sería de una naturaleza diferente, más general y menos detallada. Por ejemplo, cabría esperar que las pruebas testificales se centraran en acreditar la forma en que se fijaban los precios de los camiones durante el periodo de referencia; en particular, la naturaleza de la relación entre los precios brutos y los precios netos (es decir, transaccionales).

También llama la atención cómo el CAT insiste en su sentencia en la necesidad de determinar desde el principio, junto con las partes y sus peritos, el enfoque que pretenden adoptar para cuantificar el daño, lo cual, a su vez, determinará la postura que adopte el tribunal a la exhibición de pruebas. Además, el tribunal pide a los peritos que se pongan de acuerdo sobre el método adecuado para la cuantificación del daño con el fin de evitar ejercicios de exhibición de pruebas que luego puedan resultar inútiles (o, al menos, criticados como tales por las respectivas partes contrarias). En relación con ello, señala que:

> "La descripción de la infracción en la Decisión, complementada por la exhibición de prueba documental ya realizada hasta la fecha, ofrece a los peritos de parte una clara indicación de la naturaleza de la colusión entre competidores que se produjo. Por consiguiente, esperamos que los experimentados peritos puedan ponerse de acuerdo sobre la metodología adecuada, aunque pue-

---

172 Caracterizada por el intercambio de información sobre los precios brutos de catálogo (y no de transacción) durante un periodo de 14 años.

173 *Royal Mail*, n. 122, apartados 336-9. Véanse también los apartados 86-87 y ss. Los peritos de las partes habían acordado este enfoque como parte de su declaración "*agree-disagree*" (de acuerdos y discrepancias). Volveremos sobre estas declaraciones, en términos más generales, en el capítulo 12.3(d) *infra*.

> dan llegar a conclusiones diferentes. Si se utilizaran métodos muy diferentes, que requirieran grandes cantidades de datos distintos, solo para que luego, en el juicio, uno u otro método se impugnara por ser poco sólido o poco fiable, con una invitación al Tribunal para que lo rechazara por completo, ello conduciría a una enorme y costosísima pérdida en términos de esfuerzo de exhibición."[174]

Volveremos sobre las particularidades procesales de la prueba pericial en la próxima sección. Sin embargo, en el contexto del acceso a fuentes de prueba, merece la pena traer a colación el planteamiento de la jueza Rose en el asunto *Air Cargo*[175], como hace el CAT en su sentencia sobre la exhibición de pruebas en el asunto camiones. En una CMC de octubre de 2015 relativa a la exhibición de pruebas *inter partes* en relación con la cuantificación del daño (sobrecoste y repercusión), la jueza Rose expresó su preocupación por el enorme coste potencial de la exhibición de pruebas, dado el número de partes implicadas y el alcance de las reclamaciones (en términos temporales, personales y geográficos)[176]. Había que tomar decisiones: en primer lugar, sobre la aproximación metodológica a la valoración del daño (si se hacía hincapié en los datos económicos y financieros o en las pruebas más de hecho) y, en segundo lugar, sobre el método de cuantificación que debía adoptarse si se intercambiaban datos[177]. La jueza

---

174 *Ryder Ltd v MAN SE* [2020] CAT 3, apartado 42.

175 *Emerald Supplies v British Airways plc* [2015] EWHC 2904 (Ch).

176 El procedimiento *Air Cargo* se refería a una serie de rutas aéreas comerciales entre el EEE y destinos de todo el mundo e implicaba, junto a British Airways (demandada en el procedimiento principal), a otras 23 compañías aéreas, demandadas en las acciones de repetición que fueron acumuladas al procedimiento principal por British Airways en virtud de CPR Parte 20. El número de transacciones relativas solo al principal grupo de demandantes superaba los 6 millones.

177 Hay que tener en cuenta que es poco probable que el planteamiento sea el mismo respecto al sobrecoste y a la repercusión. En el asunto *Air Cargo*, Rose J llegó a una conclusión sobre la exhibición de pruebas del sobrecoste en la vista de octubre, pero no sobre la repercusión. En cuanto a esta, previamente, en diciembre de 2014, se habían ordenado los denominados "informes previos de *pass-on*", en los que se exigía a

exigió que esas decisiones fueran acordadas entre los peritos de las partes antes de emitir exhaustivas órdenes de exhibición de pruebas. Además, la orden de exhibición de pruebas especificaba en detalle la forma en que debían exhibirse los datos: las categorías de información que debían facilitarse, el formato electrónico, la necesidad de una explicación de los términos utilizados en los datos (un "diccionario de datos") y la presentación de una testifical en la que se describiera cómo se habían llevado a cabo las búsquedas y las bases de datos de las que se había extraído la información[178].

En el apartado 43 de la sentencia sobre exhibición de pruebas en asunto camiones, en *Ryder*, el CAT analizó el impacto que tendría su decisión sobre la exhibición de pruebas en el litigio en general y subrayó su objetivo de garantizar la coherencia. Se refería, específicamente, a las diversas acciones individuales ya interpuestas ante el Tribunal, en las que veía necesario requerir un enfoque coherente en materia de cuantificación (sujeto a la posibilidad de aducir razones de peso que justificaran métodos distintos), pero lo que insinuaba era que se vería influido por esa decisión para todas las acciones en el asunto camiones que se le presentaran:

> "Por supuesto, somos conscientes de que hay varias acciones diferentes y que las mismas cuestiones del sobreprecio y la repercusión no tienen por qué enfocarse necesariamente de la misma manera en todas ellas. Sin embargo, el Tribunal dejó clara desde el principio la importancia de garantizar la coherencia entre las distintas demandas derivadas de la infracción. Nuestra opinión actual es que tendría que haber razones muy poderosas para justificar

---

los demandantes que expusieran sus prácticas y políticas en materia de la repercusión de costes a sus clientes y la estimación del alcance de cualquier repercusión. En la vista de octubre, Rose J ordenó a los peritos que se reunieran y acordaran los métodos y el alcance de la exhibición de pruebas para calcular el *pass-on*.

178 Orden de 23 de noviembre de 2015 (no publicada). Agradezco a uno de los representantes letrados de las partes que me haya permitido consultar dicha orden.

que el Tribunal aceptara diferentes métodos de análisis de las mismas cuestiones entre las distintas acciones."[179]

Un último punto que quiero destacar de la resolución sobre el acceso a fuentes de prueba en el asunto camiones es la decisión de llevar a cabo la exhibición de pruebas por fases. Eso significa que, tras cada fase (o tramo) de exhibición, "la parte receptora de la información debería evaluar los documentos y los datos, con la ayuda pertinente de su perito económico, y luego formular una solicitud posterior (en su caso) a la luz, y como resultado, del análisis de ese material"[180].

Lo que se desprende de la sentencia sobre exhibición de pruebas del asunto camiones es, una vez más, el papel fundamental que desempeña la gestión procesal activa del juez para controlar la exhibición de pruebas relacionada con la cuantificación del daño. Esa gestión implica no solo que el tribunal se interese por las pruebas periciales antes de que se presenten y se ordene el acceso a las fuentes de prueba correspondientes, y que lo haga de forma continuada, sino también que exija a los peritos que expongan el método de cuantificación que proponen y que intenten entre ellos llegar a un acuerdo sobre el enfoque y la metodología adecuados para la cuantificación. No siempre se exige semejante acuerdo, como ocurrió en el asunto *BritNed*, pero puede resultar necesario en demandas masivas, como el asunto camiones, para mantener la exhibición de pruebas dentro de unos límites razonables. Además, deben tenerse en cuenta los hechos y el contexto del caso concreto, incluida la existencia de demandas paralelas. Es decir, la exhibición de pruebas debe adaptarse siempre a las especificidades del caso (entendido este en su contexto).

---

179 *Ryder Ltd v MAN SE* [2020] CAT 3, apartado 43.

180 *Ibid.*, apartado 46, en referencia a *Peugeot SA v NSK Ltd* [2017] CAT 2, apartado 7. Cabe recordar que la exhibición de pruebas por fases es una de las opciones incluidas en la CPR 31.5.

## 12. LA PRUEBA PERICIAL

Llegamos ahora al factor clave de nuestro objeto de estudio. Las pruebas periciales que evalúan el impacto de una infracción del Derecho de la competencia en el mercado y en determinadas personas o grupos de personas serán, invariablemente, uno de los elementos probatorios clave, si no el principal, en una acción por daños y perjuicios. Por consiguiente, la forma en que el tribunal gestione esas pruebas es un aspecto vital del proceso. De hecho, es probable que la forma en que se lleve a cabo este ejercicio influya significativamente en el resultado del caso.

La forma en que el sistema británico trata la prueba pericial en los asuntos en materia de Derecho de la competencia ofrece algunas experiencias útiles. Si bien, desde el punto de vista de sus dimensiones (tiempo, extensión y coste), en el Reino Unido la práctica procesal en este ámbito sigue siendo cualitativamente distinta de la de los sistemas continentales como el español, y seguirá siéndolo, comparte, no obstante, una serie de rasgos comunes. De hecho, las ideas conceptuales que enmarcan las funciones de jueces y peritos en el Reino Unido y España concuerdan bastante más de lo esperable, y descubrimos una cierta simbiosis. Además, como ya hemos visto, los órganos jurisdiccionales del Reino Unido y de la UE (incluidos los españoles) están llamados a aplicar los mismos principios y normas del Derecho europeo. La cuantificación del daño se considera una cuestión de estimación razonable (teniendo en cuenta las circunstancias del caso concreto y la proporcionalidad); las directrices (*soft law*) de la Comisión son relevantes para el ejercicio de valoración de la prueba del daño por parte del tribunal; los tribunales deben aplicar presunciones y tienen la facultad para estimar por sí mismos los daños sufridos; todos disponen de normas sobre el acceso a fuentes de prueba basadas en un fundamento jurídico común (las normas de exhibición de pruebas de la UE); y todos tienen que garantizar la tutela judicial efectiva de los derechos estipulados por la UE así como el respeto de los principios de efectividad y equivalencia según la interpretación del TJUE[181]. Ya hemos visto cómo esos principios comunes han sido invocados por los tribunales ingleses en asuntos como *Merricks* (en el contexto de la certificación de una demanda masiva en virtud del artículo 101 del TFUE) y camiones (en el contexto de la determinación del enfoque correcto en materia de exhibición de pruebas).

Nuestra breve revisión de las normas y la práctica en el Reino Unido entorno a la prueba pericial (en particular, en el CAT) abarcará las siguientes cuestiones generales: (i) el papel de los peritos (alcance de la prueba pericial y obligaciones de los peritos); (ii) el papel del juez; y (iii) el proceso. Los principales instrumentos jurídicos de referencia para nuestro tema serán: las CPR y la *Practice Direction 35 (Experts and Assessors)* (directriz procesal sobre peritos y tasadores), la Guía del *Civil Justice Council* para la "instrucción de peritos en demandas civiles 2014", las Reglas del CAT (en particular, las reglas 53 a 55) y la Guía del CAT (en particular, los apartados 7.65 a 7.69).

### *12.1. El papel de los peritos*

#### a) ¿Qué se considera prueba pericial admisible?

La aportación de pruebas periciales al proceso inglés requiere la autorización previa del tribunal[182] y debería limitarse a lo "razonablemente necesario para resolver el proceso"[183]. La Guía del CAT añade que: "Corresponde a la parte que solicita la práctica de la prueba pericial persuadir al Tribunal de que esta es debida-

---

[181] Como se ha señalado anteriormente, n. 1, el Brexit supuso el fin de la aplicación del Derecho de la Unión en el Reino Unido, así como de la competencia objetiva del TJUE, pero el Derecho de la Unión seguirá aplicándose durante algún tiempo y la jurisprudencia del TJUE seguirá teniendo relevancia.

[182] CPR 35.4.

[183] CPR 35.1, aplicada mediante referencia en apartado 7.65 de la Guía del CAT.

mente admisible y pertinente para las cuestiones sobre las que el Tribunal debe pronunciarse, y de que le sería útil al Tribunal para llegar a una conclusión sobre dichas cuestiones"[184]. El tribunal está facultado no solo para admitir o rechazar la prueba pericial, sino también para determinar su alcance, indicando las cuestiones sobre las que el tribunal requiere la práctica de prueba pericial.

El juez Roth abordó con cierto grado de detalle el enfoque que debería adoptarse respecto a la admisión de pruebas periciales en procedimientos en materia de defensa de la competencia en el asunto *Phones 4U*, una sentencia dictada en la *High Court* en octubre de 2021[185]. Se trataba de una acción *stand-alone* relativa a una supuesta colusión entre los tres principales operadores de redes móviles de la época en el Reino Unido para excluir al demandante (Phones 4U) del mercado de venta al por menor de servicios de telefónica móvil. El demandante, un minorista de servicios de telefonía móvil, solicitó permiso al tribunal para presentar pruebas periciales sobre la dinámica del mercado en el sector de la telefonía móvil del Reino Unido con el fin de demostrar que el comportamiento de los tres operadores de red móvil (al rescindir los acuerdos de reventa con el demandante) suponía una conducta colusoria (y no la competencia normal basada en los méritos). Así pues, no se trataba de pruebas relativas a la cuantificación del daño, sino a la prueba de la infracción subyacente. Tal y como señaló el tribunal, se trataba en última instancia de una cuestión de hecho. No obstante, consideró que la prueba pericial debía admitirse, aunque de forma más limitada que la propuesta, y dio instrucciones en ese sentido en su sentencia. El razonamiento del tribunal expone los principios que deben aplicarse para evaluar los criterios de admisión de la prueba pericial y ofrece un referente útil para nuestro análisis.

La condición para la admisión de la prueba pericial en el Derecho inglés cuenta con dos elementos. En primer lugar, la prue-

---

184 Apartado 7.65.

185 *Phones 4U Ltd (in administration) v EE Ltd* [2021] EWHC 2879.

ba debe ser admisible, lo cual quiere decir que "exista un corpus reconocido de conocimientos especializados que se rija por estándares y reglas de conducta acreditados que resulten relevantes para la cuestión que el Tribunal debe determinar"[186]. Según el juez Roth, esta condición se cumplía claramente y, por lo general, se cumpliría en los asuntos en materia del Derecho de la competencia: "Un economista y, asimismo, un censor jurado de cuentas poseen claramente los conocimientos técnicos necesarios en diversas materias y, por supuesto, los dictámenes de los peritos económicos son admitidos comúnmente en los casos de defensa de la competencia"[187]. Asimismo, es necesario que el perito propuesto "tenga suficiente familiaridad y conocimientos de la pericia en cuestión para que su dictamen pueda ser valioso a la hora de resolver" cualquiera de las cuestiones controvertidas relevantes[188]. Es decir, el perito debe acreditar su experiencia y los conocimientos necesarios.

En segundo lugar, la prueba pericial debe ser "razonablemente necesaria para la resolución del caso". Por "razonablemente necesaria" se entiende que una persona (es decir, el tribunal) sin instrucción o experiencia en el ámbito de la pericia propuesta sería incapaz de formarse un juicio sólido sobre el asunto que se le plantea sin la asistencia de testigos que posean conocimientos o experiencia especiales en ese campo; o, al menos, que al tribunal le ayudaría contar con dichas pruebas periciales[189]. Sobre este punto, el tribunal en el asunto *Phones 4U* señaló que solo es necesario que las pruebas sean relevantes en relación con aque-

---

186 *RBS Rights Issue Litigation* [2015] EWHC 3433 (Ch), Hildyard J, apartado 14 (la traducción es mía).

187 *Phones 4U*, n. 185, apartado 13.

188 *Barings plc v Coopers & Lybrand (No 2)* [2001] Lloyd's Rep Bank 85, apartado 45.

189 Véanse *Barings Plc v Coopers & Lybrand, ibíd.*; *Kennedy v Cordia (Services) LLP* [2016] UKSC 6, apartados 43-47, citando *R v Boynthan* (1984) 38 SASR 45, sentencia con valor jurisprudencial del *South Australia Supreme Court.*

llas cuestiones que le sean de ayuda (es decir, que le sean útiles) a la hora de resolver el asunto, siempre y cuando, de conformidad con el *"overriding objective"* y a la luz de las circunstancias del caso, sea proporcionado admitir dichas pruebas[190]. Aplicando estos principios, el tribunal determinó que la prueba pericial le sería de suficiente ayuda en la valoración de hechos que eran relevantes para decidir si hubo colusión entre los operadores móviles demandados y, además, que era una prueba proporcionada, siempre y cuando se limitara a cuestiones precisas relacionadas con la dinámica normal del mercado competitivo. Si bien la pericial no ofrecería prueba directa de la existencia de colusión, ayudaría al tribunal a *interpretar las pruebas fácticas* y a llegar a conclusiones coherentes con una visión experta de la dinámica normal del mercado y, por tanto, que serían las más plausibles y precisas.

Eso nos lleva a una consideración importante. ¿Cuál es el alcance correcto de la prueba pericial? Los peritos prestan declaración en áreas de su competencia, normalmente en forma de dictamen pericial sobre la interpretación de determinados hechos dentro de esa área de especialización[191]. No aportan ni pueden aportar pruebas de hecho (aunque su dictamen debería ser coherente con las pruebas en el procedimiento). Tampoco pueden emitir un dictamen sobre cuestiones de Derecho. En la práctica, estas distinciones pueden no resultar tan sencillas.

Como está bien documentado, las pruebas de hecho aportadas por un *testigo* implican invariablemente inferencias basadas en hechos percibidos[192]. Es decir, el testigo necesariamente interpreta

---

190 El tribunal se basó en lo expuesto por Warren J en *British Airways Plc v Spencer* [2015] EWHC 2477 (Ch), apartados 63-69.

191 Pueden identificarse otros tipos de pruebas periciales (por ejemplo, la que es necesaria para explicar temas técnicos o el significado de palabras técnicas o para aportar pruebas fácticas que requieren conocimientos especializados para ser interpretadas o comprendidas), véase, por ejemplo, Hodgkinson, T., y James, M., n. 11, apartado 1-011.

192 Véase Law Reform Committee, *Evidence of Opinion and Expert Evidence* (17° Informe, Cmnd 4489, 1970), apartado 3: "A menos que las opiniones,

los acontecimientos basándose en su propia experiencia o en su sentido común. Un testigo que bebió una bebida puede afirmar que es café porque sabe cómo es, cómo huele y cómo sabe el café. Este ejemplo puede distinguirse fácilmente del de un perito, que se basa en un corpus de conocimientos científicos especializados para interpretar otros aspectos de los hechos (por ejemplo, verificar mediante pruebas adecuadas que el café contenía veneno). Sin embargo, pueden darse ejemplos más complejos en los que la distinción sea menos clara. En el ámbito del Derecho de la competencia, en el que se evalúan los efectos sobre los mercados, los testigos, con frecuencia, pueden declarar sobre situaciones fácticas complejas que son capaces de interpretar con cierta autoridad dado su conocimiento y su experiencia del mercado o del sector en cuestión[193]. Según el Derecho inglés, esto puede tratarse como una prueba testifical (altamente cualificada), más que como una prueba pericial. Ejemplos de ello son los siguientes: las declaraciones de un censor jurado de cuentas (auditor) que ha participado

---

estimaciones e inferencias a las que los hombres llegan en su vida diaria sin necesidad de raciocinio consciente como consecuencia de lo que han percibido con sus sentidos físicos fueran tratadas en el marco del Derecho probatorio [como] si fueran meras declaraciones de hechos, los testigos serían incapaces de trasladar al juez una impresión exacta de los acontecimientos que intentaban describir", citado en Hodgkinson, T., y James, M., n. 11, apartado 1-033. Este reconocimiento se incorporó luego, expresamente, en la Sección 3(3) de la *Civil Evidence Act 1972* (Ley de Pruebas Civiles de 1972): "Por la presente declaramos que, cuando una persona sea citada como testigo en cualquier procedimiento civil, la declaración de su opinión sobre cualquier asunto relevante en el que no esté cualificada para emitir una declaración pericial, si se hace como forma de transmitir hechos relevantes percibidos personalmente por ella, es admisible como prueba de lo que percibió" (traducción propia). Por ejemplo, en la actualidad es habitual en causas de construcción que los testigos den su opinión sobre los hechos que han presenciado basándose en su experiencia: por ejemplo, *Multiplex Construction (UK) Ltd v Cleveland Bridge (UK) Ltd* [2008] EWHC 2220, apartados 668-672.

193 El denominado "testigo perito" conforme al artículo 370 de la LEC española; véase más adelante el capítulo 17.1(a) (tercera parte *infra*).

en la formulación de unas cuentas que supuestamente evidencian el impacto de una conducta anticompetitiva en esa empresa[194]; pruebas aportadas por el empleado de una empresa que pretendía testificar sobre la conformidad de ciertas tarifas —que él mismo era responsable de fijar— con la regulación sectorial[195]; o las declaraciones de una serie de empleados que evidenciaban el modo en que se fijaban los precios en su sector[196]. En ese sentido, la prohibición de la denominada "*opinion evidence*" (literalmente, "prueba de opinión", de la cual la prueba pericial constituye una excepción en el Derecho inglés) no puede aplicarse de forma tan simplista y la distinción entre la prueba testifical, que contiene opiniones no expertas, y la prueba pericial propiamente dicha no es tan clara. De hecho, a veces, en la práctica, parece que la categorización puede depender más bien de cómo las partes decidan presentar la prueba, algo que afectará tanto a las normas aplicables a la prueba como al peso que se le atribuya[197].

### b) Pruebas de hecho y los dictámenes periciales

Como ya se ha señalado antes, la prueba pericial debería estar firmemente basada en los hechos del caso. Se trata de un principio que subraya la Guía Práctica de la Comisión, y es un prudente principio general de valoración judicial de las pruebas.

Esta cuestión asumió un papel muy relevante en la primera sentencia del CAT en la litigación en el asunto de camiones en el Reino Unido, *Royal Mail*[198]. De hecho, fue fundamental para que el tribunal concediera un menor peso probatorio al informe del perito de-

---

194 *2 Travel Group plc (in liquidation) v Cardiff City Transport Services Ltd* [2011] CAT 44, apartados 5-7.

195 *British Telecommunications plc v Office of Communications* [2010] CAT 17, apartados 109-111.

196 *Sainsbury's Supermarkets Ltd v Mastercard Inc* [2016] CAT 11, apartado 28.

197 Como ocurrió en la resolución sobre la admisibilidad de la prueba en el asunto *2 Travel*, n. 194.

198 Nota 122.

signado por la parte demandada, precisamente porque el perito no había tenido en cuenta de forma adecuada las pruebas fácticas pertinentes. Dos cuestiones de hecho fueron clave: en primer lugar, DAF no había aportado ninguna prueba (por ejemplo, de testigos que hubieran participado en los hechos) para explicar por qué había participado en intercambios de información con sus competidores o cómo se había utilizado esa información internamente en los procesos de fijación de precios de DAF[199]; en segundo lugar, la prueba testifical (de un empleado de DAF en el Reino Unido) indicaba que existía una relación causal entre los precios brutos (de catálogo) de DAF y los precios netos (de transacción) en el Reino Unido[200]. En tales circunstancias, el perito de la demandada no estaba en situación de especular sobre la inexistencia de efectos derivados de la infracción, frente a la presunción probatoria (a la luz de las conclusiones que figuran en la decisión de la Comisión) de que era "muy probable que tal infracción hubiera tenido efectos negativos en los precios de las transacciones"[201]. En concreto, en ese asunto se señale que:

> "La prueba pericial de DAF sobre la *"theory of harm"* [teoría del daño] se basa en especulaciones sobre cómo habría funcionado la infracción dentro de DAF y, a continuación, extrae conclusiones basadas en dichas especulaciones sobre por qué la infracción no habría tenido ningún efecto sobre los precios. Creemos que cualquier teoría de ese tipo tendría una base más sólida si se centrara en lo que realmente sucedió en DAF en términos de cómo se utilizó la información y cómo la infracción logró mantenerse durante un periodo de tiempo tan prolongado, presumiblemente para beneficio mutuo de todos los miembros del cártel."[202] (traducción propia)

En el asunto *Sainsbury's* (una de las primeras acciones de comerciantes en el asunto *MIF*), el CAT también consideró que no podía dar mucho peso a las pruebas periciales aportadas por los dos economistas que testificaron a petición de las partes porque no basa-

---

199 *Ibid.*, apartados 103-108.
200 *Ibid.*, apartados 120-129.
201 *Ibid.*, apartado 116.
202 *Ibid.*, apartado 108.

ban sus pruebas en un conocimiento suficientemente sólido de los hechos subyacentes[203]. En opinión del CAT, esos sucesos estuvieron mejor presentados por los testigos, entre los que se encontraban experimentados profesionales del sector de los pagos que trabajaban para las partes. En consecuencia, el CAT dio mucha más importancia a esas pruebas testificales que a las pruebas periciales. De hecho, la sentencia criticó duramente a las partes por no haber abordado esa cuestión asegurándose de que los economistas consensuaran cuáles eran los hechos relevantes de los que partir para realizar sus análisis económicos. Uno de los jueces del Tribunal en ese caso, el actual Presidente del CAT, Sir Marcus Smith, ha planteado la cuestión de forma aún más contundente fuera de sala:

> "Es un error fundamental que un perito declare sobre un sector del que no tiene conocimientos específicos".[204] (traducción propia)

Las cuestiones que se debatían allí se referían, concretamente, a la determinación de supuestos contrafácticos relativos a lo que habría sucedido con las tasas de intercambio en el mercado de pagos de no haber existido la infracción: ¿cómo se habrían acordado las tasas y a qué niveles? En palabras del propio CAT, este ejercicio era uno de especulación basada en las pruebas disponibles: "lo que habría sucedido en el universo contrafáctico es una cuestión necesariamente hipotética, y no una cuestión de hecho... al fin y al cabo, el proceso en el que estamos inmersos es un proceso de especulación basada en pruebas"[205]. En ese contexto, el CAT se sintió más seguro con las predicciones sobre la dinámica del mercado de quienes tenían experiencia en el sector y, aun así, alcanzó una serie de conclusiones propias sobre lo que opinaba que habría ocurrido en el hipotético supuesto contrafáctico.[206]

---

203 Nota 196.

204 Smith, M., "Lawyers come from Mars, and Economists come from Venus – or is it the other way round? Some thoughts on expert economic evidence in competition cases" (2019), Competition Law Journal 1.

205 *Sainsbury's*, n. 196, apartado 180. Véase también el apartado 219.

206 Esto fue objeto de crítica por parte de Mastercard en su recurso de apelación.

El asunto *Sainsbury's* fue un asunto particularmente complejo en lo que respecta a los hechos, que, en sí mismos, requerían cierto grado de pericia. Sir Marcus Smith ha puesto de relieve otro aspecto, a saber, que las pruebas periciales que evalúan los efectos en los mercados de un comportamiento anticompetitivo pueden plantear sus propios problemas a la hora de determinar cuáles son los hechos pertinentes[207]. Mientras que, en la mayor parte de los tipos de pruebas periciales, los hechos que deben evaluarse serán comunes y relativamente claros (por ejemplo, la prueba de un cirujano ortopédico llamado a opinar sobre si una operación de cadera se realizó de forma negligente), las pruebas periciales sobre los efectos en el mercado *implican que los peritos seleccionen los datos relevantes que deciden utilizar* en sus análisis, normalmente entre una serie de alternativas. Además, la selección de datos (los hechos subyacentes para el análisis pericial) conllevará un proceso previo de determinación de la información disponible (y dónde), de obtención de dicha información (ya sea extrayéndola de fuentes públicas o privadas o solicitando su exhibición a terceros) y de verificación de su exactitud. Eso introduce un nuevo nivel de complejidad en este tipo de prueba pericial en lo que respecta a: *¿cuáles son los hechos relevantes?* Es algo que los tribunales deben tener en cuenta y, en su caso, abordar. Más adelante volveremos sobre algunas cuestiones procesales relevantes a este respecto (tanto en el Reino Unido como, más adelante, en la tercera parte de este trabajo, en España)[208].

### c) Peritos y opinión jurídica

El asunto *Sainsbury's* toca la otra limitación de la prueba pericial a la que hemos aludido antes: la prohibición del dictamen jurídico (opinión sobre cuestiones jurídicas). De hecho, la segunda crítica que se hizo a las partes y a sus peritos en ese asunto fue

---

207 Smith, M., n. 204.

208 Véanse las secciones 3(c) y (d) del presente capítulo, y el capítulo 17.1(c) (tercera parte), más abajo.

que no habían partido de un conocimiento correcto de cuáles eran los principios jurídicos que deberían haber adoptado como marco para su prueba pericial. Sin embargo, esta también puede ser una cuestión compleja. En las casos en materia de Derecho de la competencia pueden plantearse una serie de cuestiones complicadas que mezclan consideraciones de hecho y de Derecho. El litigio de la *MIF* nos brinda un ejemplo bastante extremo. En efecto, toda una serie de cuestiones jurídicas que afectaban a las pruebas periciales presentadas fueron objeto de apelación hasta llegar al Tribunal Supremo del Reino Unido, implicaron largas y costosas deliberaciones durante un periodo de tres a cuatro años y dieron lugar a una sentencia firme que corregía numerosos errores de Derecho de los tribunales inferiores (además, siendo justos, de confirmar otras interpretaciones correctas de la ley). Así, por ejemplo, la *Supreme Court* expuso su interpretación de las normas aplicables a la prueba de *pass-on* según el Derecho inglés, corrigiendo la posición adoptada tanto por el CAT como por la *Court of Appeal*, y estableció que el estándar de prueba para corroborar el cumplimiento de las condiciones de exención en virtud del artículo 101, apartado 3, era una cuestión de Derecho de la Unión[209]. En consecuencia, no se podría reprochar a las partes en primera instancia que no supieran con precisión cuáles debían ser las normas aplicables. Sea como fuere, el principio fundamental es que las cuestiones de Derecho deben ser determinadas por el tribunal y no son propiamente objeto de la prueba pericial (y, como tales, deben ser ignoradas o, al menos, tratadas como una mera alegación)[210].

---

209 Véase *Sainsbury's Supermarkets Ltd v Mastercard Inc* [2020] UKSC 24, apartados 226 y 128, respectivamente.

210 Véase también *Bookmakers Afternoon Greyhound Services v Amalgamated Racing Ltd* [2008] EWHC 1978 (Ch), un asunto de Derecho de la competencia, apartados 287-288, en la que el tribunal permitió un dictamen pericial incluso sobre cuestiones jurídicas, pero alertó de que esa no era la función del perito y que esos aspectos de su testimonio se tratarían como meras alegaciones.

### d) El uso de peritos judiciales

La prueba pericial tiene otra limitación importante, y es que no puede usurpar la función del tribunal de resolver el litigio: es decir, no puede determinar el resultado del caso (lo que se denomina en el Reino Unido el "*ultimate issue*" o cuestión controvertida fundamental). En una acción de daños *follow-on*, la cuestión planteada al perito (por ejemplo, la cuantificación de un posible sobrecoste) puede ser la cuestión principal que el tribunal tenga que determinar. Por consiguiente, el grado en que la decisión del tribunal esté determinada por dichas pruebas y pueda ser evaluada como es debido por el tribunal resulta extremadamente importante. A continuación veremos cómo afrontan este reto los tribunales del Reino Unido[211]. Pero me gustaría primero abordar aquí una cuestión relacionada: a saber, el uso de peritos designados por el tribunal o de un único perito, y hasta qué punto la designación de un único perito puede ser una solución o, por el contrario, una delegación ilegítima de la función decisoria del tribunal. La cuestión ha suscitado un acalorado debate en el Reino Unido y la experiencia me dice que dicha preocupación tiene una base real que merece nuestra atención.

Desde la derogación de las RSC, en 1998, ya no es posible en Inglaterra que el tribunal designe directamente a un perito, pero las CPR introdujeron, en su lugar, el nuevo concepto de "perito conjunto único"[212]. La figura del perito conjunto único fue propuesta por Lord Woolf con el fin de aumentar la imparcialidad de la prueba pericial, reducir los costes, aumentar las posibilidades de un acuerdo o conciliación, e igualar las condiciones entre partes con niveles de recursos desiguales[213]. Concretamente, había detectado el problema de los peritos "a sueldo" a los que recurrían los demandados con mucho dinero para obtener una ventaja injusta en los litigios. También criticó la aparición de una

---

211 Sección 3.6.2.

212 CPR 35.7.

213 Informe Woolf, capítulo 13, apartado 21.

industria multimillonaria de apoyo a la litigación que había ido creciendo entre profesiones tales como contables o arquitectos[214]. Como sugiere el título de su informe, la preocupación de Woolf era el acceso a la justicia, que, en su opinión, se estaba viendo obstaculizado para los litigantes más pobres de Inglaterra y Gales. Al mismo tiempo, se preguntaba si el sistema contradictorio tradicional (con peritos de parte) era la mejor manera de lograr un resultado justo o mejor, en realidad, que el sistema de peritos designados de oficio típico de algunos sistemas jurídicos continentales (como los que existen en Italia y Alemania). En relación con ello, sostenía que:

> "8. La forma inglesa tradicional de decidir cuestiones periciales contenciosas consiste en que un juez decida entre dos opiniones contrapuestas. Esa no es necesariamente la mejor manera de alcanzar un resultado justo: el juez puede no estar seguro de cuál de las partes tiene la razón, especialmente si las cuestiones son muy técnicas o entran dentro de un ámbito sobre el que él mismo no tiene conocimiento. No obstante, espera llegar a la respuesta correcta. Conscientemente o no, su decisión puede verse influida por factores tales como la aparente mayor autoridad del perito de una de las partes, o la relativa soltura y capacidad de persuasión de los peritos a la hora de exponer sus argumentos.
>
> 9. En las jurisdicciones continentales en las que los peritos neutrales, designados por el tribunal, son la norma, subyace la suposición de que los peritos de las partes únicamente dirán al tribunal lo que las partes quieren que el tribunal sepa. El principal problema para el juez en un sistema inquisitivo es que puede resultarle difícil saber si debe o no aceptar el dictamen de un único perito. Sin embargo, no pretendemos sugerir que sea inevitablemente menos probable que llegue a la respuesta correcta que en el caso de su homólogo inglés."[215] (traducción propia)

Las propuestas de Woolf se encontraron con una fuerte oposición por parte de las agrupaciones de abogados, preocupadas por el riesgo de una delegación *de facto* del poder decisorio en el perito cuando el tribunal no dispone de ninguna otra opinión

---

214 *Ibid.*, capítulo 13, apartados 7 y 2, respectivamente.

215 *Ibid.*, capítulo 13, apartados 8-9.

en la que basarse[216]. Zuckerman resume esta preocupación en los siguientes términos:

> "Es casi inevitable que un único perito conjunto ejerza una influencia irresistible, especialmente en áreas complejas que son incomprensibles para los profanos. Por lo tanto, existe un grave riesgo de que, en la práctica, el perito usurpe la función del tribunal y se convierta en el verdadero árbitro".[217] (traducción propia)

Las preocupaciones también se referían, entre otras cosas, a la falta de calidad (pericia) percibida en los peritos designados por el tribunal en las jurisdicciones civiles de la Europa continental, la imposibilidad de poner a prueba el dictamen del perito en un interrogatorio o el hecho de que las partes sigan designando sus propios peritos, con lo que no se producía una reducción de los costes, sino, de hecho, un incremento[218]. Esas preocupaciones se vieron parcialmente atenuadas en las propuestas finales incorporadas a las CPR, que establecieron el modelo del perito conjunto único. Según dichas normas, el perito conjunto único será designado por acuerdo entre las partes, recibirá instrucciones conjuntas de las partes o (a falta de acuerdo) instrucciones separadas, y podrá ser interrogado[219]. Además, las partes seguirán siendo

---

216 *Ibid.*, capítulo 13, apartado 16, en el que Lord Woolf sugiere que existía una reticencia general (inmerecida) por parte de muchos miembros de la profesión legal a renunciar a sus armas de contradicción. Véase asimismo Dwyer, D., *The Judicial Assessment of Expert Evidence* (CUP 2008), secciones 6.2.4 y 6.3.4. Mi propia experiencia con peritos designados por el tribunal en ciertas jurisdicciones continentales (a saber, Italia y Francia) me ha enseñado que los tribunales adoptarán invariablemente y de forma acrítica el dictamen del perito por ellos designado.

217 Zuckerman, A., n. 4, capítulo 21, apartado 21.85

218 Informe Provisional, capítulo 23, apartado 21.

219 El apartado 47 de la "Guía para la instrucción de peritos" de 2014 señala que, por lo general, los peritos conjuntos únicos no prestarán declaración oral, lo cual está en consonancia con las declaraciones de Lord Woolf en *Peet v Mid Kent Area Healthcare NHS Trust* [2001] EWCA Civ 1703, apartado 28. Sin embargo, el tribunal tiene la facultad discrecional, en casos excepcionales, de dirigir el interrogatorio ("*cross-exami-*

libres de llamar a sus propios peritos, salvo en circunstancias excepcionales[220].

El asunto de los peritos designados por el tribunal, y en menor grado el del perito conjunto único de las CPR, plantea cuestiones en relación con el derecho de las partes a un proceso equitativo de conformidad con el artículo 6 del CEDH. Se ha aceptado, en principio, que la designación judicial de un único perito no vulnera el derecho a un proceso equitativo[221]. No obstante, no se trata de un derecho ilimitado: debe concederse a las partes una oportunidad adecuada y equitativa de participar en el proceso (por ejemplo, en la definición de las instrucciones al perito, en el proceso de deliberación de este o en la comprobación de sus conclusiones)[222]. Dicha participación debe ser real y efectiva, y no simplemente nominal. Los problemas que se plantean en la práctica son: la falta de cualificación adecuada del perito designado, la falta de argumentación suficiente ante el tribunal en cuanto a las instrucciones que deben darse al perito designado por el tribunal, la falta de supervisión judicial del proceso pericial para garantizar el debido proceso o la ausencia de contrainterrogatorio ("*cross-examination*") sobre las conclusiones del perito ante el tribunal[223]. El mecanismo del perito conjunto único de las CPR

---

*nation*"). Tampoco se excluye la posibilidad de que se cite a los peritos de las partes sobre las mismas cuestiones (*D (A Child) v Walker* [2000] 1 WLR 1382 CA).

220 Zuckerman, A., n. 4, capítulo 21, apartado 21.92 y ss.

221 *CB v Austria,* App no 30465/06 (TEDH, 4 de abril de 2013); *Brandstetter v Austria* (1993) 15 EHRR 378.

222 Véase Zuckerman, A., apartado 21.88 y las sentencias del TEDH *CB v Austria* (*ibid.,* apartados 37 y 43); *Mantovanelli,* n. 190 (primera parte de este estudio), apartados 33-36.

223 Sobre las virtudes del "*cross-examination*" para averiguar la verdad, véase Jacob R., "Court Appointed Experts v Party Experts: Which is Better?" (2004), 23 Civil Justice Quarterly, 400. Para contrastar: Davies, G., "Court Appointed Experts" (2004), 23 Civil Justice Quarterly, 367. Véase también *Phipson on Evidence,* n. 11, apartados 33-86.

ofrece ciertas garantías en cuanto a ese derecho, pero es algo que no siempre ocurre cuando el perito es designado de oficio[224].

Los casos en los que el tribunal puede imponer un único perito conjunto en virtud de las CPR dependerán de las circunstancias del caso. Si bien Lord Woolf pretendía que el perito conjunto fuera la opción por defecto en determinadas circunstancias (en particular, en casos de menor cuantía o dificultad)[225], en un litigio mercantil complejo, como suelen ser las demandas en materia de Derecho de la competencia, es probable que esa sea una medida muy excepcional; de hecho, el riesgo de que eso dé lugar a una delegación efectiva de la resolución por parte del tribunal de la cuestión central objeto del litigio puede ser elevado[226]. En la práctica, por lo general las partes acordarán aportar sus propias pruebas periciales de parte y es poco probable que el tribunal se oponga a tal acuerdo[227]. Incluso cuando una de las partes ha intentado proponer un perito único, ha encontrado resistencia en el CAT, preocupado por no limitar el derecho de defensa de las partes: por ejemplo, en un asunto en el que consideró que la complejidad de la demanda y la necesidad de

---

224 *Mantovanelli*, n. 190 (primera parte *supra*), apartado 36. La participación efectiva de las partes en el proceso es especialmente importante en aquellas circunstancias en las que los tribunales de las jurisdicciones continentales, que utilizan peritos designados por el tribunal, pueden tender a dar por buenas las conclusiones del perito (como se señala en la n. 216 más arriba).

225 Véase, al respecto, PD 35.7. Los peritos conjuntos únicos son la opción por defecto en procedimientos de escasa cuantía o acelerados. Otros casos en los que puede ser preferible un único perito conjunto son la determinación de un hecho concreto (por ejemplo, una medición), la cuantificación del daño (pero no, me atrevería a sugerir, en un supuesto contrafáctico, típico de las demandas en materia de competencia, en el que la cuantificación dista mucho de ser sencilla y también pueden intervenir cuestiones de causalidad) o cuando es improbable que existan diversos dictámenes periciales sobre la cuestión (es decir, que la opinión científica sobre la cuestión es prácticamente unánime).

226 Véase, sobre este tema en general, Zuckerman, A., n. 4, apartados 21.86-87.

227 Véase *Phipson on Evidence*, n.11, 33-60.

abordar cuestiones de nexo causal tenían prioridad sobre la designación de un perito único [228], o en otro en el que se consideró que era demasiado pronto en el procedimiento para que las partes identificaran las cuestiones relevantes[229]. No obstante, recientemente, el CAT ha ordenado (por primera vez) la designación de un experto conjunto para representar a todos los (tres) demandados (no a los demandantes) en un caso referido a un supuesto cártel relativo a ciertas piezas para automóviles, siendo el motivo para esta decisión no tanto los posibles ahorros de coste (que no le parecía una cuestión determinante dadas las cuantía en juego) sino la conveniencia de tener un único informe de la parte de los demandados dado el método de cuantificación propuesto por los demandantes[230].

### e) Deberes del perito

Hay un último aspecto de la regulación del papel del perito en los litigios ingleses que merece nuestra atención. Se refiere a los deberes del perito (así como a los mecanismos de control de la calidad, sobre todo de la imparcialidad, de la prueba pericial). En Inglaterra y Gales, los peritos tienen un deber fundamental para con el tribunal, un deber que se establece en la CPR 35.3:

> "(1) Los peritos tienen el deber de ayudar al tribunal en los asuntos de su competencia.
>
> (2) Ese deber prevalece sobre cualquier obligación para con la persona de la que los peritos han recibido instrucciones o perciben su remuneración." (traducción propia)

Según la CPR 35.10, el informe debe incluir una declaración en la que conste que el perito comprende y ha cumplido con su

---

228 *2 Travel*, asunto 1178/5/7/11, CMC 18 de abril de 2011, pp. 10-15 de la transcripción.

229 *Peugeot v NSK*, asunto 1248/5/7/16, CMC 11 de octubre de 2016.

230 *PSA Automobiles y otros c. Autoliv AB y otros*, asunto 1435/5/7/22 (T), [2023] CAT 66.

deber para con el tribunal[231]. Los peritos deben declarar el contenido de las instrucciones materiales que han servido como base para la redacción del informe[232]. Y el informe debería dirigirse al tribunal e incluir una declaración jurada del siguiente tenor[233]:

> "Confirmo que he dejado claro qué hechos y asuntos mencionados en el presente informe son de mi conocimiento y cuáles no. Confirmo que los que son de mi conocimiento son ciertos. Las opiniones que he expresado representan mis opiniones profesionales verdaderas y completas sobre los asuntos a los que se refieren.
>
> Entiendo que puede incoarse un procedimiento de "*contempt of court*" [delito de desacato al tribunal] contra cualquier persona que levante, u ordene levantar, falso testimonio en un documento refrendado por una declaración jurada sin creer sinceramente en su veracidad."

La PD 35, de obligado cumplimiento para los peritos, establece más ampliamente los requisitos generales de la prueba pericial y la forma y contenido del informe. Incluye las siguientes indicaciones:

> "2.1 La prueba pericial debería ser una creación independiente del perito, libre de las influencias y presiones del litigio.
>
> 2.2 Los peritos deberían asistir al tribunal proporcionándole dictámenes objetivos e imparciales sobre asuntos de su competencia, y no deberían asumir el papel de un abogado.
>
> 2.3 Los peritos deberían tener en cuenta todos los hechos materiales, incluidos los que puedan contradecir sus opiniones.
>
> 2.4 Los expertos deberían aclarar:
>
> (a) Cuándo se trata de una cuestión o asunto que queda fuera de su ámbito de especialización.
>
> (b) Cuándo no pueden llegar a una opinión definitiva, por ejemplo, porque no disponen de información suficiente".

Además, la PD 35 exige a los peritos que tengan en cuenta la Guía para la Instrucción de Peritos de 2014, que ofrece más detalles sobre los mismos principios fundamentales.

---

231 CPR 35.10(2).

232 CPR 35.10(3).

233 PD 35, 3.1 y 3.3.

Muchas de estas normas ya se habían desarrollado en el marco del *common law* preexistente; en particular, en el caso *The Ikarian Reefer*:

> "Entre las obligaciones y responsabilidades de los peritos en asuntos civiles figuran las siguientes:
>
> 1. La prueba pericial presentada ante el tribunal debería ser —y así debería ser vista— una creación independiente del perito, libre en su forma y contenido de la influencia de las exigencias del litigio.
>
> 2. Un perito debería brindar asistencia independiente al tribunal por medio de un dictamen objetivo e imparcial en relación con los asuntos de su competencia. En la *High Court*, un perito nunca debería asumir el papel de abogado.
>
> 3. Un perito debería exponer los hechos o premisas en los que basa su dictamen. Y no debería abstenerse de analizar hechos materiales que puedan contradecir las conclusiones de su dictamen.
>
> 4. Un perito debería dejar claro cuándo una determinada cuestión o asunto queda fuera de su ámbito de especialización.
>
> 5. Si el dictamen de un perito no está respaldado por la debida investigación porque considera que no dispone de datos suficientes, deberá hacerse constar con una indicación de que el dictamen tan solo es provisional. En aquellos casos en que un perito que haya elaborado un informe no pueda ratificar que este contiene la verdad, toda la verdad y nada más que la verdad sin hacer alguna salvedad, esta debería hacerse constar en el informe.
>
> 6. Si, tras el intercambio de informes, un perito cambia de opinión sobre una cuestión importante tras haber leído el informe pericial de la otra parte o por cualquier otro motivo, dicho cambio de opinión debería comunicarse (a través de los representantes legales) a la otra parte sin demora y, si procede, al tribunal.
>
> 7. Cuando la prueba pericial se refiera a fotografías, planos, cálculos, análisis, mediciones, informes topográficos u otros documentos similares, estos deberán facilitarse a la parte contraria en el mismo momento del intercambio de informes".[234]

En resumen, la prueba pericial debe ser independiente, objetiva, imparcial y transparente (e incluir la referencia a todos los

---

[234] *National Justice Compañía Naviera SA v Prudential Assurance Co Ltd* [1993] 2 Lloyd's Rep 68, 81-82.

hechos y supuestos subyacentes, tanto favorables como desfavorables).

Existen sanciones en caso de incumplimiento sustancial por parte de un perito de las normas aplicables a la prueba pericial en virtud de las CPR. Si el incumplimiento ocasiona gastos a la parte que le ha designado o a la parte contraria, estos pueden ser reclamados personalmente al perito. Una conducta indebida podrá denunciarse al colegio profesional del perito y ser objeto de un procedimiento disciplinario[235] o, en casos extremos, dar lugar a sanciones por desacato al tribunal (una multa o, incluso, pena de prisión)[236]. Sin embargo, en la práctica, quizás la mayor de las sanciones que una prueba pericial de insuficiente calidad puede tener es la repercusión negativa en la reputación profesional del propio perito. Ese riesgo se acentúa en los procedimientos ingleses (y, en consecuencia, se hace más real) en virtud de los largos contrainterrogatorios que se practican en el juicio, la posibilidad real de una amonestación pública por parte de los jueces en su sentencia o la capacidad de terceros para acceder a los informes a los que se ha hecho referencia en el tribunal. Y se acentúa aún más en el contexto de un tribunal especializado, un grupo limitado de abogados especializados y de colegios de peritos (que existen en el CAT y en torno a él, por ejemplo). Por último, claro está, es poco probable que el juez conceda peso alguno a la prueba de un perito poco fiable.

El asunto *Royal Mail* es un buen ejemplo de un caso en el que se cuestionó la independencia de un perito de parte. En el juicio,

---

235 Véase el apartado 90 de la Guía de 2014. Entre los asuntos en los que esto ha ocurrido se incluye *Pearce v Ove Arup Partnership Ltd* (Copying) (2002) 25(2) IPD. Dwyer ha sugerido que una opción más eficaz que la denuncia al colegio profesional sería la creación de un sistema oficial de peritos que permitiera el registro y la acreditación de los peritos y la posibilidad de que la conducta indebida y el incumplimiento de las normas y principios de procedimiento civil fueran notificados por los jueces al supervisor del sistema (Dwyer, D., n. 216, 362-363).

236 *Liverpool Victoria Insurance v Zafar* [2019] EWCA Civ 392.

el abogado contrario interrogó al perito designado por la demandada sobre esta cuestión, centrándose en las instrucciones recibidas por el perito y la información que le proporcionó su cliente. La sentencia dedica un apartado completo a la valoración de esta cuestión por parte del tribunal[237]. El CAT afirma que el perito de la demandada no había sido suficientemente transparente acerca del hecho de que había asesorado al cliente durante la fase administrativa del procedimiento (la investigación de la Comisión) ni sobre la información que le había facilitado DAF sobre los motivos de los intercambios de información con sus competidores. El tribunal concluyó que el perito podía haberse "alineado en exceso" con los puntos de vista de su cliente, en particular en cuanto a los posibles efectos de la infracción (la teoría del daño), y que eso podía haber influido en su "sorprendente" conclusión de que era inverosímil que la infracción tuviera efectos en los precios de los camiones en el Reino Unido[238]. Eso socavó la credibilidad de la prueba pericial[239] y fue sin duda uno de los factores, junto con una serie de otras consideraciones, que llevaron al tribunal a rechazar el argumento de que la infracción no había tenido ningún efecto en los precios[240].

En cuanto a la prueba pericial de la cuantía del daño, el CAT también consideró en el asunto *Royal Mail* que ambos peritos habían estado excesivamente influidos por la posición de sus respectivos clientes y criticó su incapacidad para llegar a posiciones consensuadas sobre cuestiones clave de sus cálculos o, al menos, para reconocer los puntos débiles de su propio análisis[241]. De he-

---

237 *Royal Mail,* n. 122, apartados 237-257.

238 *Ibid.,* apartados 254 y 256, respectivamente.

239 *Ibid.,* apartado 257.

240 Los factores a los que se hace referencia en la sección 12.1(b) guardaban relación, principalmente, con pruebas de hecho relativas a cuestiones centrales del caso: a saber, las razones del intercambio de información y la relación entre los precios brutos (de catálogo) y los precios netos (de transacción).

241 *Royal Mail,* n. 122, apartados 476 y 480.

cho, el tribunal consideró que los peritos habían incumplido su deber para con el tribunal:

> "La tendencia de ambos peritos a defender sus posiciones sin reconocer las dificultades inherentes a su propio enfoque fue decepcionante e incoherente con su deber primordial de asistir al Tribunal." (traducción propia)[242]

El propio CAT ha reconocido que los riesgos de falta de independencia u objetividad son tal vez defectos del sistema contradictorio de la prueba pericial y, de hecho, el tribunal consideró que no se habían respetado de forma adecuada en el asunto *Royal Mail*, en detrimento de la resolución del caso[243]. En consecuencia, se puede afirmar que una atención adecuada a este aspecto de la prueba pericial de parte resulta crucial para que siga manteniéndose como la modalidad preferida para la prueba pericial.

Podemos concluir recordando que estos deberes de los peritos en el Reino Unido tienen una importancia similar en España, donde la pericial de parte es la forma normal de presentar la prueba pericial y a los peritos resultan aplicables deberes no muy distintos[244]. No cabe duda de que existe alguna diferencia en cuanto al nivel de intensidad de los deberes, de su cumplimiento o de las sanciones por incumplimiento, en comparación con el Reino Unido. Sin embargo, la concepción esencial y los términos de esas obligaciones son muy similares, de modo que las lecciones aprendidas en el Reino Unido nos pueden ser de gran relevancia.

## 12.2. *El papel del juez*

### a) La función indelegable de juzgar

Deberíamos comenzar esta sección reiterando un aspecto ya mencionado antes: la determinación de los hechos controvertidos

---

242 *Ibid.*, apartado 476.

243 *Ibid.*, apartado 235.

244 Artículo 335(2) de la LEC española. Véase asimismo el capítulo 17.1 (tercera parte) *infra*.

y la resolución jurídica de las pretensiones son tareas de los jueces, no pudiéndose delegar en un tercero, como un perito. Como sostuvo la *Court of Appeal* en el célebre asunto *Liddell v Middleton*: "en este país no tenemos juicios por peritos: tenemos juicios por jueces"[245]. En Inglaterra y Gales, eso dio lugar a la llamada regla de la "*ultimate issue*" (cuestión controvertida o pretensión fundamental), por la que no se permitía a los peritos emitir un dictamen sobre la pretensión principal que debía decidirse en el procedimiento. Aunque esa norma ya no está operativa, puesto que los peritos pueden dar su opinión de forma que se aborde dicha cuestión final, nunca pueden arrogarse la función propia del juez:

> "Así pues, si bien en ocasiones, para evitar un lenguaje evasivo, el testigo experto tiene que expresar sus opiniones de forma que aborde la cuestión fundamental que se ha planteado ante el tribunal para su determinación, la asistencia pericial no puede llegar a suplantar al tribunal como responsable de la toma de decisiones. El juez de instrucción no puede delegar la función decisoria en el perito."[246] (traducción propia)

La profesora Dwyer ha expuesto la noción con contundencia desde la perspectiva del Derecho constitucional y los derechos fundamentales:

> "Esa delegación de la autoridad de determinación de los hechos es constitucionalmente peligrosa. En el Derecho inglés, esa delegación carece de prerrogativa o autoridad legal y, por consiguiente, infringe la máxima de Derecho público "*delegatus non delegare potest*" ("aquel en quien se delega una autoridad no puede delegar esa autoridad en otro"). En virtud del artículo 6 del Convenio Europeo, un tribunal que juzga un litigio no tiene facultad para delegar en otra persona su función jurisdiccional de decidir sobre el asunto."[247] (traducción propia)

---

245 *Liddell v Middleton* (1996) PIQR P36 CA, 43. Para conocer una sentencia en la que el tribunal invocó este principio para rechazar una prueba pericial no controvertida que no logró convencer al tribunal, véase *Griffiths v TUI UK* [2021] EWCA Civ 1442, apartado 40.

246 *Kennedy v Cordia (Services) LLP*, n. 189, apartado 49.

247 Dwyer, D., n. 216, 307.

En ese sentido, la prueba pericial es una excepción a la regla probatoria inglesa de que solo son admisibles las pruebas de hecho, ya que las opiniones (inferencias de hechos) expresadas por testigos, en lugar de por jueces, usurparían la función del tribunal. Dwyer señala que la prueba pericial suele implicar la realización de inferencias utilizando un conjunto especializado de generalizaciones basadas en la experiencia en el área de especialización pertinente: lo que, en términos jurídicos, denominamos presunciones. Ella identifica ciertos riesgos en la aceptación de tales presunciones por parte de los tribunales. En primer lugar, las generalizaciones científicas están sujetas a revisión y cambian con el tiempo a medida que se desarrolla la ciencia (esa es la naturaleza del método científico). Así que, por definición, no son inmutables. En segundo lugar, aceptar tales presunciones entraña el riesgo de que los tribunales deleguen efectivamente en una selección arbitraria de peritos, sin un debate político adecuado, la resolución de determinadas cuestiones de inferencia a partir de los hechos, convirtiendo el sistema de justicia civil en tecnocrático.

Esta situación plantea claramente tensiones con la función jurisdiccional del tribunal y conlleva el riesgo *de facto* de delegación. Sin embargo, se trata de un riesgo admitido por la sociedad y los sistemas judiciales modernos porque se entiende que merece la pena asumirlo debido a los probables beneficios para los tribunales y el sistema de justicia. Además, se piensa que el riesgo se puede controlar de forma adecuada mediante mecanismos procesales relativos, por ejemplo, a los requisitos de la prueba pericial (o a su admisibilidad) y a su comprobación por referencia a pruebas contradictorias (o confirmatorias) aportadas por peritos en ese mismo campo[248].

---

[248] Véase, en este sentido, Hodgkinson, T., y James, M., n. 11, apartado 1-032. Por esa misma razón, Dwyer expresa su predilección por los peritos de parte frente a los peritos únicos: "El riesgo de que se produzca esta delegación es mínimo cuando la función pericial empleada es la del perito de parte, ya que el tribunal está obligado a decidir entre pe-

Sin embargo, ¿es ese verdaderamente el caso? Veamos más de cerca en qué consiste la valoración judicial de la prueba pericial en el ámbito del Derecho de la competencia. ¿Cómo evalúan los tribunales del Reino Unido este tipo de pruebas? ¿Qué herramientas pueden utilizar? ¿Es eficaz?

## b) Valoración judicial de pruebas periciales contradictorias

En los procedimientos en materia de Derecho de la competencia, es frecuente que los peritos presenten pruebas diametralmente opuestas. Tomando como ejemplo las acciones resarcitorias por los daños y perjuicios causados por los cárteles, los tribunales del Reino Unido (como en cualquier otro lugar) suelen recibir pruebas periciales contrarias en las que un perito, en nombre del demandante, estima un daño considerable (normalmente, un sobrecoste del 10% o más)[249], mientras que otro, en nombre del demandado, estima un daño insignificante o nulo (un sobrecoste del 0%). Ese ha sido el caso, por ejemplo, en recientes demandas

---

ritos, en lugar de limitarse a dejarlo en manos de un dictamen pericial. En el contexto de la utilización del perito de parte con arreglo a las CPR, existen al menos dos ventajas epistemológicas en que el tribunal reciba las pruebas de los peritos de parte. La primera ventaja es que el tribunal puede recabar el punto de vista de más de un perito, lo cual es especialmente importante cuando existe diversidad de opiniones. Aunque, en su informe por escrito, un perito está obligado a informar al tribunal si existe un abanico de opiniones sobre el asunto en cuestión (CPR r. 35, PD 2.2(6)), podría ser difícil imaginar cómo alguien que es partidario de un punto de vista, por el motivo que fuere, podría informar imparcialmente sobre otros puntos de vista que ya ha rechazado, rechazo que puede ser bastante vehemente. La segunda ventaja es que los peritos pueden verse obligados a replantearse sus opiniones si son conscientes de que lo que digan podrá ser cuestionado por sus compañeros de profesión. Se trata de una suerte de revisión *inter pares* del dictamen pericial", Dwyer, D., n. 213.

249 Véase, a este respecto, la información estadística presentada en la Guía Práctica, apartado 142.

por daños y perjuicios de cárteles en Londres, como *BritNed*[250] o las demandas de Royal Mail y BT contra DAF por daños y perjuicios en el asunto camiones[251]. Esto ha ocurrido pese a los deberes de objetividad y neutralidad de los peritos para con el tribunal, y sin que se sugiriera que ninguno de los peritos hubiera incumplido esos deberes[252]. ¿Dónde nos deja eso?

Para responder a estas preguntas, empecemos por volver a la cuestión de las máximas de la experiencia científica (presunciones), ahora en el contexto específico de la cuantificación de los daños en materia del Derecho de la competencia. Dwyer observa que, cuando una cuestión litigiosa gira en torno a criterios objetivos, puede estar más justificado someter la resolución de esas cuestiones a criterios o mediciones objetivos y científicos (sin perjuicio de la prerrogativa decisoria del tribunal)[253]. Sin perjuicio de la dificultad que entraña la conversión de los estándares científicos en normas jurídicas en materia probatoria[254], es razonable.

---

250 Demanda ante la *High Court* del operador de la red eléctrica, BritNed, contra ABB por daños y perjuicios supuestamente derivados del cártel de cables eléctricos, *BritNed Development Ltd v ABB AB* [2018] EWHC 2913 (Ch).

251 Asuntos 1284 y 1290/5/7/18 (T) ante el CAT, que dieron lugar a la primera sentencia en la litigación de camiones en el Reino Unido el 7 de febrero de 2023, *Royal Mail Group Ltd v DAF Trucks Ltd* [2023] CAT 6.

252 *Phipson on Evidence* señala que semejante escenario es bastante posible si se aplican métodos estadísticos de cuantificación a situaciones complejas: "En cualquier caso en el que se haga un uso significativo de las pruebas estadísticas, especialmente en la interpretación de pruebas científicas complejas, es probable que los peritos presenten los resultados de uno o más modelos estadísticos de diversa complejidad, lo que puede dar lugar a un rango de resultados. Por tanto, es posible que dos peritos experto en estadística elaboren modelos estadísticos válidos para un mismo asunto, pero lleguen a conclusiones distintas", n. 11, apartado 34-01.

253 Dwyer, D., n. 216, 64.

254 Dwyer, D., *ibid.*, 151-155, aborda la dificultad de interpretar pruebas estadísticas del daño utilizadas en acciones de responsabilidad civil por daños tóxicos de acuerdo con estándares jurídicos, y se refiere a la asun-

Sin embargo, ¿qué presunciones científicas existen en este ámbito? Como veremos, no es fácil responder a esta pregunta.

En primer lugar, debemos referirnos a la presunción contenida en la Directiva de Daños de que los cárteles causan perjuicios: se trata de una presunción jurídica basada en una serie de consideraciones, entre ellas la dificultad de cuantificar el daño o la existencia de una asimetría de información entre las partes. Son consideraciones de índole política-legislativa, no científica. No obstante, la presunción de perjuicio también se ve influida, en parte, por las pruebas estadísticas de que los cárteles suelen tener un impacto negativo en los precios[255]. Diría que la mayoría de los peritos no discutirían esa afirmación. De hecho, es una de las razones por las que este tipo de infracciones están consideradas las más graves del Derecho de la competencia y conllevan las sanciones más elevadas. En consecuencia, la presunción de perjuicio también podría considerarse una presunción pseudocientífica. Aun así, no es una presunción necesaria y admite refutación. La posición de los tribunales ingleses es que, en cualquier caso, la presunción no necesariamente ayuda a los demandantes en la práctica, dado que siguen teniendo la carga de la prueba respecto de la cuantía del perjuicio y que, en cualquier caso, los tribunales ingleses adoptan un enfoque pragmático de "brocha gorda" para

---

to inglés *XYZ v Schering Health Care* [2002] EWHC 1420 (QB) y al problema que supone para el juez interpretar las medidas estadísticas de probabilidad (en concreto, los intervalos de confianza) de acuerdo con principios jurídicos. Volveremos sobre este asunto en el contexto del análisis de regresión utilizado en asuntos de Derecho de la competencia haciendo referencia a *BritNed,* donde el tribunal abordó justamente esta cuestión. Las acciones de responsabilidad civil por daños tóxicos ofrecen un ejemplo interesante de un ámbito en el que se prefiere utilizar el análisis estadístico de la probabilidad de daño por encima de pruebas de causalidad individuales de naturaleza más fáctica.

255 Véase, por ejemplo, la Guía Práctica, apartado 142, y el Estudio Oxera, pp. 88 y ss. Hubo otras motivaciones para la inclusión de la presunción en la Directiva de Daños, como hemos visto en el capítulo 5.3 más arriba.

la cuantificación del perjuicio[256]. No obstante, creo que se puede afirmar que la presunción de daño de los cárteles influye en la función judicial, incluso en el Reino Unido, por razones que veremos más adelante.

En segundo lugar, existe un cierto corpus de experiencia que emana principalmente de las autoridades de competencia y, en términos más amplios, de la comunidad *antitrust*, en lo que respecta a los métodos correctos para cuantificar el daño. Eso incluye, ante todo, la Guía Práctica o las Directrices sobre Pass-on, pero también las Buenas Prácticas para la Prueba Económica[257]. Se trata, por tanto, de buenas prácticas que han recibido el sello de aprobación de las autoridades, lo que, por tanto, les confiere un estatus adicional. El consenso científico en lo que respecta a estos instrumentos se refiere, en gran medida, a cuestiones sobre cuáles son los métodos legítimos para calcular el daño y qué normas metodológicas deberían seguir tales métodos. Se puede decir que son ampliamente compartidos por la comunidad científica. Sin embargo, aunque normalmente estas directrices han seguido amplios procesos de consulta pública, su elaboración como normas "científicas" no responde, como tal, a un proceso políticamente transparente (una de las preocupaciones planteadas por Dwyer) o realmente científico y puede ser vulnerable ante los grupos de presión. De hecho, ¿a qué comunidad científica nos referimos cuando hablamos de ciencia en este ámbito? Lo cierto es que no existe una comunidad científica fácilmente identificable. No existe un grupo de expertos que se autorregulen y que actúen en el ámbito del análisis de la competencia (salvo, indirectamente, en

---

256 Véase *BritNed*, n. 250, apartado 12(6), confirmada por la *Court of Appeal*, [2019] EWCA Civ 1840, apartado 42, y después el *Supreme Court* en *Sainsbury's Supermarkets Ltd v Mastercard Inc* [2020] UKSC 24, apartado 218.

257 Véase el capítulo 6.3 más arriba. En España, la CNMC aprobó su propia guía de cuantificación el 11 de julio de 2023: CNMC, "Guía sobre Cuantificación de Daños por Infracciones del Derecho de la Competencia" G-2020-03. Véase asimismo el capítulo 17.2(a) *infra* en la tercera parte de este trabajo.

el caso de los contables). Hay enormes intereses económicos en que las autoridades den su bendición a determinados métodos y estándares y no se puede hacer la vista gorda ante ello. La propia Comisión tiene cuidado en señalar que los métodos expuestos en sus guías no son exhaustivos, ni sus recomendaciones vinculantes, y que los conocimientos en este ámbito evolucionan. En consecuencia, si bien el valor y la importancia de estas guías y directrices son indudables, los tribunales deberían estar preparados (y suelen estarlo) para aplicar un saludable grado de escepticismo y crítica ante cualquier pretensión de absolutismo en el método científico de cuantificación de los daños. A ese respecto, el libro de texto de referencia en materia de Derecho probatorio inglés, *Phipson on Evidence*, hace las siguientes observaciones en relación con las pruebas estadísticas:

> "Dado que la estadística es una disciplina matemática establecida y ampliamente aceptada, el tribunal o el jurado pueden tener cierta tendencia a considerar que sus conclusiones son siempre el producto objetivo de procesos rigurosos e imparciales. Sin embargo, aunque las matemáticas que subyacen a la estadística son objetivas, la aplicación de la estadística para responder a preguntas del "mundo real" es, en gran medida, un ejercicio subjetivo. Los estadísticos tienen acceso a una serie de métodos y técnicas de recopilación y análisis de datos, por lo que deben decidir con conocimiento de causa qué métodos y técnicas resultan apropiados para cada tipo de conjunto de datos y para responder a cada tipo de pregunta." (traducción propia)[258]

Esto nos lleva al segundo punto para responder a la pregunta de cómo pueden los tribunales abordar la difícil tarea de valorar la prueba pericial: concretamente, el método judicial en la valoración de la prueba pericial del daño. Aunque, como hemos visto, existe un cierto corpus de normas pseudocientíficas en el ámbito de la cuantificación del daño, es evidente que tienen sus límites y, en cualquier caso, no son determinantes para la pregunta: "¿Cuál fue el sobrecoste?". De hecho, como ya se ha señalado, los tribu-

---

258 *Phipson on Evidence*, apartado 34-01.

nales se enfrentan regularmente a dos peritos que pueden compartir en gran medida sus creencias en cuanto a los posibles métodos de cuantificación (aunque esto no es necesariamente así) y la forma en que tales métodos deberían, por lo general, aplicarse: es decir, que normalmente no discutirían la Guía Práctica de la Comisión. Sin embargo, proponen cuantificaciones que arrojan resultados muy contradictorios. ¿Qué herramientas puede utilizar el tribunal para valorar esas pruebas contradictorias?

Por supuesto, los tribunales están limitados en su capacidad para establecer la verdad. Su conocimiento de los hechos está mediatizado por las partes: las pruebas que estas pueden aportar al procedimiento y las teorías y argumentos que esgrimen sobre cómo deberían interpretarse dichas pruebas. Además, el juez está obligado a resolver la controversia en un tiempo limitado. La valoración judicial no es un ejercicio abierto, sin fin. Asimismo, el tribunal puede verse condicionado por ciertas limitaciones sociopolíticas, como la asignación proporcionada de recursos, a la que ya nos hemos referido extensamente. Hay que dar con ciertos equilibrios y asumir compromisos en aras de una buena administración de justicia. Por su parte, el ejercicio de estimación del daño en asuntos de competencia se basa en una evaluación hipotética de lo que habría ocurrido en un mercado de no haberse producido la infracción; una situación que, *per se*, no existe. En consecuencia, no es posible hablar de una única respuesta verdadera. No obstante, la verdad es y debe ser el objetivo del procedimiento y, dentro de las limitaciones que hemos indicado, la toma de decisiones judiciales trata de justificar su creencia en cuanto a la verdad en un caso concreto[259]. De hecho, podemos afirmar que la respuesta que más nos aproxime a la verdad (que mejor respalde la comprensión y el razonamiento) tendrá normalmente una calidad e integridad (una belleza) que resultará más convincente para el observador que otras interpretaciones de los sucesos[260].

---

[259] Lo que Dwyer ha denominado "creencia epistemológica", por contraposición a la "verdad ontológica" (n. 216, 27).

[260] Tufte, E., *Beautiful Evidence* (Graphics Press 2006).

Según la tradición racionalista de la doctrina probatoria que subyace en nuestros sistemas de justicia occidentales, los jueces utilizan el razonamiento inferencial probabilístico para valorar las pruebas disponibles. Las conclusiones finales deberían poder justificarse sobre la base de lo que Dwyer denomina la "matriz probatoria del caso"[261]. Desglosado, este concepto abarca los siguientes aspectos: (i) proposiciones individuadas; (ii) pruebas (tanto experiencias básicas como generalizaciones, incluidas las máximas de la experiencia científica); (iii) relación inferencial entre elementos probatorios, que es probabilística por naturaleza; y (iv) la necesidad de coherencia holística (la teoría o historia del caso)[262]. Dwyer concluye que no hay ninguna razón por la que este mismo método de valoración de la prueba fáctica no pueda utilizarse en la valoración de la prueba pericial, ya que la prueba pericial utiliza básicamente el mismo método que la prueba fáctica (y requiere una interpretación racionalista de los hechos, aunque con la ayuda de una base de experiencia específica en el campo de conocimiento en cuestión). Al mismo tiempo, reconoce ciertas limitaciones basadas, esencialmente, en las dificultades de comprensión de los peritos (dados, por ejemplo, su lenguaje, conceptos y métodos especializados).

Este enfoque racionalista de la evaluación judicial de las pruebas periciales también puede observarse, como cabría esperar, en el ámbito de los litigios por daños en materia del Derecho de la competencia en el Reino Unido. Un economista con experiencia como perito ante los tribunales del Reino Unido en acciones *antitrust*, Cento Veljanovski, ha descrito el papel del tribunal en la evaluación de análisis estadísticos complejos (econometría), incluso el de un tribunal especializado como el CAT, en los siguientes términos:

> "[N]o debería exigirse al tribunal que actúe como revisor académico de pruebas econométricas para su posible publicación [el

---

261 Dwyer, D., n. 216, 51.

262 *Ibid.*

> tribunal no es un perito], sino que evalúe si la econometría es coherente, competente y, lo que es más importante, si encaja con las demás pruebas del juicio"[263] (traducción propia).

Es decir, la valoración judicial somete las pruebas al test de la coherencia racional (inferencias debidamente extraídas de los hechos) y de la coherencia global con la historia completa del caso (el conjunto de la prueba). Un juez evaluará modelos estadísticos contradictorios, entre otras cosas, emitiendo un juicio fundado sobre la forma en que se han cotejado los datos para el modelo y sobre los supuestos que se han empleado[264]. La sentencia de la *High Court* en el asunto *BritNed* ofrece un ejemplo práctico.

### c) *BritNed*

El asunto *BritNed* se refería a una reclamación de daños y perjuicios por supuestos sobreprecios sufridos por BritNed en sus compras de cables submarinos a ABB como consecuencia de un cártel internacional de manipulación de licitaciones. Varios aspectos de la evaluación por parte del juez de las pruebas periciales sobre la cuantificación del daño merecen ser destacados en el contexto de nuestro debate:

#### *(i) Principios jurídicos*

El juez Marcus Smith comenzó su sentencia estableciendo algunos principios jurídicos ingleses básicos para la valoración del daño en acciones de responsabilidad civil por infracción de las normas de competencia:

- La cuantificación del perjuicio debe basarse en las pruebas de que disponga el tribunal[265].

---

[263] Veljanovksi, C., *Cartel Damages – Principles, Measurement and Economics* (1ª ed. OUP 2020), 281.

[264] *Phipson on Evidence*, apartado 24-01 *in fine.*

[265] *BritNed*, n. 250, apartado 12(9).

- El tribunal será pragmático en su enfoque, dada la naturaleza del ejercicio de cuantificación, que se basa en la evaluación de una situación hipotética, no real (algo que habría ocurrido en el futuro si otra cosa —la conducta ilícita— no se hubiera producido en el pasado), y la naturaleza compleja de los efectos económicos que se evalúan; de hecho, implicará necesariamente un elemento de estimación y suposición[266].
- Ese enfoque pragmático, conocido en el Derecho inglés como "*broad brush*" ("brocha gorda") (o, también, como "*broad axe*"), debe "utilizarse para *pintar un lienzo que sea un retrato coherente y racional de las circunstancias* en las que actuaron la demandante y la demandada, de modo que la cuestión central (qué habría ocurrido de no haberse cometido el ilícito) se responda en su contexto" (el énfasis es mío)[267]. Sobre este último punto, el tribunal estableció una analogía con la teoría del daño articulada por las autoridades de defensa de la competencia para determinar la existencia de una infracción del Derecho de la competencia. De hecho, es habitual (e, incluso, necesario) que los informes de daños incluyan la teoría del daño del perito: es decir, el relato coherente de cómo, en opinión del perito, la infracción ocasionó un daño al demandante.

*(ii) Pruebas de hecho ("factual evidence")*

Las pruebas de hecho (a diferencia de "*opinion evidence*"; a saber, la prueba pericial), y en particular la prueba testifical, desempeñaron un papel vital en la evaluación por parte del tribunal de las pruebas periciales y en la resolución del caso. Estas pruebas se referían a las circunstancias concretas del proceso de licitación de BritNed, incluido el papel fundamental de cierto personal de

---

266 *Ibid.*, apartados 11, 12(6).

267 *Ibid.*, apartado 12(8)(c).

uno de sus suministradores, ABB, que, aparentemente, no tenía conocimiento de los acuerdos del cártel y adoptó un comportamiento favorable a la competencia en el proceso de licitación. Eso sugirió al tribunal que el cártel no habría sido tan eficaz a la hora de exigir un sobreprecio a BritNed en esa licitación concreta (a diferencia del impacto general que el cártel pudo haber tenido a lo largo del tiempo en todo el mercado).

*(iii) Datos*

Las partes discreparon sobre los datos que debían utilizarse en la valoración de los daños. La elección de los datos fue decisiva para la resolución del pleito.

El perito de ABB utilizó para su análisis los datos de costes de la propia empresa. La perita de la demandante consideró que esos datos no eran fiables y, en su lugar, optó por calcular valores aproximados de los costes basados en los datos públicamente disponibles (por ejemplo, en lo que respecta al coste del cobre). El tribunal dio la razón al perito de la demandada, pues consideró que el uso de los datos reales de costes de ABB era preferible al uso de valores aproximados y que la supuesta falta de fiabilidad de los datos de ABB no había quedado acreditada. Esta cuestión fue fundamental para que el tribunal concluyera que el modelo del perito de la demandada era fiable, mientras que el de la demandante no lo era[268].

Otra cuestión importante era la falta de información disponible de proveedores distintos de ABB (otros miembros del cártel). No se solicitó información a estos terceros por considerarse desproporcionadamente cara, lo cual limitó el conjunto de datos disponibles. Las ofertas de ABB que proporcionaban datos utilizables en el análisis ascendían a tan solo 15 proyectos durante el periodo del cártel, y a unos 50 en el periodo posterior, algo que también dificultó la realización de un análisis de los precios de mercado competitivos en general, por contraposición

268 *Ibid.*, apartados 414-417.

a únicamente los precios de ABB. En opinión de BritNed, los precios de ABB posteriores al cártel (con frecuencia precios de ofertas fallidas) estaban por encima del nivel competitivo y, por tanto, subestimaban el efecto del cártel. La perita económica de BritNed trató de resolver este problema utilizando la información públicamente disponible sobre las ofertas competitivas ganadoras en el periodo posterior al cártel. Sin embargo, esto fue rechazado por el CAT, y confirmado en apelación, debido a la falta de información exhaustiva sobre esas ofertas competitivas (en lo que respecta, por ejemplo, a sus costes), lo que impedía un análisis sólido de los márgenes. No obstante, esa situación se había producido precisamente por la falta de *disclosure* por terceros (que había sido rechazado por el tribunal)[269].

*(iv) Método e implementación correctos*

El tribunal llevó a cabo una revisión extremadamente detallada de los modelos de los peritos de ambas partes. Hizo varias críticas a la elección de las premisas empleadas en el modelo de la perita de la demandante y rechazó el modelo por no ser fiable. El modelo incluía una comparación de precios a lo largo del tiempo ("durante y después" del cártel) que utilizaba un análisis de regresión lineal múltiple para tener en cuenta los factores que influyen en el precio. Las críticas al modelo se centraron en la inclusión por parte de la perita en su conjunto de datos de proyectos comparables que el tribunal consideró que no eran suficientemente similares al proyecto de BritNed (se referían a cables subterráneos y no submarinos)[270], el cálculo de un sobreprecio medio (la perita de BritNed comparó los precios de ABB posteriores al cártel con todos sus precios disponibles durante el cártel, en lugar de hacer-

---

269 Véanse los apartados 142-144 de la sentencia de la *Court of Appeal*, [2019] EWCA Civ 1840.

270 Una de las razones por las que la perita incluyó dichos proyectos fue para aumentar el tamaño del conjunto de datos, que, según admitió, estaba en el extremo inferior de lo necesario para el tipo de análisis de regresión que había elegido (*BritNed*, n. 250, apartado 313).

lo únicamente con el precio del proyecto de BritNed) y la inclusión de ciertas variables en el modelo que el tribunal consideró que no estaban adecuadamente justificadas o aplicadas (a saber, una variable que pretendía captar el efecto de la acumulación de pedidos y una tendencia temporal incluida para captar cualquier cambio a largo plazo en la fijación de precios a lo largo del tiempo, como la inflación o las eficiencias de costes). El tribunal consideró que el modelo era excesivamente complicado y que el cálculo de un sobrecoste medio no era determinante del efecto sobre el proyecto de BritNed, dada la gran variación de efectos que se desprendía de los limitados datos disponibles. También consideró que los resultados del modelo no eran suficientemente seguros ("robustos"). Por ejemplo, el modelo era desproporcionadamente sensible a las modificaciones (como la supresión de determinadas variables o datos), como ilustra una nueva ejecución del modelo por parte del perito de la demandada[271]. Además, el intervalo de confianza de los resultados era, en opinión del tribunal, muy amplio, oscilando entre un sobrecoste del 0,32% y el 38,71% (en torno a un sobrecoste medio estimado del 21,84%)[272].

En cambio, el tribunal consideró que el informe del perito de la demandada ofrecía "una herramienta fiable para evaluar el sobrecoste". Este perito optó por utilizar un simple análisis de márgenes en el que se comparaba el margen de ABB en el proyecto submarino de BritNed durante el cártel con los márgenes de ABB en proyectos posteriores al cártel, tanto los proyectos que ganó como los que no. El análisis se basó en los precios finales de licitación y los costes directos de ABB, facilitados al perito por ABB. El tribunal consideró que el modelo captaba los efectos (o la falta de ellos) del cártel en el proyecto concreto de BritNed, que, según las pruebas, estaba sujeto a circunstancias especiales en el proceso de negociación.

---

271 *Ibid.,* apartado 378.

272 Sin embargo, obsérvese la crítica a la apreciación del juez sobre esta cuestión en Veljanovski, C., n. 263, 250-251.

De este modo, el tribunal realizó una valoración racional a las pruebas periciales. Puso a prueba las proposiciones subyacentes de cada perito (sus hipótesis clave), las pruebas en que se basaba (incluidos los datos sobre precios y costes), las inferencias extraídas (la lógica interna y los resultados de los modelos) y la coherencia con el contexto general (en particular, las pruebas aportadas por los testigos). Dedicó un tiempo considerable a escuchar a los peritos (seis días en total) y expuso su razonamiento de forma extremadamente completa (72 páginas de la sentencia solo sobre la cuestión del sobreprecio). Como hemos visto, concedió especial importancia a la prueba testifical de que el cártel no influyó directamente en la fijación de precios del proyecto de BritNed[273]. Se podría criticar al tribunal por haberse equivocado. De hecho, este tipo de sentencias son invariablemente objeto de críticas, sobre todo por parte de expertos que consideran que el juez ha malinterpretado las pruebas periciales o simplemente se ha equivocado. También podría acusársele de imponer requisitos excesivos a la demandante, al rechazar el intento de calcular un margen competitivo posterior al cártel basándose en información pública, alegando que no había suficiente información sobre los costes de los competidores, cuando ello se debía al carácter desproporcionado de dicha exhibición de pruebas. De hecho, BritNed se quejó en apelación de que el tribunal se había equivocado por imponer un estándar de prueba excesivo y conceder, en consecuencia, una infracompensación, y que debería haber partido de la base de que el cártel habría tenido un efecto, ya que el contrato de BritNed había sido, de hecho, objeto de un acuerdo de reparto del mercado dentro del cártel. No obstante, según la *Court of Appeal*, la *High Court* tenía motivos suficientes para concluir, sobre la base de las

---

[273] En efecto, no se concede superioridad jerárquica a la prueba pericial, sino que corresponde al tribunal asignar el peso adecuado, según considere, a cada elemento de prueba: véase Hodgkinson, T., y James, M., n. 11, apartado 12-010. Ciertamente, los tribunales exigirán que las pruebas periciales sean coherentes con los hechos.

pruebas disponibles, que no se había producido un sobreprecio demostrable y desestimar esa parte de la demanda[274].

## d) Estimación judicial

Esto nos lleva a nuestro tercer y último punto en la consideración de cómo los tribunales abordan la evaluación de las pruebas del daño en las acciones *antitrust*. La incertidumbre inherente a la cuantificación del daño no justifica necesariamente la desestimación de la demanda en estos casos. De hecho, desde el punto de vista jurídico, no lo hace. La Directiva de Daños ofrece otra disposición para abordar este problema. Se trata de la facultad de estimación judicial reconocida en el artículo 17, apartado 1. El ejercicio de esa función puede, a su vez, verse influido en los casos de cárteles por la presunción de que los cárteles causan daños (como ha ocurrido, en particular, en España). En el asunto *BritNed*, el juez Marcus Smith sugirió que la presunción del daño no tenía influencia en la resolución de los procedimientos ingleses (proposición con la que estuvo de acuerdo la *Court of Appeal*)[275] y, aunque no ejerció expresamente la facultad de estimación judicial de la directiva, es de suponer que consideraría que la estimación judicial es parte integrante de la práctica judicial inglesa de la evaluación de "brocha gorda" ("*broad brush*" o "*broad axe*") del importe del daño, que sí llevó a cabo en *BritNed*. Aunque quizá no sea exclusiva del Derecho de la competencia, la facultad de estimación judicial es una particularidad del Derecho de la competencia y, en mi opinión, una de especial relevancia en la convergencia de la práctica jurídica europea en este ámbito. En

---

[274] El tribunal de apelación está obligado a actuar con moderación en su revisión de la valoración de las pruebas realizada por el tribunal de primera instancia y no debería imponer su propia valoración, a menos que las conclusiones del tribunal no estén respaldadas por las pruebas o sean manifiestamente incorrectas.

[275] Apartado 42 de la sentencia de la *Court of Appeal* en *BritNed*, Nota 256.

consecuencia, es de especial interés ver cómo, en *BritNed*, el tribunal blandió su brocha para estimar el daño por sí mismo.

Como se ha señalado, la *High Court* rechazó el informe pericial de la demandante y optó por aceptar el de la demandada, resolviendo que no había sobreprecio en los precios aplicados por ABB al contrato de BritNed. Eso se basó en la comparación del margen de ABB en el contrato con BritNed con los márgenes de la empresa en sus precios de licitación de proyectos submarinos posteriores al cártel, en los que no se percibía una disminución sustancial de los márgenes. Sin embargo, el análisis del tribunal no se detuvo ahí. En mi opinión, a estas alturas el tribunal estaba, de hecho, muy influenciado por la convicción de que el cártel habría tenido un efecto en el mercado y, por lo tanto, en el contrato de BritNed, aun cuando no fuera perceptible en los márgenes de ABB. En consecuencia, el tribunal trató de encontrar otra forma de cuantificar los efectos perjudiciales, y lo hizo evaluando las denominadas "*baked-in inefficiencies*" (las ineficiencias intrínsecas) de la oferta ganadora de ABB para el proyecto de BritNed objeto de la demanda[276]. Este perjuicio no fue alegado como tal por la demandante. Se refería a ciertos costes adicionales en los que, en opinión del juez, había incurrido ABB en el proyecto (a saber, al utilizar cables de cobre excesivamente gruesos) y en los que, en un entorno competitivo normal, no podría haber incurrido sin correr el riesgo de perder el proyecto y, por ende, no podría haber repercutido a BritNed en el precio del proyecto. Se referían, por tanto, a un cierto "ablandamiento" del mercado causado por la infracción. El juez consideró que este sobrecoste constituía un perjuicio directo para BritNed e hizo una estimación aproximada de su importe, basándose en documentos de la época y con la ayuda de los peritos, que situó en un 15% el exceso en el coste del cobre utilizado[277]. Esto se tradujo en una cantidad monetaria de un sobrecoste aproximado del 2%.

---

[276] La *Court of Appeal* resume este ejercicio en *ibid.*, apartados 118-119.

[277] *BritNed*, n. 250, apartados 451-453. Los peritos aportaron sus contribuciones sobre esta cuestión a través de su respuesta escrita conjunta, de

Este cálculo aproximado contrasta bastante con el enfoque de las estimaciones del sobrecoste de las partes al que nos hemos referido anteriormente y, como se ha señalado, no era un daño que la demandante hubiera alegado. De hecho, parece reflejar una convicción por parte del juez de que la demandante debe haber sufrido algún daño (quizá de naturaleza más indirecta) y que debería concederse una indemnización. Por esa razón, podría verse como un ejemplo de cómo la presunción del daño tuvo un efecto práctico en el procedimiento y de cómo, ante la ausencia de pruebas suficientemente convincentes de la cuantía de un daño positivo, el tribunal resolvió la situación haciendo uso de su facultad de estimar el daño por sí mismo.

Según el Derecho inglés, en principio el tribunal no puede reemplazar la teoría de los peritos por la suya propia y, en cualquier caso, debe contrastar cualquier teoría de este tipo con los testigos y razonarla plenamente[278]. Esta fue una de las críticas planteadas por Mastercard en su recurso contra la sentencia del CAT en el asunto *Sainsbury's*[279]. El propio juez Smith señaló en el apartado 12(9) de la sentencia del asunto *BritNed* que no se puede simplemente "sacarse de la manga" una cifra, sino que esta debe basarse en pruebas presentadas ante el tribunal. Por ello, el tribunal se esforzó por proporcionar una base razonada para la indemnización concedida a BritNed, basándola en las pruebas. Sin duda ha-

---

24 de agosto de 2018, ante las preguntas del tribunal que les fueron dirigidas mediante requerimiento escrito justo antes de la emisión de la sentencia.

278 Véase Hodgkinson, T., y James, M., n. 11, apartado 12-006. Se trata de una regla basada en el asunto *McLean v Weir* (1977) 3 CCLT 87, pero que los autores consideran ahora que tiene sus matices. El tribunal en el asunto *BritNed* llevó a cabo dicha verificación de su propuesta de cuantificación alternativa con los peritos de las partes durante el transcurso del procedimiento (véase la nota a pie anterior).

279 Véase el apartado 177 y ss. de la sentencia de la *Court of Appeal* en el asunto *Sainsbury's* en relación con las conclusiones fácticas de la *High Court* relativas al supuesto contrafáctico, [2018] EWCA 156 (Civ).

bría que aplaudirle por ello. Sin embargo, la naturaleza de este ejercicio, que básicamente es una estimación aproximada basada en una presunción de efectos (así como en pruebas disponibles limitadas), no debería, en mi opinión, pasarse por alto.

Una última referencia al asunto *Royal Mail*. En este caso, el CAT rechazó las dos cuantificaciones del perjuicio presentadas por los peritos de las partes y, aplicando el enfoque de "brocha gorda", llegó a una conclusión sobre el importe del sobrecoste más o menos a medio camino de las dos: a saber, el 5%[280]. Lo hizo basándose en que las estimaciones contenían posiciones opuestas sobre cuestiones críticas y, tras su evaluación de esas cuestiones y del resto de las pruebas fácticas y testificales presentadas, consideró que la respuesta debía estar en algún punto entre las dos estimaciones[281]. Así, la resolución sobre el sobrecoste no se basó tanto en una estimación judicial independiente como en una moderación de los resultados aportados por los peritos, teniendo en cuenta todos los factores relevantes que tenía ante sí.

### *12.3. El proceso*

#### a) Introducción

Se ha dicho que, en comparación con el sistema inglés del *common law*, existe una cierta "aversión a los hechos" que es inherente a los sistemas jurídicos continentales. Con ello se quiere decir que los jueces continentales (y la formación jurídica) se centran más en los principios jurídicos que en la evaluación detallada de los hechos. Aunque sea una exageración, hay algo de verdad en ello. El propio Taruffo, eminente profesor italiano de Derecho procesal civil, se ha referido a la dificultad conceptual que parecen tener los abogados italianos para pensar que los jueces se enfrentan a los problemas utilizando el sentido común, la experiencia y

---

280 *Royal Mail*, n. 251, apartados 484-486.

281 *Ibid.*, apartado 479.

la ciencia en lugar de las normas jurídicas[282]. El extenso razonamiento de las sentencias inglesas dirigido al análisis de los hechos y la distinción de los hechos y los argumentos entre los diferentes casos, en comparación con la limitada atención a los hechos y la jurisprudencia en las sentencias continentales, son ilustrativos de este punto. Dwyer lo expresa en los siguientes términos, haciendo referencia a los sistemas francés e italiano:

> "Hay más que una pizca de verdad en la idea de que, mientras que los estudiantes de Derecho franceses o italianos aprenden los artículos de los códigos como fuentes del Derecho, los estudiantes de Derecho ingleses aprenden historias. Esas historias son ricas en hechos, aunque hechos seleccionados para adaptarse al principio en cuestión.
>
> [...] Prácticamente no se presta atención a los hechos intermedios [ni en los estatutos italianos y franceses ni por parte de sus tribunales]. Esto puede ser, en parte, el resultado de una educación jurídica centrada en los principios jurídicos, más que en los hechos, cuando se estudia en la universidad, y luego la entrada directa en la judicatura, sin pasar tiempo como abogado, ocupándose de los detalles fácticos de las causas para un cliente."[283] (traducción propia)

Sería exagerado decir que los tribunales españoles son indiferentes a los hechos intermedios. No es cierto, desde luego no en la resolución de la mayor parte de los asuntos en materia de aplicación privada del Derecho de la competencia por parte de los juzgados de lo mercantil. Sin embargo, la experiencia me dice que la tradición jurídica en España sí comparte esos rasgos continentales esenciales que apunta la profesora Dwyer. Me atrevería,

---

282 Michele Taruffo, "Senso comune, esperienza e scienza nel ragionamento del giudice" en *Sui confini: scritti sulla giustizia civile* (Il Mulino 2002), 121-155, citado en Dwyer, D., n. 216, 220. En Zweigert, K., y Kötz, H., n. 131, sección 18.I, puede encontrarse una explicación de cómo se llegó hasta aquí, señalando en particular la histórica aparición en Inglaterra de una sólida profesión jurídica en torno al *common law* desde la Edad Media, en comparación con el carácter más académico y administrativo de la práctica jurídica en las jurisdicciones continentales de la época.

283 Dwyer, D., n. 216, 219-220.

por tanto, a sugerir que el Derecho de la Unión en materia de daños y perjuicios por infracciones del Derecho de la competencia plantea retos e interrogantes al sistema español, precisamente porque promueve una mayor atención al detalle de los hechos y pruebas, una preocupación por la coherencia en la aplicación del Derecho de la competencia de la Unión y un mayor protagonismo de los jueces. Esto es así, sobre todo, debido a los más amplios poderes de exhibición de pruebas introducidos por la Directiva de Daños, pero también puede verse en las detalladas guías técnicas para jueces en lo tocante a la valoración de las pruebas periciales, así como en la facultad de los tribunales para estimar el daño por sí mismos. Es decir, el sistema de la UE parece invitar a un enfoque más cercano y forense de los hechos y las pruebas por parte del tribunal, algo que es más característico del sistema británico que de las resoluciones continentales[284].

Es en este punto cuando llegamos a la cuestión del proceso: el proceso de introducir la prueba pericial en el procedimiento judicial y ante el juez. Dwyer ha sugerido que *un ingrediente clave de la respuesta al enigma de las pruebas periciales contradictorias es, en efecto, procesal*; en particular, como mecanismo para reducir al mínimo la divergencia de opiniones antes de que se produzca la valoración judicial:

> "En última instancia, el tribunal recurrirá a la limitada competencia epistémica... pero, en muchos casos, será posible reducir o resolver la divergencia antes de emprender la evaluación. El *principal medio por el que el tribunal puede lograrlo es la creación de disposiciones procesales adecuadas*"[285] (traducción propia, énfasis añadido).

---

[284] Al mismo tiempo, el principio continental de la proporcionalidad y el papel de las presunciones también desempeñan una función clave en el marco jurídico de la UE. En este sentido, el sistema inglés también debe adaptarse. Ya lo hemos visto. En consecuencia, es necesario alcanzar un equilibrio adecuado entre la investigación de los hechos y la búsqueda de la verdad, por un lado, y la resolución proporcionada de los pleitos basándose también en determinados objetivos y equilibrios de la política legislativa, por el otro.

[285] Dwyer, D., n. 216, 134.

Es también mi opinión que una adecuada adaptación del procedimiento resulta fundamental para garantizar la adecuada valoración de la prueba pericial en línea con los requisitos (y estándares) del Derecho de la Unión y el objetivo de coherencia en su aplicación. *De hecho, es uno de los principales postulados de mi investigación que la adaptación del procedimiento nacional en el ámbito de la aplicación privada del Derecho de la competencia es tanto un elemento central en el camino hacia una mejor resolución judicial de las acciones resarcitorias como, al mismo tiempo, una exigencia del Derecho de la Unión.*

En este contexto, la experiencia inglesa de una detallada investigación de los hechos basada en un amplio acceso a las fuentes de prueba, un intenso escrutinio de los dictámenes periciales y una gestión activa del proceso nos ofrece sin duda una experiencia útil. En concreto, a continuación analizaremos cuatro aspectos procesales del enjuiciamiento de la prueba pericial en el Reino Unido, que son: la admisibilidad; el acceso a la información; la interacción previa al juicio entre los peritos; y la práctica de la prueba en el acto del juicio.

### b) Admisibilidad

Se suele afirmar que, en la práctica jurídica inglesa, los jueces acostumbran a abordar las posibles debilidades o defectos de las pruebas periciales atribuyéndoles un menor peso probatorio (incluso ignorándolas), más que negándose a admitirlas en el procedimiento[286]. Así lo ha confirmado el actual presidente del CAT:

> "En términos generales, el enfoque de nuestros tribunales civiles y mercantiles respecto a la prueba es pragmático y sensato. Abandonamos —o, al menos, no priorizamos— las reglas técnicas de la prueba, que rigen qué pruebas pueden admitirse y cuáles no. En

[286] Véase, por ejemplo, Hodgkinson, T., y James, M., n. 11, apartado 3-001 o *Phipson on Evidence*, n. 11, apartados 33-78, en particular pp. 1308-1309. Para un ejemplo del enfoque del CAT, véase *Enron v English Welsh & Scottish Railway* [2009] CAT 36, apartados 74-80.

> su lugar, dejamos que el juez vea y considere casi todo lo que las partes estimen relevante.
>
> De este modo, las alegaciones no se dirigen a cuestiones jurídicas técnicas relativas a la admisibilidad de las pruebas, sino a las razones por las que debe concederse mayor peso a determinadas pruebas (por contraposición a otras). En general, este enfoque funciona muy bien."[287] (traducción propia)

En consecuencia, las cuestiones relativas a la fiabilidad de la prueba pericial normalmente afectan a la importancia que debe darse a la prueba y se pondrán a prueba en el contrainterrogatorio. Del mismo modo, los posibles conflictos de intereses no tienen por qué dar lugar a la exclusión de la prueba pericial, siempre que el perito cuente con las credenciales profesionales necesarias y sea consciente de su deber para con el tribunal[288]. No obstante, tales conflictos de intereses deben revelarse al tribunal lo antes posible[289], pueden ser objeto de interrogatorio por parte del abogado contrario[290] y casi con toda seguridad serán ponderados[291].

Dicho esto, recientemente se ha planteado la conveniencia de reforzar las normas de admisibilidad para aumentar la eficacia del proceso de resolución y la calidad de las pruebas periciales. El propio Marcus Smith, en el mismo artículo que acabamos de citar, ha sugerido que puede haber llegado el momento de exigir que las cuestiones de hecho relevantes para la prueba pericial se acuerden o aborden de antemano si se va a admitir en los procedimientos la denominada prueba "*hearsay*" (prueba de testimonio

---

287 Smith, M., "Lawyers come from Mars, and Economists come from Venus", n. 204, p. 4.

288 No obstante, por lo general los honorarios condicionados al éxito (cuota litis) constituirán un motivo para excluir la prueba pericial: *R v Secretary of State for Transport ex parte Factortame* [2002] EWCA Civ 932, apartado 73.

289 *Factortame, bid..*, apartado 70; 2014 Guidance for Experts, apartado 16€.

290 Véase *Phipson on Evidence*, apartado 33-33.

291 Véase, por ejemplo, *Bank of Ireland v Watts Group* [2017] EWHC 1667 (TCC).

indirecto)[292]. Dwyer ha identificado la admisibilidad de la prueba pericial, en la línea de la prueba estadounidense *Daubert*[293], como una posible herramienta para descartar las pruebas periciales que no satisfagan las normas básicas, aunque no sin serias reservas[294].

## c) Acceso a la información

Según el Derecho inglés y el procedimiento del CAT, en principio a los peritos se les proporcionará acceso a la misma información subyacente (es decir, aquella en la que cada perito respectivo pretende basarse). Este es un aspecto algo diferente de la exhibición de pruebas, en el sentido más estricto que hemos estado discutiendo anteriormente y que puede ser entendido por los operadores jurídicos continentales[295]. Con ello, nos hemos estado refiriendo a las solicitudes de acceso a la información que se encuentra en manos de terceros (o la contraparte) y que es necesaria como prueba para ser utilizada por las partes para exponer sus argumentos, o por sus peritos para elaborar sus informes. En este caso, sin embargo, nos referimos a la información en la que se basan los peritos en sus propios informes (que puede haberse obtenido en virtud de una orden de exhibición de pruebas de la otra parte o puede haber sido facilitada por la parte a la que representa el perito sin necesidad de una orden judicial). Esta información se refiere, en concreto, a los datos subyacentes recopilados en su estado original para ser utilizados en los análisis periciales (a veces

---

292 Esa fue, al parecer, una de las conclusiones que sacó del asunto *Sainsbury's* a juzgar por su crítica de que los peritos habían basado su dictamen en datos inciertos sobre el sector de los pagos, en el que no eran expertos. La prueba “hearsay” (o “de oídas”) se refiere técnicamente en Derecho probatorio inglés a una declaración, oral o escrita, realizada por uno que no es un testigo que presta su propia declaración de primera mano en un procedimiento, y que se presenta como prueba de lo declarado (véase la sección 1(2) de la *Civil Evidence Act 1972*; CPR 33.1).

293 *Daubert v Merrell Dow Pharmaceuticals* 509 US 579.

294 Dwyer, D., n. 216, 341-347.

295 Véase el capítulo 16.1 *infra*.

denominados "datos brutos"), así como a los conjuntos de datos que se han preparado tras el tratamiento necesario para organizar o "limpiar" los datos para el análisis pericial (datos "limpiados" o "procesados"). La información puede incluir además bases de datos y códigos informáticos con arreglo a los cuales se ha llevado a cabo el proceso de extracción, selección y limpieza de los datos. Además, podemos referirnos excepcionalmente al acceso al propio modelo analítico pericial (por ejemplo, econométrico), que puede haberse ejecutado utilizando software estadístico (como, por ejemplo, STATA)[296].

Un principio fundamental de las CPR es que las partes deberían estar "en pie de igualdad"[297]. De hecho, un elemento de la exhibición de pruebas estándar es que las partes deberían exhibir todos los documentos en los que pretendan basarse. "Documento", según la CPR 31.4, significa cualquier cosa en la que se registre información de cualquier tipo y, por lo tanto, incluye los datos registrados en un sistema informático. Además, debe tenerse en cuenta que la preparación de los informes periciales se produce normalmente después de la exhibición de pruebas en el procedimiento, de modo que esta determina el modo en que se elaboran a continuación los informes periciales (es decir, sobre la base de la puesta en común previa y abierta de los datos pertinentes).

Además, la CPR 31.14(2) y la regla 61 de la Guía del CAT establecen que una parte puede solicitar la exhibición de cualquier documento mencionado en un informe pericial que no haya sido ya exhibido. La "guía sobre la prueba pericial en los Tribunales de

---

296 Para un ejemplo de un asunto en el que se concedió un acceso total a la información de este tipo, en esta ocasión en un procedimiento de revisión judicial de una decisión de la autoridad de competencia, véase *HCA International Ltd v Competition Markets Authority* [2014] CAT 11. La decisión administrativa en cuestión se había basado en un modelo económico que evaluaba las condiciones de competencia en el mercado de la atención sanitaria y el CAT ordenó que se diera acceso al recurrente a dicho modelo completo.

297 CPR 1.1(2)(a).

lo Mercantil y de la Propiedad" (B&PC, por sus siglas en inglés) establece explícitamente que las copias de los materiales que hayan sido objeto de la pericia (por ejemplo, análisis, mediciones o informes) y cualquier fuente no publicada, a menos que se hayan facilitado durante el proceso de exhibición de pruebas, deben presentarse junto con el informe pericial[298].

La CPR 35.6 prevé que una parte pueda formular preguntas por escrito al perito de la contraparte al recibir el informe con el fin de obtener aclaraciones sobre el mismo. La respuesta se considerará parte del informe pericial. Por último, la CPR 35.9 establece que el tribunal puede ordenar a una parte que tenga acceso a información que no esté razonablemente disponible para la otra parte que elabore y entregue un documento en el que conste la información. Zuckerman señala que esta disposición tiene por objeto garantizar que las partes estén en pie de igualdad, de conformidad con el *"overriding objective"*, y puede incluir no solo información fáctica, sino que puede englobar incluso la opinión de un experto proporcionada por una parte:

> "Con el fin de garantizar que las partes estén en igualdad de condiciones, tal y como exige la CPR 1.1(2)(a), la CPR 35.9 otorga al tribunal la facultad de ordenar a una parte que tenga acceso a información que no esté razonablemente disponible para la otra parte que elabore y entregue un documento en el que conste dicha información. Por ejemplo, en una demanda por lesiones sufridas durante un tratamiento hospitalario, el demandante puede buscar información sobre lesiones similares sufridas en el mismo hospital. Dicha información será a menudo fáctica, pero también puede consistir en opiniones de expertos (en este ejemplo, el documento de la CPR 35.9 podría incluir las opiniones del personal del hospital sobre las causas de otros incidentes similares)" (traducción propia)[299].

Si bien es posible que el acceso a la información utilizada en los informes periciales no siempre sea necesario cuando los da-

---

298 H2.28 de la Guía de los Tribunales Mercantiles, 11ª ed. (2022). Esto refleja uno de los principios establecidos en *The Ikarian Reefer* (n. 234).

299 Zuckerman, A., n. 4, capítulo 21, apartado 21.64.

tos utilizados son públicos o cuando el modelo es relativamente sencillo, el acceso a esa información subyacente facilita la reproducción exacta del modelo de la contraparte, la verificación de su exactitud y la comprobación de su respuesta a los ajustes (por ejemplo, a la modificación, supresión o adición de determinadas variables), especialmente en el caso de la econometría más compleja. Un ejemplo de ello es *BritNed*[300].

### d) Interacción entre peritos previa al juicio

La CPR 35.12 faculta al tribunal para exigir a los peritos que mantengan conversaciones entre ellos con el fin de identificar las cuestiones controvertidas que son relevantes para el procedimiento e intentar llegar a un acuerdo sobre cuestiones concretas antes del juicio. El tribunal también puede ordenarles que preparen una declaración conjunta ("*joint statement*") en la que indiquen las cuestiones en las que están de acuerdo, las cuestiones en las que discrepan y las razones de su desacuerdo. Esas conversaciones se desarrollarán normalmente sin la presencia de asesores jurídicos (aunque probablemente sean los abogados quienes elaboren el orden del día de las mismas) y, salvo acuerdo en contrario, las partes no podrán referirse al contenido de las discusiones en el juicio.

El mecanismo de las conversaciones entre los peritos se utiliza habitualmente en asuntos en materia de Derecho de la competencia. Tomemos como ejemplo *Royal Mail*. En él, el tribunal (tras la primera CMC) ordenó el siguiente itinerario para la prueba pericial[301]:

— El 12 de abril de 2019, los peritos deberían reunirse sin la presencia de representantes legales para: (a) identificar las cuestiones relevantes entre ellos; (b) explicar su respecti-

---

[300] Nota 250.

[301] Orden de la *High Court* de 13 de junio de 2018, asunto HC-2016-003442, apartados 28-31.

vo enfoque y la metodología propuesta en relación con el análisis de las cuestiones controvertidas en el procedimiento; y (c) cuando fuera posible, llegar a un acuerdo sobre dichas cuestiones.

— El 13 de mayo de 2019, deberían intercambiarse los informes periciales principales; y los informes elaborados en respuesta deberían intercambiarse el 12 de julio de 2019; y cualesquiera informes complementarios, el 2 de agosto de 2019.

— El 27 de agosto de 2019, los peritos deberían reunirse de nuevo sin la presencia de representantes legales para: (a) identificar y reducir aún más las cuestiones controvertidas pendientes entre ellos; y (b) cuando fuera posible, llegar a un acuerdo sobre esas cuestiones.

— Finalmente, el 27 de septiembre de 2019, los peritos deberían elaborar y presentar al tribunal una declaración conjunta en la que mostrasen: (a) aquellas cuestiones en las que estaban de acuerdo; y (b) aquellas cuestiones en las que discrepaban y un resumen de las razones por las que discrepaban.

Muchas veces, la interacción entre los peritos puede servir de base para determinar la naturaleza y el alcance de las pruebas periciales que deben presentar. Eso, a su vez, permite al tribunal ordenar una exhibición de pruebas proporcionada para su uso en estimaciones del daño, sabiendo que los modelos no serán impugnados posteriormente por las partes por ser irrelevantes o inapropiados. Como se ha señalado anteriormente, este fue el caso en el asunto *Royal Mail*, donde los peritos de las partes llegaron a un amplio acuerdo sobre los métodos que aplicarían y los datos subyacentes que deberían utilizarse[302]. Otro caso es el litigio de *Air Cargo* ante la *High Court*, mencionado anteriormente[303]. Ba-

---

[302] Véase n. 173.

[303] *Emerald Supplies*, n. 175.

sándose en el acuerdo entre los peritos de las partes en cuanto a la metodología apropiada para evaluar el impacto del cártel de carga aérea en los precios del transporte de mercancías (concretamente, un análisis de regresión múltiple temporal, "durante y después"), y además el acuerdo de las partes de no solicitar el acceso a fuentes de prueba fáctica (como, por ejemplo, las comunicaciones internas entre los miembros del cártel) para abordar el sobrecoste, el tribunal acordó una amplia orden de exhibición de datos transaccionales de todas las partes. La jueza dejó claro que, sin esos acuerdos de las partes, no habría considerado proporcionada una exhibición tan amplia (y costosa) y no habría accedido a la orden.

La opinión entre los profesionales parece ser positiva en lo que respecta al uso de estas discusiones entre peritos para reducir las cuestiones controvertidas entre las partes, aunque es evidente que tienen sus límites en cuanto a su capacidad para resolver las cuestiones centrales que separan a los peritos y que probablemente sean decisivas para la resolución del caso (que, en efecto, serán el foco de atención principal en el juicio). En relación con ello, se afirmaba que:

> "La opinión general entre los socios es que los procedimientos para la prueba pericial están funcionando bien. La introducción de reuniones conjuntas en el marco de las CPR se considera, en general, útil, ya que puede ayudar a identificar los verdaderos puntos controvertidos entre los peritos y, potencialmente, reducirlos (más del 80% de los socios lo han experimentado). Algunos, sin embargo, describen el impacto como limitado, diciendo que aunque algunos puntos realmente infundados pueden ser eliminados como resultado de este proceso, la reducción de las cuestiones controvertidas no es generalmente sustancial" (traducción propia)[304].

En *National Grid*, una acción de daños derivada del "cártel de conmutadores con aislamiento de gas", al parecer la interacción previa al juicio entre los peritos permitió reducir el número de cuestiones económicas en litigio de 150 a 50 sin intervención del

---

304 Hill y McIntosh, n. 56, p. 16.

tribunal, y pudieron llegar a un acuerdo sobre el enfoque de la modelización, estando las discrepancias restantes relacionadas fundamentalmente con el tratamiento de las pruebas disponibles en relación con *pass-on*[305].

No obstante, considero que este tipo de proceso depende en gran medida de la capacidad de los peritos (con el apoyo adecuado de los abogados de las partes) para llevar a cabo una discusión constructiva y sensata. Para ello, puede ser necesario que existan suficientes puntos en común entre ellos en cuanto a los fundamentos de la evaluación del daño. También puede ser necesario que tengan la misma experiencia o formación, para que una de las partes no se sienta intimidada por la otra o adopte una actitud defensiva (o agresiva) inadecuada. Dependiendo del perfil de los peritos designados, esto puede o no ser un problema. Además, deben ser suficientemente independientes de sus clientes y cumplir sus obligaciones como peritos.

De hecho, en lo que respecta a las pruebas económicas complejas en asuntos de competencia, es probable que haya serios desacuerdos sobre cuestiones técnicas críticas[306]. En el asunto *Royal Mail*, las cuestiones de desacuerdo motivaron justamente la enorme diferencia entre sus resultados (que eran completamente contradictorios). De hecho, el Tribunal fue incapaz de llegar a ninguna conclusión sobre el sobrecoste basándose en los informes periciales. En consecuencia, el ejercicio de acuerdo/desacuerdo no solo fue largo, complejo y costoso, en ese caso, sino en gran medida ineficaz. Como se ha señalado anteriormente, el CAT atribuyó en parte este hecho a que los peritos estaban excesivamente influidos por las posiciones de sus respectivos clientes; de ahí la importancia capital del respeto de los peritos a sus deberes para que la prueba pericial de parte pueda funcionar. El

---

305 *National Grid Electricity plc v ABB Ltd.* El caso se resolvió antes del juicio y no hay sentencia sobre el fondo. La información aquí contenida me fue facilitada por asesores implicados en el caso.

306 Véase *Royal Mail*, n. 251, apartado 235.

grado de capacidad de los peritos para ponerse de acuerdo sobre las cuestiones materiales clave dependerá, en cualquier caso, de las circunstancias del caso, de las actitudes y perfiles de los peritos, y de la capacidad del tribunal para centrar el proceso de discusiones. Debemos ser realistas al respecto. En general, pero no necesariamente, puede resultar más fácil que los peritos acuerden de antemano los posibles métodos alternativos de estimación en un caso determinado y/o los datos pertinentes que se pueden utilizar en cada uno de ellos, más que acordar cuestiones decisivas para la implementación de los diferentes modelos.

### e) La presentación del informe pericial en juicio

La presentación de pruebas periciales en el juicio también está gestionada por el tribunal en los procedimientos que se resuelven ante la *High Court* inglesa o el CAT. Así pues, según el apartado 11.3 de la PD 35, el tribunal puede fijar un orden del día para la práctica de la prueba pericial en el juicio, o bien ordenar que las partes fijen un orden del día sujeto a la aprobación del tribunal. El orden del día debería basarse en las áreas de desacuerdo que hayan sido identificadas por los peritos en su declaración conjunta, realizada de conformidad con la CPR 35.12(3). Como se explica con más detalle en el apartado 11.2 de la PD 35, se pueden presentar pruebas y se puede repreguntar a los peritos tema por tema. Esta es la forma más tradicional de proceder. Además, el apartado 11 prevé la posibilidad de que las pruebas periciales se presenten simultáneamente utilizando un método conocido coloquialmente como "*hot-tubbing*" (una forma de careo)[307].

El "*hot-tubbing*" consiste en que los peritos de ambas partes comparezcan juntos en la sala del tribunal para testificar de forma simultánea. Comúnmente utilizado en litigios de construcción, fue utilizado por vez primera en un asunto *antitrust* por Sir Peter

---

[307] El "*hot-tubbing*" se introdujo en la PD 35 en 2013 como parte de las reformas Jackson. Tiene su origen en Australia.

Roth en el asunto *Streetmap* (un caso de abuso de posición dominante)[308]. También se utilizó en *Royal Mail*[309]. Normalmente, implica un protagonismo por parte del juez y solo preguntas aisladas por parte de los abogados de las partes[310]. Puede también que los peritos se hagan preguntas entre sí[311]. En ese sentido, es un medio menos conflictivo y más colaborativo para determinar la posición de los peritos y explorar los puntos de desacuerdo. Es importante destacar que requiere una preparación significativa por parte del tribunal, para que este pueda dirigir el debate y formular las preguntas adecuadas[312]. De hecho, la capacidad del tribunal para estar en una posición que le permita dirigir adecuadamente la prueba pericial en el juicio será decisiva para determinar si el *hot-tub* sería apropiado (algo que dependerá, entre otras cosas, del tiempo de preparación, la complejidad de los temas a tratar y la propia familiaridad del juez con el tipo de cuestiones periciales que se van a juzgar). Además, puede ser necesario tener en cuenta la personalidad de los implicados y su respectivo estatus como profesionales[313].

---

308 *Streetmap.EU Ltd v Google Inc* [2016] EWHC 253 (Ch).

309 Nota 251, apartado 234. En cambio, se permitió el interrogatorio exhaustivo por parte de los abogados de las partes sobre cuestiones en las que, en concreto, había contradicciones de hecho: apartados 236-237.

310 El papel de los abogados de las partes varía en la práctica, pero es probable que esté más controlado por el tribunal para evitar repeticiones o líneas argumentales inútiles sobre cuestiones que el tribunal considera que ya se han abordado satisfactoriamente (como ocurrió, por ejemplo, en *Streetmap*; véase el Informe del Grupo de Trabajo de Revisión de Litigios Civiles del *Civil Justice Council*, “Concurrent Expert Evidence and ‘Hot-Tubbing’ in English Litigation since the ‘Jackson Reforms’”, 25 de julio de 2016, p. 21). Al mismo tiempo, es importante que se garantice debidamente el derecho de defensa de las partes.

311 Eso ocurrió en *Streetmap*, como se señala en el informe del *Civil Justice Council* de 2016, p. 18.

312 Informe del *Civil Justice Council* de 2016, pp. 40-41.

313 Es posible que un perito más joven sea más respetuoso en presencia de un colega más veterano, o puede haber cierta animadversión entre los peritos, lo que podría no resultar propicio para que la prueba pericial

El apartado 11.4 de la PD 35 describe el proceso estándar previsto para estos careos periciales tipo *hot-tub* de la siguiente manera:

> "(1) El juez iniciará el debate pidiendo a los peritos, por turnos, su opinión en relación con los puntos identificados en el orden del día. Una vez que un perito haya expresado su opinión, el juez podrá formular preguntas al respecto. En uno o varios momentos apropiados de su interrogatorio de un perito determinado, el juez podrá invitar al otro perito a hacer observaciones o a formular sus propias preguntas al primero.
>
> (2) Una vez completado el proceso establecido en (1) para cualquier tema del orden del día (o todos), el juez invitará a los representantes de las partes a formular preguntas a los peritos. Dichas preguntas deberán ir encaminadas a:
>
> (a) comprobar la corrección de la opinión de un perito;
>
> (b) solicitar aclaraciones sobre la opinión de un perito;
>
> (c) obtener prueba sobre cualquier cuestión controvertida (o sobre cualquier aspecto de una cuestión) que no se haya examinada durante el proceso establecido en (1).
>
> (3) Una vez completado el proceso establecido en (2) en relación con cualquier cuestión controvertida (o todas), el juez podrá resumir las diferentes posiciones de los peritos sobre la cuestión y pedirles que confirmen o corrijan dicho resumen." (traducción propia)[314]

Tal y como se ha señalado, este proceso puede, en la práctica, ser modificado por el tribunal. No se trata, por tanto, de una descripción exhaustiva o limitativa de la prueba pericial concurrente.

Otro mecanismo mediante el cual los tribunales pueden interaccionar con los peritos, y que aparece en el contexto de las "*hot-tubs*", es el denominado "*teach-in*". Se trata de un mecanismo por el que los jueces pueden solicitar ser instruidos de forma neutral sobre las materias objeto de la prueba pericial, bien por un tercer "profesor" o bien por los propios peritos. Se pretende que estas

---

concurrente (careo) sea plenamente útil. Véase, a este respecto, Hodgkinson, T., y James, M., n. 11, apartado 8-009, y el comentario que aparece en el informe del *Civil Justice Council* de 2016, pp. 41-42.

314 Este proceso puede ser modificado por el juez.

sesiones sean explicativas y divulgativas y no una ocasión para defender o probar los puntos en cuestión. Este mecanismo puede ser útil en el contexto del "*hot-tubbing*", como medio para poner al juez de primera instancia al corriente de las cuestiones técnicas antes de oír la prueba pericial.

El juez Marcus Smith utilizó una variante del "*teach-in*" en el asunto *BritNed*. En él, el tribunal adoptó un enfoque híbrido para tratar las pruebas periciales en el juicio. Como se recordará, sus metodologías eran totalmente diferentes. Para hacer frente a esta situación, el tribunal exigió a los peritos que presentaran sus pruebas en dos fases durante el juicio. En primer lugar, los peritos debían dar una explicación (un "*teach-in*") de sus respectivas metodologías. En segundo lugar, se les sometía a un interrogatorio. Smith describió el proceso del siguiente modo:

> "Los peritos declararon en dos fases. Antes de que se les llamara a declarar sobre los hechos, indiqué que sería útil que cada perito diera una explicación neutral, bajo juramento, de su metodología de trabajo. Esto acabó denominándose "*teach-in*" y tuvo lugar el tercer día (9 de febrero de 2018), tras los alegatos iniciales de las partes, que tuvieron lugar el primer y segundo día (7 y 8 de febrero de 2018). A continuación, los peritos fueron interrogados, durante algo más de dos días cada uno, en los días noveno a decimotercero (19 a 23 de febrero de 2018)."[315] (traducción propia)

Otra herramienta utilizada por el juez Smith en el asunto *BritNed* fue dirigir preguntas escritas a los peritos después del juicio, antes de dictar sentencia, en relación con determinados cálculos alternativos. Posteriormente, el juez se basó en la respuesta conjunta por escrito de los peritos para justificar el cálculo del daño (concretamente, las denominadas "*baked-in inefficiencies*" o "ineficiencias intrínsecas") que finalmente utilizó en la sentencia[316].

Es sin duda en el contexto de esta mayor interacción de los jueces con los peritos donde los tribunales especializados disfrutan

---

315 *BritNed*, n. 250, apartado 75.

316 *Ibid.*, n. 250, apartados 74, 451-453.

de una posición particularmente ventajosa. No cabe duda de que la mayor familiaridad de los jueces con las periciales presentadas, y la presencia incluso de un experto técnico en el panel de jueces (como ocurre en el CAT), les permite interaccionar más fácilmente con las pruebas que se les presentan y dirigir los careos. Además, cuando el tribunal está compuesto por un grupo de jueces, esto les permite consultar entre sí. Estos son, sin duda, factores a favor de tales tribunales. Al mismo tiempo, cabe recordar que la función del tribunal no es llevar a cabo una "revisión por pares" ("*peer review*") de los análisis de los peritos, sino juzgar con arreglo a criterios de valoración judicial. Los tribunales especializados tendrán que tener especial cuidado para asegurarse de que no cruzan esa línea y proyectan su propia experiencia técnica sobre el caso, en lugar de la de los peritos que testifican.

TERCERA PARTE

# LOS RETOS PROCESALES DE LA APLICACIÓN PRIVADA DEL DERECHO DE LA COMPETENCIA EN ESPAÑA

# 13. ¿UNA NUEVA TEORÍA DE LA JUSTICIA?

## *13.1. Introducción*

Las acciones de responsabilidad civil por los daños y perjuicios derivados de las infracciones del Derecho de la competencia han aumentado de forma exponencial en España en los últimos seis o siete años, a partir de la trasposición de la Directiva de Daños en 2017. Este incremento se ha caracterizado sobre todo por acciones en masa de tipo *follow-on* contra los participantes en los cárteles: de modo particular, en los asuntos de los denominados carteles de camiones, coches o leche[1]. El ejemplo más completo hasta la fecha es la litigación que ha surgido en el asunto camiones, y es paradigmático de algunos de los principales retos a los que se enfrenta el sistema procesal civil español en esta nueva era de aplicación privada del Derecho de la competencia.

*El "asunto camiones"*

En el "asunto camiones", hemos sido testigos de la interposición de miles de demandas de daños y perjuicios (principalmente pequeñas demandas presentadas por empresas de transporte por carretera dirigidas por particulares o pymes) ante los juzgados de lo mercantil de toda España. A lo largo de unos seis años, estas reclamaciones han ido haciendo su recorrido a través de la primera instancia (juzgados de lo mercantil) y la segunda (audiencias provinciales) hasta llegar, finalmente, a revisión por la Sala de lo Civil del Tribunal Supremo[2]. El asunto también ha implicado, hasta la

---

1 Que se siguen, respectivamente, de las decisiones de la Comisión Europea de 19 de julio de 2016 y 27 de septiembre de 2017 en el asunto AT.39824 – *Camiones,* y de la CNMC de 23 de julio de 2015 en el asunto S/0482/13 – *Fabricantes Automóviles,* y de 11 de julio de 2019 en el asunto S/0425/12 *Industrias Lácteas 2.*

2 Para consultar información más detallada, véase, entre otros, Marcos, F., "El sobreprecio del cártel de camiones tras las sentencias del Tribunal Supremo: ¿más allá de la estimación mínima del 5%?", *Almacén de*

fecha, la remisión de siete cuestiones prejudiciales por los tribunales españoles al TJUE[3].

Me atrevería a aventurar que, en España, el litigio entorno al asunto camiones se ha caracterizado por el desarrollo paulatino de criterios jurídicos comunes por parte de los tribunales españoles en su conjunto. Esto ha ocurrido a medida que se han ido resolviendo las acciones interpuestas y se han ido compartiendo y revisando las resoluciones judiciales correspondientes entre todos los tribunales mercantiles implicados en el caso. En ese sentido, si bien se ha prestado cierta atención a las cuestiones específicas de cada caso y las demandas se han dispersado entre numerosos tribunales y procesos distintos, se puede percibir cierta preocupación por parte del sistema judicial español por intentar ofrecer una respuesta coherente a los problemas comunes que plantea la litigación (por ejemplo, en materias centrales como la existencia del daño o el estándar de prueba exigido a demandantes y demandados). Es decir, se puede percibir cierta tendencia hacia una concepción de toda la litigación como un proceso de resolución por parte del sistema en su conjunto, en el que no se desarrollan

---

*Derecho,* 10 de julio de 2023, "Trucks Cartel damages claims: thousands and odd judgments issued by Spanish appeal courts", *Working Paper IE Law School,* 7 de octubre de 2022, https://ssrn.com/abstract=4255889, y "Jurisprudencia menor sobre los daños causados por el cártel de camiones", *Almacén de Derecho,* 21 de enero de 2022; y Martín Martín, G., "Quantifying damages in cartel cases: the Spanish Courts approach to the Trucks cartel" (2021), 2, *Mass Claims Journal,* 125. Las primeras sentencias del Tribunal Supremo se dictaron los días 12, 13 y 14 de junio de 2023; véase, para todas, STS 947/2023, 14 de junio de 2023, ES:TS:2023:2480.

3 Asuntos C-30/20 *Volvo I* EU:C:2021:604; C-882/19 *Sumal* EU:C:2021:800; C-267/20 *Volvo AB y DAF Trucks NV c. RM II* EU:C:2022:494; C-163/21 *Paccar* EU:C:2022:863; C-312/21 *Tráficos Manuel Ferrer* EU:C:2023:99; C-285/21 *Dalarjo SL contra Renault Trucks SASU,* ATS, 28 de febrero de 2023, [2023] DO C 179/9; C-632/22 *AB Volvo contra Transsaqui SL,* ATS, 7 de octubre de 2022, ES:TS:2022:13837A, pendiente de sentencia (la opinión del AG Szpunar se dictó el 11 de enero de 2024, EU:C:2024:31).

criterios judiciales de forma aislada en procedimientos separados, sino de forma paulatina (aunque fragmentaria) a lo largo de todo el proceso judicial. De hecho, desde una perspectiva empírica, se puede observar un elevado nivel de referencias cruzadas entre resoluciones judiciales, e incluso una fertilización cruzada entre las posturas adoptadas (por ejemplo, sobre el nivel mínimo de sobrecoste que debe fijarse mediante estimación judicial o sobre lo que constituye el cumplimiento adecuado de la carga de la prueba por parte del demandante). Se trata, quizá, de una respuesta natural a lo que es, en el fondo y en la práctica, un problema común[4]. También es, en mi opinión, significativo[5].

Esta dinámica "sistémica" que detectamos en la litigación entorno al asunto de camiones no ha evitado algunos evidentes problemas también "sistémicos", fruto de la estructura institucional y del marco jurídico en el que operan tanto los jueces como las partes litigantes en España[6]. El primero se refiere a la contradic-

---

4 Asimismo, la litigación en el asunto camiones se ha caracterizado por la presencia de grupos de demandantes representados por los mismos abogados y el mismo perito. Por su parte, los demandados son seis grupos empresariales, representados cada uno de ellos por los mismos abogados y peritos, que son, además, responsables solidarios de cualquier perjuicio causado por la infracción. Dejando al lado la situación particular de Scania que recurrió la decisión, todas las primeras olas de demandas se basaron en una decisión vinculante de la Comisión que establece la existencia de una infracción del Derecho de la competencia, de modo que, al menos desde el punto de vista probatorio, los asuntos se centran en la cuestión del daño y la causalidad. Así pues, a pesar de la existencia de miles de reclamaciones por daños y perjuicios, muchas demandas se basan en pruebas idénticas o similares.

5 He alertado sobre los riesgos de recurrir al criterio de un tercero ajeno al procedimiento para resolver el problema en Hitchings, P., "Daños antitrust: ¿Cómo conseguir una mayor coherencia y eficacia?", n. 406 (Primera Parte), 120-124.

6 Estos problemas sistémicos han sido ampliamente identificados por los analistas. Véase, por ejemplo, Marcos, F., "Acumulación de las acciones de indemnización de daños causados por el cártel de los fabricantes de camiones", *Almacén de Derecho,* 31 de agosto de 2019.

ción inherente en pretender dar una respuesta común a través de un sistema compuesto por multitud de instancias decisorias, dispersas geográficamente y en distintos niveles, conociendo cada una de procedimientos independientes[7]. El segundo es la clamorosa ineficiencia de un proceso que ha supuesto la repetición de lo que, con frecuencia, son acciones casi idénticas (al menos, en lo que respecta a los hechos y a las pruebas aportadas). El tercero hace referencia a la excesiva celeridad del pronunciamiento o, para ser más exactos, al escaso tiempo que han dedicado los órganos jurisdiccionales a la investigación de los hechos y a la evaluación de pruebas complejas en cada caso individual. El cuarto tiene que ver con la diferencia de criterio judicial fruto del gran número de tribunales competentes implicados en el asunto. Esta diferencia ha tenido un aspecto sustantivo, que se plasma, por ejemplo, en la concesión de indemnizaciones muy diferentes por parte de distintos tribunales sobre la base de los mismos hechos y las mismas pruebas, así como en distintas posturas en materia del estándar de prueba. También ha tenido un aspecto procesal, pues distintos tribunales han adoptado enfoques sustancialmente distintos en cuestiones tales como la gestión del proceso o el acceso a fuentes de prueba. El quinto y último problema se refiere a la adopción de una nueva y excepcional herramienta judicial como el medio habitual para la resolución de disputas. En efecto, no podemos pasar por alto que, en la mayoría de las acciones civiles en el asunto camiones en España la cuantificación del daño no ha venido determinada por pruebas periciales, sino que, más bien, ha sido el propio tribunal el que ha estimado el daño.

*Propuestas de cambio*

Todos los problemas mencionados anteriormente se pueden atribuir, en parte, a las limitaciones propias del sistema procesal español. De hecho, no tardó en surgir cierta inquietud por el impacto que las demandas masivas en el asunto Camiones estaban

---

[7] La independencia de los jueces está consagrada en el artículo 117 CE.

teniendo en el sistema judicial español, lo cual captó la atención de los responsables políticos. El primer confinamiento a causa de la pandemia de Covid-19 (de marzo a junio de 2020), durante el cual se interrumpieron los plazos procesales y, en la práctica, se suspendió la actividad de los tribunales[8], ofreció la primera oportunidad para disponer de un necesario periodo de reflexión sobre las implicaciones de estos retos. Ello dio lugar a una serie de propuestas, tanto de práctica procesal como de naturaleza legislativa, todas ellas destinadas a abordar los problemas sistémicos que es percibían con claridad.

La primera propuesta llegó en forma de un documento interno de los juzgados de lo mercantil. El documento, "Propuesta para la ordenación de procedimientos sobre el Cártel de los Camiones", señala que se habían presentado un gran número de demandas de daños y perjuicios en los juzgados de lo mercantil de toda España en relación con el cártel de los Camiones y que: "Una buena parte de estas demandas, aunque están formuladas por distintos demandantes, han sido interpuestas por la misma dirección letrada, bajo la misma representación procesal y con el mismo criterio de cuantificación del perjuicio asentado en el mismo dictamen pericial"[9]. Los tribunales eran conscientes de la enorme ineficiencia de tratar asuntos básicamente idénticos en cientos (incluso miles) de procedimientos separados y repetidos, así como del riesgo de obtener sentencias contradictorias que ello conllevaba. También eran conscientes de que otros procedimientos de carácter más urgente (por ejemplo, en materia concursal)

---

8 Real Decreto-ley 16/2020, de 28 de abril, de medidas procesales y organizativas para hacer frente al Covid-19 en el ámbito de la Administración de Justicia.

9 "Propuesta para la ordenación de procedimientos sobre el Cártel de los Camiones", sección I.1. El documento se elaboró durante el parón de la pandemia de Covid-19. Se desconocen su fecha exacta y su autor. El documento no se publicó en ningún lugar accesible al público, pero se dio a conocer y circuló de manera informal fuera del círculo de los jueces de los juzgados de lo mercantil.

debían tener prioridad una vez finalizado el confinamiento, en virtud de la ley de medidas urgentes aprobada por el Gobierno para hacer frente al Covid-19[10]. Por último, destacaron el objetivo de lograr un cierto consenso entre los juzgados de lo mercantil en la tramitación de las demandas paralelas para evitar posiciones contradictorios. Por tanto, el documento plantea propuestas para acordar unos criterios comunes para la gestión conjunta, o coordinada, de las demandas de Camiones, con el fin último de "ofrecer una mayor eficiencia, agilidad y seguridad jurídica en su tramitación"[11]. Las propuestas concretas de coordinación consistían en que los juzgados de lo mercantil tramitaran procesos independientes, pero conexos, según un calendario conjunto y con vistas comunes (incluido el juicio) o bien que acumulasen formalmente dichos procesos en un único procedimiento (con una única sentencia)[12].

Un segundo ejemplo se produjo con el "plan de choque de 2020" del Consejo General del Poder Judicial ("CGPJ")[13]. El plan establecía una batería de medidas legislativas propuestas para hacer frente a los retos que la crisis sanitaria planteaba al sistema judicial en general: incluía una serie de medidas de organización de los tribunales, y una medida específica relativa a la acumula-

---

10 Artículo 14, Real Decreto-ley 16/2020.

11 "Propuesta para la ordenación de procedimientos sobre el Cártel de los Camiones", sección I.1.

12 El documento también ofrece sugerencias sobre cómo aplicar estos mecanismos de coordinación de forma más flexible para adaptar el procedimiento civil a las exigencias del caso concreto. Volveremos sobre estas propuestas cuando pasemos a evaluar las posibilidades de gestión procesal en el capítulo 15 *infra.*

13 El plan se elaboró tras un proceso de consulta en el que participaron tribunales, asociaciones de jueces, organismos profesionales y expertos. La propuesta definitiva, de fecha 6 de mayo de 2020, fue aprobada por el pleno del CGPJ el 16 de junio de 2020 y publicada en el sitio web del Consejo: https://www.poderjudicial.es/cgpj/es/Poder-Judicial/En-Portada/El-Pleno-del-organo-de-gobierno-de-los-jueces-aprueba-el-plan-de-choque-del-CGPJ-para-la-reactivacion-tras-el-estado-de-alarma.

ción de acciones en materia de Derecho de la competencia. El documento reconoce la preocupación del CGPJ por el enorme incremento de los pleitos en masa (incluidos aquellos relativos al asunto de los Camiones) y la tremenda presión que ello estaba suponiendo para la administración de justicia (todo ello agravado por la pandemia). En particular, el documento pone de relieve la preocupación por garantizar que, en ese escenario, los litigantes reciban igualdad de trato por parte de los tribunales, en un sentido tanto procesal como material. De no hacerlo, afirmaba, se pondría en peligro la seguridad jurídica, así como el derecho a la tutela judicial efectiva y a un proceso sin dilaciones indebidas[14].

Posteriormente, unos meses después del fin del confinamiento por la Covid-19, en diciembre de 2020, el Gobierno español aprobó sus propias propuestas para dar respuesta a la situación provocada por la litigación masiva entorno al asunto de los Camiones: a saber, su Anteproyecto de Ley de Medidas de Eficiencia Procesal del Servicio Público de Justicia[15]. El posterior Proyecto de Ley de Eficiencia Procesal fue aprobado en abril de 2022 y remitido al Parlamento (pero no aprobado)[16]. En la siguiente legislatura, el Gobierno ha aprobado las medidas definitivas como parte de la ley "*omnibus*" adoptada en diciembre de 2023[17]. Tal y como el propio título indica, la reforma pretende abordar la eficiencia procesal. En contra de la posición del CGPJ, el Ejecutivo consideraba que

---

14 P. 8 del documento.

15 Anteproyecto de Ley de Medidas de Eficiencia Procesal del Servicio Público de Justicia, de 15 de diciembre de 2020, https://www.mjusticia.gob.es/es/AreaTematica/ActividadLegislativa/Documents/APL%20Eficiencia%20Procesal.pdf.

16 Proyecto de Ley de Medidas de Eficiencia Procesal del Servicio Público de Justicia, BOCG n.º 97-1, 22 de abril de 2022, p. 1.

17 Mediante Real Decreto-ley 6/2023, de 19 de diciembre, por el que se aprueban medidas urgentes para la ejecución del Plan de Recuperación, Transformación y Resiliencia en materia de servicio público de justicia, función pública, régimen local y mecenazgo, y concretamente el Título VII del Libro I del Real Decreto-ley. El artículo 103 es la disposición del real decreto-ley mediante la cual se modifica la LEC.

la causa principal de los "problemas crónicos" del sistema judicial español no era tanto estructural (es decir, una falta de recursos, aunque, sin duda, esa era también una de las causas) sino la forma de emplear esos recursos. Así pues, dos de las propuestas clave de la reforma planteada por el Gobierno para lograr una mayor eficiencia en materia de procedimiento civil eran el fomento de la ADR (mediación y conciliación) —es decir, reducir la demanda de resoluciones judiciales— y el empleo del mecanismo de demandas "testigo" en el caso de demandas masivas de consumo relacionadas con condiciones generales de contratación[18].

### *13.2. Objetivos de naturaleza política legislativa de la justicia española*

Hay un par de cuestiones de principio interesantes que surgen en las iniciativas políticas legislativas que acabamos de mencionar en la sección anterior. Son las siguientes: (a) la justicia como servicio público; y (b) la igualdad de trato. Ambas cuestiones están interrelacionadas. Sería prematuro y, de hecho, imprudente sugerir que estas cuestiones representan una nueva teoría de la justicia, como hace de forma un tanto temeraria el título de este capítulo. En primer lugar, porque no son exactamente nuevas; y tampoco son, en la forma en que las presento, principios consolidados del Derecho procesal español. No obstante, son aspectos que considero especialmente dignos de mención si se analizan en el contexto del tema que nos ocupa y de algunas de las consideraciones jurídicas y políticas que he identificado en los capítulos anteriores sobre el Derecho de la UE y el Derecho inglés. A continuación, desarrollamos ambos conceptos de forma más detallada.

---

18 Finalmente, solo el segundo fue aprobado en la ley. Es notorio el enorme aumento de los litigios en masa en materia de consumo en España durante las últimas décadas, relacionados, en particular, con las cláusulas contractuales tipo de los préstamos hipotecarios y otros contratos bancarios y su incumplimiento de la legislación de la UE en materia de consumo (principalmente, la Directiva 93/13).

### a) La justicia como servicio público (calidad y eficiencia)

Con la expresión "justicia como servicio público" me refiero a una idea moderna de la justicia considerada como un servicio que garantiza el Estado (en el sentido de que se presta, en gran medida, a su costa) para servir a los intereses de los ciudadanos y de la sociedad en su conjunto. Como tal, es evaluado y reformado (en parte, al menos) en función de lo que aporta a los ciudadanos. Es una concepción que se puede detectar en los últimos años y que está evolucionando.

Antes de proseguir, conviene hacer una advertencia en torno al concepto de servicio público cuando hablamos del sistema judicial. Si bien la justicia puede considerarse un servicio público, es un poder independiente del Estado que *no está al servicio* de los restantes órganos de este (es decir, el Ejecutivo o el Legislativo). Debe garantizarse en todo momento su independencia de influencias externas. La preocupación ante la posibilidad de que la retórica del servicio público se utilice para someter al Poder Judicial a los intereses del Gobierno o del Parlamento, contraviniendo estos principios constitucionales básicos, ha sido articulada por voces autorizadas del panorama jurídico español[19]. Y cabe afirmar que ha aumentado en los últimos tiempos. Es preciso tener en cuenta y prestar atención a esas advertencias, también en el ámbito del Derecho que estamos analizado: por ejemplo, cuando nos planteamos iniciativas en materia de especialización o formación de los jueces.

---

19 Véase, en particular, de la Oliva Santos, A., "Sobre la Calidad de la Justicia en España", *International Journal of Procedural Law* 1, (2011) n.º 1, 19. Más adelante en esta sección, nos referiremos a una de las principales preocupaciones planteadas por el profesor de la Oliva, a saber, la excesiva delegación de la gestión del proceso en manos de personal administrativo que no rinde cuentas al juez, cuestión de importancia capital para nuestro tema y para las recomendaciones que deseamos formular. La otra gran preocupación que plantea el profesor de la Oliva en su artículo es la excesiva politización del CGPJ en los últimos años.

En las propuestas a las que nos hemos referido, podemos identificar al menos dos aspectos del carácter de la justicia como servicio público: por un lado, la calidad de la justicia y, por otro, su eficiencia. Nos centraremos, en primer lugar, en el aspecto de la calidad de la justicia.

*Calidad de la justicia*

La calidad de la justicia es una preocupación que ya se puso de manifiesto a comienzos de la década de 2000, tras el "pacto de Estado para la reforma de la justicia" del 2001, como puede apreciarse muy claramente en la primera afirmación del preámbulo de la Ley del régimen retributivo de la carrera judicial de 2003:

> "El Pacto de Estado para la Reforma de la Justicia, firmado el 31 de mayo de 2001, ha iniciado un ambicioso programa legislativo presidido por el objetivo de modernizar la Administración de justicia española y alcanzar un alto nivel de calidad en la prestación de un servicio público fundamental para la convivencia y la protección de los derechos de los ciudadanos, cuyo funcionamiento ágil y eficaz resulta imprescindible para la realización del Estado de Derecho consagrado en el artículo 1.1 de la Constitución."[20]

No nos referimos a la calidad de la justicia principalmente como un concepto que deba medirse en sentido cuantitativo, como el que puede utilizar la Comisión Europea en su "cuadro de indicadores de la justicia en la UE", basado en parámetros objetivos destinados a medir, entre otras cosas, la accesibilidad de los procedimientos judiciales (por ejemplo, las tasas judiciales y la recuperación de las costas), los recursos (por ejemplo, presupuesto, número de jueces y programas de formación) o la digitalización. Más bien nos referimos aquí a la calidad de la justicia en el sentido cualitativo de proporcionar una justicia mejorada y más eficaz a través de un mejor proceso y, en última instancia, de mejores sentencias. Un mejor proceso implica situar al juez en un

20 Ley 15/2003, de 26 de mayo, reguladora del régimen retributivo de las carreras judicial y fiscal.

mejor lugar para entender el caso y las posiciones que mantienen partes (acercando de este modo el juez a los litigantes). Mejores sentencias son aquellas que sirven para resolver de forma más eficaz los problemas jurídicos de los ciudadanos y, al mismo tiempo, ofrecer puntos de referencia a la sociedad, haciendo que la ley sea más clara y predecible y, en consecuencia, más eficaz. Por tanto, la prestación de una justicia de calidad adecuada puede considerarse como una idea que desarrolla el derecho constitucional a la tutela judicial efectiva.

La calidad de la justicia, en este sentido cualitativo, es una de las principales preocupaciones de los redactores de la Ley de Enjuiciamiento Civil de 2000, como se desprende de los siguientes pasajes del preámbulo de la ley, basados en el objetivo subyacente de la efectividad judicial:

> "El derecho de todos a una tutela judicial efectiva, expresado en el apartado primero del artículo 24 de la Constitución, coincide con el anhelo y la necesidad social de una Justicia civil nueva, *caracterizada precisamente por la efectividad.*
>
> [...]
>
> La efectividad de la tutela judicial civil debe suponer un acercamiento de la Justicia al justiciable, que no consiste en mejorar la imagen de la Justicia, para hacerla parecer más accesible, sino en estructurar procesalmente el trabajo jurisdiccional de modo que *cada asunto haya de ser mejor seguido y conocido por el tribunal,* tanto en su planteamiento inicial y para la eventual necesidad de depurar la existencia de óbices y falta de presupuestos procesales —nada más ineficaz que un proceso con sentencia absolutoria de la instancia—, como en la determinación de lo verdaderamente controvertido y en la práctica y valoración de la prueba, con oralidad, publicidad e inmediación.
>
> *Justicia civil efectiva significa, en fin, mejores sentencias, que, dentro de nuestro sistema de fuentes del Derecho, constituyan referencias sólidas para el futuro y contribuyan así a evitar litigios y a reforzar la igualdad ante la ley,* sin merma de la libertad enjuiciadora y de la evolución y el cambio jurisprudencial necesarios.
>
> [...]
>
> En la elaboración de una nueva Ley procesal civil y común, *no cabe despreocuparse del acierto de las sentencias y resoluciones y*

> *afrontar la reforma con un rechazable reduccionismo cuantitativo y estadístico, sólo preocupado de que los asuntos sean resueltos, y resueltos en el menor tiempo posible.* Porque es necesaria *una pronta tutela judicial en verdad efectiva* y porque es posible lograrla sin merma de las garantías, esta Ley reduce drásticamente trámites y recursos, pero, como ya se ha dicho, no prescinde de cuanto es razonable prever como lógica y justificada manifestación de la contienda entre las partes y *para que, a la vez, el momento procesal de dictar sentencia esté debidamente preparado.*"[21] (énfasis añadido)

Una de las implicaciones de impartir una justicia efectiva y de una calidad adecuada es que la reducción de los plazos y una mayor rigidez del procedimiento, si bien son esenciales para garantizar la eficiencia (sin duda, uno de los mayores logros de la ley procesal española del 2000), no son objetivos absolutos. No bastan por sí mismo para garantizar una justicia efectiva y, de hecho, pueden poner en peligro las garantías procesales y la calidad de la justicia. Esto es evidente y ha sido reconocido por analistas como la catedrática francesa de Derecho procesal Soraya Amrani Mekki:

> "La *justicia requiere un tiempo que no es ilimitadamente reducible,* sin recortar las garantías más elementales."[22] (énfasis añadido)

Arbitrar una solución justa requiere *suficiente tiempo* para que el tribunal se familiarice con el caso y para que cada parte pueda evaluar y refutar las pruebas y los argumentos planteados por la contraria[23]. Eso puede resultar de especial relevancia cuando el

---

[21] Considerandos I y II, LEC.

[22] II Congreso Internacional de la Asociación de Profesores de Derecho Procesal de las Universidades Españolas, "Justice: guarantees versus efficiency?" (Valencia, 2019). La cita procede del ensayo de Amrani Mekki, S., "Garantías frente a eficiencia. ¿Es lo racional siempre razonable?", en Jiménez Conde, F., y Bellido Penadés, R., (Dirs.), *Justicia: ¿Garantías versus Eficiencia?*, Tirant lo Blanch, 2020, 43.

[23] Una opinión similar expresan Ariza Colmenarejo, M. J., y González Granda, P., "Deber de colaboración de las partes y evolución en los roles del juez y las partes en el proceso civil", en González Granda, P., y Ariza Colmenarejo, M. J., *Justicia y Proceso: una revisión procesal contempo-*

asunto es de naturaleza técnicamente compleja, como en el caso del Derecho de la competencia. Tal y como hemos visto, en los procedimientos de Inglaterra y Gales ese objetivo se logra procurando garantizar a las partes una participación igualitaria en el procedimiento y la oportunidad para presentar plenamente sus pruebas[24]. Con la reforma procesal española del 2000, uno de los objetivos principales era, de hecho, mejorar la percepción de que el juez ha analizado y entendido adecuadamente el caso, de modo que las partes estén, en un sentido subjetivo, más "satisfechas" con la decisión final por resultar más aplicada a los hechos controvertidos del litigio[25].

Por último, no podemos dejar el tema de la calidad de la justicia sin mencionar el papel esencial que desempeña la calidad de los jueces que imparten justicia. Junto con el marco procesal en el que trabajan, la contratación, los derechos estatutarios, la formación y la satisfacción laboral de los jueces son, por supuesto, absolutamente fundamentales para la calidad de la justicia que puede ofrecer el sistema[26]. Una de las proposiciones centrales de esta investigación es que los jueces pueden hacer mucho para mejorar

---

*ránea bajo el prisma constitucional* (Dykinson, 2021), 401: "el objetivo ha de centrarse en la idea de una tutela judicial de mayor calidad y una protección superior de los derechos de los individuos", refiriéndose, a su vez, a Bonet Navarro, J., para quien el objetivo de la valoración del tribunal debería ser: "encontrar el camino por el que la fijación de los elementos fácticos en la sentencia pueda ser realizada técnicamente en las condiciones más óptimas, de modo que estos elementos se aproximen a la realidad al menos cuando esa sea la voluntad de las partes", en "Algunos problemas concretos sobre aspectos generales de la prueba en el proceso civil", *Diario La Ley*, n.º 7256, 6 de octubre de 2009, p. 8.

24 CPR 1.1(1)(a).

25 Esto contrasta con la situación previa en el marco de las normas de procedimiento civil anteriores, en gran parte escritas, que se caracterizaban por el llamado "juez ausente".

26 Véase de la Oliva Santos, A., n. 19, pp. 22-23 y sus conclusiones, pp. 48-49; además, de la Oliva Santos, A., "El 'Factor Humano' en la Justicia", (2006) 12 n.º2, *Revista Ius et Praxis*, 255.

el sistema actual utilizando los instrumentos jurídicos y procesales existentes. En este contexto, cobran una especial importancia medidas y prácticas que ayuden a preparar y capacitar al cuerpo de jueces especializados en materia de libre competencia para desempeñar estas tareas de una forma coherente, sistemática y de conformidad con las normas y principios europeos que enmarcan su trabajo.

*Eficiencia*

En el debate sobre los estándares de calidad en la justicia, podemos ver los inicios de un concepto más amplio de la justicia como servicio público que se preocupa también por la eficiencia: es decir, por el uso eficiente y proporcionado de los recursos públicos. La eficiencia se refiere no solo a la eficiencia en la tramitación de procedimientos concretos (lo que podríamos denominar "eficiencia procesal" o "economía procesal"), sino a la eficiencia del sistema de justicia en su conjunto. Esta tendencia conceptual se aprecia muy claramente en las nuevas "medidas de eficiencia procesal". La reforma, que en su título se refiere a la justicia como un "servicio público"[27], plantea la justicia en términos de la prestación a los ciudadanos de un servicio eficiente y operativo que atienda adecuadamente sus necesidades de justicia. Estas ideas se propugnaban de forma elocuente en los primeros considerandos del proyecto de ley de 2022[28]. De forma mucho más escueta, la reforma final aprobada en diciembre de 2023 puso el foco en "la

---

27 Schumann Barragán, G., se refiere a la descripción de la administración de justicia como un servicio público como un indicio de un "nuevo paradigma" en la concepción del procedimiento civil, "¿La gestión y la flexibilidad de procedimiento?", n. 102 (segunda parte *supra*), 121-122.

28 Nota 15; véase, por ejemplo, en el considerando I: "Con palabras del constitucionalismo moderno, este servicio público precisa de legitimidad social tanto como de eficiencia. Legitimidad como grado de confianza y credibilidad que el sistema de Justicia debe tener para nuestra ciudadanía; y eficiencia como capacidad del sistema para producir respuestas eficaces y efectivas".

necesidad de introducir los mecanismos eficientes que resultan imprescindibles para hacer frente al incremento de la litigiosidad" y en "medidas de agilización de los procedimientos"[29].

Es interesante observar, aunque omitido de la ley finalmente adoptada, que el proyecto de ley también identificó el deber de las partes y sus abogados de cooperar en la obtención de justicia, recordando expresamente a estos últimos su deber ético de buscar el consenso y no incitar al litigio de conformidad con el "Código de conducta profesional de los abogados" y el Estatuto General de la Abogacía. Este deber se planteaba principalmente en relación con la promoción de la mediación y la conciliación, que es otra de las políticas fundamentales de la LEC para reducir la litigiosidad y, con ello, la excesiva carga de trabajo de los tribunales.

No se le escapará al lector que este giro hacia una retórica de servicio público (el objetivo de impartir una justicia efectiva y adaptada a las necesidades de los ciudadanos de manera eficiente) e, incluso, la (de momento, tímida) invocación de los deberes de las partes y de sus abogados recuerdan al "*overriding objective*" del proceso civil establecido en 1998 en el Reino Unido. Como se recordará de la segunda parte de este libro, el objetivo de las CPR inglesas es "resolver los procedimientos de forma justa y a un coste proporcionado", teniendo en cuenta el impacto en todo el sistema de cada uno de los procedimientos individuales (proporcionalidad colectiva). El sistema se concibe como un servicio público que debe gestionarse de manera adecuada y eficiente para ofrecer un sistema proporcionado de justicia efectiva. El régimen pretende ofrecer un acceso equitativo a la justicia, buscando alcanzar un equilibrio adecuado entre los objetivos complementarios de eficiencia y justicia: en palabras de John Sorabji, asegurar "el acceso efectivo al sistema judicial garantizando una distribución equitativa de los recursos del tribunal entre todos los litigantes"[30]. Estamos, según de la Oliva Santos, en el terreno del realismo: cómo

---

29 Real Decreto-ley 6/2023, n. 17, considerando II.

30 Sorabji, J., *English Civil Justice*, n. 40 (segunda parte *supra*), 136.

organizar y gestionar mejor los recursos realmente disponibles para impartir una justicia efectiva[31].

*"Buena administración de justicia"*

El equilibrio entre la eficiencia y una tutela judicial efectiva de una calidad adecuada tal vez pueda hallarse en el concepto de la "buena administración de justicia", que forma parte de la normativa en materia de derechos fundamentales a escala europea. El término encuentra su lugar, por ejemplo, en el razonamiento del TEDH en virtud del artículo 6(1) del convenio[32]. Por su parte, el principio general de la "buena administración" se recoge en el artículo 41 de la CDFUE e incluye el derecho de los ciudadanos, en sus relaciones con la administración pública, a la imparcialidad, la transparencia, el trato equitativo y las decisiones motivadas, así como el derecho a ser oído[33]. Se puede afirmar que este principio general resulta igualmente aplicable en las relaciones de los ciudadanos con la administración pública de justicia[34], aunque también encuentra una expresión con-

---

31 de la Oliva Santos, A., *El papel del juez en el proceso civil* (Civitas, 2012); véase, en particular, capítulo 5, pp. 64-65. La cuestión del realismo, tan sabiamente reflejada en esta breve, pero capital obra del profesor de la Oliva Santos, es clave para cualquier valoración sensata del desafío al que se enfrenta el sistema español y fundamental para nuestro análisis de las posibles recomendaciones sobre el camino a seguir.

32 Por ejemplo, *Arribas Antón contra España,* Demanda n.° 16563/11 (TEDH, 20 de enero de 2015), apartado 46; *Barras contra Francia,* Demanda n.° 12686/10 (TEDH, 17 de marzo de 2015), apartado 29.

33 Véase Tridimas, T., *The General Principles of EU Law,* n. 119 (Primera Parte), 410-415.

34 En este contexto, la administración pública de justicia se refiere claramente a las funciones del personal administrativo (función pública) encargado de asistir a los tribunales en su trabajo. Más ampliamente, se refiere a la actividad de los propios jueces de administrar justicia, de conformidad con el artículo 117 CE. Sobre este tema y la polémica en torno a la creciente politización de la oficina judicial y su controvertida asunción de competencias judiciales (en particular a raíz de los cambios legislativos del periodo 2009 a 2015), véase de Benito Llopis-Llombart, M., *Justicia o burocracia* (Civitas, 2017), y Vallines García, E., "¿Es

creta en otros derechos fundamentales más directamente aplicables, como el derecho fundamental a la tutela judicial efectiva consagrado en el artículo 47 de la CDFUE. El legislador de la Unión también emplea el concepto de una administración de justicia "adecuada" o "buena" o "armoniosa" en varios instrumentos jurídicos del ELSJ. De hecho, aparece ocho veces en el Reglamento Bruselas I *bis*[35].

El término "buena administración de justicia" también se emplea en la legislación procesal nacional: por ejemplo, en la LOPJ y (aunque escasamente) en la LEC, que incluye una referencia a la posibilidad de que un tribunal permita excepcionalmente la práctica de pruebas o la celebración de vistas fuera de las salas del propio tribunal en interés de la buena administración de justicia[36]. En la reciente propuesta española para las acciones de representación de consumidores, que pretendía crear todo un nuevo procedimiento dentro de la Ley de Enjuiciamiento Civil para dichas acciones, el concepto de "buena administración de justicia" se menciona no menos de siete veces en referencia al ejercicio de discrecionalidad del juez en la adopción de una serie de decisiones procesales[37]. El concepto también aparece en las Reglas Modelo Europeas de ELI / UNIDROIT en el marco de ciertos aspectos de la gestión procesal (*case management*). Por ejemplo, la "buena administración de justicia" aparece como justificación central de la imposición del deber de colaboración procesal a las partes y a sus abogados en la regla 3 de las Reglas Modelo.

---

inconstitucional la 'nueva oficina judicial'? A propósito del libro *Justicia o burocracia*", *Revista Española de Derecho Constitucional*, 112 (2018), 387.

35 Considerandos 16, 21, 23, 24; artículos 33(1)(b), 33(2)(c), 34(1)(c), 34(2)(d) del Reglamento 1215/2012.

36 Artículos 129(3), 131(2) de la LEC.

37 Anteproyecto de Ley de Acciones de Representación para la Protección de los Intereses Colectivos de los Consumidores, aprobado el 20 de diciembre de 2022 y publicado por el Ministerio de Justicia el 9 de enero de 2023: https://www.mjusticia.gob.es/es/AreaTematica/ActividadLegislativa/Documents/Anteproyecto%20de%20Ley%20acciones%20representativas.pdf. Este texto fue posteriormente modificado en la siguiente legislatura, en noviembre de 2023 (texto ya no disponible públicamente).

Más allá del contenido dado al principio por el artículo 41 de la CDFUE o por el TEDH, o el TJUE, el término no tiene un sentido preciso[38]. Lo que vemos, no obstante, es un uso creciente del concepto y, tal y como se sugiere, que ofrece un vehículo que puede resultar útil para definir el equilibrio entre justicia y eficiencia que se ha convertido en una preocupación fundamental de la justicia moderna concebida (al menos en parte) como un servicio público. También puede conferir a los jueces una mayor facultad discrecional en la adopción de una serie de decisiones procesales y, por consiguiente, en la adaptación del procedimiento a las exigencias del caso concreto. Ello, a su vez, supone una mayor implicación del juez con las partes y con el procedimiento, lo que contribuye a la calidad de la justicia, en el sentido antes destacado de alcanzar resoluciones que sean realmente pertinentes a la controversia en cuestión.

Por último, quizá merezca la pena recordar que, de acuerdo con el Derecho de la UE y en consonancia con la "*rule of reason*" articulada por vez primera por el TJUE en los asuntos *van Schjindel* y *Peterbroek*, la consecución de ese equilibrio (lograr una buena administración de justicia) no es prescriptiva en cuanto a los medios que se emplearán y no exige necesariamente la modificación de normas procesales concretas, que pueden ser aspectos centrales (logros incluso) del proceso civil nacional. Más bien, requiere la consideración del proceso en su conjunto, con el fin de calibrar si y cómo estos fines pueden ser adecuadamente atendidos durante el curso del procedimiento.

### b) Igualdad de trato

El Derecho español no aplica la doctrina del "precedente". Los tribunales son independientes[39] y, básicamente, libres de resolver los asuntos de que conocen aplicando la ley a los hechos

---

38 Véase Tridimas, T., *The General Principles of EU Law*, n. 119 (Primera Parte). Para una lista completa de los asuntos del TJUE, véase *Curia Digest of Case-Law*, sección 1.04.

39 Artículo 117(1) CE.

de cada caso concreto[40], sujetos únicamente a la jurisprudencia consolidada del Tribunal Supremo[41]. Sin embargo, estos principios básicos no significan que los tribunales puedan adoptar resoluciones con total independencia de las decisiones adoptadas por otros tribunales. De hecho, no lo hacen. Esto tiene un aspecto práctico, por supuesto: es decir, el deseo de un tribunal inferior de que sus sentencias no sean anuladas en apelación por los tribunales superiores competentes. Sin embargo, desde un punto de vista más fundamental, refleja los derechos constitucionales de los ciudadanos a la igualdad ante la ley[42], a la toma de decisiones judiciales razonadas y no arbitrarias[43], a la seguridad jurídica[44] y a la tutela judicial efectiva[45]. Además, sin perjuicio del derecho de las partes a no quedar vinculadas por resoluciones dictadas en procedimientos en los que no han sido parte (y el consiguiente derecho a que las pruebas y alegaciones que formulen sean valoradas por el órgano jurisdiccional que presida su procedimiento)[46], el sistema judicial conforma una

---

40 Véase, por ejemplo, Ariza Colmenarejo, M. J., "Una revisión del estado de las fuentes del Derecho Procesal", en González Granda, P., y Ariza Colmenarejo, M. J., *Justicia y Proceso*, n. 23, 88.

41 La jurisprudencia se define en el artículo 1 del Código Civil español, que establece las fuentes del Derecho en España, apartado 6, de la siguiente manera: "La jurisprudencia complementará el ordenamiento jurídico con la doctrina que, de modo reiterado, establezca el Tribunal Supremo al interpretar y aplicar la ley, la costumbre y los principios generales del derecho".

42 Artículo 14 CE: "Los españoles son iguales ante la ley".

43 Artículos 120(3), 9(3) CE.

44 Artículo 9(3) CE.

45 Véase, por ejemplo, el análisis de José Martín Pastor, "Técnicas para evitar pronunciamientos contradictorios sobre unos mismos hechos, y jurisprudencia constitucional sobre la vinculación de un proceso posterior a la declaración de hechos probados de un proceso anterior", en Jiménez Conde, F., y Bellido Penadés, R., *Justicia: ¿Garantías versus Eficacia?*, n. 22, capítulo 46.

46 Derechos derivados del artículo 24 CE y del artículo 47 de la CDFUE.

unidad[47] y, además, la función social de la justicia exige que las sentencias establezcan reglas coherentes que, al fin y al cabo, han de ser acatadas. Como ya se ha visto, la igualdad de trato se identifica como un objetivo fundamental del sistema de justicia en la LEC[48].

*Igualdad de trato en la aplicación privada del Derecho de la competencia*

La cuestión de la igualdad ante la ley ya ha surgido varias veces en el contexto de la aplicación privada del Derecho de la competencia. En particular, fue planteada por el Tribunal Supremo en el asunto del denominado "cártel del azúcar", en el marco de sentencias previas de tribunales de lo contencioso-administrativo relativas al control jurisdiccional de la decisión de la ANC española que estaba siendo invocada ante los tribunales civiles como base de la responsabilidad por una conducta ilícita en las acciones por daños y perjuicios (tipo *follow-on*). Allí, el Tribunal Supremo aplicó la jurisprudencia del Tribunal Constitucional en el sentido de que los hechos no pueden, sin una justificación suficientemente razonada, existir y no existir al mismo tiempo ante distintos órganos jurisdiccionales españoles —en aquel caso, los tribunales de lo contencioso-administrativo y los tribunales de lo civil, respectivamente—, aunque no sea de aplicación la regla estricta de cosa juzgada[49].

---

47 El principio de unidad jurisdiccional está consagrado en el artículo 117.5 CE.

48 Como destaca el CGPJ en su plan de choque 2020, n. 13, la igualdad se refiere no solo a la resolución de asuntos similares de forma similar, sino también a la tramitación de los asuntos de una forma similar. Ambos elementos tienen un contenido procesal: el segundo, claramente; el primero, porque la igualdad se garantiza fundamentalmente por medios procesales, algunos de los cuales pasaremos a analizar a continuación.

49 STS 651/2013, 7 de noviembre de 2013, ES:TS:2013:5819 (*Azúcar II*), FJ 3 (con referencia a STC 192/2009, de 28 de septiembre, y otras), sin perjuicio de la posibilidad de que distintos tribunales lleguen a una interpretación diferente de los mismos hechos en función de la perspectiva jurídica concreta desde la que el tribunal esté aplicando la ley.

En la litigación relativa al asunto camiones, el principio de igualdad de trato se ha invocado para referirse a una situación diferente: a saber, la postura en relación con hechos casi idénticos invocados ante un mismo y único tribunal civil (o demarcación judicial) o bien de diferentes tribunales civiles (es decir, tribunales del mismo orden jurisdiccional, pero en distintos partidos judiciales). En el contexto de los litigios en masa, como en el asunto camiones, con la repetición de procedimientos similares ante decenas de tribunales mercantiles, este tipo de situaciones está, por supuesto, a la orden del día. La fuerza del principio de igualdad, como cuestión de Derecho español, no es la misma en los dos escenarios. En el primero —casos similares ante el mismo tribunal—, existe una norma con mayor fuerza, aunque no absoluta, según la cual un tribunal debe ser coherente en su aplicación de la ley a situaciones similares, salvo que concurran razones adecuadas y justificadas que motiven un cambio. Esta manifestación más fuerte del principio puede verse también en los poderes conferidos a las juntas de jueces de primera instancia[50], o a las secciones de las audiencias provinciales, para adoptar acuerdos de unificación de criterios en su interpretación y aplicación de la ley, así como de coordinación de ciertas prácticas judiciales[51]. No sin duras críticas por parte de respetados analistas celosos del principio de legalidad[52], en los últimos tiempos, no obstante, hemos sido

---

50 Las Juntas de Jueces son reuniones de jueces pertenecientes a una misma jurisdicción en una misma demarcación territorial bajo la presidencia de su Decano (artículos 166 y ss. de la LOPJ).

51 Artículos 170(1), 260(1) de la LOPJ, respectivamente.

52 Véanse, por ejemplo, Herrero Perezagua, J. F., "Legalidad, jurisdiccionalidad y funcionalidad de las formas del proceso", en Herrero Perezagua, J. F., y López Sánchez, J., (Dirs.), *Aciertos, excesos y carencias en la tramitación del proceso* (Atelier, 2020), 17, 32; Díez-Picazo Giménez, I., "Comentario al artículo 742", en Díez-Picazo Giménez, I., de la Oliva Santos, A., Vegas Torres, J., y Banacloche Palao, J., *Comentarios a la Ley de Enjuiciamiento Civil* (Civitas, 2001), citado por Herrero Perezagua, J. F., 29; Taruffo, M., "El precedente judicial en los sistemas de *Civil Law*", 45 *Ius et Veritas*, diciembre de 2012, 88.

testigos de nuevas propuestas para un mayor uso de estas facultades de unificación de criterios[53]. En el segundo escenario —casos similares ante tribunales civiles de diferentes demarcaciones territoriales—, el principio de igualdad tiene un sentido más débil: el de ofrecer una capacidad de persuasión. Dicha capacidad puede ser más o menos firme en función de la *auctoritas* (en particular, del nivel jurisdiccional) del tribunal en cuestión[54].

En particular, en el asunto de camiones, las Audiencias Provinciales de Pontevedra y Valencia, han hecho referencia al principio de igualdad en sus sentencias[55]. Así, por ejemplo, la audiencia de Pontevedra ha utilizado la siguiente formulación:

> "La Decisión ha generado un fenómeno de litigiosidad en masa que ha determinado hasta la fecha de más de 30 resoluciones de este órgano provincial, recaídas sobre la base de hipótesis de hecho idénticas o sustancialmente coincidentes con la que ahora se somete a nuestro conocimiento. En esta situación consideramos evidente que el respeto al principio general de la seguridad jurídica, —que demanda la previsibilidad de la respuesta judicial ante problemas idénticos—, obliga a razonar del mismo modo en cuanto a la determinación general del objeto del proceso, la determinación del marco jurídico aplicable, así como sobre los elementos necesarios para el éxito de la acción puesta en juego por el demandante, en un contexto de litigiosidad en masa. El respeto al art. 14 de la Constitución impone idéntica exigencia, lógicamente sin perjuicio de la obligación del juez de analizar las peculiaridades de cada caso, de valorar los específicos medios de prueba aportados a cada proceso, y de dar respuesta individualizada a los concretos argumentos expuestos por cada litigante. Nuestra decisión resultaría arbitraria si decidiéramos de forma diferente sobre los mismos hechos y a la vista de medios de prueba idénticos o semejantes."[56]

---

53 Por ejemplo, en el Plan de Choque 2020 del CGPJ (véase Medida 2.10).

54 Como observa Díaz Cabiale, J. A., *La Eficacia Material y Procesal de la Sentencia Civil más allá de la Cosa Juzgada* (Tirant lo Blanch, 2018), 191.

55 Las dos audiencias se encuentran entre los tribunales que dictaron las primeras sentencias en el asunto de camiones (y el mayor número de ellas) y, en la práctica, constituyeron un punto de referencia para otros tribunales.

56 SAP Pontevedra 192/21, 30 de marzo de 2021, ES:APPO:2021:558.

Por su parte, la Audiencia Provincial de Valencia ha utilizado la siguiente formulación y ha sido sumamente exhaustiva al citar su propia jurisprudencia y la de otras audiencias provinciales de todo el país en su razonamiento:

> "El recurso que se somete a nuestra consideración plantea —más allá de las cuestiones particulares que afectan a la relación jurídico procesal entre demandantes y demandada— problemas jurídicos ya examinados por esta Sección en acciones de reclamación de daños del cártel de los fabricantes de camiones.
>
> Como hemos indicado en otros procedimientos que responden al fenómeno de la litigación masa (oferta pública de adquisición de acciones de determinadas entidades bancarias, imputación de gastos en préstamos hipotecarios, ...) y en particular en este ámbito del cártel de los camiones (por todas, la Sentencia de 23 de enero de 2020, ROJ: SAP V 292/2020 – ES:APV:2020:292), la cuestión no es baladí, "pues entendemos que con arreglo al principio de igualdad jurídica que resulta del artículo 14 de la Constitución, cuando los supuestos enjuiciados respondan de forma mimética al mismo patrón, la respuesta habrá de ser coherente, de modo que, ante supuestos de hecho iguales las consecuencias sean las mismas, como ha declarado tanto el Tribunal Constitucional (S n.º 23/81 de 10 de julio, 11/82 de 29 de marzo, 60/84 de 16 de mayo, entre otras), como las distintas Salas del Tribunal Supremo (SS de la Sala 3.ª de 28 de abril y 19 de noviembre de 1986, Sala 2.ª de 22 de abril de 1983 y 5 de julio de 1985, entre otras)". También se hace eco de esta doctrina la Audiencia Provincial de Pontevedra en asuntos análogos al presente, tras su sentencia de 28 de febrero de 2020, reiterada en otros pronunciamientos posteriores.
>
> Por ello y con la finalidad de evitar innecesarias reiteraciones, en lo que sea de aplicación al concreto litigio sobre el que decidimos ahora, nos remitiremos a la cita de los pronunciamientos relativos a cada uno de los criterios jurídicos aplicables, siguiendo los parámetros utilizados en ellos. No obstante, la aplicación del principio de igualdad debe entenderse sin perjuicio de discernir lo coincidente de lo diverso en cada expediente, y de la revisión de las concretas alegaciones de las partes y de la prueba practicada en el proceso (456.1 LEC), dado que esta Sala viene sosteniendo que cada caso necesita de su examen propio, con resolución adaptada a sus particularidades."[57]

---

57 SAP Valencia 802/2021, 22 de junio de 2021, ES:APV:2021:2523.

*La igualdad de trato en el procedimiento civil español*

Evitar resoluciones judiciales contradictorias es, naturalmente, una preocupación del ordenamiento jurídico español que se pone de manifiesto en la LEC. Por ejemplo, puede apreciarse en el mecanismo procesal de la acumulación, así como en las normas jurídicas de la cosa juzgada, la litispendencia o la prejudicialidad[58]. Cuando ya se han entablado procedimientos paralelos en otro Estado miembro de la UE, los órganos jurisdiccionales nacionales tienen, además, la facultad, con arreglo al artículo 30 del Reglamento Bruselas I *bis*, de suspender temporalmente las acciones relacionadas (o incluso de inhibirse). En el contexto más específico de la aplicación privada del Derecho de la competencia, el artículo 434 de la LEC otorga al órgano jurisdiccional la facultad discrecional de suspender el procedimiento civil mientras se resuelve una investigación sobre la misma infracción subyacente por parte de una autoridad de competencia[59].

Por su parte, el artículo 15 de la Directiva de Daños (transpuesto al ordenamiento jurídico español por el artículo 80 de la LDC) establece una aplicación concreta de la regla general para acciones conexas en virtud del artículo 30 Bruselas I *bis*. En concreto, se aplica al caso de demandas interpuestas en distintos niveles de la cadena de suministro en relación con daños derivados de la misma infracción del Derecho de la competencia. El consideran-

---

58 En virtud de la norma de la prejudicialidad civil (artículo 43 de la LEC), el tribunal puede ordenar la suspensión del procedimiento cuando, para resolver el asunto del que conoce, deba pronunciarse sobre una cuestión que es el objeto principal de otro procedimiento pendiente. Esta norma fue objeto de una cuestión prejudicial en los asuntos acumulados C-381/14 y 385/14 *Sales Sinués contra Caixabank SA* EU:C:2016:252.

59 En el contexto de las investigaciones y decisiones de la Comisión sobre infracciones del Derecho de la competencia de la UE, esta cuestión también está regulada por el artículo 16(1) del Reglamento 1/2003 y, con anterioridad, fue objeto de la jurisprudencia del TJUE en *Delimitis* y *Masterfoods*, nn. 373 y 361 (Primera Parte).

do 44 de la directiva va un paso más allá y declara: "Los órganos jurisdiccionales nacionales deben tener a su disposición los medios procesales apropiados, tales como la acumulación de acciones, para garantizar que el resarcimiento por el daño emergente que se abone en cualquier nivel de la cadena de suministro no supere el perjuicio por sobrecostes a ese nivel", ya se trate de casos transfronterizos o puramente nacionales. Sin embargo, este aspecto de los objetivos del legislador de la Unión no encuentra su expresión en el propio artículo 15 de la directiva, que se limita a hacer una referencia general a la posible aplicación del artículo 30 de Bruselas I *bis*, sin prescribir ningún mecanismo procesal concreto para garantizar la coherencia (ya sea mediante acumulación o suspensión o cualquier otro medio). La norma del artículo 15 se refiere más bien a que los órganos jurisdiccionales nacionales se limiten a "tomar en consideración debidamente" las acciones conexas en los distintos niveles de la cadena de suministro, incluidas las resoluciones adoptadas en esas acciones conexas. El deseo de la UE de fomentar decisiones coherentes es evidente. También, es evidente, no obstante, la tensión a la que se enfrenta este objetivo con el derecho fundamental de cada persona a la tutela judicial, por no mencionar los inciertos valor y efecto jurídicos que la legislación nacional atribuye a los precedentes judiciales en casos paralelos:

> "Esa posibilidad de tomar en consideración las resoluciones judiciales debe entenderse sin perjuicio de los derechos fundamentales de defensa y de los derechos a la tutela judicial efectiva y a un juez imparcial que tienen quienes fueron parte en esos procedimientos judiciales, sin perjuicio de las normas sobre el valor probatorio de las sentencias dictadas en ese contexto."[60]

Volviendo al principal mecanismo procesal en este contexto —la acumulación (en concreto, la acumulación de acciones de los demandantes en una única demanda)—, el criterio conforme al Derecho español es el de la conexidad en cuanto a la causa de pedir, lo que se cumple cuando se funden las acciones en los mis-

---

60 Considerando 44 de la Directiva de Daños.

mo hechos.[61] Recientemente, el Tribunal Supremo ha establecido una interpretación relativamente abierta de esta regla, precisamente con el objeto, en un contexto de aumento de los litigios en masa (en particular, por parte de consumidores), de evitar sentencias contradictorias en procedimientos separados. Así se desprende de su histórica sentencia de 2015 en el asunto *Bankinter*, en relación con las reclamaciones bancarias en masa de consumidores por supuestos incumplimientos de los requisitos de transparencia e información en la venta de determinados productos financieros:

> "Como conclusión de lo expuesto, lo determinante no es si existen o no diferentes relaciones jurídicas con algunos aspectos diferenciales, sino si existe una conexión entre las cuestiones controvertidas objeto de las acciones acumuladas en su aspecto fáctico con relevancia respecto de las pretensiones ejercitadas, que justifique el conocimiento conjunto de las acciones ejercitadas y evite de este modo la existencia de sentencias injustificadamente discordantes.
>
> [...]
>
> Se trata de supuestos en los que no está justificado que las acciones se tramiten en procesos diferentes, y que en cada uno de ellos haya de repetirse el interrogatorio de unos mismos demandados, unos mismos testigos o unos mismos peritos, sobre hechos sustancialmente idénticos, con el incremento de coste que supone para las partes (y en concreto para los demandantes a los que no se les permite acumular sus acciones) hacer comparecer en cada uno de los distintos procesos a los peritos que han emitido el informe (y a los testigos, si reclaman indemnización de los gastos que les supone tener que acudir repetidamente para ser interrogados en los juicios celebrados en los distintos Juzgados que conozcan de las acciones individualmente ejercitadas), y el riesgo de que la experiencia de las previas declaraciones en los litigios que se tramiten en primer lugar pueda de algún modo tener influencia negativa en el interrogatorio a que se les someta en los litigios posteriores, tanto en la parte activa, de quien interroga, como pasiva, de quien es interrogado.
>
> Está tramitación conjunta evita también el riesgo de que demandas en las que la base fáctica con trascendencia en las acciones

---

61 Artículo 72 de la LEC.

> ejercitadas sea sustancialmente común, den lugar a sentencias que resuelvan la cuestión de modo diferente unas de otras.
>
> Este tratamiento de la cuestión se explica por las razones que justifican la figura de la acumulación subjetiva de acciones, como son la economía procesal y la evitación de sentencias contradictorias."[62]

La sentencia del Tribunal Supremo en el asunto *Bankinter* no solo identifica el objetivo de evitar sentencias contradictorias como justificación para apoyar su amplia interpretación de las normas de acumulación. Además, aduce otras dos observaciones prácticas de carácter político legislativo. En primer lugar, la repetición de procedimientos con las mismas pruebas es ineficiente y costosa. En segundo lugar, la repetición de dichas pruebas podría suponer un riesgo de "contaminación" entre distintos procedimientos. El riesgo de "contaminación" ha sido una realidad evidente —y, de hecho, inevitable— en la litigación en el asunto de camiones y es probable que se produzca en cualquier litigio en masa caracterizado por procedimientos fragmentados. De hecho, es imposible que lo que ha ocurrido en un juicio en un procedimiento no esté en la mente del juez (y de las partes) e influya en el siguiente procedimiento, cuando ese segundo (o tercer, o cuarto) juicio a menudo ha tenido lugar el mismo día (o en días consecutivos) y con los mismos peritos y abogados. La Audiencia Provincial de Valencia acuñó el término "*déjà vu*" para describir esta misma situación[63]. Los argumentos de la ineficiencia y la contaminación son poderosas consideraciones políticas[64].

---

62 STS 564/2025, de 1 de octubre, ES:TS:2015:4170, FJ 3.3.

63 SAP Valencia 866/2020, 29 de junio de 2020, ES:APV:2020:3516, FJ 6.

64 Martorell Zulueta, P., Magistrada de la Audiencia Provincial de Valencia, ha señalado la existencia del consiguiente "hartazgo derivado de esa repetición sistemática de la explicación de los informes, aclaraciones y críticas" y de que "el sistema de atomización instaurado, en defecto de mecanismos eficientes de reclamación colectiva, genera distorsiones de distinto signo, desde la saturación de los órganos mercantiles, a la banalización de las dinámicas de trabajo (escritos alegatorios no siempre adaptados al caso particular y resoluciones cuyos contenidos se

Es más, la contaminación (positiva) ha sido considerada por algunos como un principio necesario para el pronunciamiento. Es decir, aquello que ha decidido en un procedimiento anterior el mismo tribunal en la práctica (aunque no en Derecho) obliga al tribunal al mismo resultado en los procedimientos siguientes (la aplicación estrecha del principio de igualdad a la que nos hemos referido anteriormente):

> "51. En este caso, voy a mantener esa valoración probatoria, lo que conducirá a la estimación de la demanda, por las siguientes razones:
>
> (i) Porque ya he tenido ocasión de sostener en otra resolución posterior a la reproducida, pese al sometimiento entonces del mismo informe a la crítica más amplia e intensa de otro equipo pericial (Sentencia de 13 de marzo de 2020). Por lo tanto, he aceptado la validez de este dictamen pericial en dos resoluciones anteriores a la presente, en escenarios probatorios diferentes, a efectos asimilados a los que prevé el art. 222.4 LEC." [65], [66]

---

repiten sistemáticamente), pasando por la disparidad de soluciones en la estimación del daño derivado de una misma conducta, la ineficiencia contraria al principio de economía procesal, y costes económicos que representa para los litigantes, entre otras"; "Pluralidad de Reclamaciones", en Gómez Trinidad, S., y Wurmnest, W., (Dirs.), *Práctica judicial ante las reclamaciones de daños por infracciones de Derecho de la Competencia* (Wolters Kluwer, 2021), 155, 161-162.

65 SJM3 Valencia, 15 de septiembre de 2020, ES:JMV:2020:5922; el artículo 222, apartado 4, de la LEC se refiere al efecto de cosa juzgada de sentencias anteriores sobre una sentencia posterior que dependa de una cuestión resuelta en la primera: "Lo resuelto con fuerza de cosa juzgada en la sentencia firme que haya puesto fin a un proceso vinculará al tribunal de un proceso posterior cuando en éste aparezca como antecedente lógico de lo que sea su objeto, siempre que los litigantes de ambos procesos sean los mismos o la cosa juzgada se extienda a ellos por disposición legal". Esta norma no es aplicable al caso en cuestión, pero el juez la aplica por analogía al considerarse efectivamente obligado por su valoración previa de la misma prueba (el informe pericial del demandante) en un caso anterior entre partes distintas.

66 Este planteamiento no fue aceptado por el tribunal de apelación correspondiente en ese caso. La Audiencia Provincial de Valencia con-

*Convergencia con el common law: la influencia del Derecho de la UE y el aumento del papel de los jueces*

Como han observado muchos (en particular, el profesor Taruffo), existe una cierta convergencia entre los sistemas de Derecho civil y del *common law* en todo este ámbito[67]. En el *common law* (Inglaterra y Gales, por ejemplo) existe la doctrina del precedente[68], algo que no hay en los países de Derecho continental como España[69]. Sin embargo, los *objetivos* subyacentes del precedente sí que son compartidos por los sistemas continentales. Estos objetivos son, en primer lugar, los principios fundamentales de igualdad ante la ley y de seguridad jurídica. Además, en los últimos años el objetivo de la eficiencia económica ha venido a reforzar el argumento de la igualdad de trato, dado el fenómeno del incremento de los litigios en masa. Este argumento se basa en la idea de que la uniformidad y la previsibilidad en la resolución judicial reducen la litigiosidad al sentar las bases para la transacción o la retirada de las demandas infundadas[70].

Hay otras razones que influyen en esta convergencia, entre las cuales se encuentra la fertilización cruzada de los ordenamientos jurídicos de todo el mundo. Esto puede ocurrir por razones históricas o porque los legisladores buscan en los sistemas vecinos métodos de eficacia probada para la resolución de problemas comunes a la justicia moderna[71]. Sin embargo, en el marco de

---

sideró que la excepción de cosa juzgada no resultaba aplicable; SAP Valencia 989/2021, 20 de julio de 2021, ES:APV:2021:3123, FJ 6.12.

67 Taruffo, M., "El precedente judicial", n. 52.

68 Aunque, como observa Taruffo, la doctrina del precedente no solo es célebre por ser poco rígida, sino que, en la práctica, está marcada por la aplicación de numerosas excepciones; Taruffo, M., "Un vértice judicial abstracto" (2018), AFDUAM, 77.

69 Véase Banacloche Palao, J., *Aspectos fundamentales de Derecho procesal civil* (4ª ed. Wolters Kluwer, 2018), 194-195.

70 *Ibid.*, 91-92.

71 Véase Núñez Ojeda, R., y Carrasco Delgado, N., *Derecho, proceso y economía* (Marcial Pons, 2022), 117, en referencia al profesor Taruffo.

nuestro estudio, el *mayor factor de influencia es el efecto unificador del Derecho de la Unión.* Lo hemos visto en capítulos anteriores, desde la perspectiva de la influencia del Derecho de la UE en el Derecho nacional en materia de la aplicación privada del Derecho de la competencia, tanto en términos generales, como en el caso específico del Derecho inglés.

Además, podríamos decir que los jueces nacionales asumen un *mayor protagonismo* en la aplicación e interpretación del Derecho de la UE del que tienen en la aplicación del ordenamiento puramente nacional. Según el artículo 4(3) del TUE, los órganos jurisdiccionales nacionales tienen la obligación directa de aplicar las normas de la UE y de hacerlas efectivas interpretando las normas nacionales (incluidas las normas procesales) en consonancia con su espíritu y sus objetivos (en caso necesario, con la asistencia del TJUE en virtud del artículo 267 del TFUE). Con frecuencia, esas normas de la UE son, además, de naturaleza abierta y de principio, lo que requiere, por tanto, un mayor trabajo de interpretación por parte del juez nacional[72]. A su vez, el creciente papel de los jueces nacionales como intérpretes del Derecho de la Unión

---

Las CPR del Reino Unido son un buen ejemplo de esta polinización cruzada: en sí mismas un primer ejemplo de un intento por parte del legislador británico de codificar sus normas de enjuiciamiento civil y también una inspiración, a su vez, para los sistemas continentales, como el holandés; como señala CH van Rhee, *Judicial Case Management and Efficiency in Civil Litigation* (Intersentia, 2008), 11-12. Véase, en general, sobre el tema de la convergencia entre sistemas procesales Cappelletti, M., *El proceso civil en el Derecho comparado. Las grandes tendencias evolutivas* (Olejnik, 2018).

72 Sobre el cambiante papel de los jueces de Derecho civil, véase Fabbi, A., "New 'Sources' of Civil Procedure Law: First Notes of a Study", en Cadiet, L., Hess, B., y Requejo Isidro, M., (eds.), *Procedural Science at the Crossroads of Different Generations* (Nomos, 2015), 88-89, donde el autor se refiere al enfoque del Derecho procesal basado en los principios que adopta el TJUE como: "reescribiendo la postura de los jueces [italianos] y su función interpretativa, dado que el principio de efectividad, socavando la supremacía legislativa, obliga a los jueces de Derecho civil

hace que cobre mayor importancia la *motivación de las resoluciones* con el fin de salvaguardar la seguridad jurídica y de garantizar la igualdad de trato ante la ley. Este punto nos lleva a una cierta convergencia entre países europeos acerca de cómo plantear la labor judicial de resolver. Según esta línea de pensamiento, la valoración judicial detallada basada en una minuciosa atención a los hechos ofrece el nexo necesario entre las resoluciones judiciales individuales que resuelven un caso concreto y aumenta su capacidad para tener un impacto como precedente en decisiones posteriores. En consecuencia, la motivación adecuada y coherente se identifica como una justificación para el deseable objetivo de uniformidad en la resolución judicial en un sistema, como el español, que carece de doctrina del precedente (y aplica, en su lugar, la doctrina de la legalidad):

> "Como se ha señalado, el juez no debe ser nunca un creador del Derecho; su potestad es la resolución del caso concreto a partir de los postulados que establece la ley. En adelante, acudirá a las herramientas que el ordenamiento pone a su disposición, pero entendido como mecanismo de argumentación y razonamiento. Por ello, la premisa básica en este concepto puede ser que, a casos similares, lógicamente deben seguirle soluciones similares. Ello no tanto por el carácter imperativo que pronunciamientos anteriores pueden tener, sino por seguir criterios de razón lógica. En este sentido, resulta esencial la técnica judicial de redacción de sentencias, en las que la identificación de la base fáctica es determinante en la constatación de supuestos similares."[73]

Es, sin duda, interesante haber llegado a este punto. Cabe recordar que dedicamos algún tiempo a la cuestión de la valoración y el razonamiento judiciales en la parte anterior de este trabajo (haciendo referencia, en particular, a la obra de la profesora Dwyer). El Derecho inglés, en virtud de la doctrina del precedente, se carac-

---

a tomar decisiones similares a las que toman los jueces en el mundo del *common law*".

73 Ariza Colmenarejo, M. J., "Una revisión del estado de las fuentes", n. 40, 90.

teriza por una escrupulosa atención a los hechos[74]. Lo que la argumentación anterior sugiere posiblemente es que una mayor atención a los hechos, y al razonamiento derivado de los hechos, deba también impregnar la valoración judicial en España, precisamente para contribuir al deseado objetivo de la uniformidad en la toma de decisiones en litigios masivos. Me atrevería a sugerir que esto es acorde con el espíritu y los objetivos de la Directiva de Daños y, en consecuencia, puede revestir especial relevancia en el ámbito de la aplicación privada del Derecho de la competencia de la Unión.

### *13.3. Conclusión provisional*

Esta larga digresión sobre los conceptos de la justicia como servicio público —dirigido a brindar una justicia de calidad y eficiencia— y de la igualdad, que constituyen objetivos subyacentes de la justicia moderna en una era de compleja litigación civil en masa, ofrece un marco útil para nuestro análisis de los retos que plantea la aplicación privada del Derecho de la competencia de la UE al sistema procesal español. También pone de relieve el papel central de los jueces (y, en cierta medida, de las propias partes) a la hora de abordar esos retos.

## 14. ORGANIZACIÓN INSTITUCIONAL: ESPECIALIZACIÓN

Una de las formas de afrontar los retos que plantea la creciente complejidad técnica de los asuntos sometidos a los tribunales en la sociedad moderna (como, por ejemplo, el Derecho de la competencia) es la especialización: ante todo, la especialización de los tribunales[75], pero también la especialización de los procesos.

---

[74] Taruffo ha destacado que aproximadamente el 90% del razonamiento de las sentencias del Tribunal Supremo inglés está dedicado al análisis de los hechos del caso; Taruffo, M., "El precedente judicial", n. 52, 90.

[75] Como señala Amrani-Mekki, S., n. 22, 46.

### *14.1. Los juzgados de lo mercantil*

La especialización fue la principal consideración del legislador español a la hora de crear en España, en 2003, los juzgados de lo mercantil (o, dicho con más precisión, a la hora de ampliar su nueva competencia en asuntos concursales a otros ámbitos, como la propiedad industrial e intelectual, el Derecho societario, el transporte, los seguros y el Derecho de la competencia)[76].

Según los considerandos de la nueva ley:

> "La complejidad de la realidad social y económica de nuestro tiempo y su repercusión en las diferentes ramas del ordenamiento aconseja avanzar decididamente en el proceso de la especialización. Con tal finalidad, se encomiendan a los juzgados de lo mercantil otras competencias añadidas a la materia concursal, abriendo con ello un camino de futuro que debe rendir frutos importantes en el proceso de modernización de nuestra Justicia."[77]

En los considerandos de la ley del 2003 se identifican otros objetivos específicos que justifican la creación de los nuevos órganos jurisdiccionales especializados en el abanico de materias mercantiles que se les atribuyen: (i) *calidad:* se lograría emitir resoluciones judiciales de calidad en áreas de complejidad técnica asignando a jueces con un conocimiento específico y profundo de la materia de que se trate a la resolución de todas los procedimientos sobre dicha materia dentro de la demarcación geográfica correspondiente; (ii) *rapidez*: se lograría una mayor rapidez en la toma de decisiones por parte de los jueces, que, al conocer bien

---

[76] Ley Orgánica 8/2003, de 9 de julio, para la Reforma Concursal, por la que se modifica la Ley Orgánica 6/1985, de 1 de julio, del Poder Judicial ("LOPJ"). Inicialmente, en materia de Derecho de la competencia, la competencia de los juzgados de lo mercantil se limitaba a la aplicación del Derecho de la competencia de la UE, por oposición al nacional. Esto fue modificado en 2007 para incluir también el Derecho de la competencia nacional, en virtud de la Ley Orgánica 13/2007, de 19 de noviembre.

[77] Considerando II de la LOPJ.

la materia en cuestión, podrían así valorar y resolver los asuntos con mayor agilidad; y (iii) *coherencia*: se lograría una mayor "coherencia y unidad en la labor interpretativa de las normas", contribuyendo a una mayor seguridad jurídica, dado que los tribunales especializados permitirían "alcanzar criterios más homogéneos, evitándose resoluciones contradictorias en un ámbito de indudable vocación europea". Estos objetivos reflejan los principios subyacentes de calidad y eficiencia que hemos destacado en el capítulo anterior. La referencia al objetivo de coherencia en la aplicación del Derecho de la UE nos recuerda una vez más la relevancia del marco comunitario y su objetivo de uniformidad.

Como consecuencia de la reforma judicial del 2003, se creó al menos un juzgado de lo mercantil en cada provincia de España, normalmente ubicado en la capital provincial, con jurisdicción sobre toda la provincia. En las ciudades más importantes, puede haber varios juzgados de lo mercantil. En el momento de redactarse este trabajo, existen un total de 18 juzgados de lo mercantil en Madrid y 12 en Barcelona, los centros judiciales más activos con cierta diferencia. Actualmente, el total para el conjunto de España (cincuenta provincias, más las ciudades autónomas norteafricanas de Ceuta y Melilla) supera los noventa.

La reforma del 2003 también permitía y contemplaba una mayor especialización de los juzgados de lo mercantil dentro de cada provincia en la que hubiera más de uno[78], lo cual dio lugar, en particular, al acuerdo del CGPJ de noviembre de 2011 de crear subespecialidades dentro de los juzgados de lo mercantil de Barcelona, incluidos dos juzgados especializados en competencia desleal y Derecho de la competencia, a los que se asignarían automáticamente todos los asuntos sobre esas materias. Esta mayor especialización formaba parte de un programa piloto por el que los juzgados de lo mercantil de Barcelona funcionarían como un tribunal colegiado organizado en secciones especializadas (como

---

78 Artículo 98(1) de la LOPJ, modificado por la Ley 19/2003, de 23 de diciembre.

las de Derecho de la competencia y competencia desleal que acabamos de mencionar)[79]. Desde entonces, también se ha puesto en marcha un programa similar en Sevilla[80]. El uso generalizado de secciones especializadas de tribunales colegiados para procedimientos relacionados con Derecho de la competencia, siguiendo este modelo, fue propugnado por el CGPJ en su conocido como "plan de choque 2020".

Aunque, sin una reforma legislativa, el funcionamiento como tribunal colegiado de los juzgados de lo mercantil no permite la adopción de decisiones colegiadas (el pronunciamiento sigue siendo competencia exclusiva de cada juez autónomo), sí ha permitido la denominada "deliberación común" de los asuntos (así como cierta coordinación organizativa)[81]. La "deliberación común" se refiere a la práctica de la sección pertinente de los jueces dentro del "tribunal mercantil" de reunirse para comentar casos concretos, en particular aquellos de una cierta complejidad o relevancia, para definir criterios comunes de adjudicación: en particular, los de naturaleza jurídica. A continuación, cada juez es autónomo a la hora de adoptar el criterio pertinente y dictar sentencia sobre el asunto que le corresponde resolver. No obstante, deberá justificar cualquier separación de los criterios comunes establecidos en la sección en caso de que opte por adoptar

---

79 La propuesta de crear tribunales colegiados en primera instancia alcanzó la fase de proyecto de ley que se presentó al Parlamento en agosto de 2011, pero nunca llegó a tramitarse: BOCG n.º 144-1, 2 de agosto de 2011.

80 Acuerdo del CGPJ de 4 de febrero de 2016; véase nota de prensa: https://www.poderjudicial.es/cgpj/es/Poder-Judicial/Sala-de-Prensa/Archivo-de-notas-de-prensa/-El-CGPJ-aprueba-el-plan-piloto-de-Tribunal-de-Instancia-Mercantil-de-Sevilla.

81 Con "coordinación organizativa" nos referimos, por ejemplo, al reparto de recursos administrativos o a la contratación de jueces suplentes adicionales para proporcionar más recursos a los tribunales (por ejemplo, la asignación de 14 jueces a 10 tribunales en Barcelona; véase Fernández-Seijo, J. M., "Justicia mercantil y tribunales de instancia", *Almacén de Derecho,* 31 de mayo de 2017). En relación con disposiciones similares en Sevilla, véase la nota de prensa del CGPJ de 4 de febrero de 2016 (n. 80).

una postura distinta[82]. El Tribunal de Primera Instancia Mercantil de Barcelona también ha desarrollado protocolos procesales en los que se establece, para los usuarios de los juzgados y para el público en general, cómo tratarán procesalmente determinadas cuestiones los juzgados correspondientes[83]. De esta forma, el funcionamiento colegiado de los juzgados contribuye al objetivo de unificar criterios dentro de una determinada demarcación, tal y como contempla la LOPJ[84].

Según el magistrado Fernández-Seijo, uno de los jueces que participó en la creación del Tribunal de Primera Instancia Mercantil de Barcelona, esta especialización de los tribunales ha contribuido a una mejor y más eficaz resolución de los procedimientos, y el enfoque colegiado ha hecho posible una mayor seguridad jurídica tanto para los jueces como para las partes:

> "Especializando los juzgados se garantizaba un conocimiento más profundo de los jueces, conocimiento que permitía abordar con mayor rigor los asuntos más complicados. Esa masa crítica de asuntos permitía dar respuestas más eficaces, reduciendo los tiempos en los procedimientos, sobre todo en la adopción de medidas cautelares. La colegiación en la toma de algunas decisiones generaba mayor seguridad tanto al juez que debía resolver, dado que contaba con la opinión de sus compañeros, como para las partes

---

82 Un ejemplo de ello puede verse en los litigios derivados de la resolución de la CNMC de 25 de marzo de 2013 en el asunto S/0316/10 – *Sobres de Papel*: SJM3 Barcelona, 6 de junio de 2018, ES:JMB:2018:228, apartado 13: "Las cuestiones jurídicas aquí resueltas fueron sometidas a consideración de la Sección de Competencia del Tribunal Mercantil de Barcelona, integrada por los Ilmos. Sres. Magistrados D. Eduardo Pastor Martínez (ponente), D. Manuel Ruiz de Lara y D. Raúl N. García Orejudo (coordinador), en el marco del protocolo del Estatuto del Tribunal de Primera Instancia de lo Mercantil de Barcelona, aprobado por acuerdo de 15 de julio de 2014 de la Comisión permanente del CGPJ y revisado por Acuerdo de la Comisión Permanente CGPJ de 18 de febrero de 2016".

83 Por ejemplo, el Protocolo del Mobile World Congress 2020 o el Protocolo sobre Secretos Comerciales.

84 Artículo 170(1).

> en el procedimiento, que conocían los principios de interpretación comunes a los distintos juzgados."[85]

El proyecto piloto de Barcelona vino respaldado por un intenso programa de formación judicial para los jueces de lo mercantil, que complementó la formación centralizada que ya ofrecía a los jueces el CGPJ[86].

El ámbito de la propiedad intelectual ofrece un ejemplo de otro paso más en la especialización de los tribunales. Tras las reformas legislativas[87], en 2016 el CGPJ adoptó un acuerdo para concentrar todas los asuntos civiles en materia de propiedad industrial en tres demarcaciones territoriales (Madrid, Barcelona y Valencia), y designar los juzgados especializados en cada una de ellas[88]. La especialización de los juzgados de primera instancia tiene su equivalente en la creación de secciones especializadas en cada una de las audiencias provinciales. Hasta hace poco, esto suponía la existencia de una sección especializada que se ocupaba de todos los asuntos de los que conocían los juzgados de lo mercantil. En febrero de 2023, tras la última reforma de la LOPJ en 2022, se creó una nueva sección mercantil especializada en la Audiencia Provincial de Madrid para asuntos de propiedad intelectual, competencia desleal y Derecho de la competencia (Sección 32ª), que entró en funcionamiento el 31 de marzo de 2023[89].

---

85 Fernández-Seijo, J. M., "Justicia mercantil y tribunales de instancia", n. 81.

86 *Ibid.*

87 Artículo 118 de la Ley 24/2015, de 24 de julio, de Patentes, aplicable también a marcas comerciales, conforme a la Ley 17/2001, de 7 de diciembre, y al diseño industrial, conforme a la Ley 20/20013, de 7 de julio.

88 Acuerdo del CGPJ de 21 de diciembre de 2016, BOE n.º 315, de 30 de diciembre de 2016, p. 91616, modificado posteriormente por acuerdos de 2 de febrero de 2017, BOE n.º 44, de 21 de febrero de 2017, p. 11460, y de 18 de julio de 2019, BOE n.º 182, de 31 de julio de 2019, p. 83027.

89 Acuerdo de la Comisión Permanente del CGPJ de 8 de febrero de 2023 en virtud de los artículos 80(3) y 82 bis(3) de la LOPJ, BOE n.º 39, de 15 de febrero de 2023, pp. 23429-23430.

### *14.2. Impedimentos para una especialización efectiva*

Pese al reconocimiento del valor de la especialización como medio para fomentar una resolución más efectiva de asuntos complejos —como el Derecho de la competencia—, que puede apreciarse en las medidas de organización de los tribunales anteriormente mencionadas, hay en España otras medidas de organización del sistema judicial que operan, a menudo de forma incongruente, en la dirección opuesta. La primera surge en el ámbito de las reclamaciones en masa en materia de consumo; la segunda tiene que ver con las normas de remuneración de los jueces; y la última se refiere al modo en que las normas de competencia territorial nacionales y comunitarias influyen en la especialización. Como quedará claro, me refiero a la especialización en un sentido amplio: no solo a la atribución de competencias especializadas a un tribunal o conjunto de tribunales en particular, sino también a la especialización material y efectiva de los jueces que dicha atribución formal pretende lograr, pero que, por sí sola, no basta para conseguir. Si volvemos a los objetivos establecidos en la ley del 2003 por la que se crean los juzgados de lo mercantil, podemos ver algunos de los objetivos de la especialización, entre los que se incluyen un conocimiento técnico más profundo y una mayor coherencia, al concentrar una materia concreta en un número más reducido de jueces. Se trata de consideraciones importantes que no debemos perder de vista.

#### a) Derecho de consumo

En el ámbito del Derecho de consumo, se genera una cierta dinámica que, en último término, es contraria a la de la especialización, ya que se da mayor importancia a la simplicidad (o facilidad) del litigio para el demandante poco sofisticado (un consumidor) que a la aplicación de un tratamiento más especializado adaptado a la complejidad material de las propias causas. Así, en el litigio por daños y perjuicios derivado del asunto del denominado cártel de "coches"[90], el Tribunal Supremo ha declarado que el hecho de que la demanda esté interpuesta por un consumidor (por lo general, un usuario final que compra un coche) es el factor decisivo a los efectos de determinar el tipo de procedimiento que se ha de seguir[91]. En cambio, el hecho de que la demanda se base en una infracción del Derecho de la competencia y pueda implicar complejas pruebas periciales relativas a la evaluación de los efectos y la cuantificación del perjuicio no se considera decisivo. Eso quiere decir que, en el caso de una demanda individual de un consumidor derivada del cártel de "coches", normalmente esta tendrá que seguir el juicio verbal, lo que significa un plazo reducido de 10 días para la contestación a la demanda, una sola vista en la que se propondrán y practicarán las pruebas, y ningún derecho a recurrir si la cuantía reclamada es inferior a una determinada cantidad[92]. Se trata, con el debido respeto, de una extraña elección por parte del Tribunal Supremo, que parece revitalizar arduas discusiones previas sobre si una reclamación por daños *follow-on* era una reclamación de Derecho de la competencia que, como tal, debía acudir a los juzgados de lo mercantil especializados, o tan solo una "simple" reclamación de daños y perjuicios que podía y debía ser tramitada por los juzgados ordinarios de primera instancia: un debate que se resolvió definitivamente en 2022 a favor de los juzgados de lo mercantil mediante una modificación de la LOPJ[93].

En su anteproyecto para el nuevo régimen de las acciones de representación de los consumidores, sometido a consulta pública a comienzos de 2023, el Gobierno español propuso atribuir la

---

90 Acciones relativas a la infracción objeto de la resolución de la CNMC de 23 de julio de 2015, n. 1.

91 ATS 180/2022, 13 de octubre de 2022, ES:TS:2022:13976A; ATS 212/2022, 13 de octubre de 2022, ES:TS:2022:13977A.

92 Artículo 455(1) de la LEC.

93 Artículo 86 bis(2) de la LOPJ, modificado por el artículo 1(6) de la Ley Orgánica 7/2022 de 27 de julio de 2022. De todas formas, esta se había convertido ya en la opinión generalizada de los tribunales antes.

competencia sobre las nuevas acciones a los juzgados de primera instancia[94]. A diferencia de la Directiva 2020/1828, que pretendía implementar, el anteproyecto de 2023 no excluía expresamente el Derecho de la competencia de su ámbito de aplicación y, en consecuencia, parecía incluir las acciones colectivas por cualquier conducta ilícita que afectase a un grupo de consumidores, incluyendo por tanto el Derecho de la competencia[95]. Así pues, las demandas colectivas de los consumidores derivadas de conductas contrarias al Derecho de la competencia no serían conocidas por los tribunales mercantiles, que conocen de todas las demás acciones en materia de competencia, sino por los tribunales civiles ordinarios. El anteproyecto pretende abordar esta cuestión mediante la especialización de determinados tribunales ordinarios de primera instancia para conocer de las acciones colectivas de los consumidores[96]. Sin embargo, no está claro cómo se llevaría a cabo dicha especialización ni si los nuevos órganos jurisdiccionales se beneficiarían de la incorporación de jueces de lo mercantil con experiencia previa en Derecho de la competencia. A mi juicio, no es obvio que el denominador común de que el demandante sea un consumidor ofrezca un criterio adecuado para la especialización, aunque sea para las acciones colectivas. Si se aprueba la norma puede, en mi opinión, generar una dinámica directamente opuesta al positivo proceso de especialización impulsado en los últimos años en el ámbito del Derecho de la competencia y podría reducir la calidad, y aumentar el riesgo de incoherencia, de las decisiones en materia de Derecho de la competencia adoptadas por los tribunales civiles. Además, el anteproyecto de ley de

---

94 Propuesta de artículo 834(1) de la LEC, n. 37.

95 *Ibid.,* propuesta de artículo 828(1) de la LEC y considerando II. Esta es la opinión de Gascón Inchausti, F., uno de los miembros de la comisión de trabajo creada para elaborar el anteproyecto de ley, expresada en su artículo "Algunas claves del Anteproyecto de Ley de Acciones de Representación de los intereses colectivos de los consumidores", *Almacén de Derecho,* 17 de febrero de 2023.

96 *Ibid.,* propuesta de artículo 834(2) de la LEC.

2023 prevé que el juicio verbal se utilice para acciones declarativas de representación o de cesación (a diferencia de las acciones resarcitorias)[97], mientras que, de nuevo, en el ámbito del Derecho de la competencia, eso puede resultar totalmente inapropiado: por ejemplo, si el tribunal necesita determinar por sí mismo la existencia de una infracción del Derecho de la competencia (acción *stand-alone*).

### b) Remuneración de los jueces

En materia de remuneración de los jueces, el sistema que actualmente se aplica en España tampoco favorece la especialización y cabe afirmar, además, que es injusto[98]. Los objetivos anuales de los jueces los fija el CGPJ en virtud de la Ley 15/2003[99]. Dichos objetivos se definen con referencia a un objetivo de horas de dedicación, y sirven de base para el cálculo de la retribución variable adicional de los jueces. Por tanto, el cumplimiento de sus objetivos por parte de los jueces se calcula sobre la base de un conjunto de valores de referencia determinados para diferentes tipos de actividad judicial, en particular, el número de decisiones de una determinada naturaleza que cada juez adopta en un año.

En el momento de redactarse este trabajo, los objetivos judiciales se definían y fijaban conforme al Reglamento 2/2018, a partir de las estadísticas recogidas por el CGPJ en el 2017. Para litigios del tipo al que puede enfrentarse un juez en materia de Derecho de la competencia, que implican la presentación de cuantiosa documentación y pruebas complejas, las referencias fijadas en dicho Reglamento sorprenderán a muchos que no estén familiarizados con el sistema español. Por cada sentencia dictada por un tribunal

---

97 Propuesta de artículo 841(1) de la LEC.

98 El sistema de criterio de "productividad" para la remuneración de los jueces es fuertemente cuestionado, por ejemplo, por el profesor de la Oliva Santos, A., "Sobre la calidad de la justicia", n. 19, 25.

99 Ley 15/2003, de 26 de mayo, Reguladora del Régimen Retributivo de las Carreras Judicial y Fiscal.

de primera instancia en un asunto de defensa de la competencia, el régimen asigna tan solo *8,5 horas*. Esa asignación se refiere al tiempo estimado para todo el proceso (incluido el estudio de la documentación presentada, las vistas y la redacción de la sentencia). No incluye cuestiones accesorias, como la impugnación de la competencia judicial (para la que, por ejemplo, tan solo se asigna media hora más). Ese tiempo asignado se incrementará únicamente en un 15% adicional si el procedimiento implica pluralidad de partes o acumulación.

Como es evidente, estos valores de referencia no son propicios para que un juez dedique mucho tiempo a cualquier procedimiento individual (cualquier tiempo superior a 8,5 horas en una acción individual de competencia no se computará a efectos del cumplimiento de los objetivos anuales por parte de un juez) o concentre diferentes procesos en un único procedimiento mediante el uso de la acumulación. El tiempo asignado a cada procedimiento de conformidad con estos valores de referencia tampoco se aproxima lo más mínimo a la cantidad de tiempo que sería necesaria para llevar a cabo una valoración adecuada y ponderada de un asunto típico en materia de defensa de la competencia. Es cierto que el impacto económico de la retribución variable no es grande[100] y que se contempla la posibilidad de que los jueces soliciten la adaptación de los valores de referencia en caso de asuntos que requieran una "dedicación especial" (por ejemplo, por su complejidad material o por el tiempo necesario para su tramitación). De hecho, por fortuna existen numerosos ejemplos de jueces que no permiten que su tramitación del procedimiento venga determinada por tales consideraciones económicas. No obstante, los objetivos no animan a los jueces a dedicar tiempo extra a asuntos complejos, aunque ello estuviera justificado, o a "complicar" aún más los procedimientos acumulando varios pro-

[100] La remuneración variable se limita a solo entre el 5% y el 10% del salario fijo anual del juez y se concede cuando los jueces superan sus objetivos en al menos un 20%.

cesos en uno. Eso bien puede explicar, en parte, la decisión de la mayoría de los jueces de tramitar las demandas individuales sin acumularlas o, a lo sumo, de limitarse a tramitar procedimientos paralelos conjuntamente lo que siguen desembocando en resoluciones independientes (en lugar de en una única resolución)[101].

Así, el actual sistema español de remuneración de los jueces no favorece que estos dediquen más tiempo a una causa concreta, aun cuando esta lo requiera, lo que contribuye a la fragmentación de los litigios (lo cual implica, a su vez, un aprovechamiento ineficiente del tiempo de los jueces). Esta dinámica es, en consecuencia, desfavorable para una especialización efectiva de los jueces en un determinado campo de especial complejidad, como el Derecho de la competencia, ya que la especialización requiere tiempo suficiente para que el juez se convierta en un experto en la materia[102].

### c) Concentración de procedimientos

Por último, una forma de lograr, *de facto*, la especialización de los tribunales es que se ejerciten varias acciones ante el mismo juzgado a través de una acumulación subjetiva de acciones o de

---

101 De hecho, se puede apreciar que la repetición de casos similares es una forma de que el juez corrija en parte los defectos del sistema, ya que puede beneficiarse de sumar el tiempo de todo el conjunto de casos. Por ejemplo, diez demandas en materia de defensa de la competencia presentadas por los mismos abogados con los mismos informes periciales contra el mismo demandado con su propio informe pericial idéntico significa que el sistema de remuneración asignará un total de 85 horas a ese grupo de procedimientos, tiempo que, dadas las economías de escala que implica la repetición de las mismas causas, reflejará mejor el trabajo realizado. Esto es tanto más así si el juez organiza audiencias conjuntas para los procedimientos conexos.

102 Una de las propuestas del plan de choque 2020 del CGPJ (n. 13) era, de hecho, modificar las normas de productividad de la Ley 15/2003 para tener en cuenta las especificidades de los litigios de competencia, así como los litigios masivos en general.

procesos. La posibilidad de llevar a cabo esta acumulación es algo que depende de las normas de competencia judicial. El caso es, no obstante, que las normas de competencia judicial tanto nacionales como comunitarias en materia de responsabilidad extracontractual, tal y como han sido interpretadas por los tribunales, no han facilitado dicha concentración. De hecho, dichas normas han favorecido una regla que otorga competencia territorial a los órganos jurisdiccionales situados cerca del demandante (normalmente, donde el demandante compró los productos afectados por la infracción del Derecho de la competencia o, en las demandas de consumidores residentes en España, en el domicilio del demandante)[103] y, por lo tanto, han fomentado la fragmentación, más que la concentración, de las demandas. El TJUE ha, de hecho, indicado que la concentración es, más que un objetivo de las normas de competencia judicial, una cuestión de organización de los órganos jurisdiccionales nacionales, organización que, admite, puede legítimamente conllevar la especialización de un limitado número de tribunales competentes[104].

### *14.3. Especialización procesal*

Terminaremos esta sección con una breve referencia a la especialización procesal. En efecto, la especialización se puede llevar a cabo no solo mediante la especialización de órganos jurisdiccionales concretos, sino también procesalmente, mediante la creación de procedimientos especializados para materias concretas (especialización procesal "dura"), o mejor, mediante cierta adap-

---

103 Véase *CDC Hydrogen Peroxide*; *Tibor Trans*; *Volvo I* (n. 391 (Primera Parte)); ATS, 26 de febrero de 2019, ES:TS:2019:2140A y ATS 23/2019, 19 de marzo de 2019, ES:TS:2019:3430A (asunto camiones); ATS, 13 de octubre de 2022, ES:TS:2022:13977A (asunto coches).

104 Véase el capítulo 2.4(a) más arriba y, para un análisis más detallado, Hitchings, "RH v AB Volvo", n. 181 (Primera Parte), incluso en lo que respecta a las oportunidades que abre la sentencia del TJUE en el asunto *Sumal* para la concentración de demandas.

tación judicial de procesos existentes (especialización procesal "blanda"). En el Derecho español, como es bien sabido, existen, básicamente, dos procedimientos estándar para los asuntos civiles: el procedimiento ordinario y el procedimiento abreviado (juicio verbal); y esta simplificación fue precisamente uno de los logros de la LEC del 2000. Esos dos procedimientos normales son los que se aplican a las demandas en materia de Derecho de la competencia[105]. Pese a las particularidades procesales que pueden surgir en los asuntos de defensa de la competencia (por ejemplo, debido a las normas de acceso a fuentes de prueba, o a las medidas de coordinación de los procedimientos civiles con ciertas actuaciones de las autoridades de competencia, o a otros requisitos del Derecho de la Unión), cuyas implicaciones abordaremos con más detenimiento en las siguientes secciones, no existe una especialización procesal como tal, sino más bien un proceso normalizado para los casos de competencia que los juzgados de lo mercantil aplican a la mayoría de los procedimientos interpuestos ante ellos (con la excepción de los procedimientos concursales). Esto no quita sin embargo cierta adaptación del procedimiento ordinario para cumplir con las exigencias procesales y sustantivas de la materia (lo que hemos llamado especialización procesal "blanda") como veremos más adelante.

En este punto, sin embargo, y antes de concluir esta sección, debemos mencionar de nuevo el anteproyecto de ley de las ac-

---

[105] Uno de los objetivos de la reforma de 2000 en España era reducir la fragmentación procesal que se había producido con anterioridad a su adopción y, por tanto, concentrar todas los asuntos civiles en dos procedimientos estándar (véase Banacloche Palao, J., *Aspectos fundamentales de Derecho Procesal Civil*, n. 69, 483). No obstante, surgen especificidades en numerosas materias (como en el ámbito del Derecho de sociedades, la difamación, la propiedad intelectual o la competencia desleal) y, excepcionalmente, existen procedimientos especializados específicos (como en el caso del procedimiento concursal, regulado por el Real Decreto Legislativo 1/2020, de 5 de mayo).

ciones de representación publicado en enero de 2023[106]. Dicho anteproyecto establece un procedimiento totalmente nuevo, incorporando una nueva sección, y cerca de sesenta nuevos artículos, a la Ley de Enjuiciamiento Civil. Se trata claramente de un ejemplo de especialización procesal "dura". En efecto, promulga varias novedades procesales, entre ellas una fase de certificación y la posibilidad de dividir el procedimiento para ocuparse de la responsabilidad y la cuantía en una demanda colectiva por daños y perjuicios. También ajusta los plazos y otorga a los jueces una serie de facultades procesales discrecionales. Como explica el preámbulo del anteproyecto de ley de 2023, el legislador consideró que era necesario un nuevo procedimiento especial, en particular para las acciones colectivas por daños y perjuicios, dada "la imposibilidad de encajar las piezas procesales necesarias en los cauces del juicio ordinario o del juicio verbal"[107]. Como ya se ha señalado, el amplio ámbito de aplicación del anteproyecto de ley de 2023 sugiere que el nuevo procedimiento será de aplicación a las acciones en materia de Derecho de la competencia presentadas en nombre de los consumidores. Sin embargo, el anteproyecto no tiene en cuenta las especificidades del Derecho de la competencia en varios aspectos: no otorga la competencia objetiva sobre tales demandas a los juzgados de lo mercantil, sino a los juzgados de primera instancia, aunque con la posibilidad de que se produzca cierta especialización entre dichos tribunales a nivel local[108]. En consecuencia, el anteproyecto de ley de 2023 puede que anuncie la creación un importante nuevo procedimiento especializado para las demandas de Derecho de la competencia cuando se interpongan en nombre de los intereses colectivos de un grupo de consumidores, pero queda por ver si finalmente lo hace y de qué forma. Evidentemente, si el nuevo régimen resulta aplicable al Derecho de la competencia, constituirá un avance muy relevante

---

106 Nota 37.

107 Considerando II.

108 Propuesta de artículo 834 de la LEC.

para el asunto que nos ocupa y tendrá seguramente repercusiones indirectas para la tramitación ordinaria de demandas civiles.

### *14.4. Conclusión provisional*

El régimen institucional para la aplicación privada del Derecho de la competencia en España se basa en el reconocimiento de la necesidad de especialización de los órganos jurisdiccionales (al menos, dentro de una selección de temas de Derecho mercantil, y, posiblemente, como parte de subespecializaciones, incluyendo la propiedad intelectual y el Derecho de la competencia). Sin embargo, hay aspectos de la regulación de la administración de justicia y del proceso civil que, actualmente, suponen una limitación material a la plena eficacia de dicha especialización. En mi opinión, prestando especial atención a la preservación de su absoluta independencia, la solución óptima sería una mayor especialización de tribunales y jueces, de manera que los asuntos en materia de Derecho de la competencia puedan ser gestionadas por un grupo limitado de jueces experimentados provistos de recursos adecuados y preparación especial (idealmente, en torno a 20). La creación de un grupo más reducido y selecto de jueces facilita el aprendizaje a través de la práctica, la formación específica y el desarrollo coherente de su actividad. También favorece una coordinación y una comunicación adecuadas con otras jurisdicciones especializadas de la UE. La especialización de los jueces no debería ser a costa de su sólida y continua formación en Derecho en general, lo que significa, en la práctica, que los jueces especializados quizá deberían seleccionarse de entre aquellos jueces que estén mejor preparados y tengan la experiencia "generalista" previa necesaria[109].

La mayor especialización de los tribunales y jueces debería ir acompañada de la adaptación de los procedimientos a las especi-

---

109 Esta advertencia la hace, entre otros, de la Oliva Santos, A., en "Sobre la calidad de la justicia", n. 19, 37.

ficidades de este tipo de litigios (la especialización procesal en el sentido "blando" al que nos hemos referido antes). Esta última cuestión, de importancia capital para esta investigación, será objeto de los tres capítulos siguientes con respecto a tres aspectos procesales concretos: a saber, la gestión judicial del proceso, el acceso a fuentes de prueba y la prueba pericial.

## 15. GESTIÓN PROCESAL

### *15.1. Principios generales*

El procedimiento español se asienta en el principio de legalidad:

> "En los procesos civiles, los tribunales y quienes ante ellos acudan e intervengan deberán actuar con arreglo a lo dispuesto en esta Ley".[110]

La LEC establece las normas del proceso civil formal y es esa forma la que constituye la garantía de seguridad jurídica y de igualdad de armas[111]. En este sentido, la opinión general de la doctrina en España es que el proceso judicial (a diferencia de otros modelos alternativos de resolución de conflictos) no puede ser diseñado por la voluntad de las partes[112]. La LEC establece, en palabras de uno de los profesores que contribuyeron en la redacción de la ley con el profesor de la Oliva Santos, un proceso civil "ágil, simple y eficaz"[113].

---

110 Artículo 1 de la LEC, reflejo a su vez de la garantía constitucional de independencia judicial y del imperio de la ley establecido en el artículo 117 CE.

111 Herrero Perezagua, J. F., "Legalidad, jurisdiccionalidad y funcionalidad", n. 52, 17.

112 *Ibid.*, p. 19.

113 Banacloche Palao, J., "Las líneas generales de la nueva Ley de Enjuiciamiento Civil", *Tribunales de Justicia* 1, enero de 2000, 3.

Lo cierto es que del proceso civil articulado en la ley del 2000 puede afirmarse no solo que es simple, sino, también, bastante rígido. Ciertamente, como consecuencia de su mismo diseño, es relativamente inflexible. El proceso civil está fundamentado en el principio dispositivo o de justicia rogada, en virtud del cual son las partes las que determinan el alcance del litigio y proponen los medios de prueba[114]. De igual modo, el proceso está sometido a unos plazos estrictos, improrrogables y preclusivos para la presentación de alegaciones y la aportación de pruebas[115]. Así pues, los escritos de demanda y de contestación son las únicas alegaciones por escrito, y deben presentarse al inicio del proceso, acompañados de

---

114 El principio se expone en el considerando VI: "La nueva Ley de Enjuiciamiento Civil sigue inspirándose en el *principio de justicia rogada o principio dispositivo,* del que se extraen todas sus razonables consecuencias, con la vista puesta, no sólo en que, como regla, los procesos civiles persiguen la tutela de derechos e intereses legítimos de determinados sujetos jurídicos, a los que corresponde la iniciativa procesal y la configuración del objeto del proceso, sino en que las cargas procesales atribuidas a estos sujetos y su lógica diligencia para obtener la tutela judicial que piden, pueden y deben configurar razonablemente el trabajo del órgano jurisdiccional, en beneficio de todos" (la cursiva es mía). El principio puede apreciarse claramente, por ejemplo, en los artículos 216 ("Los tribunales civiles decidirán los asuntos en virtud de las aportaciones de hechos, pruebas y pretensiones de las partes, excepto cuando la ley disponga otra cosa en casos especiales") y 218(1) de la LEC ("Las sentencias deben ser claras, precisas y congruentes con las demandas y con las demás pretensiones de las partes, deducidas oportunamente en el pleito").

115 La regla general de la preclusión se establece en el artículo 136 de la LEC: "Transcurrido el plazo o pasado el término señalado para la realización de un acto procesal de parte se producirá la preclusión y se perderá la oportunidad de realizar el acto de que se trate"; el artículo 134(1) de la LEC establece la prohibición general de las prórrogas: "Los plazos establecidos en esta Ley son improrrogables". Existe una excepción de fuerza mayor a la norma contra la prórroga de los plazos (artículo 134(2) de la LEC).

todos los documentos en los que pretendan fundar su acción[116]. La contestación debe presentarse en un plazo de veinte días hábiles a contar desde la fecha en que se diera traslado de la demanda al demandado (diez días, si se aplica el juicio verbal), y ese plazo no puede prorrogarse[117]. Además, salvo en caso de inadmisión o falta de competencia judicial, la ley no contempla la posibilidad de que se rechace la demanda en un momento inicial ("*strike-out*") ni el examen preliminar de cuestiones de fondo. Estas normas estrictas impiden que el procedimiento se retrase por la admisión de varias rondas de alegaciones, la existencia de litigación sobre cuestiones secundarias ("*satellite litigation*"), la presentación de excepciones procesales o la aportación de pruebas fuera de plazo, o por la posibilidad ordinaria de solicitar prórrogas[118].

Al mismo tiempo, la LEC también confiere al juez de primera instancia un papel más destacado del que ha tenido antes. Ya hemos señalado que el propósito de la nueva ley es que el juez tenga un mayor contacto con el proceso, lo cual va desde determinar los óbices procesales a la admisión de una demanda que el letrado de la administración de justicia pudiera haber identificado hasta el esclarecimiento del alcance de la controversia objeto del procedimiento y la determinación de las pruebas que se deben practicar, así como, finalmente, la plena participación del juez en la práctica de las pruebas durante el juicio oral. Efectivamente, tras la

116 Artículo 265(1) de la LEC: "Los documentos en que las partes funden su derecho a la tutela judicial que pretenden".

117 Artículos 404, 134 de la LEC, respectivamente. Es posible que el plazo para la presentación de la contestación se pueda suspender en determinadas circunstancias limitadas; en particular, en el caso de que el demandado impugne la competencia dentro de los diez días siguientes al traslado de la demanda (artículo 64 de la LEC).

118 Véase Vallines García, E., *La Preclusión en el proceso civil* (Thomson Civitas, 2004), 149, donde se señala el objetivo general de la buena administración de justicia de "reducir la duración de los procedimientos al mínimo tiempo absolutamente necesario a costa de no permitir que las causas se prolonguen por capricho".

presentación de los escritos iniciales, el procedimiento ordinario se desarrolla en dos fases procesales principales, consistentes, en ambos casos, en vistas orales dirigidas por el juez: la finalidad de la primera (la audiencia previa) es examinar las excepciones procesales, determinar el alcance de la controversia y los hechos controvertidos, y resolver sobre la admisión de pruebas, y el propósito de la segunda (el juicio) es oír las pruebas orales (testificales y periciales) y escuchar las conclusiones finales. Esta intervención del juez en el examen oral de los elementos de prueba y las alegaciones de las partes se estipula expresamente en el artículo 137 de la LEC y es un reflejo de los principios subyacentes de inmediación y oralidad que consagra la ley.

Asimismo, la LEC reconoce la ejecución provisional de las sentencias (no firmes) dictadas en primera instancia, algo significativo que refleja la decisión del legislador de aumentar la confianza en el trabajo de los jueces de primera instancia y dotarlo de mayores consecuencias prácticas[119]. En palabras del profesor de Benito Llopis-Llombart, el proceso creado por la nueva ley de enjuiciamiento civil española:

> "[S]upone, en fin, la recepción en nuestra patria de la corriente inaugurada por Franz Klein en 1895. Se pone al juez en contacto con el litigio desde su mismo arranque. Se consagra la oralidad como principio básico, no disponible, del proceso civil [...] Se refuerza la libre valoración de la prueba, [...] Los ejemplos son innumerables: el juez es ahora —como lo era ya en otras partes de Europa— la figura central del proceso civil: *un magnus iudex*."[120]

---

119 Considerando XVI de la LEC. "La nueva Ley de Enjuiciamiento Civil representa una decidida opción por la confianza en la Administración de Justicia y por la importancia de su impartición en primera instancia y, de manera consecuente, considera provisionalmente ejecutables, con razonables temperamentos y excepciones, las sentencias de condena dictadas en ese grado jurisdiccional."

120 De Benito Llopis-Llombart, M., *Justicia o burocracia*, n. 34, 68-69, que se remite a su vez al trabajo anterior de José Vicente Gimeno Sendra (Magistrado del Tribunal Constitucional, 1989 a 1998, y Catedrático de Derecho Procesal).

Al mismo tiempo, tal y como ya se ha señalado, el proceso civil español se rige por el principio de legalidad y por normas restrictivas en lo que respecta a la presentación de alegaciones y medios de prueba, así como por el estricto efecto preclusivo de los actos procesales de las partes pasado el plazo. Por otro lado, el incumplimiento de normas esenciales de procedimiento será causa de nulidad del proceso, siempre que ello suponga una indefensión material relevante[121]. Tampoco existen en el ordenamiento jurídico español disposiciones relativas a la gestión procesal, como sí existen en el inglés, estableciéndose las facultades de los jueces de forma específica en disposiciones concretas de la ley. En ese sentido, no se han conferido a los jueces españoles, ni en la letra ni, mucho menos, en el espíritu de la ley, los poderes indagatorios otorgados a los jueces austriacos en virtud de las reformas de Klein a finales de la década de 1890[122], y menos aún el alcance que han adquirido desde entonces en el derecho austriaco y alemán[123]. Tampoco se les ha conferido la facultad general de prorrogar plazos[124].

Por último, en el examen de las facultades generales de gestión procesal de los jueces españoles, es obligatorio introducir una referencia al notorio problema de la burocratización de la justicia

121 Artículo 225(3) de la LEC.

122 Para conocer una distinción entre el régimen español y las reformas de Klein (al menos en la medida en que estas últimas se referían a la gestión material de las causas, por contraposición a la formal), véase Montero Aroca, J., *Los principios políticos de la nueva Ley de Enjuiciamiento Civil. Los poderes del juez y la oralidad* (Tirant lo Blanch, 2001), 53-54.

123 Véase, a este respecto, Schumann Barragán, G., “La gestión y la flexibilidad de procedimiento”, n. 102 (segunda parte *supra*), 130-134.

124 Las reformas de Klein estaban más en consonancia con la LEC en este sentido, estableciendo plazos estrictos con efectos preclusivos, tal y como explica con más detalle van Rhee, C. H., “The Development of Civil Procedural Law in Twentieth Century Europe from Party Autonomy to Judicial Case Management and Efficiency”, en van Rhee, C. H., (ed.), *Judicial Case Management and Efficiency in Civil Litigation* (Intersentia, 2008), 13-17.

que se ha producido en los últimos veinte años en España y que ha tenido el efecto de diluir el objetivo de acercar al juez a los litigantes y al proceso. Como han explicado varias voces autorizadas, entre ellas de la Oliva Santos y de Benito[125], las reformas que crearon el cuerpo de letrados de la administración de justicia y la oficina judicial han desjudicializado la administración de justicia en diversos aspectos procesales importantes (como la admisión de demandas o la decisión de celebrar una vista de acceso a fuentes de pruebas) y en cierta medida la ha sustraído al control de los jueces[126]. El personal administrativo de los juzgados (por otro lado, bien cualificado en Derecho) ha sido revestido de amplios poderes en materia procesal y ha quedado parcialmente emancipado del control jurisdiccional, respondiendo, formalmente, a la autoridad y las instrucciones del Ministerio de Justicia. Estas importantes cuestiones de organización pueden tener un impacto en la capacidad de gestión procesal de los jueces en el ámbito de la aplicación privada del Derecho de la competencia. En consecuencia, tienen su importancia a la hora de decidir el camino a seguir.

### *15.2. Facultades específicas de gestión procesal*

Así pues, ¿hasta dónde llega la capacidad de gestión procesal del juez y de las partes en el proceso civil español? Vamos a abordar ahora aspectos específicos de la gestión e impulso del proceso que tienen especial relevancia para la tramitación de demandas

---

125 De la Oliva Santos, A., *Sobre la calidad de la justicia,* n. 19, 38-43, y de Benito Llopis-Llombart, M., *Justicia o burocracia,* n. 34. Véase también Vallines García, E., "¿Es inconstitucional la '*nueva oficina judicial*'?", n. 34, y Banacloche Palao, J., "El proyecto de nueva oficina judicial: ¿hacia un nuevo proceso administrativizado?" (2009), *Diario La Ley,* 7251.

126 Las reformas se pusieron en práctica mediante la Ley 19/2003, de 23 de diciembre, la Ley 13/2009, de 3 de noviembre, y la Ley 7/2015, de 21 de julio, por la que se modifica la Ley Orgánica 6/1985 del Poder Judicial.

en materia de defensa de la competencia, con el fin de valorar con mayor concreción las posibilidades y limitaciones actuales de los jueces españoles. Estos aspectos son: (a) la gestión de demandas paralelas; (b) las obligaciones de las partes y de sus letrados; (c) plazos y suspensiones; (d) la preparación del juicio; y (e) el poder dispositivo de las partes sobre el proceso.

### a) La gestión de demandas paralelas

Como ya se ha señalado, los jueces de lo mercantil y el CGPJ expresaron su genuina preocupación —durante el confinamiento provocado por la pandemia de Covid-19 en 2020— por la ineficiencia que la tramitación de miles de demandas separadas, casi idénticas, en el asunto de Camiones estaba provocando en los juzgados de lo mercantil. Ello dio lugar a una propuesta del CGPJ de modificar la regla relativa a la acumulación de procesos recogida en el artículo 76 de la LEC, así como a las propuestas de algunos de los propios jueces de utilizar el mecanismo ya existente de la acumulación de forma más proactiva o, al menos, de tramitar conjuntamente las reclamaciones paralelas[127]. La modificación propuesta por el Consejo General no fue adoptada por el Gobierno en sus posteriores propuestas de reforma (el Anteproyecto de Ley de Eficiencia Procesal) o, después, en el RDL 6/2023[128]. Sin embargo, un grupo de juzgados de lo mercantil sí acabó adoptando algunas de las prácticas propuestas, mostrándose cada vez más receptivos a las peticiones de los propios demandantes de unir sus reclamaciones contra uno o varios demandados (acumulación de acciones), o de que sus reclamaciones se tramiten juntas. Algunos juzgados han ido más allá y han puesto en práctica iniciativas de gestión de procesos de mayor alcance, destacando especialmente el denominado "protocolo de Barcelona". Examinamos a continuación estas iniciativas.

---

[127] Medida 3.22 del plan de choque de 2020.

[128] Notas 16 y 17.

*Acumulación y tramitación conjunta de procesos*

La propuesta de modificación del artículo 76 de la LEC planteada por el CGPJ tenía por objeto promover la uniformidad en el tratamiento de cientos de demandas de contenido muy similar, evitar la emisión de resoluciones contradictorias y reducir la carga de trabajo de los juzgados. El Consejo observó que era una forma de adaptar el proceso civil a la naturaleza específica de las demandas, caracterizadas por "nuevos mecanismos procesales" (en alusión a las nuevas normas sobre acceso a fuentes de prueba) y "sofisticados elementos de prueba económicos"[129], lo que permitiría una evaluación más rigurosa de esas demandas (y, en consecuencia, una mayor calidad de los pronunciamientos). Además, la acumulación protegería el derecho de defensa de las partes al evitar el riesgo de sentencias contradictorias.

En vista de ello, la modificación propuesta por el Consejo se consideró necesaria debido a que la aplicación del artículo 76 de la LEC, tal y como estaba redactado en ese momento, no proporcionaba, en su opinión, una base suficiente para la acumulación de los procesos paralelos en el asunto de camiones. Examinando más detenidamente la propuesta, se deduce que la intención del Consejo era, quizá, más práctica que jurídica. Tal vez consideraba la modificación necesaria con el fin, sobre todo, de dotar al mecanismo de acumulación de una realidad más efectiva. Es cierto que el artículo 76(1)2º (que exige la existencia de una conexión entre demandas paralelas o el riesgo de sentencias contradictorias si se siguieran por separado), probablemente justificaría la acumulación de demandas de daños y perjuicios basadas en la misma infracción del Derecho de la competencia cuando el resarcimiento solicitado en concepto de daños y perjuicios sea el mismo[130].

---

129 Nota 127.

130 Como señala el profesor Gascón Inchausti, la contradicción no tiene por qué referirse necesariamente a un problema de incompatibilidad técnica (como en un caso de resoluciones prejudiciales o de cosa juzgada), sino que se refiere también a un razonamiento contradictorio,

Además, de acuerdo con el artículo 75 de la LEC, esa acumulación puede ser promovida de oficio por el juez (y no solo a instancia de las partes). Sin embargo, el Consejo indica que la decisión no es algo autoevidente y requiere el ejercicio por parte del juez de su facultad discrecional. En consecuencia, para simplificar o automatizar la decisión (e, implícitamente, hacerla más eficaz), el Consejo pretendía incluir una nueva disposición de carácter específico en el artículo 76(2) de la LEC. La propuesta imponía la obligatoriedad de la acumulación en los casos de acciones civiles basadas en la misma infracción del Derecho de la competencia y, en particular (al parecer, al margen del ejercicio de cualquier facultad discrecional), cuando las demandas se basen en el mismo método de cuantificación del daño y se interpongan bajo una misma dirección letrada contra la misma entidad económica[131]. Se desprende, pues, que, en opinión del CGPJ, a menos que se obligue a los jueces a utilizar el mecanismo de acumulación en determinas circunstancias inequívocas, es poco probable que lo hagan. La consecuencia: que el mecanismo de acumulación resultaría ineficaz, frustrando el objetivo de reducir la carga de trabajo de los juzgados y de aumentar la uniformidad de sus pronunciamientos. Es posible también que la propuesta reforma apunte a una cierta desconfianza en los tribunales a la hora de ejercer sus facultades discrecionales de forma más amplia, así como, sin duda, la conciencia por parte del Consejo de la desincentivación económica para recurrir al mecanismo de acumulación que suponen las normas de remuneración de los jueces[132].

---

que es, desde luego, un concepto considerablemente más amplio; Gascón Inchausti, F., "Acumulación de acciones y de procesos civiles", en Banacloche Palao, J., (ed.), *Colección 20 años LEC 2000* (Wolters Kluwer, 2019), 132.

131 Esto último es una referencia al concepto utilizado en el artículo 101 del TFUE y que el TJUE determinó que era aplicable a las acciones privadas de indemnización por daños y perjuicios en *Sumal*, n. 247 (Primera Parte).

132 Véase, el capítulo 14.2.c) más arriba.

No obstante el hecho de que estas propuestas modificaciones a las normas de acumulación no fueron acogidas por la Legislatura, hemos visto que, en la práctica, se ha producido un cambio hacia una postura judicial más favorable a la adopción de mecanismos de concentración de procesos. Así se manifestó, por ejemplo, en las propuestas de los juzgados de lo mercantil surgidas durante el confinamiento por la pandemia de Covid-19, a las que ya hemos hecho referencia en el capítulo 13.1. La acumulación de procesos fue una de las propuestas de actuación recogidas en el documento "Propuesta para la ordenación de procedimientos sobre el Cartel de Camiones". Sus autores expresaron la opinión de que la acumulación de procedimientos de oficio con arreglo a los artículos 75 y 76(1)2º de la LEC era una alternativa viable a la luz de las características de la mayoría de las demandas en el asunto de camiones. Eso sería coherente con el enfoque flexible defendido para la acumulación de acciones (conforme al artículo 72 de la LEC) por el Tribunal Supremo en el asunto *Bankinter* y, cada vez con mayor frecuencia, por las audiencias provinciales en el asunto de camiones.

Un ejemplo ilustrativo es el caso de la Audiencia Provincial de Baleares, que, tomando como base resoluciones anteriores, en particular de la Audiencia Provincial de Zaragoza[133], promovió un enfoque favorable a la acumulación de acciones en un caso en el que concurrían demandas interpuestas por doce empresas contra cinco demandados (solidarios) (fabricantes de camiones) por daños derivados de la misma infracción (el cártel de camiones). El tribunal hizo hincapié en la amplitud del criterio, que no requería identidad de hechos o acciones, sino más bien una base común, dado que los objetivos del mecanismo de acumulación (que los tribunales deberían tener en cuenta a la hora de interpretar las normas) eran alcanzar la eficiencia procesal y evitar la emisión de resoluciones contradictorias. Cabe reseñar, además, que la Audiencia Provincial de Baleares hizo referencia a otro argumento basado en los objetivos de la UE al promulgar la Direc-

133 Por ejemplo, AAP Zaragoza, 19 de diciembre de 2019, ES:APZ:2019:2091.

tiva de Daños, tal y como quedan reflejados en los considerandos del Real-Decreto-ley 9/2017 que la traspone en España: a saber, (i) "establecer *mecanismos procesales efectivos* que hagan posible la reclamación de daños y perjuicios provocados como consecuencia de infracciones del Derecho de la competencia, puesto que, *a falta de tales cauces procesales, la experiencia ha demostrado que el cumplimiento de la normativa material se resiente*", y (ii) garantizar "una *protección equivalente en toda la Unión* para todos los que hayan sufrido el perjuicio resultante de la infracción a la competencia"[134] (la cursiva es mía).

Merece la pena destacarse la referencia a estos objetivos de la Directiva de Daños de crear un marco de igualdad de condiciones y mecanismos procesales efectivos como criterios de interpretación por parte de los jueces españoles a la hora de determinar cómo utilizar mecanismos nacionales existentes para la gestión de demandas paralelas. Aparte de su artículo 15 (en relación con la coordinación de demandas interpuestas en distintos niveles de la cadena de suministro), la directiva no ofrece ninguna referencia a mecanismos para la coordinación de demandas paralelas (y lo cierto es que la propuesta inicial de diseño de un mecanismo para acciones colectivas se retiró de su texto definitivo).

Algún tiempo después, la Audiencia Provincial de Baleares también aceptó el uso de la acumulación para concentrar procesos correspondientes a diferentes tribunales regionales de acuerdo con el artículo 7(2) del Reglamento Bruselas I *bis* ante el Juzgado de lo Mercantil de Palma de Mallorca, en virtud de la normativa nacional sobre competencia territorial. El tribunal de Palma era el juzgado del lugar en el que se había vendido un mayor número de camiones[135]. De nuevo, el tribunal invocó consideraciones de orden político-legislativo en apoyo de una aplicación expansiva de las normas que regulan la acumulación:

---

134 AAP Baleares, 12 de febrero de 2021, ES:APIB:2021:5ª, con referencia a la exposición de motivos del Real decreto-ley 9/2017 de 26 de mayo.

135 AAP Baleares, 3 de marzo de 2023, ES:APIB:2023:6A.

"Por otra parte la legislación española a día de hoy y a diferencia de la de otros países de la UE (Portugal, Holanda) no prevé acciones "colectivas" en los procesos de defensa de la competencia como el instado por los actores por lo que habrá de valorarse en cada caso si es factible la acumulación."[136]

En efecto, resulta interesante, a la vista de estos dos pronunciamientos, que algunos tribunales españoles estén dispuestos a aplicar este método de interpretación teleológica a las normas nacionales.

La norma que regula la acumulación de procesos no es idéntica a la que regula la acumulación de acciones y que acabamos de examinar aquí. La primera es tal vez algo más rígida. Puede que sea también por ese motivo por lo que el CGPJ identificó la necesidad de establecer una regla específica más clara para la acumulación de procesos. La propuesta de los juzgados de lo mercantil para ordenar los pleitos en el asunto de camiones en 2020[137], también recomienda que la acumulación de procesos se realice mediando el acuerdo previo de las partes. De hecho, conformidad entre las partes a la acumulación de autos está previsto en la LEC que el tribunal proceda (de forma obligatoria) a la acumulación de procesos[138]. Un ejemplo de acumulación de procesos en el litigio de camiones es el denominado "protocolo de Barcelona" (asunto sobre el que volveremos en breve). No obstante, salvo por esta muy notable excepción, el uso de la acumulación de procesos por los tribunales no ha sido una medida a la que se haya recurrido muy a menudo en el asunto de camiones.

La preferencia de los tribunales que han optado por concentrar la tramitación de asuntos en camiones no ha sido la acumu-

136 *Ibid.*

137 "Propuesta para la ordenación de procedimientos sobre el Cártel de los Camiones", n. 9.

138 Artículo 83(2) de la LEC. Esto está sujeto al cumplimiento de las condiciones básicas de acumulación del artículo 77 de la LEC; en particular, que el tribunal en el que se pretenda acumular los procesos tenga competencia objetiva (por razón de la materia) para conocerlos todos.

lación, sino la segunda alternativa identificada en la propuesta de ordenación de los juzgados de lo mercantil, a saber, la vista o tramitación conjunta de las reclamaciones. El Juzgado de lo Mercantil nº 1 de Oviedo explicó esta preferencia en una serie de autos procesales adoptados en septiembre de 2020[139]. El juzgado de Oviedo consideró que la acumulación de varios procesos, dando lugar a una única sentencia, podría menoscabar el derecho de defensa de las partes, habida cuenta de los plazos para la interposición de un recurso[140]. Asimismo, consideró la dificultad práctica de unir procesos relativos a un mismo grupo demandante por la posibilidad de que se retrasara la tramitación si el tribunal pretendiera, como lo habría pretendido, que todas los autos relevantes (pasados y futuros) se acumulasen[141]. En consecuencia, el juzgado ordenó la tramitación conjunta de las demandas en los siguientes términos:

> "Evacuado el traslado, este juzgador ha optado por adoptar una posición común —en cuanto trasciende a las partes de estos procedimientos y se extiende a todos aquellos que actualmente pen-

---

139 Por ejemplo, AJM1 Oviedo, 3 de septiembre de 2020 (no publicado). Antes de dictar los autos, el juzgado de Oviedo concedió a las partes la posibilidad de formular alegaciones por escrito sobre las posibles opciones de coordinación de los procedimientos que el juzgado estaba barajando. Es decir, las medidas de gestión procesal adoptadas no se acordaron con las partes, sino que fueron objeto de alegaciones previas por las partes y fueron plenamente motivadas cuando, acto seguido, se aprobaron.

140 Este argumento, a mi juicio, es discutible. No me parece evidente que sea más fácil preparar varios recursos separados de sentencias básicamente idénticas o un recurso de una sentencia que trata la situación de varios demandantes. Es más, salvo por circunstancias especiales de los demandantes, es casi seguro en circunstancias similares a la mayoría de los litigios en el asunto camiones que esta última opción exigiría menos trabajo.

141 En el caso del protocolo de Barcelona, esta cuestión se abordó acordando con los abogados de las partes una fecha de corte para los procedimientos (ya presentados y por presentar) que formarían parte del proceso coordinado y, en principio, el resto de demandas (presentadas con posterioridad a esa fecha) quedarían, de común acuerdo, suspendidas.

> den ante este juzgado sobre la misma materia— que consiste en proceder a una tramitación coordinada que, aun huérfana de regulación en la LEC, no es ajena a otras normativas —v. gr. Ley Concursal— y que en la práctica se traducirá en una concentración de señalamientos para:
>
> (i) evitar desplazamientos repetidos a los profesionales,
>
> (ii) facilitar la gestión procesal,
>
> (iii) reducir los plazos de tramitación y
>
> (iv) procurar evitar —allí donde sea posible sin merma de las garantías procesales y del tiempo preciso para la práctica de prueba, exposiciones de letrados, etc.— la reiteración de actos procesales.
>
> Así, cada procedimiento conservará su autonomía, sin perjuicio de que parte de la audiencia previa y/o del juicio puede darse por reproducido en aquellas partes que sean coincidentes, mediante la unión del DVD de otro procedimiento previo."[142]

Esta tramitación conjunta significaba que las demandas que se encontraban pendientes ante el Juzgado de lo Mercantil nº 1 de Oviedo en el momento de emitirse la orden, y que hubieran sido interpuestas bajo la misma representación y dirección letrada y contra el mismo demandado, serían tramitadas conjuntamente (primero, una audiencia previa conjunta y, seguidamente, un juicio conjunto). Esta, posteriormente, dio lugar a una serie de sentencias paralelas[143]. Si bien se optó por esta solución por razones eminentemente prácticas, cabría señalar, no obstante, que la tramitación conjunta no está libre de cierta inseguridad jurídica. Al no estar contemplada expresamente en la ley, no hay ninguna norma, por ejemplo, que prevea un registro único entre procesos diferentes y, si bien, a mi juicio, esta no es una objeción importante tomada en abstracto, podemos imaginar situaciones en las que determinar qué pruebas son pertinentes para cada procedimiento podría resultar confusa de no ser gestionado cuidadosamente por el tribunal.

---

142 AJM1 Oviedo, 3 de septiembre de 2020 (no publicado).

143 Por ejemplo, SJM1 Oviedo, 12 de abril de 2021, ES:JMO:2021:3265. Este asunto se había juzgado junto con otros cinco, dando lugar, por tanto, a seis sentencias independientes.

*Las experiencias de Bilbao y Barcelona*

Merecen una especial atención dos ejemplos concretos y más "creativos" de gestión procesal, también del asunto de camiones. El primero fue adoptado por el Juzgado de lo Mercantil nº 1 de Bilbao, para la resolución de todas las demandas presentadas por la Confederación Española de Transporte de Mercancías (CETM) ante ese juzgado de una sola vez, medida que, sin embargo, fue anulada por vía de recurso por la Audiencia Provincial de Vizcaya, que devolvió los autos al juzgado de primera instancia. El segundo, el denominado "protocolo de Barcelona", fue adoptado por el Tribunal de Primera Instancia de lo Mercantil de Barcelona de conformidad con las partes en cuestión y, solo ahora en el momento de terminarse este estudio, está llegando al fin de su proceso de ejecución[144]. El uso de la palabra "creativo" en el ámbito del Derecho procesal civil puede generar una inmediata reacción negativa, pero no la utilizo en un sentido peyorativo. Procederemos ahora a examinar las fortalezas y debilidades de estos dos ejemplos a la luz de las normas y los principios aplicables.

El juzgado de Bilbao, por medio de una serie de autos emitidos a principios de 2021, decidió tramitar conjuntamente las demandas individuales pendientes ante ese órgano que se habían interpuesto contra cinco diferentes fabricantes de camiones por parte de demandantes representados por el mismo despacho de abogados. Mediante esas resoluciones, el tribunal de Bilbao alteró el proceso para esos múltiples procedimientos de varias y relevantes formas. Conscientes de ese hecho, el juzgado consideró, sin embargo, que las medidas no ponían en peligro el derecho de defensa de las partes. No solo eso, sino que estimó que estaban justificadas como medio para hacer frente a las restricciones de movilidad impuestas por la pandemia de Covid-19 (debemos recordar que, por aquel entonces, nos encontrábamos en el punto álgido

---

144 Las primeras sentencias se dictaron al amparo del protocolo a principios de 2024; véase, por ejemplo, SJM3 Barcelona 6/2024, 12 de enero de 2024 (aún no publicada).

de la pandemia y al comienzo del programa de vacunación). Las medidas concretas que adoptó el Juzgado de lo Mercantil nº 1 de Bilbao fueron las siguientes:

(i) La audiencia previa fue sustituida por la presentación simultánea de escritos (alegaciones y proposición de prueba) por las partes en el plazo de diez días desde la orden.

(ii) El juzgado indicó que admitiría todos los documentos presentados con los escritos de demanda y contestación, así como los respectivos informes periciales de cada parte.

(iii) El juicio sería sustituido por una vista oral en la que los peritos presentarían sus pruebas periciales. Esa vista oral se dividiría en dos sesiones: una para los peritos de los demandantes y otra, una semana después, para los peritos de los demandados.

(iv) A la vista oral para la práctica de las pruebas periciales le seguiría la presentación de las conclusiones por escrito, consecutivamente por cada parte en un plazo de diez días. En esas conclusiones por escrito deberían constar cualesquiera objeciones procesales que se hubieran planteado en tiempo y forma durante el desarrollo del procedimiento, para su resolución por el tribunal.

(v) El tribunal resolvería cualquier objeción procesal o impugnación que se hubiera planteado en tiempo y forma durante el procedimiento, antes de pronunciarse sobre el fondo de la controversia.

Esta alteración del proceso planteó algunas dudas a los demandados en relación con sus garantías procesales, algo que denunciaron por la vía correspondiente en el curso del procedimiento. Estas supuestas vulneraciones de sus garantías procesales fueron, más tarde, objeto de recurso ante la Audiencia Provincial de Vizcaya contra las sentencias de primera instancia en todas las cuales se condenaba a los fabricantes demandados al pago de indemnizaciones. En opinión de los demandados, el procedimiento seguido por el juzgado de lo mercantil había vulnerado sus derechos procesales fundamentales y debería declarase nulo de pleno derecho.

Resultaba indudable que el juzgado había incumplido aspectos elementales del proceso civil; en particular, los necesarios principios de oralidad e inmediación de la audiencia previa (artículo 137 de la LEC) o la obligación de abordar cuestiones procesales y probatorias en ese momento del proceso (artículos 414 a 430 de la LEC). Asimismo, el tribunal de apelación consideró que el juzgado de primera instancia había incurrido en un error al limitar el juicio a la práctica de la prueba pericial, dividir el juicio en dos sesiones separadas entre sí por una semana y acordar la presentación de las conclusiones por escrito a continuación, contraviniendo con ello el requisito de unidad de acto de la práctica de la prueba (artículo 290 de la LEC)[145]. No obstante, en opinión de la Audiencia Provincial de Vizcaya, esas infracciones no eran necesariamente suficientes para justificar la sanción excepcional de la nulidad de las actuaciones. Para ello, habría sido necesario que el derecho de defensa de las partes se hubiera visto perjudicado de manera significativa por las actuaciones del tribunal (artículo 225(3) de la LEC):

> "[A] cuyo efecto ha señalado el Tribunal Constitucional que la indefensión relevante a efectos de la nulidad de actuaciones no tiene lugar siempre que se vulneren cualesquiera normas procesales, sino sólo cuando con esa vulneración se aparejan consecuencias prácticas consistentes en la privación del derecho de defensa y en un perjuicio real y efectivo de los intereses del afectado por ella (STC 48/1986 de 23 de abril). Dicha indefensión es algo diverso de la indefensión meramente procesal, y debe alcanzar una significación material, produciendo una lesión efectiva en el derecho fundamental reconocido en el artículo 24 de la Constitución (STC, 118/1983 de 13 de diciembre y 102/1987, de 17 de junio) requiriéndose además que tal indefensión no ha de hallar su motivo en la propia postura procesal de quien alega haberla sufrido (STC

---

145 Volveremos sobre algunas de estas cuestiones cuando abordemos el juicio más abajo, capítulo 15.2(d).

> 68/1986 de 27 de mayo, 54/1987 de 13 de mayo y 34/1988 de 1 de marzo)."[146]

Sobre la cuestión de la vulneración del derecho de defensa de los demandados, la Audiencia Provincial de Vizcaya se mostró contraria a las afirmaciones del juzgado de primera instancia de Bilbao (y de los demandantes) de que no se había producido tal perjuicio, dado que los demandados habían tenido oportunidad de exponer plenamente su caso, de proponer pruebas y de que estas se apreciasen. Para la Audiencia Provincial de Vizcaya, la vulneración de aspectos tan elementales del proceso civil como los que se habían vulnerado daba lugar, *intrínsecamente*, a una vulneración de los derechos de los demandados. Dicho de otro modo, el proceso civil establecido por la ley incorpora una serie de garantías que no pueden ser alteradas de forma sustancial por el juez sin que, de forma necesaria y asimismo sustancial, se menoscaben los derechos procesales fundamentales de las partes. En concreto, ese menoscabo se materializó —en el caso concreto— en forma de limitación de la oportunidad de los demandados de formular las denominadas alegaciones complementarias o de presentar nuevos hechos, de aclarar los términos de la controversia o de proponer pruebas en contra de las propuestas por los demandantes, todos ellos elementos de la audiencia previa contemplados en la LEC que requieren la celebración de una vista. La audiencia provincial concluyó, además, que el examen conjunto de los peritos de seis partes en relación con procedimientos diversos no podía permitir a los demandados ejercer plenamente su derecho de defensa, haciendo imposible, por ejemplo, formular preguntas específicas de particular relevancia para cada procedimiento. Lo que ello implica es que, sencillamente, a juicio de la audiencia provincial, había demasiadas pruebas relacionadas con demasiados casos diferentes para permitir un examen adecuado de esas pruebas por los abogados de las partes en una vista combinada.

---

146 *UMBE 94 SAL contra Daimler AG*, AAP Vizcaya 743/2022, 30 de junio de 2022, apartado 20.

La Audiencia Provincial expuso su posición en los siguientes términos:

> *"No hay amparo legal para disponer una regulación procesal distinta de la general, prescindiendo de normas de orden público, como son las procesales.* Además, esta forma de resolver ocasiona indefensión a la parte que la invoca, la demandada Daimler AG, de conformidad con el art. 24.1 de la CE, entendida como entorpecimiento o limitación sustancial en la defensa de los derechos e intereses y ruptura del equilibrio entre las partes, concurriendo un efectivo y real menoscabo del derecho de defensa, con el consiguiente perjuicio para los intereses de la parte afectada (SSTC Pleno de 17-04-2012, STC 79/2012). La no celebración de la audiencia previa en el modo que dispone la ley ha generado la indefensión alegada a Daimler AG, pues le impide materializar actos procesales como formular alegaciones complementarias o hechos nuevos, concretar los términos de debate, proponer más prueba a la vista de hechos controvertidos y la postura adoptada de contrario. La admisión, en el modo que se hizo, priva a las partes de acreditar, de conformidad a la legalidad, cualesquiera otros hechos relevantes para la resolución de la procedencia y cuantificación del daño reclamado. El auto llamado de ordenación del procedimiento, que acordó dos días de señalamiento para la ratificación de los informes periciales, el día 7 de septiembre de 2021 para la ratificación de los peritos de las partes demandantes, y el día 14 de septiembre para la ratificación de los peritos de la partes demandadas, perjudica el derecho de defensa de las partes, al tener que rarificarse seis peritos un día y cinco peritos otro día, y someterse a preguntas de doce letrados, coartando la posibilidad de efectuar preguntas pertinentes o interrogar sobre particularidades de cada uno de los casos a resolver."[147] (la cursiva es mía)

En consecuencia, este caso denota un rechazo de la adaptación procesal por parte de los tribunales y una sólida defensa del principio de legalidad procesal. La consecuencia fue que todas las actuaciones pertinentes tuvieron que volver de nuevo al punto en que se emitieron las órdenes de gestión procesal, reanudándose el procedimiento con la celebración ordinaria (oral) de la audiencia previa. Este ejemplo es indicativo de la clara resistencia que

---

147 *Ibid.*, apartado 28.

puede esperarse frente a los intentos de modificar la forma del procedimiento civil establecida por ley, al menos en sus componentes centrales, pues esto es, precisamente, lo que garantiza los derechos procesales fundamentales de las partes. Es de destacar, sin embargo, que, con respecto a ciertos puntos de flexibilidad introducidos por el juzgado de Bilbao en el proceso, la sentencia adopta una posición de la que no habría de derivarse, necesaria o habitualmente, la nulidad de las actuaciones (por ejemplo, la celebración de sesiones separadas del juicio o la posibilidad de escuchar la prueba pericial de varias partes a la vez o la presentación por escrito de las conclusiones)[148]. Es decir, no hay nada en la práctica general que sugiera, en realidad, que esos elementos de flexibilización del procedimiento menoscaben *necesariamente* los derechos de defensa de las partes[149]. En este sentido, la sentencia del tribunal de apelación no tiene por qué interpretarse como un veto a toda adaptación procesal. En mi opinión, esa interpretación sería sin duda incorrecta.

El segundo ejemplo destacable de gestión procesal es el denominado “protocolo de Barcelona”. En este protocolo, se acordó acumular procedimientos comenzados por el mayor grupo de demandantes, asociados de la Confederación Española de Transporte de Mercancías (CETM), todos ellos representados por el mismo despacho de abogados. Y, lo que resulta novedoso, como parte del acuerdo entre las partes para acumular, se acordaron algunas cuestiones accesorias de procedimiento (que se recogieron en un protocolo) con el fin de adaptar el proceso a la naturaleza

148 Véase más abajo para saber más sobre el juicio, capítulo 15.2(d).

149 Además, no queda tan claro, a la vista de la sentencia, cuál fue el impacto real y material (por contraposición a abstracto o teórico) de algunas de las modificaciones procesales sobre el derecho de defensa de los demandados. En ese sentido, sería interesante revisar la repetición del procedimiento para comprobar si, efectivamente, alguna de las supuestas vulneraciones de derechos fundamentales se tradujo en cualesquiera alegaciones o pruebas materiales que las partes no hubieran podido realizar o proponer en el primer procedimiento invalidado.

y el volumen del gran número de demandas acumuladas[150]. En el protocolo se agruparon en total más de 450 demandas (de las cerca de 620 que se habían interpuesto ante los Juzgados de lo Mercantil de Barcelona en el asunto Camiones) relativas a casi 3.000 camiones y en las que se reclamaba una cuantía estimada de más de 50 millones de EUR, las cuales habían de tramitarse conjuntamente en solo ocho procedimientos coordinados. Las características esenciales del protocolo eran el consentimiento de las partes y la flexibilidad. La intención del protocolo no era constituirse en un procedimiento "a la carta", pero sí supuso una modificación de ciertos aspectos del proceso, en especial, del calendario procesal. Además, el protocolo abordaba, entre otras cosas: la identificación de las demandas pendientes contra cada fabricante en una determinada fecha, que se eligió como fecha de corte; la asignación de cada grupo de demandas a un juzgado mercantil diferente de Barcelona de acuerdo con unas normas objetivas establecidas por el Tribunal; la notificación y la traducción de documentos; la jurisdicción; los plazos para la presentación de escritos y la propuesta de pruebas periciales; el calendario del proceso (incluido la vista de acceso a fuentes de prueba); ampliaciones de las pruebas periciales; la organización logística del juicio; plazos para aclaraciones; y recursos de apelación.

El protocolo de Barcelona está todavía en fase de ejecución y conviene esperar a ver su resultado final para juzgar los méritos, o inconvenientes, del proyecto. Ciertamente, desde mi punto de vista, ofrece una experiencia muy interesante de un intento loable de abordar las exigencias de la litigación compleja y masiva en materia de Derecho de la competencia, buscando soluciones

---

150 Los objetivos generales del protocolo y su alcance, tal como se señalan aquí, fueron objeto de presentación pública en la tercera edición del "Madrid Competition Litigation Seminar", que tuvo lugar el 9 de septiembre de 2021, por Raúl García Orejudo (magistrado del Juzgado de lo Mercantil n.º 7 de Barcelona y presidente de la Sección de Competencia del Tribunal de Primera Instancia de Barcelona). Algunos detalles más podrán salir con la publicación de las primeras sentencias.

más afines con los objetivos de la buena administración de justicia y el deber de colaboración de las partes, a través del mecanismo de la acumulación de procesos. Esto no obsta, sin embargo, para que se haya encontrado con verdaderas dificultades prácticas. Por ejemplo, parece ser que, con el tiempo, el protocolo ha perdido impulso y los procedimientos no han seguido el proceso propuesto con tanto esmero como se había previsto en un principio. Y volveremos más adelante sobre otro problema, el de los casos que denomino "autónomos", cuando hablemos de plazos y suspensiones[151]. Sobre todo, debido a los importantes retrasos en la ejecución del protocolo, las primeras resoluciones no se han dictado al amparo del protocolo hasta principios del 2024 y, por tanto, el esperado resultado de esos asuntos no ha tenido un impacto significativo en el desarrollo de criterios judiciales en los litigios de camiones en España, no solo en los juzgados de lo mercantil de otras demarcaciones territoriales del país, sino también en los órganos jurisdiccionales de segunda instancia y en el Tribunal Supremo, en los que, entretanto, se han ido dictando sentencias y estableciendo los criterios a seguir.

### b) Deberes de las partes y de sus abogados

El Proyecto de Ley de Eficiencia Procesal de 2022 aludió, en su exposición de motivos, al deber fundamental de "concordia" de la abogacía, deber al que el Estatuto General de la Abogacía Española otorga el mismo rango que al de la defensa de los derechos fundamentales de sus clientes[152]. Aunque esa referencia

---

151 El problema de los casos "autónomos" se refiere al hecho de que ciertas demandas de la CETM, aunque entraban en el ámbito material del protocolo de Barcelona, se presentaron más tarde y se juzgaron por separado hasta dictar sentencia mucho antes de los procedimientos colectivos; ver sección 15.2(c) a continuación.

152 Proyecto de Ley de Eficiencia Procesal, n. 15, y artículo 1(2) del Real Decreto 135/2021, de 2 de marzo, por el que se aprueba el Estatuto General de la Abogacía Española.

no se incluyó en el texto final del Real Decreto-ley 6/2003, debemos recordar que los abogados desempeñan una función pública como participantes en la administración de justicia, y los deberes de cooperación y defensa de los derechos de sus clientes han de ajustarse a ese fin público[153].

La legislación española reconoce el deber de buena fe procesal por parte de los profesionales de la abogacía (y de las partes a las que representan)[154]. Esta norma se recoge más extensamente en el artículo 247 de la LEC y viene acompañada de la facultad del tribunal para imponer multas (actualmente, de hasta 6.000 EUR). La opinión tradicional sobre esta norma, tal y como la expresa, por ejemplo, el profesor Montero Aroca, es que establece la prohibición de desplegar una conducta de mala fe o hacer un uso abusivo del procedimiento, frente al deber positivo de colaboración[155]. Hasta la fecha, esta es probablemente una valoración acertada del uso que se le da en la práctica.

No obstante, otra corriente de opinión, más acorde con el concepto moderno de los deberes de las partes y de sus abogados en el procedimiento civil, considera que este principio refleja un concepto más amplio que, de hecho, encuentra su expresión en una serie de disposiciones concretas de la LEC. Así, por ejemplo, una de las manifestaciones de ese principio general es el requisito de que la alegación de nulidad procesal se plantee por vía de recurso de la resolución correspondiente (sin demora)[156] o el requisito de que las partes presenten los documentos en los que pretenden fundamentar sus pretensiones junto con el escrito de demanda o, en su caso, de contestación, a fin de que la otra parte esté ple-

---

153 Véase el artículo 3 del Código Deontológico de la Abogacía Española (2019).

154 Véase el artículo 11(1) de la LOPJ; artículo 55 del Real Decreto 135/2021.

155 Montero Aroca, J., *El Proceso Civil* (2ª ed. Tirant lo Blanch, 2016), capítulo 8.

156 Artículo 240(1) de la LOPJ y artículo 227(1) de la LEC.

namente informada y pueda defenderse de manera adecuada[157]. De hecho, la consideración de la conducta de las partes (en particular, en lo que respecta a las fuentes de prueba en su poder) es algo que puede, por ley, influir en la valoración de las pruebas que haga el tribunal y en el cumplimiento por las partes de sus cargas probatorias. Esto es así de acuerdo no solo con la norma específica relativa a la disponibilidad probatoria de cada una de las partes que se establece en el artículo 217(7) de la LEC[158], sino también con el deber subyacente de cooperación y buena fe al que están sujetas las partes (entendido en un sentido positivo)[159]. Este es un tema que ha recibido bastante atención en el contexto de la nueva regulación procesal en materia de aplicación privada tras la trasposición de la Directiva de Daños (en particular, relativa al mecanismo de acceso a fuentes de prueba) y sobre el que volveremos más adelante. Baste señalar por el momento que las normas españolas de acceso a fuentes de prueba en el ámbito de la defensa de la competencia prevén multas por incumplimiento *diez* veces más elevadas que las actualmente disponibles para el tri-

---

157 Artículo 265 de la LEC. A este requisito se refiere expresamente el considerando X: "En los momentos iniciales del proceso, además de acompañar a la demanda o personación los documentos que acrediten ciertos presupuestos procesales, *es de gran importancia, para información de la parte contraria,* la presentación de documentos sobre el fondo del asunto" (la cursiva es mía). Para una exposición completa de las manifestaciones concretas del principio de buena fe en la LEC, con referencia a la jurisprudencia disponible en la época, véase Picó i Junoy, J., *El principio de la Buena Fe Procesal* (2ª ed. Bosch, 2013), capítulo II y pp. 396-496.

158 El artículo 217(7) de la LEC reza: "Para la aplicación de lo dispuesto en los apartados anteriores de este artículo [sobre la carga de la prueba] el tribunal deberá tener presente la disponibilidad y facilidad probatoria que corresponde a cada una de las partes del litigio".

159 Véase Ariza Colmenarejo, J. M., y González Granda, P., "Deber de colaboración de las partes", n. 23, 398-400. Las autoras señalan no solo el artículo 247 de la LEC, sino también el deber de cooperación con los tribunales del artículo 118 CE.

bunal bajo la norma general de buena fe contenida en el artículo 247 de la LEC[160].

Asimismo, la cooperación de las partes es un concepto central en el que se inspira la creación de la audiencia previa que pasó a formar parte del proceso ordinario con la LEC[161]. La audiencia previa ofrece la oportunidad al juez y a las partes, entre otras cosas, de subsanar errores de forma, aclarar el alcance del procedimiento, identificar las cuestiones litigiosas y determinar las pruebas que se han de practicar. Su finalidad se ha descrito de la siguiente manera:

> "[E]rigirse en el escenario subsanador por excelencia, en un marco de colaboración entre el juez y las partes para el saneamiento del proceso. En la audiencia previa hallamos, en efecto, el mayor arsenal de herramientas subsanadoras de todo nuestro ordenamiento procesal."[162]

El profesor Picó i Junoy sostiene que el concepto de buena fe es un concepto indefinido que depende del contexto social y constitucional de cada momento. Por ello, ha de ser desarrollado caso por caso mediante la aplicación judicial del principio a los hechos (es decir, la jurisprudencia)[163]. En palabras del Tribunal Supremo:

> "Efectivamente esta Sala viene reiterando que la exigencia de ajustar el ejercicio de los derechos a las pautas de buena fe constituye un principio informador de todo el ordenamiento jurídico que exige rechazar aquellas actitudes que no se ajustan al comportamiento honrado y justo (S. 11 de diciembre de 1.989). El ejercicio de los derechos conforme a las reglas o exigencias de la buena fe (art. 7.1 del Código Civil; y para procesal arts. 11.1 LOPJ y 247 de la Ley de Enjuiciamiento Civil 1/2000) equivale a *sujetarse en su ejercicio a*

---

160 El artículo 283 *bis* h) de la LEC regula las consecuencias de la obstrucción a la práctica de las medidas de acceso a fuentes de prueba.

161 Artículos 414-430 de la LEC.

162 Lafuente, A. J., "Pero, ¿todo es subsanable?", en Herrero Perezagua, J. F., y López Sánchez, J., *Aciertos, Excesos y Carencias*, n. 52, 251.

163 Picó i Junoy, J., *El principio de la Buena Fe*, n. 157, 72-73.

> *los imperativos éticos exigidos por la conciencia social y jurídica de un momento histórico determinado,* imperativo inmanente en el ordenamiento positivo (Sentencias 4 marzo 1.985, 5 julio 1.989, 6 junio 1.991). Implica la necesidad de tomar en cuenta los valores éticos de la honradez y la lealtad (Sentencias 21 septiembre de 1987, 8 marzo 1991, 11 mayo 1992, 29 febrero 2000), es decir los imperativos éticos que la conciencia social exige (Sentencia 11 mayo 1.988)."[164] (la cursiva es mía)

Si el concepto de buena fe debe juzgarse en su contexto histórico, teniendo en cuenta los valores éticos de la sociedad en un momento concreto, quizá no resulte irrelevante la mayor relevancia procesal otorgada a la cooperación de las partes en las recientes Reglas Modelo Europeas o en las últimas grandes reformas procesales realizadas en Inglaterra y Francia. En efecto, parece inevitable que esta tendencia internacional acabe influyendo, tarde o temprano, en el enfoque dado a las normas procesales en España, como ya apuntaron las iniciativas del Gobierno en 2020-2022 en materia de eficiencia procesal.[165]

Uno de los aspectos del principio de buena fe procesal es que una parte no debería ir en contra de sus propios actos previos cuando dichos actos hayan generado una legítima expectativa en otros de que procederá de una determinada manera. Esta es la doctrina de los "actos propios" consagrada en el Derecho español[166]. A este respecto, por ejemplo, Joan Picó i Junoy ha señalado que es bien sabido que algunos juzgados de primera instancia han prescindido de la audiencia previa (sustituyéndola por la presentación de escritos) cuando el demandado no ha comparecido y se encuentra en rebeldía. Añade que, si bien este proceder es contrario a los requisitos de la LEC, no existe jurisprudencia al respecto, ya que el demandante que ha aceptado la decisión del tribunal de eliminar la audiencia previa, al presentar la documentación por

---

164 STS 189/2001, 1 de marzo de 2001, ES:TS:2001:1582, FJ 5.

165 Notas 14-16.

166 Véase Díez-Picazo, L., *La doctrina de los propios actos* (Bosch, 1963); Picó i Junoy, J., *El principio de la Buena Fe*, n. 157, 125-130.

escrito que le ha sido requerida y no oponerse a la eliminación de la audiencia previa, ha perdido por tanto la legitimación para impugnar una decisión que ya ha aceptado[167]. Con carácter más general, la disposición que permite a las partes solicitar la declaración de nulidad de actos procesales [artículo 240(1) de la LOPJ y artículo 227(1) de la LEC)] requiere que esto se lleve a efecto utilizando los mecanismos disponibles de recurso o impugnación.

Aunque, sin duda, con cautela, hay tal vez margen para aplicar la doctrina de los "actos propios" para defender la eficacia procesal de los acuerdos entre las partes de no ejercer determinados derechos procesales (por ejemplo, presentar ciertas impugnaciones procesales o recursos sustantivos). Se trata, al parecer, de una doctrina consolidada en el Derecho alemán, conocida como la *exceptio doli processualis*[168], y que encuentra su justificación en la protección del derecho de defensa de una parte que, confiando legítimamente en los compromisos procesales de la parte contraria de no proceder a la impugnación de un acto procesal determinado, pueda, sin conocimiento por su parte, verse privada (en virtud de las normas de preclusión) de la posibilidad de presentar nuevas alegaciones o pruebas en el procedimiento si no se respetara dicho compromiso. Es decir, se trata de una aplicación del principio de expectativa legítima (actos propios) generalmente reconocida en España. Aquí, sin embargo, se refiere a expectativas generadas

---

167 Abel Lluch, X., y Picó i Junoy, J., (dirs.), *La Audiencia Previa* (Bosch, 2010), 21-23. Dado que se trata de una situación de falta de controversia procesal (al estar ausente el demandado), algunos han considerado, en efecto, que la vista oral pierde su razón de ser y no es necesario que se celebre (eso significa, implícitamente, que no se ponen en riesgo derechos procesales fundamentales); véase Vázquez Iruzubieta, C., *Comentarios a la nueva Ley de Enjuiciamiento Civil* (1ª ed. Dijusa, 2000), 589, citado por Abel Lluch, X., y Picó i Junoy, J., *Ibid.*, 21. La situación sería distinta si se hubiera vulnerado indebidamente el derecho de defensa del demandado ausente (por ejemplo, porque no se le hubiera notificado debidamente el escrito de demanda o la audiencia previa).

168 Schumann Barragán, G., *Derecho a la tutela judicial efectiva y autonomía de la voluntad: los contratos procesales* (Marcial Pons, 2022), 173 y ss.

por la conducta extrajudicial de las partes (un acuerdo o compromiso), algo que, en el mejor de los casos, aún no ha sido validado en el Derecho español. En el Derecho alemán, la impugnación de un acto procesal o un recurso interpuesto contraviniendo ese acuerdo se consideraría inadmisible por infracción de esta excepción basada en la buena fe y las expectativas legítimas[169].

### c) Plazos y suspensiones

La imposición de plazos estrictos y la norma de preclusión son características fundamentales del régimen procesal establecido por la reforma española del 2000 que han contribuido a la seguridad jurídica y la agilización de los procedimientos civiles. Dicho esto, excepcionalmente existe la posibilidad, al amparo del Derecho español o comunitario, de que los tribunales o las partes permitan u obtengan un plazo adicional para la presentación de alegaciones o pruebas.

*Atenuación del efecto estricto de plazos*

En el ordenamiento jurídico español podemos encontrar dos situaciones que se apartan de la norma estricta de preclusión: la primera se da cuando las consecuencias de la preclusión no se aplican en la práctica y se permite que los actos procesales tengan lugar fuera de plazo, y en la segunda se produce una suspensión de los plazos en virtud de disposiciones expresas del Derecho procesal.

Si bien la forma es un elemento fundamental de la ley procesal civil española, no puede llegar a ser un formalismo estricto que se vuelva contrario al derecho a la tutela judicial efectiva[170]. Eso

---

169 *Ibid.*, 174.

170 Véase Andrés Ciruana, B., *La invalidez de las actuaciones en el proceso civil* (Tirant lo Blanch, 2005), 200, con referencia al artículo 240(1) de la LOPJ (artículo 227(1) de la LEC), que exige que se analice la firmeza de una norma procesal antes de que la nulidad pueda considerarse un recurso apropiado.

quiere decir que no todas las infracciones de la forma procesal viciarán el procedimiento o los actos procesales afectados, algo a lo que ya hemos aludido antes. No obstante, los plazos son objeto de una regulación estricta y sumamente clara en la LEC[171], en la que se establece expresamente que son improrrogables y que su incumplimiento da lugar a la preclusión del acto procesal en cuestión para la parte incumplidora[172]. Dicho esto, las consecuencias legales del incumplimiento de un plazo tal vez no sean tan automáticas como podrían parecer a primera vista.

En su libro sobre el concepto de preclusión, escrito en el 2004, el profesor Vallines afirma que, al incumplimiento de los plazos se le ha de aplicar la norma específica contenida en el artículo 242 de la LOPJ (artículo 229 de la LEC), según la cual los actos judiciales realizados fuera del plazo señalado en la ley solo podrán anularse cuando ello se derive de la naturaleza del plazo en cuestión[173]. En consecuencia, concluye que, por regla general, las actuaciones realizadas fuera de plazo deberán ser anuladas para que la preclusión tenga efecto en la práctica, lo que exige, a su vez, que la parte contraria solicite al tribunal que declare que esas actuaciones se han realizado fuera de plazo y, por tanto, son inadmisibles[174]. Asimismo, afirma que eso está en consonancia con

---

171 También son relativamente breves: por ejemplo, solo veinte días hábiles para la presentación de un escrito de contestación en los juicios ordinarios (artículo 404 de la LEC) o del recurso de apelación de una sentencia en primera instancia (artículo 458(3) de la LEC), y solo diez días hábiles para la contestación en un juicio verbal (artículo 438 de la LEC).

172 Artículos 134(1) y 136 de la LEC, respectivamente.

173 Esta postura no es compartida por muchos analistas, que consideran más bien que el artículo 242 de la LOPJ se refiere únicamente a los incumplimientos de los plazos fijados por ley por parte de los tribunales (y no de las partes), que no suelen considerarse causa de nulidad. Véase, por ejemplo, Andrés Ciruana, B., *La invalidez de las actuaciones*, n. 170, p. 166.

174 Según Andrés Ciruana, B., la capacidad de las partes para invocar la nulidad de un escrito presentado fuera de plazo por la parte contraria estaría justificada incluso sin necesidad de que se produzca una vulne-

el principio general de la facultad de las partes de disponer del procedimiento, lo cual conlleva la posibilidad de que, en último término, acuerden evitar la aplicación estricta de las normas de preclusión, si así lo desean:

> "Esta conclusión tiene su lógica si se contempla la preclusión desde el punto de vista del principio dispositivo. En efecto, como hemos visto en III.1, el fundamento esencial de la preclusión es la seguridad jurídica; seguridad jurídica para los que litigan y para los tribunales que conocen de los litigios. Pues bien, como es notorio, en el proceso civil el proceso y su objeto se conciben como una "cosa de las partes" (principio dispositivo). Y, por eso, no es descabellado que el legislador sacrifique las exigencias de seguridad respecto del tribunal cuando las partes (los *domini litis*) están de acuerdo en ello; y, en consecuencia, que la ley permita que las partes puedan, en alguna medida, disponer de la eficacia de las preclusiones producidas. Y esa disposición tiene lugar, precisamente, siempre que frente al ejercicio de un poder precluido no se alzan el resto de los litigantes (a los que la preclusión otorga seguridad jurídica). Se produce entonces una suerte de convenio tácito entre las partes que hace desaparecer los efectos de la preclusión."[175]

Por consiguiente, lo que postula (en aplicación del artículo 242 de la LOPJ) es que, salvo que lo solicite una de las partes, en principio los tribunales no están obligados a rechazar de oficio documentos o alegaciones presentados fuera de plazo, ni siquiera como consecuencia de una declaración, al amparo del artículo 136 de la LEC, de que ha transcurrido un determinado plazo y se ha hecho efectiva la preclusión. Al mismo tiempo, sin embargo, Vallines argumenta que, en contra de esta propuesta inicial, la ley contiene numerosas disposiciones específicas que contem-

---

ración material del derecho de defensa de dicha parte (según el artículo 225(3) de la LEC), en base al artículo 227(1) de la LEC que permite a una parte (no al tribunal) solicitar la nulidad de un acto procesal por haberse realizado con infracción de los requisitos indispensables para que dicho acto alcance su fin, debiéndose esa norma aplicarse de forma abstracta (y no material); *La invalidez de las actuaciones*, n. 170, 206.

175 Vallines García, E., *La preclusión en el proceso civil*, n. 118, 306.

plan expresamente la declaración *ex officio* de la inadmisibilidad de los actos procesales realizados de forma extemporánea, una vez transcurrido el plazo señalado, lo que vendría a modificar la regla general establecida en el artículo 242 de la LOPJ, que se convierte así en la excepción y no en la regla. No obstante, cabe señalar que muchas de las disposiciones a las que se refiere Vallines, que establecían expresamente la obligación del tribunal de rechazar los actos procesales concretos realizados fuera de plazo, han sido derogadas desde la época en que redactó su trabajo sobre esta materia, por lo que, si bien todavía subsiste el requisito expreso de que el tribunal considere inadmisibles los documentos presentados fuera de plazo (artículo 272 de la LEC), que es ciertamente una disposición clave para nuestro propósito, ya no existe tal obligación en relación con los escritos que solían requerírsele al recurrente para informar al tribunal de su intención de recurrir una sentencia (la denominada preparación del recurso). Así pues, estos cambios podrían dar ahora un mayor peso a su propuesta inicial basada en el artículo 242 de la LOPJ.

Esta postura más matizada que defiende el profesor Vallines no es, sin embargo, la más extendida en la doctrina. La mayoría considera simplemente que las normas sobre plazos y preclusión no contemplan ninguna excepción y deberían ser aplicadas de oficio por el tribunal (declarando la inadmisibilidad de los actos realizados fuera de plazo)[176]. En consecuencia, esta cuestión resulta, cuando menos, incierta; y en lo que quizá coincidirían la mayoría de los analistas es en que *las normas relativas a las consecuencias de la infracción de las normas procesales (en particular, la nulidad) merecen una regulación más clara*[177].

Lo que sí contempla explícitamente la LEC es que las partes —en la más clara expresión de su derecho subyacente a disponer

176 Por ejemplo, Andrés Ciruana, B., *La invalidez de las actuaciones*, n. 170, p. 166.

177 Véase Vallines García, E., *La preclusión en el proceso civil*, n. 118, 106; y Andrés Ciruana, *ibid.*, 116-117.

del procedimiento como estimen más oportuno— pueden acordar la suspensión del procedimiento. Esta posibilidad está regulada en el artículo 19(4), así como en el artículo 179(2), de la LEC. En concreto, el artículo 19, en su apartado 4, establece que el procedimiento se suspenderá a petición de las partes, siempre y cuando el periodo de suspensión no supere los sesenta días. Además, la suspensión está prevista expresamente en caso de que las partes acuerden someter la controversia a mediación[178]. El artículo 179(2) de la LEC hace referencia a la reanudación del procedimiento tras un periodo de suspensión y establece que, mientras ninguna de las partes solicite su reanudación, el procedimiento podrá quedar en suspenso (hasta el momento en que lo soliciten o bien hasta la caducidad del procedimiento transcurrido el periodo señalado para ello)[179]. En la práctica, por tanto, la suspensión del curso del procedimiento puede prolongarse durante más tiempo.

Lo que hemos descrito hasta ahora hace referencia a la facultad de las partes de obtener una prórroga de los plazos del procedimiento y no a una facultad de gestión procesal inherente a los propios tribunales. Los juzgados españoles no tienen, por sí mismos, un poder general para suspender procedimientos o prorrogar plazos. Entonces, ¿qué pueden hacer los tribunales, si es que pueden hacer algo? Además de fomentar la cooperación de las partes para la consecución de estos fines, como en el ejemplo del protocolo de Barcelona, disponen de dos opciones que, aunque limitadas, merecen cierta atención. La primera guarda relación con el mecanismo de acumulación; la segunda, con la figura de la prejudicialidad. Además, el Derecho de la Unión puede ofrecer otras bases jurídicas para la moderación de los plazos nacionales: las analizaremos brevemente más adelante.

---

178 Artículo 415 de la LEC, tras su modificación en virtud de la Ley 5/2012, de 6 de julio, de Mediación en Asuntos Civiles o Mercantiles.

179 El artículo 237 de la LEC establece que los procedimientos en primera instancia caducan si no hay actividad procesal durante un periodo de dos años.

*Suspensiones relacionadas con la acumulación*

En el caso de la acumulación, la LEC contempla sin duda la posibilidad de suspender el procedimiento, si bien los poderes del juez en este sentido son limitados. El poder general para suspender el curso de las actuaciones se encuentra en manos de las partes, no de los tribunales. No obstante, cuando se haya solicitado la acumulación de procesos que se siguen en distintos tribunales, los jueces estarán facultados para suspender aquellos procedimientos que hayan alcanzado la fase inmediatamente anterior al juicio[180]. Además, como es lógico, los tribunales deberán abstenerse de dictar sentencia hasta que resuelva sobre la solicitud de acumulación, ya que, de lo contrario, la solicitud resultaría ociosa[181]. En la práctica, lo normal es que un tribunal que esté contemplando la acumulación de varias demandas paralelas interpuestas ante él prefiera evitar el impulso de esos procesos antes de tomar una decisión, con el fin de acercarlos lo más rápidamente posible a un calendario conjunto. De hecho, una vez ordenada la acumulación, el tribunal suspenderá las actuaciones en los procedimientos más avanzados hasta que todos los procesos acumulados coincidan en la misma fase[182].

Como señaló el Juzgado de lo Mercantil n.º 1 de Oviedo en el litigio sobre el denominado cartel de los camiones en sus observaciones sobre la acumulación, a las que ya nos hemos referido, no es posible evitar totalmente que se tomen decisiones individuales "autónomas", en la medida en que cualesquier demanda que no sea objeto de la acumulación acordada quedan, por tanto, fuera del alcance de la suspensión y de la coordinación procesal. Lo cierto es que, si bien parece haber sido la intención de los tribunales y de las partes en el marco del protocolo de Barcelona que el proceso acordado cubriera todas las demandas presentadas *o por presentar* por los letrados representantes del grupo CETM has-

180 Artículo 88(2) de la LEC.

181 Artículo 81(2) de la LEC.

182 Artículos 84(2), 92 de la LEC.

ta una determinada fecha de corte y que se suspendieran otras demandas futuras, se diría que ni siquiera ese acuerdo ha bastado para evitar el riesgo de que demandas ”autónomas” sigan su curso de modo independiente y lleguen hasta la sentencia antes que las demandas gestionadas colectivamente. De hecho, ese riesgo se materializó en al menos un caso, en el que una demanda interpuesta por el grupo CETM contra los fabricantes de camiones llegó a la sentencia (tanto en primera como en segunda instancia) en Barcelona en 2022, antes de que el proceso colectivo hubiera llegado siquiera a la fase de audiencia previa, desvirtuando de esa manera uno de los objetivos del proceso protocolizado[183].

*Suspensiones y cuestiones prejudiciales planteadas a la UE*

Un segundo ejemplo interesante de tribunales que acuerdan una suspensión del procedimiento lo encontramos en casos de litigios en masa en los que se plantea una cuestión material y pertinente relativa a la aplicación del Derecho de la Unión. En tales circunstancias, en las que un tribunal decide remitir una cuestión prejudicial al TJUE al amparo del artículo 267 del TFUE, las actuaciones a las que se refiere la petición quedan, naturalmente, en suspenso (en virtud del artículo 23 del Estatuto del TJUE). Se trata de un procedimiento automático. Pero, además, ha habido ocasiones en las que los tribunales españoles han decidido también suspender *procedimientos conexos*, de forma más general, cuando una cuestión prejudicial ha sido remitida al TJUE por otro tribunal y resulta pertinente para el procedimiento de que conocen.

Así sucedió en el contexto de la litigación de consumo a causa de las denominadas “cláusulas suelo”[184] hipotecarias. En mayo de

183 *Grúas Transportes y Carretillas El Rayo Amarillo SL contra Iveco SpA* SJM3 Barcelona, 22 de enero de 2021, ES:JMB:2021:562; SAP Barcelona, 18 de julio de 2022, ES:APB:2022:7669.

184 Las “cláusulas suelo” son cláusulas utilizadas por los bancos en los términos y condiciones estándar de los préstamos hipotecarios que impiden la reducción de los tipos de interés a los niveles reales de mercado

2013, estas cláusulas fueron declaradas nulas por el Tribunal Supremo de conformidad con el Derecho de la Unión, nulidad que fue ratificada en marzo de 2015, aunque sin efecto retroactivo[185]. Sin embargo, el limitado efecto temporal de esa nulidad fue objeto de varias cuestiones prejudiciales cursadas por tribunales inferiores españoles al TJUE. En diciembre del 2016[186], en respuesta a esas cuestiones, el TJUE corrigió la posición del Tribunal Supremo, abriendo así la puerta a los consumidores a reclamar el importe ilícito de cualquier préstamo hipotecario abonado con anterioridad a marzo de 2013, siempre que sus demandas no hubieran adquirido la condición de cosa juzgada en el ínterin[187]. Durante el periodo anterior a la sentencia del TJUE, el Tribunal Supremo tomó la decisión de suspender todos los recursos interpuestos ante él hasta tener el resultado de las cuestiones prejudiciales planteadas, sin remitir él mismo su propia cuestión prejudicial. Con esa decisión, el Tribunal Supremo entendía que las peticiones pendientes remitidas por los tribunales inferiores tenían una conexión directa con el objeto del recurso tramitado ante él y que su resolución constituía, implícitamente, una cuestión prejudicial en dicho recurso. El recurso debía, por tanto, quedar en suspenso. El Tribunal Supremo esgrimió al respecto los siguientes motivos fundamentales: (i) la cuestión del Derecho de la Unión era pertinente y no estaba clara, de manera que, siguiendo la norma general, debería ser objeto de una cuestión prejudicial conforme al artículo 267 del TFUE, dado que el Tribunal Supremo es el tri-

cuando los tipos caen por debajo de los niveles mínimos establecidos en el contrato.

185 STS 241/2013, 9 de mayo de 2013, ES:TS:2013:1916; STS 138/2015, 25 de marzo de 2015, ES:TS:2015:1279 (*Cláusulas Suelo*).

186 Asuntos acumulados C-154, 307 y 308/15 *Gutiérrez Naranjo contra Cajasur Banco SAU* EU:C:2016:980, reenviados por el Juzgado de lo Mercantil n.º 1 de Granada y la Audiencia Provincial de Alicante.

187 Para una excelente descripción de las circunstancias del caso, véase Fidalgo Gallardo, C., "La prejudicialidad europea: cuestiones prejudiciales y suspensión de procesos civiles" (2022), 56, *Revista General de Derecho Procesal.*

bunal de última instancia; (ii) sin embargo, no era lógico desde el punto de vista procesal remitir otra cuestión prejudicial al TJUE sobre el mismo asunto, ya que no haría más que provocar nuevos retrasos en el proceso de decisión prejudicial que ya estaba en marcha ante el TJUE; y (iii) dado que estaba previsto que la decisión del TJUE relativa a las cuestiones ya planteadas se dictase en un periodo de tiempo razonable, la suspensión no causaría ningún perjuicio a las partes.[188]

Posteriormente, en otros pleitos de consumo contra entidades bancarias (en esta ocasión, en relación con las condiciones establecidas en los préstamos hipotecarios para los intereses de demora), se adoptó esta misma postura, esta vez en un nivel jurisdiccional inferior. Se trata de la decisión de la Audiencia Provincial de Sevilla —estando pendiente una cuestión prejudicial remitida al TJUE por el Tribunal Supremo— en un auto adoptado por todas las secciones relevantes de la audiencia provincial con el fin de unificar los criterios que debían aplicarse a esos asuntos en fase de recurso en la provincia de Sevilla[189]. Aplicando el mismo razonamiento que el Tribunal Supremo en su auto de abril de 2016, la Audiencia Provincial de Sevilla ordenó la suspensión del procedimiento particular que se seguía ante ella y estableció los criterios que debía adoptar la audiencia provincial en futuros asuntos de naturaleza similar. Al igual que el Tribunal Supremo en el asunto de las cláusulas suelo, la Audiencia Provincial de Sevilla era el tribunal de última instancia para ese asunto concreto y estaba por ello obligada a remitir una cuestión prejudicial, aunque, por las mismas razones de eficiencia procesal, decidió, en su lugar, suspender y aguardar la resolución de la cuestión ya planteada.

También hay ejemplos de tipo más general. Es el caso de algunos tribunales que, pese a no ser de última instancia, han decidido suspender las actuaciones seguidas ante ellos por existir una cuestión prejudicial, con un objeto relacionado, ya planteada por

---

188 ATS de 12 de abril de 2016, ES:ES:2016:2927A.

189 AAP Sevilla (Secciones 2, 5, 6 y 8), 23 de marzo de 2017.

otro tribunal español ante el TJUE. Su decisión se ha basado en una interpretación flexible, o por analogía, de la norma de prejudicialidad civil recogida en el artículo 43 de la LEC. Un tribunal de primera instancia se ha basado directamente en la doctrina del TJUE expuesta en *Masterfoods*, fundada en el deber de cooperación leal de los órganos jurisdiccionales nacionales de acuerdo con el artículo 4(3) del TUE[190]. Sin embargo, la mayoría de los tribunales han rechazado tales peticiones de suspensión alegando que no están amparadas por la norma de la prejudicialidad civil recogida en el artículo 43 de la LEC ni por ninguna otra norma procesal en vigor.

Por supuesto, esta situación ha cambiado desde la adopción del Real Decreto-ley 6/2023 que incorporó una norma específica a la LEC, el artículo 43 *bis*, segundo apartado, que permite expresamente la suspensión discrecional de un procedimiento por motivo de una cuestión prejudicial que ha sido planteada por otro tribunal y que está "directamente vinculada con el objeto del que conoce" el primer tribunal. Sin embargo, por motivos políticos, el futuro de esa disposición en el momento de escribir era incierto, por lo que la cuestión de si la facultad general para suspender está amparada por la Ley sigue rodeada de cierta incertidumbre.

Desde luego, existen razones, desde la perspectiva de la eficiencia procesal y la buena administración de justicia, para evitar el avance de las actuaciones si existe una cuestión de Derecho de la Unión con una conexión directa con el resultado del proceso pendiente de resolución por el TJUE, aunque se plantee en un procedimiento independiente. Pese a la resistencia de la mayoría de operadores jurídicos a reconocer una facultad de suspensión en base al artículo 43 de la LEC, sin el cambio legislativo que tuvo lugar en diciembre de 2023, quisiera sugerir que, al menos en lo que respecta al Derecho de la Unión, quizá se podría replantear

---

190 Así lo recoge Fidalgo Gallardo, C., n. 187, quien identifica al Juzgado de Primera Instancia número 7 de Barcelona como el que adoptó esta postura.

esa postura restrictiva, justamente por los motivos antes esbozados. En primer lugar, cabe señalar que las decisiones del TJUE tienen efecto para todos (*erga omnes*), y no solo en el procedimiento al que se refiera la cuestión prejudicial: es decir, las decisiones del TJUE determinan la interpretación correcta del Derecho de la Unión en un momento dado, la cual debe ser seguida y aplicada por los órganos jurisdiccionales nacionales[191]. En consecuencia, la plena eficacia y la uniformidad del Derecho de la Unión exigen que los órganos jurisdiccionales nacionales apliquen los procesos nacionales de forma que no perjudiquen el resultado de una cuestión prejudicial al TJUE, aunque la haya planteado otro tribunal, en cumplimiento de su deber de cooperación leal y, en su caso, que dejen sin aplicar las normas nacionales contrarias (o, incluso, que establezcan un mecanismo procesal alternativo adecuado, si no existiera ninguno). Cuando exista el riesgo de que la decisión nacional sea firme, porque no haya recurso posible o no esté garantizado el derecho de recurso, la tutela judicial efectiva de los derechos de la parte afectada reconocidos en el Derecho de la Unión podría verse obstaculizada —incumpliéndose así el artículo 19 del TUE y el artículo 47 de la CDFUE— si no se suspende el procedimiento antes de que el TJUE determine su postura al amparo del Derecho de la Unión. Naturalmente, en teoría todos y cada uno de los tribunales podrían remitir su propia cuestión prejudicial, pero, en el contexto de un litigio en masa con cientos

---

191 Lenaerts, K., *EU Procedural Law*, n. 2 (Primera Parte), 244-246. En el Derecho español, el valor como precedente de las sentencias del TJUE se incorporó expresamente en la Ley General del Poder Judicial en 2015 (artículo 4 *bis*(1), introducido por la Ley Orgánica 7/2015). La clasificación teórica exacta de estos efectos vinculantes es objeto de debate académico. Véase además, entre otros, Jacob, M., *Precedents and Case-Based Reasoning in the European Court of Justice* (CUP, 2014), 243-253; de la Oliva Santos, A., Díez-Picazo Giménez, I., y Vegas Torres, J., *Curso de Derecho Procesal Civil II* (4ª ed. Cerasa, 2021), 365-366; las paradigmáticas conclusiones del AG Werner en el asunto 112/76 *Manzoni contra Fonds national de retraite des ouvriers mineurs* EU:C:1977:133; [1977] Rec. p. 1647, 1661-3.

o miles de procedimientos, es evidente que esa opción no resulta deseable, ya que podría provocar interminables retrasos y una gran ineficiencia, en grave detrimento de los mismos derechos que los artículos 19 del TUE y 47 de la Carta pretenden proteger (justamente la motivación empleada por el Tribunal Supremo en su auto de 2016).

La cuestión central, entonces, pasaría a ser si la resolución de una cuestión concreta de Derecho civil por el TJUE en un procedimiento distinto es realmente determinante para el asunto que se sigue ante el tribunal civil nacional[192]. Es evidente que habría que proceder con cautela para evitar que las partes intenten utilizar esta eventual vía como táctica dilatoria injustificada que podría poner en peligro el acceso a la justicia. Hay, además, una cuestión práctica: para que funcione correctamente un sistema de suspensión más amplia (incluso al amparo de una norma como el nuevo artículo 43 *bis* de la LEC[193]), deben habilitarse mecanismos de transparencia adecuados que garanticen que los tribunales y las partes tienen suficiente conocimiento de las cuestiones prejudiciales planteadas y de su alcance. En todo caso, se arguye que, en la litigación española asociada al cartel de los camiones, podría haberse evitado cierto grado de ineficiencia mediante un uso sensato de la eventual posibilidad de suspender determinadas actuaciones cuando dependieran del resultado de las cuestiones prejudiciales remitidas al TJUE.

*Plazos procesales y el "tiempo suficiente para defenderse" del Derecho de la UE*

Excepcionalmente, el Derecho de la Unión puede ofrecer a los tribunales otros motivos para prorrogar los plazos. Las normas aplicables a la notificación de demandas (emplazamiento) y la ejecución de sentencias en asuntos transfronterizos incluyen mecanismos de salvaguarda del derecho de defensa que tienen

---

192 En palabras del nuevo artículo 43 *bis* de la LEC: "directamente vinculada con el objeto del litigio".

193 Véase n. 191.

un significado autónomo en el Derecho de la Unión y que, en la práctica, pueden afectar al tiempo permitido a los demandados para actuar. En concreto, los demandados tienen derecho a recibir el escrito de demanda en un idioma que comprendan[194] y a que se les conceda un plazo suficiente desde la fecha de notificación efectiva para defenderse[195]. Estas disposiciones fueron objeto de un intenso debate entre los tribunales y las partes durante la primera fase de la litigación asociada al cartel de los camiones en

194 El artículo 8 del Reglamento 1393/2007 (en la actualidad artículo 12 del Reglamento 2020/1784) concede a los demandados el derecho a rechazar la notificación cuando un documento no esté traducido a un idioma que el demandado entienda o al idioma del país en el que se encuentre el demandado. El demandado disponía de una semana (ahora son dos semanas con arreglo al nuevo Reglamento de notificación y traslado) para ejercer ese derecho y el plazo para presentar su contestación no comenzará hasta que haya transcurrido dicho plazo (véase el asunto C-7/21 *LKW WALTER Internationale Transportorganisation AG contra CB* EU:C:2022:527). En el caso del escrito de demanda, el demandado también puede tener derecho a la traducción de otros documentos anexos al escrito de demanda en los que el demandante desee basarse, según determine el tribunal que lo tramite en el Estado de origen (asunto C-14/07, *Ingenieurbüro Michael Weiss und Partner GbR contra Industrie– und Handelskammer Berlin* EU:C:2008:264; [2008] Rec. p. I-3367; asunto C-21/17, *Catlin Europe SE contra OK Trans Praha spol sro* EU:C:2018:675).

195 El requisito del plazo suficiente se formula como una garantía que debe verificar el órgano jurisdiccional de origen en situaciones de incomparecencia. Así, por ejemplo, el artículo 19(1) del Reglamento 1393/2007 (artículo 22 del Reglamento 2020/1784) establece que no se dictará sentencia cuando el demandado no haya comparecido, a menos que la notificación se haya efectuado correctamente y se haya concedido al demandado tiempo suficiente para defenderse, y, en términos similares, el artículo 45(1)(b) del Reglamento Bruselas I *bis* establece que podrá denegarse la ejecución de una sentencia cuando el demandado no haya comparecido en el procedimiento correspondiente y no se le haya concedido tiempo suficiente para defenderse. Para profundizar en este tema, véase Quintana, I., “Plazos procesales y derechos del demandado en el Derecho UE y el Derecho español”, *Almacén de Derecho*, 7 de noviembre de 2022.

España, por ejemplo, a la hora de determinar qué documentos debían ser traducidos por los demandantes y a qué idiomas, y cuándo tenían derecho los demandados a rechazar la notificación. En algunas ocasiones excepcionales, algunos tribunales aprobaron plazos *ad hoc* para la presentación de la contestación con el fin de tener en cuenta el efecto de las garantías procesales de la UE en unas circunstancias concretas de notificación[196].

Teniendo en cuenta todo lo anterior, no sería impensable que algún día el TJUE fuese llamado a examinar la compatibilidad con el Derecho de la Unión de los plazos para la presentación de una contestación en un complejo asunto de Derecho de la competencia[197].

### d) Preparación del juicio

Conviene decir unas breves palabras también sobre las actuaciones de los tribunales con respecto a la preparación y celebración del juicio. En estas cuestiones, la LEC otorga ciertas facultades y libertad a los tribunales para actuar, desde una perspectiva procesal.

*La fecha del juicio y las sesiones*

Las fechas de las vistas, incluido el juicio, las señalan los propios tribunales[198]. La LEC establece plazos desde la audiencia pre-

---

196 Por ejemplo, AJM1 La Coruña, 19 de noviembre de 2018, que concedió una prórroga de 20 días del plazo para contestar a la demanda en lugar de la traducción de todos los documentos por parte de la parte actora.

197 Me atrevería a aventurar que el plazo de 10 días para presentar una contestación completa a la demanda, junto con los documentos que sustenten la tutela solicitada, en el marco del juicio verbal, bien podría suspender un examen de este tipo si algún día llegara a producirse en un caso de circunstancias extremas. De hecho, se puede observar que, con buen criterio, los plazos para las acciones de representación han sido ampliados en la última versión del anteproyecto de ley publicada en noviembre de 2023 (n. 34).

198 Artículo 429(2).

via hasta la celebración del juicio, pero el incumplimiento de esos plazos (como en el caso del plazo para la audiencia previa tras la presentación de la contestación)[199] no justifica la declaración de nulidad del procedimiento y, en la práctica, es más habitual el incumplimiento de estos plazos que su cumplimiento[200]. En ese sentido, hay margen en la práctica para que los jueces adapten los plazos a las necesidades del caso y de las partes, y esa es una de las cuestiones que deberían tratarse en la audiencia previa, cuando el tribunal estudia la fecha del juicio, su duración y el número de sesiones. Para empezar, el juicio debe ajustarse al principio de "unidad de acto", lo que significa que, aunque deba prolongarse varios días, estos deberían ser consecutivos[201]. No obstante, hay motivos por los que puede que eso no sea posible y, de hecho, parece un ámbito, en particular cuando hay acuerdo entre las partes, en el que la flexibilidad será, en la práctica, posible, además de deseable.

*La función de la audiencia previa*

La audiencia previa fue una creación de la LEC cuyo principal objetivo, como ya se ha señalado, era que el tribunal tuviera un mayor contacto con la controversia planteada ante él. Ha de ser una vista oral y estar dirigida por el juez que resolverá sobre el fondo del asunto[202]. Más concretamente, cuando se trata de asuntos más complejos (que seguirían el procedimiento ordinario y no el acelerado, el juicio verbal), la finalidad de la audiencia previa es, en primer lugar, permitir al juez detectar (y, si es posible, subsanar) cualquier circunstancia que pudiera impedir el desarrollo del proceso hasta la emisión de la sentencia sobre el fondo[203].

---

199 Artículo 414(1) de la LEC.

200 Véase Gascón Inchausti, F., *Derecho Procesal Civil. Materiales para el estudio* (4ª ed. 2022/2023, Universidad Complutense de Madrid), disponible en línea (*copyleft*): https://hdl.handle.net/20.500.14352/3101, 92.

201 Véanse los artículos 184, 290 de la LEC.

202 Artículos 137(2), 414 de la LEC.

203 Artículo 416 de la LEC.

Ello podría incluir una decisión sobre la acumulación de acciones, el litisconsorcio necesario, o cuestiones sobre la cosa juzgada y litispendencia[204]. La audiencia previa también ofrece al tribunal y a las partes la oportunidad de centrar el debate que se ha de tener en el juicio, lo cual incluye la posibilidad de que las partes aclaren o complementen oralmente las posiciones expresadas en sus escritos de demanda y de contestación, sin modificar significativamente esas posturas[205]. También implica que las partes, con la ayuda del tribunal, determinen cuáles son los hechos controvertidos y cuáles, por tanto, deberían ser el objeto de los medios de prueba[206]. La siguiente fase es la proposición y admisión de pruebas, momento en que se permite al juez, de manera excepcional, indicar a las partes los hechos controvertidos en relación con los cuales considera que no se han propuesto pruebas suficientes y de qué manera podría subsanarse esa insuficiencia[207]. Por último, el tribunal señalará la fecha del juicio, siendo posible, de forma excepcional y siempre que esté debidamente justificado, que el juicio se celebre en varias fechas consecutivas o en sesiones independientes[208].

La audiencia previa ofrece una oportunidad única dentro del procedimiento ordinario español para que el juez interaccione con las partes y con sus letrados en relación con el procedimiento, antes del juicio y la sentencia y, de ese modo, centre el procedimiento de forma adecuada desde el punto de vista tanto procesal como material[209]. Por ese motivo, el acto debería ser una vista oral

---

204 Artículos 419, 420, 421 de la LEC, respectivamente.

205 Artículo 426 de la LEC.

206 Artículo 428 de la LEC.

207 Artículo 429(1) de la LEC.

208 Artículo 429(7) de la LEC.

209 El uso de la palabra “única” no es estrictamente correcto. En la siguiente sección, analizaremos el papel que la vista de acceso a fuentes de prueba podría asumir en la gestión de los procesos en materia de defensa de la competencia. En el régimen de acciones colectivas propues-

con presencia del juez y de las partes[210]. En el entorno adecuado, respaldado por una preparación y especialización apropiadas de los tribunales y por la colaboración de las partes, la audiencia podría ofrecer una mayor oportunidad para la gestión procesal activa de asuntos complejos.

*La resolución de cuestiones procesales para asegurar una sentencia sobre el fondo del asunto*

Una de las razones para la creación de la audiencia previa era preparar el pleito para el juicio y facilitar la obtención de una sentencia efectiva sobre el fondo del asunto, en especial en casos de cierta complejidad[211]. La exposición de motivos de la LEC cita una conocida máxima: "Nada más ineficaz que un proceso con sentencia absolutoria de la instancia", lo que viene a significar, básicamente, que el esfuerzo de llevar a cabo todo un proceso en primera instancia será inútil si termina siendo rechazado, especialmente, podría añadirse, si la demanda contenía defectos formales importantes (lo que determinaría la inadmisión de la demanda o que podría haberse subsanado) o si el asunto requería una mayor definición de las cuestiones materiales en disputa antes de que pudiera celebrarse el juicio y pudieran examinarse las pruebas[212]. En consecuencia, la subsanación de los defectos pro-

---

to por el Gobierno en 2023, la vista de certificación también adquiriría una importancia clave.

210 Tras la Covid-19, era habitual que las audiencias previas se celebraran por videoconferencia, algo permitido por el artículo 19 del Real Decreto-ley 16/2020, de 28 de abril.

211 Gascón Inchausti, F., y Palomo Vélez, D., "La audiencia previa al juicio en el modelo procesal civil español" (septiembre de 2007), 1, *Revista Hispano-Chilena de Derecho Procesal Civil* 51, sección 3.1.2.

212 Este principio refleja los derechos procesales de las partes a una sentencia sobre el fondo que sea favorable al demandante si la demanda es fundada. Tales derechos, reconocidos por el Derecho procesal español, se han desarrollado y constitucionalizado bajo el paraguas del derecho fundamental al acceso a la justicia y a la tutela judicial efectiva. Véase, entre otros, Gascón Inchausti, F., *Derecho Procesal Civil*, n. 200, 54-66.

cesales, la aclaración de las cuestiones controvertidas y la valoración de la relevancia de las pruebas propuestas son herramientas fundamentales que la audiencia previa ofrece al tribunal.

Debemos recordar, no obstante, que no hay una disposición general en el Derecho español que establezca que los tribunales deban resolver sobre cuestiones prejudiciales por separado (antes de la sentencia definitiva)[213] o, para el caso, ordenar la desestimación de una demanda. Es decir, no es posible que el tribunal resuelva sobre cuestiones materiales específicas de relevancia para el resultado final del caso a través de decisiones provisionales (que pueden recurrirse ante tribunales superiores), como sí es posible en muchas otras jurisdicciones europeas (incluido el Reino Unido). Esas cuestiones prejudiciales pueden influir, o ser decisivas, en el resultado final del caso e, incluso, provocar la desestimación de demandas sin que la sentencia entre en el fondo del asunto o valore pruebas practicadas en el juicio, como puede ocurrir, por ejemplo, si se admite una excepción de prescripción. La audiencia previa regulada en la LEC no se extiende a esas cuestiones.

Quisiera comentar dos últimos puntos relativos a la posibilidad de que los jueces utilicen la audiencia previa como medio para conseguir el objetivo de que las sentencias decidan sobre el fondo del asunto. El primero hace referencia a un ejemplo de cuando el sistema ha resultado incapaz de dictar una sentencia sobre el fondo del asunto en un caso de aplicación privada en España. Es un escenario que tiene cierta relevancia actualmente para la aplicación privada del Derecho de defensa de la competencia en España. El segundo se refiere al uso de decisiones prejudiciales del TJUE como forma de abordar cuestiones prejudiciales de re-

---

213 Podrán resolverse defectos procesales, en particular la falta de competencia, pero no cuestiones prejudiciales de carácter sustantivo. Es posible que el tribunal suspenda el procedimiento cuando una cuestión prejudicial relevante sea objeto de otro procedimiento que se encuentre pendiente (artículos 41 y 43 de la LEC) o para remitir cuestiones prejudiciales de Derecho de la Unión al TJUE (artículo 267 del TFUE).

levancia material para el asunto cuando el contenido de estas está relacionado con el Derecho de la Unión.

Unas cuantas sentencias dictadas en litigios españoles de aplicación privada han desestimado las reclamaciones de indemnización por daños y perjuicios alegando que la decisión de la autoridad de defensa de la competencia en cuestión, en la que se estimaba la infracción subyacente a la que se referían las demandas, era susceptible de recurso y, por tanto, no era firme en el momento en que se presentaron las demandas civiles[214]. En especial, en su sentencia de 20 de enero de 2022, el Juzgado de lo Mercantil n.º 1 de Oviedo desestimó una demanda interpuesta por un ganadero asturiano para reclamar los daños presuntamente causados por la conducta de ciertas empresas lácteas en el mercado español de compra de leche cruda que ya había sido objeto de una investigación abierta por la CNMC, la cual concluyó con una resolución de infracción (en 2019). Esa decisión fue recurrida por las empresas lácteas ante la Audiencia Nacional y las sentencias no se habían dictado todavía cuando se interpuso la demanda (en el año 2020).

La sentencia del tribunal de Oviedo, que ocupa solo dos páginas, se fundamenta en un único motivo: "La imposibilidad de que prospere la demanda"[215]. Este es un claro ejemplo de un asunto en el que se sigue un proceso ordinario completo en primera instancia (incluidos audiencia previa y juicio sobre el fondo), que se prolongó casi dos años enteros y que, en gran medida, resultó inútil, porque la demanda estaba condenada al fracaso desde su inicio[216]. ¿Por qué estaba la demanda destinada a fracasar? Según el tribunal, la demanda estaba planteada como una "pura acción consecutiva o *follow on*", con lo que el tribunal venía a decir que la prueba de la infracción que daba lugar a los daños se basaba

---

214 Esto ha ocurrido, por ejemplo, en relación con las reclamaciones en los litigios derivados de los denominados cárteles de leche y de coches.

215 El título del FJ 2.

216 "La demanda está condenada a su fracaso desde su inicio", FJ 2.

íntegramente en la decisión de la CNMC y que el demandante no había solicitado al propio tribunal que declarase la existencia de la infracción en su escrito de demanda.

Sin tener acceso a los autos es difícil juzgar, pero me pregunto si la apreciación del tribunal sobre este punto fue correcta o coherente con el derecho a una sentencia sobre el fondo del asunto. En primer lugar, la decisión parece negar la capacidad de los tribunales civiles para apreciar la existencia de la infracción como cuestión previa a la determinación de los daños sin que el demandante tenga que solicitarlo expresamente[217]. En segundo lugar, también parece negar la competencia del tribunal civil (compartida con la jurisdicción contencioso-administrativa) para determinar la existencia de infracciones del Derecho de la competencia[218]. En efecto, resulta extraño que el tribunal no considerase si podía determinar la existencia de la infracción (pese a la prueba de ello proporcionada por la decisión de la CNMC, que, si bien no era definitiva, ofrecía un elemento de prueba innegable); que tampoco pudiese adoptar medida alguna en la fase de audiencia previa para que el demandante rectificase el escrito de demanda o las pruebas propuestas de modo que le permitiera pronunciarse sobre el fondo del asunto; y que tampoco suspendiera el curso del procedimiento hasta que se obtuviera el resultado de los recursos por vía administrativa[219]. El resultado fue una sentencia en pri-

---

217 La legislación española no adopta un enfoque formalista de la parte dispositiva de las alegaciones (*petitum*); véase STS, 14 de julio de 2016, ES:TS:2016:3449, FJ 3. Para conocer un ejemplo de un asunto en el que el demandante solicitó una indemnización por daños y perjuicios, pero el tribunal apreció todos los elementos de la acción (conducta ilícita, culpa, causalidad y daño), véase SJM5 Madrid, 11 de noviembre de 2005, *Conduit Europe SA contra Telefónica de España SAU*, ES:JMM:2005:70; confirmada por SAP Madrid, 25 de mayo de 2006, ES:APM:2006:6773.

218 Conforme a los artículos 1 y 6 del Reglamento 1/2003.

219 El artículo 434 de la LEC prevé la facultad de suspensión en el periodo que media entre el juicio y la sentencia para esperar el resultado de una investigación de competencia.

mera instancia que desestimaba la demanda del ganadero y que privó a este de la oportunidad de que se examinase el fondo de su demanda de indemnización por daños.

Lo cual nos lleva al segundo punto: las cuestiones prejudiciales. La vía de la que disponen los órganos jurisdiccionales nacionales para elevar cuestiones prejudiciales de naturaleza sustantiva en asuntos basados en el Derecho de la competencia de la UE es el procedimiento recogido en el artículo 267 del TFUE. El procedimiento contemplado en el artículo 267 del TFUE ha permitido a los tribunales españoles, por ejemplo, solicitar al TJUE que interprete cuestiones de Derecho de la Unión relacionadas, entre otras cosas, con las normas de prescripción aplicables, el acceso a fuentes de prueba o el estándar probatorio. Más aún, la respuesta del TJUE, si bien formalmente se limita a contestar una cuestión prejudicial de interpretación del Derecho de la Unión y deja al órgano jurisdiccional nacional la aplicación de esa interpretación al asunto en cuestión, ha sido en ocasiones determinante para la resolución de la caso subyacente nacional. Claramente, el uso de las cuestiones prejudiciales debe ser prudente, especialmente en primera instancia, por el retraso que puede provocar en el procedimiento en cuestión (y, posiblemente, más ampliamente en otros procedimientos conexos, como ya hemos visto) y la posibilidad de que tribunales superiores realicen esa misma solicitud en un momento posterior, si procede. Por otro lado, en lo que respecta a la resolución general de litigios en los que se aplica el Derecho de la Unión, el dictamen definitivo del TJUE puede resultar clave y, sin duda, en ocasiones puede ser más eficiente que los tribunales inferiores lo soliciten que esperar.

#### e) El poder de disposición de las partes sobre el proceso

Llegados a este punto, nos podemos plantear una breve reflexión final relacionado con la gestión procesal, y se refiere al poder de disposición que ostenten las partes sobre el proceso.

La propuesta de los juzgados de lo mercantil en el año 2020 sobre la ordenación procesal de la litigación asociada al cartel de los camiones identificó el consentimiento de las partes como elemento central de los mecanismos de coordinación de asuntos propuestos en él (tanto en el caso de la acumulación como de la tramitación conjunta de procesos):

> "El consentimiento y colaboración de las partes evita el riesgo de que pudieran plantearse nulidades de actuaciones (art. 225 3º, 227.1 y 228.1 LEC) y facilita la efectividad de la coordinación.
>
> Tanto en la acumulación de autos como en la tramitación coordinada, la conformidad de las partes es imprescindible para permitir la aplicación al caso de las normas imperativas de una forma flexible y adaptada, haciendo posibles ciertas modificaciones (por ejemplo, en materia de plazos, emplazamientos, etc...) exigidas por el caso concreto. Además, existen circunstancias variadas entre los partidos judiciales que pueden permitir determinados acuerdos o mejoras sobre el régimen legal estricto de la acumulación de autos. Estas mejoras se sustentan en acuerdos de juntas de jueces o con los operadores jurídicos.
>
> No se ve razón para que en estos partidos judiciales no puedan aplicarse esas mejoras sobre el régimen legal estricto de la acumulación de autos."[220]

Estas recomendaciones se referían, sobre todo, a acuerdos entre el tribunal y las partes sobre la acumulación de procesos (al amparo de las reglas de acumulación en la LEC) y la adaptación consecuente del proceso en lo que el propio documento denomina "acumulación flexible". Sin embargo, nos podríamos preguntar de forma más general acerca de la capacidad de las partes en el proceso civil español de modelar su actuación procesal mediante acuerdo. Esta pregunta no se refiere a la eficacia jurídica del consentimiento otorgado entre las propias partes, que sería un asunto de Derecho privado, sino a las consecuencias del consentimiento en materia de Derecho público, a las implicaciones del consenti-

---

220 "Propuesta para la ordenación de procedimientos sobre el Cártel de los Camiones", n. 9.

miento para el proceso civil[221]. La respuesta preliminar y sencilla a esta cuestión de Derecho público es que las partes no tienen un derecho general a disponer del procedimiento civil mediante un acuerdo de voluntades, a menos que la ley así lo prevea, lo que no sucede en España[222]. En consecuencia, los litigantes españoles no pueden, por norma general, modificar el proceso civil mediante acuerdo entre ellos, salvo en el caso de ciertos actos procesales concretos en la medida que la LEC permita expresamente a las partes determinar por su voluntad esos aspectos concretos (como sucede en el caso de la acumulación). Esta es la posición clásica expresada por Schumann Barragán en su reciente trabajo sobre esta materia:

> "El reconocimiento y la admisibilidad de los negocios procesales no supone, debe destacarse desde ahora, una privatización del

---

221 Para un análisis en profundidad de este tema, véase Schumann Barragán, G., *Derecho a la tutela judicial efectiva*, n. 168; en particular, el capítulo IV, que aborda los denominados "Negocios Procesales" y donde el autor analiza la eficacia de tales negocios en el procedimiento. Semejantes negocios procesales pueden abarcar acuerdos para modificar el orden normal del proceso civil; por ejemplo, ampliando los plazos (p. 148). Sin embargo, este libro se centra más específicamente en los negocios privados entre las partes, su legalidad y sus efectos en el procedimiento (así como entre las propias partes), y no se ocupa tanto de los acuerdos de gestión procesal en los que intervienen las partes y el propio órgano jurisdiccional. Se trata de una distinción importante.

222 Por el contrario, en algunos países existe una disposición legal expresa para que las partes acuerden aspectos del procedimiento; como es el caso, por ejemplo, de Francia, donde se contempla expresamente en la ley de enjuiciamiento civil el acuerdo con las partes respecto de los calendarios procesales, o Brasil, donde el Código de Enjuiciamiento Civil de 2015 estableció la cooperación como un principio procesal, permitiendo expresamente los contratos y acuerdos procesales con el juez sobre los calendarios de procedimientos; véase Fabbi, A., "New Sources", n. 72, y Pondé Fonseca, J., "The Changing Role of Courts between the Privatization of Adjudication and the Privatization of Procedure", en Cadiet, L., (ed.), *Approaches to Procedural Law: The Pluralism of Methods* (Nomos, 2017), 147.

proceso. Y, desde luego, tampoco una subversión del orden público y del principio de legalidad procesal. Cada ordenamiento procesal, en función de una decisión de política legislativa, otorga un mayor número o menor ámbito de operatividad a la autonomía de la voluntad. Será en este ámbito de autonomía reconocido al individuo en el que se desenvuelvan los negocios procesales. Los negocios procesales parten y se integran necesariamente en el ordenamiento procesal positivo, no aspiran en modo alguno a subvertirlo."[223]

"En nuestro ordenamiento procesal rige el principio de legalidad (art. 1.1 LEC). Los negocios procesales se han de desenvolver necesariamente dentro de ese marco. Solamente cuando la propia norma procesal otorgue eficacia jurídica a la autonomía de la voluntad para influir en la ordenación del proceso o en la actuación del tribunal serán válidos y eficaces estos negocios procesales."[224]

---

223 Schumann Barragán, G., , *Derecho a la tutela judicial efectiva,* n. 168, 139.

224 Schumann Barragán, G., , *ibid.,* 150. Para una expresión jurisprudencial de esta postura clásica, véase, entre otras, SAP Valencia 433/2021, 20 de abril de 2021, ES:APV:2021:1209, FJ 3.2.1: "Las normas procesales son de derecho necesario como afirma el Auto de la Audiencia de Granada de 9 de noviembre de 2012 (ES:APGR:2012:840A) al señalar que los Tribunales han de velar por su cumplimiento (normas de Derecho necesario o "*ius Cogens*"), o cuando dice que el quebrantamiento de las formalidades esenciales hace aparecer la noción de indefensión en su sentido material, provocando un ataque real al derecho de defensa. O la Audiencia de Madrid en Sentencia de 2 de enero de 2006 (ES:APM:2006:151) al aseverar que la legislación procesal es de derecho necesario, esto es, no tiene carácter de regla dispositiva. O cuando en Auto de 6 de julio de 2002 (ES:APM:2002:1339A) enseña que no cabe la alteración arbitraria por las partes del orden público procesal, en referencia a las normas de derecho necesario no disponibles por los litigantes (en la misma línea el Auto de la Audiencia de Valencia de 23 de julio de 2001, ES:APV:2001:533ª, o la Sentencia de la Audiencia de Burgos de 7 de julio de 2000, ES:APBU:2000:1061). Y, conectado a lo anterior, conviene recordar que la función jurisdiccional no comprende la creación o sustitución de los cauces procesales existentes, la de producción del derecho (Sentencia del Tribunal Supremo de 4 de diciembre de 2001), ni, consecuentemente, la derogación del derecho positivo (artículos 1 y 2 del C. Civil)".

Ahora bien, es conveniente introducir algunos matices a este análisis y examinar más de cerca la cuestión de la autonomía de las partes que reconoce o, más bien, permite el proceso civil español. No todas las normas procesales tienen el mismo valor y, como ya se ha indicado anteriormente en nuestro examen del procedimiento seguido en la Audiencia Provincial de Vizcaya, no todas las infracciones de normas procesales, incluso normas esenciales, son motivo de nulidad. Asimismo, las consecuencias de la infracción de una norma procesal pueden variar en función de las disposiciones específicas de la ley relativas a esas consecuencias o, cuando requieran alguna actuación por su parte, de la voluntad manifestada por las partes (o por el tribunal). Si la consecuencia de la infracción procesal no es automática (es decir, requiere la adopción de alguna medida para su cumplimiento), entonces la cuestión es si, desde un punto de vista procesal, tales acuerdos pueden hacerse efectivos, ya sea *de iure* o *de facto*: es decir, legalmente ejecutables o, al menos, aplicables en la práctica. Las distinciones que pueden hacerse entre diferentes tipos de infracciones procesales (incumplimientos) y las posibles consecuencias de dichas infracciones (medidas de ejecución) pueden resultar especialmente relevantes cuando las partes hayan acordado su modificación con el juez. Analicemos más detenidamente esas distinciones.

El incumplimiento de algunas normas esenciales puede bastar por sí solo para motivar su nulidad automática. Tal es el caso del requisito de inmediación al que ya nos hemos referido, en virtud del cual el juez que preside el procedimiento (y que ha de dictar sentencia) debe estar presente en la vista en la que se analicen las pruebas[225]. Otras infracciones de normas esenciales requerirán, además, que supongan un ataque material e irremediable al

---

225 El artículo 137(4) de la LEC prevé la nulidad de pleno derecho de los actos realizados infringiendo estas normas (algo que se ve reforzado, en la práctica, por la exigencia de grabación de las vistas conforme a los artículos 147 y 187 de la LEC).

derecho de la parte a defenderse mediante la presentación de argumentos jurídicos y pruebas[226], es decir, debe darse una vulneración de los derechos procesales fundamentales de la parte para que se produzca la nulidad[227]. Este fue el enfoque adoptado, por ejemplo, por la Audiencia Provincial de Vizcaya con respecto a la sustitución de la audiencia previa por la presentación de alegaciones por escrito. Existe, en tercer lugar, una serie de normas procesales imperativas que, en principio, no son susceptibles de modificación por el tribunal ni por las partes (como las normas relativas a los plazos o las normas de reparto de causas entre tribunales competentes de una misma demarcación territorial), pero cuya infracción puede, o no, tener consecuencias automáticas, ya que requeriría, en primer lugar, una actuación de las partes (o de los tribunales)[228]. En cuarto lugar, hay normas que vienen determinadas expresamente por la voluntad de las partes, que deciden si las aplican o no (como la interposición de un recurso, la acumulación de acciones o el desistimiento de una demanda). Obviamente, estas pueden ser objeto de un acuerdo que repercuta, de forma significativa, en el desarrollo del procedimiento, como ya hemos visto en el caso de la acumulación. En quinto lugar, se encuentran aspectos formales de carácter secundario que no están regulados en la ley y que, por tanto, pueden permitir la aplicación, hasta cierto punto, de medidas de gestión procesal por parte del órgano jurisdiccional (como, por ejemplo, la forma en que se desarrollará el juicio y las modalidades de presentación que podrán utilizar los testigos o los peritos). Por último, hay otro grupo de normas de naturaleza formal cuya infracción puede no

---

[226] Esta es la norma en virtud del artículo 225(3) de la LEC.

[227] Para un análisis exhaustivo desde la perspectiva de los derechos fundamentales, véase Schumann Barragán, G., *Derecho a la tutela judicial efectiva*, n. 168, capítulo II.

[228] Así, por ejemplo, la infracción de las normas de reparto debería ser denunciada por las partes tan pronto como puedan (artículo 68 de la LEC). De no hacerlo así, se consolidaría la infracción de las normas de reparto.

resultar decisiva, estando el tribunal expresamente autorizado (y obligado) a permitir que se subsane dicha infracción[229].

Sin duda, las categorías más complejas son la segunda (las infracciones que suponen, además, la vulneración del derecho de defensa) y la tercera (infracciones de normas imperativas que requieren de actuación previa, por las partes o por el tribunal, para que sean efectivas). Con respecto a la segunda categoría, sin embargo, difícilmente podría considerarse que los acuerdos procesales representen un problema para la protección de derechos fundamentales en la medida en que aumenten la protección del derecho de defensa, por ejemplo al conceder más tiempo a las partes para el ejercicio de esos derechos, y que se hayan determinado por consenso entre ellas[230]. Queda entonces la espinosa cuestión de la tercera categoría, que plantea un desafío al principio de la legalidad. Son muchos los que claramente se opondrían con vehemencia y por principio a cualquier disposición que intentara (aun con el consentimiento de los tribunales y de las partes) modificar preceptos fundamentales del Derecho procesal, puesto que son la garantía misma del derecho a una tutela judicial efectiva[231]. No obstante, como hemos visto en los apartados anteriores [en especial, la sección c) sobre plazos y suspensiones], la ley permite de más lagunas jurídicas que tal vez uno podría esperar.

Para concluir este apartado, conviene quizás añadir un par de consideraciones de orden político legislativo, desde el punto de

---

229 Conforme al artículo 231 de la LEC. El derecho a la rectificación de errores formales tiene reconocido rango constitucional en el artículo 24(1) CE (derecho a la tutela judicial efectiva); véase, por ejemplo, Gascón Inchausti, F., *Derecho Procesal Civil*, n. 200.

230 Es cierto que el proceso ha sufrido retrasos considerables en comparación con otros pleitos en el asunto de camiones. Sin embargo, estos retrasos, aunque ciertamente lamentables, no parecen haber alcanzado la categoría de retrasos indebidos desde la perspectiva del acceso a la justicia.

231 Véase, para una declaración reciente en este sentido, Herrero Perezagua, J. F., n. 52, 17-20.

vista del tribunal y de las partes, respectivamente, que pueden ofrecer vías para un desarrollo positivo de iniciativas del estilo del protocolo de Barcelona en el futuro. Por un lado, desde la perspectiva de los órganos jurisdiccionales, ya hemos observado la tendencia de algunos tribunales a desarrollar criterios unificados de actuación que se ofrecen a los litigantes como recomendaciones de tipo *soft law* y que estos pueden esperar que se sigan. Ello ofrece a los ciudadanos una mayor seguridad jurídica y bien usados, quizás, un paraguas para iniciativas como la del protocolo de Barcelona o iniciativas más amplias como la propuesta de ordenación del litigio relativo al caso camiones adoptado por los juzgados de lo mercantil en el 2020. Por otro, desde la perspectiva de las partes, nos descubrimos entrando aquí en la esfera del deber de buena fe procesal de las partes, asunto —indudablemente de naturaleza controvertida y alcance aún limitado— que ha sido objeto del apartado (b) anterior. Aunque todavía están poco desarrolladas en España, estas dos consideraciones políticas encajan a la perfección en el marco de la idea moderna de una buena administración de justicia a la que nos hemos referido con anterioridad y hacia la cual, en mi opinión, deben tender tanto la práctica como las normas procesales. Al mismo tiempo, estas consideraciones han de mantener un equilibrio con la necesidad de proteger el derecho de defensa y de igualdad de trato de las partes ante cualquier órgano jurisdiccional español, lo que conlleva la necesidad de avanzar de forma coherente y responsable en la práctica judicial.

### *15.3. Conclusión provisional*

La capacidad de los tribunales para gestionar procesos de manera proactiva es limitada en España, tanto por ley como en la práctica. Eso es indiscutible. No obstante, esta valoración general de la situación permite ciertas excepciones que pueden ser relevantes en el ámbito del Derecho de la competencia de la UE. Aprovechar esas excepciones puede implicar la intervención del tribunal en el proceso desde una fase inicial, incluso en el momento de la notificación de la demanda (para garantizar el cumplimiento de los requisitos procesales de la UE), o cuando ha de enfrentarse a una serie de procesos conexos planteados ante él o ante tribunales diferentes (acumulación, tramitación conjunta o incluso cierta adaptación, o al menos planificación, consensuada del proceso) o en las vistas previas con las partes (especialmente en la audiencia previa y, posiblemente con anterioridad, en la vista de acceso a fuentes de prueba). La colaboración con y entre las partes (con la ayuda de letrados y, en ocasiones, peritos), que tienen cierto derecho a disponer sobre el procedimiento (y la obligación de contribuir a la buena administración de justicia), puede contribuir en este sentido. Es más, a mi juicio, son aspectos de un sistema de justicia moderna en asuntos complejos que deben influir, e inevitablemente influirán, cada vez más en este ámbito.

## 16. ACCESO A FUENTES DE PRUEBA

### *16.1. Trasposición y práctica en España*

Las normas sobre acceso a fuentes de prueba de la Directiva de Daños (artículos 5 y 6) se traspusieron a la legislación española por medio de una modificación de la LEC que introdujo en el capítulo general relativo a la prueba[232] una nueva sección titulada "Del acceso a las fuentes de prueba en procedimientos de reclamación de daños por infracción del Derecho de la competencia"[233]. Este nuevo régimen está recogido en once nuevas

232 Libro II, Título I, Capítulo V de la LEC.

233 Para un análisis más en profundidad de las nuevas disposiciones, véanse, entre otros, Caballol Angelats, L., sobre el artículo 283 *bis* en Gómez Trinidad, S., (Dir.) y Caballol Angelats, L., (Coord.), *Resarcimiento de daños por la infracción de las normas concurrenciales en el Real Decreto-ley 9/2017 de trasposición de la Directiva 2014/104/UE* (Marcial Pons, 2021), 95, 129; García Orejudo, R., "El acceso a las fuentes de prueba", en Gómez Trinidad, S., y Wurmnest, W., *Práctica judicial antes las reclamaciones de daños*, n. 64, 233; Moreno Catena, V. M., "Algunas cuestiones sobre el

disposiciones, los artículos 283 *bis* a) a 283 *bis* k) de la LEC. Tal y como indica su título, pese a las propuestas iniciales de hacer extensivas las nuevas disposiciones a toda clase de procesos civiles[234], los artículos 283 *bis* a) a 283 *bis* k) se limitaron al ámbito del Derecho de la competencia, en concreto, a las reclamaciones por daños. Posteriormente, se ha ido ampliando su ámbito de aplicación a aquellos procedimientos relacionados con secretos comerciales, de conformidad con la Directiva 2016/943 de la UE[235], y su extensión a las acciones colectivas de representación de los consumidores se ha propuesto en el anteproyecto de ley de diciembre del 2022, de acuerdo con los requisitos de la Directiva 2020/1828[236].

La nueva base jurídica no ha supuesto la derogación de las bases ya existentes en la LEC, que permiten a las partes acceder a las pruebas que se encuentran en poder de la parte contraria, ni con carácter general, como es lógico, ni de manera específica en el ámbito de las demandas por daños derivados de infracciones del Derecho de la competencia. Eso significa que, en la práctica, si

---

acceso a fuentes de prueba en reclamaciones de daños por infracción del derecho de la competencia", en Gómez Trinidad, S., y Wurmnest, W., *ibid.*, 249; Martorell Zulueta, P., "Aspectos Procesales I: Acceso a las fuentes de prueba", en Ruiz Peris, J. I., (Dir.) y Palomar Tejedor, T.,(Coord.), *Problemas actuales en las acciones de compensación de daños por infracción de las normas de competencia* (Aranzadi, 2019), 77; Pastor Martínez, E., "Cuestiones sobre el acceso a las fuentes de prueba: la perspectiva judicial", en Ruiz Peris, J. I., (Dir.), *Daños, Comercio Electrónico y Derecho Europeo de la Competencia* (Tirant lo Blanch, 2019), 191; Gascón Inchausti, F., "El acceso a las fuentes de prueba en los procesos civiles por daños derivados de infracciones de las normas de la competencia", *La Ley Mercantil*, n.º 38, 1 de julio de 2017; González Granda, P., "De las dudas del legislador y otras cuestiones relativas a la novedosa regulación de las fuentes de prueba en los artículos 283.bis.a) y ss., de la Ley de Enjuiciamiento Civil", *Diario La Ley*, n.º 9030, julio de 2017.

234 Véase Gascón Inchausti, F., "Aspectos procesales", n. 309 (Primera Parte), y "El acceso a las fuentes de prueba", n. 233.

235 Artículo 18 de la Ley 1/2019, de 20 de febrero, de Secretos Empresariales.

236 Propuesta de artículo 838 de la LEC.

bien se puede conceder cierta prioridad a las nuevas normas específicas que regulan las demandas por daños *antitrust* (como *lex specialis*), pueden seguir aplicándose aquellas normas ya existentes para la solicitud de diligencias preliminares[237] o la exhibición de documentos[238]. Algunos tribunales, de hecho, se han manifestado favorables a una interpretación integradora del conjunto general de normas a la luz de la letra y el espíritu del nuevo régimen[239].

La aplicación de las nuevas disposiciones sobre acceso a fuentes de prueba es todavía bastante limitada en los litigios de aplicación privada en España, aunque no es en absoluto irrelevante. Veamos:

- *Por parte de demandantes,* se han presentado con éxito algunas solicitudes de acceso al expediente de la ANC; por ejemplo, en relación con las acciones por daños en los asuntos relacionados con el conocido como el cártel de "seguro decenal"[240] o de "cartón ondulado"[241].

  Es reseñable que, en los litigios derivados del asunto de camiones, un grupo de demandantes financiado por un

---

237 Artículo 256 de la LEC.

238 En virtud de los artículos 328-330 de la LEC.

239 Véase García Orejudo, R., n. 233, 240 y ss., con referencia a la jurisprudencia de la Audiencia Provincial de Barcelona.

240 Resolución de la CNC de 12 de noviembre de 2009 (Expte. S/0037/08 Compañías de Seguro Decenal) seguida por acciones civiles; por ejemplo, *Realia contra Asefa y otros,* SAP Madrid, 19 de mayo de 2022, ES:APM:2022:8315.

241 Resolución de la CNMC de 18 de junio de 2014 (Expte. S/0469/13 Fabricantes de Papel y Cartón Ondulado). Para ejemplos de resoluciones sobre acceso al expediente, véanse *Grupo Danone contra Cartonajes M Petit* AJM10 Barcelona, 23 de noviembre de 2020, ES:JMB:2020:334A, ratificada en apelación por AAP Barcelona, 28 de abril de 2022, ES:APB:2022:4486A, relativa a una solicitud de acceso a fuentes de pruebas previa a la acción presentada por el demandante. Para un ejemplo de una solicitud de acceso al expediente formulada durante un procedimiento por daños y perjuicios, véase *Unison Rights SA contra SGAE* AJM3 Barcelona, 1 de diciembre de 2021, ES:JMB:2021:4168A.

tercero inició una serie de procedimientos, antes de presentar sus demandas, para solicitar acceso a los datos económicos de los demandados, con el fin de ayudar a su perito en la elaboración de un informe para la cuantificación del perjuicio[242]. Sin embargo, esa información no se utilizó para cuantificar el perjuicio en los informes periciales que posteriormente se presentaron con las demandas[243]. En parte, yo me atrevería a decir que podría haber habido razones procesales para ello.

Las solicitudes de acceso a fuentes de prueba presentadas antes de la demanda admiten de recurso y la ejecución de la orden puede suspenderse entretanto[244]. En este ejemplo del asunto de camiones, la aplicación de estas disposiciones provocó retrasos de hasta 18 y 24 meses. En el contexto de un litigio que en primera instancia puede típicamente tener una duración total similar, es posible que unos retrasos de ese índole en el acceso a las fuentes de prueba antes

242 Véase, por ejemplo, AAP Valencia, 4 de diciembre de 2019, ES:APVA:2019:1445A; AAP Granada, 24 de septiembre de 2020, ES:APGR:2020:947A; AAP Valladolid, 19 de octubre de 2020, ES:APVA:20201101A; AAP Vizcaya, 4 de noviembre de 2020, ES:APBI:20220:543A; AAP Burgos, 19 de abril de 2021, ES:APBU:2021:369A.

243 Según las sentencias dictadas en las acciones por daños subsiguientes, el perito de los demandantes llevó a cabo un análisis con los datos revelados que arrojaba notables sobreprecios, pero consideró que los datos eran insuficientes para llevar a cabo un análisis sólido y que, dado que los resultados se referían a los precios de venta de camiones por parte del fabricante a sus distribuidores mayoristas nacionales, no eran necesariamente indicativos de los precios a los concesionarios (o, para el caso —cabría añadir—, a los clientes). En consecuencia, parece que este análisis no se presentó en los informes, que tomaron como base un análisis diferente basado, a su vez, en una muestra de precios netos a clientes. Véase, entre otros, SJM1 San Sebastián, 4 de octubre de 2021, ES:JMSS:2021:13673.

244 Artículo 283 *bis* (f) 1 de la LEC.

de iniciar el proceso pudieran resultar desproporcionados para los litigantes.

Además, en este caso es posible que una serie de restricciones adicionales (de naturaleza tanto jurídica como práctica) hayan socavado la utilidad del acceso a fuentes de prueba. En primer lugar, el artículo 283 *bis* (e) de la LEC exige que el beneficiario de la orden de acceso a fuentes de prueba interponga su demanda por daños en un plazo de veinte días desde que se termine la práctica de las medidas acordadas[245]. Se trata de un plazo breve, tal y como señala el Tribunal Supremo en sus primeras sentencias relacionadas con el cartel de los camiones en junio de 2023[246]. En segundo lugar, el acceso a los materiales divulgados se solía conceder a través de una sala de datos y durante un periodo de tiempo limitado (por ejemplo, una o dos semanas) con el fin de proteger el carácter confidencial (o, al menos, sensible) de los datos en cuestión. Este tipo de acceso, por contraposición a la descarga completa de los datos, hace más difícil para los peritos llevar a cabo sus propios análisis cuantitativos. En tercer lugar, las solicitudes eran muy amplias y permitían el acceso de los peritos de los demandantes a un conjunto de datos inmenso y complejo (relacionado con la política de fijación de precios y los costes de sofisticadas operaciones mercantiles durante largos periodos de tiempo), lo que, indudablemente, habría acentuado la relevancia de las dos limitaciones a las

245 No cumplir con esta condición tiene consecuencias jurídicas negativas para el demandante; artículo 283 *bis* (e) 2 de la LEC.

246 Véase, para todas, STS 947/2023, 14 de junio de 2023, ES:TS:2023:2480, FJ 10, apartado 20. No obstante, cabe señalar, como subraya Caballol Angelats, L., que el plazo de 20 días no comienza hasta que el tribunal haya dictado un auto en el que declara el fin del ejercicio de exhibición de pruebas, auto que depende de la previa solicitud de una de las partes [artículo 283 *bis* (g) 4], n. 233, 143.

que acabo de referirme[247]. Por último, todo el proceso se vio, sin duda, dificultado debido a que las peticiones se formularon de forma individual o, al menos, por parte de pequeños grupos de demandantes, contra demandados también individuales[248], generando con ello gastos extraordinarios y la necesidad de repetir prácticas similares (de forma ineficiente) docenas de veces. Todos estos factores pueden haber contribuido a que los demandantes decidieran adoptar un enfoque diferente para la cuantificación del daño y no confiar en la documentación desvelada (visto con perspectiva, haciendo que todo el costoso ejercicio resultara bastante inútil)[249].

- *Por parte de los demandados*, se ha solicitado el acceso a fuentes de prueba en las acciones privadas por daños en dos sentidos principales: (i) en apoyo de una defensa de repercusión del daño (*pass-on*), o (ii) con el fin de obtener acceso a los datos subyacentes y al modelo utilizado por los peritos de los demandantes en su informe pericial y, de ese modo, poder refutarlo con más criterio.

  En lo que se refiere a la exhibición de pruebas para acreditar la defensa de *pass-on*, y tomando como referencia los litigios referidos al asunto de camiones, podemos observar que, con frecuencia, las peticiones se han denegado por desproporcionadas. Esto es así, sobre todo, cuando las solicitudes se han extendido a amplias categorías de datos económicos relacionados con la actividad mercantil y la

---

247 Véanse, a este respecto, las observaciones de AG Kokott en relación con las limitaciones prácticas que pueden surgir en un ejercicio de "sala de datos", *Tráficos Manuel Ferrer*, n. 3, apartados 91-92.

248 Esto nos remite de nuevo a las dificultades que plantea la acumulación, ya comentadas.

249 Volveremos sobre la cuestión de las solicitudes de exhibición de pruebas previas a la acción más adelante, cuando abordemos el impacto procesal de la exhibición de pruebas en los procedimientos españoles y examinemos el lugar que ocupan las solicitudes previas a la acción.

política de precios del demandante a eslabones posteriores de la cadena. Algunas cuestiones procesales han contribuido a dificultar esas solicitudes. La naturaleza fragmentada de los litigios en el asunto de camiones y el valor relativamente bajo de las demandas individuales han contribuido a que los tribunales consideren desproporcionadas las peticiones de la información necesaria para realizar un análisis empírico concluyente acerca de la tasa de *pass-on*[250]. En otras ocasiones, se han concedido peticiones de alcance más reducido, si bien es probable que el análisis empírico resultante haya sido también de una utilidad más limitada. Con mayor frecuencia aún, la defensa de *pass-on* ha sido rechazada de plano y la solicitud de acceso a fuentes de prueba correspondiente denegada, por considerar que los informes periciales aportados por parte del demandado en los que se concluía la inexistencia de un sobrecoste eran incompatibles con la proposición de que nuevas pruebas pudieran demostrar la repercusión de cualquier (hipotético) sobrecoste[251].

Sobre la segunda categoría de solicitudes, referidas a los datos utilizados por los peritos de contrario, volveremos más abajo en el capítulo 17.1(b).

En general, la documentación y la información a las que se ha accedido en virtud del nuevo mecanismo de acceso a fuentes de prueba no han tenido, hasta la fecha, un impacto significativo

---

250 Incluso en el caso de demandas agregados objeto del protocolo de Barcelona, tales solicitudes también han sido rechazadas; véase, AJM3 Barcelona, 28 de octubre de 2022 (no publicado). Para los métodos de estimación de los porcentajes de repercusión, véanse las Directrices sobre Pass-on y el Estudio sobre Pass-on.

251 Véase, por ejemplo, AJM1 Santander, 14 de mayo de 2021, ES:JMS:2021:1849A. A mi modo de ver, esta postura adoptada por muchos juzgados en primera instancia, constituye una interpretación errónea de la carga de la prueba de la defensa de *pass-on* y los métodos para su estimación.

en los procesos seguidos en materia de la aplicación privada del Derecho de la competencia en España; sobre todo, en la litigación en masa. Es más, la referencia a la exhibición de pruebas concedida durante el procedimiento, cuando esta se ha producido, es, en muchas casos, totalmente inexistente en la sentencia y no siempre están disponibles (o, al menos, no siempre son fáciles de encontrar) las órdenes procesales en las que se resuelve sobre las solicitudes de acceso a fuentes de prueba. Es decir, hay una falta de transparencia con respecto al enfoque de los tribunales, lo que no ayuda a los litigantes, impide el desarrollo coherente de la jurisprudencia y constituye un obstáculo para la seguridad jurídica.

En casos excepcionales, documentos concretos de los demandantes han convencido al tribunal de la repercusión efectiva (total o parcial) del daño por el demandante a los eslabones posteriores de la cadena de suministro, dando lugar a una reducción de los daños sufridos. Así ha sucedido en escasas ocasiones en los litigios referidos al asunto de camiones, en caso de reventa por parte del demandante del camión objeto de la demanda; de modo que, en algunas circunstancias excepcionales, los tribunales han concluido que el demandado había demostrado suficientemente que parte del sobreprecio se había repercutido en el precio de reventa[252]. Por el contrario, en los asuntos relacionados con el denominado cártel del seguro decenal, la Audiencia Provincial de Madrid entendió que el daño causado a los demandantes (empresas inmobiliarias) —es decir, el sobrecoste que se determinó que había existido en las primas del seguro pagadas por el demandante— se había repercutido *íntegramente* a los consumidores en los precios de venta de las viviendas fijados por los demandantes,

---

[252] El argumento de *pass-on* a través de la reventa en el mercado de segunda mano ha sido rechazado en gran medida debido a que los demandados no han aportado pruebas de un nexo causal suficiente con la infracción; en cambio, la reventa al fabricante vendedor o a su red de distribuidores ha recibido un trato diferente. Véase, para una perspectiva global de este asunto, SAP Valencia 318/2023, 24 de mayo de 2023, ES:APV:2023:1891, FJ 6.1.

reduciendo a cero el daño final sufrido[253]. Los demandados convencieron al tribunal —en parte basándose en la documentación exhibida en relación con los precios aplicados por el demandante a sus clientes— de que el sobrecoste se había repercutido íntegramente y, basándose en el análisis económico de la elasticidad de la demanda, de que no había habido ningún impacto negativo en el volumen de ventas de los demandantes.

Como ha observado un juez de lo mercantil, es necesario una práctica más coordinada y coherente en materia de acceso a fuentes de prueba por parte de los tribunales españoles[254]. Estoy de acuerdo. No hay duda de que hay discordancias en el enfoque de los tribunales con respecto no solo al alcance material del acceso a fuentes de prueba (que puede ser más casuístico sin duda), sino también en cuestiones procesales, tales como, por ejemplo, el momento procesal en que debería producirse, qué impacto, en su caso, debería tener en el procedimiento e, incluso, cuál es la base jurídica correcta para su aplicación. Así pues, algunos tribunales han decidido, por ejemplo, resolver las solicitudes de exhibición de pruebas de acuerdo con las normas preexistentes sobre exhibición de documentos (artículos 328 a 333 de la LEC); otros, según el nuevo régimen[255]; la solicitud a veces se examina en vista aparte, anterior o posterior a la presentación de la contestación a la demanda, o en la audiencia previa; o incluso por escrito entre la fase de alegaciones y la audiencia previa. Las variaciones son numerosas. Por no mencionar, por último, la cuestión del impacto que la exhibición de pruebas puede tener en la carga probatoria

---

253 SAP Madrid, 19 de mayo de 2022, ES:APM:2022:8315, FJ 6.

254 García Orejudo, R., (Juzgado de lo Mercantil n.º 7 de Barcelona), "El acceso a las fuentes de prueba", n. 233, 249, donde hace un llamamiento para que los juzgados de lo mercantil adopten un documento de unificación de criterios o que se haga mediante acuerdo de la junta sectorial de jueces o en reuniones de jueces especializados en lo mercantil.

255 Véase Moreno Catena, V., n. 233, para un análisis de las diferencias entre el régimen preexistente conforme a los artículos 265, 270, 328-333 de la LEC y el 283 *bis* de la LEC.

exigida a las partes, en particular tras el fallo del TJUE en el asunto *Tráficos Manuel Ferrer.*

En este contexto, *mi propósito es intentar proporcionar algunas recomendaciones sobre cómo podría articularse un enfoque más coherente de la figura del acceso a fuentes de prueba* en los procedimientos de aplicación privada del Derecho de la competencia. Para ello es necesario, en primer lugar, volver a los principios básicos y, recordando el origen y la finalidad del nuevo régimen de exhibición de pruebas en el Derecho de la Unión, abordar una serie de cuestiones previas clave que sirven para enmarcar nuestro análisis y ayudan en la búsqueda de la solución. Son las siguientes:

(i) ¿Cuál es la naturaleza y el alcance del derecho a solicitar la exhibición de pruebas establecido en la Directiva de Daños?

(ii) ¿Cuál es el impacto de ese instrumento de la UE en el procedimiento civil español?

(iii) Por último, ¿cómo afecta al estándar de prueba exigido por los tribunales españoles?

### *16.2. Un derecho europeo de acceso a fuentes de prueba*

Es importante señalar que las disposiciones sobre acceso a fuentes de prueba de la Directiva de Daños crean un instrumento jurídico propio del Derecho de la Unión: un instrumento procesal, además. Si bien es cierto que la trasposición de estas disposiciones al Derecho nacional es, en principio, una cuestión de autonomía procesal nacional, la naturaleza, el fondo y la forma del derecho son una cuestión de Derecho de la UE. Y, dado que se trata de una cuestión de procedimiento, de Derecho procesal de la UE. Eso determina el modo en que la acceso a fuentes de prueba debe entenderse e introducirse en el proceso nacional. En consecuencia, ofrece un ejemplo claro de una significativa intromisión del Derecho de la Unión en la esfera tradicional de la autonomía procesal nacional.

Tres sentencias recientes del TJUE sirven para ilustrar este punto:

La primera es en el asunto *Paccar*[256]. Este caso se refería a una cuestión prejudicial planteada por el Juzgado de lo Mercantil n.º 7 de Barcelona en relación con una de las primeras del grupo de solicitudes de acceso a fuentes de prueba previa a la interposición de la demanda en el asunto de los camiones al que nos hemos referido anteriormente. El tribunal solicitó al TJUE una interpretación del artículo 5(1) de la directiva: a saber, si el acceso a fuentes de prueba, tal y como se define en dicha disposición, se extendía a la agrupación y clasificación de determinada información solicitada, exigiendo así al destinatario de la orden de *disclosure* que creara, *ex novo*, un documento (conjunto de información) para su exhibición a la parte solicitante, o no (es decir, si la exhibición se limitaba a proporcionar acceso únicamente a información preexistente).

Respondiendo a la pregunta afirmativamente, la sentencia del TJUE expone su interpretación de las normas firmemente basada en los objetivos subyacentes del instrumento: garantizar la aplicación efectiva del Derecho de la competencia de la UE, delimitando así los contornos de un instrumento del Derecho de la Unión claramente diferenciado (y autónomo). Los principales elementos de su razonamiento se pueden resumir del siguiente modo:

- En la directiva, la exhibición de pruebas pretende corregir la asimetría de información existente entre las partes, permitiendo, por ejemplo, que un demandante acceda a la información en poder del demandado que la autoridad de competencia utilizó para determinar su participación en una conducta contraria a la libre competencia[257]. Subyace a este objetivo el principio de igualdad de armas[258].

---

256 Asunto C-163/21, *Paccar*, EU:C2022:863.

257 Véase *ibid.*, apartados 32, 45-46 y 59; considerandos 15 y 47 de la Directiva de Daños.

258 *Ibid.*, apartados 46-47. En consecuencia, también se permite que un demandado solicite la exhibición de información, por ejemplo, relaciona-

- El derecho contribuye de ese modo a la aplicación efectiva del Derecho de la competencia, en la que la aplicación privada desempeña un papel complementario del de la aplicación pública al imponer sanciones monetarias adicionales por las infracciones, lo que permite no solo compensar el daño directo a las víctimas, sino también remediar los efectos negativos indirectos (por ejemplo, para los consumidores)[259].
- Las solicitudes de exhibición de pruebas no tienen por qué referirse a elementos de prueba específicos (precisamente porque el instrumento tiene por objeto corregir el desconocimiento de las pruebas en poder de la otra parte o de un tercero), y pueden referirse a categorías de información[260].
- Al mismo tiempo, el derecho viene acompañado de controles y equilibrios destinados a evitar los abusos[261]. Entre ellos figura la necesidad de que las órdenes de exhibición sean suficientemente específicas y proporcionadas, y de que las solicitudes contengan una justificación adecuada de por qué la exhibición de pruebas solicitada es necesaria y está relacionada con una reclamación de daños y perjuicios que es plausible. Esos controles y equilibrios están sometidos a la estricta vigilancia de los tribunales naciona-

da con el *pass-on*: información que suele estar en manos del demandante y no del demandado.

259 *Ibid.*, apartados 55-56, 62. Es interesante observar que, la Comisión y el Gobierno español defendieron además que no solo el *effet utile* (efecto útil) del artículo 101 del TFUE requería la disponibilidad de mecanismos de exhibición de pruebas, sino también la tutela judicial efectiva de los derechos de las partes de conformidad con el artículo 19 del TUE y el artículo 47 de la CDFUE (invocada explícitamente en el considerando 4 de la directiva); véanse las conclusiones de AG Szpunar en *Paccar* EU:C:2022:286, apartados 86-87.

260 Apartados 46, 48-49.

261 Apartados 51-52, 64.

les, que, en consecuencia, asumen un papel central en la determinación del modo en que debería utilizarse el mecanismo de exhibición de pruebas (y deben garantizar que se utilice de forma efectiva, pero no abusiva).

- En definitiva, el TJUE considera que debería exigirse al demandado que agrupe y clasifique los datos (según sean proporcionados, necesarios y pertinentes, según determina el órgano jurisdiccional nacional) para garantizar la eficacia práctica del ejercicio de exhibición de pruebas y evitar situaciones de "*dumping*" de datos (cuantiosa información, tal vez procedente de distintas fuentes, facilitada sin procesamiento previo)[262].

El equilibrio es fundamental para el *disclosure* conforme a la Directiva de Daños. Es interesante señalar que una preocupación similar por evitar que una parte revele grandes volúmenes de datos en su mayoría irrelevantes, y cuyo examen puede resultar costoso y en gran medida inútil, se plasma en el Derecho inglés mediante normas y obligaciones para que las partes eviten revelar material irrelevante[263]. El TJUE, sin embargo, adopta un enfoque más intencionado, exigiendo al demandado que lleve a cabo un ejercicio previo de filtrado para garantizar que la información desvelada sea útil y pueda ser desentrañada por la otra parte. También es fundamental el papel del juez nacional a la hora de determinar ese equilibrio, de conformidad con los principios establecidos en

---

[262] Apartado 61. Esto debería distinguirse de exigir a un demandado que procese y/o analice datos para determinar la existencia de efectos o cuantificar el daño (es decir, que presente un informe pericial), asumiendo así la carga de la prueba que en realidad recae en el demandante; lo cual, por supuesto, no entra dentro del alcance de la exhibición de pruebas con arreglo a la directiva (como se confirma en el apartado 66 de la sentencia).

[263] Véase la segunda parte, capítulo 11, *supra*, y Fuguet Carles, X., "La divulgación: aspectos a aprender en España de la experiencia inglesa", *InDret*, 1.2023, 339, con referencia a los deberes de exhibición de pruebas de las partes conforme a la nueva 57AD CPR.

el artículo 5 de la Directiva de Daños. En efecto, la directiva encomienda al juez el deber de aplicar conceptos abiertos e indeterminados (con arreglo a sus artículos 5 y 6) a los hechos concretos de cada caso y aplica, como tal, una amplia discrecionalidad que no es tan propia de los mecanismos procesales tradicionales españoles[264]. El juez que exige el mecanismo de exhibición de pruebas de la UE es un "juez activo"[265] que, como ha sugerido Gascón Inchausti, tendrá que "salir de su zona de confort"[266].

El segundo caso es *RegioJet*[267]. Se refería a la relación entre acciones paralelas de aplicación pública y privada del Derecho de la competencia relativas a la misma infracción y, en particular, a la cuestión del acceso a las pruebas en los dos escenarios paralelos. La cuestión prejudicial la realizó el Tribunal Supremo de la República Checa en relación con una demanda por daños y perjuicios presentada por RegioJet, un nuevo proveedor de servicios de transporte ferroviario en determinadas rutas ferroviarias checas. La base de la demanda de Regiojet era un supuesto comportamiento abusivo cometido por el exmonopolio del servicio, el operador público de transporte ferroviario checo, Ceské dráhy. Esa conducta era, al mismo tiempo, objeto de una investigación administrativa: inicialmente por parte de la autoridad nacional checa de defensa de la competencia (ÚOHS), y posteriormente por la Comisión[268].

---

264 Amplia discrecionalidad no significa, por supuesto, discrecionalidad sin control y los jueces están obligados a justificar y motivar de forma adecuada el uso de esa discrecionalidad para garantizar que existe el debido control.

265 Moreno Catena, V., n. 233, 269.

266 Gascón Inchausti, F., "Aspectos Procesales", n. 309 (Primera Parte), 152.

267 Asunto C-57/21 *RegioJet as contra Ceské dráhy as* EU:C:2023:6, consultado en su versión francesa.

268 La Comisión inició su propia investigación sobre la aplicación de presuntos precios predatorios por parte del operador estatal checo en relación con los mismos hechos subyacentes. Esto dio lugar a la suspensión de la investigación de la ÚOHS de conformidad con lo dispuesto en el artículo 11(6) del Reglamento 1/2003.

Las cuestiones planteadas ante el TJUE se referían a una orden de exhibición de pruebas dictada originalmente por el tribunal de primera instancia de Praga que conocía de la demanda de indemnización de RegioJet, pero que fue recurrida posteriormente hasta el Tribunal Supremo checo. Dicha orden exigía a Ceské dráhy que desvelara pruebas relevantes para que RegioJet pudiera formular su reclamación por daños y perjuicios. Lo que nos interesa aquí es la primera cuestión planteada por el Tribunal Supremo checo. Con arreglo a ella, el tribunal preguntó si el hecho de que hubiera una investigación pública pendiente en el momento de la orden de exhibición (de hecho, el tribunal de Praga había decidido, posteriormente, suspender el procedimiento civil a la luz de esa investigación pendiente) impedía que la exhibición siguiera adelante con arreglo a las reglas de la Directiva de Daños.

El TJUE sostuvo que no era así y que la exhibición de pruebas podía continuar en paralelo. Su razonamiento es, de nuevo, esclarecedor e ilustra el modo en que el *disclosure* se concibe como una herramienta procesal propia de la UE dentro de un esquema global para la aplicación efectiva del Derecho de la competencia de la Unión:

- La sentencia subraya los aspectos sobre efectividad y asimetría de información ya identificados en *Paccar*[269].
- También pone de relieve el hecho de que la carga de la prueba de la existencia de una infracción del Derecho de la competencia recae, de conformidad con el artículo 2 del Reglamento 1/2003, en la parte (o la autoridad) que alega dicha infracción: una cuestión que, a falta de una constatación previa de la infracción con carácter vinculante por parte de una autoridad de defensa de la competencia, el tribunal civil estaba llamado a determinar en el proceso civil[270]. Implíci-

---

269 *Ibid.*, apartados 41-42, 48, 54.

270 Aunque fuera, simplemente, como una cuestión incidental a la demanda principal de daños y perjuicios, siendo la existencia de una infracción un requisito previo para esta última; *ibid.*, apartados 50-51.

tamente, eso subraya la necesidad de que las partes privadas tengan acceso a las fuentes de prueba.

- El Tribunal explora a continuación la relación entre la aplicación pública y privada del Derecho de la competencia y las respectivas facultades para obtener acceso a las pruebas en cada ámbito. La sentencia subraya el papel complementario de ambas esferas de aplicación. Confirma, asimismo, que ambos procedimientos (la investigación de la Comisión y la acción civil por daños) deberían, en principio, desarrollarse en paralelo, debiendo adoptarse un planteamiento coherente para acceder a las fuentes de prueba en los dos[271]. Esta competencia paralela solo está sujeta a la facultad discrecional del tribunal de suspender el procedimiento a la espera del resultado de la investigación de la Comisión para evitar resoluciones contradictorias, de conformidad con el artículo 16(1) del Reglamento 1/2003. No obstante, la orden de *disclosure* no constituiría, en sí misma, la adopción de una "resolución contradictoria" y, en consecuencia, ese aspecto del proceso podría seguir adelante[272].
- Además, la sentencia señala que el artículo 6 de la Directiva de Daños aborda el equilibrio que ha de alcanzarse entre el interés de las autoridades de competencia, por un lado, y el de los litigantes privados, por el otro, por obtener acceso a la información y las pruebas relevantes, y lo hace prohibiendo el acceso a determinados materiales contenidos en el expediente administrativo (como el material de los programas de clemencia) y limitando el acceso a otro

---

271 Véase *ibid.*, apartados 49, 52 y 64-66. La plena competencia del tribunal para aplicar los artículos 101 y 102 del TFUE es consecuencia de su efecto directo; confirmado por el considerando 7, artículos 1 y 6 del Reglamento 1/2003; el considerando 6 es citado por el Tribunal como la base específica para exigir un enfoque coherente del acceso a las fuentes de prueba.

272 *Ibid.*, apartados 62 y 69-70, respectivamente.

material en determinados periodos (en particular, el acceso a determinados materiales se limita durante el periodo de la investigación pública antes de que la autoridad adopte una decisión, la denominada "lista gris")[273].

- Por último, la sentencia reitera la necesidad de un control judicial de la exhibición de pruebas de conformidad con los principios establecidos en los artículos 5 y 6 de la directiva (pertinencia, precisión, proporcionalidad, etc.), señalando que el hecho de que el procedimiento estuviera suspendido y la investigación de la Comisión se hallara en curso pueden ser factores relevantes para determinar la aplicación de esos criterios[274].

El tercer y último asunto es *Tráficos Manuel Ferrer*[275]. Se trata de otra cuestión prejudicial planteada desde España en el asunto de camiones, esta vez del Juzgado de lo Mercantil n.º 3 de Valencia. La cuestión prejudicial se refiere a una serie de preguntas relacionadas con el ejercicio por parte del tribunal de su facultad de estimar el perjuicio de conformidad con el artículo 17(1) de la Directiva de Daños. Resulta de especial interés para nuestro debate al exponer la relevancia de la exhibición de pruebas para dicha facultad y para los procedimientos de aplicación privada en general. En mi opinión, confirma el papel central del acceso a fuentes de prueba para el régimen diseñado por el legislador europeo y la necesidad de que los tribunales y sistemas nacionales tomen debida nota de sus implicaciones para su procedimiento nacional. Nos centraremos aquí en lo que la sentencia tiene que decir directamente sobre el papel de la exhibición de pruebas en virtud de la directiva. En la siguiente sección, examinaremos lo que la sentencia tiene que decir también sobre las implicaciones de carácter más procesal para los procedimientos civiles en España. Ambos aspectos ofrecen aportaciones clave a nuestro debate

---

273 *Ibid.*, apartados 66-69.

274 *Ibid.*, apartados 72-77.

275 Asunto C-312/21, *Tráficos Manuel Ferrer*, EU:C:2023:99.

y confirman algunas de las propuestas ya articuladas en secciones anteriores de este estudio sobre la base de consideraciones subyacentes del Derecho de la Unión, en general, y de la Directiva de Daños, en particular[276].

La sentencia en el asunto *Tráficos Manuel Ferrer* señala que las normas de exhibición de pruebas de la Directiva de Daños forman parte de un paquete de medidas contenidas en esta que tienen por objeto corregir la asimetría de información que existe entre el demandante y el demandado en una demanda de indemnización por daños por ilícitos *antitrust*, y lograr así la debida igualdad procesal entre las partes. Estas medidas, identificadas en el apartado 44 de la sentencia, son: (i) la exhibición de pruebas [artículos 5 y 6 de la directiva]; (ii) la estimación judicial [artículo 17(1) de la directiva]; (iii) el asesoramiento de la ANC en materia de cuantificación del daño [artículo 17(3) de la directiva]; y (iv) la presunción del daño en los casos de cárteles [artículo 17(2) de la directiva]. El TJUE subraya, además, que la exhibición de pruebas es la parte central de este paquete de medidas y, de hecho, del régimen general creado por la directiva. Su uso por parte del demandante podría ser relevante para determinar cuestiones tales como la condena en costas o el ejercicio por parte del tribunal de su facultad de estimar el daño (y, posiblemente, como veremos más adelante, el estándar de prueba). Varios apartados de la sentencia merecen ser citados por su relevancia para nuestro tema (el primero, el 46, en relación con la condena en costas, y los apartados 56 y 57 en relación con la estimación judicial):

> "46. [...] La evolución de esa relación de fuerzas [entre demandante y demandado] dependerá del comportamiento de cada una de las partes, que el juez nacional que conozca del litigio apreciará de manera soberana, y, en particular, de si la parte demandante utiliza o no los instrumentos que se ponen a su disposición, en concreto la posibilidad de solicitar al juez nacional que ordene a la parte demandada o a un tercero exhibir las pruebas pertinentes

---

276 Véase primera parte, capítulo 5.2 *supra*.

> en su poder, con arreglo al artículo 5, apartado 1, párrafo primero, de la Directiva 2014/104."
>
> "56. En segundo lugar, para corregir la asimetría de información, el legislador de la Unión adoptó un conjunto de medidas, enumeradas en el apartado 44 de la presente sentencia, cuya interacción no puede dejar de destacarse, ya que la necesidad de realizar la estimación judicial del perjuicio podrá depender, en particular, del resultado que obtenga la parte demandante tras solicitar la exhibición de pruebas con arreglo al artículo 5, apartado 1, párrafo primero, de la Directiva 2014/104.
>
> 57. En tercer lugar, *habida cuenta del papel esencial de esta disposición en la Directiva, el juez nacional deberá comprobar, antes de proceder a estimar el perjuicio, si la parte demandante ha hecho uso de ella*. En efecto, en el supuesto de que la imposibilidad práctica de evaluar el perjuicio se deba a la inactividad de la parte demandante, no corresponderá al juez nacional sustituir a esta parte ni suplir su falta de acción."[277] (la cursiva es mía)

En consecuencia, en esta sentencia el TJUE ha situado el acceso a fuentes de prueba en un primer plano dentro de las acciones privadas (como, en mi opinión, ya se desprendía del modelo procesal establecido en la propia directiva). La cuestión de si el TJUE llega al extremo de *exigir* a los demandantes que hagan uso del *disclosure*, al menos como condición previa para establecer la imposibilidad práctica de cuantificar el perjuicio y, por lo tanto, la capacidad de los tribunales para estimar el perjuicio por sí mismos en virtud del artículo 17(1) de la directiva, se convirtió de inmediato en motivo de acalorados debates, tanto entre los operadores jurídicos como en posteriores sentencias nacionales[278]. Algunos,

---

[277] *Tráficos Manuel Ferrer*, n. 3.

[278] En materia de comentarios, véanse, por ejemplo, las inmediatas y contradictorias reacciones a la sentencia del TJUE de, en primer lugar, Hornkohl, L., (quien considera que la exhibición de pruebas es un requisito previo para la estimación judicial), "Of Adequate Cost Rules, Judicial Damages Estimation, and Fundamental Principles of Antitrust Damages Actions – Tráficos Manuel Ferrer, C-312/21", *Kluwer Competition Law Blog*, 17 de febrero de 2023; en segundo lugar, Marcos, F., (que niega que la exhibición de pruebas sea un requisito previo para la estimación judicial), "Tres claves para la estimación judicial del daño

en particular las Audiencias Provinciales de Madrid y Valencia, la consideraron un factor entre otros muchos que debía tenerse en cuenta, pero en modo alguno decisivo[279]. Posteriormente, el Tribunal Supremo confirmó esa opinión en sus primeras sentencias en camiones, aunque quizá con muchos más matices[280]. Por su parte, el órgano jurisdiccional remitente, el Juzgado de lo Mercantil n.º 3 de Valencia, se mostró más deferente con respecto a la sentencia del TJUE. Consideró que debería analizarse la actitud de las partes con respecto al mecanismo de acceso a fuentes de prueba (si lo utiliza o no, cómo se justifica, etc.) antes de que el órgano jurisdiccional nacional considere la posibilidad de estimar el daño por sí mismo con arreglo al artículo 17(1) de la directiva, sin que ello equivalga a una condición *sine qua non*[281]. Todos coinciden en que otros factores pueden desempeñar un papel: sobre todo, el principio de proporcionalidad (en particular, el coste de la exhibición de pruebas —y de las complejas cuantificaciones periciales— en comparación con la cuantía de las demandas) o también ciertas dificultades prácticas como aquellas que fueron identificadas por el Tribunal Supremo en sus sentencias de junio de 2023[282].

Pese a esta primera "digestión" de la sentencia del TJUE en *Tráficos Manuel Ferrer*, está claro, en mi opinión, que la exhibición de pruebas en la UE ha venido para quedarse y que los sistemas

---

antitrust indemnizable tras la STJUE Tráficos Manuel Ferrer", *Almacén de Derecho*, 22 de febrero de 2023.

279 SAP Valencia, 23 de febrero de 2023, ES:APV:2023:502; SAP Madrid, 3 de marzo de 2023, ES:APM:2023:4338; SAP Madrid, 9 de marzo de 2023, ES:APM:2023:5572. Ambos tribunales aplicaron una estimación judicial del perjuicio (del 5%), sin considerar relevante el hecho de que los demandantes no hicieran uso del acceso a fuentes de prueba. Véase, en el mismo sentido, SAP Pontevedra, 27 de marzo de 2023, ES:APPO:2023:482.

280 STS 947/2023, 14 de junio de 2023, n. 2, FJ 10, apartados 18-19.

281 *Tráficos Manuel Ferrer contra Daimler*, SJM3 Valencia, 10 de marzo de 2023, en particular los apartados 48-9.

282 STS 947/2023, 14 de junio de 2023, FJ 10, apartados 18-20.

nacionales deben abordarla. De hecho, creo que apenas estamos empezando a apreciar sus verdaderas consecuencias para el Derecho nacional en este ámbito.

### *16.3. El impacto del acceso a fuentes de prueba en el proceso civil español*

#### a) Introducción

Llegamos ahora a una de las cuestiones centrales de esta investigación. Si, como ha confirmado el TJUE, la exhibición de pruebas es una parte fundamental del régimen de aplicación privada creado por la Directiva de Daños (de aplicación a los procedimientos civiles entablados con posterioridad al 26 de diciembre de 2016) y sus características esenciales las define directamente el Derecho de la Unión, eso plantea una cuestión clave y urgente: ¿cómo encaja este instrumento procesal de la UE en el proceso civil nacional? Esta cuestión no se resuelve en la directiva, quedando, por tanto, en principio en la esfera de la autonomía procesal nacional.

La respuesta en el contexto inglés era bastante sencilla y únicamente implicaba introducir algunas de las disposiciones de control contenidas en la directiva (como los principios de proporcionalidad y especificidad) en el régimen de *disclosure* existente[283]. Sin embargo, en el contexto español, donde tal régimen no existía y las normas preexistentes sobre la exhibición de pruebas se consideraban insuficientes[284], la historia es bien distinta. Tal y

---

[283] Como hemos visto en la segunda parte de este estudio, el sistema inglés ya estaba, de hecho, embarcado en una cruzada similar para controlar los excesos de *disclosure* y hacerla más proporcionada, de conformidad con el "*overriding objective*" de las nuevas normas procesales de 1998.

[284] Véase Martorell Zulueta, P., "Aspectos Procesales", n. 233, 79; Hitchings, P., Malo, M. A., y Loras, L., "Considerations concerning the implementation of the EU competition law damages directive in Spain", *Concurrences* 2-2015, 25.

como observé en el momento de la adopción de la Directiva de Daños:

> "Si bien muchos de los conceptos de la Directiva resultan muy familiares o ya están bien solventados en España, la Directiva ofrece una oportunidad propicia para introducir algo más de transparencia y efectividad en los procedimientos españoles con el modelo particular de las nuevas disposiciones sobre exhibición de pruebas. [...]
>
> La Directiva prevé la posible exhibición de pruebas de los demandados y de terceros. Se trata de una novedad significativa."[285]

Unos años más tarde, el profesor Moreno Catena subrayó también la novedad del nuevo régimen de exhibición de pruebas de la UE, que se incorporó al ordenamiento español a través del artículo 283 *bis* a) y siguientes de la LEC:

> "Estos preceptos incorporan una regulación procesal ciertamente novedosa en su planteamiento y de una gran relevancia en sus consecuencias […]
>
> seguramente lo que merece destacarse con mayor énfasis es su incidencia en el equilibrio entre las partes en el proceso […]
>
> Estas medidas de acceso/exhibición de fuentes de prueba se han incorporado a la LEC provocando un verdadero punto de inflexión en una materia tan importante como la debida preparación del proceso por el futuro demandante, y proporcionando además, con el acceso a fuentes de prueba en poder tanto de la parte contraria como de un tercero, unos instrumentos que intentan garantizar la efectiva *igualdad de las partes,* mejorando la garantía del *principio de contradicción* e imponiendo ciertas condiciones en aras de una mayor *lealtad procesal.*"[286]

---

285 Hitchings, P., Malo, M. A., y Loras, L., *ibid.,* 25, apartados 1-2. El artículo hace, a continuación, algunas recomendaciones sobre cómo podría incorporarse procesalmente la exhibición de pruebas en el proceso español; véase p. 26, apartado 5.

286 Moreno Catena, V., n. 233, pp. 251, 253-254. El énfasis es del autor, pero comparto la opinión de que esos principios resaltados son de vital importancia para el tema que nos ocupa.

Conviene destacar muy brevemente, antes de continuar, que los principios constitucionales de igualdad procesal y probatoria (que forman parte del derecho a un proceso con todas las garantías del artículo 24 de la CE), y el deber de las partes de cooperar con los tribunales (artículo 118 CE), ya exigían que las fuentes de información en poder de una parte pudieran tener que ser entregadas por esta al tribunal con el objeto de permitir la comprobación de la veracidad de determinadas proposiciones formuladas por dicha parte en el procedimiento:

> "[C]uando las fuentes de prueba se encuentran en poder de una de las partes del litigio, la obligación constitucional de colaborar con los Tribunales en el curso del proceso (art. 118 CE) conlleva que dicha parte es quien debe aportar los datos requeridos, a fin de que el órgano judicial pueda descubrir la verdad."[287]

En consecuencia, lo cierto es que las normas de exhibición de pruebas consagradas en el Derecho de la competencia de la UE [y en el artículo 283 *bis* a) y siguientes de la LEC] desarrollan un derecho subyacente (y un deber asociado) del Derecho constitucional español. No son, en modo alguno, un anatema para

---

[287] STS 460/2017, 18 de julio de 2017, ES:TS:2017:2815, relativa a la negativa injustificada de un hombre a realizarse una prueba de ADN que habría permitido al tribunal que conocía del asunto verificar si era el padre de un determinado hijo. En dicho asunto se aplica una sentencia del Tribunal Constitucional, que estableció la obligación de una parte de revelar las fuentes de información que obraran en su poder para que, a la prueba practicada en el proceso, se le otorgara el valor que esa parte pretendía darle; en ese caso, se trataba de los datos subyacentes a un informe emitido por una autoridad pública (la Seguridad Social) que había sido aportado al proceso como prueba en apoyo de la defensa de la autoridad de que el demandante, un ciudadano, no había pagado determinadas cuotas de la Seguridad Social (STC 227/1991, 28 de noviembre de 1991). Agradezco a Martorell Zulueta, P., que haya llamado nuestra atención sobre este caso con su artículo de 2019, "Aspectos Procesales", n. 233. Volveremos sobre este interesante caso cuando abordemos la cuestión de la aportación de los datos subyacentes en los que se basan los informes periciales.

el sistema, aunque sin duda amplían y positivizan ese derecho, por ejemplo, al incorporar el concepto de “categorías de información”, más familiar para los sistemas del *common law.*

Dicho esto, en el momento de redactarse estas líneas, más de seis años después de la fecha de entrada en vigor de la ley española de trasposición, se han producido intentos limitados (aunque destacados) por parte de los tribunales españoles de tomarse en serio las implicaciones procesales del nuevo régimen de exhibición de pruebas en las acciones de daños y perjuicios en materia del Derecho de la competencia. Algunos lo han achacado, al menos en parte, a una inadecuada trasposición de la directiva en el ordenamiento español, incluyendo, en particular, la Audiencia Provincial de Valencia, que señala que el artículo 283 *bis* LEC “se limita a copiar sus contenidos sin más reflexión, ni adaptación a otros instrumentos útiles existentes en nuestro ordenamiento”[288].

Sin embargo, aunque cualquier legislación es susceptible de mejorarse y ciertamente hay elementos de las normas que, vistos en retrospectiva, resultan inadecuados o incompletos[289], me atrevería a sugerir que esa crítica no es del todo justa. No es solo que la tarea de adaptar el mecanismo europeo de exhibición de pruebas al sis-

---

288 SAP Valencia, 17 de noviembre de 2020, ES:APV:2020:4230, FJ 4.2.1. El profesor Moreno Catena es más explícito en su crítica de la legislación española de trasposición, al considerar que el legislador español no llevó a cabo una reflexión adecuada y ponderada sobre cómo adaptar el nuevo mecanismo de acceso a fuentes al proceso civil español en su ejercicio de trasposición de la Directiva de Daños, n. 233, 254. El autor atribuye ese fracaso a la presión ejercida sobre el legislador español de trasponer la directiva a tiempo: recordemos que España se retrasó casi 6 meses en la trasposición de la directiva.

289 Una de las principales críticas es que el nuevo sistema se introdujo sin derogar el sistema preexistente, creando así, en el ámbito del Derecho de la competencia, un conjunto de normas potencialmente confuso. Ciertamente hay algo de verdad en esto, aunque, como se ha señalado anteriormente, los tribunales han trabajado para dar coherencia a todo el sistema.

tema procesal nacional sea compleja y requiera un tiempo del que el legislador carecía, sino que además las implicaciones del acceso a fuentes de prueba requieren, en mi opinión, un conocimiento bastante detallado de las implicaciones prácticas del mecanismo para los procedimientos de aplicación privada, y eso requiere experiencia judicial (y, de nuevo, tiempo). Es más, el acceso a fuentes de prueba implica necesariamente el ejercicio de una cierta discrecionalidad judicial específica a cada caso y no resulta apropiada para una previa regulación detallada. Por esas razones, personalmente estaba a favor de la decisión finalmente adoptada de limitar el nuevo mecanismo a los casos de daños y perjuicios en materia de competencia y no ampliarlo a todos los procesos civiles (aun cuando, desde la perspectiva de los derechos procesales fundamentales, sin duda habría resultado más coherente un enfoque más general)[290]. De hecho, creo que se puede hacer mucho con las normas adoptadas de conformidad con el régimen creado por el Real Decreto-ley 9/2017. Esta es una de las propuestas centrales de este estudio.

### b) Aspectos clave del nuevo régimen español de acceso a fuentes de prueba

Deberíamos comenzar nuestro análisis de las normas de trasposición abordando qué cuestiones procesales *sí que determinaban* estas. Más allá de la trasposición al Derecho español de las disposiciones de los artículos 5 y 6 de la Directiva de Daños, que no necesitamos repetir aquí para los lectores ya versados en dichas disposiciones, hay dos aspectos del régimen español que me gustaría destacar. El primero es la decisión de permitir que la exhibición de pruebas se solicite *antes o durante* el curso del procedimiento. En concreto, el artículo 283 *bis* e) 1 LEC establece que:

> "Las medidas de acceso a fuentes de prueba podrán solicitarse antes de la incoación del proceso, en la demanda o durante la pendencia del proceso."

---

[290] Hitchings, P., Malo, M. A., y Loras, L., n. 284.

El segundo es que la proposición y admisión de las pruebas obtenidas mediante el acceso a fuentes están sujetas a las normas habituales sobre *plazos y preclusión* aplicables en virtud de la LEC, como se confirma en los considerandos del Real Decreto-ley 9/2017:

> "[E]l acceso a fuentes de prueba no exime al litigante de la carga de proponer en tiempo y forma la práctica del medio probatorio pertinente."

En esta sección, examinaremos más detenidamente las implicaciones de estos dos aspectos del régimen español. Antes, analizaremos brevemente la naturaleza y el papel de la vista de exhibición de pruebas regulada en el artículo 283 *bis* f) LEC, que, en mi opinión, ofrece un importante instrumento adicional para la gestión de las demandas de competencia.

*Vista de acceso a fuentes de pruebas*

El artículo 283 *bis* f) LEC establece que, tras recibir una solicitud de acceso a fuentes de prueba, el tribunal convocará a las partes (incluido el tercero en cuestión si se trata de una solicitud de acceso a fuentes de terceros) a una vista, en principio en el plazo de diez días. En cuanto al procedimiento que deberá seguirse en dicha vista, el subapartado 3 de dicho artículo establece simplemente:

> "En la vista, los sujetos interesados podrán exponer lo que convenga a su derecho, sirviéndose de cuantas pruebas dispongan, que se admitirán y practicarán si fueran útiles y pertinentes."

En consecuencia, la vista prevé la posibilidad de que las partes presenten alegaciones orales y aporten pruebas, de acuerdo con las normas generales para la presentación y admisión de pruebas. Por defecto, la vista estará sujeta a las normas generales sobre audiencias públicas de la LEC y, en particular, a su artículo 185[291].

[291] Véase Martorell Zulueta, P., "Aspectos Procesales", n. 233, 110.

Esa norma prevé que las partes formulen observaciones finales una vez practicadas las pruebas que admita el tribunal. En la práctica, por tanto, la vista debería comprender lo siguiente: (i) alegaciones orales de las partes (de mayor entidad en el caso de la parte contra la que se dirige la solicitud, por ser la primera oportunidad que tiene de pronunciarse); (ii) proposición de pruebas y decisión del tribunal sobre su admisión (con posibles recursos orales durante la vista); (iii) práctica de la prueba; y (iv) alegaciones orales finales de cada parte.

Se han conocido ocasiones en las que las partes han convocado peritos a estas vistas, por ejemplo, con el fin de explicar con más detalle las razones por las que los datos solicitados son necesarios y proporcionados. A condición de que se garantice a la parte contraria tiempo suficiente para defenderse (lo que, posiblemente, implique exigir a las partes que anuncien dichas pruebas y que presenten cualquier documento o informe relevante antes de la vista, como ocurre con las pruebas periciales en las vistas normales), me parece una medida de lo más sensata. Es más, cabría imaginar que la vista de acceso a fuentes de prueba, con el respaldo de las partes y, en su caso, de sus peritos, podría convertirse en una oportunidad para que el tribunal tome contacto, en una fase temprana, con el alcance de la prueba económica y permita así una gestión procesal proactiva de este aspecto central de este tipo de procedimientos. Volveremos sobre este punto en el capítulo 17 sobre la prueba pericial que figura más abajo.

*Acceso a fuentes de prueba previo frente a durante el procedimiento*

Algunos juristas españoles se han referido al acceso a fuentes de prueba en la fase previa al procedimiento (antes de que se presente la demanda) como la solución procesal estándar o por defecto para el uso del mecanismo en asuntos de aplicación privada del Derecho de la competencia en España[292]. Es decir, el mecanismo se percibe como un medio para preparar una demanda, que

---

292 Véase, en particular, Moreno Catena, V., n. 233, 257-259, 264-265.

luego queda sujeta a los estrictos requisitos habituales establecidos por la legislación procesal española para el escrito de demanda y la presentación de las pruebas que deben presentarse con el escrito de demanda (artículo 265 de la LEC). De ese modo, el acceso a fuentes de prueba ofrece al demandante un medio para acceder a unas fuentes más amplias de pruebas de las que inicialmente no disponía (como, por ejemplo, datos de transacciones o pruebas de la infracción que se encuentran en manos del futuro demandado) antes de presentar una demanda de daños y perjuicios, permitiendo así al demandante exponer su demanda y sus pruebas completas al inicio del procedimiento en cumplimiento de los requisitos establecidos en el artículo 265 de la LEC.

En mi opinión, esta concepción del mecanismo de *disclosure* de la UE tal vez refleje una mentalidad procesal española más tradicional[293], pero que es una interpretación excesivamente restrictiva de la concepción contenida en la Directiva de Daños y, de hecho, en la ley española de trasposición. Sin duda, la Directiva de Daños no excluye la posibilidad de una exhibición de pruebas previa a la acción. Así lo confirmó expresamente el Abogado General Szpunar en la sentencia *Paccar*, refiriéndose en particular a los considerandos 22 y 27 de la directiva, que prevén la posibilidad de que las partes accedan a las pruebas que obran en el expediente en relación con "acciones de daños que se pretenden ejercitar" o "que necesiten para preparar sus reclamaciones por daños y perjuicios"[294]. Sin embargo, opino que, en realidad, el

---

293 Como se recordará, al margen de las limitadas disposiciones sobre exhibición de documentos de la LEC (artículos 328-330), el principal motivo para el acceso a las pruebas que encontramos en la Ley es el previsto en el artículo 256 LEC ("diligencias preliminares"), que fue el mecanismo clave a través del cual se incorporaron al ordenamiento jurídico español (Ley 19/2006, de 5 de junio) las normas sobre exhibición de documentos de la Directiva 2004/48. Ese mecanismo es un mecanismo de exhibición de pruebas previo a la interposición de la demanda.

294 Conclusiones de AG Szpunar, *Paccar*, n. 243, apartados 32-43. Los dos considerandos en cuestión se refieren al artículo 6(4)(b) de la Directi-

legislador de la UE pretendía hacer hincapié en la práctica de medidas de acceso a fuentes de prueba durante el curso del procedimiento, o al menos permitir un cierto grado de flexibilidad y posibilidades a las partes a este respecto. Esta proposición la baso en los siguientes argumentos:

- La redacción del artículo 5(1) de la Directiva de Daños ("en los procedimientos relativos a acciones por daños"), claramente contempla la exhibición de pruebas que se produce durante el curso del procedimiento, aunque, siguiendo *Paccar*, el término no excluye la exhibición de pruebas previa a la acción cuando la solicitud esté relacionada con una acción de daños que se presentará posteriormente.
- Tal y como observó el TJUE en el asunto *RegioJet*, el Reglamento 1/2003 y el artículo 6 de la Directiva de Daños contemplan que las demandas civiles por daños y perjuicios procedan de forma simultánea con los procedimientos de aplicación pública, incluida la posibilidad de ordenar la exhibición en los procedimientos civiles de los documentos del expediente administrativo. Una vez más, no está claro que esto impida que dicha exhibición se produzca con anterioridad a la acción, de hecho no es así, pero quizá se podría percibir de nuevo la mentalidad del TJUE en esta sentencia.
- Por último, y con más claridad, el considerando 14 de la directiva, que establece la justificación subyacente de las

va de Daños, que, en sí mismo, no es determinante del momento pertinente (utilizando la expresión "en relación con una acción por daños ante un órgano jurisdiccional nacional"). Por su parte, el Tribunal ignoró esta cuestión y respondió a la solicitud de interpretación del artículo 5 remitida por el tribunal de Barcelona en relación con una solicitud de exhibición de pruebas *inter partes* previa a la acción, aceptando implícitamente que se cumplía el requisito del artículo 5(1) de que la solicitud se produjera "en los procedimientos relativos a acciones por daños".

disposiciones sobre *disclosure*, y al que ya hemos tenido ocasión de aludir, advierte que: "el establecimiento de estrictos requisitos legales que exijan de los demandantes hacer valer en detalle todos los hechos del caso y aportar elementos de prueba muy específicos al inicio de una acción puede obstaculizar indebidamente el ejercicio efectivo del derecho a resarcimiento garantizado por el TFUE"[295].

De hecho, la legislación española ha introducido las disposiciones sobre exhibición de pruebas de la directiva en la sección sobre disposiciones generales en materia de pruebas de la LEC y no en las disposiciones sobre diligencias preliminares, reforzando así el objetivo declarado en el artículo 283 *bis* e) LEC de permitir el acceso a fuentes de prueba antes de la interposición de la demanda, junto con la demanda o durante el curso del procedimiento. Esta interpretación ha recibido, además, el respaldo de la sentencia *Tráficos Manuel Ferrer*, que en su apartado 58 contempla un tratamiento iterativo de la exhibición y la aportación de pruebas, derivado de las especificidades de este tipo de litigios, tema sobre el que volveremos en breve.

Además, la exhibición de pruebas previa a la acción plantea una serie de dificultades y desventajas que, en mi opinión, abogan por dar prioridad a su uso durante el curso del procedimiento, en lugar de antes de que se presente una demanda. En primer lugar, aunque sin duda hay discrepancias entre los comentaristas en relación con este asunto[296], parece que las disposiciones sobre acceso a fuentes prueba previo a la demanda no estaban pensadas para ser utilizadas por un posible *demandado* en futuras acciones por daños y perjuicios. Es decir, la capacidad de los demandados para acceder

---

295 Véase la discusión acerca del considerando 14 en el capítulo 5.2 *supra* en la Parte Primera.

296 Para una postura contraria, véase Martorell Zulueta, P., n. 233, 82, y Caballol Angelats, L., n. 233, 130: "A pesar del tenor literal del precepto, su redacción no impide que el potencial demandado también pueda hacer uso de esta facultad antes de que la demanda se haya presentado".

a información que se encuentra en manos del demandante, que se reconoce expresamente en el considerando 15 y en el artículo 13 de la directiva (este último con referencia a la defensa de *pass-on*), no parecería estar a disposición del demandado antes de que se interponga la acción. La razón principal de ello es que la condición para la exhibición de pruebas previa a la acción —de que la parte que solicita el acceso debe presentar un escrito de demanda en el plazo de veinte días a partir de la terminación de la medida— no resulta, a primera vista, fácilmente aplicable a un demandado[297].

La segunda razón es el problema de calendario al que ya nos hemos referido: a saber, la dificultad para un demandante de construir una demanda y un informe pericial en los veinte días siguientes a la finalización del ejercicio de exhibición de pruebas. Puede ocurrir que el plazo efectivo sea superior a veinte días, dado que el inicio de ese plazo requiere primero una solicitud de una parte y una orden del tribunal. Además, el demandante podría alegar que no pudo elaborar el informe pericial antes de presentar la demanda y, de ese modo, acogerse a la excepción prevista en el artículo 337(1) de la LEC (que permite su presentación a posteriori cuando, de hecho, no sea posible presentar el informe pericial con la demanda)[298]. Sin embargo, la experiencia en la litigación asociada al cartel de los camiones sugiere, como ya hemos visto, que estas cuestiones prácticas sí influyeron en la

---

297 A menos que se tratara de una acción declarativa negativa basada en la supuesta repercusión íntegra de cualquier posible daño. El requisito de que el solicitante presente una demanda dentro de los 20 días siguientes a la finalización de la exhibición de pruebas está recogido en el artículo 283 *bis* e) 2 y es el motivo que generalmente se invoca para considerar que un posible demandado no tiene legitimación para presentar una solicitud de exhibición de pruebas previa a la acción; por ejemplo, González Granda, P., n. 233, sección 3 B) b).

298 Reconociendo que el plazo de 20 días es corto, dada la complejidad de analizar los datos y cuantificar el daño, Martorell Zulueta, P., se refiere expresamente a la posibilidad de invocar la excepción del artículo 337 de la LEC, n. 233, 102.

decisión de los demandantes de renunciar a utilizar los datos a los que se tuvo acceso en el proceso de exhibición de pruebas previa a la acción y presentar, en su lugar, las demandas con una cuantificación pericial basada en datos públicamente disponibles[299]. Las observaciones del Tribunal Supremo en sus sentencias de junio de 2023 sobre las dificultades de la exhibición de pruebas previa a la acción parecen añadir más peso a esta posición[300].

La tercera razón está relacionada con el principio de igualdad de armas, que las normas de acceso a fuentes de prueba pretenden garantizar abordando la asimetría de información típica de esta clase de asuntos[301]. Me parece que, como principio general, resulta intuitivamente más favorable para garantizar la igualdad de armas que el examen de las solicitudes de exhibición de pruebas tenga lugar ante el tribunal en el contexto de un procedimiento que ya se ha iniciado, lo que permite al juez estar en mejores condiciones para comprender el contexto de las solicitudes y, por consiguiente, su pertinencia, utilidad y proporcionalidad para la demanda presentada o la defensa que se pretende plantear. En ese sentido, también considero que es una falacia sugerir que, en caso de que un demandado desee solicitar la exhibición de pruebas para acreditar la defensa de *pass-on*, el plazo para presentar una defensa deba necesariamente suspenderse[302]. Si bien es evidente que podría haber excepciones, normalmente —si un demandado tiene una defensa de *pass-on* plausible— debería ser

299 Véase la sección 16.1 más arriba.

300 STS 947/2023, 14 de junio de 2023, n. 2, FJ 10, apartado 20.

301 Moreno Catena, V., subraya esta motivación subyacente de las nuevas disposiciones sobre exhibición de pruebas, n. 233, 253-254. Véanse también las extensas declaraciones del TJUE en *Tráficos Manuel Ferrer*, n. 3, en particular los apartados 43-44, 55.

302 Esta propuesta fue realizada por la Asociación Española para la Defensa de la Competencia (AEDC) y fue recogida por varios analistas, entre ellos: Gascón Inchausti, F., “El acceso a las fuentes de prueba”, n. 233, apartado 30; González Granda, P., n. 233, 12; Caballol Angelats, L., n. 233, 133.

capaz de establecer los fundamentos clave de esa defensa sobre la base de los hechos disponibles acerca del sector del demandante y de la teoría económica, ya que, de lo contrario, no podría justificar la solicitud de exhibición de pruebas desde un primer momento. Salvo en circunstancias excepcionales (por ejemplo, documentos de política de precios o contratos que revelen una clara repercusión de costes relevantes, que en todo caso pueden invocarse en la argumentación oral y formar parte de las pruebas que el tribunal tendrá en cuenta en su sentencia), normalmente será necesario que el demandado facilite los materiales revelados (pruebas y datos fácticos) a su perito para que este analice los efectos del *pass-on*, y dicho informe podrá presentarse en una fase posterior del procedimiento. En consecuencia, sería más cómodo y sencillo encajar el momento del acceso a fuentes de prueba tras los escritos rectores, cuando los argumentos esenciales del caso se habrán definido. Si bien esta postura no es la que propugna directamente el profesor Moreno Catena en su análisis de las reglas de acceso a fuentes de prueba (de hecho, parece considerar que la exhibición de pruebas previa a la acción es de mayor utilidad y plantea menos problemas procesales que la planteada durante el curso del procedimiento), reconoce, no obstante, explícitamente el beneficio de que los jueces tengan una adecuada comprensión del asunto en su conjunto para ejercer su poder discrecional al ordenar la exhibición de pruebas:

> "Esto invoca sin duda un juez activo, *conocedor de la situación que se ventila, capaz de valorar con criterio propio el alcance de lo que se le solicita, en una materia de gran complejidad como los daños derivados de actuaciones anticompetitivas*, así como los intereses que transcienden de la mera reclamación y también la extensión y los límites de las cautelas y garantías que puede ordenar."[303] (la cursiva es mía)

En mi opinión, y por las razones ya expuestas, esto apunta hacia una preferencia por la solicitud de acceso a fuentes de prueba

---

[303] Moreno Catena, V., n. 233, 269.

*durante* el procedimiento principal, en lugar de antes del mismo. Como ya se ha señalado, también permite convertir la vista de acceso a fuentes de prueba en un elemento significativo de la gestión del proceso por el tribunal, lo que considero de especial interés y relevancia.

Esta es también la opinión de los tribunales del Reino Unido[304]. Si bien la exhibición de pruebas previa a la acción está técnicamente disponible en el proceso civil inglés, como ya señalamos en la Segunda Parte de este estudio más arriba, su uso en los procedimientos en materia de Derecho de la competencia (y en otros tipos de litigios mercantiles complejos) es escaso, siendo el momento habitual para el *disclosure* tras el cierre de los alegatos por escrito de las partes[305]. Las razones para ello son variadas y están relacionadas, por ejemplo, con el tiempo que conlleva dicho proceso (retrasando, en consecuencia, el procedimiento principal, tal vez en exceso) y con los costes del ejercicio de exhibición, que el solicitante tendrá que asumir (por contraposición a su tratamiento como costes del procedimiento si el *disclosure* se produce durante el procedimiento principal)[306]. Estos son, dicho sea de paso, aspectos que no fueron considerados por el TJUE en el asunto *Paccar*, ya que el Tribunal ignoró en gran medida las especificidades de la solicitud (esto es, el hecho de que había

---

304 De hecho, aunque aprecio las interesantes ideas que expone sobre el tema, considero que Fuguet Carles, X., "La disclosure: aspectos a aprender en España de la experiencia inglesa", n. 263, concede una importancia excesiva al "*pre-action disclosure*" y "*pre-action protocols*" británicos, al menos en el ámbito del Derecho de la competencia, ya que la exhibición de pruebas previa a la acción no es algo materialmente relevante para las acciones por daños y perjuicios en materia de competencia en el Reino Unido.

305 Brealey, M., n. 2 (segunda parte *supra*), 251, 9.04.

306 Estos son los puntos identificados por Charles Hollander en su revisión de la situación de la exhibición de pruebas veinte años después de las reformas Woolf: "Disclosure. Should We Have Stayed with the RSC?", en Higgins, A., (ed.), *The Civil Procedure Rules at 20* (OUP 2020), 155, 158-159.

sido presentada con anterioridad a la demanda) o las verdaderas implicaciones en materia de costes de la búsqueda del tipo de información objeto de la solicitud[307]. Los motivos para preferir la exhibición de pruebas durante el procedimiento también incluyen el tema que hemos planteado anteriormente: a saber, la necesidad de que el juez esté en condiciones de comprender bien los hechos controvertidos en un determinado asunto, algo que no quedará claro hasta después de las alegaciones de las partes[308].

Eso no quiere decir que el acceso a fuentes de prueba previa a la acción no tenga cabida en determinadas circunstancias limitadas en los pleitos de competencia españoles, algo que puede ocurrir, por ejemplo, cuando un demandante necesita acceder a pruebas específicas, por ejemplo las consignadas en un expediente administrativo, para poder preparar su demanda. Sin embargo, por las razones expuestas, lo más probable es que esta sea la excepción, más que la regla, y no lo que, en mi opinión, la Directiva de Daños prevé como opción por defecto.

*Repercusiones de las normas sobre la preclusión procesal*

Pasemos ahora al escenario concreto y, a mi juicio, generalmente preferible de la exhibición de pruebas en los asuntos de daños y perjuicios en materia de defensa de la competencia: esto es, durante el procedimiento y, más concretamente, una vez presentados los escritos rectores por ambas partes. Es aquí donde nos encontramos con el segundo aspecto de la normativa española

---

307 En cuanto a esto último, resulta revelador, en mi opinión, que el TJUE parezca subestimar el coste que supone facilitar la exhibición de material preexistente cuando se refiere a la "mera transmisión de soportes físicos" (apartado 53 de la sentencia *Paccar*). Es posible que el Tribunal no esté familiarizado con los costes de búsqueda de información relevante. En cuanto a lo primero, en ningún lugar de la sentencia se hace referencia a las implicaciones para la orden de que la solicitud se haga antes de la acción.

308 Brealey, M., n. 2 (segunda parte), 9.06, con referencia al caso de referencia *Black contra Sumitomo Corporation* [2001] EWCA Civ 1819.

que he destacado anteriormente: la aplicación de los estrictos plazos y normas de preclusión de la LEC a las pruebas que, tras el acceso a sus fuentes, las partes deseen que se admitan en el procedimiento.

El Derecho español distingue entre fuentes de prueba y medios de prueba[309]. Estos últimos se refieren a las pruebas que el tribunal admite en el procedimiento y que, como tales, pueden constituir un elemento en el que el tribunal se base para adoptar su decisión (lo que, en Derecho inglés, se denominaría "*evidence*"). En el proceso civil español, como es bien sabido, la admisión de determinadas fuentes como prueba se produce en la audiencia previa. Las fuentes de prueba se refieren a las fuentes materiales existentes fuera del procedimiento a las que pueden acceder las partes a través de un proceso de investigación —por ejemplo, identificando a una persona que tiene conocimiento de unos hechos concretos— y que necesitan ser aportadas al procedimiento para convertirse en medios de prueba (o "*evidence*") de acuerdo con las normas aplicables a la práctica de la prueba —por ejemplo, llamando a esa persona para que comparezca ante el tribunal y preste declaración como testigo—. Las normas españolas de *disclosure* del artículo 283 *bis* de la LEC se denominan normas sobre "[a]cceso a las fuentes de prueba" y regulan la posibilidad de identificar fuentes de prueba relevantes (como, por ejemplo, documentos o datos específicos o, como reza el artículo 5(2), de la Directiva de Daños, "categorías" de pruebas) que obren en poder de la parte contraria o de un tercero, y, con la asistencia del tribunal, obtenerse o consultarse. Esas fuentes, una vez identificadas y obtenidas o consultadas, podrán proponerse como prueba en el momento oportuno del procedimiento. Este último paso de proponer las fuentes como prueba en el procedimiento está sujeto a las normas y plazos habituales de presentación, propuesta y admisión de pruebas.

309 Montero Aroca, J., *La prueba en el proceso civil* (7ª ed. Thomson Reuters, 2012), 146-148.

Recordemos brevemente cuáles son esas normas:

| **Disposición de la LEC** | **Norma procesal** |
|---|---|
| | *Presentación, propuesta y admisión de pruebas* |
| Artículo 265 | Los documentos en los que las partes se basen para fundamentar sus pretensiones deberán presentarse junto con el escrito de demanda y contestación o, si eso no fuera posible, se designarán los archivos correspondientes en los que figure la información. |
| Artículo 269 | La no presentación de un documento en el momento oportuno da lugar a su inadmisión (*"preclusión documental"*). |
| Artículo 270 | Se concede una excepción a la norma de preclusión documental para las pruebas nuevas, las que lleguen a conocimiento de la parte en una fecha posterior por causas ajenas a su voluntad o las contenidas en archivos designados. |
| Artículo 271 | En ningún caso podrán admitirse documentos después del juicio, sin perjuicio de las disposiciones específicas para las denominadas "diligencias finales" con arreglo al artículo 435 (*"preclusión documental definitiva"*). |
| Artículo 272 | Si se presenta un documento con posterioridad a los momentos procesales establecidos, el tribunal lo inadmitirá. |
| Artículo 286.3 | Excepcionalmente, podrán proponerse nuevas pruebas en cualquier momento del procedimiento, antes de comenzar a transcurrir el plazo para dictar sentencia (tras el juicio), cuando así lo justifiquen hechos nuevos, o de nueva noticia, que hayan sido admitidos por el tribunal. |
| Artículo 426.5 | En el juicio ordinario, las partes podrán presentar en la audiencia previa documentos que se justifiquen por alegaciones complementarias, aclaraciones o hechos nuevos (o de nueva noticia) que hayan sido admitidos en la audiencia previa. |
| Artículo 435 | En circunstancias excepcionales (hechos nuevos, hechos de nueva noticia, falta de práctica de pruebas admitidas en el juicio por causas ajenas a la parte en cuestión, o nueva práctica de pruebas no concluyentes en determinadas situaciones excepcionales), pueden proponerse, admitirse y practicarse nuevas pruebas después del juicio y antes de dictar sentencia. |

| Disposición de la LEC | Norma procesal |
|---|---|
| | *Informes periciales* |
| Artículo 336.3 | El demandante deberá adjuntar al escrito de demanda cualquier informe o dictamen pericial en el que pretenda basarse, a menos que pueda justificar que no podía esperar a presentar la demanda hasta obtener el informe pericial. |
| Artículo 336.4 | El demandado deberá adjuntar al escrito de contestación todo cualquier informe pericial en el que pretenda basarse, a menos que pueda justificar la imposibilidad de obtenerlo en el plazo de presentación de su contestación. |
| Artículo 337 | Los informes periciales que, por razones justificadas con arreglo al artículo 336, no se hayan presentado con el escrito de demanda o de contestación, deberán presentarse al menos 5 días antes de la audiencia previa (o dentro de 30 días en el juicio verbal). |
| Artículo 338 | Excepcionalmente, los informes periciales que resulten necesarios como consecuencia de alegaciones formuladas en la contestación o de alegaciones complementarias formuladas durante la audiencia previa podrán presentarse hasta 5 días antes del juicio (o la vista en el juicio verbal). |
| Artículo 426.5 | En el juicio ordinario, las partes podrán presentar en la audiencia previa nuevos informes periciales que se justifiquen por alegaciones complementarias, aclaraciones o hechos nuevos (o de nueva noticia) que hayan sido admitidos en la audiencia previa. |
| Artículo 427.3 | En el juicio ordinario, los informes periciales que resulten necesarios como consecuencia de alegaciones complementarias o aclaraciones admitidas en la audiencia previa podrán presentarse hasta 5 días antes del juicio, de conformidad con el artículo 338. |
| | *Alegaciones* |
| Artículo 286 | Los hechos nuevos, o de nueva noticia, podrán alegarse excepcionalmente en cualquier momento del procedimiento, antes de comenzar a transcurrir el plazo para dictar sentencia (tras el juicio). |
| Artículo 400 | Las partes no podrán formular nuevas alegaciones (escritas u orales) tras la presentación de los escritos de demanda y contestación, respectivamente, salvo que se trate de hechos nuevos (o hechos de nueva noticia) o de alegaciones complementarias admitidas en la fase previa (*preclusión de las alegaciones*). |

| Disposición de la LEC | Norma procesal |
| --- | --- |
| Artículo 412 | Las partes no podrán modificar el objeto del procedimiento, tal como figura en sus escritos de demanda y contestación, salvo en el caso de alegaciones complementarias admitidas en la audiencia previa (*prohibición del cambio de demanda*). |
| Artículo 426 | En el juicio ordinario, las partes pueden, en la audiencia previa, formular alegaciones complementarias, o hacer aclaraciones sobre sus alegaciones, sin alterar de forma sustancial sus posiciones, siempre y cuando estas no afecten al derecho de defensa de la parte contraria y siempre que sean admitidas por el tribunal. |
| Artículo 436.1 | Las partes podrán presentar alegaciones por escrito sobre los resultados de las diligencias finales practicadas en virtud del artículo 435. |

No obstante, en el contexto del acceso a fuentes de prueba en las acciones por daños y perjuicios en materia de competencia, estas normas deben interpretarse a la luz del espíritu y los objetivos de la Directiva de Daños. A este respecto, ya hemos señalado que su considerando 14, que establece la justificación que subyace a las nuevas normas de exhibición de pruebas de la Unión, advierte de que unas normas estrictas sobre alegaciones y presentación de pruebas al inicio de un procedimiento pueden impedir de forma indebida el ejercicio efectivo del derecho a reclamar daños y perjuicios por infracción del Derecho de la competencia de la UE. Esto sugeriría que, en la medida de lo posible, el artículo 265 y las normas preclusivas de los artículos 269, 271, 272, 400 y 412 de la LEC deberían interpretarse de forma restrictiva; y las excepciones de los artículos 270, 336, 337, 338, 426, 427, etc. de la LEC, de forma más extensiva, con el fin de no impedir la capacidad de las partes tanto de proponer y aportar pruebas una vez terminada la exhibición de fuentes de prueba como de desarrollar su caso, ya sea en virtud de alegaciones orales basadas en esas pruebas o mediante la aportación de pruebas periciales basadas en esas mismas pruebas. Al mismo tiempo, la interpretación de las normas procesales nacionales no puede llevarse a cabo de forma que contravenga esas mismas normas (interpretación *contra legem*) y el sistema procesal civil introducido en 2000 creó más bien un sistema rígido cuyo objetivo y beneficio era el de crear el proceso civil sencillo, predecible y relativamente rápido que conocemos hoy en día. Es evidente, por tanto, que existe una delicada tensión que hay que gestionar. La Directiva de Daños no supone un cambio sustancial en la naturaleza de las únicas alegaciones principales que deben presentarse por escrito al inicio del proceso español, ni ignora las estrictas normas sobre preclusión. Ello sería claramente contrario a la esencia del procedimiento español y al principio de autonomía procesal. Sin embargo, la historia no acaba aquí. Para eso, debemos analizar las implicaciones de *Tráficos Manuel Ferrer* y, en particular, el apartado 58 de la sentencia del TJUE.

### c) Apartado 58 de la sentencia *Tráficos Manuel Ferrer*

La declaración del TJUE en el apartado 58 de la sentencia *Tráficos Manuel Ferrer* dice lo siguiente:

> "En el presente asunto, la situación tiene un cariz diferente, dado que la parte demandada, por iniciativa propia, tras ser autorizada para ello por el órgano jurisdiccional remitente, puso a disposición de la parte demandante la información en que se había basado para refutar el informe pericial de esta última. A este respecto, es preciso señalar, por un lado, que poner a disposición esa información puede contribuir al debate contradictorio tanto sobre la realidad como sobre el importe del perjuicio y, por tanto, redunda en beneficio de las partes, que pueden afinar, modificar o completar sus alegaciones, y del juez nacional, que, gracias a la peritación y al consiguiente contraperitaje, esclarecido por la divulgación de la información en que aquella se basa, dispone de datos que permiten acreditar la realidad del perjuicio sufrido por la parte demandante y determinar después la extensión de este, lo que puede evitarle tener que realizar una estimación judicial del perjuicio. Por otro lado, poner a disposición esa información, lejos de privar de pertinencia a la solicitud de exhibición de pruebas establecida en el artículo 5, apartado 1, párrafo primero, de la Directiva 2014/104, puede, por el contrario, orientar a la parte demandante y facilitarle indicaciones sobre los documentos o datos que podría considerar indispensable obtener."[310]

---

[310] *Tráficos Manuel Ferrer*, n. 3.

Hay cuatro aspectos que podemos identificar en el razonamiento del TJUE:

(i) La oferta de acceso por una de las partes a la información subyacente al modelo económico utilizado por el perito de esa parte para cuantificar el perjuicio contribuye de forma positiva a la evaluación de la existencia y la cuantía del perjuicio en los procedimientos de daños y perjuicios.

(ii) Dicha transparencia informativa adicional, por un lado, permite a la parte que accede a ella afinar, modificar o completar sus alegaciones.

(iii) Dicha información adicional también proporciona al tribunal elementos adicionales para determinar la existencia y el alcance del perjuicio.

(iv) Por último, dicha información adicional permite a la parte que accede a la información determinar otras solicitudes de acceso a fuentes de prueba.

Estas afirmaciones vislumbran un proceso que es un tanto iterativo y, ciertamente, no rígido. En ese sentido, plantean algunas cuestiones importantes para el Derecho procesal español que, por lo que parece, no habría sido consideradas, y mucho menos abordadas convenientemente, por el TJUE en la cuestión prejudicial. Esas cuestiones se refieren a las estrictas normas relativas a la presentación de pruebas, la modificación de las alegaciones y los plazos pertinentes en Derecho español. Ciertamente, ni en la sentencia ni en las conclusiones del Abogado General se hace referencia alguna a estas disposiciones del Derecho español[311]. Tampoco se hace referencia a la jurisprudencia relativa a estas cuestiones, que de hecho se habían planteado en varias ocasiones antes de la cuestión prejudicial reenviada por el juzgado de lo mercantil de Valencia: en particular, de la Audiencia Provincial de

---

311 Ni tampoco, dicho sea de paso, en las observaciones del Gobierno español o de la Comisión.

Valencia. Por tanto, para abordar estas cuestiones en su totalidad y determinar con mayor precisión cuáles son las cuestiones relevantes, es necesario recordar algunos de los antecedentes de los acontecimientos que rodearon la cuestión prejudicial en *Tráficos Manuel Ferrer*, los cuales brillan por su ausencia en la sentencia.

*Antecedentes del asunto Tráficos Manuel Ferrer: el uso de salas de datos por parte del Juzgado de lo Mercantil n.º 3 de Valencia*

Los demandados en los pleitos civiles en los litigios asociados al cartel de los camiones han visto que, en general, los tribunales españoles han sido escépticos acerca de los informes periciales de parte presentados por los fabricantes, que concluían que, en realidad, la infracción no había tenido impacto alguno en los precios de venta de los camiones vendidos en España durante el periodo de la infracción. Una de las razones de ese escepticismo, aunque no la principal[312], se ha centrado en los datos utilizados por los peritos en esos informes: a saber, los datos detallados de las transacciones (incluidos los costes y los precios de las ventas de camiones individuales) que los fabricantes facilitaron a sus peritos para preparar sus valoraciones. Así, por ejemplo, la Audiencia Provincial de Pontevedra, en su sentencia de referencia sobre las reclamaciones de CETM (la primera en España), compartía las dudas del juez de primera instancia sobre la fiabilidad de los datos de la demandada utilizados en su informe pericial, siendo esa una de las razones para rechazar dicho informe:

> "A ello añadimos la crítica que atinadamente recoge la sentencia de instancia, relativa a que los datos empleados para la construcción del modelo econométrico utilizado en el informe *han sido de producción unilateral de la propia demandada, no obtenidos con*

[312] La principal objeción planteada por los tribunales españoles ha sido que la proposición de que la infracción no había provocado ningún incremento del precio de los camiones era incompatible con la naturaleza de la infracción, tal y como se describe en la decisión de la Comisión.

*contradicción, y por ello incontrastables en su veracidad."*[313] (la cursiva es mía)

Con el tiempo, los fabricantes empezaron a adoptar la práctica de ofrecer a los demandantes acceso a los datos en que se basaban sus informes, y lo hicieron de una forma novedosa. Se trataba de ofrecer acceso controlado a la información a través de una sala de datos electrónica, recurriendo a un mecanismo empleado por la Comisión en procedimientos administrativos para facilitar el acceso de los investigados a información confidencial[314]. De este modo, los fabricantes de camiones pretendían ofrecer un mayor grado de transparencia respecto a los datos utilizados en su informe pericial y brindar al perito de la parte contraria la oportunidad de verificar tanto los datos como los cálculos derivados de estos que figuraban en el informe pericial del demandado. Al mismo tiempo, este mecanismo proporcionaba la ventaja de limitar al máximo el riesgo percibido de que grandes volúmenes de datos económicos sensibles pudieran ser objeto de una más amplia

---

313 *Luis País Barros contra Renault Trucks SAS*, SAP Pontevedra 513/20, 6 de octubre de 2020, ES:APPO:2023:482, apartado 53. La opinión del Tribunal Supremo muestra menos sospechas en cuanto a la utilización de sus propios datos por parte de los demandados: véase STS 947/2023, 14 de junio de 2023, FJ 10, apartado 25.

314 Véase, la "Comunicación sobre buenas prácticas para el desarrollo de los procedimientos relativos a los artículos 101 y 102", apartados 97-98; las Buenas Prácticas de Prueba Económica; y la Comunicación sobre la Protección de la Información Confidencial; y la discusión más arriba en la Primera Parte, capítulo 6. Volveremos sobre esta cuestión más adelante, en el capítulo 17.5, cuando abordemos más concretamente el tema de la prueba pericial. El mecanismo de la sala de datos fue aprobado por primera vez para su uso en los procedimientos españoles de aplicación privada en materia de defensa de la competencia en una decisión anterior del mismo tribunal; SJM3 Valencia, 4 de junio de 2019, ES:JMV:2019:48A. Esta vista fue una de las primeras que se celebraron en relación con la serie de solicitudes previas a la demanda para la exhibición de datos de precios y costes de los fabricantes de camiones a las que nos hemos referido anteriormente.

difusión por cada una de las partes a las que se concedía acceso una vez tuvieran la información en su poder (es decir, el riesgo de filtraciones). El objetivo subyacente de los demandados era lograr que los tribunales concedieran mayor peso a los informes periciales de los demandados, eliminando parte del escepticismo acerca de los datos empleados para llegar a sus resultados. En algunos lugares (limitados), esta estrategia tuvo su éxito: cabe destacar, por ejemplo, la sentencia del Juzgado de lo Mercantil n.º 1 de Oviedo, de 12 de abril de 2021:

> "Por la parte actora se pone en duda la veracidad de los datos, que, por ser internos, podrían haber sido manipulados. Esta línea de defensa debe rechazarse con firmeza, no ya tanto (que también) porque supone cuestionar datos contables que han sido trasladados a unas cuentas anuales sujetas a auditoría, *sino porque la parte actora ha podido tener acceso a los mismos y ha rehuido esa posibilidad*. El dictamen de E.CA Economics describe el proceso de auditoría interna y externa al que han sido sometidos los datos suministrados por DAIMLER (apartado A1.1.3, pp. 222 y ss.). No hay el más mínimo indicio de que los datos hayan sido manipulados ad hoc para estas reclamaciones judiciales o lo fueran ya desde 1999 ad cautelam, para el caso hipotético de que el cártel se descubriera y hubiera que diseñar una estrategia defensiva en un futuro. La manipulación de esos datos no resulta creíble; son tantas las variantes que han examinado los peritos y tan difícil prever cómo un posible falseamiento repercutiría en un estudio econométrico, que no podemos siquiera concebir que los datos (que se cuentan por centenares de miles) hayan sido manipulados por el fabricante (ni ex ante, ni ex post), básicamente porque un profano no sabría cómo alterar los datos para obtener el resultado econométrico perseguido; como tampoco es posible concebir que la alteración proceda de los peritos, que han prestado juramento o promesa en los términos exigidos por la LEC [...] *Lo que no puede admitirse, por contrario a la buena fe procesal, es sembrar la duda sobre el origen de los datos o el proceso de limpieza y negarse al tiempo a acceder a la información que podría eliminarla o confirmarla.*"[315] (la cursiva es mía)

---

315 SJM1 Oviedo, 12 de abril de 2021, n. 130, FJ 6.5.

Uno de los primeros lugares donde este mecanismo de "transparencia" fue aprobado por el tribunal fue en el Juzgado de lo Mercantil n.° 3 de Valencia. Estos primeros casos (en los años 2019 y 2020), y la revisión de las mismas por parte de la Audiencia Provincial de Valencia, son las precursoras directas de *Tráficos Manuel Ferrer*[316].

En todos los procedimientos pertinentes, el juez, en la fase de audiencia previa y a petición del fabricante de camiones demandado, admitió la presentación del modelo económico del perito del demandado (incluidos los datos subyacentes y los comandos empleados para procesar esos datos[317]) en una sala de datos durante un periodo definido (5-10 días hábiles) en condiciones de acceso determinadas en el auto (las personas que podían acceder,

---

316 Véanse, por ejemplo, SJM3 Valencia, 10 de diciembre de 2019 (Volvo), ES:JMV:2019:4122; SJM3 Valencia, 12 de febrero de 2020 (DAF); SJM3 Valencia, 28 de febrero, 22 de octubre y 18 de noviembre de 2020 (Daimler); y SAP Valencia, 17 de noviembre de 2020, ES:APV:2020:4230: SAP Valencia, 22 de febrero de 2021, ES:APV:2021:585; SAP Valencia, 20 de abril de 2021, ES:APV:2021:1209; SAP Valencia, 11 de noviembre de 2021, ES:APV:2021:4186. Para un análisis de varios de estos casos, véase Hitchings, P., "La prueba pericial económica en los procedimientos de reclamaciones de daños", *Almacén de Derecho*, 12 de mayo de 2021 [se puede consultar una versión inglesa del artículo en: www.hitchings-co.com/actualidad , en la sección "Documentos"].

317 Con "comandos" nos referimos a los códigos de programas informáticos que contienen instrucciones que utilizan los peritos para tratar los datos originales que han recopilado para su análisis (que les proporciona, por lo general, su cliente, o que obtienen de fuentes públicas o de terceros), tanto en lo que se refiere a la "limpieza" de esos datos (corrección de errores, eliminación de valores atípicos, homogeneización de datos de distintas fuentes, categorización de datos, etc.) como a la realización de sus cálculos definitivos, que suelen emplear una serie de variables adicionales (por ejemplo, de oferta y demanda) recopiladas de otras fuentes (y a veces también tratadas). En un modelo estadístico basado en STATA, tales códigos (o instrucciones) se encuentran en archivos ".do". Véase la Guía para la presentación de informes económicos de la CNMC, p. 5.

qué operaciones podían realizar y qué resultados podían sacar de la sala de datos). La sala de datos debía instalarse fuera de las instalaciones del tribunal (normalmente, en las oficinas de los abogados o del perito del demandado). También se concedió al perito del demandante la oportunidad de presentar un nuevo informe tras el ejercicio de la sala de datos.

De hecho, el juez de lo mercantil en esos casos (el juez Pastor) aprobó las propuestas de los demandados para acceder a los datos en términos algo más amplios que los ofrecidos. Así, el juez Pastor adoptó la medida de la sala de datos propuesta con dos finalidades distintas: la primera era la que ofrecían los demandados, es decir, permitir la verificación de su modelo y de los datos subyacentes por parte del perito contrario; la segunda era permitir a los peritos de la parte actora, además, la posibilidad de realizar una segunda cuantificación del supuesto sobrecoste, pero esta vez sobre la base de los datos de la parte demandada. Este último era, en mi opinión, el objetivo principal del ejercicio desde la perspectiva del juez: es decir, invitar a los demandantes a elaborar una mejor estimación del daño utilizando los propios datos de los fabricantes (mejor en dos sentidos: primero, que su propia estimación, que había sido considerada insatisfactoria por el tribunal en procedimientos anteriores, y, segundo, que la del perito del demandado, que, utilizando los datos del propio demandado, calculó un sobrecoste cero —inexistencia de daño—, por lo que había sido rechazada por el tribunal, que consideró que tal resultado era incompatible con los hechos del caso: en particular, la naturaleza de la infracción). Sin embargo, no era el objetivo principal del demandado, que, como ya se ha señalado, era aportar mayor transparencia y, por consiguiente, mayor peso al informe de su propio perito.

La respuesta del demandante a esta oportunidad doble fue considerada relevante por el juez Pastor para determinar si se cumplían las condiciones para la estimación judicial del daño[318].

---

318 Debemos recordar que se trataba de casos en los que el tribunal consideraba que el informe original del demandante no satisfacía el están-

El juez de lo mercantil postuló que, si la actitud del demandante ante esta oportunidad de acceder a los datos del demandado era negativa, evasiva o excesivamente pasiva, ello impediría al juez ejercer su facultad de estimar el daño. Dicho de otro modo, supondría que la condición para la estimación judicial [es decir, la práctica imposibilidad o excesiva dificultad de probar el daño según lo dispuesto en el artículo 17(1) de la Directiva de Daños] no se considerase debidamente acreditada a juzgar sobre la base de los hechos del caso. En circunstancias en las que el juez consideró que el demandante no había aprovechado convenientemente la oportunidad de acceder a los datos del demandado y evaluarlos[319], desestimó dichas pretensiones, pretensiones que, en casos similares anteriores, había estimado parcialmente[320].

*Antecedentes del asunto Tráficos Manuel Ferrer: el rechazo de las salas de datos por parte de la Audiencia Provincial de Valencia*

El uso del mecanismo de la sala de datos fue rechazado por la Audiencia Provincial de Valencia en apelación. En consecuencia,

---

dar de prueba necesario para cuantificar el daño, pero que la existencia del daño había quedado debidamente acreditada, mientras que el demandado no había ofrecido una cuantificación alternativa adecuada. En sentencias anteriores el tribunal había decidido, en esas mismas circunstancias, que el daño debía estimarse judicialmente en un sobreprecio del 5% (véase, por ejemplo, SJM3 Valencia, 20 de febrero de 2019, ES:JMV:2019:34, apartado 95). Este planteamiento, aprobado por la Audiencia Provincial de Valencia (SAP Valencia 1679/2019, 16 de diciembre de 2019, ES:APV:2019:4151), marcó la pauta de la posición que iban a adoptar la mayoría de los tribunales españoles en los litigios de camiones, al menos en su primera ola, y recibió la aprobación del Tribunal Supremo en sus sentencias de junio de 2023.

319 Cabe señalar, a este respecto, que el tribunal interpretó que la obligación del demandante de aprovechar la oferta implicaba, como mínimo, asistir a la sala de datos y, además, hacer uso de los datos puestos a disposición de su perito para llevar a cabo algún tipo de análisis adicional.

320 Por ejemplo, SJM3 Valencia, 10 de diciembre de 2019 y 12 de febrero de 2020 (n. 316).

se revocaron las sentencias del Juzgado de lo Mercantil n.º 3 en aquellos casos en los que el juez había desestimado las demandas alegando pasividad del demandante ante el ofrecimiento por parte del demandado de acceder a la sala de datos. La sentencia de la Audiencia Provincial contiene una extensa exposición de sus motivos para rechazar la utilización del mecanismo de la sala de datos, afirmando básicamente que, en los términos propuestos por el demandado, tal mecanismo no tiene cabida en el sistema procesal de la LEC. Merece la pena desgranar esas razones con todo detalle, ya que se trata de objeciones que deben ser atendidas si se quiere que el proceso más iterativo e interactivo previsto por el TJUE (apartado 58 de la sentencia *Tráficos Manuel Ferrer*) tenga verdadero recorrido en los procedimientos nacionales españoles.

La Audiencia Provincial de Valencia señala, en primer lugar, que ninguna de las partes había presentado una solicitud de acceso a fuentes de prueba, como tal, durante el procedimiento (ni, en consecuencia, se había celebrado una vista de acceso a fuentes de pruebas, en los términos previstos en la ley española de trasposición). La oferta de acceso a los datos fue, más bien, una oferta unilateral de exhibición realizada por el demandado. En concreto, la oferta la realizó el perito del demandado en el momento de presentar su dictamen antes de la audiencia previa. Dicho ofrecimiento fue reiterado a continuación por el letrado del demandado en la audiencia previa como parte de su proposición de prueba (conforme al artículo 429(1) de la LEC)[321]. Sin embargo, en el Derecho español, la proposición de pruebas está en manos de las partes (artículo 282 de la LEC). En consecuencia, la solicitud de exhibición es una cuestión que cada parte debe determinar de forma autónoma, sin que sea posible que el tribunal o

---

[321] En otros asuntos similares, el juez Pastor ha invocado la facultad del tribunal prevista en el artículo 429(1) de la LEC para indicar que la prueba propuesta por las partes era, a su juicio, insuficiente y que la parte actora debía, en efecto, aprovechar la oportunidad que se le ofrecía y ampliar su informe pericial. Volveremos sobre el uso de dicha facultad en el siguiente capítulo, capítulo 17, dedicado a la prueba pericial.

la parte contraria le impongan su uso (sin perjuicio de que, como veremos en la siguiente sección, el uso que haga una parte de la facultad de pedir acceso a fuentes de prueba pueda ser relevante a la hora de valorar su satisfacción de la carga de la prueba).

La audiencia provincial consideró, en segundo lugar, que el mecanismo de la sala de datos, al menos en la forma en que había sido concebido en primera instancia en los procedimientos en cuestión, no era un mecanismo contemplado en el sistema procesal civil español ni era compatible con los principios básicos de dicho sistema. En primer lugar, el tribunal señala que el mecanismo tiene su origen en el acceso concedido a las partes durante la investigación de una infracción por parte de la Comisión con el fin de proteger el derecho de defensa de dichas partes, llevada a cabo además en las instalaciones de la Comisión y bajo su supervisión, y que su aplicación en procedimientos civiles no estaba, por tanto, garantizada[322]. Además, el tribunal considera que un ejercicio de este tipo, organizado fuera de las instalaciones del tribunal y sin su supervisión directa, no tiene fácil encaje con las normas y garantías contenidas en la LEC, que, entre otras cosas, exigen la presencia de un juez en la práctica de la prueba (artículo 137(1) de la LEC, principio de "inmediación"), la presencia del letrado de la administración de justicia en calidad de fedatario público de las actuaciones procesales (artículo 145 de la LEC), y la función de dicho letrado, además, como custodio judicial de la documentación de las actuaciones y de los autos (artículos 146 y 148 de la LEC). La audiencia provincial añadió que, efectivamente, eso dificultaba su pronunciamiento sobre este aspecto del procedimiento, pues no tenía constancia de lo que había ocurrido en la

---

322 El tribunal se refiere, en este contexto, a las Buenas Prácticas de la Comisión en Procedimientos de Competencia (n. 587, apartado 97); a las Buenas Prácticas sobre Salas de Datos (n. 589); y a la Comunicación sobre la Protección de la Información Confidencial (n. 561) (por aquel entonces en forma de proyecto), en la sección sobre círculos de confidencialidad.

sala de datos, salvo los relatos indirectos dados por los respectivos peritos de parte en el juicio.

La postura de la audiencia provincial era, en tercer lugar, que no había base legal para proponer una ampliación del informe pericial de la parte actora en esa fase del procedimiento (audiencia previa). En primer lugar, las excepciones que justifican la presentación de un nuevo informe, estrictamente delimitadas en los artículos 426 y 427 de la LEC y relativas, básicamente, a las adaptaciones de las alegaciones (las denominadas "alegaciones complementarias") que, con carácter excepcional, hayan sido admitidas en la audiencia previa, no eran de aplicación a la situación que le ocupaba. No se habían solicitado, ni mucho menos admitido, tales adaptaciones. En segundo lugar, el demandante no podría proponer la ampliación del informe pericial sin antes ver los datos en que se basaba el informe del demandado: es decir, no se le podía exigir que hiciera una propuesta "a ciegas" de un nuevo informe basado en información adicional que aún no había visto. En esencia, la Audiencia Provincial de Valencia sostiene que, desde un punto de vista procesal, era demasiado tarde para proponer pruebas en la audiencia previa basadas en información que (en esa fase) no formaba parte del procedimiento. De hecho, el tribunal subraya la premisa subyacente en los procedimientos españoles, a saber, que el argumento de las partes, salvo circunstancias excepcionales, debe exponerse por completo (y de forma irrevocable) en los primeros (y únicos) escritos de alegaciones[323].

En cuarto lugar, la Audiencia Provincial de Valencia niega que las normas de presentación de dictámenes periciales y, más concretamente, las que regulan los materiales que deberían acompañar al informe pericial (artículo 336(2) de la LEC) exijan la exhibición de los datos que subyacen a un modelo de cuantificación económica, o que justifiquen su exhibición unilateral y no solicitada en una fase posterior del procedimiento. Remitiéndose

323 Artículo 412 de la LEC.

a una sentencia suya anterior de 23 de enero de 2020[324], la audiencia provincial destaca que, a su juicio, no es necesario exhibir los datos subyacentes con el informe pericial si el perito considera que existen razones fundadas para no hacerlo. En el asunto que nos ocupa, el perito de la parte demandada consideró inapropiado revelar la base de datos utilizada, dado el elevado número de observaciones que contenía (13.360, para ser exactos), el carácter sensible de esa información y el riesgo percibido de que la información pudiera filtrarse a terceros. En su lugar, a juicio de la Audiencia Provincial de Valencia, la parte contraria tiene en esa situación la posibilidad de solicitar la exhibición de los datos como parte de la declaración del perito en el juicio, al amparo del artículo 347(1)1º de la LEC. Sin embargo, en este caso, no se había formulado tal petición. Cabe señalar, como apunte, que el Tribunal Supremo, en el recurso contra la sentencia de la Audiencia Provincial de Valencia de 23 de enero de 2020, observó que la utilización de datos de los clientes en el análisis pericial era un planteamiento válido (implícitamente, aun cuando no se aportaran los datos con el informe, como era el caso), salvo que existiera algún indicio de que la selección de los datos realizada por el perito estuviera sesgada y pudiera afectar a los resultados[325].

En quinto lugar, la audiencia provincial añade que el demandado no había justificado de forma adecuada por qué la información en cuestión tenía carácter confidencial y, por tanto, por qué estaba justificada la protección especial de la sala de datos que proponía. A ese respecto, hemos de recordar que los datos se refieren a un periodo de quince años o más que finalizaba en torno a 2016, unos tres o cuatro años antes del litigio[326].

---

324 *Llacer y Navarro SL contra AB Volvo y Renault Trucks SAS*, ES:APV:2020:292.

325 STS 947/2023, 14 de junio de 2023, n. 2, FJ 10, apartado 24 *in fine*.

326 Según la Comisión, de conformidad con la jurisprudencia del TGUE, normalmente la información que se remonte más de 5 años se considerará histórica y perderá la clasificación de información confidencial; Comunicación sobre la Protección de la Información Confidencial (n. 561), apartado 22.

Por último, la Audiencia Provincial de Valencia consideró que la oferta realizada por el demandado en este asunto habría creado un desequilibrio entre las partes, ya que el coste para el demandante de la medida propuesta era desproporcionado en relación con el valor de la demanda y porque se ofrecía en condiciones establecidas unilateralmente por el demandado (incluida la firma de un acuerdo de confidencialidad con una cláusula penal muy sustancial en caso de incumplimiento por parte del demandante). Ese fue el denominado argumento de la "manzana envenenada" acuñado por la audiencia provincial, que, con el tiempo, se convirtió en el nombre por el que se ha conocido esta primera sentencia.

Sin embargo, la Audiencia Provincial de Valencia no excluyó por completo la posibilidad de que una sala de datos pudiera ser una herramienta útil en circunstancias adecuadas. Eso podría ocurrir, a su juicio, cuando la información en cuestión fuera realmente confidencial y cuando la otra parte solicitara la exhibición de dicha información en el momento adecuado (que el tribunal indica ser, de hecho, antes de presentar su demanda).

Como puede verse con bastante claridad, la descripción de la exhibición de pruebas establecida por el TJUE en el apartado 58 de la sentencia *Tráficos Manuel Ferrer* se enfrenta a algunos serios desafíos en las sentencias de la Audiencia Provincial de Valencia. Sin embargo, puede que no sean tan irrefutables como pudiera parecer a primera vista. Las objeciones concretas que las sentencias de la Audiencia Provincial de Valencia (y la LEC) plantean al apartado 58 pueden resumirse, a mi entender, de la siguiente manera: (i) la exhibición de los datos y modelos económicos subyacentes no se considera necesaria (ni especialmente útil) en el proceso civil español; (ii) si los peritos de parte desean presentar dicha información, deben presentarla, junto con su informe, en el momento procesal oportuno (con la única salvedad de justificadas preocupaciones por la confidencialidad) aportando la información directamente al procedimiento (es decir, como anexo al informe); (iii) es poco probable que dicha información subyacente tenga una gran utilidad para el tribunal a la hora de evaluar y cuantificar el daño, y su exposición en el procedimiento debería, por lo general, adoptar la forma de operaciones (con la base de datos) que sean realizadas en el acto del juicio en respuesta a preguntas de los abogados de las partes (o el juez); (iv) no se puede exigir a la parte contraria que solicite la exhibición de dicha información, o de cualquier otra información basada en su examen de dicha información; (v) si esa parte opta por solicitar una exhibición de pruebas de esta naturaleza, deberá hacerlo en el momento procesal adecuado (que normalmente sería antes de la demanda o, como máximo, en el escrito de demanda o de contestación, o con anterioridad a la audiencia previa, en todo caso); (vi) si bien tiene serias reservas, la audiencia provincial no descarta por completo la posibilidad de que, en circunstancias apropiadas, el acceso a la información en virtud de una solicitud de exhibición de pruebas se proporcione a través de instrumentos como una sala de datos, siempre que la información pertinente pueda entonces utilizarse de forma adecuada y proponerse como prueba (por ejemplo, un nuevo informe pericial basado en datos identificados y verificables, que forma parte del expediente del procedimiento), respetando los plazos aplicables en relación con la proposición de pruebas; y (vii) cualquier consideración sobre el uso por una parte de la exhibición de pruebas o el acceso a los datos subyacentes debe tener en cuenta el principio de proporcionalidad (es decir, el coste del ejercicio en comparación con el valor —la cuantía— de la demanda).

*Implicaciones del apartado 58 de la sentencia de Tráficos Manuel Ferrer para el proceso civil español*

Entonces, ¿dónde nos deja esto? ¿Permite el apartado 58 de *Tráficos Manuel Ferrer* su aplicación en un procedimiento civil español? ¿Debería? Yo respondería con un cauto sí a ambas preguntas. Es posible concebir un proceso en el que, respetando las normas y restricciones sobre alegaciones y aportación de pruebas conforme a la legislación española, el acceso a fuentes de prueba se pueda incorporar al proceso (en el periodo que media entre los escritos rectores y la audiencia previa) y se conceda a las partes (y a sus peritos) la posibilidad, bajo el estricto control del tribunal, de acceder a datos económicos y otras pruebas relevantes en poder de la parte contraria (o de terceros), de que esos datos y pruebas pasen a formar parte de las pruebas en el procedimiento y de que se empleen en la elaboración de ampliaciones de informes periciales, todo ello siempre que estas medidas adicionales sean proporcionadas y estén justificadas en las circunstancias específicas del caso.

Además, creo que es deber de nuestros tribunales facilitar el acceso a fuentes de prueba en nuestro proceso tras la sentencia *Tráficos Manuel Ferrer* y hacerlo respetando los principios de transparencia, igualdad y contradicción (emanaciones del derecho subyacente de tutela judicial efectiva), que están, además, en la base de los instrumentos de *soft law* de la UE sobre la presentación y valoración de la prueba económica, así como la jurisprudencia del TJUE y el TGUE.

En consecuencia, sin transgredir las restrictivas reglas establecidas en la LEC y el papel central del principio de legalidad (que han contribuido a crear el proceso ágil y predecible que caracteriza al procedimiento civil que conocemos hoy en día), es y debería ser posible garantizar que el mecanismo de acceso a fuentes de prueba se incorpore debidamente a nuestro proceso de forma que se facilite la aportación y valoración de pruebas periciales de naturaleza técnica compleja. De hecho, en este punto me gustaría hacer hincapié en que la aplicación de las normas sobre la aportación de pruebas periciales (y, en particular, cualquier exhibición o acceso a información relativa a los datos subyacentes) debería adecuarse (o al menos orientarse) a las buenas prácticas científicas en esta área y ello, en algunas circunstancias, requerirá una adaptación de la práctica de muchos tribunales españoles. Por lo pronto, cabe observar a este respecto que, en mi opinión: (i) la aplicación de la prueba en virtud del artículo 336 de la LEC, relativa a la aportación de los materiales en los que se basa un perito para la elaboración de su informe, en el contexto de cálculos complejos en casos de competencia (en particular, econometría), requiere un grado de transparencia que permita la debida verificación y réplica de dichos cálculos por la parte contraria; y (ii) es seriamente cuestionable que la facultad de las partes de pedir a un perito en el juicio que realice operaciones utilizando los datos subyacentes al informe (artículo 347(1)1° de la LEC) pueda ofrecer una oportunidad adecuada de contradicción del mismo, a menos que se haya concedido a esa parte la posibilidad de acceder por sí misma a esa información subyacente con anterioridad al juicio[327].

En la parte final de esta investigación (la cuarta) expondré los términos precisos en los que, a mi entender, podría configurarse el proceso civil español respetando todas estas consideraciones. Por ahora, señalemos simplemente que, de hecho, ya contamos con algunos ejemplos prácticos de procedimientos en los que algunos juzgados de lo mercantil han adoptado elementos del enfoque más iterativo previsto en *Tráficos Manuel Ferrer*.

### d) Algunos ejemplos del nuevo enfoque en la práctica judicial española

El primer ejemplo es de nuevo el "protocolo de Barcelona". De conformidad con el protocolo, las partes debían solicitar la exhibición de pruebas hasta el momento en que se presentara el escrito de contestación y, tras la vista de acceso a fuentes de prueba (que sería el siguiente paso procesal), la exhibición de pruebas propiamente dicha tendría lugar según lo ordenado por el tribu-

[327] Véanse, a este respecto, las conclusiones de AG Kokott en *Tráficos Manuel Ferrer*, n. 261, apartados 91-95, donde subraya la necesidad —a la hora de valorar la eficacia del acceso a los datos para corregir la asimetría de información— de considerar la forma en que, de hecho, se ha facilitado el acceso a los datos, así como el volumen y el valor informativo de dichos datos. Señala que: "puede ser relevante si en poco tiempo se ha facilitado al demandante una gran cantidad de datos en formatos de difícil acceso, en qué medida son aprovechables dichos datos y otros aspectos similares" (apartado 91).

nal y, si así se ordenaba, implicaría (estaba previsto) la apertura de salas de datos paralelas durante un periodo de 60 días. A continuación, estaba prevista la presentación de cualesquiera otros informes periciales hasta 20 días antes de la audiencia previa, que a su vez tendría lugar al cabo de 90 días de la finalización de la fase de exhibición de pruebas, lo que dejaba 70 días hábiles (aproximadamente 3 meses) para la elaboración de dichos informes. Que yo sepa, en su mayor parte la exhibición de pruebas no se ha producido en la forma prevista inicialmente y, en todo caso, el alcance de las solicitudes ya se había reducido en el momento en que se hicieron. Esto parece haber sido consecuencia del tiempo transcurrido entre la negociación del protocolo (2019-2020) y las decisiones sobre exhibición de pruebas unos dos años más tarde, hacia finales del año 2022[328]. Para entonces, los litigios ya habían evolucionado significativamente, incluso con respecto a las demandas de CETM ante la mayoría de los tribunales de toda España, haciendo que el ejercicio fuera menos significativo de lo que habría sido en una etapa anterior.

Para el segundo ejemplo, debemos volver una vez más a Valencia. Se trata también de un procedimiento del asunto del cártel de los camiones y de una demanda presentada por un demandante del grupo CETM, en esta ocasión, contra Daimler. Dejando a un lado las numerosas cuestiones procesales y sustantivas que son de menos relevancia específica para la cuestión que estamos aquí analizando, la evolución del procedimiento en cuanto a la aportación de pruebas periciales se puede resumir de la siguiente manera: (i) la parte actora presentó su informe pericial junto con su escrito de demanda; y la parte demandada, su propio informe cinco días antes de la audiencia previa (hasta ese momento, por tanto, según lo habitual); (ii) en la audiencia previa, el demandado solicitó acceso

---

328 Por ejemplo, AJM3 Barcelona, 28 de octubre de 2022 (no publicada). Esta decisión se centró por completo en la cuestión de la prueba de la repercusión "aguas abajo" por parte de los demandantes y rechazó dicha solicitud.

a los datos utilizados en el modelo económico del perito del demandante, así como a los códigos (o comandos) utilizados en dicho modelo para procesar esos datos y llegar a los resultados presentados en el informe, y también la presentación de otro informe pericial para analizar las conclusiones del ejercicio de la sala de datos; (iii) el demandado también ofreció acceso al modelo económico de su propio perito en una sala de datos, pero este ofrecimiento fue rechazado por el demandante alegando que los datos subyacentes empleados por el perito del fabricante de camiones no eran fiables (algo que el tribunal critica en su sentencia); (iv) admitiendo la solicitud del demandado, el tribunal ordenó la creación, por parte de los peritos del demandante, de una sala de datos en las oficinas de los letrados del demandante durante un periodo de 5 días hábiles, y estableció que la sala de datos debía incluir los "datos necesarios para la réplica del modelo sincrónico de su dictamen pericial, se encontrarán disponibles el software empleado para su desarrollo y los demás elementos de trabajo que puedan considerarse razonables"; (v) después de la audiencia previa, el demandante presentó otro informe pericial que incluía una lista impresa de los comandos empleados en su modelo original y una serie de explicaciones de su modelo en respuesta a las críticas formuladas por el perito de la demandada en su propio informe: si bien fue admitido en primera instancia en aras de un "criterio de flexibilidad procesal", la Audiencia Provincial dictaminó que ese informe era extemporáneo y, como tal, debía ser excluido del procedimiento; (vi) la sala de datos tuvo lugar y el perito del demandado presentó un nuevo informe basado en sus conclusiones que permitió desarrollar aspectos de su crítica al informe del demandante; (vii) el tribunal consideró, no obstante, que la ampliación del informe no alteraba su valoración de la prueba pericial y confirmó íntegramente la cuantificación del perito de la parte actora; y, por último, (viii) el tribunal ordenó también en la audiencia previa que se presentaran, en parte, las pruebas solicitadas por la demandada con el fin de calcular el porcentaje de *pass-on* del coste de los camiones en cuestión en los precios de los servicios de transporte de la parte actora a sus propios clientes ("aguas abajo") en términos temporales, objetivos y materiales más restringidos que los solicitados por la demandada, pero dicho ejercicio no resultó fructífero y la defensa no prosperó[329].

El tercer ejemplo procede del mismo tribunal, pero esta vez en el contexto del asunto del cartel de los coches[330]. En él, el juez Pastor ordenó la creación de una sala de datos por parte de los peritos designados por la parte demandada, en condiciones similares con autos anteriores (como el caso que acabo de describir). En esta ocasión exigió, además, que la demandada (Toyota) pusiera a disposición de los demandantes y de sus peritos en la sala de datos documentación acreditativa para que estos pudieran contrastar los datos de transacciones utilizados por los peritos de la demandada con las pruebas documentales subyacentes. Como veremos más adelante, en el capítulo 17 sobre la prueba pericial, el juez también tomó la inusual medida de invitar a los peritos de las partes a asistir a la audiencia previa antes de dictar la orden de crear la sala de datos. Lo hizo con el objetivo de recabar su asistencia para evaluar si las pruebas periciales aportadas por las partes hasta la fecha eran suficientes para dilucidar la cuestión que dichas pruebas pretendían abordar (es decir, la existencia y cuantificación de los daños y perjuicios ocasionados al demandante) y, en caso necesario, qué otras medidas podrían adoptarse para aclarar aún más las pruebas sobre esa cuestión. Sin embargo, al final la sala de datos no llegó a realizarse. Según la sentencia, ello se debió a la actitud obstruccionista del demandante. En consecuencia, el tribunal retiró la orden y declaró que tendría en cuenta la actitud de las partes al resolver. En último término, la actitud del demandante con respecto a la sala de datos acabó perjudicando a su reclamación, que fue desestimada por falta de pruebas suficientes en materia de cuantificación del daño. En concreto, la actora resultó penalizada por su actitud negativa ante

[329] Véanse, con respecto a todo lo anterior: AJM3 Valencia, 3 de marzo de 2020, ES:JMV:2020:21A; AJM3 Valencia, 28 de mayo de 2020, ES:JMV:2020:391A; SJM3 Valencia, 15 de septiembre de 2020, ES:-JMV:2020:5922; SAP Valencia, 20 de julio de 2021, ES:APV:2021:3123.

[330] SJM3 Valencia, 21 octubre 2022, ES:JMV:2022:9610; FJ 6-8.

la oportunidad que le brindaba la sala de datos de profundizar en su análisis económico del daño, actitud que el tribunal tachó de mala fe (incumpliendo su deber de buena fe procesal conforme al artículo 247 de la LEC)[331]. Debemos tener en cuenta, no obstante, que la reclamación era por un importe relativamente frugal de 2.864 EUR (sobreprecio en el único coche adquirido por la actora, un consumidor, durante el periodo de la infracción), lo que pone en perspectiva las exigencias del tribunal a la actora y, evidentemente, plantea serias cuestiones de proporcionalidad[332].

Otro ejemplo concreto lo podemos encontrar en algunas de las sentencias del Juzgado de lo Mercantil n.º 1 de Oviedo en el asunto de camiones[333]. En esas resoluciones, el juez Muñoz Paredes consideró que el hecho de que los demandantes no aceptaran la oferta de una sala de datos en la que los peritos de la demandada pusieran a disposición de los peritos de la parte contraria su modelo y los datos subyacentes era una consideración importante para desestimar su argumento de que el análisis presentado por los peritos de la demandada se basaba en datos poco fiables. Por consiguiente, en realidad no se organizó ninguna sala de datos en ese procedimiento, pero el tribunal la consideró un mecanismo procesal válido.

---

331 *Ibid.*, apartados 163-165, 178-179.

332 Aparentemente, en su valoración negativa de la actitud del demandante, el tribunal se vio influido por el contexto más amplio de la demanda y, en particular, por el hecho de que el informe pericial había sido elaborado para un grupo de demandantes, entre los que se encontraba el demandante en cuestión, todo ello a raíz de una campaña de publicidad en Internet y, al parecer, con el apoyo de un fondo de litigación. Véanse los apartados 181 y 182 de la sentencia, que parecen tachar el comportamiento de los representantes del demandante de rayar en la falta de ética, un juicio contundente que evidentemente no estoy en situación de valorar.

333 Véase, por ejemplo, SJM1 de Oviedo, 12 de abril de 2021, ES:JMO:2021:3265; SJM1 de Oviedo, 27 de febrero de 2023, ES:JMO:2023:144, apartados 216-222.

Todos estos ejemplos tienen sus limitaciones, evidentemente. No puede decirse que ninguno de ellos haya sido un ejemplo especialmente exitoso de cómo el acceso a fuentes de prueba ha influido de manera significativa en un pleito de daños. Creo que no es el caso. Además, la exhibición de pruebas, aceptada u ordenada según el caso, a menudo no llegó a ejecutarse en la práctica, o al menos no de forma tan completa o exhaustiva como se propuso en un principio. No obstante, son ejemplos que apuntan posibles vías que se pueden explorar y mejorar y, como tales, tienen el considerable mérito de abrir nuevos horizontes. De hecho, en mi opinión, dentro de los justos límites establecidos por el sistema procesal español, los jueces tienen un importante papel que desempeñar en el desarrollo de la práctica jurídica en este ámbito, con el necesario apoyo de unas partes colaboradoras, y estos ejemplos arrojan algo de luz en nuestro camino[334].

### e) Proporcionalidad

Nuestro análisis del tema del acceso a fuentes de prueba no estaría completo sin un breve comentario sobre el principio de proporcionalidad, que es fundamental para el régimen creado por la UE. De hecho, la proporcionalidad forma parte del objetivo subyacente de que el Derecho de la competencia de la Unión sea efectivo y, en consecuencia, de que las normas nacionales sobre el estándar y la carga de la prueba no se apliquen de manera que hagan prácticamente imposible o excesivamente difícil el resarcimiento de los daños causados[335]. En este sentido, es importante que el acceso a fuentes de prueba, tal como lo conciben las instituciones de la UE, no se convierta en un impedimento para las reclamaciones por daños y perjuicios, en lugar de contribuir a

[334] Esto es algo a lo que el juez Pastor ha aludido extensamente en algunas sentencias; p.ej., SJM3 Valencia, 21 de octubre de 2022; apartados 44, 62-66, 178-179.

[335] Como se indica explícitamente en el artículo 17(1) de la Directiva de Daños.

allanarles el camino. Y, en este punto, no podemos pasar por alto las implicaciones del acceso a fuentes en términos de costes.

Hemos señalado en varias ocasiones que la proporcionalidad debería medirse con referencia al valor (la cuantía) de una demanda. En el contexto de los litigios fragmentados y de escaso valor característicos de muchas de las acciones civiles en España hasta la fecha, esto resulta, por supuesto, relevante. Significa que una adaptación a las exigencias de *Tráficos Manuel Ferrer* y de otros elementos del Derecho de la UE requiere también una adaptación de los mecanismos para concentrar las demandas, a fin de que el valor en liza en los procedimientos sea mayor y la exhibición de pruebas resulte más proporcionada. Sin embargo, en mi opinión ambas cosas deberían discurrir en paralelo, y sin demora. Es decir, los tribunales deben esforzarse (con la colaboración de las partes) por encontrar formas de abordar esta cuestión con las herramientas actualmente disponibles cuando se enfrenten a situaciones de litigios en masa (por ejemplo, utilizando la acumulación, las demandas "testigo" o similares, como se ha expuesto en el capítulo 15 más arriba).

Por último, en este contexto, puede ser útil reflexionar sobre cómo facilitar medidas de acceso a fuentes de prueba que sean proporcionadas, incluso en el contexto de reclamaciones fragmentadas. Como es bien sabido, muchos demandantes forman parte de grupos de demandantes representados por equipos jurídicos y periciales comunes, que a su vez utilizan un único conjunto de datos común como base para cuantificar el daño a todo el grupo, y que comparten su interés económico en el caso, en cierta medida, con terceros (financiadores) o con el propio equipo jurídico (por ejemplo, a través del mecanismo de honorarios condicionados a éxito). En ese sentido, aun cuando esas demandas no se acumulen o se tramiten, de hecho, ante un único y mismo tribunal, puede ser pertinente considerar si será legítimo y apropiado que el acceso a fuentes de prueba se lleve a cabo y plantee de una manera más común y pragmática. Me refiero, por ejemplo, a la posibilidad de extender los efectos del ejercicio de dar acceso a los datos en un procedimiento a otros procedimientos paralelos, evitando así la necesidad de una repetición innecesaria de tal ejercicio por parte de los mismos peritos y con respecto a los mismos modelos y datos económicos. Esto puede requerir el consentimiento de las partes. Sin embargo, ¿podría razonablemente denegarse dicho consentimiento? Eso puede depender de las circunstancias del caso, pero, muchas veces, cuando el ejercicio es idéntico, puede que no exista una justificación razonable. Y, sin consentimiento, ¿sería posible que un tribunal que apruebe la medida de exhibición de pruebas ordene que se realice mediante el acceso a las pruebas ya practicadas en otros procedimientos?[336] Si nos referimos a un ejercicio de sala de datos extrajudicial, ¿sería posible que una parte propusiera para su admisión como prueba la información a la que su perito ha accedido en una sala de datos organizada en otro procedimiento o, cuando un tribunal ordene el acceso a la información en virtud del artículo 283 *bis* LEC, que se permitiera que el perito utilizara los resultados de su ejercicio anterior en otro procedimiento sin tener que repetir el ejercicio? Analizaremos algunas de estas opciones en el siguiente capítulo sobre la prueba pericial y en nuestras propuestas finales.

### f) Conclusión provisional

El acceso a fuentes de prueba (*disclosure*) en virtud de la Directiva de Daños de la UE está destinada a tener un impacto real en el proceso civil español en los litigios por daños en materia de Derecho de la competencia. Apenas estamos empezando a vislumbrar sus verdaderas implicaciones. Es mi opinión que el objetivo de los jueces españoles (respaldados por la necesaria colaboración de las partes) debería ser aplicar las normas procesales españolas en la medida de lo posible con el fin de garantizar que el acceso a fuentes de prueba tenga lugar en un momento del proceso y de tal forma que permita a las partes un acceso proporcionado, transparente y efectivo a las categorías necesarias de información

---

336 El acceso a los expedientes judiciales está previsto en el artículo 141 de la LEC, cuando una parte pueda demostrar un interés legítimo.

y otras fuentes de prueba (en poder de la parte contraria o de terceros) bajo el control activo del tribunal. Esto abarca también los datos utilizados en los dictámenes periciales (como veremos en más detalle en el capítulo 17 a continuación). Además, en la medida de lo posible, deberían permitir a las partes proponer las pruebas necesarias (incluidas las pruebas periciales basadas en dicha información o en otras fuentes) en el momento procesal oportuno, garantizando al mismo tiempo la protección del derecho de defensa de las partes y el principio de igualdad procesal. Todo ello, con el objetivo último de garantizar la tutela judicial efectiva de los derechos de las partes, incluida su capacidad para acreditar sus pretensiones y argumentos en igualdad de condiciones y según la Ley, y, de este modo, disponer al tribunal para dirimir el caso en las mejores condiciones posibles (siempre de conformidad con el principio de proporcionalidad).

El modo en que podría lograrse esto actualmente, en el marco procesal existente, será el tema de mi recomendaciones en la Cuarta Parte de esta investigación. Sin embargo, como ya se ha señalado, la vista de acceso a fuentes de prueba asume, en este contexto, un papel fundamental en la gestión del proceso por el tribunal, algo hasta la fecha en gran medida ignorado.

## *16.4. El impacto del acceso a fuentes de prueba en el estándar de prueba*

Me gustaría ofrecer una breve reflexión final en relación con el acceso a fuentes de prueba y la autonomía procesal nacional; en concreto, sobre la cuestión del impacto que las nuevas normas de *disclosure* de la UE pueden, o no, tener sobre el estándar de prueba exigido por los tribunales españoles para demostrar el perjuicio en asuntos de Derecho de la competencia de la Unión[337].

---

[337] No es el propósito de este estudio abordar la cuestión del estándar de prueba en el Derecho español, salvo en la medida en que sea relevante para las cuestiones procesales de mayor relevancia para el tema que nos ocupa. Son escasos los trabajos que abordan la cuestión específica del estándar

Como confirma el artículo 17(1) de la Directiva de Daños, el estándar de prueba (en este caso, del perjuicio) es una cuestión de Derecho nacional, sujeta al principio de efectividad[338]. El principio de efectividad impide que se desestimen las reclamaciones cuando resulte prácticamente imposible o excesivamente difícil "cuantificar con precisión los daños y perjuicios sufridos *sobre la base de las pruebas disponibles*" (la cursiva es mía). En tales situaciones, el artículo 17(1) de la directiva establece que los tribunales deberían estar facultados para estimar el perjuicio. En los casos de cárteles, el demandante se ve asistido por la presunción del perjuicio en los términos del artículo 17(2) de la Directiva de Daños; y su artículo 17(3) prevé la posibilidad de que los órganos jurisdiccionales soliciten la asistencia de las ANC en relación con la cuantificación, cuestiones sobre las que volveremos en la siguiente sección. Como estableció el TJUE en *Tráficos Manuel Ferrer*, estas disposiciones, respaldadas especialmente por las nuevas disposiciones sobre acceso a fuentes de prueba, abordan la desigualdad existente entre las partes en lo que respecta al acceso al tipo de información que puede resultar necesaria para cuantificar el perjuicio (la denominada asimetría de información). ¿Significa eso que el planteamiento de las partes respecto a la exhibición de pruebas puede repercutir en su capacidad para satisfacer el estándar de prueba exigido? ¿Acaso la disponibilidad de la exhibición de pruebas eleva de algún modo el estándar de prueba?

La cuestión no termina ahí. En el contexto de este capítulo (el acceso a fuentes de prueba), también deberíamos plantearnos un aspecto secundario del estándar de prueba, que es: ¿qué tipo de pruebas deben presentar las partes para satisfacer el estándar de

de prueba en la aplicación privada del Derecho de la competencia; sin embargo, véase, por ejemplo: Pérez Fernández, J., "Estándares de prueba del daño en las acciones de responsabilidad civil contra cárteles bajo derecho español y de la UE", *Working Paper IE Law School*, 11 de marzo de 2020, https://papers.ssrn.com/sol3/papers.cfm?abstract_id=3728898.

338 Se trata de un principio general del Derecho de la competencia de la UE; véase el asunto 74/14, *Eturas*, EU:C:2016:42, apartados 30-32.

prueba requerido? A ese respecto, el Derecho de la Unión tiene mucho que decir siempre que resulte de aplicación; por ejemplo, en lo que respecta a la acreditación de la presunción de que las empresas actúan basándose en información intercambiada con los competidores (es decir, la presunción de conexión causal entre una práctica concertada y una conducta de mercado) o a la demostración de los elementos necesarios para la concesión de una exención en virtud del artículo 101(3) del TFUE[339]. ¿Podría quizá determinar también los estándares probatorios requeridos para estimar el daño en asuntos de daños y perjuicios por infracción de las normas de competencia? El tipo de métodos que se consideran apropiados para cuantificar el perjuicio y cómo deben aplicarse y valorarse son, de hecho, objeto de recomendaciones de *soft law* de la Comisión (y de la CNMC en España), como hemos visto en el capítulo 6 más arriba. A los efectos de la cuestión que estamos analizando aquí (el impacto de la exhibición de pruebas en el estándar de prueba), deberíamos preguntarnos si el *disclosure* es un factor relevante a la hora de plantearnos el tipo de pruebas que pueden, y deberían, ofrecer los peritos de las partes.

En el Derecho español, el estándar de prueba es aquel que resulta suficiente para obtener la convicción del juez llamado a valorar la prueba pericial sobre la base de la denominada "sana crítica" de la prueba considerada en su conjunto[340]. En el ámbito del Derecho de la competencia, dado el carácter hipotético del ejercicio de predicción de lo que habría ocurrido en ausencia de la infracción (el escenario "contrafáctico"), el Tribunal Supremo,

---

339 Sobre la presunción de causalidad, véase, entre otros, el asunto C-74/14 *Eturas* EU:C:2015:42, apartados 33 y ss. Por lo que respecta al artículo 101, apartado 3, del TFUE, véanse los asuntos acumulados C-501, 513, 515, 519 *GlaxoSmithKline Services Unlimited* EU:C:2009:610; [2009] Rec. p. I-9291, apartado 102, y *Sainsbury's Supermarkets Ltd contra Mastercard Inc* [2020] UKSC 24, apartados 116, 119.

340 Artículos 348 y 218(2) de la LEC, respectivamente. Volveremos sobre ello en la sección relativa a la valoración judicial de la prueba pericial (capítulo 17.2(c) más abajo).

en su sentencia de 7 de noviembre de 2013 relativo a acciones de daños derivados del cártel de azúcar industrial ("sentencia *Azúcar II*"), abrazó la idea de una cierta "flexibilidad" en el estándar jurídico exigido por los jueces a la hora de valorar la prueba pericial del daño (haciéndose eco de las declaraciones de la Comisión en su Comunicación sobre la Cuantificación del Daño de 2011)[341]. Así lo ha confirmado recientemente el Tribunal Supremo en sus sentencias sobre el asunto del cartel de los camiones de junio de 2023, señalando la similitud existente con la estimación del lucro cesante y los dictados de la jurisprudencia del TJUE[342].

Por lo que se refiere al estándar probatorio para la estimación del daño por parte de un perito, el Tribunal Supremo acuñó en su sentencia *Azúcar II* una frase que se ha hecho célebre: "una hipótesis razonable y técnicamente fundada sobre datos contrastables y no erróneos"[343]. Por su parte, a los demandados se les exigía, en un caso en el que la existencia del daño quedaba establecida en virtud de las conclusiones de la decisión regulatoria previa, que ofrecieran su propia cuantificación alternativa del daño —con la mejor fundamentación posible—, la cual, implícitamente, debería satisfacer ese mismo estándar probatorio y en mayor grado[344]. Además, si desearan presentar una defensa de *pass-on*, deberían probar que la totalidad o parte del perjuicio sufrido se había repercutido, lo que implicaba establecer no solo que el sobrecoste se había repercutido en unos precios más elevados a eslabones posteriores de la cadena, sino también que esos precios más elevados no habían reducido los beneficios del demandante en virtud de una consiguiente pérdida de ventas (el denominado "efecto volumen")[345].

---

341 *Nestlé España SA contra Ebro Puleva SA* STS 651/2013, 7 de noviembre de 2013, ES:TS:2013:5819.

342 Véase STS 947/2023, 14 de junio de 2023, FJ 10, apartados 14-16, y, sobre el principio de efectividad, apartado 21.

343 Sentencia *Azúcar II*, n. 323, FJ 7.3.

344 *Ibid.*, FJ 7.3.

345 *Ibid.*, FJ 5.4.

¿Cuál es el papel del acceso a fuentes de prueba en el cumplimiento de estos estándares probatorios (en caso de que lo tenga)? La sentencia *Azúcar II* ofrece dos indicaciones al respecto. La primera se refiere al estándar que debe cumplirse para que una estimación del daño sea válida. Como acabamos de recordar, el elemento final del "test" establecido por el Tribunal Supremo era que los datos utilizados en la estimación debían ser "*contrastables* y no erróneos" (la cursiva es mía). Eso no es, por supuesto, un requisito para solicitar la exhibición de esos datos por la parte contraria, pero sin duda confirma que las estimaciones de los peritos deberían basarse en datos que, de no exhibirse voluntariamente, al menos deberían estar disponibles para su verificación. Sin embargo, no se indica si debe esperarse que el demandante recurra a la exhibición de pruebas. Atendiendo a los antecedentes de hecho del caso, eso no era necesario para que los demandantes (compradores de azúcar industrial) satisficieran el estándar de prueba de la cuantificación del daño, ya que su propio informe pericial (basado en datos públicos) se consideraba suficiente a efectos de probar el importe del daño.

La segunda indicación del Tribunal Supremo en la sentencia *Azúcar II* es más propiamente una indicación de que una parte puede necesitar hacer uso de los mecanismos de exhibición de pruebas para cumplir el estándar de prueba. En este caso, se trataba de acreditar una defensa de *pass-on*. El hecho de que los demandados no solicitaran las pruebas que obraban en poder de los demandantes, o de que no hicieran ningún intento real de probar el *pass-on*, fue aducido por el Tribunal Supremo como justificación para rechazar la defensa de *pass-on*, anulando la sentencia anterior de la Audiencia Provincial de Madrid sobre este punto. Para determinar el estándar probatorio exigido al demandado para acreditar la defensa de *pass-on*, el Tribunal Supremo se remitió a la jurisprudencia del TJUE en materia tributaria. En particular, señaló que dicha jurisprudencia trataba de evitar el enriquecimiento injusto del demandante, de modo que, en consecuencia, la defensa exigía que el demandado probara no solo la repercusión del sobrecoste, sino también la inexistencia de perjuicio resultante (teniendo en cuenta, además, el efecto volumen)[346].

Desde el asunto del cártel del azúcar, ha aparecido otro elemento relevante en el razonamiento de los tribunales españoles en su valoración del cumplimiento por una parte del estándar de prueba del daño y es el concepto de "esfuerzo probatorio razonable". Esto fue de especial relevancia en las sentencias de la Audiencia Provincial de Barcelona en el asunto del denominado cártel de sobres[347]. Dicho estándar es, en realidad, un estándar de prueba subsidiario: no es el estándar de prueba requerido para que una estimación del daño sea adoptada en su totalidad, o en gran parte, por el tribunal (lo que podríamos denominar el "*estándar de prueba primario*"). Se trata más bien de un estándar de prueba inferior empleado para distinguir: (i) las estimaciones del daño que, aunque insuficientes para obtener la convicción del tribunal, ofrecen pruebas suficientes para justificar que el tribunal estime el daño por sí mismo (es decir, la estimación judicial), de (ii) aquellas estimaciones que no satisfacen siquiera ese umbral mínimo, de modo que la demanda debe desestimarse por completo (lo que podríamos denominar el "*estándar de prueba secundario*"). Este estándar de prueba secundario o inferior se ha utilizado, en realidad, como sustituto de la condición de efectividad ("prácticamente imposible o excesivamente difícil") para que proceda la estimación judicial (facultad ahora regulada en el artículo 17(1) de la Directiva de Daños) aunque en el contexto particular del caso de sobres: aquel en el que se consideraba que existía un perjuicio basándose en las conclusiones de una decisión regulatoria previa. Sin embargo, el uso que las partes hicieron de la exhibición de pruebas no se consideró relevante para determinar ese esfuerzo probatorio mínimo.

---

346 Para un análisis más completo de esa jurisprudencia y de las normas y requisitos desarrollados en ella para demostrar la repercusión (*pass-on*), véase el Estudio sobre Pass-on, capítulo 2.

347 Resolución de 25 de marzo de 2013 (Expte. S/0316/10 *Sobres de Papel*).

Por supuesto, los asuntos del cártel del azúcar y de sobres son anteriores a la Directiva de Daños y a las nuevas disposiciones sobre acceso a fuentes de prueba. No es el caso de los litigios civiles relativos a los asuntos de camiones o coches, que se iniciaron después de que las normas sobre acceso a fuentes de prueba pasaran a formar parte de las normas procesales aplicables en España. No obstante, la disponibilidad del nuevo mecanismo de acceso a fuentes de prueba no ha provocado una alteración perceptible en el enfoque de los estándares probatorios por parte de los tribunales españoles. De hecho, se observa que, incluso tras la trasposición de la directiva, varios tribunales han defendido la existencia de una mayor carga para los demandados (en comparación con los demandantes) a la hora de cuantificar los efectos de su conducta anticompetitiva, basándose en la norma española que obliga a los tribunales a tener en cuenta la disponibilidad de pruebas y la facilidad probatoria de las respectivas partes[348], precisamente porque los datos relevantes para cuantificar el daño tienden a estar en poder de los demandados[349]. Es decir, la disponibilidad del mecanismo de acceso a fuentes de prueba que permitiría que los demandantes accediesen a esa información, no ha tenido un impacto significativo en el estándar de prueba exigido, recalcando los tribunales más bien la disponibilidad de pruebas para las respectivas partes (antes de solicitar cualquier exhibición de pruebas). Es cierto, por supuesto, que el principio de proporcionalidad ha influido en esta postura en un contexto de litigios muy fragmentados en los que un ejercicio de acceso a fuentes de prueba puede suponer para los demandantes un coste desproporcionado en comparación con el valor de la demanda individual que se examina. De hecho, esto fue confirmado por el Tribunal Supremo en sus primeras sentencias en camiones, incluso en el

---

348 Artículo 217(7) de la LEC.

349 Véase, por ejemplo, SAP Valencia, 23 de enero de 2020, ES:APV:2020:292, FJ 6.2; SAP Barcelona, 17 de abril de 2020, ES:APB:2020:2567, apartado 41; SAP Pontevedra, 6 de octubre de 2020, n. 294, apartado 18(g); SAP Málaga, 1 de julio de 2021, ES:APMA:2021:1238, apartado 43.4.

caso de un demandante individual relativamente grande[350]. Sin embargo, no hay, hasta la fecha, ninguna indicación clara de que las demandas acumuladas de mayor cuantía agregada puedan esperar necesariamente recibir un enfoque diferente por parte de los tribunales españoles (aunque el tiempo dirá).

Incluso después de *Tráficos Manuel Ferrer*, la postura de los tribunales españoles parece haber permanecido prácticamente inalterada. Es cierto que los tribunales han tenido alguna dificultad más para explicar por qué consideran que se cumple la condición para la estimación judicial con arreglo al artículo 17(1); es decir, por qué consideran que el demandante ha hecho lo suficiente para demostrar que una cuantificación más precisa era demasiado difícil o por qué eso es sencillamente evidente[351]. No obstante, el enfoque del estándar de prueba sigue marcado principalmente por la consideración de los respectivos esfuerzos de las partes para ofrecer una cuantificación razonable del daño, considerándose suficiente la satisfacción de un cierto estándar mínimo por parte del demandante para justificar la estimación judicial (en los casos en que se ha considerado probada la existencia del daño), aun cuando la estimación del perito del demandante se considere, no obstante, deficiente. El Tribunal Supremo expuso su propia evaluación de la cuestión en sus sentencias de camiones de junio de 2023, concluyendo también que no podía exigirse la exhibición de pruebas a los demandantes en esos casos concretos, y que el daño podía y debía estimarse judicialmente (es decir, se cumplía lo que he denominado "el estándar de prueba secundario"). El tribunal destacó los siguientes factores para llegar a esa conclusión: (i) el posible alcance y la complejidad de la exhibición de pruebas documentales, dada la duración y el ámbito geográfico del cártel y la existencia de una solicitud de clemencia; (ii)

---

[350] STS 947/2013, 14 de junio de 2023, FJ 10, apartado 20. El demandante en ese caso era una empresa de transporte que había adquirido 108 camiones durante el periodo de la infracción.

[351] Véase SAP Valencia, 23 de febrero de 2023; SAP Madrid, 3 y 9 de marzo de 2023; SAP Pontevedra, 27 de marzo de 2023 (n. 264).

el coste desproporcionado de tal ejercicio en comparación con la cuantía de la demanda; (iii) presiones de tiempo para la presentación de las demandas (dadas las normas preexistentes sobre prescripción y exhibición, las diligencias preliminares); y (iv) la incertidumbre en torno a la postura que adoptarían los tribunales españoles sobre la cuantificación de daño en las primeras etapas de los litigios en el asunto camiones. Con el debido respeto, la valoración del Tribunal Supremo muestra un cierto malentendido acerca de la exhibición de pruebas que podría haber sido necesaria para cuantificar el daño y de la medida en que el ejercicio podría haberse adaptado a las exigencias del pleito (y de los peritos de las partes). De hecho, la atención del tribunal parece centrarse en el acceso al expediente, en sentido amplio, y no en ninguna exhibición económica específica como tal (esto es, "*economic disclosure*": principalmente datos). Dicho esto, es innegable que el acceso a fuentes de prueba (también económicas) en este caso, podría resultar compleja y costosa, hasta el punto de que la proporcionalidad del ejercicio se convierte en una consideración muy importante. Y la reiterada observación del alto tribunal de que los demandantes no estaban en situación de comprender los estándares probatorios que se les exigirían en la fase inicial del procedimiento, cuando presentaron sus demandas; aunque sorprendente, en mi opinión, es posiblemente una concesión positiva de que las normas podrían desarrollarse con el tiempo, a medida que se desarrolle la práctica de los tribunales en los litigios de Derecho de la competencia. Propondría tomar el tribunal a su palabra en ese respecto[352].

Cabe hacer un par de matizaciones a lo anterior. En primer lugar, como ya hemos visto, la puesta a disposición del demandante en el

---

[352] En el momento de escribir estas líneas, la segunda ola de sentencias del Tribunal Supremo estaba a punto de dictarse. Concretamente, las fechas de votación y fallo estaban fijadas para febrero de 2024. Estos casos se refieren a procedimientos iniciados por demandantes del grupo CETM, por lo que su resolución, entre otras cuestiones, de la cuestión del estándar de prueba será especialmente interesante.

procedimiento de datos adicionales, por haber ofrecido el demandado acceso a los datos empleados en su informe pericial (siempre que se haya hecho de forma procesalmente adecuada), podría influir en la valoración de la prueba pericial por parte del tribunal, decantando la balanza a favor del demandado cuando se considere que el demandante no ha hecho un uso suficiente de esa información (o viceversa en la situación contraria). Sin embargo, esto solo ha ocurrido en contadas ocasiones, y en primera instancia. Y, hasta la fecha, que lo sepa, ninguna audiencia provincial ha defendido esta postura. En segundo lugar, aunque en modo alguno resulta obvio, quizá podamos reconocer que, en el análisis de la conformidad de la cuantificación del daño realizada por un perito con el estándar de prueba exigido por los jueces españoles para su aprobación (lo que he denominado "estándar de prueba primario"), el uso del mecanismo de acceso a fuentes de prueba es un factor relevante a tener en cuenta. De hecho, tras *Tráficos Manuel Ferrer*, los tribunales españoles han tenido que reconocer que su uso es un factor relevante a la hora de determinar el cumplimiento del "estándar de prueba secundario", que aplican como condición previa para la estimación judicial, aunque no lo han considerado decisivo en el contexto concreto de los litigios de camiones (es decir, no se ha esperado, y mucho menos exigido, que los demandantes hagan uso del acceso a fuentes de prueba). No obstante, se puede apreciar que, en el contexto del "estándar de prueba primario", el más elevado, aplicado por los tribunales españoles, una parte puede necesitar hacer uso del mecanismo del artículo 283 *bis* de la LEC (o, al menos, intentarlo) si los defectos de su propio informe pericial pudieran subsanarse de forma razonable y proporcionada accediendo a las pruebas disponibles en poder de la parte contraria o de terceros.

A este respecto, me parece útil la formulación empleada por la Audiencia Provincial de Murcia en relación con los requisitos para una estimación válida del daño, pues podría contemplar precisamente ese punto en relación con la exhibición de pruebas:

> "[D]eberá ponderarse y ajustarse a las circunstancias del caso, según las pruebas obrantes en autos; es decir, atendido el esfuerzo

> probatorio desplegado por las partes, teniendo en consideración la totalidad de circunstancias que pueden rodear el caso, como la asimetría informativa, la mayor o menor disponibilidad o accesibilidad de los datos, los costes y el tiempo que precisa su tratamiento en proporción con el valor de los daños y perjuicios reclamados, o el grado de dificultad, ya que el impacto de la conducta puede no haberse producido con la misma intensidad durante toda la vigencia del cártel y, probablemente, tampoco de forma uniforme en todos los mercados nacionales afectados."[353]

Como ya se ha señalado, la consideración del uso de la exhibición de pruebas (y su relevancia, por tanto) es más clara en el contexto de la defensa de *pass-on* en España. En este caso (con el *pass-on* empleado como escudo por el demandado)[354] no se aplica ninguna presunción de *pass-on* y se espera que los demandados ofrezcan pruebas convincentes de ello, más allá de la mera teoría económica, que con frecuencia puede requerir el acceso a pruebas que se encuentran en poder del demandante (y, posiblemente, de terceros). Cuando los documentos a los que se ha tenido acceso a través del acceso a fuentes de prueba (o por otros medios) muestran que el daño ha sido parcial o totalmente repercutido, en ocasiones eso ha permitido a los demandados hacer valer la defensa de *pass-on* (total o parcialmente)[355]. Cuando la exhibición de pruebas solicitada se deniega por desproporcionada, como ha ocurrido con frecuencia cuando los demandados han solicitado acceso a grandes cantidades de datos con el fin de llevar a cabo un análisis empírico de *pass-on*, eso, en ausencia de otras pruebas válidas, suele conllevar la desestimación de la excepción[356]. Esa valoración del *pass-on* está sin duda influenciada por el contexto

---

353 SAP Murcia, 25 de marzo de 2021, ES:APMU:2021:650, FJ 3.8.

354 Véase el Estudio sobre Pass-on, apartados 14, 64; Directrices sobre Pass-on, apartados 18-19.

355 Véase *Realia Business SA contra ASEFA SA Seguros y Reaseguros*, SAP Madrid 377/2022, 19 de mayo de 2022, ES:APM:2022:8315.

356 Como ha ocurrido en la litigación en el caso de camiones en lo que respecta a *pass-on* "aguas abajo", salvo en determinados casos de reventa (véase el capítulo 16.1 *supra*).

de gran parte de los litigios en cuestión: a saber, demandas contra cárteles, en las que se aplica una presunción del perjuicio, donde el valor de las demandas es bajo y donde la fuerza de las partes está desequilibrada[357]. Sin embargo, cabe así y todo preguntarse si el enfoque del estándar de prueba para el *pass-on*, y la cuestión conexa en cuanto al acceso a fuentes de prueba, justifica que sea materialmente diferente al de la prueba del daño o si ambas cuestiones deberían abordarse de manera (más) similar[358].

Por último, deberíamos dedicar unas breves palabras al otro aspecto del *pass-on* que se tocó en la sentencia *Tráficos Manuel Ferrer* y que tiene su relevancia, por ejemplo, en los litigios relacionados con el denominado cártel de los camiones. Se trata de la cuestión de la repercusión "aguas arriba" (*upstream pass-on*), o el *pass-on* invocado como "espada" por un demandante —afectado indirecto de una infracción— para demostrar que ha sufrido un perjuicio como consecuencia de la misma. Los tribunales españoles han dado por supuesta la existencia de un nexo causal entre la infracción en el caso de camiones (centrada principalmente en el intercambio de información entre fabricantes sobre precios brutos de catálogo) y la compra de camiones nuevos por parte de usuarios finales a distribuidores de camiones independientes o concesionarios dependientes. Esto se basa en una serie de factores, incluida la relación necesaria entre los precios de catálogo y los precios finales, los detalles específicos de la fijación de precios en el mercado de los camiones (o en los mercados de vehículos a motor, más en general), la presunción contenida en el artículo 14(2) de la Directiva de Daños o incluso declaraciones del TJUE en otros asuntos no relacionados[359]. La presunción de una relación causal

---

357 No obstante, nótese, sobre esto último, la postura del TJUE en *Tráficos Manuel Ferrer*, n. 275.

358 El Tribunal Supremo del Reino Unido apoyó esta última opinión en *Sainsbury's v Mastercard*, n. 339, apartados 219-226. La cuestión no ha sido examinada por el TJUE.

359 El análisis más completo de esta cuestión (excluyendo la cuestionable referencia a casos no relacionados que han sido citados por otros tribu-

necesaria entre los precios brutos de catálogo y los precios netos, efectuada a través de los descuentos que existieron tanto durante como después del cártel, fue confirmada por el Tribunal Supremo en sus sentencias de junio del 2023, refiriéndose, entre otras cosas, a la posición del Tribunal de Distrito de Ámsterdam sobre este asunto en su sentencia de mayo de 2021[360].

En términos de cuantificación, sin embargo, varios tribunales han considerado que un análisis del supuesto sobrecoste a nivel de precios brutos no puede, dadas las pruebas aportadas por los fabricantes de camiones sobre la inestable relación entre esos precios y los precios de transacción a lo largo del tiempo, aplicarse como una aproximación automática al sobrecoste final[361]. Lo que no ha ocurrido, que yo sepa, es que ninguna parte haya utilizado datos sobre esa relación para cuantificar una tasa de repercusión en lo que respecta a los aumentos de los precios brutos y los correspondientes aumentos de los precios netos, ya sea por las demandadas utilizando sus propios datos (u otras pruebas) o por las demandantes, solicitando la divulgación de tales datos (u otras pruebas). No obstante, a este respecto, el apartado 52 de la sentencia *Tráficos Manuel Ferrer* indica que puede tratarse de una cuestión sobre la que deban aportarse pruebas:

> "[E]l propio tenor de esta disposición limita el ámbito de aplicación de la estimación judicial del perjuicio a las situaciones en que, una vez acreditada la existencia de ese perjuicio respecto de la parte demandante, sea prácticamente imposible o excesiva-

---

nales de toda España) quizá pueda encontrarse en las sentencias de la Audiencia Provincial de Madrid (sección 28); véase, por ejemplo, SAP Madrid, 9 de marzo de 2023, ES:APM:2023:5572, FJ 4.

360 Sentencia del Tribunal de Distrito de Ámsterdam de 12 de mayo de 2021, NL:RBAMS:2021:2391, mencionada en la STS 947/2023, 14 de junio de 2023, n. 2, FJ 10, apartado 10.

361 Véase, por ejemplo, SAP Murcia, ES:APMU:2021:650, FJ 5, apartado 3.4; SAP Madrid, 13 de enero de 2023, ES:APM:2023:40, FJ 5, punto 2. Para la postura contraria, véase SAP Málaga, 1 de julio de 2021, ES:APMA:2021:1238.

> mente difícil cuantificarlo, por ejemplo, porque existan dificultades particularmente importantes para interpretar los documentos aportados *en cuanto a la proporción de la repercusión del sobrecoste resultante del cártel en los precios de los productos que la demandante haya adquirido de alguno de los participantes en el cártel.*" (la cursiva es mía)

Entonces, ¿dónde nos deja lo anterior con respecto a la pregunta que nos habíamos planteado al principio de esta sección: esto es, cuál es el impacto del acceso a fuentes de prueba en el estándar de prueba? Me atrevería a sugerir que la respuesta a esta pregunta es la menos abordada, y la menos clara, de todas las relacionadas con este asunto. Me parece que, siempre que se cumplan las condiciones clave de necesidad y proporcionalidad (puede no ser necesario o proporcionado que un perito busque acceso a información que se encuentra en manos de la otra parte o de un tercero), el tema de *disclosure* es relevante para el estándar de prueba. Sin embargo, esa relevancia depende a su vez de que el mecanismo se incorpore adecuadamente al proceso civil nacional y, por tanto, está íntimamente relacionada con nuestra pregunta anterior (y el foco de la atención de este estudio). El papel de los jueces será, de nuevo, clave en este proceso y dependerá también de que se les presenten los casos adecuados en las condiciones procesales adecuadas.

## 17. PRUEBA PERICIAL

Volvemos, por último, a un tema central para este estudio: la prueba pericial de cuantificación del daño sufrido. Abordaremos aquí las mismas cuestiones bajo el Derecho español que abordamos anteriormente en el contexto del Derecho inglés; a saber:

(i) ¿Cuál es el papel de los peritos?

(ii) ¿Cuál es el papel del juez?

(iii) ¿Cuál es el proceso?

## *17.1. El papel de los peritos*

### a) Naturaleza y alcance de la prueba pericial

El informe pericial es uno de los tipos de prueba que pueden admitirse en los procesos civiles en España[362]. El objeto y finalidad de estas pruebas se define en el artículo 335(1) de la LEC:

> "Cuando sean necesarios conocimientos científicos, artísticos, técnicos o prácticos para valorar hechos o circunstancias relevantes en el asunto o adquirir certeza sobre ellos, las partes podrán aportar al proceso el dictamen de peritos que posean los conocimientos correspondientes o solicitar, en los casos previstos en esta ley, que se emita dictamen por perito designado por el tribunal."

En consecuencia, al igual que en el Derecho inglés, la prueba pericial es un medio para asistir al juez en la interpretación de unos hechos cuya valoración requiere cierta pericia o conocimientos técnicos específicos. Como ha señalado el profesor Montero Aroca, dicha valoración puede consistir en la determinación de un hecho secundario que requiera de una determinación o medición técnica o científica (como una prueba de ADN) o, como suele ocurrir en el tipo de prueba pericial que nos ocupa, en el ofrecimiento de un dictamen sobre cómo interpretar determinados hechos utilizando los conocimientos especializados necesarios[363].

En nuestro caso, la prueba pericial se suele referir a la evaluación del impacto en los mercados, o en partes identificadas, de una conducta anticompetitiva (o presuntamente anticompetitiva) y, en particular, a la cuantificación del daño. Es decir, se ofrece como un medio para evaluar los principales hechos en cuestión, tales como la existencia o el alcance de cualquier daño provocado por la conducta ilícita. Como tal, se trata de lo que en Derecho inglés se conoce como "*opinion evidence*" de un experto. En efecto, se trata de evaluar una situación hipotética, no real ni observable: a saber,

---

362 Artículo 299 de la LEC.

363 Montero Aroca, J., *La prueba en el proceso civil*, n. 309, 338-340.

lo que habría sucedido en el futuro si no se hubiera producido la conducta ilícita en el pasado[364], el escenario contrafáctico. Como señalan la Comunicación de Cuantificación y la Guía Práctica, el grado de certeza y precisión que cabe esperar de tales pruebas tiene unos límites considerables: no se puede determinar un único valor "verdadero" del daño, sino solo las mejores estimaciones basadas en suposiciones y aproximaciones. En consecuencia, los hechos controvertidos que evalúa el informe pericial no son hechos sobre los que se pueda alcanzar una certeza, sino tan solo aproximaciones a la verdad (o estimaciones), aunque sean en base a máximas de la experiencia científica y de hacer inducciones o deducciones científicas a partir de esas máximas. De ahí que dicha prueba pericial "plantee las mayores dificultades" a los tribunales[365]. Al mismo tiempo, esa prueba pericial puede basarse, a su vez, en la valoración de hechos secundarios o accesorios (como datos económicos relevantes) sobre los que puede alcanzarse una certeza, cuestión que puede tener su relevancia, como veremos.

*Alcance de la prueba pericial y sus límites*

Al igual que en el Derecho inglés, el informe pericial no puede valorar, y mucho menos determinar, cuestiones jurídicas[366]. En consecuencia, el perito no puede aportar pruebas admisibles sobre si una determinada conducta supone una infracción de los artículos 101 o 102 del TFUE, si se trata de una infracción "por objeto" o "por efecto", cuál es el criterio jurídico aplicable o qué constituye

---

364 *Ibid.*, 335-336.

365 SAP A Coruña, 9 de marzo de 2016, ES:APC:2016:417, FJ 2, relativa a la cuantificación del daño en una reclamación por incumplimiento de contrato. Sobre esta distinción, véanse también las observaciones del magistrado presidente, Seoane Spiegelberg, J. L., (por aquel entonces, Magistrado del Tribunal Supremo), "La prueba pericial en la jurisprudencia del Tribunal Supremo", en Picó i Junoy, J., (Dir.), *La prueba pericial a examen* (Bosch, 2021), 76-79.

366 Montero Aroca, J., n. 309, 333, con referencia, entre otras, a STS 696/2008, 29 de octubre de 2008, ES:TS:2008:6007 ("*Emule*").

prueba suficiente de cualquier hecho concreto[367]. El perito tampoco puede aportar pruebas sobre la interpretación jurídica correcta de una decisión administrativa de la Comisión o una ANC[368].

Tampoco puede el perito determinar hechos controvertidos que deban ser objeto de resolución por el tribunal en sentencia, tal y como la existencia y el alcance del daño en una acción civil por daños y perjuicios: eso, como explicaremos más adelante, sería usurpar la función jurisdiccional del tribunal. La cuestión, aplicada a la situación específica de los informes periciales de estimación del daño, ha sido claramente expuesta por la Audiencia Provincial de Barcelona en los litigios derivados del cártel de sobres:

> "Las periciales de las partes, a través de las cuales pretenden cuantificar el daño, no pueden cumplir una función que vaya más allá de suministrar al órgano jurisdiccional esas "máximas de la experiencia humana adquirida" a través de las cuales poder hacer lo más adecuadamente posible ese juicio de inferencia lógica a que nos hemos referido. *Pero no sustituyen el juicio del juez por el del perito, sino que persiguen algo más modesto, ayudar a conformar el criterio que se ha de formar el juez, y que constituye en estos casos la esencia de su juicio."*[369] (la cursiva es mía)

Un perito propuesto para evaluar la existencia de perjuicio en un caso concreto debe tener los conocimientos necesarios para llevar a cabo esa tarea. Como ya hemos señalado en el contexto del pleito sobre las tasas de intercambio (MIF) planteado por Sainsbury's ante el CAT, los conocimientos requeridos en un caso concreto no pueden definirse con claridad y pueden variar. Allí, junto con la capacidad para valorar los datos económicos y rea-

---

367 Aunque, como hemos visto, es vital que el perito comprenda los criterios y estándares jurídicos que aplicará el tribunal para valorar el peso de su prueba pericial.

368 Martorell Zulueta, P., "Análisis procesal del informe sobre cuantificación del daño", en Ruiz Peris, J. I., (Dir.), *Competencia, compensación de daños y mercados digitales* (Tirant lo Blanch, 2022), 261, 283.

369 SAP Barcelona 51/2020, 10 de enero de 2020 (Sobres), ES:APB:2020:201, apartado 55.

lizar una estimación contrafáctica del perjuicio, era necesario que el perito comprendiera el funcionamiento de lo que era una industria compleja (la industria de pagos). El tribunal criticó la falta de comprensión del sector demostrada por los peritos y, en consecuencia, confió más en la prueba testifical para determinar ciertos hechos que eran de relevancia para el objeto de la prueba pericial. Así pues, la primera condición de la prueba pericial (que el perito tenga los conocimientos necesarios para valorar determinados hechos) no es tan sencilla de aplicar en la práctica. En España, surgen estos mismos problemas, lógicamente.

El Derecho español establece una categoría particular de prueba testifical denominada "testigo perito"[370], que contempla la posibilidad de que la prueba testifical de los hechos sea aportada en juicio por una persona que también posee unos conocimientos específicos que le permiten interpretar los hechos presenciados con mayor comprensión y discernimiento que un lego normal. Eso puede proporcionar un medio para ofrecer al tribunal una visión sectorial (más autorizada) de ciertos hechos relevantes y, por lo tanto, prestarle una mayor asistencia en su valoración de las cuestiones relevantes. Esto es lo que hemos denominado prueba testifical altamente cualificada en el contexto de los procedimientos ingleses como el de *Sainsbury's*, prueba que (cuando se considera principalmente como prueba testifical, y no pericial), tiene la desventaja de que únicamente puede aportarse oralmente en el juicio y sin un informe pericial por escrito[371].

*De los documentos "extrajudiciales" a los dictámenes de peritos designadas por las partes*

A veces se refiere a la prueba pericial de parte como prueba "extrajudicial"[372]. Tal expresión puede sorprender a los lecto-

---

370 Artículo 409 de la LEC. Para un útil análisis del testigo-perito, véase Abel Lluch, X., y Picó i Junoy, J., (Dirs.), *La prueba pericial* (Bosch, 2009), 54-61.

371 Véase la discusión en el capítulo 12.1(a) más arriba.

372 Véase, por ejemplo, STS 702/2013, 15 de diciembre de 2015, ES:TS:2015:5619, FJ 3.1.

res no españoles, pero refleja el hecho de que, de conformidad con las anteriores normas de enjuiciamiento civil de 1881, tales pruebas se habrían preparado antes de la presentación de una demanda a instancia de parte y sobre la base de las pruebas de hecho de que disponía de antemano. Por tanto, esas pruebas no se consideraban pruebas periciales. Antes bien, se trataban como el resto de las pruebas documentales presentadas por las partes con sus escritos de demanda o de contestación. En ocasiones, podían complementarse con un testimonio oral de su autor en el juicio, que se consideraba una mera prueba testifical. La clasificación como "auténtica" prueba pericial quedaba reservada a la prueba pericial efectuada a instancias del juez.

La LEC introdujo un cambio fundamental a este respecto[373]. Con ella, los informes periciales elaborados a instancia de parte recibieron por primera vez la consideración de verdadera prueba pericial y, además, sustituyeron a la prueba pericial de oficio como forma habitual, o principal, de la prueba pericial. En principio, los informes periciales deben presentarse con los escritos iniciales (demanda y contestación) y junto con cualesquiera documentos fundamentales en los que las partes pretendan basarse. Tal y como hemos señalado, eso también significa que no existe un verdadero control previo de la elección del perito, como ocurre con más facilidad en el caso de un perito designado por el juez.

En mi opinión, este contexto previo al concepto de prueba pericial de parte *podría explicar la concepción tradicional de la prueba pericial en el Derecho español, que aún subsiste hoy en día, como una prueba preparada principalmente por cada parte, de forma independiente, fuera de los límites del procedimiento judicial (y antes de su inicio), en lugar de una prueba que se presenta y desarrolla dentro del procedimiento.* La tesis de la que parte esta investigación es que ese enfoque debe adaptarse inevitablemente para reflejar las nuevas exigencias y cambios

---

373 Véase, entre otras, la sentencia del Tribunal Supremo español de 15 de diciembre de 2015, ES:TS:2015:5619, FJ 3.1, y Seoane Spiegelberg, J. L., "La prueba pericial en la jurisprudencia del Tribunal Supremo", n. 365, 55.

procesales que influyen en la presentación de la prueba pericial en los procedimientos de Derecho de la competencia. De hecho, en mi opinión, ese proceso ya está en marcha y es irreversible.

*Conocimientos necesarios del perito*

Al igual que en la litigación inglesa, los conocimientos del perito para aportar prueba sobre una cuestión concreta se convertirán en un asunto que el tribunal deberá sopesar a la hora de decidir qué peso concede a la prueba pericial, en lugar de considerarse como una cuestión de admisibilidad[374]. La falta de conocimientos relevantes por parte de un perito para aportar una determinada prueba pericial rara vez (o, mejor, nunca) es una cuestión que se valore en la fase de admisión en el proceso civil español. La elección del perito corresponde más bien a las partes, y el informe pericial se admitirá como prueba siempre que se pueda considerar pertinente y útil para resolver las cuestiones en disputa en el procedimiento[375].

Puede ocurrir que la cuestión de si la prueba pericial presentada cumplía finalmente los requisitos para constituir una prue-

---

374 Abel Lluch, X., *Las reglas de la sana crítica* (La Ley, 2015), 132.

375 El informe pericial se admite de forma tácita junto con los documentos subyacentes presentados con el escrito de demanda en el momento de la admisión formal de esta (o, de forma análoga, con la contestación a la demanda) sin necesidad de una decisión judicial formal a tal efecto; véase Abel Lluch, X., y Picó i Junoy, J., *La prueba pericial,* n. 370, 34; Montero Aroca, J., *La prueba en el proceso civil,* n. 309, 367. La(s) parte(s) contraria(s) puede(n) oponerse a la admisión del informe en la audiencia previa de conformidad con el artículo 427(2) de la LEC (aunque las posibilidades de que el informe resulte inadmitido serían extremadamente excepcionales); de Miranda Vázquez, C., "El pronunciamiento de las partes sobre los dictámenes periciales presentados: una reflexión crítica", (2009) 2, *Justicia Año 315.* Es en la audiencia previa donde, en realidad, se produce la admisión de la prueba pericial, que viene determinada por el juez con referencia a los parámetros generales de pertinencia y utilidad (artículos 281, 283, 429(1) de la LEC) y a los requisitos específicos del artículo 335(1) de la LEC.

ba pericial pertinente se aborde en la sentencia. Es posible que un dictamen pericial, a pesar de haber sido admitido, no supere los requisitos para la prueba pericial y sea, de hecho, ignorado en sentencia. Esa fue la postura de la minoría en la sentencia de la Audiencia Provincial de Madrid de 6 de mayo de 2022 en un asunto en la litigación de camiones. Se trata de una sentencia de especial importancia por dos razones: en primer lugar, se trata de una sentencia adoptada por el pleno de la sección mercantil de la audiencia provincial (Sección 28) con el fin de establecer criterios unificados sobre cuestiones clave para la resolución de casos relacionados con el asunto de camiones; en segundo lugar, contraria e irónicamente, la opinión minoritaria, expresada en un "voto particular", fue suscrita por dos destacados magistrados de Derecho de la competencia —a saber, el magistrado Arribas y el magistrado Galgo— que, desde entonces, han adquirido mayor protagonismo en la aplicación del Derecho de la competencia al haber sido asignados a la recién creada sección especializada de la Audiencia Provincial de Madrid para asuntos de Derecho de la competencia[376]. Es decir, la sentencia mantiene una tensión inherente e importante sobre una cuestión central en la valoración de la prueba pericial. Los dos magistrados firmantes de la opinión minoritaria consideraron que el dictamen pericial aportado por el demandante en esa caso no constituía, en realidad, prueba pericial alguna, ya que no se trataba de una interpretación de los hechos utilizando un método que requiriera conocimiento experto alguno. De hecho, podría haber sido ofrecida por el propio demandante en su escrito de demanda basándose en una apreciación sencilla de los hechos. Por consiguiente, en su opinión, no debía concederse al informe pericial presentado ningún peso como tal:

---

[376] Me refiero a la "subsección" especializada de la Audiencia Provincial de Madrid, Sección 32, que se dedica a asuntos de competencia, competencia desleal y propiedad intelectual, en virtud del Acuerdo de 8 de febrero de 2023 de la Comisión Permanente del Consejo General del Poder Judicial (BOE n.º 39, 15 de febrero de 2023, p. 23429).

> "En contra del criterio de la mayoría, no consideramos que la prueba pericial aportada por la parte demandante ofrezca una valoración razonable de los daños con fundamento en alguno de los métodos aceptados en la teoría económica.
>
> No es que no resulte suficientemente precisa o que, naturalmente, introduzca variables hipotéticas, sino que, en realidad, solo aparentemente la prueba puede ser calificada como verdadera prueba pericial y solo aparentemente utiliza un método aceptado por la teoría económica, concretamente, el de la comparación diacrónica en el mismo mercado.
>
> Decimos que solo aparentemente el dictamen pericial de la parte actora puede ser calificado como prueba pericial porque para su elaboración, en la parte que ahora estamos valorando, no son precisos especiales conocimientos científicos, técnicos o artísticos (artículo 335 de la Ley de Enjuiciamiento Civil) y el resultado podía haber sido ofrecido directamente en la demanda porque el informe se limita a comparar el precio de compra con el del presupuesto solicitado, deflactado a la fecha de adquisición mediante la aplicación de un índice corrector de la inflación."

Hay otro ejemplo en la litigación referida al caso de los camiones. Muchas de la primera ronda de demandas presentadas por demandantes individuales en España se apoyaron en un informe pericial elaborado por un ingeniero industrial sin experiencia en economía de la competencia o valoración económica contrafáctica del daño[377]. Muchos de los primeros asuntos que llegaron al Tribunal Supremo y fueron objeto de las sentencias de junio del 2023 se basaron en ese informe, el cual no contiene una valoración contrafáctica del daño, sino que se basa en estadísticas generales sobre el impacto de los cárteles extraídas de un denominado metaestudio —el "informe Smuda"[378]— para estimar el impacto de la infracción en lo que respecta a los precios de venta de los camiones.

---

377 Dicho perito reconoció, por ejemplo, no tener conocimientos del programa estándar utilizado en econometría (STATA); véase SJM3 Valencia, 20 de abril de 2021, FJ 2.1.

378 Dr. Smuda, F., "Cartel overcharges and the detriment effect of EU Competition Law", ZEW – Centre for European Economic Research Discussion Paper n.º 12-050 (2012), disponible en: https://ssrn.com/abstract=2118566.

Dicho informe pericial ha sido invariablemente rechazado por los tribunales españoles por considerarlo insuficiente para cuantificar el daño en el caso concreto (lo que he llamado el "estándar de prueba primario"). Sin embargo, por regla general el informe se ha considerado suficiente para satisfacer la carga de la prueba del demandante y permitir al tribunal ejercer su facultad judicial de estimar el daño (lo que he llamado antes el "estándar de prueba secundario", o lo que es necesario para satisfacer la condición para la estimación judicial del daño). Esa postura fue confirmada por el Tribunal Supremo en sus sentencias de junio de 2023.[379]

En mi opinión, el informe pericial en cuestión podría haber sido rechazado como prueba pericial, al menos en parte. Si bien hay aspectos del asunto de camiones referentes a cuestiones de naturaleza técnica-industrial (como la relevancia de la conducta en lo que respecta a la adaptación, por parte de los fabricantes, de los motores de los camiones a las normas medioambientales sobre emisiones de la UE —y esa era una cuestión secundaria tratada en esos primeros informes—), la cuestión principal abordada se refería únicamente al impacto en los precios de venta de los camiones de la conducta relativa al intercambio de información sobre precios. Por lo tanto, cabría argumentar que habría sido conveniente considerar esa prueba inadmisible como prueba pericial o, al menos, no concederle peso alguno en lo que respecta al cumplimiento por parte de los demandantes de su carga de demostrar la cuantía del perjuicio, ya que el perito carecía de los conocimientos necesarios para la cuestión que tenía entre manos[380].

Por último, en el asunto *Conduit* se da una situación especialmente extrema[381]. En él, las pruebas aportadas por un perito de-

---

379 Para todas, STS 947/2023, 14 de junio de 2023, ES:TS:2023:2480.

380 Esta última postura, más matizada, ha sido adoptada recientemente por el Juzgado de lo Mercantil n.º 1 de Oviedo: SJM1 Oviedo, 29 de mayo de 2023, ES:JMO:2023:1874, apartados 179-180.

381 SJM5 Madrid, 11 de noviembre de 2005, ES:JMM:2005:70; confirmada por SAP Madrid, 25 de mayo de 2006, ES:APM:2006:6773.

signado por el tribunal fueron totalmente obviadas en primera y segunda instancia, sin que en ninguna de las dos sentencias se hiciera referencia alguna a ellas. A mi juicio, tal vez habría sido útil que las sentencias hubiesen motivado expresamente la valoración negativa de dicha prueba para, al menos, ayudar a las partes y a los litigantes en general a comprender los criterios aplicados por los tribunales al respecto.

### b) Hechos y pruebas en los que se basa el perito

Una cuestión interesante y central que se plantea en el contexto de la prueba pericial es la siguiente: ¿cuáles son los hechos en los que se basa el perito? Esta pregunta puede, a su vez, desglosarse en otras dos subpreguntas:

(i) ¿Cuáles son los hechos y pruebas subyacentes que el informe pericial debe tomar debidamente en consideración?

(ii) ¿Cuáles son los hechos y pruebas que el perito utiliza para realizar su análisis (o sus cálculos); más concretamente, en nuestro caso, para estimar los efectos de una infracción de las normas de defensa de la competencia?

*Hechos subyacentes*

La primera cuestión ha sido objeto de un mayor y más claro análisis hasta la fecha en las acciones por daños en materia de defensa de la competencia en España y es, por tanto, más sencilla de abordar. En consonancia con el enfoque de los tribunales ingleses, y con las directrices de la UE, la prueba pericial debería ser coherente con los hechos del caso[382]. En el Derecho español, eso refleja el requisito de que el tribunal tenga en cuenta los hechos tanto de forma individual como en conjunto, es decir, junto con

[382] Véase la Guía Práctica, apartado 13.

todos los hechos que han sido objeto de prueba, o admitidos, en el procedimiento[383].

Particular relevancia en el contexto de los litigios de aplicación privada del Derecho de la competencia reviste la prueba de la infracción que ha dado lugar a las acciones civiles: en particular, las pruebas que obran en el expediente de la autoridad de competencia o, en su caso, la propia decisión administrativa. En su mayoría, los tribunales españoles han rechazado las pruebas periciales en acciones *follow-on* referidas a cárteles (como, por ejemplo, azúcar o camiones) cuando dichas pruebas han concluido que la infracción no ha causado ningún perjuicio, ya que tal conclusión se ha considerado incompatible con las conclusiones de la decisión regulatoria correspondiente en lo que se refiere a la naturaleza y el alcance de la infracción. El principio fue establecido por primera vez por el Tribunal Supremo en su sentencia *Azúcar II* de noviembre de 2013:

> "En un caso como el que es objeto del recurso, en que la demandada ha realizado una conducta ilícita generadora de daños, puede afirmarse con carácter general que no es suficiente que el informe pericial aportado por el responsable del daño se limite a cuestionar la exactitud y precisión de la cuantificación realizada por el informe pericial practicado a instancias del perjudicado sino que es necesario que justifique una cuantificación alternativa mejor fundada, especialmente por el obstáculo que para la reserva de la liquidación de los daños y perjuicios a la ejecución de sentencia suponen las previsiones contenidas en los arts. 209.4 y 219 de la Ley de Enjuiciamiento Civil. Otra solución sería difícilmente compatible con el principio jurídico que impone compensar los daños sufridos por la actuación ilícita de otro y la tutela efectiva que debe otorgarse al derecho del perjudicado a ser indemnizado."[384]

La sentencia del Tribunal Supremo dejó claro que, por lo general, en un caso con hechos similares a los del asunto del cártel de azúcar, una mera crítica por parte del perito del demandado

---

[383] Artículo 218(2) de la LEC, que establece los requisitos para la motivación de las sentencias.

[384] STS 651/2013, 7 de noviembre de 2013, FJ 7.3.

se consideraría insuficiente para refutar el informe pericial de un demandante si dicho informe cumplía los requisitos mínimos para la cuantificación. En su lugar, el perito del demandado estaría obligado a ofrecer una cuantificación alternativa del daño mejor fundada. ¿Podría esa cuantificación alternativa ser cero? Las implicaciones de la sentencia *Azúcar II* serían, a mi juicio, que, atendiendo a los hechos de ese caso, la respuesta era que no. Si sería posible atendiendo a los hechos de otro asunto es, quizás, una cuestión que queda abierta.

La mayoría de las sentencias de los tribunales inferiores en el asunto del cártel de camiones han concluido que un sobreprecio cero, aun cuando se base en un análisis empírico realizado por el perito del demandado, no es creíble y, en consecuencia, no se ha concedido peso alguno a esa prueba pericial. Esta conclusión se basa en gran medida en la naturaleza de la infracción, tal y como se describe en la decisión, la teoría económica y las pruebas estadísticas sobre el perjuicio causado por los cárteles a los precios de mercado[385]. El Tribunal Supremo, en sus sentencias de junio del 2023, fue menos claro en ese sentido y parece dejar abierta la posibilidad de que el demandado demuestre la inexistencia del perjuicio —o un sobreprecio nulo—, al menos en teoría. A juzgar por los hechos de los procedimientos que han llegado hasta él, no se consideró que se hubiera aportado tal prueba. En el único caso en el que la demandada aportó una cuantificación alternativa del perjuicio, el Tribunal Supremo consideró que las pruebas eran insuficientes porque los datos no cubrían todo el periodo de la infracción (omitiendo los seis primeros años del periodo total de 14 años de la infracción) y porque, en opinión del alto tribunal, el comparador durante y después podía estar viciado por efectos posteriores a la infracción (es decir, la posibilidad de que los precios se vieran afectados, o no volvieran a niveles competitivos,

---

385 Véanse, entre otras muchas, SAP Valencia, 16 de diciembre de 2019, n. 299, FJ 1; SAP Madrid 43/2022, 28 de enero de 2022, ES:APM:2022:796, FJ 6; SAP Madrid 331/2022, 6 de mayo de 2022 (no reseñada), FJ 4.

durante un período más allá del fin de la infracción por causa de la infracción)[386].

Eso no significa que los hechos concretos de un caso no deban tenerse en cuenta a la hora de evaluar la relación causal entre la infracción y la situación planteada por un determinado demandante o grupo de demandantes. Esta fue la posición de la Audiencia Provincial de Barcelona en su sentencia de enero del 2020 en el caso del cártel de sobres, adelantándose a declaraciones similares del TJUE, tres años más tarde, en el asunto *Tráficos Manuel Ferrer*. De ahí que, tal y como se ha señalado anteriormente, varios tribunales españoles hayan puesto reparos a los intentos de calcular el sobreprecio estimado en los precios finales de los camiones en España basándose en un sobreprecio estimado en los precios brutos[387]. De igual modo, la sentencia de 21 de octubre de 2022 del Juzgado de lo Mercantil n.º 3 de Valencia referido al asunto del cártel de coches[388] y varias sentencias relacionadas con reclamaciones derivadas den llamado cártel de EURIBOR[389] han rechazado la prueba pericial por suponer erróneamente una relación causal adecuada entre los hechos concretos constitutivos de la infracción en esos casos y el supuesto perjuicio para el demandante.

*Hechos analizados por el perito para preparar su dictamen*

La segunda cuestión, a diferencia de la primera, sigue en gran medida sin resolver por los tribunales españoles y plantea algunas cuestiones interesantes. Como se recordará, el artículo 335(1) de la LEC se refiere a la finalidad del informe pericial como la de

386 Véase STS 947/2023, 14 de junio de 2023, n. 2, FJ 10, apartado 25.

387 Véase el capítulo 16.4 más arriba.

388 ES:JMV:2022:9610.

389 Véase, por ejemplo, SAP Barcelona, 15 de julio de 2022, ES:APB:2022:7680, reclamaciones relacionadas con la Decisión de la Comisión de 6 de abril de 2016 en el asunto AT.39914 – *Derivados sobre tipos de interés en euros*.

"valorar hechos o circunstancias relevantes en el asunto"[390]. ¿Cuáles son esos hechos y circunstancias? ¿Tienen que probarse tales hechos y circunstancias en el procedimiento? Como veremos, las respuestas a estas preguntas son inciertas, variables y cambiantes.

Debemos partir de la llamada "regla de oro" de la prueba pericial en el proceso civil. Según esta regla, establecida por el Tribunal Supremo en una muy citada sentencia de 12 de abril de 2000, el objeto de la prueba pericial deberían ser los hechos y datos que se hayan aportado al procedimiento. Esta regla se adoptó en relación con una prueba pericial —relativa a un objeto que constituía el núcleo de un pleito de propiedad industrial— que fue rechazada, a juicio del Tribunal Supremo con razón, debido a la incertidumbre que existía en torno a las pruebas relativas a dicho objeto que habían sido aportadas por el demandante con la demanda:

> "[L]a prueba pericial ha de recaer sobre unos hechos o datos aportados al proceso para ser valorados y apreciados técnicamente, constituyendo lo antedicho la regla de oro de la prueba pericial en el área jurisdiccional civil; y en el presente caso el Tribunal "a quo" ha actuado muy correctamente cuando ha desechado de la actividad pericial en la instancia, la valoración de unos tiradores intervenidos en un acta notarial sin garantía absoluta de realidad y exactitud, y que no estaban, además, delimitados como objeto de la pericia."[391]

Según algunos, eso significa que el informe pericial debe limitarse a los hechos y datos que han sido presentados por las partes en el procedimiento y, además, que el perito no puede introducir en el procedimiento hechos diferentes a los alegados por las partes[392]. Dicho de otro modo, el perito no puede alegar hechos él mismo.

---

390 De forma alternativa, lograr certeza sobre esos hechos o circunstancias cuando ello sea posible, pero, como ya se ha señalado anteriormente, el tipo de cuestiones que son objeto de la prueba pericial en las demandas de competencia no suelen ser de este segundo tipo, más objetivo.

391 STS 371/2000, 12 de abril de 2000, ES:TS:2000:3079, FJ 1.

392 Esta es, en particular, la opinión de Picó i Junoy, J., por ejemplo en *La prueba pericial en el proceso civil español* (Bosch, 2001), 50-51, o de sus

No obstante, esta norma básica admite ciertos matices. En primer lugar, si bien a las partes no les está permitido aportar aquellos documentos y pruebas que fundamentan su actuación judicial (o defensa) desde el momento en que presentan su escrito de demanda (o contestación)[393], y los informes periciales no se pueden utilizar como "puerta trasera" para la presentación de dichas pruebas fuera de plazo[394], esta estricta regla de preclusión no se aplica a las pruebas relativas a hechos secundarios o accesorios que pudieran, en consecuencia, ser objeto de los análisis periciales. Según el profesor Gascón Inchausti, los hechos fundamentales (o hechos que fundamentan la acción) serían "los que encajan exactamente en el supuesto de hecho de la norma aplicable para resolver el objeto del proceso", mientras que los hechos accesorios serían "los que no tienen encaje exacto en las normas aplicables, sino que se refieren a aspectos secundarios de la cuestión de fondo, pero que pueden acabar siendo igualmente trascendentes para el desenlace final del litigio"[395]. En último término, sin em-

---

seguidores de la escuela de Barcelona, como De Miranda Vázquez, C., "El pronunciamiento de las partes", n. 375, 332-333; Andino López, J. A., "Inadmisión de hechos o documentos inéditos introducidos a través de la prueba pericial (una conducta poco ética)", en Picó i Junoy, J., *La prueba pericial a examen*, n. 365, 456.

393 Artículos 265, 269 de la LEC.

394 Andino López, J. A., "Inadmisión de hechos", n. 392.

395 Gascón Inchausti, F., *Derecho Procesal Civil*, n. 200, 273-274. El profesor Gascón añade que los hechos fundamentales suelen ser introducidos como prueba por las partes, mientras que los hechos accesorios pueden ser introducidos (propuestos) por el propio tribunal (en particular, al amparo del artículo 429(1) de la LEC, tema sobre el que volveremos más adelante); sin embargo, no se refiere específicamente a la introducción o aportación por el perito. El profesor Vegas Torres ha hecho la distinción en los siguientes términos: "[N]o todos los hechos que pueden tener interés en el proceso civil tienen este carácter de "fundamentales". Hay también hechos "accesorios", porque no son directamente subsumibles en el supuesto de hecho de la norma aplicable, pero que también interesan en el proceso civil: los hechos que constituyen indicio o base para inferir, mediante presunciones, hechos fundamen-

bargo, lo que debe considerarse un hecho fundamental es una cuestión de los derechos de defensa y la tutela judicial efectiva de las partes[396].

Así pues, en principio, los hechos secundarios pueden ser aportados al procedimiento en un momento posterior, sujetos a las normas generales sobre preclusión[397], y no parece existir impedimento general a que no sean admitidos mediante documentos u otros elementos probatorios anexos al informe pericial, aun cuando dicho informe se presente después de los escritos de las partes[398], siempre que se asegure la adecuada protección de los derechos de defensa.

---

tales, o los que proporcionan elementos de juicio para la valoración de las pruebas, por ejemplo. Estos hechos accesorios se pueden tener en cuenta por el juzgador aunque no hayan sido formalmente alegados por las partes, siempre que, eso sí, hayan formado parte del debate procesal y no aparezcan de manera sorpresiva en la sentencia, para evitar la indefensión de la parte a quien perjudiquen" (Vegas Torres, J., *La fijación de los hechos en el proceso civil*, Estudios Jurídicos 2007, Centro de Estudios Jurídicos del Ministerio de Justicia).

396 Volveremos sobre esta cuestión en la sección 17.3(b) *infra.*

397 El artículo 271 de la LEC prevé que sea en el juicio, sin perjuicio de la admisión de "diligencias finales" posteriores al juicio de conformidad con el artículo 435 de la LEC.

398 Véase, a modo de ejemplo, STS 737/2014, 22 de diciembre de 2012, ES:TS:2014:5721, relativa a la presentación de un informe contable como documento anexo al informe pericial de parte que fue aportado al procedimiento con posterioridad a la presentación del escrito de demanda (y, por tanto, con posterioridad al momento establecido para la presentación de documentos que fundamentan la acción por el artículo 265(1) de la LEC). El Tribunal Supremo consideró este documento correctamente admitido en el procedimiento al entender que constituía una "prueba indirecta" de la acción, pero no una prueba directa de un hecho constitutivo de la acción judicial que se estaba ejercitando (FJ10). Esta clase de documentos complementarios o accesorios, que pueden aportarse fuera del plazo establecido para los documentos constitutivos, responden también a la opinión, entre otros, del Magistrado Méndez Tomás, "¿Puede aportarse al informe pericial un documento nuevo en el proceso, si es necesario para elaborar el dictamen

En segundo lugar, es inevitable que los peritos precisen acceder a más información para llevar a cabo sus investigaciones y elaborar un dictamen. Este punto parece ser cada vez más reconocido por la academia, como de la Oliva, Ramos Méndez o Abel Lluch[399], señalando este último en el 2014 que era algo aceptado por la doctrina más reciente en aquel momento que el perito no tiene por qué limitar necesariamente la aplicación de sus conocimientos técnicos a la valoración de hechos previamente aportados por las partes, sino que también puede introducir por sí mismo en el procedimiento hechos secundarios relevantes[400].

Por último, debemos hacer referencia una vez más al artículo 336(2) de la LEC, que estipula lo siguiente:

> "Los dictámenes se formularán por escrito, acompañados, en su caso, de los demás documentos, instrumentos o materiales adecuados para exponer el parecer del perito sobre lo que haya sido objeto de la pericia. Si no fuese posible o conveniente aportar estos materiales e instrumentos, el escrito de dictamen contendrá sobre ellos las indicaciones suficientes. Podrán, asimismo, acompañarse al dictamen los documentos que se estimen adecuados para su más acertada valoración."

La redacción de esta disposición es, a primera vista, abierta y no prescriptiva, permitiendo en apariencia al perito determinar, en función de la posibilidad y conveniencia, qué "documentos, instrumentos o materiales" resulta apropiado aportar con el informe para permitir su adecuada exposición y la correcta valoración del mismo por el tribunal.

---

(artículos 336.2 y 270 de la LEC)?", en Abel Lluch, X., y Picó i Junoy, J., *La prueba pericial*, n. 370, p. 402.

399 Ramos Méndez, F., *Enjuiciamiento Civil* (Atelier, 2008), 795; Abel Lluch, X., "El estatuto jurídico del perito", en *Tratado Pericial Judicial* (La Ley, 2014), 63; de la Oliva Santos, A., *Derecho Procesal Civil* (Madrid Centro de Estudios Ramón Areces, 1991), 353.

400 Abel Lluch, X., *La valoración de la prueba en el proceso civil* (La Ley, 2014), 132.

Tal vez merezca la pena observar, en primer lugar, que esta disposición parecería confirmar lo que hemos venido planteando hasta ahora: esto es, que pueden existir documentos e información que habrán sido utilizados por el perito en su trabajo o análisis, pero que pueden no formar parte de los hechos y pruebas fundamentales aportados al procedimiento por las partes. En segundo lugar, el laxo tenor del artículo 336(2) de la LEC sugiere que los peritos no se enfrentan en absoluto a una exigencia estricta de aportar tales materiales subyacentes con su informe. Esa fue la postura de la Audiencia Provincial de Valencia al interpretar los casos de sala de datos anteriormente mencionados. Podría decirse que las sentencias del Tribunal Supremo en el asunto de camiones de junio de 2023 respaldan esa postura, al menos a primera vista[401]. Quizá resulte sorprendente para un abogado de la tradición *common law* o, incluso, para un abogado especializado en Derecho de la competencia de la UE, para quien lo habitual sería que los peritos revelaran y compartieran los datos y el material subyacentes empleados en sus análisis, incluyendo asimismo los códigos de software utilizados para especificar y ejecutar un modelo económico.

*El enfoque de la prueba pericial de los tribunales españoles*

Llegados a este punto, conviene recordar la concepción tradicional de la prueba pericial de parte en España a la que hemos aludido anteriormente. En mi opinión, puede ayudar a explicar el enfoque habitual (o instintivo) de los tribunales españoles sobre esta cuestión hasta la fecha. Como se ha señalado, la prueba pericial era, en su origen, una prueba extrajudicial basada en que cada parte concedía acceso a la información que obraba en su poder (o que podía obtener de terceros) a un perito elegido para que emitiera un dictamen pericial sobre un hecho relevante que fuera a ser controvertido en el procedimiento que se pensaba interponer. Incluso con la ley procesal de 2000, como veremos a

[401] STS 947/2023, 14 de junio de 2023, n. 2, FJ 10, apartado 24 *in fine*.

continuación, el proceso de valoración de esa prueba, a la que ahora se otorga el carácter de pericial, no implica, en principio, ningún grado real de interacción entre los peritos ni ningún tipo de proceso iterativo, sino, más bien, una valoración separada de análisis alternativos seguida, a lo sumo, de la posibilidad de un testimonio conjunto en el juicio (el denominado "careo").

Algunos ejemplos de este enfoque en el contexto de los litigios en el asunto del denominado cártel de los camiones pueden servir para dejar más claro el argumento. En varias de los primeros procedimientos, alguno de los fabricantes de camiones demandados solicitó que se le concediera acceso a los datos y comandos[402] en los que se basaba el informe pericial del demandante en el que se cuantificaba el perjuicio (en particular, el informe elaborado para los demandantes del grupo de la CETM). Las solicitudes se basaban en las disposiciones sobre el acceso a fuentes de prueba del nuevo régimen en materia de competencia [artículos 283 *bis* a) y siguientes de la LEC]. Se justificaban alegando que la información y las explicaciones que contenía el informe de CETM eran insuficientes para permitir al perito del demandado verificar y replicar con precisión los cálculos y resultados presentados en el informe de los demandantes. Tales solicitudes fueron invariablemente rechazadas por los tribunales, en parte por el hecho de que la información solicitada ya se encontraba en gran medida a disposición del demandado[403]. Pero también fueron desestimadas por el motivo principal, de especial interés para nuestro debate, de que las solicitudes eran incompatibles con la naturaleza y la finalidad de la prueba pericial con arreglo a las normas procesales

---

402 Para el significado de "comandos", véase la n. 317 *supra*.

403 Los peritos de CETM habían adjuntado a su informe una copia en papel de las bases de datos que habían utilizado en sus análisis; además, una de las bases de datos se basaba en información sobre precios brutos de catálogo extraída de revistas del sector del transporte. Parte de la controversia entre las partes se refería a la supuesta falta de claridad de dichas copias en papel y a la consiguiente dificultad para digitalizar la información con precisión para su uso por los peritos del demandado.

españolas. El primer tribunal en conocer del asunto fue el Juzgado de lo Mercantil n.º 1 de Pontevedra, que resolvió la solicitud del siguiente modo en su auto de 26 de julio de 2019:

> "[P]odemos observar que la norma [artículo 283 *bis* a)] se refiere siempre a fuentes de prueba sobre elementos fácticos que, de manera directa y en sí mismos, pueden ser relevantes o decisivos en el proceso, pero nunca a lo que pueden constituir criterios de valoración de información, información técnica, o estadísticas que los peritos o expertos puedan utilizar como punto de partida de sus valoraciones.
>
> También es preciso tener en cuenta el art. 335 de la LEC, sobre el objeto y la finalidad del informe pericial, cuando dispone que esos informes se incorporarán al proceso si son "necesarios conocimientos científicos, artísticos, técnicos o prácticos para valorar hechos o circunstancias relevantes en el asunto o adquirir certeza sobre ellos" (sic). Es decir, el informe pericial es el medio para introducir en el proceso determinados conocimientos especializados que ayuden a apreciar de mejor manera hechos o circunstancias relevantes. No se configura el informe pericial como un mero medio de crítica de otro informe aportado por la parte contraria. Quiere decir ello que el informe pericial de cada parte ha de contener sus propias comprobaciones y valoraciones sobre aquello que precise ser objeto de estudio por un experto, pero no se prevé que pueda consistir meramente en una crítica o desmentido de otros informes, a no ser que ese desmentido resulte del resultado de las comprobaciones realizadas por el experto.
>
> Atendiendo lo anterior, resulta que lo que aquí solicita Daimler no es realmente el acceso a una fuente de prueba para poder introducir en el proceso determinados datos fácticos relevantes, sino que lo que pretende es que la demandada facilite las bases de datos usadas por sus peritos, para que los de Daimler puedan criticar su informe y, además, para que puedan realizar más fácilmente su trabajo. Es como si, en el caso de un análisis químico de agua realizado por un biólogo a instancia de una parte, la parte contraria pretendiese que realizase también ese análisis para ella, con el objeto de que su perito lo criticase, y que le facilitase además los estudios estadísticos o artículos doctrinales que tuvo en cuenta para elaborar sus conclusiones, con objeto de facilitar la labor de su perito. En este caso, si Daimler sostiene una tesis distinta a la que resulta de la pericial de la demanda, cuando afirma que no existió sobrecoste en la venta de los camiones adquiridos por la demandante; por tanto, lo que deberá hacer es aportar un informe

> pericial basado en un estudio propio del mercado del que pueda resultar esa afirmación; para ello, deberá usar las bases de datos que estime oportunas (o sea, deberá hacer sus propias "mediciones") o, si lo desea, podrá intentar acceder por su cuenta a las mismas bases de datos usadas por la demandante para ofrecer una explicación distinta de las mismas, pero no podrá pretender que sea la propia demandante la que le haga ese trabajo, puesto que ello queda fuera de las previsiones de la Ley."[404]

A esta decisión le siguieron una serie de decisiones similares de, entre otros, los Juzgados de lo Mercantil de San Sebastián, Valencia y Zaragoza[405].

En su auto de 2 de octubre de 2019, el Juzgado de lo Mercantil n.º 1 de San Sebastián observó, en cuanto a la solicitud de acceso a los comandos empleados en el modelo econométrico del perito del demandante, que:

> "[P]ara nada está dentro del espíritu de la medida el hecho de que el perito tenga que facilitar a la otra parte [para] que su perito pueda realizar un contra-informe todas y cada una de las operaciones, fórmulas o secuencias de datos que haya utilizado para extraer resultado o proyecciones, sino que es libre de poner en el informe la explicación que estime oportuna, la cual quedará a expensas de la posible crítica por falta de trazabilidad y de valoración del tribunal, que deberá tener en cuenta tanto el contenido del informe, como las críticas que en cuanto a su trazabilidad o credibilidad en cuanto a las fórmulas, métodos y resultados pueda hacer la contraria."

En su auto del mismo día, el Juzgado de lo Mercantil n.º 4 de Valencia hizo las siguientes observaciones sobre la naturaleza de la prueba pericial:

> "Ciertamente, el art. 347 LEC contempla entre las funciones de un perito la crítica del dictamen emitido por el perito de la parte contraria; por lo que es admisible toda actuación realizada por ECA Economics para contradecir las bases y operaciones realizadas en

---

404 AJM1 Pontevedra, 26 de julio de 2019, ES:JMPO:2019:69A.

405 AJM1 San Sebastián, 2 de octubre de 2019; AJM4 Valencia, 2 de octubre de 2019; AJM1 Zaragoza, 15 de noviembre de 2019 (no publicada).

> el informe [del demandante], pero esta premisa no significa que dicha actuación solo pueda realizarse si ECA Economics dispone de las mismas bases de datos y de todos los comandos aplicados por los peritos de la parte actora; sino que debe respetarse la independencia y profesionalidad de los peritos, realizando el encargo pericial efectuado con arreglo a lo dispuesto en el artículo 335 LEC y señalando los límites de su informe por la falta de información o conocimiento. Por lo expuesto, procede rechazar esta segunda petición de la demandada, entendiendo que replicar exactamente el modelo construido por el perito [del demandante], para ver si en su utilización ha habido algún error material, carece de toda utilidad y relevancia para el presente pleito. En tal sentido debe recordarse que según el artículo 336.2 LEC; se acompañarán a los dictámenes los documentos, instrumentos o materiales adecuados para exponer el parecer del perito, y que el art. 347.1.3º LEC permite al letrado de la parte demandada preguntar al perito de la actora sobre su método, premisas y conclusiones y otros aspectos del dictamen."

En resumen, la postura de estos tribunales, que representaba sin duda la opinión mayoritaria en aquel momento, era que cada perito debía realizar su propia estimación del daño basándose en su propia elección de la documentación e información disponibles que considerase necesarias para llevar a cabo esa tarea. Cuestiones como la falta de transparencia de las fuentes y los cálculos de un informe concreto podían ser objeto de crítica y de repreguntas en el juicio y ser tenidas en cuenta por el tribunal a la hora de determinar el peso que debía concederse a ese informe en su decisión. Sin embargo, no existía ninguna obligación de conceder a la otra parte acceso a los datos utilizados por los peritos en su informe, ni de ponerlos a disposición del tribunal, ni ningún derecho concomitante de la parte contraria a exigir dicho acceso. De hecho, cabe recordar que la postura de la Audiencia Provincial de Valencia sobre este asunto, aplicando el lenguaje abierto del artículo 336(2) de la LEC, era que los peritos no tienen ninguna obligación de aportar datos con sus informes y que pueden legítimamente optar por no hacerlo, por ejemplo, por razones prácticas (por ejemplo, si la información es extremadamente voluminosa) o por consideraciones comerciales (por ejemplo, si la información son datos de clientes comercialmente sensibles).

Al mismo tiempo, se reconoce que estas cuestiones pueden ser relevantes a la hora de determinar el peso que el tribunal debería conceder a las pruebas periciales en su sentencia definitiva. En los litigios en el asunto del cártel de los camiones, por ejemplo, eso ha significado que muchos tribunales inferiores han concedido escasa o nula importancia a los informes periciales de los demandados porque, entre otras cosas, no iban acompañados de los datos subyacentes utilizados en dichos informes[406]. Del mismo modo, el hecho de que el perito designado por la parte demandante no haya presentado documentos subyacentes que respalden (aporten pruebas de) los datos utilizados en el análisis ha mermado, en ocasiones, el peso otorgado al informe cuando, por ejemplo, el perito de la parte demandada ha logrado identificar anomalías relevantes en los datos[407].

La postura del Tribunal Supremo parece ser, también, que la cuestión de los datos subyacentes no es relevante (y, por extensión, no es necesario aportarlos al procedimiento), a menos que pueda demostrarse que los peritos no han sido imparciales en la selección de los datos y que ello ha distorsionado los resultados, haciéndolos poco fiables. No obstante, la evaluación de esta cuestión por parte del tribunal en las primeras sentencias ha sido un tanto superficial, ya que no era un tema importante en la primera ronda de quince procedimientos que llegaron a la fase de apelación. Asimismo, cabría preguntarse si el criterio esbozado por el alto tribunal no implica, en determinadas circunstancias, la necesidad de un cierto nivel de transparencia en cuanto a los datos empleados (y su uso y manipulación) para permitir su verificación.

406 A modo de ejemplo, véase SAP Valladolid, 6 de julio de 2021, ES:APVA:2021:957. El Tribunal Supremo, por el contrario, ha rechazado la sugerencia de que los datos económicos privados (por oposición a los públicos) deban rechazarse por principio; STS 947/2023, 14 de junio de 2023, FJ 10, apartado 24.

407 Por ejemplo, SJM1 San Sebastián, 4 de octubre de 2021, ES:JMSS:2021:13673, FJ 5.

Es especialmente reseñable que los tribunales, en general, no hayan atribuido ningún beneficio real a la sugerencia de que los peritos podrían o deberían trabajar a partir de unas mismas fuentes de datos comunes, y mucho menos discutir o acordar de antemano cuáles deberían ser esas fuentes. De hecho, lo consideran contrario a la naturaleza y finalidad de la prueba pericial en el proceso civil español. Sin duda, parte de ello tiene su origen en la forma en que tradicionalmente se ha concebido la prueba pericial de parte y la forma en que, incluso ahora, se introduce en el proceso. Volveremos más adelante sobre la cuestión del proceso para analizar con más detalle qué limitaciones plantean las actuales normas procesales en materia de pruebas periciales y considerar qué margen existe para adaptar la aplicación de esas normas al tipo de prueba pericial al que se enfrentan los tribunales en las demandas de daños y perjuicios en materia de competencia. No obstante, por el momento, merece la pena hacer una observación sobre lo que percibo como *un posible error en la concepción de lo que suele suponer ese tipo de prueba: es decir, cuál es el objeto del dictamen pericial.*

Permítanme volver al ejemplo que ofrece el tribunal pontevedrés en el pasaje antes citado: la realización de una prueba para determinar la composición química de una muestra de agua. Me da la impresión de que esta analogía está mal planteada. En un caso de daños y perjuicios por infracción de las normas de competencia, el objeto de la prueba pericial suele ser la cuantificación del daño (o, en términos más generales, la evaluación del impacto de una infracción de las normas de competencia, ya sea alegada o demostrada). Como se ha señalado anteriormente, este no es un ejercicio de medición científica precisa de un objeto existente o identificable, como una muestra de agua (si así fuera, cabría esperar, de todos modos, que dicho objeto formara parte de las pruebas incorporadas al procedimiento y que estuviera disponible para su inspección por cualquiera de las partes). Se trata de emitir una evaluación de una situación hipotética (una estimación) basada en observaciones sobre el funcionamiento de un mercado concreto. Las formas de llevar a cabo esa tarea son, aunque no infinitas, posiblemente numerosas, e implican que el perito evalúe el objeto del ejercicio (por ejemplo, la existencia y el alcance del daño) con referencia no a ese "hecho" directamente (ya que no es directamente identificable), sino a otros hechos secundarios (o indirectos) y contrastables (por ejemplo, datos de transacciones) que son el objeto real del análisis que va a realizar[408]. Por tanto, son esos hechos secundarios los que ocupan un lugar central en el análisis pericial. Por ello, como en el caso de la muestra de agua, parece necesario (o preferible, al menos) que tales hechos formen parte de la prueba incorporada al procedimiento[409]. Diría más, que sean asimismo objeto de discusión dentro del proceso sobre qué datos habría que escoger y utilizar, y cómo extraerlos[410].

En cuanto a los comandos utilizados por los peritos para construir su modelo y realizar los correspondientes cálculos, la respuesta no es tan evidente y, comprensiblemente, tal solicitud habrá sorprendido un tanto a los jueces, por no decir que en ocasiones se habrá percibido como un uso inadecuado del mecanismo de acceso a fuentes de prueba[411]. Sin embargo, dejando a un

---

408 SAP Barcelona, 10 de enero de 2020, ES:APB:2020:201, apartado 54, la Audiencia Provincial de Barcelona se refirió a esos hechos secundarios que sirven a los peritos como factores en los que basar su hipótesis para calcular el daño (es decir, la hipótesis contrafáctica) como prueba "indirecta", en lugar de "directa": "lo razonable es pensar que no existirán medios de prueba directos sino indirectos, es decir, datos o indicios que permitan hacer ese juicio de inferencia a que nos hemos referido".

409 El formato en que deberían presentarse las pruebas (en papel, en formato pdf legible o no, o en formato electrónico) es otra cuestión sobre la que volveremos en la sección 17.3 a continuación.

410 A estos respectos, me parece interesante recordar el comentario de la Audiencia Provincial de Pontevedra en su sentencia de 6 de octubre de 2020 antes citado acerca de los problemas para el derecho de defensa e igualdad de armas que plantea el uso por un perito de datos que han sido: "de producción unilateral de la propia demandada, no obtenidos con contradicción, y por ello incontrastables en su veracidad".

411 Por ejemplo, AJM1 Pontevedra, 18 de septiembre de 2019 (no publicada), desestimando el recurso de apelación interpuesto por el demanda-

lado la cuestión de si existe una base jurídica apropiada para tal solicitud, es importante señalar que las "mediciones" adoptadas por el perito no son similares a la prueba científica llevada a cabo para determinar la composición química de una muestra de agua. Las mediciones llevadas a cabo por un perito en un caso de competencia (de nuevo, porque implican la estimación o simulación de una situación no identificable, hipotética y normalmente compleja, por contraposición a un objeto identificable y directamente medible) implican que el perito haga una serie de suposiciones y elecciones importantes sobre cómo procesar los datos que ha cotejado para efectuar sus cálculos. Esas suposiciones y decisiones pueden o no estar suficientemente claras en el informe y pueden ser clave para comprender la validez y solidez de la estimación del daño y, por tanto, para la valoración de las pruebas por parte del tribunal. Otro ejemplo del caso de camiones puede ayudar a valorar este punto. Los demandados pudieron, con el tiempo, desentrañar los pasos dados en los modelos econométricos utilizados por los peritos contratados por el grupo de demandantes de CETM como base para su informe y persuadir a algunos tribunales de que los peritos de los demandantes habían cometido una serie de errores metodológicos. Ese proceso de refutación y réplica precisó de equipos de peritos bien pertrechados, tiempo, reiterados procedimientos e interrogatorios, así como de la concesión de acceso a los modelos subyacentes en determinados tribunales, para permitir que estos detalles se airearan y comprendieran plenamente. Además, no se trata de una tarea que los propios jueces puedan realizar fácilmente sin la ayuda de los peritos contrarios, ni cabría esperar que lo hicieran, dada la complejidad de las técnicas empleadas[412]. En consecuencia, la transparencia de

do contra la anterior AJM1 Pontevedra, 25 de julio de 2019, consideró que, de hecho, la petición inicial no era admisible conforme al artículo 283 *bis* y debió ser rechazada de plano (o no admitida).

412 La Audiencia Provincial de Pontevedra, en sus sentencias sobre el informe de CETM, señaló esta dificultad, observando que "sobre los datos elegidos se construyen dos fórmulas econométricas inasequibles para el

estas decisiones metodológicas (reflejadas en los comandos o códigos del modelo) para los peritos contrarios (lo que puede exigir su divulgación) tiene su importancia.

Conviene observar, por último, que la postura descrita hasta aquí no engloba a todos los juzgados de lo mercantil españoles y la situación está en vías de cambio. Hay un número creciente de juzgados que, con el tiempo, se han mostrado receptivos a las solicitudes de acceso a los datos y códigos utilizados en el informe pericial de la parte contraria, y un número creciente de partes que deciden unilateralmente ofrecer acceso a los datos y comandos utilizados por sus peritos.

*Conclusiones*

Intentemos ahora unir todos estos hilos distintos para valorar la cuestión que nos hemos planteado: a saber, ¿cuáles son los hechos objeto del informe pericial y en qué medida deben acreditarse en el procedimiento? Hemos descrito un panorama heterogéneo. Sin embargo, tal vez sea posible resumir la postura actual en Derecho español, tal y como ha sido interpretada por los tribunales, de la siguiente manera:

- El informe pericial no puede introducir hechos fundamentales que no se hayan aportado ya al procedimiento (como, por ejemplo, hechos subyacentes relativos a la supuesta infracción o a las transacciones económicas que supuestamente han sufrido un sobrecoste u otro tipo de efecto perjudicial) y, en respuesta a nuestra primera pregunta, formulada más arriba, su análisis debería ser coherente con tales hechos.
- El perito puede basarse también en otros hechos que son necesarios para emitir el dictamen que se le ha solicitado (por ejemplo, en relación con la cuantía del perjuicio oca-

profano" (SAP Pontevedra, 6 de octubre de 2020, ES:APPO:2020:1845, apartado 44).

sionado en esas transacciones subyacentes), como, en particular, las transacciones de un mercado comparable que desee utilizar como referencia en su estimación. Según el caso, estos hechos pueden tal vez considerarse hechos secundarios o accesorios desde un punto de vista formal, pero también considerarse fundamentales, siendo en último término una cuestión que debe ser valorada desde la óptica del derecho de la defensa.

- Al parecer, el artículo 336(2) de la LEC no obliga al perito a aportar al procedimiento pruebas que acrediten esos hechos secundarios, sino únicamente a proporcionar las indicaciones y explicaciones que considere suficientes para permitir una adecuada exposición y valoración del informe. No obstante, la falta de la transparencia adecuada puede llevar al tribunal a conceder menor peso probatorio a dicho informe, en particular, si se puede demostrar que el perito ha realizado una selección no imparcial de los datos que ha distorsionado sus resultados. Sugiero, además, que una correcta interpretación del artículo 336(2) de la LEC basada en la protección del derecho de defensa, la igualdad de armas, y el Derecho y la práctica europeas debería, en realidad, exigir la aportación de tales hechos al proceso[413].
- El perito no está obligado a presentar ningún otro material relevante para la elaboración del informe, como criterios (por ejemplo, comandos o hipótesis utilizadas para interpretar los datos) u otra información accesoria (como variables de oferta y demanda), que se haya utilizado para construir el modelo de estimación y realizar el cálculo del daño. Algunos de estos elementos pueden constituir hechos accesorios; otros no son hechos en absoluto, sino pasos en los cálculos científicos del perito. La falta de transparencia sobre estos elementos puede ser un factor que influya en la valoración de las pruebas por parte del tribunal. En efecto,

---

413 Asunto al que volveremos en la sección 17.3 a continuación.

parece probable que la transparencia sea, de hecho, un factor susceptible de contribuir a que un tribunal sea capaz de evaluar la metodología utilizada por el perito (y, por tanto, conceder el dictamen peso probatorio), mientras que, sin dicha transparencia, esto puede resultar más difícil o, incluso, imposible.

### c) Peritos nombrados judicialmente

El nombramiento de peritos por el propio tribunal está, por supuesto, permitido y previsto en las normas procesales españolas. No obstante, es una figura que actualmente no desempeña un papel relevante en los litigios civiles en materia de competencia. Antes bien, aunque el régimen procesal español es, técnicamente, un modelo "mixto" o "dual" en lo que respecta a la prueba pericial, en la práctica está mucho más cerca del sistema pericial contradictorio tan familiar para los tribunales ingleses, y es bastante diferente del de otros sistemas continentales (como Italia, Francia o Alemania), donde los peritos designados de oficio desempeñan un papel principal, incluso decisivo, en lo que respecta a la prueba pericial.

Como ya se ha señalado, la LEC supuso un cambio fundamental en la regulación al otorgar a los informes periciales de parte la categoría de prueba pericial. En efecto, eso convirtió el informe pericial de parte en el método por defecto para la aportación de la prueba pericial[414], salvo en situaciones de asistencia jurídica gratuita[415]. El artículo 335(1) de la LEC contempla también la alternativa del perito judicial, convirtiendo el sistema español en

---

414 Véase, entre otros, Picó i Junoy, J., *La prueba pericial en el proceso civil*, n. 392, p. 22, y Orellana de Castro, R., "Un estudio crítico sobre los diferentes sistemas de designación de peritos y sobre las listas de peritos de la LEC", en Picó i Junoy, J., (Dir.) y de Miranda Vázquez, C., (Coord.), *Peritaje y prueba pericial* (Bosch, 2017), 104.

415 Quienes tienen derecho a la denominada "asistencia gratuita" también tienen derecho a que el tribunal designe a un perito que elabore un

uno de los denominados "duales". Sin embargo, hasta la fecha esa no ha resultado ser la solución habitual por la que opten las partes, desde luego no en asuntos de competencia, por las razones que a continuación pasamos a exponer brevemente.

En primer lugar, el preámbulo de la LEC revela el papel prioritario concedido a la prueba pericial de parte, en consonancia con el principio general rogatorio (a iniciativa de parte) que fundamenta la nueva ley:

> "Con las excepciones obligadas respecto de los procesos civiles en que ha de satisfacerse un interés público, esta Ley se inclina coherentemente por entender el dictamen de peritos como medio de prueba en el marco de un proceso, en el que, salvo las excepciones aludidas, no se impone y se responsabiliza al tribunal de la investigación y comprobación de la veracidad de los hechos relevantes en que se fundamentan las pretensiones de tutela formuladas por las partes, sino que *es sobre éstas sobre las que recae la carga de alegar y probar*. Y, *por ello, se introducen los dictámenes de peritos designados por las partes y se reserva la designación por el tribunal de perito para los casos en que así le sea solicitado por las partes o resulte estrictamente necesario.*"[416] (la cursiva es mía)

En palabras del profesor Abel Lluch, la LEC define al perito de oficio como "opcional, subsidiario y contingente"[417]. Una de las principales razones por las que la ley efectivamente otorga a la prueba pericial de parte un papel destacado en el nuevo régimen es que su presentación debe coincidir con los escritos iniciales de alegaciones (quedándole prohibido a las partes aportar pruebas periciales con posterioridad, salvo en circunstancias excepcionales). En consecuencia, las partes deben decidir desde el comienzo del procedimiento si desean o no presentar pruebas periciales, perdiendo el derecho a proponer su propio perito en una fase posterior si no lo hacen.

informe gratuito para la parte en cuestión (artículo 335(1) de la LEC *in fine*).

416 Considerando XI de la LEC.

417 Abel Lluch, X., *La prueba pericial*, n. 370, 105.

Además, la presentación de pruebas periciales preparadas por iniciativa propia presenta considerables ventajas para las partes en términos de control y seguridad, ventajas que estas pierden si no presentan dichas pruebas al inicio del procedimiento. Entre otras razones se cuentan las siguientes: (i) el perito será seleccionado por la parte ordenante por los conocimientos y experiencia relevantes que esa persona (o equipo pericial) pueda ofrecer en las circunstancias específicas del caso; (ii) los honorarios serán negociados y conocidos; (iii) el dictamen pericial podrá discutirse antes de ultimar y presentar el informe, de manera que, si es desfavorable para el ordenante, esta puede decidir cambiar de estrategia (o de perito); (iv) el perito puede prestar apoyo técnico permanente a la parte que lo designó, por ejemplo, en lo que respecta a la preparación de los escritos de demanda o contestación (según proceda), de las pruebas propuestas o de las solicitudes de acceso a fuentes de prueba, o del interrogatorio de los peritos en el juicio[418].

Por el contrario, la utilización de peritos de oficio plantea una serie de desventajas bien conocidas por los litigantes en España. Entre ellas destaca, en primer lugar, la falta de garantías sobre la capacidad técnica del perito designado por el juez para llevar a cabo la tarea especializada que se requiere de él e, incluso, sobre la verdadera utilidad práctica del informe para la resolución del procedimiento. Estas incertidumbres derivan de la forma en que los peritos son designados por el tribunal, según un sistema denominado de "lista corrida". Conforme a los artículos 340 y 341 de la LEC, nor-

---

418 Véase, además, Orellana de Castro, R., "La prueba pericial por designación judicial a debate: ¿qué problemas plantea en la práctica y cuáles son sus soluciones?", en Picó i Junoy, J., *La prueba pericial a examen,* n. 365, 97. En cuanto al punto (iii), cabe señalar que la distinción entre consultor técnico y perito declarante que existe en las normas procesales inglesas (en particular, en lo que respecta a la divulgación de los términos del encargo y los borradores de los dictámenes de los peritos) no resulta aplicable en España y, en consecuencia, puede debilitar en cierta medida la norma relativa a la imparcialidad del perito en España.

malmente el perito designado por el tribunal deberá tener una titulación oficial en la materia de que se trate y estar incluido en una lista que los colegios o asociaciones profesionales correspondientes facilitarán cada año a los tribunales. Pero no se trata de filtros que garanticen el conocimiento y la experiencia en determinadas áreas específicas. Salvo acuerdo de las partes acerca del perito que se designará[419], el nombramiento se realizará por orden de inclusión en la correspondiente lista del tribunal. Además, el control sobre este sistema es deficiente, poco claro, y está mal regulado[420]. De hecho, según la información disponible en la página web del CGPJ, la situación varía enormemente de una comunidad autónoma a otra en términos de organización, uso y coste; aunque, la información es, en el mejor de los casos, fragmentaria[421].

Las categorías de especialización varían y tienden a ser amplias. Entre las que pueden resultar relevantes para las reclamaciones por daños en materia de competencia, existen categorías para contables y, tan solo a veces, una categoría independiente para economistas. Además, el número de peritos es muy elevado. Según Orellana de Castro, él mismo un eminente perito judicial, en el 2017 el número de peritos a disposición de los juzgados para su nombramiento judicial como peritos, solo en Cataluña, superaba los 7.000[422]. Eso implica que la selección aleatoria del perito de la lista correspondiente será probablemente una suerte de lotería.

---

419 Así lo prevén el artículo 339(4) de la LEC, cuando las partes acuerdan solicitar al tribunal la designación de un perito común para el procedimiento, y el artículo 341(2) de la LEC, en la inusual situación de que solo exista un posible perito en la materia de que se trate, en cuyo caso esa designación requerirá, en principio, el consentimiento de las partes.

420 Véase, por ejemplo, Orellana de Castro, R., "La prueba pericial por designación judicial a debate", n. 365.

421 https://www.poderjudicial.es/cgpj/es/Temas/Estadistica-Judicial/Estadistica-por-temas/Actividad-de-los-organos-judiciales/Actividades-de-apoyo-a-los-organos-judiciales/Actividad-Pericial-Judicial/.

422 Orellana de Castro, R., "La prueba pericial por designación judicial a debate", n. 365.

Estas consideraciones aparentemente llevaron al Tribunal Supremo en la sentencia *Azúcar II* a reseñar la dificultad del uso de peritos judiciales en asuntos de competencia:

> "La existencia de discrepancias entre los peritos de una y otra parte y *la ausencia de una prueba pericial realizada por un perito de designación judicial (que se revela difícil por el sistema de "lista corrida" previsto como regla general en la Ley de Enjuiciamiento Civil y la extrema especialidad del objeto de la pericia)*, razones expresadas por la sentencia de primera instancia para justificar tal reducción, no son argumentos adecuados para justificar por sí solos tal reducción."[423] (la cursiva es mía)

Como ya se ha señalado anteriormente, el uso de un perito judicial en el asunto *Conduit* (a petición del demandante) no tuvo ningún impacto en el resultado del caso y, de hecho, fue completamente ignorado en la sentencia definitiva[424]. Me atrevería a aventurar que la razón principal fue la evidente falta de las necesarias formación y experiencia del perito designado para emitir un dictamen pericial bien fundamentado sobre el asunto en cuestión (los daños causados al demandante como consecuencia de un abuso de posición dominante). En consecuencia, la figura del perito judicial supuso una pérdida de tiempo y recursos en ese asunto y, diría, un fracaso del sistema para proporcionar un régimen viable, pese a su reconocimiento como derecho de las partes en la normativa procesal.

La figura del perito judicial presenta otros inconvenientes también. Entre ellos se encuentran: (i) la tendencia a designar un único perito (establecida como norma por defecto en el artículo 339(6) de la LEC); (ii) el proceso, bastante lento y engorroso, para designar el perito; (iii) la incertidumbre en torno a los honorarios; o (iv) la dificultad de las partes para interaccionar con el perito, y (yo añadiría) la posibilidad de abusos, al no existir un

---

423 STS 651/2013, 7 de noviembre de 2013, FJ 7.4.

424 Véase el apartado (a) anterior.

proceso reglado para el contacto del perito con las partes, ni un control judicial del mismo[425].

En cambio, una de las posibles ventajas del perito judicial es que no depende de ninguna de las partes, ya que no ha sido designado por ellas. De hecho, parece haber habido una tendencia —especialmente en los primeros años de aplicación de la LEC y debido a una cierta inercia derivada del régimen anterior de la prueba pericial designada en exclusiva por el tribunal— a que los tribunales asociaran de forma automática una mayor imparcialidad y, por tanto, credibilidad a los peritos designados de oficio frente a los designados por las partes. Y eso precisamente porque una parte podía (y lo haría) optar por no presentar pruebas desfavorables preparadas por un perito contratado por ella, mientras que no tendría ese control sobre la prueba pericial designada por el juez[426]. Con el tiempo, sin embargo, esta premisa parece haber perdido algo de fuerza. En primer lugar, se da el caso de que tanto los peritos de parte como los de oficio juran imparcialidad a la hora de emitir su dictamen (tema sobre el que volveremos en breve). En segundo lugar, la jurisprudencia del Tribunal Supremo sobre la valoración de la prueba pericial se ha centrado en la valoración racional y razonada de la prueba conforme al criterio de la "sana crítica", en el que la forma de designación del perito no desempeña un papel fundamental[427]. En efecto, dejando quizás a un lado materias de naturaleza técnica relativamente sencilla o convencional, la teórica imparcialidad de una persona con escasa experiencia técnica concreta en la materia de que se trate queda vacía de significado, ya que el perito no está en condiciones de valorar los hechos y las pruebas relevantes con verdadera cohesión

---

425 Véase, además, Orellana de Castro, R., "Un estudio crítico", n. 414.

426 Véase Orellana de Castro, R., *ibid.,* 109-114; y, a modo de ejemplos, SAP Cantabria, 1 de julio de 2005; SAP Baleares, 3 de octubre de 2006; SAP Huelva, 1 de octubre de 2009; STS, 15 de diciembre de 2015, ES:TS:2015:5619, FJ 3.3, 3.5; STS 125/2016, 3 de marzo de 2016, ES:TS:2016:799, FJ 7.4.

427 Abordaremos esta cuestión en la sección 17.2 que figura más adelante.

o autoridad. De hecho, muchos analistas, y yo estaría de acuerdo, consideran que es más útil promover la efectiva presentación y refutación contradictoria de dictámenes periciales entre verdaderos peritos expertos que solicitar un único dictamen a una persona que no está debidamente preparada para emitir tal dictamen sobre el asunto en cuestión.

¿Tienen, entonces, cabida los peritos nombrados de oficio en los litigios españoles en materia de Derecho de la competencia? Yo diría que, en la actualidad, la respuesta es esencialmente no y que nuestra prioridad debería ser mejorar las condiciones para la presentación contradictoria de pruebas periciales de parte. Dicho esto, cualquier función de ese tipo, si ha de otorgarse a una pericia de oficio, deberá enmarcarse y delimitarse como es debido. Esto requiere trabajo, aunque no es una tarea imposible. En primer lugar, en las condiciones actuales, el perito nombrado judicialmente no debería sustituir a los dictámenes periciales aportados por las partes. Normalmente, será importante que la prueba pericial judicial se contraste de forma apropiada con los dictámenes de otros peritos para asegurarse de que el tribunal pueda realizar una correcta valoración de las pruebas y lograr una adecuada aproximación a la verdad de los hechos controvertidos. En ese sentido, cabe señalar que la capacidad de las partes de solicitar la designación por el tribunal de un perito cuando ya han presentado informes periciales elaborados por peritos designados por ellas no está exenta de cierta incertidumbre legal[428]. No obstante, la opinión mayoritaria considera que es posible, cuando dicha prueba sea necesaria y resulte útil, tanto desde la perspectiva de los derechos procesales fundamentales como dada la posibilidad de que ese "tercer" dictamen sea propuesto en ciertas circunstancias expresamente determinadas en la ley[429].

---

[428] Esto se debe a que el artículo 335(1) de la LEC describe los dos tipos de prueba pericial como alternativas.

[429] Véase, por ejemplo, Picó i Junoy, J., y Abel Lluch, X., *La prueba pericial*, n. 370, pp. 95-101 y, en la misma publicación, Picó i Junoy, J., "La prueba pericial de parte y la de designación judicial, ¿son compatibles,

El segundo punto que debemos considerar lo planteó el Juzgado de lo Mercantil nº 1 de Zaragoza en su sentencia de 13 de diciembre de 2018 en el asunto del denominado cártel de camiones: ¿cómo garantizar la designación por el tribunal de un perito con la experiencia necesaria? Ante la decisión del demandante de desistir de su solicitud de que se designara un perito judicial por faltar la garantía de que tuviera la experiencia necesaria, el juez Rincón observó:

> "La parte demandante, a pesar de la contundencia de las contestaciones y especialmente de los informes periciales presentados en su contra, renunció a la designación de perito en la audiencia previa aludiendo a la complejidad del informe y no adecuarse la lista corrida de la LEC, *argumento que no es aceptable dado que los artículos 340 y 341 arbitran soluciones para estos casos, inclusive la posibilidad de recabar de los Colegios Profesionales* la designación de profesionales con conocimiento y experiencia en la materia."[430] (la cursiva es mía)

Así, en opinión del juez, y pese a las palabras de advertencia del Tribunal Supremo en la sentencia *Azúcar II*, sería posible aplicar las normas procesales existentes para lograr ese objetivo (un perito con los conocimientos necesarios). El juez parecía estar sugiriendo que podría aplicarse un mayor grado de flexibilidad, por ejemplo, solicitando un perito —o lista de peritos— específico a los colegios

esto es, pueden las partes en la demanda o contestación aportar un dictamen privado y solicitar la designación judicial del perito?", 299. En cuanto a las posibilidades de solicitar un perito designado judicialmente durante el procedimiento: artículos 339(3), 427(4) de la LEC. El asunto *Conduit* es un ejemplo, en el ámbito de la libre competencia, en el que las partes aportaron informes de peritos designados por ellas y la parte actora solicitó, además, en su escrito de demanda la designación por el tribunal de otro perito (en aplicación del artículo 339(2) de la LEC). Otro ejemplo lo encontramos en la primera sentencia de un juzgado de lo mercantil que se pronunció sobre el fondo en los litigios en el asunto de camiones: concretamente, SJM1 Zaragoza, 13 diciembre 2018, ES:JMZ:2018:4752, resolución que abordamos en más detalle a continuación.

430 SJM1 Zaragoza, 13 de diciembre de 2018, ES:JMZ:2018:4752, p. 6.

profesionales, quizá con un carácter más *ad hoc*. En mi opinión, eso requiere un mayor grado de compromiso institucional entre el Poder Judicial y los colegios profesionales sobre una base más estable y duradera que la que existe actualmente, con el fin de que ambas partes desarrollen un mayor conocimiento mutuo de sus respectivas necesidades y capacidades, y así garantizar que los peritos ofrecidos son realmente apropiados[431]. Como alternativa, y mientras tanto, parece que, solo si existe la voluntad de las partes de buscar un acuerdo sobre un perito apropiado, la perspectiva de nombrar a un tercer perito judicial podría ofrecer una alternativa realista en los casos de Derecho de la competencia[432].

Por último, puede que haya un papel específico para los peritos nombrados judicialmente en el ámbito de la protección de la información confidencial. No es un papel que haya sido explorado todavía por los tribunales en España; no obstante, está contemplado en el artículo 283 *bis* b) 5.5° de la LEC (que se refiere, en general, al uso de peritos para proteger la información confidencial), tal y como lo interpreta la Comisión en su Comunicación sobre la Protección de la Información Confidencial[433]. No resulta obvio de inmediato por qué un círculo de confidencialidad limitado a los peritos de parte y a los abogados externos no sería, por lo común, suficiente para proteger la confidencialidad, pero tal vez en ciertas circunstancias de extrema sensibilidad esa función pueda ser de utilidad.

### d) Deberes de los peritos

La LEC impone deberes de imparcialidad y objetividad a los peritos, ya sean designados por las partes o por el tribunal. Estos

---

431 En este mismo sentido se pronuncia Vázquez, C., "¿Cómo mejorar la regulación sobre la(s) prueba(s) pericial(es)? Un marco para incentivar la comprensión judicial de las afirmaciones periciales", en Picó i Junoy, J., y de Miranda Vázquez, C., *Peritaje y Prueba Pericial*, n. 414, 284-285.

432 Esta alternativa se contempla en el artículo 339(4) de la LEC.

433 Nota 314, apartado III.D.

deberes están, además, respaldados por mecanismos mediante los cuales las partes pueden impugnar la independencia o imparcialidad del perito[434].

La importancia de los deberes de todos los peritos se pone de relieve en el preámbulo de la ley:

> "[A] todos los peritos se exige juramento o promesa de actuación máximamente objetiva e imparcial y respecto de todos ellos se contienen en esta Ley disposiciones conducentes a someter sus dictámenes a explicación, aclaración y complemento, con plena contradicción."[435]

Se recogen específicamente en el artículo 335(2) de la LEC:

> "Al emitir el dictamen, todo perito deberá manifestar, bajo juramento o promesa de decir verdad, que ha actuado y, en su caso, actuará con la mayor objetividad posible, tomando en consideración tanto lo que pueda favorecer como lo que sea susceptible de causar perjuicio a cualquiera de las partes, y que conoce las sanciones penales en las que podría incurrir si incumpliere su deber como perito."

Esta disposición incluye, por tanto, la exigencia de que el perito incluya en el informe una declaración jurada por la que declare: (i) haber actuado y actuar, en su caso, con la máxima objetividad; (ii) haber tenido y tener en cuenta tanto los factores que favorecen como los que perjudican a las partes; y (iii) ser consciente de las sanciones penales que conlleva el incumplimiento de sus deberes como perito.

Estos requisitos de imparcialidad y objetividad no difieren mucho de las normas que se aplican en el Derecho procesal inglés. Este es un rasgo distintivo del régimen español que lo diferencia

---

434 El artículo 219 de la LOPJ y los artículos 124-128 de la LEC prevén la "recusación" de un perito designado por el tribunal, que puede dar lugar a la sustitución del perito; el artículo 343 de la LEC prevé la "tacha" de un testigo de parte, que puede ser tenida en cuenta por el tribunal al valorar la prueba de ese perito sin que ello dé lugar a su recusación.

435 Considerando XI de la LEC.

de muchos de nuestros vecinos continentales y nos aproxima a nuestros amigos del *common law*. Sin embargo, como ya se ha señalado, el sistema español carece de una regulación complementaria detallada, y quizá de la cultura, en la actualidad, para que estos requisitos sean todo lo eficaces que cabría desear. La parte que designa a un perito es libre de decidir no recurrir a él si resulta que su dictamen no es favorable a sus intereses: ese es un factor que los tribunales españoles conocen y que puede hacerles albergar cierto escepticismo sobre la imparcialidad de las pruebas periciales presentadas por los peritos designados por las partes. De hecho, el nivel de confianza de los jueces españoles en la imparcialidad de los peritos de parte parece, en general, relativamente bajo, aunque no estoy seguro de que esa preocupación general resulte aplicable necesariamente a muchos de los destacados peritos en activo en España en el ámbito de los litigios por daños y perjuicios por infracción del Derecho de la competencia de la UE.

Como hemos visto en capítulos anteriores, la legislación inglesa tiene una regulación más estricta de estas cuestiones y, sin duda, la calidad de las pruebas periciales es, en términos generales, superior. Sin embargo, el reto de la imparcialidad también es real en el Reino Unido y ha sido objeto de duras críticas por parte del CAT, como vimos antes[436]. Es indudable que, en las demandas por daños y perjuicios en materia de competencia, los jueces suelen encontrarse con informes que son total o ampliamente contradictorios, pese a evaluar los mismos hechos. Si bien eso no refleja necesariamente un problema de imparcialidad —como hemos señalado antes, importantes diferencias pueden residir en la selección de datos a analizar o metodologías a implementar—, no deja de ser una tendencia reveladora. En mi opinión, existen dos vías principales para abordar esta cuestión y garantizar que los deberes de los peritos tengan un mayor impacto positivo en el proceso:

---

436 Capítulo 12.1(e) *supra*.

- La primera está en manos de los jueces: los jueces deben ser más exigentes con los peritos, y debe verse que lo son. Eso incluye exigir unos estándares mínimos en la presentación de las pruebas periciales (y, posiblemente, declarar inadmisibles, o sin valor probatorio alguno, las pruebas periciales que no cumplan los estándares mínimos) y ser más transparentes en la valoración de la forma en que ha actuado un perito concreto. Es más, los peritos deberían ser nombrados en la sentencia (la práctica de ocultar los nombres personales de los peritos que testifican en las sentencias españolas es llamativa y no parece justificada, dado el carácter público de las vistas judiciales). En efecto, no debería subestimarse el impacto reputacional de tales declaraciones en las sentencias judiciales, ya que puede ser más eficaz que cualquier norma positiva.
- La segunda es exigir unos estándares y una ética profesionales adecuados en la interacción entre peritos de partes enfrentadas. La cooperación y la buena fe son, en mi opinión, esenciales para garantizar que los procesos relativos a cuestiones técnicas complejas puedan ser eficaces a la hora de permitir a los jueces adoptar decisiones de calidad, y son consustanciales a los deberes de los peritos en virtud de la LEC. En este punto, abogo conscientemente por un sistema que, si bien se basa en los principios de contradicción y rogación, exige al mismo tiempo un necesario grado de colaboración entre las partes, los peritos y el juez, que ayude a una adecuada aproximación a la verdad y, en consecuencia, a una mínima calidad de las sentencias. Como atestiguan las Reglas Modelo Europeas, el principio de cooperación se está convirtiendo rápidamente en una parte central del ADN de los sistemas de justicia civil modernos y eficaces[437].

---

437 En cambio, para un análisis del escepticismo histórico acerca de la colaboración y las posibilidades de abuso de poder, véase Montero Aroca,

### *17.2. El papel del juez*

#### a) La función indelegable de la valoración judicial de la prueba pericial

Según la Constitución Española, el ejercicio de la potestad jurisdiccional corresponde exclusivamente a los tribunales españoles[438]. Además, en el Derecho procesal español la prueba pericial está clasificada como uno de los medios de prueba que se pueden presentar en los procesos civiles: el perito presta asistencia técnica al juez (y al proceso en general) en relación con la valoración de cuestiones fácticas de carácter técnico, por contraposición al perito que asume el papel de asesor acreditado del tribunal (como ocurre, por ejemplo, en el Derecho italiano en el caso del "*consulente técnico*" designado por el tribunal)[439]. En consecuencia, al igual que en el Reino Unido, el dictamen pericial no puede usurpar el poder jurisdiccional de los tribunales determinando por sí mismo cuestiones que deben ser resueltas por el juez en la sentencia. Eso, como hemos visto, reviste especial importancia cuando el objeto de la prueba pericial es de naturaleza particularmente técnica y el riesgo de usurpación de las facultades del tribunal es, en consecuencia, mayor[440]. Este es, sin duda, el caso de la prueba pericial en los asuntos de Derecho de la competencia relativos, por ejemplo, a la cuantificación del perjuicio.

---

J., *La prueba en el proceso civil*, n. 309, 45-47.

438 Artículo 117(3) CE.

439 Véanse Seoane Spiegelberg, J. L., "La prueba pericial en la jurisprudencia del Tribunal Supremo", n. 365, 68, y Picó i Junoy, J., *La prueba pericial en el proceso civil español*, n. 392, 43-44, a los que se refiere el primero.

440 Véase, por ejemplo, Montero Aroca, J., *La prueba en el proceso civil*, n. 309, 336: "En esta función de valoración o apreciación de los hechos se está ante un riesgo evidente, el de que el perito llegue a sustituir al juez a la hora de realizar la función jurisdiccional de declarar la existencia del supuesto fáctico determinador de una consecuencia jurídica, peligro cada vez mayor por cuanto cada día se tecnifican más las relaciones jurídicas y los conocimientos de los jueces son más insuficientes para establecer la certeza de los hechos".

Estos principios significan que, ante la prueba pericial, los tribunales tienen cierto grado de libertad en su evaluación de dicha prueba y no están obligados por ella. Pueden optar por seguirla (cuando la posición de los peritos es unánime), preferir un dictamen a otro (allí donde los dictámenes sean contradictorios), rechazar algunas partes de cada opinión y aceptar otras, adoptar una opinión diferente o rechazar la prueba por completo[441]. Dicho esto, la valoración del tribunal está sujeta al requisito de que los jueces no ejerzan su poder jurisdiccional de forma arbitraria, que motiven sus decisiones como es debido y que apliquen la razón y la lógica, teniendo en cuenta los hechos y el Derecho pertinentes[442]. Esas condiciones se recogen globalmente en el concepto de "sana crítica", con el que la prueba pericial debe ser valorada por los tribunales de conformidad con el artículo 348 de la LEC.

La postura fue expuesta de forma completa y equilibrada por el Tribunal Supremo en una sentencia relativa a la prueba pericial relacionada con un asunto de negligencia médica:

> "No puede atribuirse un valor inconcuso a las conclusiones de los dictámenes médicos, puesto que la función del perito es la de auxiliar al juez, ilustrándolo sobre las circunstancias del caso, pero sin privar al juzgador de la facultad de valorar el informe pericial (SSTS, entre otras muchas, de 30 de marzo de 1984 y 6 de febrero de 1987), la cual está sujeta a los límites inherentes al principio constitucional de proscripción de la arbitrariedad, al mandato legal de respetar las reglas de la lógica que forman parte del común sentir de las personas y a la obligación de motivar las sentencias.
>
> Estas facultades de valoración son inherentes al ejercicio de la potestad jurisdiccional y están justificadas por las posibles discrepancias hermenéuticas provenientes del nivel relativo alcanzado por la ciencia, del diverso grado de conocimiento que sobre ella tienen los distintos peritos, de la posibilidad de que el dictamen se ajuste con mayor o menor rigor al método científico y formule

441 Véase Abel Lluch, X., *La valoración de la prueba*, n. 400, 131; STS 87/1994, 10 de febrero de 1994, ES:TS:1994:730, FJ 4.

442 Artículo 218(2) de la LEC; artículo 120(3) CE.

> conclusiones asequibles de ser apreciadas desde el punto de vista de su posible refutación o aceptación general y frecuencia estadística, y de la necesidad de que el juez considere las aportaciones de los expertos en su conexión con la realidad social que debe ser tenida en cuenta en la interpretación de las normas (artículo 3. 1 CC) y desde el punto de vista de su trascendencia jurídica en armonía con los principios y valores que informan el ordenamiento jurídico en su conjunto (STS de 23 de mayo de 2006)."[443]

Un punto interesante que debemos plantear en este sentido se refiere a la posible intervención de la autoridad de competencia, la CNMC, en calidad de *amicus curiae* para asistir al tribunal en la cuantificación del daño en los asuntos de Derecho de la competencia sometidos al órgano jurisdiccional. La CNMC tiene la facultad, previa solicitud, de informar sobre los criterios de cuantificación del daño[444]. Ha habido algunos intentos concretos y limitados de hacerlo, en particular en un procedimiento ante el Juzgado de lo Mercantil n.º 1 de Oviedo en el caso del denominado cártel de camiones[445]. Sin embargo, la autoridad se ha mostrado, con razón, muy cauta a la hora de intervenir y, como es evidente, tiene que evitar ejercer la función de tal forma que se convirtiera en un perito externo con poder de decisión *de facto*, con lo que podría correr el riesgo de usurpar la función del tribunal[446]. Se afirma que el papel más apropiado y productivo para la CNMC, como también la Comisión, en los litigios civiles relacionados con el Derecho de la competencia es el de realizar aportaciones sobre cuestiones más sustantivas relativas a la correcta interpretación de las normas de competencia (definición de mercados relevantes, restricciones de la competencia, y similares). El proceso por el que debería tener lugar esta intervención como

---

443 STS 1377/2007, 5 de enero de 2007, ES:TS:2007:171, FJ 4.

444 Conforme al artículo 5(2)b), Ley 3/2013, de 4 de junio, de creación de la CNMC y artículo 76(4) de la LDC.

445 Véase AJM1 Oviedo, 28 de octubre de 2021 (no reseñada).

446 Véase, además, Hitchings, P., "Daños Antitrust", n. 393 (Parte I), 121-123; Marcos, F., "¿Puede la CNMC calcular el daño causado por el 'cártel de los coches'?", *Almacén de Derecho*, 24 de noviembre de 2021.

*amicus curiae* también requiere cierta reflexión y aclaración para garantizar la transparencia, la coherencia y la salvaguardia del derecho de defensa de las partes. En la actualidad, estas cuestiones no han sido todavía abordadas como es debido.

### b) La valoración judicial de la prueba pericial

Como ya se ha señalado, la atención de los jueces a la prueba pericial se centra en su valoración: es decir, los tribunales se centran en la valoración de la prueba pericial, tanto en la interpretación de su alcance, peso y contenido, tal y como se presenta ante el tribunal (en el dictamen escrito y oralmente en el juicio), como, sobre todo, en términos de la determinación razonada en sentencia del peso probatorio que el tribunal atribuye a dicha prueba de cara a determinar los hechos relevantes en litigio. Los tribunales no se centran tanto en cuestiones procesales previas, como, por ejemplo, las normas mínimas para que un informe sea admisible como prueba pericial, la interacción con los peritos antes del juicio, o el acceso a (o la determinación de) los hechos o la información subyacentes. Todo ello es fruto del principio procesal subyacente de que tales pruebas deberían presentarse al inicio del procedimiento para que las partes puedan comprender desde el principio el caso que se les presenta. En cambio, el proceso sí que es el tema central de esta investigación y el principal foco de las propuestas y recomendaciones que realizado en la Cuarta Parte[447].

La valoración de la prueba pericial la realizan los tribunales conforme a las denominadas "reglas de la sana crítica" (artículo 348 de la LEC). Se trata de un concepto abierto. En palabras del Tribunal Supremo español en 1991, se refiere a "las reglas de la lógica elemental o las reglas comunes de la experiencia huma-

[447] Abordaremos el tema de proceso con más detalle en la sección 17.3 a continuación.

na"[448]. Reconociendo el creciente papel del dictamen científico o técnico en los litigios modernos, el profesor Abel Lluch ha definido el término más recientemente como "las reglas no jurídicas derivadas de la lógica, la experiencia y la ciencia que sirven para fundar una valoración razonada de la prueba y permiten su control posterior por otro órgano superior"[449]. El concepto refleja una concepción racional de la valoración judicial en la que: (i) la prueba se percibe como un elemento que permite al tribunal determinar la verdad de ciertos hechos; (ii) las inferencias judiciales basadas en la prueba deberían seguir los principios de la lógica y la probabilidad; y (iii) las decisiones deberían ser razonadas y susceptibles de revisión (por los tribunales y la sociedad en general)[450]. En línea con observaciones que hicimos anteriormente acerca de la valoración judicial en las jurisdicciones de Derecho continental y *common law*, el profesor Abel Lluch identifica la *necesidad de prestar una mayor atención a los hechos en la toma de decisiones judiciales en España para cumplir con los requisitos legales de que los jueces motiven adecuadamente sus decisiones*[451] e, implícitamente, valoren adecuadamente las pruebas. Esta es, en mi opinión, una de las ideas clave que debemos asumir y que deberían moldear las propuestas para mejorar la calidad de las decisiones judiciales en el ámbito del Derecho de la competencia en España.

El criterio de la sana crítica no equivale exactamente al concepto de estándar de prueba del Derecho anglosajón, aunque puede servir de sustituto[452]. En lugar de establecer un umbral mínimo objetivo que las pruebas deben satisfacer para establecer la probabilidad de verdad de los hechos que pretenden probar (por ejemplo, la prueba del "balance de probabilidades" o "*balance of probabilities*" del *common law*), ofrece una serie de herramientas,

---

448 STS 715/1991, 15 de octubre de 1991, ES:TS:1991:5386, FJ 2.

449 Abel Lluch, X., *La valoración de la prueba*, n. 400, 29.

450 Véase *ibid.*, pp. 22-23.

451 *Ibid.*, p. 191 y ss.

452 *Ibid.*, p. 28. Como ya se ha señalado, las cuestiones del estándar o la carga de la prueba no son objeto de esta investigación.

un método general, para la valoración racional de la prueba. Evidentemente, esa valoración debe conllevar la convicción del juez, pero la regla no centra tanto la atención en el nivel de esa convicción (a menos que la decisión sea claramente arbitraria o insostenible) como en el método que utiliza el juez para llegar a ella. También debería distinguirse de conceptos afines de la valoración de la prueba, tales como: esfuerzo probatorio mínimo, que a su vez está vinculado al cumplimiento de la carga de la prueba por la parte, y que, además, puede verse influido por la naturaleza del caso concreto (por ejemplo, por la dificultad o indisponibilidad de la prueba, o porque el hecho que debe probarse requiera, por otras razones, que las exigencias a que se ve sometida la prueba sean más flexibles). Se sugiere que, en la práctica, las diferencias no son tan marcadas, en particular en lo relativo a la valoración de la prueba de cuantificación del daño, en la que el Derecho inglés aplica la prueba de la "brocha gorda". La diferencia radica más bien en la naturaleza del proceso y en el nivel de pruebas fácticas que se ponen a disposición en el proceso.

Cuando se trata de valorar las pruebas periciales que cuantifican el perjuicio en un caso de defensa de la competencia, los tribunales se enfrentan a una tarea especialmente difícil. En primer lugar, la naturaleza técnica de la información que es objeto de los análisis de los peritos y la forma técnica del proceso de razonamiento empleado para llegar a sus conclusiones hacen que la valoración sea cualitativamente más difícil para un juez[453]. En segundo lugar, suelen enfrentarse a dos valoraciones totalmente contradictorias. Estos retos son comunes a la mayoría de los tipos de dictámenes periciales. Pero, además, como ha subrayado la Comisión, el ámbito de la cuantificación del daño a la competencia está marcado por el carácter necesariamente *hipotético* del ejercicio y por las dificultades inherentes a determinar con precisión lo que habría ocurrido en cierto mercado de no haberse producido la infracción: por ejemplo, cómo habrían evolucionado los pre-

453 *Ibid.*, p. 129.

cios. Este es un punto al que los tribunales españoles han concedido una enorme importancia, en particular en circunstancias en las que consideran que puede darse por sentado que se ha producido algún impacto en el mercado.

Mucho ha dicho ya la doctrina más autorizada acerca de los criterios que pueden y deben formar parte de la "sana crítica" de la prueba por parte del tribunal, tanto en general como en el caso de la prueba pericial en particular[454]. Según jurisprudencia reiterada del Tribunal Supremo, entre ellos se encuentran, en particular: (i) el razonamiento utilizado por cada perito; (ii) la opinión mayoritaria de los peritos declarantes; (iii) los medios e instrumentos utilizados por cada perito para llegar a sus conclusiones (incluidos los datos subyacentes analizados); (iv) la competencia profesional y la objetividad de cada perito[455]. La lista no es en absoluto exhaustiva. Los conceptos han continuado desarrollándose en la jurisprudencia de tribunales inferiores, como, en particular, las Audiencias Provinciales de A Coruña, Madrid y Bilbao[456]. No es mi objetivo, ni sería apropiado, desarrollar aquí esas ideas en detalle. En aras de nuestro debate, me gustaría, no obstante, identificar ahora, a partir de esas fuentes, algunos de los factores más relevantes para nuestro tema, adaptándolos a las consideraciones

---

454 Véanse, entre otros, Martorell Zulueta, P., "Análisis procesal del informe sobre cuantificación del daño", n. 347, 263; Seoane Spiegelberg, J. L., "La prueba pericial en la jurisprudencia del Tribunal Supremo", n. 365, 65-79; los diversos trabajos de Abel Lluch, X., sobre el tema, entre ellos: "Criterios orientadores de la valoración de la prueba pericial", en Picó i Junoy, J., y de Miranda Vázquez, C., *Peritaje y prueba pericial,* n. 388, 211; *La valoración de la prueba,* n. 400, 129-141, y en *La prueba pericial,* n. 370, 137-159; Nieva-Fenoll, J., *La valoración de la prueba* (Marcial Pons, 2010), 285; Picó i Junoy, J., *La prueba pericial en el proceso civil,* n. 392.

455 Véanse, entre otras, STS, 15 de diciembre de 2015, n. 396; STS 615/2016, 10 de octubre de 2016, ES:TS:2016:4631.

456 Respectivamente, SAP A Coruña, 9 de marzo de 2016, n. 344; SAP Madrid, 29 de febrero de 2012, ES:APM:2012:3431; SAP Bilbao, 28 de mayo de 2009.

pertinentes para el tipo de prueba pericial a la que se enfrentan los tribunales en casos del Derecho de la competencia.

*Un check-list para jueces*

En primer lugar, los criterios de valoración de las pruebas deberían considerarse globalmente: ningún criterio es necesariamente determinante, y el equilibrio entre los diferentes criterios es, en sí mismo, una cuestión que el juez debe evaluar de forma razonable y motivada.

En segundo lugar, la cualificación y la especialización del perito son factores relevantes a la hora de considerar el peso que debería concedérsele a la prueba pericial. Esos factores deberían evaluarse en términos prácticos reales y con referencia a los hechos concretos del caso y a la naturaleza de la opinión requerida. Podría decirse que, cuando el perito carece claramente de la necesaria preparación específica para la tarea que se le encomienda, la prueba debería rechazarse.

En tercer lugar, debería quedar claro y explicarse el objeto del informe. Eso se refiere, por ejemplo, a: quién es la parte o partes supuestamente afectadas por la infracción y cómo se supone que se han visto afectadas; qué partidas de daño se han valorado (costes directos tales como un sobrecoste, lucro cesante, etc.); durante qué periodo (por ejemplo, si se han considerado los efectos persistentes post-infracción); en su caso, cómo se ha evaluado el *pass-on* (tanto en sentido ascendente, "aguas arriba", si se trata de un comprador indirecto, como descendente del demandante, si no es un consumidor); y si se ha individualizado el perjuicio a la situación del demandante o demandantes y, en caso contrario, cómo se ha hecho y, en su caso, las razones para ello.

En cuarto lugar, la prueba pericial debería considerarse junto con el resto de pruebas aportadas al procedimiento.[457] Ya se

457 Tal y como exige, en general, el artículo 218(2) de la LEC y confirma, en la materia específica de las acciones de daños por infracción del De-

ha dicho que la prueba pericial debe ser coherente con los otros hechos, por ejemplo de la infracción o el mercado de referencia. A ello puede contribuir el hecho de que el perito incorpore al informe una explicación de cómo la infracción concreta, en las circunstancias particulares del caso, habría causado, en su opinión, el daño (lo que a veces se denomina "teoría del daño"). Será importante que el perito haga referencia a las fuentes de prueba pertinentes que se hayan utilizado para fundamentar esta explicación (por ejemplo, decisiones regulatorias, testigos, fuentes documentales) y, posiblemente, que identifique otras fuentes que puedan considerarse útiles para sustanciar la opinión del perito.

En quinto lugar, el perito debería aplicar un método apropiado para calcular el daño[458]. En el contexto de la evaluación del impacto de una infracción de las normas de competencia, eso implica, en palabras del Tribunal Supremo en la sentencia de 7 de noviembre de 2013 en el asunto *Azúcar II*, que el perito identifique una "hipótesis razonable" para la situación contrafáctica (por ejemplo, un mercado comparable apropiado). El método también debería estar "técnicamente fundado", lo que significa, me atrevería a aventurar, que la hipótesis de contraste o contrafáctica debería aplicarse y ejecutarse correctamente. Por regla general, el tribunal debe comprobar la coherencia interna de la prueba pericial.

En sexto lugar, el modelo de estimación del perito también puede calibrarse con referencia al cumplimiento de estándares reconocidos[459]. En particular, la Guía Práctica de la Comisión ofrece referencias útiles para que los tribunales evalúen la idonei-

---

recho de la competencia, con referencia a la decisión regulatoria previa en una acción *follow-on*, el Tribunal Supremo en su sentencia *Azúcar II* y en la siguiente jurisprudencia de los tribunales inferiores en general.

458 El método es uno de los aspectos sobre los que un perito puede ser llamado expresamente a declarar en juicio conforme al artículo 347(1)3º de la LEC.

459 Véase, por ejemplo, Nieva-Fenoll, J., *La valoración de la prueba*, n. 426, 295-296.

dad de un determinado modelo, así como consideraciones relevantes para valorar su correcta aplicación. Estas directrices se han visto complementadas recientemente por las propias directrices nacionales de la CNMC[460]. Sin embargo, las directrices no son vinculantes y los tribunales no deberían contemplarlas sin un cierto grado de sano escepticismo. Las directrices pueden complementarse además con la doctrina científica pertinente en áreas de relevancia para un caso concreto cuando pueda establecerse que dicha doctrina es generalmente aceptada.

En séptimo lugar, el perito debería utilizar datos precisos y contrastables para respaldar sus análisis (como exigió el Tribunal Supremo en la sentencia *Azúcar II*). Los datos no solo deben ser fiables, sino también apropiados para el fin para el que se utilizan. El nivel de agregación de los datos y la disponibilidad de fuentes de datos (o sus limitaciones) son consideraciones pertinentes que deben explicarse. El origen de los datos y el tratamiento que se ha seguido hasta su utilización por los peritos en sus cálculos (lo que se denomina "depuración") deberían explicarse y acreditarse como es debido[461]. Cuando sea necesario, debería respaldarse con pruebas adecuadas de la documentación subyacente u otras fuentes de prueba (que deberían aportarse en el momento oportuno del proceso).

En octavo lugar, el informe y el testimonio del perito deberían ser suficientemente transparentes en todos los aspectos relevantes del trabajo realizado, de modo que puedan calibrarse la objetividad y fiabilidad de la prueba. Esto se refiere, por ejemplo, a explicar y exponer adecuadamente el proceso seguido para elegir

---

460 Guía de la CNMC sobre Cuantificación de Daños por Infracciones al Derecho sobre Competencia (G-2020-03, 11 de julio de 2023), disponible en: https://www.cnmc.es/sites/default/files/4802305.pdf.

461 Para ello, puede que resulte necesario que un tercero acredite debidamente la cadena de custodia desde la base de datos original. Véase, además, Abel Lluch, X., "Criterios orientadores de la valoración de la prueba pericial", n. 426, 228 y ss.

un determinado método de cuantificación y seleccionar los datos relevantes (o rechazar otros), las hipótesis utilizadas en el modelo y su relevancia, y el nivel de confianza o los márgenes de error en las conclusiones alcanzadas. La información subyacente necesaria para comprender y reproducir el modelo de cuantificación (incluidos, en particular, los datos subyacentes) debería normalmente presentarse en el procedimiento en formato electrónico y ponerse a disposición de los respectivos peritos de las partes, sin perjuicio de las protecciones necesarias por razones comerciales o de otro tipo. La proporcionalidad también será una consideración relevante a este respecto.

En noveno lugar, el informe debería ser claro, bien estructurado y conciso, llevando a anexos los detalles técnicos de carácter secundario y presentando los resultados de forma comprensible.

En décimo lugar, debería someterse a consideración la imparcialidad del perito. Se trata de una cuestión difícil de precisar. Sin embargo, entre los factores relevantes podemos incluir, por ejemplo, la solidez de la respuesta del perito a las preguntas que se le hagan en el juicio (y si el perito ha tratado de ser evasivo en sus respuestas), la relación con aquel que encargó el dictamen o las condiciones de su encargo[462]. Los tribunales deberían mostrarse receptivos a las preguntas del abogado, dentro de lo razonable, sobre los fundamentos de las instrucciones dadas al perito.

Por último, hay que tener en cuenta una serie de consideraciones de carácter general en función de los hechos del caso, tales como: hasta qué punto debería presumirse la existencia de un daño o el nexo casual, la dificultad y proporcionalidad de estimar el perjuicio, la disponibilidad de pruebas y datos para cuantificar el perjuicio y la dinámica de los litigios en masa.

En mi opinión, sería útil tratar de sistematizar los criterios, o cuestiones, que los jueces deberían normalmente valorar al eva-

---

[462] Las comisiones de éxito son incompatibles con los requisitos del artículo 335(2) de la LEC.

luar las pruebas periciales de un caso de Derecho de la competencia, y lo anterior tal vez ofrezca una humilde contribución. Es ciertamente notable que los jueces intenten utilizar tales herramientas cuando se han puesto a su disposición y las encuentren útiles. En particular, los tribunales de Valencia se han referido en varias ocasiones a los "39 pasos: una lista de verificación para jueces" contenidos en el Estudio sobre Pass-on al considerar cuáles son los factores relevantes en la evaluación de las pruebas económicas del perjuicio[463]. Dichos pasos se diseñaron más particularmente para la cuestión específica de evaluar las pruebas del *pass-on* y, en consecuencia, algunas de las cuestiones tratadas no son directamente relevantes para la cuantificación de un sobrecoste. Esto puede haber causado inicialmente cierta confusión, ya que, hasta la fecha y hasta donde yo sé, el *pass-on* no ha formado parte empírica de la cuantificación del daño en ninguna causa española[464]. No obstante, los "39 pasos" ofrecen algunas consideraciones valiosas de carácter general para los tribunales y, sobre todo, su invocación por parte de los jueces subraya la utilidad y necesidad de este tipo de instrumentos prácticos o *check-lists.*

A este respecto, la nueva "Guía sobre cuantificación de daños" de la CNMC contiene un *check-list* no exhaustivo de cuestiones técnicas de metodología que jueces, peritos y partes pueden uti-

---

463 Los "39 Pasos" fueron objeto de una ponencia del juez Vilata, Juzgado de lo Mercantil n.º 1 Valencia, en el programa de formación en Derecho de la Competencia de la UE organizado por la Universidad de Valencia en septiembre de 2019, "39 Pasos. Directrices del estudio de 2016", en Ruiz Peris, J. I., (Dir.), *Daños, Comercio Electrónico y Derecho de la Competencia,* n. 233, 237. Se ha referido a ellos el juez Pastor, Juzgado de lo Mercantil n.º 3 Valencia, en algunas de las primeras resoluciones judiciales en la litigación en el asunto camiones.

464 Es decir, ninguna cuantificación empírica ha incluido un ajuste por repercusión "aguas arriba" o "aguas abajo" (*upstream* o *downstream pass-on*). Excepcionalmente, la Audiencia Provincial de Madrid sí admitió la excepción de *pass-on* como causa de reducción a cero del perjuicio reclamado y, en consecuencia, desestimación de la demanda; *Realia,* SAP Madrid 377/2022, 19 de mayo de 2022, n. 335.

lizar para verificar la fiabilidad de la cuantificación pericial del daño[465]. Como es lógico, no incluye consideraciones de carácter más jurídico.

*La pericia del juez y la estimación judicial*

No soy de la opinión que los jueces deban ser capaces, por sí mismos, de determinar cuestiones de carácter técnico. Esa es labor de los peritos y la razón misma de su intervención en el proceso civil conforme al artículo 335 de la LEC. Antes bien, el juez valora las pruebas técnicas aportadas por los peritos conforme a los principios normales de la lógica, el sentido común y, allí donde sea posible, los estándares científicos formales, y las utiliza como ayuda para resolver el caso. Este es, por supuesto, el punto de vista general[466]. En consecuencia, no es necesario que un juez sea un experto, por ejemplo, en econometría y podría decirse que sería contraproducente incluso intentar formar a los jueces en econometría. Los jueces no llegarán a ser tan expertos como los peritos y su tarea es otra. Dicho esto, se puede imaginar que una cierta familiaridad con los términos utilizados por los peritos les ayudará a la hora de pronunciarse, para lo cual una formación adecuada puede resultar muy útil[467]. Sin embargo, es fundamental que se garantice la independencia de los jueces, que se articule una pluralidad de opiniones y que los jueces sean conscientes de los importantes intereses económicos que existen en este ámbito del Derecho. En consecuencia, la formación debería tener

[465] Guía de la CNMC, n. 432, sección 2.6.

[466] Para un comentario sobre la diferencia entre el juez como perito entre peritos ("*iudex est peritus peritorum*") y como guardián de la racionalidad de los peritos ("*iudex est custos peritorum*"), véase, entre otros, de Miranda Vázquez, C., "¿Es realmente el juez peritus peritorum?", en *Derecho Probatorio Contemporáneo. Prueba científica y técnica forenses* (Universidad de Medellín, 2012), 295.

[467] Un aspecto señalado por Nieva-Fenoll, J., "Repensando Daubert: elementos de convicción que debe tener un buen dictamen pericial", en Picó i Junoy, J., y de Miranda Vázquez, C., *Peritaje y prueba pericial*, n. 388, 98-99.

un objetivo claro, ser de alta calidad y cumplir los principios de transparencia y pluralidad. Los ejercicios específicos de cada caso, como el ejercicio de instrucción voluntaria "*teach-in*" utilizado en el procedimiento *BritNed* y que mencionamos anteriormente en el capítulo 12, también pueden desempeñar un papel importante, ya que permiten a los peritos de ambas partes aclarar su ciencia y sus técnicas en un entorno de claridad y transparencia bajo la dirección del tribunal.

Dicho esto, hay un aspecto del ejercicio de resolver los reclamaciones de daños y perjuicios por infracción de las normas de competencia que plantea algunas cuestiones delicadas: se trata de la estimación judicial. Esa cuestión no es objeto de esta investigación. Baste decir a nuestros efectos que sigue habiendo una considerable incertidumbre en torno a lo que implica el ejercicio y lo que puede constituir una estimación válida por parte del juez[468]. El Tribunal Supremo señaló en su sentencia relativa a las reclamaciones de daños derivadas del cártel de sobres, al rechazar la admisibilidad del recurso de casación interpuesto por los demandados, que el tribunal que conocía de esa caso no había ejercido la facultad de estimación del artículo 17(1) (el asunto es anterior a la Directiva de Daños), sino que, más bien, había moderado las estimaciones del daño basándose en las pruebas de que disponía (incluidas, en particular, las pruebas del expediente administrativo)[469]. En sus primeras sentencia en el caso del cártel de camiones, el Tribunal Supremo no entró en el razonamiento de los tribunales inferiores, que habían justificado su estimación de un sobreprecio del 5%[470]. Lo que podemos afirmar con certeza, cualesquiera que sean los verdaderos límites de la estimación

---

468 Véanse, para posturas distintas, Concheiro, J., "La cuantificación y la estimación judicial del daño en ilícitos antitrust. ¿Son lo mismo?", *Almacén de Derecho,* 10 de marzo de 2023; Marcos, F., "Tres claves para la estimación judicial del daño antitrust indemnizable tras la STJUE Tráficos Manuel Ferrer", *Almacén de Derecho,* 22 de febrero de 2023.

469 ATS, 10 de mayo de 2023, ES:TS:2023:5577A.

470 Véase STS 947/2023, 14 de junio de 2023, n. 2, apartado 23.

judicial, es que cuanto más puedan los jueces ser asistidos en ese ejercicio por las pruebas aportadas en los procesos, mejor. De lo contrario, el ejercicio corre el riesgo de convertirse en arbitrario.

### c) La prueba pericial de oficio

En virtud del principio de justicia rogada (artículo 216 de la LEC), la prueba pericial se practica a instancia de las partes, ya sea, como es habitual, mediante la aportación de un informe pericial de parte con el escrito de demanda o contestación o porque una de las partes, o ambas, hayan solicitado a su debido tiempo el nombramiento de un perito por el juez. La no presentación de un informe junto con el escrito de demanda conllevará, posiblemente, la desestimación de la demanda por falta de pruebas y eso no es algo que el tribunal pueda intentar remediar por sí mismo permitiendo la presentación fuera de plazo de las pruebas que falten. Hemos visto, de hecho, en la sentencia de Zaragoza de diciembre de 2018 en el asunto camiones que el juez no pudo imponer al demandante el nombramiento de un perito de oficio, aunque el juez claramente pensaba que el demandante lo necesitaba, dada la insuficiencia del informe pericial de parte frente a los informes presentados por los demandados[471]. Esto es coherente con la intención declarada en el preámbulo de la LEC de que la prueba pericial ya no formaría parte del deber del tribunal de descubrir la verdad, sino que pasaría a ser una materia de iniciativa de las partes[472].

Existe, sin embargo, una disposición en la LEC que atribuye a los jueces cierta iniciativa en cuanto a la proposición de prueba en el proceso civil. Está contenida en el artículo 429(1) de la LEC. La norma establece que, una vez determinados los hechos controvertidos y propuestas por las partes las pruebas en relación con los mismos, se permite al tribunal poner en conocimiento de las

---

471 SJM1 Zaragoza, 13 de diciembre de 2018, ES:JMZ:2018:4752.

472 Considerando XI de la LEC.

partes los hechos respecto de los cuales considere que las pruebas propuestas pueden ser insuficientes y, además, indicar qué pruebas adicionales considera oportunas, concediendo a las partes la oportunidad de completar o modificar en consecuencia su proposición de prueba. Dado el papel fundamentalmente pasivo de los jueces españoles en virtud de la LEC, esta disposición no se interpreta, en general, de forma amplia y, en la práctica, apenas se invoca. El consenso mayoritario es que la facultad del tribunal en virtud del artículo 429.1 de la LEC no se puede utilizar para subsanar defectos en la proposición de prueba de las partes[473].

No puede, por ejemplo, permitir a las partes eludir las normas de preclusión aplicables a la presentación de pruebas. Por lo tanto, si lo que falta es un documento preexistente que podría haberse presentado con la demanda o la contestación, esta disposición no puede remediar ese problema. Del mismo modo, en general se considera que no pueden presentarse nuevos informes periciales, o modificaciones de informes existentes, a menos que esté justificado por una de las excepciones específicas contempladas en la ley, como la introducción de nuevos hechos o de nuevas alegaciones[474]. Además, debe ser a instancia de parte (salvo excepciones específicamente contempladas en la Ley)[475].

---

473 Véase Abel Lluch, X., en *La prueba pericial,* n. 370, 117-124; y, en general, Montero Aroca, J., *La prueba en el proceso civil,* n. 309, 528-540. Para un enfoque más liberal de la facultad, que contempla la posibilidad de que el juez ordene un informe pericial fuera de plazo, véase Pellicer Ortiz, B., "La sugerencia judicial de prueba del artículo 429 LEC", en Picó i Junoy, J., Abel Lluch, X., y Pellicer Ortiz, B., (Dirs.), *La prueba civil a debate judicial* (La Ley, 2018), 52-61; de la Rúa Navarro, J., "La facultad del art. 429.1, II y III LEC y la preclusión probatoria. ¿Puede el juez proponer medios de prueba cuyo momento procesal ha precluido (ej. dictámenes y documentos)?", en Abel Lluch, X., y Picó i Junoy, J., *Problemas actuales de la prueba civil* (Bosch, 2005).

474 Véase, por ejemplo, Abel Lluch, X., en *La prueba pericial,* n. 370, 121.

475 De ahí que el tribunal de Zaragoza actuara en su sentencia de diciembre de 2018 conforme a estas limitaciones del artículo 429(1) cuando sugirió a la parte actora que hiciera uso de la posibilidad de solicitar la

Esta es la postura mayoritaria en la materia y fue ampliamente expuesta por la Audiencia Provincial de Valencia en la serie de casos de salas de datos a los que nos hemos referido anteriormente en nuestra sección sobre acceso a fuentes de prueba:

> "[R]especto a la facultad que contempla el artículo 429.1 en sus párrafos tercero y cuarto (apreciación judicial de insuficiencia probatoria y sugerencia de complemento o modificación de las pruebas propuestas) nos limitaremos a indicar que dicha norma debe ser objeto de interpretación restrictiva, tal y como apunta la Sentencia de la Sección 11 de la Audiencia de Barcelona de 18 de abril de 2017 (ES:APB:2017:3584) cuando razona que la disposición se ha de poner en consonancia con el principio de justicia rogada o principio dispositivo del artículo 216 de la LEC y enmarcarse en sus justos límites, dentro de la interpretación sistemática de la normativa. La Audiencia de La Rioja en Sentencia de 31 de enero de 2005 afirma que no puede servir para la subsanación de la inexistencia de pruebas o de las propuestas inadecuadamente por las partes. La Audiencia de Córdoba en resolución de 15 de diciembre de 2003, amén de acentuar el carácter discrecional del precepto afirma "que no será ni razonable ni asequible (más bien resultaría imposible) que fuese el Estado, a través de los tribunales, quienes hubieran de ocuparse —con la correlativa responsabilidad— de comprobar la certeza de los hechos y sus afirmaciones, con una adecuación probatoria al efecto. Y en sentencia de 26 de febrero de 2018 (ES:APCO:2018:102), citando a otras Audiencias Provinciales, que "desde una perspectiva general, debe ser dicho precepto aplicado con singular cuidado, pues una aplicación inmediata del mismo puede conducir a la quiebra del más elemental principio de la imparcialidad judicial, ya que indicar sin más y como pretende la parte apelante qué hechos pudieran resultar no acreditados y las pruebas necesarias para que ello no suceda, si bien pueden favorecer a una de las partes, sin duda cabe que perjudique a la otra, quien cabe que, en su estrategia procesal, juegue, precisamente, con el hecho de que no quede acreditado por quien le corresponda la base de la pretensión".
>
> La Audiencia de Madrid en Sentencia de 7 de marzo de 2006 adelanta que el artículo 429 de la LEC "no impone al Juzgador que, al momento de la audiencia previa, aunque sea en su fase

---

designación por el juzgado de un perito, pero no ordenó él mismo esa prueba, por ser a instancia de parte; n. 462.

final, indique a las partes las pruebas que hayan de proponer, ni tampoco cuando el hecho viene incierto y controvertido hacerle indicación de cuál debe ser su actividad probatoria, sustituyendo con ello el principio de aportación de parte, pues rectamente entendido lo que significa es que podrá poner de manifiesto el hecho o hechos de los controvertidos que pudieren verse afectados por la insuficiencia probatoria, pero no cuando las partes sabiendo y conociendo cuales son los hechos controvertidos hayan desplegado actividad probatoria en orden a los mismos, con la amplitud que han considerado necesaria, de modo tal que en ese supuesto si el Juez interviene señalando la práctica de otras pruebas que considere conveniente, decimos, además de la propuesta por las partes con la amplitud que han considerado conveniente y en legítima defensa de sus intereses, estaría quebrantando el referido principio y perdiendo la objetividad garantía de imparcialidad".[476]

En ese sentido, estas sentencias eran bastante críticas en su valoración de los intentos del juzgado de lo mercantil de gestionar la prueba pericial en la audiencia previa. En concreto, el Juzgado de lo Mercantil n.º 3 aprovechó el momento de la proposición de prueba de las partes para indicar las debilidades percibidas en las pruebas periciales que tenía ante sí, sugerir que se exhibieran los datos subyacentes empleados por los peritos de las partes y permitir que se presentaran nuevas modificaciones de los informes después de que la exhibición se realizara. Al margen de la cuestión de si esos trámites procesales se ajustaban a las normas de procesales (sobre la que, como hemos visto, la Audiencia Provincial de Valencia emitió una opinión negativa), el tribunal superior también consideró que el juez claramente se había extralimitado en sus competencias y había infringido el importante principio rogatorio en su uso del artículo 429(1) de la LEC. Personalmente puedo empatizar con la preocupación del juez de lo mercantil por tratar de lograr una mayor interacción con los peritos, profundizar en el análisis probatorio y, con ello, mejorar la calidad del proceso. De hecho, esa actitud del juez ha recibido un notable voto de confianza en el apartado 58 de la sentencia *Tráficos Manuel Ferrer*,

---

476 SAP Valencia, 20 de abril de 2021, ES:APV:2021:1209, FJ 3.2.1.

a la que nos hemos referido anteriormente. El TJUE aboga en ella por un proceso más iterativo de la prueba pericial, la interacción entre peritos y el acceso a los datos subyacentes: precisamente los objetivos que perseguía el juez de Valencia. Al mismo tiempo, no estoy seguro de que, en aquella ocasión, el juez encontrara la solución correcta dentro de los límites de la Ley[477]. Creo que no lo hizo. Y tampoco creo que abordara de forma adecuada el problema de la proporcionalidad, especialmente en el caso *Toyota* de 2022 al que nos referimos también antes[478]. Intentaré ofrecer algunas posibles indicaciones de solución en las propuestas finales en la Cuarta Parte de este estudio.

### *17.3. Proceso*

Mi tesis es que la clave para mejorar la calidad de la justicia en los litigios de competencia, también en materia de la prueba pericial, está en el proceso. Aunque mi valoración de las soluciones adecuadas al problema difiere notablemente, comparto esta opinión con, entre otros, el profesor Vázquez, para quien el problema de los jueces no es tanto cognitivo como de estar debidamente informados[479]. En consecuencia, la respuesta al problema reside principalmente en unos instrumentos procesales y un proceso que permitan a los jueces alcanzar una *adecuada comprensión de la prueba pericial*.

En esta última sección, nos ocuparemos del proceso en relación con la prueba pericial. En primer lugar, examinaremos las limitaciones actuales del proceso civil español en lo que se refiere a la prueba pericial. En segundo lugar, estudiaremos hasta qué punto el proceso civil español permite una mayor flexibilidad, transparencia e interacción en lo que respecta al tratamiento de

---

477 SJM3 Valencia, 15 de septiembre de 2020, ES:JMV:2020:5922.

478 SJM3 Valencia, 21 octubre 2022, ES:JMV:2022:9610.

479 Vázquez, C., "¿Cómo mejorar la regulación sobre la(s) prueba(s) pericial(es)?", n. 431, 278.

la prueba pericial. Terminaremos con unas breves reflexiones sobre la participación de los peritos en la preparación del juicio y sobre el acto del juicio en sí.

### a) Condiciones para la presentación de pruebas periciales

Como ya se ha señalado, la presentación de dictámenes periciales en los procedimientos civiles españoles está sujeta a unos plazos estrictos. La regla básica es que los informes deberían ser aportados por las partes junto con el escrito de demanda o contestación. Existen, no obstante, una serie de excepciones relevantes, que pueden permitir la aportación posterior o la introducción de modificaciones o ampliaciones, hasta en once momentos distintos del proceso[480]. La regulación de estas excepciones es, cuando menos, desordenada, lo que tristemente llevó al profesor Picó i Junoy a describir el sistema como un auténtico laberinto pericial ("*labyrinthum peritiae*")[481]. Por lo que respecta a nuestro objeto de estudio, los momentos relevantes para la posible presentación de informes periciales en primera instancia se pueden resumir del siguiente modo:

(i) Presentación junto con el escrito de demanda o el escrito de contestación[482].

(ii) Presentación en un momento posterior, pero anterior a la audiencia previa (o a la vista en un juicio verbal)[483]. Eso será posible si la parte puede justificar en su escrito inicial de alegaciones la imposibilidad de presentar el informe

---

480 Véase Picó i Junoy, J., "La dinámica de la prueba pericial", en Abel Lluch, X., (Coord.), *Tratado pericial judicial* (Bosch, 2014), 79, 89 y ss.

481 Picó i Junoy, J., *La prueba pericial en el proceso civil*, n. 392, 17. Como observa el autor en su introducción a la publicación, la nueva regulación procesal de la prueba pericial recibió una buena dosis de críticas por parte de la comunidad académica en el momento de su aprobación; pp. 21-23.

482 Artículos 265(1), 336(1) de la LEC.

483 Artículos 336(3), 336(4), 337 de la LEC.

en ese momento y anuncia su intención de presentar un informe. El informe debería presentarse en el momento en que esté listo y, en todo caso, al menos cinco días antes de que se celebre la audiencia. Esta situación se da con frecuencia (aplicándose la excepción más a menudo que la regla) en el caso de informes periciales de demandados en casos de competencia, así como en otros litigios complejos. Ello se debe a que es probable que el plazo para presentar la contestación (veinte días) sea objetivamente insuficiente para elaborar un informe pericial. También cabría esperar que se plantee la excepción en el caso de un demandante que haya solicitado la exhibición previa a la acción de la información necesaria para la confección del informe pericial, dado el breve plazo para presentar la demanda una vez que se ha producido la exhibición de pruebas (también veinte días)[484]. Hay que tener en cuenta que los informes periciales se presentan típicamente en el último momento posible (es decir, apenas cinco días antes de la audiencia en cuestión), no "tan pronto como el informe esté disponible". Dado que el tiempo que puede transcurrir entre la presentación del escrito de contestación y la audiencia puede variar desde tan solo un mes hasta uno o dos años de un procedimiento a otro, la práctica habitual de presentar el informe cinco días antes de la audiencia, de forma que el plazo de preparación del informe puede variar de un mes a un año o más, resulta cuando menos preocupante. En ocasiones, puede reflejar la voluntad de las partes de aprovecharse indebidamente, o incluso abusar, de las normas procesales (en otros casos, puede suponer un enorme desafío presentarlo dentro del tiempo disponible).

(iii) La presentación de un informe en la audiencia previa cuando esté justificado por nuevos hechos que hayan sur-

484 Artículo 283 *bis* (e) 2. Véase el capítulo 16, secciones 1 y 3(b) más arriba.

gido desde la presentación de los escritos rectores, o por hechos de los que la parte en cuestión solo haya tenido conocimiento con posterioridad, o por nuevas alegaciones (alegaciones complementarias) introducidas en esa fase del procedimiento (por ejemplo, si está justificado porque el demandado ha introducido en su contestación nuevas cuestiones que no estaban contempladas en la demanda)[485].

(iv) Presentar un dictamen después de la audiencia previa, pero antes del juicio, cuando lo justifiquen nuevos argumentos planteados por la defensa o nuevas alegaciones presentadas en la audiencia previa[486]. Existe un solapamiento incierto entre esta situación y la contemplada en (iii) y, por tanto, una aparente incoherencia en cuanto a los plazos. En este caso, (iv), el informe debería presentarse en cuanto esté listo y, en todo caso, al menos cinco días antes de que se celebre el juicio. En la práctica, al igual que ocurre en (i), las partes tratan de agotar todo el plazo, creando un tiempo de reacción muy breve para que la parte contraria y sus peritos se preparen para el juicio en lo que respecta al contenido de ese informe adicional. Es posible, además, que las partes soliciten un informe pericial judicial en estas mismas circunstancias[487].

(v) La presentación de un informe después del juicio y antes de la sentencia, cuando lo justifiquen hechos nuevos o de nueva noticia, como "diligencias finales"[488].

En la práctica, la aplicación de las excepciones está limitada. Deben justificarse sobre la base de los estrictos motivos previstos en la ley y deben ser admitidas por el tribunal. En consecuencia, las modificaciones de los informes periciales rara vez se permiten.

---

485 Artículo 426(5) de la LEC.
486 Artículos 338 y 426(3) de la LEC.
487 Artículo 427(4) de la LEC.
488 Artículo 435(1) de la LEC.

El Tribunal Supremo ha aclarado que las excepciones no deben utilizarse para permitir ampliaciones o modificaciones de los informes cuyo objetivo sea, en realidad, responder a la demanda por escrito de la otra parte (o a las pruebas en las que se basa, incluidos los informes periciales) o corregir errores en el informe original, a menos que se hayan alterado de forma sustancial los términos de la causa tal y como se exponen en la demanda original[489]. Es decir, a menos que los términos de la acción judicial hayan variado debido a nuevas cuestiones planteadas en la contestación, o a nuevos hechos relevantes, no se permitirá un nuevo informe. En el caso citado, un litigio de construcción, el demandante había intentado presentar un nuevo informe pericial en la audiencia previa para rebatir las alegaciones formuladas en la contestación (y el informe pericial presentado con la contestación) que atribuían la causa de los supuestos defectos del edificio a problemas de diseño arquitectónico, en lugar de a una ejecución defectuosa imputable a la empresa constructora. El informe de refutación se

---

489 "La interpretación finalista y sistemática de estos artículos lleva a concluir que excluyen los siguientes supuestos: (i) la subsanación de omisiones, olvidos, inexactitudes o cualesquiera irregularidades en la aportación del informe pericial o en el contenido del informe pericial aportado con la demanda para acreditar los hechos constitutivos de la causa petendi [causa de pedir], pues, de otra forma carecería de sentido que la LEC haya establecido una regla general preclusiva en los artículos 336.1 LEC y 265.1.4.º LEC, y no se respetarían los principios de contradicción, de interdicción de la indefensión y de igualdad de armas en el proceso que exigen que las partes tengan conocimiento desde el inicio del procedimiento de todos los elementos sustanciales en que la parte contraria funda su pretensión, y (ii) la formulación de una réplica encubierta a los hechos alegados en la contestación, pues el artículo 427.2 LEC sitúa en la audiencia previa el momento en el que las partes tienen la oportunidad de manifestarse respecto a los informes aportados y de pedir su ampliación y los artículos 426.1 y 428.1 LEC sitúan, asimismo, en la audiencia previa los momentos en que los litigantes pueden efectuar alegaciones complementarias en relación con lo expuesto de contrario y fijar los hechos controvertidos" (STS 176/2011, 14 marzo 2011, ES:TS:2011:1798, FJ 5.ª).

consideró extemporáneo y no fue admitido como prueba en el procedimiento.

No es de extrañar, por tanto, que la Audiencia Provincial de Valencia declarara la inadmisibilidad de un informe de refutación aportado por los demandantes con posterioridad a la audiencia previa y sin previa autorización judicial (anulando la decisión adoptada por el juzgado de lo mercantil en el acto del juicio de admitir la prueba)[490].

Como resultado de este enfoque tradicional estricto de los tribunales, una cuestión interesante que se les plantea a los demandantes es si deberían anticipar una posible defensa de *pass-on* en su escrito de demanda y en su informe pericial. La respuesta a esa pregunta puede depender de si, dependiendo quizá de las circunstancias concretas de cada caso, la excepción de *pass-on* se considera una parte necesaria de la cuantificación del daño o una defensa.

Merece la pena añadir una breve nota sobre la corrección de informes periciales (*fe de erratas*), que es un tipo de modificación particular. La mencionada postura del Tribunal Supremo puede sugerir que no se permitirían correcciones una vez transcurrido el plazo para su presentación previsto en la ley. Sin embargo, en la práctica, mi experiencia es que las correcciones de errores numéricos o similares pueden permitirse siempre que no sean materialmente relevantes. Pero, la situación es muy confusa. Las correcciones pueden permitirse en la audiencia previa, por analogía quizá con la disposición sobre correcciones menores de alegaciones prevista en el artículo 426(2) de la LEC. De forma alternativa, se sabe que se han hecho por escrito al menos cinco días antes del juicio (por analogía con las disposiciones para ampliaciones de informes aprobadas) o incluso se han propuesto verbalmente en el propio juicio. Podría argüirse que una base legal para estas correcciones tardías se encuentra en el artículo 347 de la LEC,

490 SAP Valencia, 20 de julio de 2021, n. 310, FJ 6.

que regula la actividad del perito en el juicio y contempla la posibilidad de que el perito realice ante el tribunal demostraciones de cálculos complementarios no presentados en el informe y responda a preguntas sobre posibles ampliaciones del análisis contenido en el informe[491]. Sin embargo, me parece que estas normas no están diseñadas para este tipo de situaciones. Las cuestiones relacionadas con correcciones detalladas sobre cálculos o datos subyacentes no pueden abordarse adecuadamente de forma verbal en el juicio ni comprobarse de forma razonable en esa fase. Tendrían que ser objeto de un intercambio previo por escrito con bastante antelación al juicio. Para que esto funcione correctamente y respete el derecho de defensa, se presupone además que existe una transparencia real en los datos subyacentes utilizados por cada uno de los peritos, algo que actualmente no está garantizado por la forma en que se suele presentar la prueba pericial en los procesos civiles españoles.

Como se recordará, otra de las condiciones esenciales para la presentación de la prueba pericial, como de toda prueba en general, es que debe ser presentada ante el juez del procedimiento (el denominado principio de "inmediación") en una única vista pública, oral y contradictoria (el juicio en el proceso ordinario). En consecuencia, el juez que ha de dictar sentencia y las partes contrarias (representadas por sus abogados) deben estar presentes en la declaración del perito, normalmente en el juicio[492]. Excepcionalmente, la prueba puede practicarse en una vista separada, previa al juicio, siempre que se cumplan las mismas condiciones de inmediación, oralidad, publicidad y contradicción[493]. Además, el letrado de la administración de justicia es el encargado de levantar acta de la vista[494]. Esa fue otra de las razones esgrimidas por la Audiencia Provincial de Valencia para oponerse a la utilización

---

491 Véase Martorell, P., "Análisis procesal del informe sobre cuantificación del daño", n. 368, 273-274.

492 Artículos 137(1) y 289 de la LEC.

493 Artículo 290 de la LEC.

494 Artículos 145-147 de la LEC.

de las salas de datos, ya que dicho ejercicio se realizaba en el caso concreto fuera del juzgado, sin la presencia del juez (ni del letrado de la administración de justicia) y, por tanto, sin las garantías procesales habituales para la práctica de la prueba. El tribunal prefirió, una vez más, como base jurídica adecuada el artículo 347 de la LEC, que regula la declaración del perito en el juicio. El tribunal consideró que la necesaria demostración adicional de los cálculos y los datos empleados por el perito para llegar a sus conclusiones, recogidas en el informe, podía tener lugar en el juicio. Sin embargo, al igual que en el caso de las correcciones, a mi juicio, no es realista pensar que tales cuestiones de detalle técnico puedan ventilarse y probarse adecuadamente en el juicio o puedan reemplazar a la concesión a los peritos de las partes de acceso previo a la información relevante en condiciones adecuadas para permitir el análisis. Es cierto, además, que las normas procesales españolas no excluyen por completo otras alternativas de acceso a las fuentes de prueba fuera de la sala de vistas; de hecho, en circunstancias limitadas, la opción está expresamente contemplada. A estas alternativas nos referiremos ahora, al abordar las posibilidades que ofrece el proceso civil español de disponer de un mayor grado de flexibilidad en el tratamiento de la prueba pericial.

### b) Posibilidades de "flexibilizar" el proceso existente

El actual proceso civil español permite, en mi opinión, cierta adaptación a las exigencias de los litigios de aplicación privada del Derecho de la competencia. Es decir, permite ya una interpretación y aplicación más acorde con la letra y el espíritu del Derecho de la Unión, así como con las buenas prácticas en materia de presentación y valoración de la prueba pericial. Desarrollaré estas ideas aquí a continuación.

*La centralidad del principio contradictorio y la igualdad de armas*

Es importante señalar el lugar central que ocupa el principio contradictorio en el proceso civil. Con ello nos referimos a la necesidad de garantizar la capacidad de cada parte, en condiciones de igualdad, para contradecir los argumentos y pruebas de la otra parte. El principio de contradicción hunde sus raíces en los derechos fundamentales a un proceso con todas las garantías, a la defensa y a la tutela judicial efectiva consagrados en la Constitución Española, en el CEDH y en los Tratados de la UE.

Aplicando estos derechos procesales fundamentales, el Tribunal Constitucional español ha considerado necesario, por ejemplo, que se faciliten los datos subyacentes cuando sea necesario verificar el contenido de un informe presentado como prueba:

> "Finalmente, atendida la naturaleza del medio probatorio utilizado por el INSS, hemos de declarar, asimismo, que se ha lesionado el derecho de la actora a un proceso con todas las garantías del art. 24.2 de la Constitución, en relación con la violación del derecho a la tutela judicial. En efecto, los documentos aportados por el INSS, en los que se certifica que no es posible acceder al informe de cotización por «encontrarse los datos inaccesibles», participan de la naturaleza jurídica de la doctrinalmente conocida como «prueba de informes» en la que se incorporan al proceso datos de hecho y declaraciones de ciencia extraídos de antecedentes documentales preconstituidos y obrantes en archivos, libros o registros de Entidades públicas o privadas. Pues bien, *ante dicha situación, en la que las fuentes de prueba se encuentran en poder de una de las partes, la obligación constitucional de colaboración con los Jueces y Tribunales en el curso del proceso (art. 118 de la Constitución) determina como lógica consecuencia que, en materia probatoria, la parte emisora del informe esté especialmente obligada a aportar al proceso con fidelidad, exactitud y exhaustividad la totalidad de los datos requeridos, a fin de que el órgano judicial pueda descubrir la verdad,* pues en otro caso se vulneraría el principio de igualdad de armas en la administración o ejecución de la prueba."[495] (la cursiva es mía)

Aplicados en el contexto específico de la denominada "prueba de informes" (que se refiere a la situación en la que se solicita un informe, normalmente a una entidad pública o privada, en relación con los registros que obran en su poder y que son relevantes para una causa), estos principios resultan, a mi juicio, extrapolables a la prueba pericial del daño en los asuntos de competencia.

---

495 STC 227/1991.

De hecho, el principio de contradicción encuentra una expresión específica en las normas de enjuiciamiento civil españolas que regulan la prueba pericial, así como en la jurisprudencia al respecto. Los siguientes son ejemplos relevantes:

- Si bien generalmente no se considera un requisito formal para la presentación de un informe pericial, el artículo 336(2) de la LEC sí que establece un principio de transparencia en cuanto a la documentación y el material que han utilizado los peritos en la elaboración de sus informes. Evidentemente, eso se hace extensivo a los datos. El objetivo del principio es tanto facilitar la correcta presentación y exposición del informe por parte de los peritos pertinentes, como también ayudar al tribunal en su valoración del informe. El principio encuentra también expresión en el artículo 347 de la LEC. El artículo 347(1)1º de la LEC se hace eco del artículo 336(2) de la LEC, permitiendo al perito la posibilidad de realizar en el juicio nuevos cálculos u "operaciones" utilizando los mismos datos o material que sirven de base al informe. De nuevo, con ello se pretende facilitar al perito la exposición completa del informe. Por su parte, los artículos 317(1)3º y 347(2) de la LEC permiten a los abogados de las partes y al tribunal, respectivamente, formular preguntas en el juicio encaminadas a aclarar, entre otras cosas, las premisas y fundamentos de las conclusiones del perito. Por último, como ya se ha señalado, el alcance y la calidad de los datos utilizados para llegar a las conclusiones periciales constituyen elementos relevantes en la valoración por parte del tribunal del peso que debe conceder a un informe en virtud de la regla de la sana crítica prevista en el artículo 348 de la LEC. *Leídas conjuntamente, estas disposiciones confirman la importancia concedida, por tanto, a los datos subyacentes utilizados en el análisis pericial, así como a la necesidad de una coherencia demostrable de los resultados alcanzados por el perito con dichos datos.*

- Existe una disposición específica en el artículo 336(5) de la LEC para que los peritos puedan acceder a los lugares y objetos que sean relevantes para la elaboración de un informe pericial. Esta disposición se introdujo en el 2015 como medio para remediar una situación en la que el acceso a un elemento de prueba importante en poder de la parte contraria o de un tercero era, sin justificación y vulnerando el principio de buena fe procesal, denegado a la otra parte. Normalmente, esto podía ocurrir en un caso de daños personales [situación que se contempla específicamente en el artículo 336(5) de la LEC] o en litigios relativos a lugares u objetos físicos (como en el caso de un litigio sobre bienes inmuebles o de construcción). En principio, el derecho se reconoce a los demandados y no a los demandantes. Sin embargo, en la práctica y en línea con el principio de buena fe, también puede ser utilizado por los demandantes, en particular cuando otras alternativas previas a la acción no resultan adecuadas[496]. El acceso de los peritos a los lugares y objetos relevantes para la elaboración de un informe también está reconocido en el artículo 345 de la LEC, que regula los derechos de las partes a intervenir en dichas "operaciones" periciales. Pensado, supuestamente, para el caso de un perito judicial, cuyo acceso al objeto relevante de la pericia puede resultar esencial para poder realizar la tarea que le ha encomendado el tribunal, también puede aplicarse a los casos en que se designen peritos de parte (de nuevo, principalmente por razones de buena fe procesal)[497]. *Si bien estas disposiciones no se suelen utilizar para*

---

496 Véase, por ejemplo, SAP Girona, 15 de junio de 2022, ES:APGI:2022:732, FJ 4.

497 Véase SAP Barcelona, 24 de mayo de 2004 (un caso de negligencia médica), ES:APB:2004:6673, FJ 5: "La imprescindible buena fe procesal a observar por todos los intervinientes en un proceso (art. 247.1 LEC) imponía que, en justa reciprocidad, la perjudicada demandante atendiese el requerimiento que recibió a finales de marzo de 2003 para

*obtener acceso a datos económicos en poder de la parte contraria o de un tercero, reflejan, una vez más, el principio subyacente de igualdad de armas que impregna las normas procesales.*

En consecuencia, como es de esperar, el principio contradictorio es fundamental en el proceso civil español y se aplica plenamente en el contexto de la igualdad de acceso a las pruebas.

El principio tiene un desarrollo específico y notable en el ámbito del Derecho de la competencia de la UE, por supuesto. Las normas por excelencia sobre igualdad de acceso a las pruebas se encuentran contenidas en las nuevas disposiciones sobre exhibición de pruebas de la Directiva de Daños introducidas en el Derecho procesal civil a través del artículo 283 *bis* a) y siguientes de la LEC. El objetivo de dichas disposiciones es corregir la asimetría que suele existir entre las partes en asuntos en materia de Derecho de la competencia. Y claramente se extienden a los datos económicos en poder de la parte contraria, o de un tercero, cuando dicha información sea relevante y necesaria para la valoración pericial (por ejemplo, en cuanto a la existencia de una infracción, sus efectos o la cuantificación del daño que ha causado). El artículo 283 *bis* a) de la LEC incluye en su lista de posibles objetos de una solicitud de acceso a fuentes de prueba los precios aplicados en los distintos niveles de la cadena de suministro que podrían verse afectados por una infracción. También cabe destacar que, en relación con la ejecución de una orden de exhibición de pruebas que implique la inspección de documentos (incluidos, implícitamente, datos), el artículo 283 *bis* g) 2 de la LEC contempla la posibilidad de que una parte vaya a la inspección acompañada por un perito. El uso de peritos para analizar datos exhibidos en procedimientos en materia de defensa de la competencia puede verse en los ejercicios de sala de datos a los que nos hemos referido anteriormente, y es ilustrativo de la relevancia de la pericia en los ejercicios de acceso a fuentes de prueba (tanto a la hora de

---

presentarse en la consulta de la doctora Lidia a fin de propiciar el correspondiente dictamen de la parte demandada (telegrama folio 313)".

determinar su alcance adecuado como de evaluar la información exhibida). Como ya he señalado, las normas de acceso a fuentes de prueba de la UE tienen importantes implicaciones para el proceso civil español, dando paso a un proceso más iterativo que el actualmente regulado en la ley procesal civil española.

Merece la pena destacar otros dos aspectos específicos de la prueba pericial en los pleitos de competencia que contribuyen a nuestra valoración de las implicaciones procesales de la materia objeto de nuestro estudio y parten de nuestra discusión en torno al acceso a fuentes de prueba. Ambos aspectos están relacionados entre sí y constituyen una evolución del principio básico de la contradicción que hemos identificado. También son, eminentemente, cuestiones de sentido común. El primer factor procede de la ya famosa formulación del Tribunal Supremo sobre lo que se exige a un informe pericial para ser considerado una cuantificación válida del daño: a saber, que "formule una hipótesis razonable" que este, al mismo tiempo, "técnicamente fundada en datos contrastables y no erróneos". Esta última parte de la formulación confirma la importancia de los datos empleados en la cuantificación del daño a la hora de determinar el peso que un tribunal debería conceder a un determinado informe pericial, y además la necesidad, no solo de que los datos utilizados no contengan errores materiales, sino también de que sean contrastables, es decir, que puedan comprobarse. Dada la naturaleza técnica de este ejercicio, y el enorme volumen de datos que suelen emplearse, esta cuestión requiere de nuevo la intervención de un perito (el perito de la contraparte, en este caso).

Las buenas prácticas (tipo *soft law*) de la Comisión (y de su homólogo nacional, la CNMC) sobre cómo deberían presentarse dichas pruebas periciales ofrecen algunas recomendaciones prácticas útiles sobre la forma de conseguir esa contrastabilidad de los datos. De hecho, abordan directamente el modo en que deberían presentarse (a la autoridad administrativa, en este caso) los modelos y bases de datos complejos para permitir la verificación de su exactitud y coherencia. Ya nos hemos referido a ellos anteriormente: acceso electrónico a bases de datos y a los modelos, incluyendo un registro rastreable de la recopilación, manipulación y depuración de los datos desde el origen hasta el conjunto o conjuntos de datos finales utilizados. A su vez, el cumplimiento de estos criterios esenciales resulta pertinente para determinar el peso probatorio que la autoridad de competencia concederá a dicha prueba pericial. También se recordará que un elemento de la consideración por parte del tribunal de la prueba pericial de conformidad con la regla de la sana crítica es la medida en que la prueba cumple las normas o buenas prácticas científicas aplicables. Esas buenas prácticas están claramente consolidadas como parte del proceso administrativo de las autoridades de competencia en la UE y contribuyen objetivamente a alcanzar el principio declarado por el Tribunal Supremo de que los datos deberían ser "contrastables". Sujeto a otras consideraciones de naturaleza logística o de coste y proporcionalidad, parece evidente, por tanto, que el procedimiento civil también debería tender de inmediato al fomento, al menos, de estas prácticas y, entonces sí, avanzar hacia su incorporación estándar en los asuntos en materia de la aplicación privada del Derecho de la competencia.

Como conclusión preliminar, podemos afirmar entonces que *el proceso civil español ampara el principio de contradicción y la necesidad de igualdad de acceso a los datos subyacentes utilizados en los informes técnicos*, tanto en general como, de forma aún más acentuada, en el ámbito del Derecho de la competencia. Los propios peritos tienen un papel muy determinado que desempeñar para hacer efectivo este principio, dada la naturaleza invariablemente técnica y compleja de los datos.

*Puntos de flexibilidad en la LEC*

Hemos indicado antes que las normas procesales civiles españolas ofrecen cierto margen de flexibilidad en este sentido. ¿A qué cuestiones concretas nos referimos? En esencia, que las normas procesales pueden y deben ser interpretadas, siempre que sea posible y sin comprometer los principios esenciales que inspiran su arquitectura, de una forma que permita la presentación y valoración eficaces de la prueba pericial. Dada su naturaleza técnica y la dificultad de los tribunales para interpretar pruebas periciales complejas de carácter económico (y, en particular, valorar conclusiones a menudo diametralmente opuestas), es especialmente importante que se conceda a las partes, y a sus peritos, la oportunidad (dentro de unos límites legales, prácticos y proporcionados) de contrastar los modelos, cálculos y datos subyacentes de partes contrarias y, así, ofrecer al juez razones y argumentos que le ayuden a discriminar entre informes contrapuestos y, por tanto, le permitan discernir lo bueno de lo malo, o lo mejor de lo peor.

Hay una serie de disposiciones en la LEC civil relativas a la prueba pericial en las que ese enfoque puede ser posible y, de hecho, útil. Por ejemplo:

- Presentación de datos y material subyacentes [artículo 336(2) de la LEC]

  Ya hemos abordado esta cuestión en detalle más arriba, en el contexto de los hechos y las pruebas en los que se basa un perito. Las consideraciones precedentes en relación con el principio contradictorio respaldan aún más una interpretación intencionada del artículo 336(2) de la LEC y la imposición de mayores exigencias en cuanto a la transparencia del material empleado por los peritos.

- Presentación fuera de plazo de informes periciales [artículos 336(3), 336(4) y 337(1) de la LEC)]

  Me parece evidente que las normas aplicables a la presentación fuera de plazo de los informes periciales deberían aplicarse de forma más coherente con la naturaleza o el tipo de prueba que se utiliza en los pleitos en materia de defensa de la competencia, a fin de garantizar el cumplimiento efectivo del principio de contradicción y el acceso a la justicia, así como el cumplimiento sustantivo del principio de buena fe procesal contenido en el artículo 247 de la LEC. En ese sentido, deberíamos recordar que, desde los primeros tiempos de la LEC, cuando los informes periciales tenían que presentarse en todo caso “antes” de la audiencia correspondiente, esa disposición debía interpretarse de forma que permitiera a la parte contraria disponer del tiempo suficiente para comprender el informe y defenderse[498]. Es decir, no bastaba con ofrecer un mero cumplimiento formal del plazo. La norma original se modificó para exigir que un informe pericial retrasado se presentara “tan pronto esté disponible” y, como mínimo, cinco días antes de la audiencia correspondiente[499]. En la práctica, la regla por defecto de los cinco días se ha convertido en la norma y el requisito de presentar el informe tan pronto esté disponible rara vez, o nunca, se menciona. Es decir, en la práctica las partes retienen este elemento de prueba clave todo el tiempo que pueden, a veces precisamente para limitar la capacidad de reacción de su contraparte. Pero eso no favorece una justicia eficaz y equitativa en la que, como suele ser el caso, el informe es largo y complejo y se basa en un gran volumen de material y datos subyacentes. Así, pienso que la práctica debería alejarse de la norma por defecto de los cinco días y orientarse hacia un plazo razonable a la luz de las circunstancias del caso y de la norma principal de la disponibilidad. En este sentido, el Real Decreto-ley 6/2023 justamente ha introducido una facultad discrecional para prorrogar el plazo de aportación del informe pericial el caso del juicio verbal “cuando la naturaleza de la prueba pericial así lo exija y exista una causa

---

498 Véase, por ejemplo, SAP Lleida, 8 de mayo de 2005, ES:APL:2005:974, FJ 1, aunque el ejemplo es muy extremo (un informe técnico de ingeniería presentado menos de una hora antes de la vista principal).

499 Con el Real Decreto-ley 6/2023, se ha introducido un plazo particular para los juicios verbales; concretamente, de 30 días desde la demanda o contestación [artículo 337(1) de la LEC, modificado por el artículo 103.59 del real decreto-ley].

justificada", por lo que esta idea ya está en la LEC. Esta discrecionalidad puede plantear una mayor preocupación en torno a la seguridad jurídica, ciertamente, pero es un factor de evolución necesaria en este campo, sobre el que volveremos.

A este respecto, también, me parece que las justificaciones que aportan las partes para satisfacer al tribunal de que no es posible presentar el informe con el escrito de demanda o de contestación —normalmente, en forma de una breve carta general de los peritos— suelen ser inadecuadas. Me parece, además, que dichas cartas son más bien una oportunidad, si se utilizan como es debido; concretamente, para exponer, con tanta claridad como resulte razonablemente posible, los motivos del retraso, qué método se propone utilizar el perito, con qué datos y en qué plazo. De ese modo, se informaría al juez de forma más completa no solo sobre la necesidad del retraso, sino también sobre un retraso de cuánto tiempo y con qué finalidad. La identificación de los datos pertinentes también contribuye a establecer el marco para cualesquiera solicitudes de acceso a fuentes de prueba. También se sugiere que, con esta información, el letrado de la administración de justicia estará en condiciones de fijar una fecha para la presentación del informe que satisfaga el "test" de "tan pronto esté disponible" y proporcione, al mismo tiempo, certidumbre y seguridad. Todo esto podría incluirse, por ejemplo, en el auto que fije la fecha de la audiencia previa[500].

- Ampliaciones y modificaciones de informes [artículos 338, 426(5), 427(2), 427(3) y 286 de la LEC]

Hay dos situaciones clave en las que la ley permite claramente la presentación de un nuevo informe pericial tras la presentación inicial con los escritos de demanda o contes-

500 Artículo 414(1) de la LEC.

tación: (i) en el caso de que se planteen *nuevas cuestiones* en la contestación o en la audiencia previa, y (ii) en el caso de que surjan *nuevos hechos* o estos lleguen a conocimiento de una parte por primera vez. El primer caso, sujeto a mis comentarios anteriores sobre el tema[501], podría darse, por ejemplo, cuando un demandado ha planteado una defensa de *pass-on* en su escrito de contestación, lo que podría justificar un nuevo informe pericial del demandante. En cuanto a los hechos nuevos, se plantea la cuestión de si ello cubre la situación en que se dé acceso a nuevos datos tras el acceso a fuentes de prueba o si la disposición se refiere más bien a hechos de relevancia más directa para la resolución del pleito (frente a los que hemos denominado hechos secundarios), como prevé el artículo 286 de la LEC. Sea como fuere, parece claro que, como regla general, debería permitirse a las partes elaborar un informe pericial basado en los datos que les hayan sido revelados en el curso del procedimiento y que sean relevantes para su dictamen pericial, pues, de lo contrario, el ejercicio de acceso a fuentes de prueba quedaría sin efecto y la igualdad de derechos de defensa, comprometida.

¿Cómo debería estructurarse esto? En primer lugar, los archivos o soportes que contengan datos que hayan sido revelados podrán ser propuestos como prueba en la audiencia previa. En segundo lugar, puede proponerse, además, un informe pericial para interpretar el resultado de la utilización de esos datos para ajustar y ampliar los cálculos ya realizados en el informe inicial, bien porque los datos constituyan hechos de nueva noticia para la parte en cuestión[502] o, quizá preferiblemente, sobre la base de la disposición general de que las partes pueden proponer ampliaciones de los informes periciales sobre aspectos

---

501 En el apartado (a) anterior.

502 Artículos 426(5) y 286 de la LEC.

concretos (en este caso, sobre los datos recientemente revelados)[503].

Tras analizar algunas razones y posibles áreas para flexibilizar el tratamiento de la prueba pericial, hay dos cuestiones más sobre este tema que me gustaría tocar antes de finalizar nuestro estudio. La primera se refiere a la participación de los peritos en el proceso más allá de la tradicional presentación de informes y el testimonio oral (ratificación) en el juicio. La segunda tiene que ver con la organización del propio juicio en lo que se refiere a la práctica de la prueba pericial. A estas dos cuestiones nos referiremos a continuación en las dos últimas secciones de este capítulo.

### c) La participación de los peritos en el proceso antes del juicio

Ya hemos comentado el importante papel que pueden desempeñar los peritos en un pleito de daños y perjuicios por infracción de las normas de competencia. La prueba clave sobre una cuestión central, la cuantificación del daño, serán invariablemente los informes periciales. A menudo, esas pruebas pueden basarse en complejos análisis de gran cantidad de datos técnicos (como precios, costes y otras variables económicas). El proceso que hemos empezado a esbozar en este capítulo, basado en las exigencias del Derecho (primario y derivado) y la práctica de la UE, apunta hacia un proceso más iterativo y a fondo, que fomenta un mayor grado de acceso e intercambio de pruebas, incluidos los datos (sujeto siempre a los límites de la proporcionalidad). En este contexto, los peritos desempeñan un papel importante a la hora de opinar sobre qué datos son relevantes (para qué), qué exhibición de pruebas debería solicitarse y qué metodologías de cuantificación resultan posibles o aconsejables a la luz de las circunstancias del caso (incluidos, y esto es importante, los datos disponibles). Como se ha indicado anteriormente, los peritos tendrán que participar en la ejecución de las medidas de acceso a fuentes de prueba co-

503 Artículo 427(2) de la LEC.

rrespondientes, y esto se contempla expresamente en el artículo 283 *bis* g) 2 de la LEC.

Tradicionalmente, en el procedimiento civil español, el papel del perito, más allá de la preparación del informe y de la ratificación en el juicio, consistirá en asesorar a su cliente sobre cuestiones y pruebas relevantes que surjan en el contexto del procedimiento y entren dentro de su área de especialización. Por ejemplo, el perito de parte participará normalmente en el asesoramiento sobre cualquier solicitud suya de exhibición de datos económicos u otro material necesario para su análisis (o en relación con las solicitudes de la parte contraria), y en la valoración de los argumentos económicos incluidos en las alegaciones jurídicas de la otra parte y, sobre todo, del informe pericial, en preparación para el juicio. Sin embargo, se trata de un trabajo que se realiza entre bastidores entre el cliente, sus abogados y el perito. Al contrario que en el sistema británico, no existe una interacción real con los peritos de la otra parte ni con el tribunal, al menos hasta el juicio. Sin embargo, se plantea la cuestión de si sería posible y, de hecho, deseable que hubiera una mayor participación de los peritos en el proceso: bien entre ellos, con o sin la supervisión del tribunal, o directamente con el tribunal.

Esto no es algo regulado en la LEC. No obstante, sí parece que hay una serie de puntos del procedimiento civil en los que los peritos podrían asumir una participación más proactiva (y "pública") en el propio proceso y, en las circunstancias adecuadas, esto puede resultar muy deseable. Veamos algunas de esas circunstancias:

- Solicitudes de acceso a fuentes de prueba económicas

  Una solicitud de acceso a fuentes de pruebas tiene que ser proporcionada y estar justificada[504]. Cuando la soli-

504 El contexto de la solicitud de exhibición de pruebas variará dependiendo de si la parte solicitante es el demandante o el demandado, en el sentido de que el primero (excepto en un caso de una solicitud previa

citud se refiere a información que un perito busca con vistas a elaborar su dictamen pericial, es evidente que las razones de fondo de la solicitud vendrán impulsadas por el perito (aun cuando esas razones tengan que ser encuadradas jurídicamente por el asesor jurídico en una solicitud de exhibición de pruebas debidamente redactada). Por lo tanto, puede ser conveniente que la solicitud esté respaldada por el perito con el fin de exponer y acreditar esas razones: por qué la información es necesaria, con qué fin y por qué es proporcionada. Esto podría adoptar la forma de una declaración o carta de apoyo y, posiblemente, ir acompañada además de una declaración en la vista de acceso a fuentes de prueba (tema sobre el que volveremos más adelante).

- Carta conforme al artículo 337 de la LEC

  Como se ha señalado anteriormente, la carta del perito presentada por el demandado para justificar la imposibilidad de que el perito presente el informe junto con el escrito de contestación a la demanda suele ser excesivamente breve en sus explicaciones, considerándose suficiente que el perito manifieste que no ha podido elaborar el informe a tiempo, haciendo referencia, a lo sumo, a las dificultades generales de procesar grandes volúmenes de información o a la complejidad del ejercicio de cuantificación. Se afirma que esta carta podría utilizarse para instruir al tribunal y a la otra parte sobre el objeto y alcance previstos del in-

a la interposición de la demanda) probablemente ya habrá elaborado un informe (a menos que el informe dependa enteramente de la exhibición previa), mientras que el demandado probablemente no. Ciertamente, eso puede afectar a la naturaleza y el alcance de la solicitud. Dicho esto, lo normal es que cada una de las partes, incluido el demandado, elabore su primer análisis principal basándose en la información de que disponga, de la forma habitual, de modo que el acceso a fuentes de prueba suele ser relevante para las segundas rondas de informes, una vez presentadas los escritos rectores.

forme (incluyendo detalles sobre los datos que se emplearán, la metodología o metodologías que se utilizarán y los plazos estimados), y eso no solo proporcionaría una base más adecuada para determinar el cumplimiento de la condición de imposibilidad de los artículos 336(4) y 337(1) de la LEC, sino que también proporcionaría un marco para la prueba pericial y las posibles solicitudes de acceso a fuentes de prueba. De hecho, es probable que, si el demandado requiere acceso a datos adicionales, el escrito de contestación a la demanda haya incluido la correspondiente solicitud de exhibición de pruebas a modo de "otrosí" y que así se indique en la carta.

En efecto, parece deseable que se dote de mayor contenido a este trámite procesal, ya que ello permitirá al juez conocer mejor las cuestiones periciales en juego desde una fase más temprana y estar en mejores condiciones para valorar las solicitud de acceso a fuentes de prueba. De ese modo, los peritos pueden contribuir a que el tribunal tenga una mayor capacidad de gestión procesal eficaz y eficiente en el contexto del proceso más iterativo al que hemos estado aludiendo. De hecho, en el ejemplo típico que he dado, sería de la máxima importancia para el juez comprender cómo cualquier exhibición de pruebas solicitada por el perito designado por el demandado encajaría en el trabajo que ya debe realizar el perito sobre la base de los datos existentes a disposición del demandado y, por lo tanto, estaría mejor situado para analizar su necesidad y proporcionalidad.

- Vista de acceso a fuentes de prueba

La siguiente fase del proceso, tras las solicitudes, es la vista de acceso a fuentes de prueba. Lo ideal sería que se celebrara una y solo una vez (es decir, todas las solicitudes de exhibición deberían incluirse en la fase de alegaciones escritas), de ahí la importancia de aspectos de lo indicado en los puntos anteriores que permitirían al tribunal conocer las intenciones de todas las partes en cuanto a acceso a fuentes de prueba de índole económica desde una fase temprana.

Como ya se ha indicado, a menudo puede tener sentido que, si se solicita la exhibición de fuentes de prueba económicas, la justificación se apoye en pruebas del economista de la parte solicitante. Si bien esto puede adoptar la forma de una declaración o carta (similar a la carta del artículo 337 de la LEC), también sería conveniente que el perito compareciera ante el tribunal para enfrentarse a las preguntas de la parte contraria y del propio tribunal, y garantizar así la protección del derecho de defensa de ambas partes. De hecho, también sería apropiado en esas circunstancias que se permitiera al perito contrario aportar prueba o declarar en la vista acerca de la necesidad y proporcionalidad de la solicitud. Lo ideal sería tener un cruce de solicitudes que se presentaran y examinaran conjuntamente en una sola vista con las opiniones al respecto de los peritos de ambas partes. Para que eso ocurra, se requieren algunos ajustes en la práctica actual. En primer lugar, es necesario que los tribunales adopten un enfoque más coherente del proceso seguido en la vista de acceso a fuentes de prueba. Este proceso varía considerablemente de un tribunal a otro: algunos siguen un proceso completo similar a un mini-juicio o un juicio verbal (alegaciones iniciales de las partes, propuesta y admisión de pruebas, vista de las pruebas admitidas y observaciones finales)[505]; mientras que otros siguen un proceso más sencillo, solicitando alegaciones orales a los abogados de las partes: breve confirmación de la solicitud (o ninguna en absoluto), una

505 Es decir, aplican el procedimiento de juicio verbal del artículo 443 de la LEC, como ocurre en otros supuestos (por ejemplo, en la vista de certificación en el nuevo régimen que fue propuesto para acciones colectivas de representación en el anteproyecto de ley publicado en enero de 2023; n. 34, propuesto artículo 846(3) de la LEC).

respuesta oral completa de la parte requerida y, posible, pero no necesariamente, una breve réplica de la parte solicitante; y otros piden a la parte requerida que presente su respuesta por escrito[506]. Las partes tienen derecho a proponer y a que se practiquen las pruebas en la vista de acceso a fuentes de prueba[507], lo cual puede incluir la declaración de los peritos en la vista sobre el objeto específico de la solicitud presentada. En el caso de la parte solicitante, se podría tal vez alegar que esta fase debería ir precedida de un informe por escrito que debería presentarse con la solicitud o, al menos, cinco días antes de la audiencia (ya que, de lo contrario, dichas pruebas podrían considerarse fuera de plazo), y, además, la parte solicitante debería incluir una petición para que el perito testifique en la audiencia[508]. En el caso de la parte requerida, dado que la defensa es oral y se presenta en la audiencia, esos requisitos pueden tal vez no ser de aplicación, aunque la buena fe procesal puede indicar que, al menos, sería recomendable una comunicación previa al tribunal y la otra parte.

- Intervención judicial, reuniones previas y acuerdo de las partes

  Hasta este punto, todas las posibilidades procesales que hemos mencionado encajan dentro de una concepción relativamente estándar del proceso civil español, tal y como se contempla en la legislación vigente, aunque adaptada a las especificidades de un caso avanzado de daños y perjuicios por infracción de las normas de competencia. Sin embargo, analicemos también el uso de algunos de los restantes mecanismos y prácticas empleados en procesos civiles ingleses de Derecho de la competencia que han demostrado

---

506 Véase también la discusión sobre esta variedad en el capítulo 16.1 *supra.*

507 Artículo 283 *bis* (f) 3.

508 En base al artículo 337 de la LEC.

ser eficaces en el fomento de una gestión eficaz de la prueba pericial y la exhibición de pruebas asociada.

La primera posibilidad que consideraremos es que el propio tribunal solicite que los peritos de las partes estén presentes en la vista de acceso a fuentes de prueba para ayudar al tribunal a valorar como es debido los métodos propuestos y la exhibición de pruebas solicitada[509]. No es evidente que el tribunal esté facultado para ello en virtud de la normativa española. Recuérdese que el principio de iniciativa de parte a la hora de proponer pruebas es un concepto sagrado; y el poder del tribunal conforme al artículo 429(1) de la LEC, limitado. Sin embargo, se sabe que, de forma muy ocasional, los tribunales han hecho un tipo de petición similar y, si se encuadra simplemente como una solicitud de asesoramiento al tribunal para tomar su propia decisión de acceso a fuentes de pruebas, en lugar de como una imposición para presentar pruebas, como creo que ocurrió en el litigo en Valencia en el asunto de coches al que nos hemos referido[510], se podría defender que no hay nada que impida al tribunal hacerlo. Y aunque, igualmente, no hay nada que obligue a las partes o a los peritos por ellas designados a complacer al tribunal, se puede apreciar que haría falta un perito muy audaz para negar al tribunal su privilegio y, efectivamente, renunciar a la oportunidad de tratar de persuadir al juez sobre su punto de vista de los asuntos relevantes en cuestión. Al mismo tiempo, permite al tribunal adoptar un papel más proactivo en la gestión del proceso, lo cual es, en mi opinión y por las razones

509 Dicho sea de paso, esto es motivo de más, e uno bastante ilustrativo, de la oportunidad de tramitar las solicitudes de acceso a fuentes de prueba a la vez después de presentados los escritos rectores (estando ya ambos peritos de partes con un encargo para actuar).

510 SJM3 Valencia, 21 octubre 2022, ES:JMV:2022:9610 (véase el capítulo 16.3(d) más arriba).

expuestas en una sección anterior, tanto necesario como conveniente en un litigio complejo como de este tipo.

Además, se puede apreciar que podría tener bastante sentido que los peritos se reunieran antes de la vista de acceso a fuentes de prueba para analizar las opciones disponibles para sus informes periciales e intentar llegar a algún consenso sobre el camino a seguir antes de comparecer ante el juez. Estas reuniones nunca se producen en la práctica en España y no están contempladas en las normas procesales. Sin embargo, encajan bien en el marco más flexible del proceso inglés. En un entorno español, casi con toda seguridad se considerarían más bien como un signo de debilidad. Sin embargo, antes de rechazar por completo esta eventualidad, deberíamos considerar el último aspecto del enfoque inglés de estas situaciones, que es la capacidad de las partes para acordar el alcance de la exhibición de pruebas o, al menos, acordar parte y someter lo que resta a la decisión del juez. No hay nada que impida a una parte en un proceso español informar al juez, en la vista de acceso a fuentes de prueba, de que está de acuerdo con la solicitud de la otra parte, o parte de ella y, en tales circunstancias, parece poco probable que el tribunal imponga otra solución, a menos que haya razones de peso para hacerlo. Además, nada impide que una parte revele voluntariamente información a la otra parte sin necesidad de una orden judicial. Es posible que, en la actual cultura de litigación española, se necesite una parte muy segura de sí misma para adoptar un enfoque tan audaz y colaborador. Sin embargo, puede ciertamente haber ventajas estratégicas en ser abierto, que no pretendo elaborar aquí.

Y, aparte de consideraciones estratégicas de las partes, ¿pueden los tribunales fomentar un cambio de cultura en este sentido? ¿Les gustaría que así fuera? Si la respuesta es afirmativa, ¿qué pueden hacer los tribunales? Yo sugeriría que no hay nada que impida a los tribunales animar a las partes a considerar lo que pueden acordar; de hecho, el acuerdo entre las partes es un principio básico subyacente de las normas procesales civiles[511]. Es más, las últimas adaptaciones del Derecho procesal español y de la UE han subrayado la importancia de los medios alternativos de resolución de conflictos y han promovido la mediación y otras formas de llegar a una solución consensuada de los litigios. Lo cierto es que las normas que se aplican a las primeras vistas en los procedimientos civiles exigen ahora que el tribunal, como primer paso, plantee la posibilidad de un acuerdo o mediación para resolver las cuestiones en litigio[512]. Por ello, un planteamiento del acceso a fuentes de prueba tendente a promover el acuerdo entre las partes no solo no sería culturalmente ajeno al sistema español, sino que, de hecho, reforzaría el nuevo ADN, que ahora debe impregnar el proceso, la gestión de los asuntos por el tribunal y las actitudes de las partes. Tendría, por tanto, mucho sentido contemplar y promover tales actitudes.

### d) El juicio

Llegamos finalmente al juicio. Al igual que en los procedimientos ingleses, el juicio constituye una parte central del proceso civil en España. Es una ocasión en la que se pone a prueba la credibilidad y coherencia de la prueba pericial, y se concede al juez y a las partes la oportunidad de formular preguntas directas, contribuyendo así a la valoración crítica por parte del tribunal de la prueba y del peso que debe otorgársele.

Analizaremos aquí brevemente algunas cuestiones procesales relativas a la organización del juicio que, en mi opinión, contribuyen a la eficacia del ejercicio. Evidentemente, no exis-

---

511 Véase, por ejemplo, la disposición sobre la postura de acuerdo/en desacuerdo de las partes en relación con las cuestiones controvertidas en la audiencia previa, artículo 428 de la LEC.

512 Véanse artículos 414(1) y 443 de la LEC modificados en 2012 y 2015, respectivamente.

te una solución mágica e incluso un juicio bien tramitado puede resultar inadecuado para revelar la verdad o algo cercano a ella, como hemos visto en el procedimiento *Royal Mail* del CAT[513]. Sin embargo, dentro de lo razonable y sujeto a la cuestión central de la proporcionalidad, hay una serie de aspectos que pueden, en mi opinión, contribuir a que el ejercicio sea lo más útil posible.

El primer y principal requisito del juicio es que el tiempo dedicado al ejercicio sea suficiente. En mi opinión, los juicios en materia de Derecho de la competencia en España (sobre todo en casos de litigación en masa) tienden a ser demasiado cortos para permitir una consideración adecuada de la prueba pericial. Esto está generado por factores relacionados con la naturaleza enormemente fragmentada de los litigios hasta la fecha, el bajo valor de las demandas y los incentivos para los tribunales. No son cuestiones que puedan pasarse por alto a la ligera (y volveremos sobre el asunto en nuestra sección de conclusiones finales). Tienen un impacto real y comprensible. El resultado, en cualquier caso, es que se suele dedicar un tiempo excesivamente breve al acto del juicio. Además, se repite muchas veces la práctica de las mismas pruebas, o similares, en juicios de posteriores en procedimientos paralelos y los tribunales desarrollan sus criterios no de forma sólida en un caso, sino poco a poco y a lo largo del tiempo de forma ineficaz y, en última instancia, injusta[514]. Una situación más deseable sería que los juicios se concentraran en menos actos, y en sesiones más largas, que permitieran a los tribunales una mayor oportunidad de valorar y verificar las pruebas y tomar decisiones más ponderadas. Esto implica, desde el punto de vista procesal,

---

513 Capítulo 12, segunda parte, *supra*.

514 Injusta porque los litigios posteriores suelen estar predeterminados por las anteriores, o (y esto ocurre con menos frecuencia, precisamente por la preocupación de los tribunales de ofrecer soluciones iguales a problemas iguales) porque un caso posterior se decide de forma diferente solo porque llegó más tarde y no porque las pruebas o los argumentos fueran diferentes.

que el tribunal, al fijar la fecha y las sesiones del juicio[515], debería tener más cuidado en considerar el tiempo necesario para la práctica de la prueba y pedir la opinión de las partes al respecto. Lamentablemente, esto no ocurre demasiado en la práctica. Lo más importante es que se asigne el tiempo adecuado a la prueba pericial, si es necesario en más de una sesión. Hemos citado el ejemplo del Juzgado de lo Mercantil de Oviedo, que ha adoptado la práctica de concentrar varios juicios en una sola sesión y dedicar mayor tiempo en sesiones separadas a la práctica de la prueba. Existen prácticas similares en los juzgados de lo mercantil de Barcelona. No cabe duda de que estas prácticas permiten un examen más profundo de las pruebas y pueden mejorar la calidad de la toma de decisiones.

A continuación, los peritos deberían poder presentar ante el tribunal aspectos de sus informes utilizando instrumentos visuales o audiovisuales. La presentación gráfica de los resultados y su explicación verbal pueden ser herramientas especialmente útiles para garantizar una exposición y comprensión adecuadas. De nuevo, esto rara vez ocurre y los tribunales no son tan proclives a ello, mientras que, por el contrario, en los procedimientos de competencia ante el tribunal de revisión administrativa que supervisa las decisiones de la CNMC (la Audiencia Nacional), el uso de tales instrumentos es ya una práctica habitual. Es evidente que los problemas de infraestructura pueden complicar algo las cosas, sobre todo mientras la competencia en materia de Derecho de la competencia siga repartida entre tantos tribunales locales. Sin embargo, la tendencia hacia el uso cada vez más de tecnologías en la sala de los juzgados es ya un proceso iniciada desde la pandemia de Covid-19 y sigue avanzando con las últimas reformas procesales del Gobierno de España[516].

---

515 Este es el último trámite de la audiencia previa [artículo 429(2) de la LEC].

516 Real Decreto-ley 6/2023 de 19 de diciembre, objeto central del Libro Primero en la parte sobre medidas de eficiencia digital.

La posibilidad de oír las pruebas periciales simultáneamente y permitir que los peritos respondan al testimonio de sus homólogos de la otra parte (el llamado "careo") es una herramienta interesante que a menudo se permite en la práctica en España y que ha tenido algún uso material en casos de competencia. Permite a los peritos rebatirse mutuamente y tomar nota de distintos puntos y revelar incoherencias o insuficiencias (o incluso consensos) que los abogados o el juez no siempre están en condiciones de hacer. Es una ventaja evidente. Sin embargo, en mi opinión, para que sea realmente eficaz, la audiencia simultánea de peritos debe gestionarse adecuadamente. Es decir, debe utilizarse de manera similar al formato más formalizado conocido como "*hot-tubbing*", que se ha impuesto en los sistemas del *common law* y tiene su origen en la práctica procesal civil australiana. Esto significa que el tribunal debe asumir cierto liderazgo en el ejercicio, tanto para establecer cómo debería desarrollarse el proceso como para intervenir en el mismo[517].

Y esto nos lleva al último punto que me gustaría plantear: la capacidad del tribunal para intervenir, una vez finalizado el interrogatorio por parte de los abogados de las partes, para formular sus propias preguntas al perito y exigir explicaciones sobre el informe[518]. En mi opinión, hay que fomentar que los jueces se impliquen en la prueba pericial, algo que se verá favorecido si han empezado a desempeñar un papel en la gestión de la prueba desde una fase temprana (como se ha comentado anteriormente). Evidentemente, puede haber cierta reticencia a hacerlo si el tribunal tiene dificultades para entender las pruebas o no está suficientemente familiarizado con las alegaciones y los informes. Sin embargo, no cabe duda de que, cuanto más se exponga el juez a un diálogo con los peritos, más incoherencias y puntos débiles de

517 Esto puede, a su vez, plantear la necesidad de desarrollar protocolos prácticos entre los juzgados de lo mercantil para tratar de homogeneizar la práctica, aunque esta es una cuestión y un reto más amplios sobre los que volveremos en nuestras conclusiones.

518 Artículo 437(2) de la LEC.

la prueba pericial podrán aclararse y el juez podrá resolver malentendidos sobre cuestiones técnicas. Está claro que ayuda tener más experiencia en la materia, ya que con ello crece la confianza. No obstante, incluso el CAT especializado, con todos sus recursos, no ha tenido ningún problema en pedir a los peritos que lo ilustren sobre cuestiones técnicas relevantes nada más comenzar el juicio a través del llamado "*teach-in*".

# CUARTA PARTE
# CONCLUSIONES Y RECOMENDACIONES

# INTRODUCCIÓN

En esta última parte de nuestra investigación, pasamos a considerar las conclusiones del análisis llevado a cabo y a presentar mis recomendaciones sobre cómo mejorar la resolución de las acciones de aplicación privada del Derecho de la competencia en España, haciendo especial referencia a lo que ha sido el particular foco de nuestra atención: la cuantificación del daño. Como se recordará, nuestra pregunta de partida era: ¿cuál es el impacto del Derecho de la UE en el proceso civil nacional en este ámbito? Presento mi respuesta a esa pregunta teniendo en cuenta, los siguientes factores: (i) el marco jurídico de la UE, tanto en general como en el ámbito específico del Derecho de la competencia (objeto de análisis en la primera parte del estudio), (ii) las lecciones que pueden extraerse de la aplicación privada del Derecho de la competencia de la UE en el Reino Unido durante los últimos 20-30 años (objeto de la segunda parte); y (iii) la experiencia española en materia de acciones de responsabilidad civil por infracciones del Derecho de la competencia durante estos últimos años así como las posibilidades que ofrece el Derecho español para adaptar el proceso y la práctica procesal civiles a las necesidades y exigencias del Derecho de la competencia (tercera parte).

Se pueden extraer dos lecciones principales de esta investigación. En primer lugar, los tribunales nacionales ostentan un papel central en este campo como encargados directos de aplicar el Derecho de la UE. En segundo lugar, el proceso civil es clave para garantizar la capacidad de los jueces para desempeñar ese papel. Es más, es necesario contar con la plena participación de los jueces, dentro de unos límites legales precisos, para gestionar e impulsar adecuadamente cada procedimiento según las especificidades del caso. También se ha puesto de manifiesto un corolario adicional: las partes (a través de sus abogados y expertos) tienen el deber de colaborar con el tribunal, y entre ellos, a tal fin.

De hecho, el régimen comunitario para la aplicación privada del Derecho de la competencia ha introducido un nuevo paradigma en el ámbito del Derecho procesal civil nacional. Este nuevo paradigma aún no se ha apreciado adecuadamente, y mucho menos aplicado plenamente, en España; y, sin duda, esto sea el caso también en otros Estados miembros de la UE. El objetivo de esta investigación es contribuir a explicar por qué y cómo puede y debe cambiar esta situación.

Expondré sucintamente los resultados de esta labor de investigación en los siguientes últimos dos capítulos: 18. Conclusiones y 19. Recomendaciones.

## 18. CONCLUSIONES

### *18.1. Jueces nacionales como jueces europeos*

Las reglas procesales aplicables al ejercicio del Derecho comunitario al resarcimiento de los daños y perjuicios derivados de la infracción de las normas de libre competencia, tal como han sido desarrollados por el TJUE y en la Directiva de Daños, son parciales e incompletas. No obstante, establecen un "modelo" que las instituciones de los Estados miembros, incluidos, en primer lugar, el legislador nacional y, en segundo lugar, los órganos jurisdiccionales, se encargan de adaptar al contexto jurídico nacional. Tras la trasposición de la Directiva de Daños al ordenamiento jurídico español mediante la aprobación del Real Decreto-ley 9/2017 en mayo de 2017, esta tarea corresponde ahora en España, en primer lugar, a los juzgados de lo mercantil y las secciones mercantiles correspondientes de las audiencia provinciales.

*La autonomía procesal nacional y su delimitación europea*

Aquí radica el delicado equilibrio que deben conseguir los tribunales nacionales. Por un lado, la UE ha establecido un respeto declarado por las tradiciones jurídicas nacionales y por la autonomía de los Estados miembros para determinar cómo organizar su sistema procesal local y mediante qué vías procesales nacionales hacer valer los derechos consagrados por la UE. Por otro lado, esa adaptación a la realidad de la organización judicial y la cultura procesal locales debe realizarse de manera que se alcancen de manera eficaz los objetivos que ha fijado la UE. En medio se sitúan los jueces nacionales que, al aplicar directamente el Derecho de la competencia de la UE (artículos 101 y 102 del TFUE) en acciones civiles privadas, actúan como jueces de la Unión. Como tales, están encargados de velar por el cumplimiento efectivo de un rico entramado de normas y principios de la UE y, en consecuencia, pueden verse obligados a interpretar el Derecho nacional de conformidad con ese corpus jurídico, a no tener en cuenta la jurisprudencia nacional incompatible, a inaplicar normas de Derecho nacional o incluso a permitir una vía de recurso jurídico cuando no exista ninguno en el Derecho nacional.

La relación entre los dos niveles en el ordenamiento jurídico de la UE está en constante evolución. En la medida en que se requiere una mayor armonización para garantizar la aplicación efectiva del Derecho de la UE, el TJUE y el legislador de la UE pueden verse llamados a actuar[1]. La Directiva de Daños es un ejemplo de ello. La UE actuó para armonizar ciertas reglas y normas mínimas para la aplicación privada de la normativa *antitrust* con el fin de intentar garantizar unas condiciones objetivas equiparables en toda la UE. En particular, desde el punto de vista del Derecho procesal, la Directiva de Daños introdujo un nuevo mecanismo de acceso a fuentes de prueba (*disclosure*), así como la facultad de los jueces de estimar el daño. Estos mecanismos son instrumentos del Derecho de la UE, con un significado propio y autónomo, que deben incorporarse adecuadamente al sistema nacional y, posteriormente, ser comprendidos y aplicados por los jueces nacionales. El TJUE ha determinado con mayor detalle el alcance y las implicaciones procesales de estos mecanismos, en particular en dos cuestiones prejudiciales remitidos por los tribunales españoles en el asunto

---

1 En consonancia con el principio subyacente de subsidiariedad de la UE (artículo 5 del TUE).

del cartel de los camiones[2]. La segunda, en el asunto *Tráficos Manuel Ferrer*, ha confirmado el impacto central que el acceso a fuentes de prueba está destinado a tener en el proceso civil en los pleitos en materia de Derecho de la competencia en España, y en otras partes de Europa continental. De hecho, el acceso a fuentes de prueba es, en mi opinión, un factor clave a la hora de evaluar el impacto del Derecho de la UE sobre el proceso civil en materia de acciones civiles derivadas de las infracciones del Derecho de la competencia. Es la principal norma procesal "dura" (vinculante) que emana directamente del Derecho de la UE en este ámbito y su incorporación al procedimiento civil nacional tiene un impacto necesario en el proceso, que está aún por descubrir.

El modelo establecido para las acciones de daños y perjuicios en la Directiva de Daños forma parte de un marco más amplio de Derecho de la UE que impregna dicho modelo y que debe ser tenido en cuenta por los tribunales mercantiles españoles a la hora de llevar a cabo su tarea. Ello incluye tanto el Derecho comunitario sectorial en materia de libre competencia como los principios fundamentales del Derecho procesal europeo.

*Los órganos jurisdiccionales como aplicadores del Derecho de la competencia*

Los órganos jurisdiccionales nacionales forman parte de un sistema descentralizado para la aplicación de la normativa de defensa de la competencia de la UE, junto las autoridades nacionales de competencia y los órganos jurisdiccionales nacionales de otros Estados miembros, todo ello bajo la supervisión centralizada de la Comisión Europea. Este sistema forma un conjunto complejo destinado a alcanzar los objetivos fundamentales de la política de competencia de la UE y está vinculado a controles y equilibrios cuidadosamente elaborados. Los órganos jurisdiccionales nacionales se encargan de garantizar la protección de los derechos civiles privados derivados de la normas de libre competencia de la UE,

---

2 Asunto C-163/21 *Paccar* EU:C:2022:863; Asunto C-312/21 *Tráficos Manuel Ferrer* EU:C:2023:99.

incluida la indemnización por daños y perjuicios, para cualquier persona que puede establecer su legitimación para interponer la acción y la competencia del tribunal para resolverla. El efecto directo del Derecho de la competencia de la UE, y su aplicación privada efectiva por los órganos jurisdiccionales, constituye una piedra angular del ordenamiento jurídico de la UE y, a través de él, los órganos jurisdiccionales nacionales desempeñan un papel complementario, no subsidiario, de las autoridades públicas en la aplicación de las normas de competencia.

El propósito de la acción combinada de los órganos jurisdiccionales y las autoridades es conseguir el objetivo político legislativo de garantizar una competencia efectiva en toda la UE y la aplicación uniforme del Derecho de la competencia de la UE, ya sea ante los órganos jurisdiccionales o ante las autoridades públicas, ya comparezca la parte afectada ante un órgano jurisdiccional en Barcelona, Milán, Dortmund o París. Estos principios subyacentes son fundamentales para la correcta interpretación y aplicación del Derecho de la competencia de la UE y deben ser informados por su finalidad y contexto declarados, tal como se refleja más directamente en los considerandos de los instrumentos pertinentes (en particular, el Reglamento 1/2003 y la Directiva de Daños). Asimismo, el *soft law* desarrollado por el guardián del Tratado de la UE y responsable de la política de competencia, la Comisión Europea (y, dentro de la Comisión, la DG COMP), ofrece orientación adicional para su interpretación adecuada y uniforme, que no debe obviarse.

*El desarrollo del Derecho procesal UE y su aplicación a nuestro tema de estudio*

En los últimos tiempos ha surgido un corpus positivo de normas y principios procesales fundamentales de la UE, que emanan de distintos ámbitos del Derecho material de la UE (incluida en materia de libre competencia) y que reflejan una cierta constitucionalización de los derechos procesales en los Tratados de la UE, así como la preocupación del TJUE por que se apliquen normas coherentes de tutela judicial en todos los ámbitos de competencia de la UE[3]. Como eje central se encuentra el derecho a la tutela judicial efectiva[4], que se traduce en el deber de los Estados miembros de asegurar la capacidad de las partes privadas para invocar sus derechos derivados del Derecho de la Unión ante un tribunal y que éstos sean protegidos, sin impedimentos, mediante una resolución judicial sobre el fondo en un plazo razonable (el derecho a una sentencia en Derecho español). Así, hemos podido identificar y describir en la Primera Parte de este trabajo una cierta europeización no sólo del Derecho sustantivo de la libre competencia, sino también del Derecho procesal en este ámbito. Podemos hablar con razón de normas e instrumentos procesales de la UE a los que, bajo el paraguas global de los principios jurídicos y objetivos políticos comunes de la UE (que ostentan su propia fuerza jurídica), los órganos jurisdiccionales nacionales deben tratar de ajustar sus procedimientos nacionales al aplicar el Derecho de la competencia de la UE.

Algunos de las normas y principios procesales que han emergido de este proceso europeo son de especial relevancia para nuestro tema y se han puesto de relieve durante nuestro recorrido selectivo por la normativa y jurisprudencia europeas aplicables (relevancia que, a mayor abundamiento, ha sido confirmada por la experiencia práctica de los órganos jurisdiccionales nacionales que hemos analizado en las Partes Segunda y Tercera de este trabajo). Cabe resaltar, en particular: (i) la función soberana e indelegable del juez en la valoración de la prueba (incluida la pericial); (ii) la necesidad de un control judicial eficaz de la admisión y práctica de la prueba; (iii) los principios procesales de contradicción, igualdad de armas y protección efectiva de los derechos de defensa; (iv) el papel del acceso a las fuentes de prueba y de la transparencia probatoria *inter partes* y con el juez para garantizar el cumplimiento de estos principios; (v) la función de la carga de la prueba, el estándar de prueba y de las presunciones

3 Artículo 7 del TFUE.

4 Artículo 19(1) del TUE y artículo 47 de la Carta.

para permitir un equilibrio justo, razonable y proporcionado en la valoración de la prueba; y (vi) la utilidad de los tribunales especializados para desarrollar prácticas uniformes y contribuir a la buena administración de la justicia en ciertas materias complejas.

Todas estas cuestiones cobran una mayor importancia si cabe en el contexto de una materia técnicamente compleja (como el Derecho de la competencia) en la que, además, la prueba pericial puede jugar un papel decisivo en la determinación de algunos hechos centrales del litigio —hechos que típicamente pueden ser hechos hipotéticos basados en pruebas probabilísticas—. En este contexto, es fácil que un tribunal, desprovisto de las herramientas necesarias, pueda descubrirse sin la seguridad suficiente para interpretar la prueba con confianza —qué peso darla, cómo dirimir entre posiciones opuestas, etc.— y corre el riesgo, en fin, de quedarse cautivo de las opiniones de uno u otro experto.

*Hacia el desarrollo de buenas prácticas*

La forma en que los jueces nacionales logran cumplir las exigencias del Derecho de la Unión al que nos hemos referido, está legítimamente limitada por los principios básicos del sistema judicial nacional (por ejemplo, los principios dispositivos o preclusivos de la Ley de Enjuiciamiento Civil española) y la intensidad de la conformidad con ellas varía dependiendo de la intensidad de la actividad armonizadora de la UE. De hecho, la política legislativa reciente de la UE ha optado claramente por preferir la promoción de buenas prácticas y estándares a una legislación de armonización intrusiva.

No se trata de restar importancia al Derecho procesal civil de la UE, sino de adoptar un enfoque realista, respetuoso y eficaz. El impacto del Derecho de la UE es sustancial y no debe subestimarse. De hecho, algunos conceptos de la legislación de la UE han moldeado incluso la práctica de los tribunales británicos de forma bastante notable en el ámbito del Derecho de la competencia, por ejemplo en lo que respecta a la cuantificación del daño en las acciones colectivas e individuales[5]. Esto refleja una fascinante convergencia entre el *common law* y los sistemas jurídicos continentales que se está produciendo y puede observarse, en parte, como resultado de la influencia del Derecho de la UE.

El garante final de todo el sistema es, por supuesto, el TJUE. En caso necesario, los tribunales nacionales pueden remitir cuestiones al TJUE de conformidad con el artículo 267 del TFUE para solicitar aclaraciones sobre cómo deben aplicar el Derecho de la UE a una situación determinada. El mecanismo de la cuestión prejudicial es fundamental a la hora de establecer los límites y las guías adecuadas para los litigios nacionales. Utilizado correctamente, ayuda al sistema judicial a dar una respuesta eficaz a los retos de las acciones en materia de defensa de la competencia. Esto es algo que requiere un enfoque más sistémico por parte del sistema judicial español que el empleado actualmente, en particular en lo que respecta al uso adecuado de las suspensiones. Al mismo tiempo, la remisión de cuestiones prejudiciales al TJUE no es en absoluto una panacea. El proceso de remisión conlleva retrasos y, en virtud de su vinculación a las especificidades del caso concreto objeto de la cuestión prejudicial, ofrece una solución que es inevitablemente poco sistemática. Por consiguiente, los órganos jurisdiccionales nacionales necesitan apoyo adicional para poder desempeñar eficazmente su papel de jueces de la UE y, en ausencia de una solución legislativa armonizada viable, cobra una central importancia el desarrollo de un adecuado tejido de buenas prácticas (y una organización judicial que lo facilite).

### *18.2. Los retos procesales de los litigios en materia del Derecho de la competencia*

El Derecho de la competencia es, como hemos dicho, por naturaleza técnicamente complejo, tanto en lo que se refiere a las

---

5 *Merricks* [2020] UKSC 51 y *Britned* [2018] EWHC 2913 (Ch) respectivamente.

normas aplicables como a los tipos de pruebas en los que se suele confiar. La prueba pericial del perjuicio económico, o relativa a la existencia de conductas o efectos contrarios a la competencia, puede implicar el uso de conceptos difíciles y grandes cantidades de información económica detallada. Los jueces se enfrentan con frecuencia a dictámenes periciales diametralmente opuestos, no sólo en cuanto a cuál es la respuesta correcta, sino también en cuanto a cuáles son las premisas correctas que deben emplearse y cuáles son los hechos y datos relevantes.

Cuando un asunto se caracteriza por la multiplicidad de demandas (litigios masivos), los retos que plantea la resolución de asuntos tan complejos se amplifican. En España hemos sido testigos de ello en el contexto de los litigios de sobre el cartel de los camiones, donde han surgido preocupaciones reales acerca de la calidad de las sentencias, la eficiencia del proceso y la igualdad de trato de todo litigante (independientemente de dónde presenten sus demandas).

*¿Cómo conseguir los objetivos de la política legislativa judicial?*

La calidad de las sentencias es importante. Las decisiones adoptadas por los tribunales, en la medida en que transmiten autoridad subjetiva y objetiva, generan confianza en los ciudadanos y también sirven de referencia a la sociedad (y a otros tribunales) en cuanto a la respuesta judicial que cabe esperar ante un determinado problema. Esto, a su vez, favorece el dinamismo y el crecimiento económico, por un lado, y promueve la uniformidad, la previsibilidad y la menor litigiosidad (es decir, los acuerdos extrajudiciales), por otro. Aunque la respuesta del sistema judicial español en los litigios relacionados con el caso del denominado cártel de camiones tiene mucho mérito (entre otras cosas, su rapidez, pragmatismo y coherencia general en un amplio abanico de cuestiones sustantivas), no ha logrado dar una respuesta judicial clara de manera eficaz. De hecho, ha implicado la re-litigación de las mismas cuestiones cientos de veces, en muchos tribunales diferentes, antes de llegar a un punto en el que se podría esperar que los litigantes, en palabras del

Tribunal Supremo, supieran a qué atenerse en cuestiones bastante básicas, como qué constituye una estimación pericial válida para cumplir con la carga de la prueba[6]. Esto, debemos reconocerlo, ha sido ineficiente. Además, lo ha hecho dedicando un tiempo insuficiente al caso individual. Me refiero al hecho de que, a mi juicio, los tribunales se han precipitado en su respuesta a las demandas, adoptando demasiadas sentencias con demasiada rapidez y sin prestar suficiente atención a los hechos, los argumentos y las pruebas presentados. Estos problemas han sido fruto, en parte, de las rigideces del proceso civil español, tal como se ha concebido tradicionalmente, así como de los inadecuados incentivos que lo rigen (tanto para los litigantes como para los tribunales), pero, desde mi punto de vista, estas cuestiones no tienen que ser determinantes.

El uso eficiente de los limitados recursos públicos, incluido el sistema judicial, es una prioridad de la política legislativa moderna en España, todos los Estados miembros de la UE y el Reino Unido. A su vez, no es un principio absoluto y debe equilibrarse con la necesidad primordial de impartir una justicia imparcial y eficaz, de una calidad adecuada, y de garantizar la independencia judicial frente a las injerencias del Estado y del Gobierno. Sin embargo, el uso eficiente de los recursos públicos mediante el reparto de esos recursos limitados de manera justa y equitativa contribuirá, de hecho, a una justicia eficaz. El equilibrio se encuentra en el "*overriding objective*" de la CPR inglesa de "permitir que el tribunal resuelva los asuntos de forma justa y con un coste proporcionado". La propia Comisión ha subrayado el objetivo de "un uso apropiado y eficiente del sistema judicial", abogando por la racionalización de los casos de daños y perjuicios en materia de defensa de la competencia y advirtiendo contra los riesgos de la re-litigación múltiple de los mismos asuntos[7].

---

6 Por todas, STS 947/2023, 14 de junio de 2023, ES:TS:2023:2480, FJ 10, apartado 19.

7 En los documentos de orientación de 2013 que acompañan a la propuesta de Directiva de Daños (capítulo 5.1 *supra*).

Estas consideraciones nos llevan a una conclusión preliminar: es preferible evaluar menos casos en mayor profundidad, y tomarse más tiempo en hacerlo, para que las sentencias resultantes puedan ofrecer un mayor valor de precedente y, al mismo tiempo, promover la eficiencia y coherencia judiciales.

A este fin, la legislación de la UE ofrece instrumentos para ayudar tanto a los jueces como a las partes, incluido, en particular, el nuevo mecanismo de acceso a fuentes de prueba, que debe por tanto emplearse con más intensidad, atención y rigor que ha sido el caso hasta ahora. También la Unión, a través de la DGCOMP, así como la CNMC en España, han promulgado una serie de buenas prácticas y directrices sobre cómo aplicar el Derecho de la competencia y calibrar la solidez de las pruebas periciales, si bien este Derecho de tipo *soft law* no es vinculante y está sujeto a desarrollo y revisión. Estos instrumentos apuntan a un aumento del nivel de sofisticación en la tramitación de los asuntos ante los tribunales españoles; en particular, en lo que se refiere a la administración y valoración de las pruebas. De hecho, una de nuestras tesis centrales es que los órganos jurisdiccionales españoles están llamados (si no legalmente obligados) a aumentar la atención a la evaluación detallada de los hechos y al razonamiento judicial cuando resuelven asuntos de Derecho de la competencia de la UE. Este es un aspecto clave de la convergencia de los sistemas continentales con sus primos del *common law* a la que está contribuyendo el Derecho de la UE.

*Un equilibrio ideal: case management, concentración y acceso a la justicia*

Esta conclusión preliminar tiene implicaciones procesales. La primera es una mayor gestión activa de los procesos por parte de los tribunales. La segunda es la concentración de asuntos ante tribunales menos numerosos y más especializados.

Los litigios complejos de este tipo invitan a una mayor implicación de los tribunales en la gestión del proceso y la administración de la prueba. Esto implica que los jueces ejerzan una mayor discrecionalidad judicial en materia procesal y forma parte del ejercicio de sentido común del poder judicial por parte de los jueces. Si se utiliza correctamente, no comprometerá las garantías procesales fundamentales[8]. Pueden, tal vez, jugar un papel importante en asegurar esas garantías, asumiendo un liderazgo en el desarrollo de principios básicos de gestión procesal, las audiencias provinciales (como es el caso de la Corte de Apelación en Inglaterra y Gales). La gestión de los asuntos se basa también en la colaboración de las partes, que ayuda al juez a adaptar el proceso a las necesidades del caso. Las partes asumen así una mayor responsabilidad en el procedimiento y su conducta procesal se convierte en una consideración relevante para los jueces a la hora de tomar decisiones procesales. La gestión de casos y la cooperación de las partes son una realidad de la actividad judicial moderna y constituyen la piedra angular no sólo de las Reglas CPR y CAT en el Reino Unido, sino también de referencias internacionales relevantes, como en particular las Reglas Modelo Europeas[9].

El anteproyecto de Ley española sobre acciones representativas presentado en la XIV legislatura (concretamente en 2023) es otro buen ejemplo[10]. Está plagado de referencias al término "buena administración de justicia", con el que se alude a los cri-

---

8 Hess, B., 'Judicial discretion' en Storme, M., y Hess, B., (eds), "*Discretionary power of the judge: limits and control*" (Kluwer 2003), 45, señala que las decisiones de *case management* centradas en cuestiones estrictamente procesales suelen estar sujetas a una revisión limitada en apelación (excepto cuando tales decisiones tienen fuertes implicaciones para el resultado de un caso), pero que el ejercicio de la discrecionalidad judicial está sujeto, en cualquier caso, a garantías procesales fundamentales, como la proporcionalidad, el juicio justo e imparcial y el derecho a ser oído (pp. 52-54).

9 ELI/UNIDROIT, *Model European Rules of Civil Procedure* (OUP 2021). Sobre esto, así como la anterior y fallida Directiva sobre normas mínimas del Parlamento Europeo de 2017, véase el capítulo 3.3 *supra*.

10 Anteproyecto de Ley de Acciones de Representación para la Protección de los Intereses Colectivos de los Consumidores, aprobado el 20 de diciembre de 2022 y publicado por el Ministerio de Justicia el 9 de enero de 2023.

terios para que el tribunal adopte diversas decisiones procesales y permita un grado necesario de flexibilidad procesal para atender a las exigencias de un caso concreto.

La concentración de asuntos en menos procedimientos ante menos tribunales tiene beneficios evidentes para la eficacia y la calidad de la justicia. La concentración puede lograrse mediante distintos mecanismos, entre ellos la acumulación de asuntos ante un mismo órgano jurisdiccional por las propias partes, o la especialización de los órganos jurisdiccionales. Es significativo que el TJUE haya indicado ya en varias ocasiones que la especialización y la concentración de órganos jurisdiccionales en materias de complejidad técnica, como el Derecho de la competencia, contribuyen a la buena administración de la justicia. Esta posición ha sido expresamente apoyada por los Gobiernos francés y alemán y por la Comisión.

Por último, todo lo anterior debe considerarse a través del prisma de los principios de proporcionalidad y de acceso a la justicia. Hacer los procedimientos más a la medida de las exigencias de los casos de competencia entraña el riesgo de aumentar los costes y los retrasos. Esto es, por supuesto, algo que los jueces deben tener en cuenta a la hora de administrar justicia para garantizar que a las partes individuales con demandas de menor cuantía no se les niegue el acceso efectivo a la justicia a un coste razonable. Sin embargo, se afirma que, en términos generales, un enfoque sistémico de los retos de las demandas de competencia de la UE, en los términos propuestos, ofrecería un mejor acceso equitativo a la justicia para todos, incluidos dichos demandantes.

## 19. RECOMENDACIONES

Paso ahora a enunciar mis recomendaciones específicas sobre cómo abordar los retos que plantea al sistema judicial y al procedimiento civil españoles el Derecho de la UE sobre la aplicación privada de las normas de libre competencia. Nuestro objetivo puede quizás formularse haciendo referencia a nuestro propio "objetivo primordial" en los siguientes términos:

> *Capacitar a los jueces españoles para que actúen de conformidad con el Derecho y estándares procesales de la UE en la aplicación coherente y eficaz del Derecho de la competencia de la UE, incluso en situaciones de litigación en masa.*

Estas recomendaciones se basan en lo expuesto en los capítulos anteriores y buscan, ante todo, ser realistas[11]. Pretenden (i) abordar la situación y los retos reales a los que se enfrentan los tribunales y jueces en España, tomando en cuenta quiénes son esos jueces (su identidad, experiencia y formación) y cuáles son sus puntos fuertes y débiles, sus dificultades y satisfacciones, y (ii) partir de lo que ya existe (la ley y sistema judicial actuales) con el fin de hacer propuestas viables de mejora de esa situación que estén basadas en nuestra experiencia real de lo que puede funcionar y lo que no y que, en gran medida, no requieren de reformas legislativas.

Al mismo tiempo, hemos hablado antes del nuevo paradigma que ha inaugurado el Derecho de la UE en esta materia. Me atrevería a decir que, con algunas excepciones, este paradigma todavía no ha sido realmente entendido o asimilado por el sistema español (ni por los otros sistemas judiciales nacionales de la Unión Europea). En consecuencia, esto significa la necesidad de un cambio cultural en la práctica jurídica tanto por parte de los profesionales como de los tribunales[12]. Como ha demostrado elo-

---

11 De la Oliva Santos, A., *El papel del juez*, n. 31 (tercera parte *supra*).

12 Véase, entre otros, Gascón Inchausti, F., "Aspectos Procesales", n. 309 (Primera Parte), 152: 'Una aplicación correcta del régimen establecido obligará a muchos actores del proceso —y, de modo especial, a los jueces— a "salir de su zona de confort" en cuanto al modo de afrontar muchas de las decisiones que necesariamente se van a plantear en la preparación o durante el desarrollo del litigio; creo que ahí radica el riesgo, pero también la oportunidad, de cara a una efectiva implantación en nuestro país del sistema de aplicación privada del Derecho de la competencia.'

cuentemente la experiencia de las reformas del CPR en el Reino Unido, este cambio no es automático ni sencillo. Exige voluntad, paciencia y un proceso y mecanismos adecuados para educar y convertir a los principales interesados. También requiere defensores convencidos del cambio que puedan liderar dicho proceso de cambio.

Lo que sigue son dos conjuntos de propuestas elaborados para conseguir estos fines: el primero de carácter institucional general y el segundo de carácter procedimental más específico. Todas ellas forman partes necesarias de un todo y deben leerse e interpretarse como tales.

## *19.1. Propuestas institucionales*

### a) Especialización judicial

La atribución a los juzgados de lo mercantil (y secciones mercantiles de las audiencias provinciales) de competencia en materia de Derecho de la competencia (tanto nacional como europeo) ha sido positiva. En consecuencia, cuando se adopte la nueva ley sobre acciones representativas, los juzgados de lo mercantil deberían tener competencia exclusiva también para dichas acciones en la medida que tengan como objeto principal la materia de defensa de la competencia.

Sin embargo, el número de juzgados de lo mercantil es actualmente muy elevado (alrededor de 90) y el número de jueces que conocen de asuntos de defensa de la competencia, por tanto, también (alrededor de 70). Debe seguir buscándose la subespecialización en un número más reducido de jueces. Esto se ha conseguido con éxito en Barcelona (5 de 12 juzgados) y Madrid, tanto en la primera instancia (7 de 18 juzgados) como en la apelación (creación de la nueva Sección 32 de la Audiencia Provincial de Madrid) y estos casos pueden servir de ejemplo para mejorar y seguir.

Idealmente, con el fin de crear un grupo de jueces manejable desde la perspectiva de la formación y el desarrollo de las mejores prácticas, el número de jueces debería reducirse; quizás a una veintena. A su vez, es importante cuidar que un proceso de creación de un cuerpo más reducido de jueces no comprometa su independencia judicial, por lo que la selección prudente (y formación continua) de esos jueces es esencial. Para lograr el objetivo de la reducción del número de jueces competentes, la atribución de competencias en materia de Derecho de la competencia debería concentrarse en un número más reducido de sedes de tribunales mercantiles, según el modelo que se ha implantado en el ámbito del Derecho de la propiedad intelectual. Dada la naturaleza de los litigios en materia de libre competencia, muy centrados en el análisis técnico pericial de las pruebas económicas, la proximidad al demandante no suele ser, en general, relevante. Ciertamente, este factor es mucho menos importante que la competencia especializada del juez.

La reducción del número de tribunales competentes facilitará el desarrollo de buenas prácticas en todo el conjunto de tribunales competentes (basándose en lo que ocurre actualmente con la publicación de criterios de unificación por parte de determinados tribunales). Dichas prácticas deben debatirse adecuadamente (internamente y después públicamente) y después publicarse. Esto contribuirá a garantizar una mayor uniformidad, certeza y rigor en la práctica procesal. Las áreas clave de atención deben ser el acceso a fuentes de prueba (*disclosure*) y la gestión judicial del proceso (*case management*).

La creación de tribunales colegiados, como ha ocurrido en Barcelona y Sevilla, contribuye positivamente al desarrollo de una práctica coherente en materia del Derecho de la competencia y al uso eficiente de los recursos. Estos mecanismos sólo se contemplan actualmente a nivel local, cuando una solución coordinada nacional es claramente preferible. Aun así, estas iniciativas locales pueden contribuir positivamente al modelo de un número limitado de tribunales especializados a nivel nacional aquí propugnado.

El impacto de los incentivos judiciales en la correcta tramitación de las demandas en materia de defensa de la competencia es negativo y fomenta que los jueces dediquen un tiempo insuficiente al examen de cuestiones y pruebas complejas. Es vital que las excepciones existentes para la adaptación de los criterios de referencia en asuntos que requieren una "dedicación especial" se apliquen en los casos de competencia para garantizar que se dedica el tiempo adecuado a su tramitación.

En el caso de que se planteara una reforma legislativa en esta materia, España podría aprovechar las experiencias internacionales en la creación de tribunales especializados, como en el Reino Unido o Portugal o Suecia, o en la concentración de tribunales, como en Italia[13]. En lo que aquí nos interesa, el CAT ofrece un foro eficiente y de alto calibre para la tramitación y enjuiciamiento de casos de defensa de la competencia, lo que es bueno para la libre competencia y para las empresas. Los métodos flexibles utilizados en el Reino Unido para organizar y financiar el CAT son de especial interés y podrían servir de inspiración para la creación de un tribunal especializado en España. Aunque es una sola organización, el CAT tiene varias sedes y un personal permanente de apoyo, y recurre a magistrados de todo el sistema de tribunales comerciales del Reino Unido, así como a otros profesionales especialmente preparados en materia de la libre competencia, para configurar un cuerpo de jueces especialmente completo y flexible para dirimir los casos ante el Tribunal. Además de la competencia en materia civil, el Tribunal también ostenta competencia objetiva para revisar las decisiones de las autoridades nacionales de competencia y de regulación. En consecuencia, desde un punto de vista organizativo y de presupuesto, depende del Ministerio de Economía.

## b) Formación

La formación de los jueces en Derecho de la UE y de la competencia se produce en diferentes foros en España, pero tiene

---

13 Además de otros métodos, como el traslado y concentración de procesos, como ocurre en los Países Bajos (y, de forma más sofisticada, en los EE UU).

sus limitaciones. Los programas internos de formación judicial organizados para los juzgados de lo mercantil por el CGPJ, normalmente dos veces al año, suelen ser impartidos por los propios jueces de lo mercantil, sin contacto con profesionales o juristas de otras jurisdicciones. Los programas financiados por la UE para la formación de jueces de la UE en Derecho de la competencia permiten acceder a un mayor abanico de experiencias gracias a la presencia de ponentes y jueces de otros países, incluidos ponentes de la práctica privada[14]. No obstante, el cupo de asistentes a dichos eventos es limitado y la participación de jueces de lo mercantil españoles también ha sido relativamente baja. Además, se han celebrado numerosas conferencias, seminarios y cursos *ad hoc* sobre la aplicación privada del Derecho de la competencia. La calidad de estos eventos varía enormemente y, lamentablemente, pueden ser utilizados como oportunidades para intentar persuadir a los jueces de los méritos de la posición de una parte en particular sobre asuntos en procedimientos en curso. Esto puede crear, si no situaciones de conflictos de intereses directos para los jueces, al menos, situaciones de considerable incomodidad, que deberían evitarse[15].

En consecuencia, es necesario que los programas de formación de los jueces de Derecho de la competencia en España sean más sistemáticos y de mayor calidad. Es importante que dichos programas de formación cuenten, discretamente, con la experiencia práctica de los profesionales, ya que los jueces españoles están excesivamente alejados de la práctica privada[16]. Cualquier

---

14 Estos cursos han sido organizados, en particular, por la Universidad de Valencia y la Universidad de Barcelona.

15 De la Oliva Santos también ha identificado el riesgo de relaciones excesivamente estrechas entre las autoridades regionales y los organismos administrativos con los jueces a través de actividades de formación un tanto artificiales; "Sobre la calidad de la Justicia", n. 19 (tercera parte *supra*), 34.

16 Andreu Mora, I., y Puigcerver Asor, C., "Las dificultades de la armonización: la escasa aplicación del Derecho Europeo procesal" en de la Oliva

compromiso de este tipo debe ser cuidadoso para garantizar la transparencia en cuanto a cualquier interés profesional de los profesionales implicados y basarse en méritos objetivos. También debería aprovecharse la rica experiencia de toda la UE y del Reino Unido, que contribuirá a la deseada aplicación uniforme del Derecho de la competencia de la UE. El mundo académico y otras partes interesadas también deberían participar, teniendo siempre cuidado de garantizar la divulgación adecuada de los intereses profesionales pertinentes[17].

Dada la complementariedad de sus trabajos, es aconsejable que se coordine alguna formación judicial con la autoridad española de competencia, la CNMC. En ella podrían abordarse cuestiones como el acceso al expediente administrativo, la intervención de la CNMC en las vistas de acceso a fuentes de prueba, su papel de *amicus curiae* y la cuantificación del daño. Además, podría abarcar la instrucción general en materia de los respectivos procedimientos de los dos ámbitos, algo sobre el que existe generalmente un considerable desconocimiento por ambas partes.

La Asociación de Jueces Europeos de Derecho de la Competencia ("AECLJ", por sus siglas en francés) ofrece una excelente plataforma para el intercambio de experiencias entre los jueces europeos con competencia en materia del Derecho de la competencia y constituye un centro neurálgico para los cursos de formación[18]. España ha ampliado recientemente el grupo de jueces que asisten a sus reuniones bianuales para incluir una selección de jueces mercantiles, lo que es esencial. Ese grupo debería renovarse de forma continua. Los aprendizajes deberían asimismo

---

Santos, A., y Calderón Cuadrado, M. P., (dirs.), "*La Armonización del Derecho Procesal tras el Tratado de Lisboa*" (Aranzadi 2012), 151, 193. Por lo general, los jueces tampoco han ejercido antes como abogados, dado el sistema de acceso directo, por oposición, a la judicatura española.

17 Los académicos en España pueden dedicar parte de su trabajo al asesoramiento profesional en asuntos privados.

18 Véase https://www.aeclj.com/events-courses.

compartirse entre todos los jueces que llevan casos de Derecho de la competencia en España.

La formación y la educación serán más fáciles de gestionar de forma cohesionada y eficaz si se adoptan medidas de especialización de los tribunales. Si el número de jueces fuera menor y más manejable, y ese número estuviera más centrado en el Derecho de la competencia, las posibilidades de avanzar aumentarían enormemente. El CAT ofrece de nuevo una referencia. El Tribunal tiene su propio director de formación que coordina las actividades de formación y sus propios recursos educativos (biblioteca y personal de apoyo).

### c) Transparencia

Una cuestión importante relacionada con la formación y la educación efectivas es la transparencia. En la actualidad, es difícil acceder fácilmente a las resoluciones judiciales pertinentes adoptadas en materia de la aplicación privada del Derecho de la competencia en España (o, de hecho, en el resto de la UE). La mayoría de las sentencias españolas son comunicadas por los tribunales a la base de datos judicial central (CENDOJ)[19]. Sin embargo, dicha comunicación no es exhaustiva. Tampoco hay forma de saber cuándo se ha dictado una nueva sentencia en materia de Derecho de la competencia (salvo a través de otras fuentes, como los contactos personales con los abogados implicados o las redes sociales). Las sentencias deben, por ley, notificarse a la CNMC[20], y a la DG COMP[21], pero esto no suele ocurrir en la práctica. Además, los autos procesales (como los autos de acceso a fuentes de prueba u otras decisiones procesales relevantes) no suelen publicarse. Las observaciones como *amicus curiae* de la CNMC tampoco

19 https://www.poderjudicial.es/search/indexAN.jsp.

20 Artículo 212(3) de la LEC.

21 Artículo 15(2) del Reglamento 1/2003.

son publicadas por la autoridad española de competencia. Esto contrasta con la práctica de la DG COMP [22].

Dada la intensa y fragmentada actividad de aplicación privada del Derecho de la competencia en España, esta situación plantea un verdadero problema. No favorece el desarrollo coherente del Derecho o de la práctica judicial en la materia. Gran parte de lo que está ocurriendo simplemente no es conocido por la mayoría de los abogados y, me atrevería a decir, de los jueces. Sin embargo, esta información debería ser pública y estar a disposición de todos.

La CNMC debería insistir en el cumplimiento de la obligación de los juzgados de notificarle las sentencias y considerar la publicación exhaustiva de las sentencias de forma continuada en una página web específica, consultable e intuitiva en materia de competencia[23]. Lo ideal sería coordinar este trabajo con el CGPJ para garantizar una información completa. Se debería tomar medidas para animar a los jueces a ser más proactivos también en la comunicación al CENDOJ de resoluciones procesales (autos y, en su caso, providencias), para su inclusión asimismo en la web de la autoridad de la competencia.

La DGCOMP debería coordinarse con la AECLJ para garantizar la notificación de las sentencias nacionales y reanudar su base de datos de sentencias nacionales, paralizada desde hace algunos años[24]. Cualquier actividad de este tipo debería coordinarse adecuadamente con las iniciativas nacionales españolas. Ello requiere, en consecuencia, la identificación de puntos de contacto en la AECLJ, en la CNMC y en el CENDOJ, que permitan dicha coordinación.

---

22 Véase https://competition-policy.ec.europa.eu/antitrust/national-courts_en.

23 El sitio web del CAT ofrece una buena referencia: https://www.catribunal.org.uk/judgments y https://www.catribunal.org.uk/cases.

24 En ello están trabajando actualmente la AECLJ y la DG COMP: https://www.aeclj.com/noticeboard.

La CNMC debería publicar sus intervenciones como *amicus curiae*. También debería elaborar protocolos sobre cómo se propone intervenir en los procedimientos civiles nacionales, sus políticas y prácticas sobre el acceso al expediente, su intervención en las vistas de acceso a fuentes de prueba y la protección de la información confidencial en vía civil. Estos protocolos deberían publicarse en la página web de la CNMC, que debería incluir una sección sobre la aplicación privada del Derecho de la competencia.

### d) Gestión e impulso procesales *(case management)*

En España, no existe un poder general de gestión judicial del proceso (a pesar de las propuestas del CGPJ durante el cierre de Covid-19 para incluir una disposición a estos efectos al menos en las normas de acumulación de la Ley de Enjuiciamiento Civil). No obstante, existe un margen de maniobra aunque limitado para la gestión procesal activa por el juez en virtud de normas existentes y se debería animar a los jueces a gestionar los procesos en materia de Derecho de la competencia de una manera más proactiva y eficaz. Para ello, los jueces tendrán que asumir el contacto con los procedimientos en una fase más temprana, en particular para considerar cómo tramitar y gestionar las demandas múltiples, y deben aprovechar la ocasión de las vistas de acceso a fuentes de prueba y las audiencias previas como una oportunidad para guiar de forma más coherente y planificada la admisión y la práctica de la prueba, así como todo el proceso hasta juicio.

Una mayor implicación de los jueces en la gestión procesal de los asuntos de competencia desde una fase temprana requiere la plena participación de los letrados de la administración de justicia en coordinación con el juez. El principio de que las partes (y sus abogados y peritos) deben colaborar con el órgano jurisdiccional debería formar parte de las consideraciones procesales y las actitudes negativas deberían ser amonestadas, y no favorecidas, en consecuencia. Por lo tanto, debería darse más peso a las exigencias de la buena fe procesal[25].

Es muy recomendable que los órganos jurisdiccionales elaboren y publiquen directrices prácticas sobre cómo proponen gestionar los asuntos en materia de defensa de la competencia, teniendo en cuenta las exigencias específicas de dichos casos. Esto contribuirá a una práctica coherente y a la seguridad jurídica. Para garantizar la seguridad jurídica y la igualdad de trato, deben realizarse esfuerzos para promover las mejores prácticas a nivel nacional. Esto se facilitará reduciendo el número de tribunales mercantiles que aplican el Derecho de la competencia y promoviendo foros de formación. Asimismo, pueden jugar un papel de liderazgo judicial en el desarrollo de principios básicos que enmarquen la gestión procesal las audiencias provinciales.

### e) Acciones colectivas y concentración de demandas

La acumulación y otros mecanismos de tramitación conjunta de demandas individuales, o el "testeo" de cuestiones centrales comunes a múltiples demandas, ayudarán a gestionar situaciones de (presunto) daño masivo a la competencia. Como tales, deberían ser facilitados por los tribunales. La experiencia ha demostrado, sin embargo, que las acciones colectivas son también un mecanismo necesario para permitir la tramitación eficaz de las demandas masivas. En muchas ocasiones, un procedimiento colectivo único y bien gestionado proporcionará el único medio de acceso efectivo a la justicia, particularmente cuando el daño individual es relativamente bajo.

Las futuras acciones representativas deberían abarcar, tal como se ha propuesto, las infracciones del Derecho de la competencia. Los tribunales mercantiles deberían ser competentes para conocer de las demandas colectivas en materia de Derecho de la competencia, en lugar de los tribunales civiles ordinarios de primera

---

[25] Artículo 247 de la LEC.

instancia, como se ha propuesto inicialmente. La especialización de un grupo selecto de tribunales para tales demandas, dentro de los tribunales mercantiles, sería apropiada[26]. Dada su complejidad, el procedimiento por defecto para las acciones en materia de competencia, ya sean declarativas o resarcitorias, debería ser el procedimiento declarativo ordinario y no el procedimiento verbal acelerado, como se prevé actualmente para las acciones declarativas. A su debido tiempo, debería ponerse a disposición un mecanismo colectivo también para las demandas de los no consumidores (es decir, las empresas).

Por último, el nuevo régimen de acciones colectivas, si se aprueba, debería ofrecer a los tribunales la oportunidad para desarrollar buenas prácticas en lo que se refiere al ejercicio de la discrecionalidad judicial en materia procesal, dado el mayor alcance contemplado al respecto en el proyecto de ley. Esto se refiere, por ejemplo, al acceso a fuentes de prueba (que forma parte también del régimen de acciones colectivas de la UE) y a las facultades de gestión procesal en general. Esta nueva ley podría tal vez ofrecer una oportunidad también para que el legislador asuma algunas de las propuestas expuestas en esta investigación; por ejemplo, encaminadas a incorporar de forma más satisfactoria el mecanismo de acceso a fuentes de prueba en el procedimiento civil y a adaptar el proceso a las exigencias de la prueba pericial.

### *19.2. Propuestas procesales*

Paso ahora a presentar mis propuestas de cambio en la tramitación de las demandas en materia del Derecho de la competencia. Estas propuestas no están condicionadas a un cambio previo de la ley. Más bien, son recomendaciones de cómo aplicar las nor-

---

26 Tal y como se preveía para los juzgados de primera instancia competentes en la propuesta artículo 834.2 de la LEC en el anteproyecto de ley de acciones representativas de los consumidores publicado por el Gobierno español en 2023, n. 10.

mas procesales españolas existentes de una manera que sea más coherente con los dictados y el espíritu del Derecho de la UE. Si se aplicaran, contribuirían positivamente a alcanzar los objetivos de una justicia eficiente, imparcial y eficaz, y de una mayor calidad sustantiva. A continuación, expongo, de forma más o menos cronológica, los elementos específicos del propuesto proceso tal como lo concibo.

### a) Escritos rectores

Con el fin de ayudar al tribunal a gestionar una situación de demandas paralelas en un contexto de litigación masiva, sugiero que, cuando un demandante forme parte de un grupo de demandantes representados por el mismo despacho de abogados, deberá, siempre que sea posible, revelar este hecho en su escrito de demanda. Deberá establecer cómo se propone que se traten las demandas múltiples desde una perspectiva procesal (es decir, acumulación, demandas de tipo "test" o "testigo", demandas individuales, etc.), por qué se ha elegido este método y cómo contribuirá a la buena administración de justicia. En la medida de lo posible, estas propuestas deben acordarse previamente con la otra parte antes de la presentación de la demanda y lo acordado debe explicarse al tribunal en la propia demanda. Evidentemente, estas sugerencias no son obligatorias, pero considero que responden al espíritu de colaboración y buena fe procesal que incumbe a las partes adoptar.

Un demandante español no está obligado a exponer sus propuestas ni a ponerse en contacto, siquiera, con el demandado antes de presentar una demanda y puede tener razones legítimas para no hacerlo. Sin embargo, en la práctica, es habitual que exista correspondencia *inter partes* previa a la presentación de la demanda; por ejemplo, porque el demandante desee interrumpir el plazo de prescripción. Por su parte, un demandado no está obligado a aceptar la propuesta procesal de un demandante —por ejemplo, de acumular demandas— y tiene derecho a plantear cualquier objeción jurídica que pueda tener en su escrito de contestación. Sin embargo, si las partes acuerdan la acumulación de acciones en un mismo escrito de demanda o la acumulación de procesos en caso de demandas inicialmente presentadas por separado, dicho acuerdo elimina esencialmente cualquier obstáculo a la acumulación (sujeto únicamente a impedimentos legales). Del mismo modo, si las partes pueden acordar otros mecanismos razonables de tramitación (por ejemplo, la tramitación conjunta de demandas o el procesamiento de demandas "test"), esto ayudará al tribunal a determinar la mejor forma de tratar el caso o de proceder, ya que estará mejor situado para comprender el contexto y relevancia del procedimiento y de las decisiones procesales y sustantivas que adopte.

Sugiero, asimismo, como buena práctica procesal que, en principio, los demandantes revelen la existencia de la financiación por terceros si, en efecto, han pactado previamente que el coste (o parte del coste) del proceso sea sufragado por un tercero ajeno a los demandantes y sus abogados y que, en caso de solicitarlo el tribunal, facilite los elementos esenciales del acuerdo en condiciones de confidencialidad. Esta idea, que, en términos algo diferentes, se incluye como requisito obligatorio para las demandas colectivas por daños y perjuicios en la propuesta española del proyecto de ley de acciones representativas[27], respondería en parte a la sensación de misterio e incertidumbre que actualmente revisten estos acuerdos, actualmente confidenciales y no revelados en los procedimientos a los que afecten. Una vez más, es posible que una mayor transparencia redunde en beneficio del trabajo del tribunal y, en consecuencia, del procedimiento.

Las solicitudes de acceso a fuentes de prueba deberán incluirse por defecto, a modo de "otrosí", en los escritos de demanda y contestación. Deberán ir respaldadas por declaraciones de los peritos de parte (contenidas en una carta presentada como documento junto con el correspondiente escrito rector) si el acceso a fuentes solicitado se refiere a información o materiales requeridos por el perito para preparar su informe pericial. Más adelante nos exten-

[27] *Ibid.* propuesta artículo 844(1)(f) de la LEC.

deremos sobre otros elementos del contenido y propósito de estos "escritos explicativos del perito".

Los escritos de demanda y contestación deberán incluir a modo de "otrosí" también cualquier solicitud en relación con la protección de información supuestamente confidencial presentada con dichos escritos (o, en su caso, reservada) que la parte desee que no sea revelada por el tribunal a la contraparte o a terceros. Ello permitirá al letrado de la administración de justicia tener conocimiento de tales extremos y, en su caso, plantear la cuestión ante el juez para que adopte una decisión.

El escrito de demanda debería incluir también por "otrosí" la solicitud de que, una vez admitida, se notifique a la CNMC el correspondiente auto de admisión de la demanda[28]. Recomiendo que cuando el escrito de demanda incluya una solicitud de exhibición de documentos que obren en el expediente administrativo de una autoridad de competencia, se haga constar esta circunstancia por el letrado de la administración de justicia en la notificación a la CNMC, y se pongan a disposición de la autoridad los detalles de dicha solicitud por si desea ejercitar su derecho a formular alegaciones sobre la proporcionalidad de la misma[29].

Por último, la experiencia en el caso del cartel de los camiones ha demostrado que pueden existir formas colaborativas entre las partes para evitar conflictos procesales iniciales (a veces largos e innecesarios) relacionados con la notificación de demandas en el extranjero en virtud del Reglamento de notificaciones de la UE y con el plazo para la presentación del escrito de contestación. Si las partes pueden ponerse de acuerdo sobre qué documentos necesitan ser traducidos, a qué idioma, y dónde y cómo debe realizarse la notificación, sería posible en principio acordar igualmente un plazo para la presentación de la contestación. Desde el punto de vista procesal, esto podría funcionar como un acuerdo para que el demandado

---

28 De conformidad con el artículo 404(3) de la LEC.

29 De conformidad con el artículo 283 *bis* (i) 11 de la LEC.

comparezca voluntariamente en el plazo acordado (menos los veinte días estándar previstos por la ley para presentar la contestación), sin oponerse al medio de notificación utilizado en la medida que también responda a una solución acordada entre las partes[30].

### b) Informes periciales

La forma en que se gestione y practique la prueba pericial en los procedimientos de aplicación privada en materia de defensa de la competencia debe adaptarse a las características del asunto de que se trate y tener por objeto ayudar al juez a valorar dicha prueba, junto con el resto de la prueba disponible, para determinar las cuestiones controvertidas. Esto significa que, de forma adecuada y proporcionada a las circunstancias del caso, los procedimientos deben contemplar un proceso que permita la debida refutación de los análisis periciales, el acceso a la información razonablemente necesaria en condiciones adecuadas, la presentación de ampliaciones de informe cuando ello esté justificado y, en general, el respeto por la igualdad procesal de las partes. A continuación, se exponen medidas específicas para lograr estos objetivos.

Los escritos de demanda y contestación deben incluir una declaración del perito designado por la parte correspondiente en la que el perito explica de forma resumida la metodología de análisis que propone ejecutar, y con qué propósito, y justifica qué información, datos u otros materiales que precisa para la ejecución de la metodología escogida (el "escrito explicativo del perito"). Este escrito explicativo debe incorporarse como documento a la demanda o contestación (por ejemplo, en forma de carta) siguiendo el *modus operandi* típicamente utilizado por los deman-

---

[30] Artículo 166 de la LEC. La posibilidad de evitar esta cuestión efectuando el servicio localmente a través de una filial local está actualmente pendiente de una cuestión prejudicial remitida por el Tribunal Supremo al TJUE en 2022 (Asunto C-632/22 *AB Volvo contra Transsaqui SL*), n. 3 (tercera parte *supra*).

dados para justificar la presentación tardía de un informe pericial[31]. La declaración pericial deberá incorporarse por referencia en una sección claramente marcada del escrito correspondiente (demanda o contestación), idealmente por medio de "otrosí". La situación será algo diferente dependiendo de la parte, ya que el demandante normalmente presentará un informe con el escrito de demanda, mientras que el demandado no lo hará. En el caso del demandante, la declaración pericial reflejará en consecuencia lo realizado en el informe presentado y podrá ser breve.[32] No obstante, un breve resumen será de utilidad para el tribunal. La declaración también será el lugar para justificar cualquier otra necesidad de datos que tenga el perito y con qué fin (es decir, para ejecutar qué metodología y por qué es necesaria) —es decir, la motivación de una solicitud de acceso a fuentes de prueba— y cualquier propuesta de ampliación de informe correspondiente (o incluso de primer informe si las circunstancias lo justifican). En el caso del demandado, la declaración pericial deberá justificar, con mucho más detalle que se suele hacer en la actualidad, las razones por las que el perito necesita más tiempo para elaborar el informe pericial. En consecuencia, deberá contener una explicación clara y razonada de la metodología propuesta, los datos que se emplearán, su ubicación y extracción, y el tiempo necesario para llevar a cabo el trabajo. En su caso, también deberá incluir cualquier propuesta de solicitud de acceso a fuentes de prueba junto con la correspondiente motivación acerca de su alcance y finalidad.

Los datos subyacentes que los peritos emplean en sus análisis pueden considerarse normalmente pruebas indirectas de hechos que, por regla general, deben aportarse al procedimiento. En función de su importancia para fundamentar el caso y los derechos de defensa de las partes, estos hechos pueden clasificarse

---

31 Artículo 337(1) de la LEC.

32 Excepcionalmente, deberá justificar por qué no ha podido realizar un informe pericial y qué datos necesita de la otra parte para elaborarlo.

como hechos principales, cuya prueba directa debe aportarse en el momento de presentar las alegaciones, o como hechos secundarios o accesorios, cuya prueba debe aportarse de conformidad con las normas generales sobre preclusión. Los propios datos subyacentes deben aportarse normalmente al procedimiento junto con el informe correspondiente, acompañado, en su caso, de los modelos de códigos[33]. Los expertos deben explicar claramente (normalmente en un anexo) cómo se han seleccionado, cotejado, agregado, procesado y depurado los datos. Deberán aportarse pruebas de cómo se ha verificado la exactitud de los datos. Si no se presenta la información necesaria para que el perito de la otra parte pueda verificar la solidez del análisis y reproducirlo, el tribunal normalmente concederá menos importancia al informe. Los datos subyacentes deben presentarse de forma que sean accesibles a los peritos de la contraparte de acuerdo con las mejores prácticas. En consecuencia, deben facilitarse bases de datos electrónicas (en lugar de, por ejemplo, copias en papel de conjuntos de datos impresos).

Si una de las partes considera que los datos subyacentes utilizados por los peritos son confidenciales, debe solicitar al tribunal que se conceda a la información un tratamiento confidencial mediante "otrosí" en el escrito de demanda o contestación, según corresponda. Con el fin de promover la transparencia entre las partes, los tribunales deberían, en general, estar relativamente abiertos a conceder este tipo de medidas; por ejemplo, mediante una declaración de la confidencialidad de las pruebas en cuestión aportadas al procedimiento[34]. Las órdenes en materia de confidencialidad deben indicar claramente las consecuencias en términos de costes y sanciones que acarrearía su incumplimiento. Si la confidencialidad también se solicita a la contraparte, dicha

---

33 De conformidad con el artículo 336(2) de la LEC interpretado conforme a las mejores prácticas para la presentación de pruebas económicas y los principios fundamentales de contradicción e igualdad procesal.

34 Artículo 283 *bis* (b) 5.3 de la LEC.

solicitud justificaría un retraso en la presentación de los datos subyacentes ante el tribunal. Dichas solicitudes de confidencialidad deben ser tramitadas por el letrado de la administración de justicia, se debe conceder a la parte contraria la oportunidad de presentar alegaciones y el tribunal debe resolver el asunto en un tiempo razonable sobre la base de las alegaciones escritas una vez presentadas. La información con más de cinco años de antigüedad no debe considerarse normalmente confidencial ni merece ciertamente protección frente a las partes en litigio. Cuando los tribunales consideren que la confidencialidad está justificada, la protección de los datos debería concederse normalmente mediante un círculo de confidencialidad, que limite el acceso a personas específicas nombradas (abogados y peritos)[35]. Excepcionalmente, cuando lo justifiquen circunstancias específicas (como la extrema sensibilidad de la información o una situación especial de riesgo de filtración o infracción)[36], el tribunal puede ordenar que el círculo de confidencialidad se ejecute mediante una sala de datos. Las condiciones de acceso a la sala de datos deben ser adecuadas para permitir que el perito de la contraparte lleve a cabo las tareas de verificación que desee realizar, en la medida en que estás hayan sido aprobadas por el tribunal. Esto significa que se debe conceder al perito tiempo suficiente en la sala de datos y derechos para extraer muestras y/o cálculos pertinentes, en su caso, introducir datos propios en la sala (por ejemplo, variables diferentes). Estas cuestiones deben ser objeto de consideraciones justificadas por parte de los propios peritos para facilitar la decisión del juez o, en su caso, ser acordados por las propias partes y sus peritos cuando sea posible. Cuando un perito designado por una parte desee tener acceso a la información utilizada por un contraperito que no haya sido revelada con el informe, la parte correspondiente podrá presentar dicha solicitud mediante una petición de acceso a fuentes de prueba.

---

35 Artículo 283 *bis* (b) 5.6 de la LEC.

36 En cuanto a esto último, la existencia de demandas masivas y grupos de demandantes paralelos puede ser un factor relevante a considerar.

El informe pericial del demandado deberá presentarse junto con el escrito de contestación a la demanda o tan pronto como esté disponible. La justificación proporcionada en el "escrito explicativo del perito" motivará las causas de cualquier retraso en la presentación y proporcionará una explicación razonada del proceso y del tiempo necesario para la elaboración final del informe. Esta explicación deberá ser utilizada por el letrado de la administración de justicia, en el momento oportuno, como guía para fijar la fecha de la audiencia previa y una fecha límite, previa a dicha audiencia, para la presentación del informe[37]. La regla por defecto de cinco días debe ser la excepción y no la regla. El tribunal debe asegurarse de que la contraparte disponga de tiempo suficiente antes de la vista para que su propio perito pueda revisar y procesar informes potencialmente extensos junto con los datos que los acompañen. Los plazos pertinentes podrán determinarse con mayor precisión mediante las alegaciones y prueba practicada en la vista de acceso a fuentes de prueba.

Los tribunales deben estar dispuestos a permitir la ampliación de los informes cuando una de las partes disponga de nueva información o datos durante el procedimiento y la parte haya justificado la necesidad de dicho informe. Este será el caso, en particular, cuando la información o los datos pertinentes se hayan puesto a disposición tras el acceso a fuentes nuevas de prueba (ya sea por orden del tribunal o porque una de las partes —normalmente, el demandado— haya elaborado un informe pericial con los nuevos datos). La solicitud de ampliación se presentará formalmente en la audiencia previa. No obstante, siempre que sea posible, deberá haberse anticipado en la correspondiente solicitud de acceso a fuentes de prueba y en el "escrito explicativo del perito". Las partes y sus peritos también pueden acordar ampliaciones como parte de un acuerdo de acceso a fuentes de prueba, aunque la admisión de una ampliación requerirá de una decisión judicial. El nuevo informe de ampliación, si es admitido por el tribunal, de-

---

[37] De conformidad con el artículo 404(1) de la LEC.

berá presentarse en la audiencia previa o una vez que esté disponible y con tiempo suficiente antes del juicio, según se justifique debidamente ante el tribunal en la vista. Del mismo modo que para el caso de presentación del informe pericial del demandado, el tribunal deberá fijar una fecha adecuada para el juicio y para la presentación previa del informe, que permita que el informe esté preparado a tiempo y que el perito del demandado tenga tiempo de revisarlo para preparar el juicio.

En el momento actual en el que nos encontramos, no soy partidario de fomentar el uso de peritos judiciales, designados por el tribunal, en casos de aplicación privada de la normativa de competencia. En caso de emplearse, su designación precisa, para funcionar, de un acuerdo entre las partes sobre la persona a designar o las cualidades y experiencia que dicha persona debería poseer. En el futuro, el CGPJ podría tratar de elaborar una lista de peritos especializados, cuyas credenciales han sido debidamente verificadas en amplia consulta pública con los organismos y autoridades pertinentes. La lista judicial existente y las soluciones *ad hoc* son inadecuadas y deberían evitarse. Si se recurre a peritos judiciales, se sugiere que sean designados como peritos terceros, sin sustituir a los peritos de parte. El alcance de sus instrucciones y su acceso a la información de las partes deben definirse cuidadosamente (tras oír a las partes) y ser controlados por el tribunal.

### c) Acceso a fuentes de prueba *(disclosure)*

El mecanismo de acceso a fuentes de prueba debe incorporarse al procedimiento civil con el objetivo de garantizar su uso efectivo de acuerdo con las exigencias de la Directiva de Daños. Esto debería producirse normalmente dentro del procedimiento, tras la presentación de los escritos rectores. Ello facilitaría al juez la evaluación de las solicitudes de ambas partes ya que contará con la ventaja de conocer las posturas litigiosas plenamente alegadas de ambas partes, así como las pretensiones de ambas en lo que se refiere al acceso a información que no tengan a su disposición.

Si los escritos de demanda y contestación incluyen solicitudes de acceso a fuentes de prueba que sean además admisibles, las partes deben ser convocadas a una vista de acceso a fuentes de prueba[38]. El tribunal deberá indicar en la notificación si solicita que los peritos estén presentes en la vista. Alternativamente, deberá solicitar que las propias partes indiquen, al menos con cinco días de antelación a la vista, si desean convocar ellas mismas a sus peritos o a los peritos de la parte contraria. Si terceros son objeto de la solicitud, también deberán ser convocados a la vista[39]. Si la solicitud se refiere al acceso al expediente administrativo de una autoridad de competencia, también deberá notificarse el señalamiento de la vista audiencia a la CNMC para que pueda ejercer su derecho a formular alegaciones. En aras de la eficacia procesal, la vista de las solicitudes cruzadas (de ambas partes) deberá celebrarse en una misma audiencia.

La vista de acceso a fuentes de prueba ofrece al tribunal la oportunidad de gestionar activamente la prueba pericial. El juez debe aprovechar la oportunidad para dialogar con las partes, y con sus peritos si han sido convocados, sobre los análisis que proponen y los datos que necesitan. Es decir, basándose en los "escritos explicativos de los peritos" presentados con la demanda y contestación, el juez debe tratar de entender qué datos tiene cada parte a su disposición y propone utilizar (o ya ha utilizado), así como las metodologías que pretenden ejecutar. También deberá abordar el método apropiado para llevar a cabo el acceso a fuentes de prueba que se ordene y los tiempos requeridos tanto para ese ejercicio como para cualquier análisis posterior por parte de los peritos correspondientes. Estas cuestiones deberán abordarse en las correspondientes solicitudes de acceso a fuentes de prueba y en los "escritos explicativos de los peritos", y serán objeto de alegaciones (y pruebas) en la vista.

---

38 Artículo 283 *bis* (f) de la LEC.

39 *Ibid.*

Las cuestiones de la confidencialidad de cualquier información que deba revelarse como consecuencia de las solicitudes de acceso a fuentes de prueba también deben abordarse en la vista. Los medios elegidos por el tribunal para proteger la información confidencial deben ser adecuados a la finalidad para la que se ha concedido su exhibición y esto también debe abordarse en la solicitud de acceso a fuentes de prueba y en el "escrito explicativo de los peritos" y ser objeto de alegaciones (y pruebas) en la vista.

Se recomienda que las partes y sus expertos se esfuercen por llegar a un acuerdo antes de la vista de acceso a fuentes de prueba. Esto puede abarcar el alcance de la exhibición, los medios para la aportación de la información y la confidencialidad. En la medida en que las fuentes de prueba (datos o documentos u otros materiales) ya hayan sido aportados o exhibidos en procedimientos anteriores en los que participaron los mismos expertos, las partes pueden acordar que dichas fuentes de prueba se utilicen y propongan como prueba en el momento adecuado del procedimiento (audiencia previa), evitando así repetir el mismo ejercicio potencialmente costoso dos veces. El tribunal deberá preguntar a las partes al comienzo de la vista de acceso a fuentes de prueba si han podido llegar a un acuerdo sobre alguna cuestión relacionada con las solicitudes presentadas y, en caso afirmativo, sobre cuál. La orden final debe abarcar todas las cuestiones, tanto si se ha llegado a un acuerdo como si no.

### d) Audiencia previa

La audiencia previa debe convocarse una vez finalizado el ejercicio (la pieza separada) de acceso a fuentes de prueba (o tras la presentación de la contestación en caso no ha haber solicitudes de acceso a fuentes de prueba). La audiencia debe convocarse lo antes posible, pero con tiempo suficiente para que (i) el demandado presente el informe del perito designado por él, (ii) el demandante revise dicho informe (y la información que lo acompañe), y (iii) se haya completado el análisis de los datos y materiales que, en su caso, hayan sido objeto de exhibición a raíz de una solicitud de acceso a fuentes de prueba.

El tribunal debe hacer uso de sus facultades para dirigirse a las partes con el fin de llegar a una solución amistosa del litigio. Debería preguntar a las partes qué medidas han tomado para intentar llegar a un acuerdo. En particular, cuando las partes se hayan manifestado en sus alegaciones en torno a demandas múltiples, se les debería invitar a expresar si existe algún consenso en cuanto al método preferido para tramitar los casos en interés de la buena administración de justicia y de alcanzar una resolución global de los casos. La posición expresada por las partes no tiene fuerza jurídica inmediata, pero ayudará al tribunal a tomar otras decisiones sobre la gestión de los asuntos (por ejemplo, sobre una posible suspensión, sobre el alcance de las pruebas que deben admitirse, sobre la duración del juicio o sobre las costas).

Cuando proceda, el tribunal deberá considerar con las partes la suspensión del procedimiento por uno de los siguientes posibles motivos: (i) cuando exista acuerdo de las partes para solicitar o aceptar la acumulación de otros procesos paralelos más recientes hasta que estos hayan avanzado hasta la misma fase procesal, (ii) la existencia de procedimientos paralelos pendientes en el caso de que las partes acuerden la suspensión en interés de la buena administración de justicia, y (iii) la necesidad de una cuestión prejudicial al TJUE sobre una cuestión relevante para el resultado del asunto (la suspensión es automática si el mismo tribunal remite la cuestión o, alternativamente, puede acordarse cuando las partes estén dispuestas a esperar la sentencia del TJUE o, eventualmente, podría ser impuesta por el tribunal)[40]. Estas cuestiones

---

[40] La situación jurídica es incierta y ha sido objeto de una reforma legislativa para facultar expresamente a los tribunales para suspender un procedimiento en caso de considerar que una cuestión prejudicial pendiente remitida por otro tribunal pueda afectar directamente a la resolución del procedimiento: el nuevo artículo 43 *bis* de la LEC introducido por el Real Decreto-ley 6/2003 (véase el capítulo 15.2(c) *supra*).

deben abordarse una vez que se hayan resuelto los impedimentos procesales al procedimiento, si los hubiere.[41]

Las solicitudes de ampliación de los informes periciales deben examinarse en consonancia con las consideraciones que he expuesto en secciones anteriores. En la medida en que se haya ordenado la exhibición de información económica relevante, normalmente sería apropiado permitir ampliaciones razonables para garantizar la efectividad del acceso a fuentes de prueba.

Antes de la vista, el tribunal debe esforzarse por identificar lo que considera ser los hechos controvertidos clave sobre las que desea centrar la práctica de la prueba en el juicio. En este contexto, podría resultar de utilidad para el tribunal tomar como referencia el "*check-list*" de consideraciones relevantes incluido en el capítulo 17.2(b) de este trabajo (o las relacionadas más específicamente con la valoración de la prueba pericial en la Guía de la CNMC de 2023). El juez debe identificar las cuestiones clave a las partes durante el momento para la determinación de los hechos controvertidos. También ayudará a enmarcar la preparación del juicio[42].

Tras la proposición y admisión de la prueba, el órgano jurisdiccional deberá considerar si, excepcionalmente, existe alguna cuestión en la que, a juicio del órgano jurisdiccional, sería necesaria la intervención de la CNMC o de la Comisión. Ello podría referirse, no a la cuantificación del daño, sino a otras cuestiones relativas a conceptos sustantivos del Derecho de la competencia. Se debería pedir a las partes su opinión antes de tomar una decisión. Aparte de esta facultad, el tribunal sólo debería considerar muy excepcionalmente la posibilidad de hacer sus propias sugerencias para la proposición de prueba[43].

---

Sea como sea, en la medida de lo posible, los tribunales competentes deberían esforzarse por adoptar una postura coherente ante esta cuestión. Los tribunales de apelación pueden tomar la iniciativa al respecto.

41 Artículo 416 y ss de la LEC.

42 Artículos 428(1) y 429(1) de la LEC.

43 Artículo 429(1) de la LEC.

El tribunal debe estudiar los preparativos para el juicio con las partes y permitirles que expongan sus opiniones razonadas antes de tomar una decisión, en particular en lo que respecta al tiempo estimado necesario para la práctica de las pruebas y la forma en que proponen que se practiquen (por ejemplo, si consideran apropiada el uso del careo —o "*hot-tubbing*"— o si desean utilizar ayudas visuales). La duración, el número de sesiones y las fechas del juicio deben determinarse a la luz de esas opiniones y de todas las demás consideraciones pertinentes, entre ellas: la complejidad del asunto, el alcance de las pruebas que vayan a practicarse o la pertinencia del procedimiento para múltiples demandas. En la medida de lo posible, el tribunal deberá indicar si se utilizará el "*hot-tubbing*" y en qué formato, y si las observaciones finales deberán ser orales en el juicio o, excepcionalmente y mediando acuerdo previo de las partes, por escrito después del juicio. El tribunal también deberá indicar su planteamiento respecto a las ayudas visuales.

## e) Juicio

El tribunal debe prepararse para formular preguntas directas a los peritos sobre cualquiera de las cuestiones clave que haya identificado como relevantes para la resolución del caso y que aún requieran aclaración tras el interrogatorio de los abogados. Cuando se haya optado por un careo, el juez deberá recordar a las partes cómo desea gestionar el proceso. Se recomienda que el juez utilice el careo como medio para estructurar las pruebas periciales en torno a las cuestiones clave y que dirija la vista para lograr ese fin. El *hot-tub* requerirá una preparación previa por parte del juez.

Al final de la vista, el juez debe considerar si es necesario suspender el procedimiento antes de dictar sentencia en caso de que haya una investigación pendiente de la autoridad de competencia (o una decisión que esté siendo revisada por los tribunales de apelación) que sea relevante para el caso.[44] Antes de tomar una

[44] Artículo 434(3) de la LEC.

decisión, debe permitir que las partes presenten alegaciones en sus observaciones finales (si no lo han hecho ya en una ocasión anterior).

### f) Costas y sanciones

Los tribunales deberían tratar de desarrollar una actitud de mayor exigencia hacia los litigantes mediante la interpretación del concepto de buena fe procesal que esté en consonancia con un concepto moderno de colaboración de las partes (y de los abogados) para la buena administración de justicia. Las consecuencias del incumplimiento de estas normas deberían ser aplicadas por los jueces en el contexto de la imposición de costas o sanciones (por ejemplo, en las órdenes de acceso a fuentes de prueba o en la sentencia final).

# *Bibliografía*

Abel Lluch, X., 'El estatuto jurídico del perito' en Abel Lluch, X., (coord.), *Tratado Pericial Judicial* (La Ley 2014)

—, *La valoración de la prueba en el proceso civil* (La Ley 2014)

—, *Las Reglas de la Sana Crítica* (La Ley 2015)

—, 'Criterios orientadores de la valoración de la prueba pericial' en Picó i Junoy, J., y de Miranda Vázquez, C., *Peritaje y Prueba Pericial* (Bosch 2017)

—, y Picó i Junoy, J., (dirs), *La Prueba Pericial* (Bosch 2009)

—, y Picó i Junoy, J., (dirs), *La Audiencia Previa* (Bosch 2010)

Afilalo, A., 'Towards a Common Law of Europe: Effective Judicial Protection, National Procedural Autonomy and Standing to Litigate Diffuse Interests in the European Union' (1999) 22 2 Suffolk Transnational Law Review 349

Albers-Llorens, A., 'Antitrust Damages in EU Law: The Interface of Multifarious Harmonisation and National Procedural Autonomy' (2018) 37 University of Queensland Law Journal

ALI / UNIDROIT, *Principles of Transnational Civil Procedure* (CUP 2005)

Amaro, R., *Private Enforcement of Competition Law in Europe* (Bruylant 2021)

Amrani-Mekki, S., 'Garantías frente a eficiencia. ¿Es lo racional siempre razonable?' en Jiménez Conde, F., y Bellido Penadés, R., (dirs), *Justicia: ¿Garantías versus Eficiencia?* (Tirant lo Blanch 2020)

Andino López, J. A., 'Inadmisión de hechos o documentos inéditos introducidos a través de la prueba pericial (una conducta poca ética)' en Pico i Junoy, J., *La Prueba Pericial a Examen* (Bosch 2021)

Andrés Ciruana, B., *La Invalidez de las Actuaciones en el Proceso Civil* (Tirant lo Blanch 2005)

Andrews, N., 'Fundamental Principles of Civil Procedure: Order out of Chaos', en Hess, B., y Kramer, X., (eds), *From Common Rules to Best Practices in European Civil Procedure* (Nomos 2017)

Armengot Vilaplana, A., 'La incidencia de la doctrina del TJUE en los principios que informan el proceso civil' (2018) 44 Revista General de Derecho Procesal

Arnull, A., 'The Principle of Effective Judicial Protection in EU Law' (2011) EurLR 52

Ashton, D., *Competition Damages Actions in the EU. Law and Practice* (2ª ed. Edward Elgar 2018)

Ariza Colmenarejo, M. J., 'Una revisión del estado de las fuentes del Derecho Procesal' en González Granda, y Ariza Colmenarejo, *Justicia y Proceso: una revisión procesal contemporánea bajo el prisma constitucional* (Dykinson 2021)

—, y González Granda, P., 'Deber de colaboración de las partes y evolución en los roles del juez y las partes en el proceso civil' en González Granda, P., y Ariza Colmenarejo, M. J., *Justicia y Proceso: una revisión procesal contemporánea bajo el prisma constitucional* (Dykinson 2021)

Banacloche Palao, J., 'Las líneas generales de la nueva Ley de Enjuiciamiento Civil' Tribunales de Justicia 1, enero 2000, 3

—, 'El proyecto de nueva oficina judicial: ¿hacia un nuevo proceso administrativizado?' (2009) Diario La Ley, 7251

—, *Aspectos fundamentales de Derecho procesal civil* (4ª ed. Wolters Kluwer 2018)

—, (ed) *Colección 20 años LEC 2000* (Wolters Kluwer 2019)

Barnard, C., y Peers, S., (eds), *European Union Law* (3ª ed. OUP 2020)

Bergstöm, M., Iacovides, M., y Strand, M., (eds), *Harmonising EU Competition Litigation. The New Directive and Beyond* (Hart 2016)

Biondi, A., Muscolo, G., y Nazzini, R., *After the Damages Directive. Policy and Practice in the EU Member States and the United Kingdom* (Wolters Kluwer 2022)

Bobek, M., 'Why there is no Principle of Procedural Autonomy of the Member States' en Micklitz, H., y de Witte, B., (eds), *European Court of Justice and the Autonomy of the Member States* (Intersentia 2012)

—, 'The effects of EU law in the national legal systems?' en Barnard, C., y Peers, S., (eds) *European Union Law* (3ª ed. OUP 2020)

—, 'Institutional Report' en Borman, M., y Langer, J., (eds), *National Courts and the Enforcement of EU Law: The Pivotal Role of National Courts in the EU Legal Order* (FIDE XXIX Congress, The Hague, Eleven International Publishing 2020)

Bonet Navarro, J., 'Algunos problemas concretos sobre aspectos generales de la prueba en el proceso civil', Diario La Ley, nº 7256, 6 de octubre de 2009

Borman, M., y Langer, J., (eds), *National Courts and the Enforcement of EU Law: The Pivotal Role of National Courts in the EU Legal Order* (FIDE XXIX Congress, The Hague, Eleven International Publishing 2020)

Bos, P. V. F., y Möhlmann, J. A., 'Mastering Masterfoods: Food for Thought on Staying Civil Damages Litigation Pending Appeals before the European Courts' en Danov, M., Becker, F., y Beaumont, P., (eds), *Cross-Border EU Competition Actions* (Hart 2013)

Brealey, M. QC, y George, K., *Competition Litigation. UK Practice and Procedure* (2ª ed. OUP 2019)

Broekelmann, H., 'La Directiva de Daños y su Trasposición en España' (2015) 37 Revista General de Derecho Europeo

Byrne Hill, D., y McIntosh, M., 'The Civil Procedure Rules Twenty Years en – The Practitioners' Perspective' en Higgins A, *The Civil Procedure Rules at 20* (OUP 2020)

Caballol Angelats, L., 'Art 283bis' en Gómez Trinidad, S., (dir) y Caballol Angelats, L., (coord), *Resarcimiento de daños por la infracción de las normas concurrenciales en el Real Decreto-ley 9/2017 de trasposición de la Directiva 2014/104/UE* (Marcial Pons 2021)

Cadiet, L., 'L'autonomie procédurale dans la jurisprudence de la Court de justice', en Hess, B., y Lenaerts, K., (eds), *The 50th Anniversary of the European Law of Civil Procedure* (Hart 2020)

Callol, P., y Yuste, M., 'La directiva comunitaria sobre reclamación de daños y perjuicios derivados de infracciones del Derecho de la competencia. Principales novedades y potencial incidencia en el ordenamiento jurídico español' en Girela, M. A. R., (coord.) *Problemas prácticos y actualidad del Derecho de la Competencia. Anuario 2015* (Civitas 2015)

Calvo Caravaca, A. L., y Suderow, J., 'El Efecto Vinculante de las Resoluciones de las Autoridades Nacionales de Competencia en la Aplicación Privada del Derecho Antitrust' (2015) 7 Nº 2 Cuadernos de Derecho Transnacional 114

Caponi, R., 'Harmonizing Civil Procedure: Initial Remarks' en Hess, B., y Kramer, X., (eds), *From Common Rules to Best Practices in European Civil Procedure* (Nomos 2017)

Cappelletti, M., *El Proceso Civil en el Derecho Comparado. Las grandes tendencias evolutivas* (Olejnik 2018)

Centre for European Policy Studies / Erasmus University Rotterdam y Guido Carli, L., 'Making antitrust damages actions more effective in the EU: welfare impact and potential scenarios FINAL REPORT', 21 December 2007

Civil Justice Council, 'Improving Access to Justice through Collective Actions' (2008)

—, Civil Litigation Review Working Group Report 'Concurrent Expert Evidence and "Hot-Tubbing" in English Litigation since the "Jackson Reforms"', 25 July 2016

CNMC, Guía sobre Cuantificación de Daños por Infracciones del Derecho de la Competencia (G-2020-03) 11 de julio de 2023

Comisión Europea, *Fifteenth Report on Competition Policy* (Publications Office 1986)

—, Communication on the Tampere Programme COM(2000) 167 final

—, 'Communication from the Commission to the European Parliament and Council: Report on the functioning of Regulation 1/2003' SWD COM(2009)

—, Communication on judicial training in the European Union COM(2006) 356 final

—, 'DG Competition Best Practices for the Submission of Economic Evidence and Data Collection in Cases Concerning the Application of Articles 101 and 102 TFEU and in Merger Cases, Staff Working Paper' SEC/2011/1216 final

—, 'DG Competition Best Practices on the disclosure of information in data rooms in proceedings under Articles 101 and 102 TFEU and under the EU Merger Regulation'

—, 'The EU Justice Agenda for 2020 – Strengthening Trust, Mobility and Growth within the Union' COM(2014)

—, Communication on 'Ensuring justice in the EU — a European judicial training strategy for 2021-2024' COM(2020) 713 final

—, 'The 2021 EU Justice Scoreboard' 2021COM(2021) 389

Concheiro, J., 'La cuantificación y la estimación judicial del daño en ilícitos antitrust. ¿Son lo mismo?' Almacén de Derecho, 10 March 2023

European Council, 'The Hague Programme: Strengthening Freedom, Security and Justice in the European Programme' [2005] OJ C 53/1

—, 'The Stockholm Programme – An Open and Secure Europe Serving and Protecting Citizens' [2010] OJ C 115/1

—, 'Strategic Agenda for the Union in Times of Change' Conclusions 26-27 June 2014

Consejo General del Poder Judicial, Plan Piloto de Tribunal de Instancia Mercantil de Sevilla, 4 de febrero de 2016

—, Plan de Choque para la Reactivación tras el Estado de Alarma, 16 de junio de 2020

Craig, P., y de Búrca, G., *The Evolution of EU Law* (2ª ed. OUP 2011)

—, y de Búrca, G., (eds) *EU Law, Text, Cases and Materials* (7ª ed. OUP 2020)

—, y de Búrca, G., (eds), *The Evolution of EU Law* (3rd ed. OUP 2021)

Cuniberti, G., 'The Promotion of Best Practices in European Civil Procedure: Some Introductory Remarks', en Hess, B., y Kramer, X., (eds), *From Common Rules to Best Practices in European Civil Procedure* (Nomos 2017)

Danov, M., Becker, F., y Beaumont, P., (eds), *Cross-Border EU Competition Actions* (Hart 2013)

—, y Dnes, S., 'Cross-Border EU Competition Litigation: New Evidence from England and Wales' en Danov, M., Becker, F., y Beaumont, P., (eds), *Cross-Border EU Competition Actions* (Hart 2013)

Davies, G., 'Court Appointed Experts' (2004) 23 Civil Justice Quarterly 367

de Benito Llopis-Llombart, M., *Justicia o burocracia* (Civitas 2017)

de la Oliva Santos, A., *Derecho Procesal Civil* (Madrid Centro de Estudios Ramón Areces 1991)

—, El "Factor Humano" en la Justicia' (2006) 12 nº2 Revista Ius et Praxis 255

—, Sobre la Calidad de la Justicia en España' International Journal of Procedural Law 1 (2011) Nº 1

—, *El Papel del Juez en el Proceso Civil* (Civitas 2012)

—, y Calderón Cuadrado, M. P., (dirs), *La Armonización del Derecho Procesal tras el Tratado de Lisboa* (Aranzadi 2012)

—, Diez-Picazo Giménez, I., y Vegas Torres, J., *Curso de Derecho Procesal Civil II* (4ª ed. Cerasa 2021)

de la Rúa Navarro, J., 'La facultad del art. 429.1, II y III LEC y la preclusión probatoria. ¿Puede el juez proponer medios de prueba cuyo momento procesal ha precluido (ej. dictámenes y documentos)?' en Abel Lluch, X., y Picó i Junoy, J., *Problemas Actuales de la Prueba Civil* (Bosch 2005)

de Miranda Vázquez, C., 'El pronunciamiento de las partes sobre los dictámenes periciales presentados: una reflexión crítica', (2009) 2 Justicia Año, 315

—, ¿Es realmente el juez peritus peritorum?' en *Derecho Probatorio Contemporáneo. Prueba científica y técnica forenses* (Universidad de Medellín 2012)

Díaz Cabiale, J. A., *La Eficacia Material y Procesal de la Sentencia Civil más allá de la Cosa Juzgada* (Tirant lo Blanch 2018)

Díez Estella, F., 'La aplicación Privada del Derecho de la Competencia: Acciones de Daños y Pronunciamientos, Judiciales', (2019) 11 nº 1 Cuadernos de Derecho Transaccional 267

Diez-Picazo Giménez, I., 'Comentario al artículo 742' en Diez-Picazo Giménez, I., de la Oliva Santos, A., Vegas Torres, J., y Banacloche Palao, J., *Comentarios a la Ley de Enjuiciamiento Civil* (Civitas 2001)

Diez-Picazo, L., *La doctrina de los propios actos* (Bosch 1963)

Donnelly, C., y de la Mare, T., 'Preliminary Rulings and EU Legal Integration', en Craig, P., y de Búrca, G., (eds), *The Evolution of EU Law* (3ª ed. OUP 2021)

Dougan, M., *National Remedies before the Court of Justice* (Hart 2004)

—, The vicissitudes of life at the coalface: remedies and procedures for enforcing Union law before the national courts' en Craig, P., y de Búrca, G., *The Evolution of EU Law* (2ª ed. OUP 2011)

Drake, S., 'Scope of Courage and the principle of "individual liability" for damages: further development of the principle of effective judicial protection by the Court of Justice' (2006) EL Rev

Dunne, N., 'Antitrust and the Making of European Tort Law' (2016) 36 Oxford Journal of Legal Studies

Düsterhaus, D., 'Constitutionalisation of European Civil Procedure as a Starting Point for Harmonisation' en Gascón Inchausti, F., y Hess, B., (eds), *The Future of European Law of Civil Procedure* (Intersentia 2020)

Dwyer, D., *The Judicial Assessment of Expert Evidence* (CUP 2008)

—, *The Civil Procedure Rules Ten Years On* (OUP 2009)

Dyson., 'The Application of the Amendments to the Civil Procedure Rules: 18th Lecture in the Implementation Programme', District Judges' Annual Seminar, Judicial College, 22 March 2013

ELI/UNIDROIT, *Model European Rules of Civil Procedure* (OUP 2021)

Episcopo F, 'The Vicissitudes of Life at the Coalface: Remedies and Procedures for Enforcing European Union Law before National Courts', en Craig, P., y de Búrca, G., *The Evolution of EU Law* (3ª ed. OUP 2021)

European Parliament, 'Common Minimum Standards of Civil Procedure; European Added Value Assessment' PE 581.385, June 2016

—, 'Resolution of 4 July 2017 with recommendations to the Commission on common minimum standards of civil procedure in the EU' P8_TA(2017)0282

Fabbi, A., 'New "Sources" of Civil Procedure Law: First Notes of a Study', en Cadet, L., Hess, B., y Requejo Isidro, M., (eds), *Procedural Science at the Crossroads of Different Generations* (Nomos 2015)

Fernández-Seijo, J. M., 'Justicia mercantil y tribunales de instancia' Almacén de Derecho, 31 de mayo de 2017

Fidalgo Gallardo, C., 'La prejudicialidad europea: Cuestiones Prejudiciales y Suspensión de Procesos Civiles', (2022) 56 Revista General de Derecho Procesal

Font I Ribas, A., y Vilà Costa, B., (dirs), *La indemnización por infracción de normas comunitarias de la competencia* (Marcial Pons 2012)

Fuguet Carles, X., 'La disclosure: aspectos a aprender en España de la experiencia inglesa', InDret, 1.2023, 339

Galetta, D., *Procedural Autonomy of EU Member States: a paradise lost?* (Springer 2010)

García Orejudo, R., 'El acceso a las fuentes de prueba' en Gómez Trinidad, S., y Wurmnest, W., *Práctica judicial antes las reclamaciones de daños por infracciones de Derecho de la Competencia* (Wolters Kluwer 2021)

Gascón Inchausti, F., 'El acceso a las fuentes de prueba en los procesos civiles por daños derivados de infracciones de las normas de la competencia' La Ley Mercantil, nº 38, 1 de julio de 2017

—, 'Aspectos Procesales de las Acciones de Daños Derivados de las Normas sobre Defensa de la Competencia: Apuntes a la luz de la Directiva 2014/104 y de la Propuesta de Ley de Trasposición' (2017) 9 Cuadernos de Derecho Transnacional 125

—, *Derecho Europeo y Legislación Procesal Civil Nacional: entre autonomía y armonización* (Marcial Pons 2018)

—, Acumulación de acciones y de procesos civiles' en Banacloche Palao, J., (ed.), *Colección 20 años LEC 2000* (Wolters Kluwer 2019)

—, *Derecho Procesal Civil. Materiales para el Estudio* (4ª ed. 2022/2023, Universidad Complutense de Madrid)

—, Algunas claves del Anteproyecto de Ley de Acciones de Representación de los intereses colectivos de los consumidores' Almacén de Derecho, 17 de febrero de 2023

—, y Palomo Vélez, D., 'La audiencia previa al juicio en el modelo procesal civil español', (Sept 2007) 1 Revista Hispano-Chilena de Derecho Procesal Civil 51

—, y Hess, B., (eds), *The Future of European Law of Civil Procedure* (Intersentia 2020)

—, y Peiteado Mariscal, P., (dirs), *Estándares europeos y proceso civil* (Atelier 2022)

Gobierno de España, Proyecto de Ley de Medidas de Eficiencia Procesal del Servicio Público de Justicia, BOCG nº 97-1, 22 April 2022, p 1

Gómez Trinidad, S., (dir) y Caballol Angelats, L., (coord), *Resarcimiento de daños por la infracción de las normas concurrenciales en el Real Decreto-ley 9/2017 de trasposición de la Directiva 2014/104/UE* (Marcial Pons 2021)

—, y Wurmnest, W., (dirs), *Práctica judicial ante las reclamaciones de daños por infracciones de Derecho de la Competencia* (Wolters Kluwer 2021)

González Granda, P., 'De las dudas del legislador y otras cuestiones relativas a la novedosa regulación de las fuentes de prueba en los artículos 283. bis.a) y ss., de la Ley de Enjuiciamiento Civil' Diario La Ley, nº 9030, Julio 2017

—, y Ariza Colmenarejo, M. J., *Justicia y Proceso: una revisión procesal contemporánea bajo el prisma constitucional* (Dykinson 2021)

Haapaniemi, P., 'Procedural Autonomy: A Misnomer?' in Ervo, L., Gräns, M., y Jokela, A., *Europeanisation of Procedural Law and the New Challenges to Fair Trial* (Europa Law 2009)

Havu, K., 'Full, Adequate and Commensurate Compensation for Damages under EU Law: A Challenge for National Courts?' (2018) 43 EL Rev 24

—, 'Causation and Damage: What the Directive Does Not Solve and Remarks on Relevant EU Law' en Strand, M., Venegas, V. B., y Iacovides, M., (eds), *EU Competition Litigation. Transposition and First Experiences of the New Regime* (Hart 2019)

Herrero Perezagua, J. F., 'Legalidad, jurisdiccionalidad y funcionalidad de las formas del proceso' en Herrero Perezagua, J. F., y López Sánchez, J., (dirs), *Aciertos, excesos y carencias en la tramitación del proceso* (Atelier 2020)

Hess, B., 'Judicial discretion' en Storme, M., y Hess, B., (eds), *Discretionary power of the judge: limits and control* (Kluwer 2003)

—, 'Procedural Harmonisation in a European Context' en Kramer, X., y van Rhee, C. H., (eds), *Civil Litigation in a Globalising World* (Asser Press 2012)

—, y Cadiet, L., y Requejo Isidro, M., (eds), *Procedural Science at the Crossroads of Different Generations* (Nomos 2015)

—, y Kramer, X., (eds), *From Common Rules to Best Practices in European Civil Procedure* (Nomos 2017)

—, y Lenaerts, K., (eds), *The 50th Anniversary of the European Law of Civil Procedure* (Hart 2020)

Higgins, A., (ed), *The Civil Procedure Rules at 20* (OUP 2020)

Hitchings, P., 'Private Enforcement in Spain', (2010) 1 Global Competition Litigation Review 28

—, 'La prueba pericial económica en los procedimientos de reclamaciones de daños' Almacén de Derecho, 12 de mayo de 2021

—, 'RH v AB Volvo: a call for centralized and specialized courts in the midst of jurisdictional dispersion', (2021) 2 Mass Claims Journal 136

—, 'Daños Antitrust: ¿Cómo Conseguir una Mayor Coherencia y Eficacia en la Resolución de las Reclamaciones en Masa? Comentario a raíz de las Sentencias del TJUE en *Volvo I* y *Sumal* (Caso Camiones)' en Recuerda Girela, M. A., (dir.) Anuario de Derecho de la Competencia 2022 (Thomson Reuters 2022), 105

—, Malo, M. A., y Loras, L., 'Considerations concerning the implementation of the EU competition law damages directive in Spain' Concurrences Nº 2-2015 25

—, Durand, B., y Williams, I., et al, 'Study on the passing-on of overcharges: final report' (Commission, DG COMP, 2016)

—, y Hain-Cole, J., 'A legal approach to assessing evidence of pass-on,' (2017) 3 Global Competition Litigation Review

—, y Loras, L., 'Reformas procesales introducidas en la LEC por el Real Decreto de la Directiva de daños derivados de infracciones del Derecho de la Competencia' Economist & Jurist, Julio 2017

Hodges, C., 'Competition Enforcement, Regulation and Civil Justice: What is the case?' (2006) 43 CML Rev 1381

Hodgkinson, T., y James, M., *Expert Evidence: Law & Practice* (5ª ed. Sweet & Maxwell 2020)

Hollander, C., 'Disclosure. Should We Have Stayed with the RSC?' en Andrew Higgins (ed), *The Civil Procedure Rules at 20* (OUP 2020)

—, *Documentary Evidence* (14ª ed. Sweet & Maxwell 2021)

Hornkohl, L., 'The Presumption of Harm in EU Private Enforcement of Competition Law – Effectiveness vs Overcompensation' (2021) 5 ECLIC 29

—, 'Of Adequate Cost Rules, Judicial Damages Estimation, and Fundamental Principles of Antitrust Damages Actions – Tráficos Manuel Ferrer, C-312/21', Kluwer Competition Law Blog, 17 February 2023

Howard, A., 'Too little, too late?: The European Commission's Legislative Proposals on Anti-Trust Damages Actions' (2013) 4(6) JECLAP

Iacovides, M. C., 'Article 17(3) of the Damages Directive and the Interaction Between the Swedish Competition Authority and Swedish Courts' en Strand, M., Venegas, V. B., y Iacovides, M., (eds), *EU Competition Litigation. Transposition and First Experiences of the New Regime* (Hart 2019)

Jackson, LJ., *Review of Civil Litigation Costs: Preliminary Report* (TSO Mayo 2009)

—, *Review of Civil Litigation Costs: Final Report* (HMSO 2010)

—, *Review of Civil Litigation Costs: Supplemental Report* (HMSO 2017)

Jacob, R. LJ., 'Court Appointed Experts v Party Experts: Which is Better?' (2004) 23 Civil Justice Quarterly 400

Jacob, M., *Precedents and Case-Based Reasoning in the European Court of Justice* (CUP 2014)

Jiménez Cardona, N., *Acciones por daños de las infracciones del Derecho de la Competencia* (Wolters Kluwer 2019)

Jolowicz, J. A., *On Civil Procedure* (CUP 2000)

Jourova, V., 'Building a stronger European Judicial Network' in the keynote speech at the 15th Annual Meeting of the EJN 1 February 2017

Kakouris, C., 'Do the Member States possess judicial procedural autonomy?' (1997) 34 CML Rev 1389

Kalintiri, A., *Evidence Standards in EU Competition Enforcement – The EU Approach* (Hart 2019)

—, 'Analytical Shortcuts in EU Competition Enforcement: proxies, premises and presumptions' (2020) 16(3) Journal of Competition Law & Economics, 392

Kellaway, R., Thompson, R. QC, y Brown, C., (eds), *UK Competition Law – The New Framework* (OUP 2015)

Kirst, P., *The Impact of the Damages Directive on the Enforcement of EU Competition Law. A Law and Economics Analysis* (Edward Elgar 2021)

Komninos, A. P., 'Damages Actions in Article 102 Cases' en Strand, M., Venegas, V. B., y Iacovides, M., (eds), *EU* Competition *Litigation. Transposition and First Experiences of the New Regime* (Hart 2019)

Koopmans, T., 'The European Community and Legal Evolution' en *Community Law and National Courts: Rights and Remedies*, conference organised by the Centre for European Legal Studies and Trinity Hall, 26-27 March 1994, Trinity Hall 2000 Papers, N° 1, 1-10

Kramer, X., y Van Rhee, C. H., (eds), *Civil Litigation in a Globalising World* (Asser Press 2012)

Krans, B., 'EU Law and National Civil Procedure Law: An Invisible Pillar' European Review of Private Law 4-2015

—, y Nylund, A., (eds), *Procedural Autonomy across Europe* (Intersentia 2020)

La Pergola, A., y Prete, L., 'Burden of proof in competition law: An overview of EU and national case law' Concurrences e-Competitions Special Issue Burden of Proof, 29 March 2023

Lafuente, AJ., 'Pero ¿todo es subsanable?' en Herrero Perezagua, J. F., y López Sánchez, J., *Aciertos, Excesos y Carencias* (dirs), *Aciertos, excesos y carencias en la tramitación del proceso* (Atelier 2020)

Lasok, K. P. E., QC, 'Some Procedural Aspects and How they Could / Should be Reformed" en Danov, M., Becker, F., y Beaumont, P., (eds), *Cross-Border EU Competition Actions* (Hart 2013)

Law, S., y Nowak, J. T., 'Procedural Harmonisation by the European Court of Justice' en Gascón Inchausti, F., y Hess, B., (eds), *The Future of European Law of Civil Procedure* (Intersentia 2020)

Law Reform Committee, *Evidence of Opinion and Expert Evidence* (17th Report, Cmnd 4489, 1970)

Lenaerts, K., 'The Rule of Law and the Coherence of the Judicial System of the European Union' (2007) 44 CML Rev 1625

—, 'National Remedies for Private Parties in the Light of the EU Law Principles of Equivalence and Effectiveness' (2011) 46 Irish Jurist 13

—, Masells, I., y Gutman, K., *EU Procedural Law* (Janek Tomasz Nowak (ed), OUP 2014)

Lianos, I., Davis, P., y Nebbia, P., *Damages Claims for the Infringement of EU Competition Law* (OUP 2015)

Malek, H. M., QC, (ed), *Phipson on Evidence* (20ª ed. Sweet & Maxwell 2021)

Mangas Martín, A., y Liñán Nogueras, D. J., *Instituciones y Derecho de la Unión Europea* (10ª ed. Tecnos 2020)

Marcos, F., 'Acumulación de las acciones de indemnización de daños causados por el cártel de los fabricantes de camiones' Almacén de Derecho, 31 de agosto dev2019

—, '¿Puede la CNMC calcular el daño causado por el "cártel de los coches"?' Almacén de Derecho, 24 de noviembre de 2021

—, 'Jurisprudencia menor sobre los daños causados por el cártel de camiones' Almacén de Derecho, 21 de enero de 2022

—, 'Trucks Cartel damages claims: thousands and odd judgments issued by Spanish appeal courts', Working Paper IE Law School, 7 de octubre de 2022

—, 'Tres claves para la estimación judicial del daño antitrust indemnizable tras la STJUE Tráficos Manuel Ferrer' Almacén de Derecho, 22 de febrero de 2023

—, 'El sobreprecio del cartel de camiones tras las sentencias del Tribunal Supremo: ¿más allá de la estimación mínima del 5%?' Almacén de Derecho, 10 de julio de 2023

Martín Martín, G., 'Quantifying damages in cartel cases: the Spanish Courts approach to the Trucks cartel' (2021) 2 Mass Claims Journal 125

Martín Pastor, P., 'Técnicas para evitar pronunciamientos contradictorios sobre unos mismos hechos, y jurisprudencia constitucional sobre la vinculación de un proceso posterior a la declaración de hechos probados de un proceso anterior', en Jiménez Conde, F., y Bellido Penadés, R., *Justicia: ¿Garantías versus Eficacia?*

Martorell Zulueta, P., 'Aspectos Procesales I: Acceso a las fuentes de prueba' en Ruiz Peris, J. I., (dir), Palomar, T., (coord.), *Problemas actuales en las acciones de compensación de daños por infracción de las normas de competencia* (Aranzadi 2019)

—, 'Pluralidad de Reclamaciones' en Gómez Trinidad, S., y Wurmnest, W., (dirs), *Práctica judicial ante las reclamaciones de daños por infracciones de Derecho de la Competencia* (Wolters Kluwer 2021)

—, 'Análisis procesal del informe sobre cuantificación del daño' en Ruiz Peris, J. I., (dir), *Competencia, Compensación de Daños y Mercados Digitales* (Tirant lo Blanch 2022)

May, A., 'The ALI/UNIDROIT Rules of Transnational Civil Procedure in the Perspective of the New English and Welsh Rules' en Andenas, M., Andrews, N., y Nazzini, R., *The Future of Transnational Civil Litigation* (BIICL 2004)

Méndez Tomás, '¿Puede aportarse al informe pericial un documento nuevo en el proceso, si es necesario para elaborar el dictamen (arts. 336.2 y 270 LEC)?' en Abel Lluch, X., y Picó i Junoy, J., , *La Prueba Pericial* (Bosch 2009)

Micklitz, H., y de Witte, B., (eds), *European Court of Justice and the Autonomy of the Member States* (Intersentia 2012)

Ministerio de Justicia, Anteproyecto de Ley de Medidas de Eficiencia Procesal del Servicio Público de Justicia, 15 de diciembre de 2020

—, Anteproyecto de Ley de Acciones de Representación para la Protección de los Intereses Colectivos de los Consumidores, 20 de diciembre de 2022

Miravalls, J. M., *Responsabilidad civil por la infracción del Derecho de la Competencia* (Tirant lo Blanch 2022)

Montero Aroca, J., *Los principios políticos de la nueva Ley de Enjuiciamiento Civil. Los poderes del juez y la oralidad* (Tirant lo Blanch 2001)

—, *El Proceso Civil* (2ª ed. Tirant lo Blanch 2016)

—, *La Prueba en el Proceso Civil* (7ª ed. Thomson Reuters 2012)

Mora, I. A., y Asor, C. P., 'Las dificultades de la armonización: la escasa aplicación del Derecho Europeo procesal' en de la Oliva Santos, A., y Cuadrado, M. P. C., (dirs) *La Armonización del Derecho Procesal tras el Tratado de Lisboa* (Aranzadi 2012)

Moreno Catena, V. M., 'Algunas cuestiones sobre el acceso a fuentes de prueba en reclamaciones de daños por infracción del derecho de la competencia' en Gómez Trinidad, S., y Wurmnest, W., (dirs), *Práctica judicial ante las reclamaciones de daños por infracciones de Derecho de la Competencia* (Wolters Kluwer 2021)

Mulheron, R., 'Third Interim Report – An Analysis of Questionnaire Feedback from Legal Practitioners' 25 February 2020

—, 'A priceless opportunity: class actions post-Merricks v Mastercard' (2021) 1 Mass Claims Journal 49

—, Revisiting the Class Action Certification Matrix in *Merricks v Mastercard Inc*' (2019) 30 King's LJ 396

Nebbia, P., 'The double life of effectiveness' (2008) 10 CYRLS 287

Nieva-Fenoll, J., *La valoración de la prueba* (Marcial Pons 2010)

—, Nieva-Fenoll, J., 'Repensando Daubert: elementos de convicción que debe tener un buen dictamen pericial' en Picó i Junoy, J., y de Miranda Vázquez, C., *Peritaje y Prueba Pericial* (Bosch 2017)

Núñez Ojeda, R., y Carrasco Delgado, N., *Derecho, proceso y economía* (Marcial Pons 2022)

Nylund, A., y Krans, B., (eds), *The European Union and National Civil Procedure* (Intersentia 2016)

—, y Strandberg, M., (eds), *Civil Procedure and Harmonisation of Law* (Intersentia 2019)

Orellana de Castro, R., 'Un estudio crítico sobre los diferentes sistemas de designación de peritos y sobre las listas de peritos de la LEC' en Picó i

Junoy, J., (dir) y de Miranda Vázquez, C., (coord), *Peritaje y Prueba Pericial* (Bosch 2017)

—, 'La prueba pericial por designación judicial a debate: ¿qué problemas plantea en la práctica y cuáles son sus soluciones?' en Picó i Junoy, J., *La Prueba Pericial a Examen* (Bosch 2021)

Pastor Martínez, E., 'Cuestiones sobre el acceso a las fuentes de prueba: la perspectiva judicial' en Ruiz Peris, J. I., (dir), *Daños, Comercio Electrónico y Derecho Europeo de la Competencia* (Tirant lo Blanch 2019)

Pellicer Ortiz, B., 'La sugerencia judicial de prueba del articulo 429 LEC' en Picó i Junoy, J., Abel Lluch, X., y Pellicer Ortiz, B., (dirs), *La Prueba Civil a Debate Judicial* (La Ley 2018)

Perales, C., 'ECJ Heureka: Bench analyses effect of pending Google Shopping decision appeal' *PaRR* (Luxembourg, 21 March 2023)

Pérez Fernández, J., 'Estándares de prueba del daño en las acciones de responsabilidad civil contra cárteles bajo de español y de la UE' Working Paper IE Law School, 11 March 2020

Picó i Junoy, J., *La Prueba Pericial en el Proceso Civil Español* (Bosch 2001)

—, *El Principio de la Buena Fe Procesal* (2ª ed. Bosch 2013)

—, 'La dinámica de la prueba pericial' en Abel Lluch, X., (coord), *Tratado Pericial Judicial* (La Ley 2014)

—, *La Prueba Pericial a Examen* (Bosch 2021)

—, y de Miranda Vázquez, C., (coord), *Peritaje y Prueba Pericial* (Bosch 2017)

Pondé Fonseca, J., 'The Changing Role of Courts between the Privatization of Adjudication and the Privatization of Procedure' en Cadiet, L., (ed), *Approaches to Procedural Law: The Pluralism of Methods* (Nomos 2017)

Prechal, S., 'Community Law in National Courts: the lessons from van Schijndel' (1998) CML Rev 681

—, y Widdershoven, R., 'Redefining the Relationship between Rewe-effectiveness and Effective Judicial Protection' (2011) 4 REALaw, Review of European Administrative Law 31

—, y Cath, K., 'The European Acquis of Civil Procedure: Constitutional Aspects' (2014) 19 Unif L Rev 179

Quintana, I., 'Plazos procesales y derechos del demandado en el Derecho UE y el Derecho español' Almacén de Derecho, 7 de noviembre de 2022

Reyna Querol, N., *La Prejudicialidad en el Procedimiento Civil* (Bosch 2006)

Ritleng, D., 'L'encadrement des procédures devant le juge national par le droit à un procès équitable' en Picheral, C., (dir), *Le droit à un ´procès quitable au sens du droit de l'Union européene* (Anthemis 2012)

Rodger, B. J., Ferro, M. S., y Marcos, F., *The EU Antitrust Damages Directive Transposition in the Member States* (OUP 2018)

—, Ferro, M. S., y Marcos, F., (eds) *Research Handbook on Private Enforcement of Competition Law in the EU* (Edward Elgar 2023)

Rosas, A., 'The National Judge as EU Judge: Some Constitutional Observations' (2014) 67 SMU L Rev 717

Ruiz Peris, J. I., (dir), *La Compensación de los Daños por Infracción de las Normas de Competencia tras la Directiva 2014/104/UE* (Thomson Reuters Aranzadi 2016)

—, y Palomar Tejedor, T., (coord), *Problemas actuales de las acciones de compensación de daños por infracción de las normas de competencia* (Aranzadi 2019)

Sancho Gargallo, I., 'El efecto vinculante de las decisiones de las autoridades nacionales de la competencia' en Ruiz Peris, J. I., y Palomar, T., *Problemas actuales en las acciones de compensación de daños por infracción de las normas de competencia* (Aranzadi 2019)

Safjan, M., y Düsterhaus, D., 'A Union of Effective Judicial Protection: Addressing a Multi-level Challenge through the Lens of Article 47 CFREU' (2014) 33 nº 1 Yearbook of European Law

Schumann Barragán, G., *Derecho a la tutela judicial efectiva y autonomía de la voluntad: los contratos procesales* (Marcial Pons 2022)

—, 'La gestión y la flexibilidad del procedimiento: ¿un proceso civil convergente con Europa?' en Gascón Inchausti, F., y Peiteado Mariscal, P., (dirs), *Estándares europeos y proceso civil* (Atelier 2022)

Schütze, R., y Tridimas, T., *Oxford Principles of European Union Law* (OUP 2018)

Seoane Spiegelberg, J. L., 'La prueba pericial en la jurisprudencia del Tribunal Supremo' en Picó i Junoy, J., (dir), *La Prueba Pericial a Examen* (Bosch 2021)

Smith, M., 'Lawyers come from Mars, and Economists come from Venus – or is it the other way round? Some thoughts on expert economic evidence in competition cases' (2019) Competition Law Journal 1

Smuda, F., 'Cartel overcharges and the detriment effect of EU Competition Law', ZEW – Centre for European Economic Research Discussion Paper nº 12-050 (2012)

Sorabji, J., *English Civil Justice after the Woolf and Jackson Reforms. A Critical Analysis* (CUP 2014)

Storme, M., (ed), *Approximation of Judiciary Law in the European Union* (Kluwer 1994)

Storskrubb, E., *Civil Procedure and EU Law. A Policy Area Uncovered* (OUP 2008)

—, 'Civil Justice – A Newcomer or an Unstoppable Wave?' en Craig, C., y de Búrca, G., (eds) *The Evolution of EU Law* (2ª ed. OUP 2011)

—, 'EU Civil Justice at the Harmonisation Crossroads?' en Nylund, A., y Strandberg, M., (eds), *Civil Procedure and Harmonisation of Law* (Intersentia 2019)

Strand, M., Venegas, V. B., y Iacovides, M., (eds), *EU Competition Litigation. Transposition and First Experiences of the New Regime* (Hart 2019)

Stürner, R., 'Anglo-American and Continental Civil Procedure: The English Reforms a Model for Further Harmonization?' en Andenas, M., Andrews, N., y Nazzini, R., (eds), *The Future of Transnational Civil Litigation* (BIICL 2004)

Taruffo, M., 'Senso comune, esperienza e scienza nel ragionamento del giudice' en *Sui confini: scritti sulla giustizia civile* (Il Mulino 2002)

—, 'El precedente judicial en los sistemas de *Civil Law*' 45 Ius et Veritas, Diciembre 2012, 88

—, 'Un Vértice Judicial Abstracto' (2018) AFDUAM 77

Tichy, L., *Standard of Proof in Europe* (Mohr Siebeck 2019)

Tillman, J., Childs, E., Harding, A., 'English court disclosure pilot made permanent' (Hogan Lovells – Engage. Legal insights and analysis, 3 L, Agosto 2022)

Torres Sustaeta, V., *Daños y Perjuicios por Infracción de las Normas de Competencia* (Thomson Reuters Aranzadi 2016)

Tufte, E. R., *Beautiful Evidence* (Graphics Press 2006)

Tulibacka, M., 'Europeanization of Civil Procedures: in search of a coherent approach', (2009) 46 CML Rev 1531

Turner, R., 'The Proactive Judge and the Provision of a Single Transnational Case Management System and its Associated Procedures' en Andenas, M., Andrews, N., y Nazzini, R., *The Future of Transnational Civil Litigation* (BIICL 2004)

Tridimas, T., *The General Principles of EU Law* (2nd ed. OUP 2006)

—, y Nebbia, P., (eds), *European Law for the Twenty-First Century: rethinking the new legal order* Vol 2 (Hart, 2004)

Uzelac, A., 'Harmonised Civil Procedure in a World of Structural Divergences? Lessons from the CEPEJ Evaluations' en Kramer, X., y Van Rhee, C. H., (eds), *Civil Litigation in a Globalising World* (Asser Press 2012)

UK Judiciary, 'Proposed Disclosure Pilot Briefing Note', 2 de noviembre de 2017

—, Commercial Court Guide, 11ª ed. (2022)

—, White Book Service (Sweet & Maxwell)

UK Government, 'Private Actions in Competition Law: A Consultation on Options for Reform' Department for Business, Innovation and Skills (BIS), April 2012

Vallines García, E., *La Preclusión en el Proceso Civil* (Thomson Civitas 2004)

—, '¿Es inconstitucional la "nueva oficina judicial"? A propósito del Libro Justicia o Burocracia', Revista Española de Derecho Constitucional, 112 (2018) 387

Van Cleynenbreugel, P., 'Judge-made standards of national procedure in the post-Lisbon constitutional framework' (2012) 37 EL Rev 90

—, 'Embedding Procedural Autonomy: The Directive and National Procedural Rules' en Bergstöm, M., Iacovides, M., y Strand, M., (eds), *Harmonising EU Competition Litigation. The New Directive and Beyond* (Hart 2016)

—, 'The Presumption of Harm and its Implementation in the Member States' Legal Orders' en Strand, M., Venegas, V. B., y Iacovides, M., (eds), *EU Competition Litigation. Transposition and First Experiences of the New Regime* (Hart 2019)

van den Bossche, AM., 'Private Enforcement, Procedural Autonomy and Article 19(1) TEU: Two's Company, Three's a Crowd' (2014) 33 Yearbook of European Law 41

van Dijk, P., Van Hoof, F., Van Rijn, A., y Zwaak, L., (eds), *Theory and Practice of the European Convention of Human Rights* (5ª ed. Intersentia 2018)

van Gerven, W., 'Of Rights, Remedies and Procedures' (2000) 37 CML Rev 501

—, 'Harmonisation of Private Law: do we need it?' (2004) 41 CML Rev 505

van Rhee, C. H., 'The Development of Civil Procedural Law in Twentieth Century Europe from Party Autonomy to Judicial Case Management and Efficiency', en van Rhee C H (ed), *Judicial Case Management and Efficiency in Civil Litigation* (Intersentia 2008)

—, y Uzelac, A., (eds), *Evidence in Contemporary Civil Procedure: Fundamental Issues in a Comparative Perspective* (Intersentia 2015)

van Wijck, P. y Weber, F., 'The abstract presumption of harm in the Damages Directive: overconcern of compensation' (2022) 18 1 European Competition Journal 204

Vázquez, C., 'Cómo mejorar la regulación sobre la(s) prueba(s) pericial(es)? Un marco para incentivar la comprensión judicial de las afirmaciones periciales', en Picó i Junoy, J., y de Miranda Vázquez, C., *Peritaje y Prueba Pericial* (Bosch 2017)

Vázquez Iruzubieta, C., *Comentarios a la nueva Ley de Enjuiciamiento Civil* (1ª ed. Dijusa 2000)

Vegas Torres, J., *La fijación de los hechos en el proceso civil,* Estudios Jurídicos 2007, Centro de Estudios Jurídicos del Ministerio de Justicia

Veljanovksi, C., *Cartel Damages – Principles, Measurement and Economics* (1ª ed. OUP 2020)

Vilata Menadas, S., '39 Pasos. Directrices del estudio de 2016' en Ruiz Peris, J. I., (dir), *Daños, Comercio Electrónico y Derecho de la Competencia* (Tirant lo Blanch 2019)

Wagner, G., 'Harmonisation of Civil Procedure: Policy Perspectives' en Kramer, X., y Van Rhee, C. H., (eds), *Civil Litigation in a Globalising World* (Asser Press 2012)

Wallerman, A., 'Towards an EU Law Doctrine on the Exercise of Discretion in National Courts? The Member States' self-imposed limits on national procedural autonomy' (2016) 53 CML Rev 339

Weatherill, S., 'Why Harmonise?' en Tridimas, T., y Nebbia, P., (eds), *European Law for the Twenty-First Century: rethinking the new legal order* Vol 2 (Hart, 2004)

Wilman, F. G., 'The End of the Absence? The Growing Body of EU Legislation on Private Enforcement and the Main Remedies it Provides for' (2016) 53 CML Rev 887

Wils, W. PJ., 'Should Private Antitrust Enforcement be Encouraged in Europe?' (2003) 26 3 World Competition 473

—, 'Private Enforcement of EU Antitrust Law and its Relationship with Public Enforcement: Past, Present and Future' (2017) 40 1 World Competition: Law and Economics Review 3.

Woolf, H., 'Access to Justice: Interim Report to the Lord Chancellor on the Civil Justice System in England and Wales' (Lord Chancellor's Dept 1995)

—, *Access to Justice: Final Report to the Lord Chancellor on the Civil Justice System in England and Wales* (HMSO 1996)

Zuckerman, A., *Zuckerman on Civil Procedure, Principles of Practice* (4ª ed. Sweet & Maxwell 2021)

Zweigert, K., y Kötz, H., *An Introduction to Comparative Law* (Tony Weir tr, 3ª ed. OUP 1998)